France

Frankreich · Francia · França · Frankrijk
Francja · Francie · Franciaország
Frankrig · Frankrike

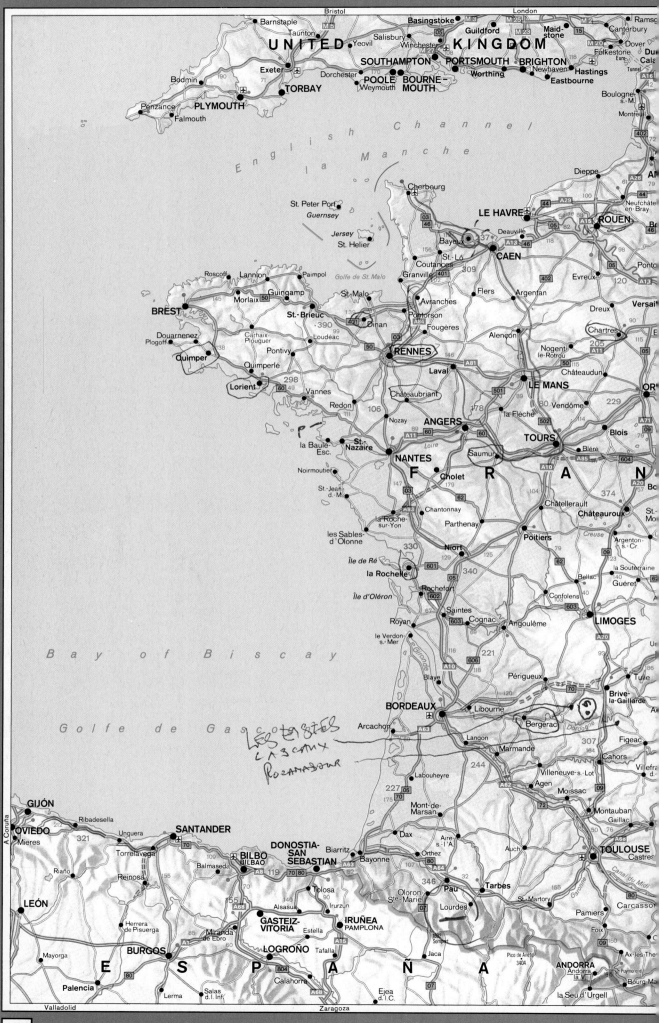

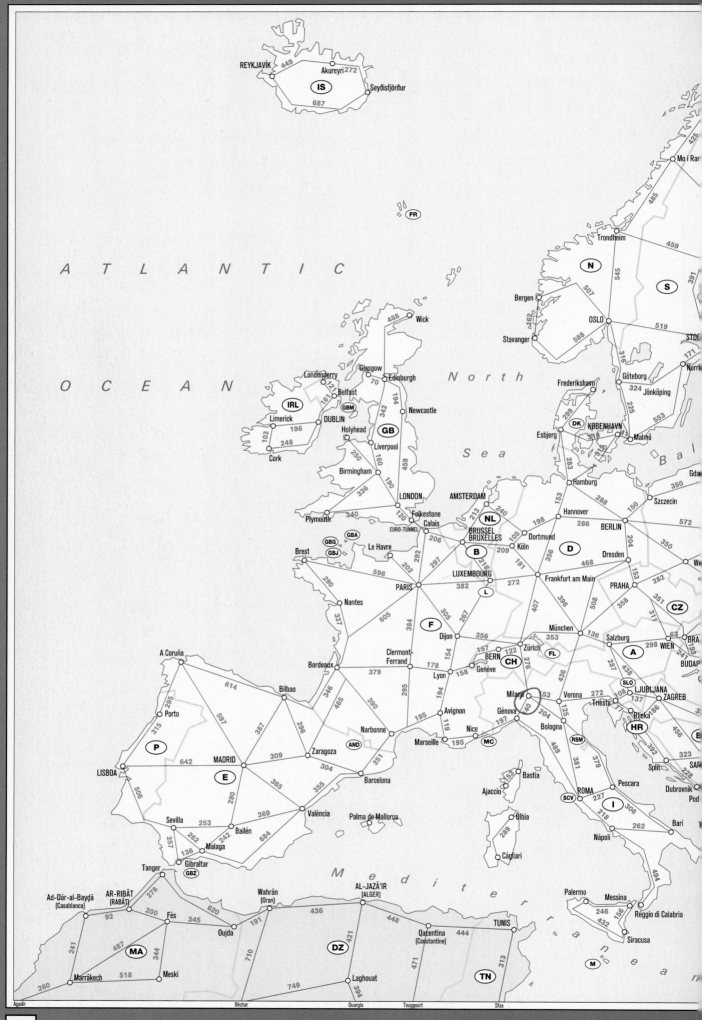

Légende · Zeichenerklärung
Legend · Segni convenzionali
1:300.000

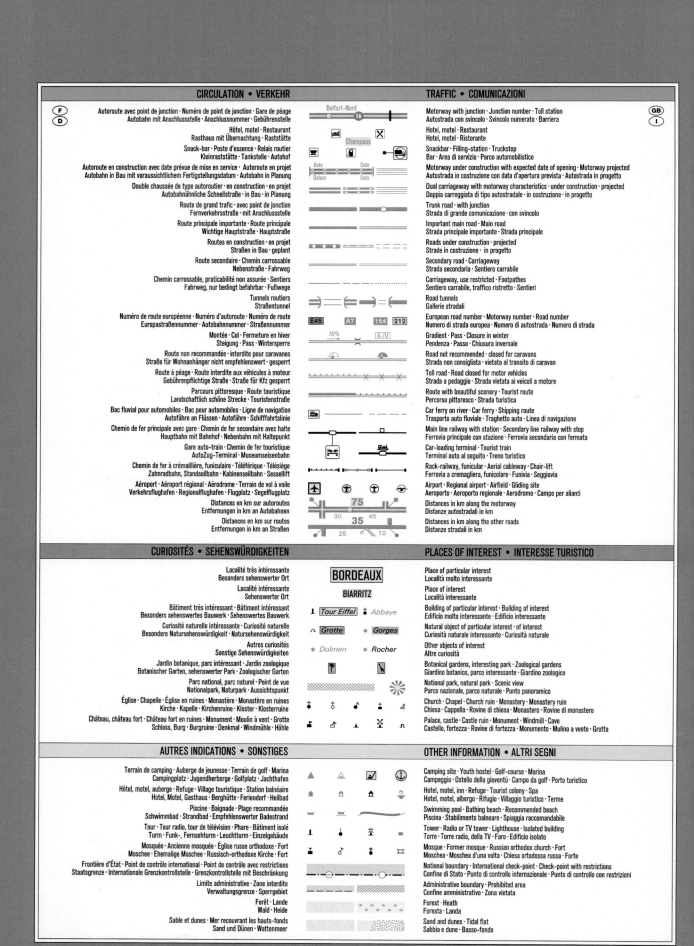

CIRCULATION · VERKEHR | TRAFFIC · COMUNICAZIONI

F
D

Autoroute avec point de jonction · Numéro de point de jonction · Gare de péage
Autobahn mit Anschlussstelle · Anschlussnummer · Gebührenstelle

Belfort-Nord
16

Motorway with junction · Junction number · Toll station
Autostrada con svincolo · Svincolo numerato · Barriera

GB
I

Hôtel, motel · Restaurant
Rasthaus mit Übernachtung · Raststätte

Champoux

Hotel, motel · Restaurant
Hotel, motel · Ristorante

Snack-bar · Poste d'essence · Relais routier
Kleinraststätte · Tankstelle · Autohof

Snackbar · Filling-station · Truckstop
Bar · Area di servizio · Parco automobilistico

Autoroute en construction avec date prévue de mise en service · Autoroute en projet
Autobahn in Bau mit voraussichtlichem Fertigstellungsdatum · Autobahn in Planung

Date   Date
Datum   Data

Motorway under construction with expected date of opening · Motorway projected
Autostrada in costruzione con data d'apertura prevista · Autostrada in progetto

Double chaussée de type autoroutier · en construction · en projet
Autobahnähnliche Schnellstraße · in Bau · in Planung

Dual carriageway with motorway characteristics · under construction · projected
Doppia carreggiata di tipo autostradale · in costruzione · in progetto

Route de grand trafic · avec point de jonction
Fernverkehrsstraße · mit Anschlussstelle

Trunk road · with junction
Strada di grande comunicazione · con svincolo

Route principale importante · Route principale
Wichtige Hauptstraße · Hauptstraße

Important main road · Main road
Strada principale importante · Strada principale

Routes en construction · en projet
Straßen in Bau · geplant

Roads under construction · projected
Strade in costruzione · in progetto

Route secondaire · Chemin carrossable
Nebenstraße · Fahrweg

Secondary road · Carriageway
Strada secondaria · Sentiero carrabile

Chemin carrossable, praticabilité non assurée · Sentiers
Fahrweg, nur bedingt befahrbar · Fußwege

Carriageway, use restricted · Footpaths
Sentiero carrabile, traffico ristretto · Sentieri

Tunnels routiers
Straßentunnel

Road tunnels
Gallerie stradali

Numéro de route européenne · Numéro d'autoroute · Numéro de route
Europastraßennummer · Autobahnnummer · Straßennummer

E45   A7   154   212

European road number · Motorway number · Road number
Numero di strada europea · Numero di autostrada · Numero di strada

Montée · Col · Fermeture en hiver
Steigung · Pass · Wintersperre

10%   X-IV

Gradient · Pass · Closure in winter
Pendenza · Passo · Chiusura invernale

Route non recommandée · interdite pour caravanes
Straße für Wohnanhänger nicht empfehlenswert · gesperrt

Road not recommended · closed for caravans
Strada non consigliata · vietata al transito di caravan

Route à péage · Route interdite aux véhicules à moteur
Gebührenpflichtige Straße · Straße für Kfz gesperrt

Toll road · Road closed for motor vehicles
Strada a pedaggio · Strada vietata ai veicoli a motore

Parcours pittoresque · Route touristique
Landschaftlich schöne Strecke · Touristenstraße

Route with beautiful scenery · Tourist route
Percorso pittoresco · Strada turistica

Bac fluvial pour automobiles · Bac pour automobiles · Ligne de navigation
Autofähre an Flüssen · Autofähre · Schifffahrtslinie

Car ferry on river · Car ferry · Shipping route
Trasporto auto fluviale · Traghetto auto · Linea di navigazione

Chemin de fer principale avec gare · Chemin de fer secondaire avec halte
Hauptbahn mit Bahnhof · Nebenbahn mit Haltepunkt

Main line railway with station · Secondary line railway with stop
Ferrovia principale con stazione · Ferrovia secondaria con fermata

Gare auto-train · Chemin de fer touristique
AutoZug-Terminal · Museumseisenbahn

Car-loading terminal · Tourist train
Terminal auto al seguito · Treno turistico

Chemin de fer à crémaillère, funiculaire · Téléférique · Télésiège
Zahnradbahn, Standseilbahn · Kabinenseilbahn · Sessellift

Rack-railway, funicular · Aerial cableway · Chair-lift
Ferrovia a cremagliera, funicolare · Funivia · Seggiovia

Aéroport · Aéroport régional · Aérodrome · Terrain de vol à voile
Verkehrsflughafen · Regionalflughafen · Flugplatz · Segelflugplatz

Airport · Regional airport · Airfield · Gliding site
Aeroporto · Aeroporto regionale · Aerodromo · Campo per alianti

Distances en km sur autoroutes
Entfernungen in km an Autobahnen

75
30   45

Distances in km along the motorway
Distanze autostradali in km

Distances en km sur routes
Entfernungen in km an Straßen

35
25   10

Distances in km along the other roads
Distanze stradali in km

CURIOSITÉS · SEHENSWÜRDIGKEITEN | PLACES OF INTEREST · INTERESSE TURISTICO

Localité très intéressante
Besonders sehenswerter Ort

BORDEAUX

Place of particular interest
Località molto interessante

Localité intéressante
Sehenswerter Ort

BIARRITZ

Place of interest
Località interessante

Bâtiment très intéressant · Bâtiment intéressant
Besonders sehenswertes Bauwerk · Sehenswertes Bauwerk

Tour Eiffel   Abbaye

Building of particular interest · Building of interest
Edificio molto interessante · Edificio interessante

Curiosité naturelle intéressante · Curiosité naturelle
Besondere Natursehenswürdigkeit · Natursehenswürdigkeit

Grotte   Gorges

Natural object of particular interest · of interest
Curiosità naturale interessante · Curiosità naturale

Autres curiosités
Sonstige Sehenswürdigkeiten

Dolmen   Rocher

Other objects of interest
Altre curiosità

Jardin botanique, parc intéressant · Jardin zoologique
Botanischer Garten, sehenswerter Park · Zoologischer Garten

Botanical gardens, interesting park · Zoological gardens
Giardino botanico, parco interessante · Giardino zoologico

Parc national, parc naturel · Point de vue
Nationalpark, Naturpark · Aussichtspunkt

National park, natural park · Scenic view
Parco nazionale, parco naturale · Punto panoramico

Église · Chapelle · Église en ruines · Monastère · Monastère en ruines
Kirche · Kapelle · Kirchenruine · Kloster · Klosterruine

Church · Chapel · Church ruin · Monastery · Monastery ruin
Chiesa · Cappella · Rovine di chiesa · Monastero · Rovine di monastero

Château, château fort · Château fort en ruines · Monument · Moulin à vent · Grotte
Schloss, Burg · Burgruine · Denkmal · Windmühle · Höhle

Palace, castle · Castle ruin · Monument · Windmill · Cave
Castello, fortezza · Rovine di fortezza · Monumento · Mulino a vento · Grotta

AUTRES INDICATIONS · SONSTIGES | OTHER INFORMATION · ALTRI SEGNI

Terrain de camping · Auberge de jeunesse · Terrain de golf · Marina
Campingplatz · Jugendherberge · Golfplatz · Jachthafen

Camping site · Youth hostel · Golf-course · Marina
Campeggio · Ostello della gioventù · Campo da golf · Porto turistico

Hôtel, motel, auberge · Refuge · Village touristique · Station balnéaire
Hotel, Motel, Gasthaus · Berghütte · Feriendorf · Heilbad

Hotel, motel, inn · Refuge · Tourist colony · Spa
Hotel, motel, albergo · Rifugio · Villaggio turistico · Terme

Piscine · Baignade · Plage recommandée
Schwimmbad · Strandbad · Empfehlenswerter Badestrand

Swimming pool · Bathing beach · Recommended beach
Piscina · Stabilimento balneare · Spiaggia raccomandabile

Tour · Tour radio, tour de télévision · Phare · Bâtiment isolé
Turm · Funk-, Fernsehturm · Leuchtturm · Einzelgebäude

Tower · Radio or TV tower · Lighthouse · Isolated building
Torre · Torre radio, della TV · Faro · Edificio isolato

Mosquée · Ancienne mosquée · Église russe orthodoxe · Fort
Moschee · Ehemalige Moschee · Russisch-orthodoxe Kirche · Fort

Mosque · Former mosque · Russian orthodox church · Fort
Moschea · Moschea d'una volta · Chiesa ortodossa russa · Forte

Frontière d'État · Point de contrôle international · Point de contrôle avec restrictions
Staatsgrenze · Internationale Grenzkontrollstelle · Grenzkontrollstelle mit Beschränkung

National boundary · International check-point · Check-point with restrictions
Confine di Stato · Punto di controllo internazionale · Punto di controllo con restrizioni

Limite administrative · Zone interdite
Verwaltungsgrenze · Sperrgebiet

Administrative boundary · Prohibited area
Confine amministrativo · Zona vietata

Forêt · Lande
Wald · Heide

Forest · Heath
Foresta · Landa

Sable et dunes · Mer recouvrant les hauts-fonds
Sand und Dünen · Wattenmeer

Sand and dunes · Tidal flat
Sabbia e dune · Basso-fondo

Signos convencionales · Sinais convencionais
Legenda · Objaśnienia znaków
1:300.000

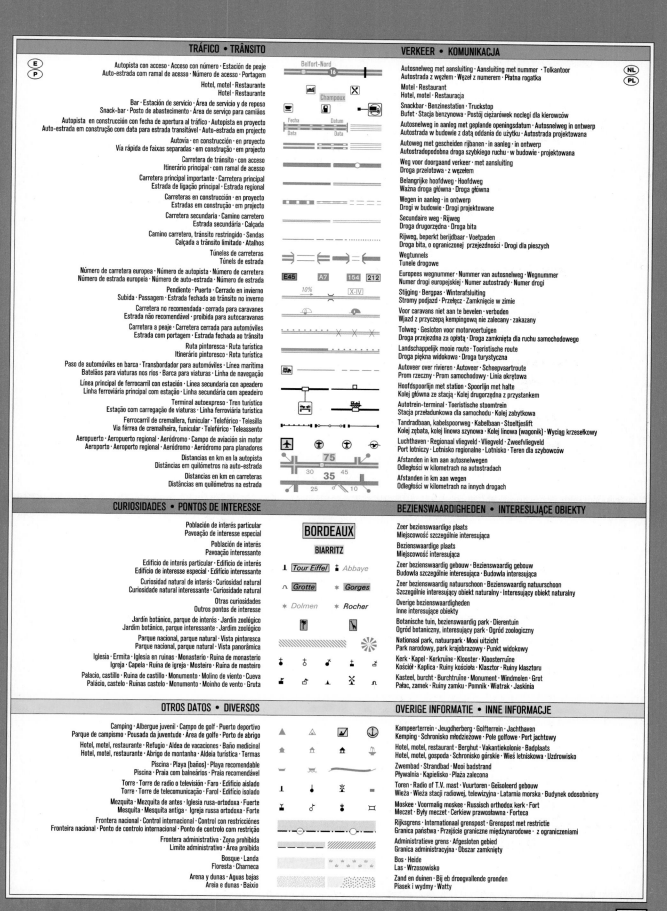

TRÁFICO · TRÂNSITO | VERKEER · KOMUNIKACJA

Ⓔ / Ⓟ ... **NL / PL**

Autopista con acceso · Acceso con número · Estación de peaje
Auto-estrada com ramal de acesso · Número de acesso · Portagem
→ *Belfort-Nord* · **16**
Autosnelweg met aansluiting · Aansluiting met nummer · Tolkantoor
Autostrada z węzłem · Węzeł z numerem · Płatna rogatka

Hotel, motel · Restaurante
Hotel · Restaurante
Champoux
Motel · Restaurant
Hotel, motel · Restauracja

Bar · Estación de servicio · Área de servicio y de reposo
Snack-bar · Posto de abastecimento · Área de serviço para camiãos
Snackbar · Benzinestation · Truckstop
Bufet · Stacja benzynowa · Postój ciężarówek noclegi dla kierowców

Autopista en construcción con fecha de apertura al tráfico · Autopista en proyecto
Auto-estrada em construção com data para estrada transitável · Auto-estrada em projecto
Fecha / Data · *Datum / Data*
Autosnelweg in aanleg met geplande openingsdatum · Autosnelweg in ontwerp
Autostrada w budowie z datą oddania do użytku · Autostrada projektowana

Autovía · en construcción · en proyecto
Vía rápida de faixas separadas · em construção · em projecto
Autoweg met gescheiden rijbanen · in aanleg · in ontwerp
Autostradopodobna droga szybkiego ruchu · w budowie · projektowana

Carretera de tránsito · con acceso
Itinerário principal · com ramal de acesso
Weg voor doorgaand verkeer · met aansluiting
Droga przelotowa · z węzłem

Carretera principal importante · Carretera principal
Estrada de ligação principal · Estrada regional
Belangrijke hoofdweg · Hoofdweg
Ważna droga główna · Droga główna

Carreteras en construcción · en proyecto
Estradas em construção · em projecto
Wegen in aanleg · in ontwerp
Drogi w budowie · Drogi projektowane

Carretera secundaria · Camino carretero
Estrada secundária · Calçada
Secundaire weg · Rijweg
Droga drugorzędna · Droga bita

Camino carretero, tránsito restringido · Sendas
Calçada a trânsito limitado · Atalhos
Rijweg, beperkt berijdbaar · Voetpaden
Droga bita, o ograniczonej przejezdności · Drogi dla pieszych

Túneles de carreteras
Túnels de estrada
Wegtunnels
Tunele drogowe

Número de carretera europea · Número de autopista · Número de carretera
Número de estrada europeia · Número de auto-estrada · Número de estrada
E45 · **A7** · **154** · **212**
Europees wegnummer · Nummer van autosnelweg · Wegnummer
Numer drogi europejskiej · Numer autostrady · Numer drogi

Pendiente · Puerto · Cerrado en invierno
Subida · Passagem · Estrada fechada ao trânsito no inverno
10% · *X-IV*
Stijging · Bergpas · Winterafsluiting
Stromy podjazd · Przełęcz · Zamknięcie w zimie

Carretera no recomendada · cerrada para caravanes
Estrada não recomendável · proibida para autocaravanas
Voor caravans niet aan te bevelen · verboden
Wjazd z przyczepą kempingową nie zalecany · zakazany

Carretera a peaje · Carretera cerrada para automóviles
Estrada com portagem · Estrada fechada ao trânsito
Tolweg · Gesloten voor motorvoertuigen
Droga przejezdna za opłatą · Droga zamknięta dla ruchu samochodowego

Ruta pintoresca · Ruta turística
Itinerário pintoresco · Rota turística
Landschappelijk mooie route · Toeristische route
Droga piękna widokowa · Droga turystyczna

Paso de automóviles en barca · Transbordador para automóviles · Línea marítima
Bateláos para viaturas nos rios · Barca para viaturas · Linha de navegação
Autoveer over rivieren · Autoveer · Scheepvaartroute
Prom rzeczny · Prom samochodowy · Linia okrętowa

Línea principal de ferrocarril con estación · Línea secundaria con apeadero
Linha ferroviária principal com estação · Linha secundária com apeadeiro
Hoofdspoorlijn met station · Spoorlijn met halte
Kolej główna ze stacją · Kolej drugorzędna z przystankem

Terminal autoexpreso · Tren turístico
Estação com carregação de viaturas · Linha ferroviária turística
Autotrein-terminal · Toeristische stoomtrein
Stacja przeładunkowa dla samochodu · Kolej zabytkowa

Ferrocarril de cremallera, funicular · Teleférico · Telesilla
Via férrea de cremalheira, funicular · Teleférico · Teleassento
Tandradbaan, kabelspoorweg · Kabelbaan · Stoeltjeslift
Kolej zębata, kolej linowa szynowa · Kolej linowa (wagonik) · Wyciąg krzesełkowy

Aeropuerto · Aeropuerto regional · Aeródromo · Campo de aviación sin motor
Aeroporto · Aeroporto regional · Aeródromo · Aeródromo para planadores
Luchthaven · Regionaal vliegveld · Vliegveld · Zweefvliegveld
Port lotniczy · Lotnisko regionalne · Lotnisko · Teren dla szybowców

Distancias en km en la autopista
Distâncias em quilómetros na auto-estrada
75
Afstanden in km aan autosnelwegen
Odległości w kilometrach na autostradach

Distancias en km en carreteras
Distâncias em quilómetros na estrada
30 45 · 35 · 25 10
Afstanden in km aan wegen
Odległości w kilometrach na innych drogach

CURIOSIDADES · PONTOS DE INTERESSE | BEZIENSWAARDIGHEDEN · INTERESUJĄCE OBIEKTY

Población de interés particular
Pavoação de interesse especial
BORDEAUX
Zeer bezienswaardige plaats
Miejscowość szczególnie interesująca

Población de interés
Pavoação interessante
BIARRITZ
Bezienswaardige plaats
Miejscowość interesująca

Edificio de interés particular · Edificio de interés
Edifício de interesse especial · Edifício interessante
Tour Eiffel · *Abbaye*
Zeer bezienswaardig gebouw · Bezienswaardig gebouw
Budowla szczególnie interesująca · Budowla interesująca

Curiosidad natural de interés · Curiosidad natural
Curiosidade natural interessante · Curiosidade natural
Grotte · *Gorges*
Zeer bezienswaardig natuurschoon · Bezienswaardig natuurschoon
Szczególnie interesujący obiekt naturalny · Interesujący obiekt naturalny

Otras curiosidades
Outros pontos de interesse
Dolmen · *Rocher*
Overige bezienswaardigheden
Inne interesujące obiekty

Jardín botánico, parque de interés · Jardín zoológico
Jardim botânico, parque interessante · Jardim zoológico
Botanische tuin, bezienswaardig park · Dierentuin
Ogród botaniczny, interesujący park · Ogród zoologiczny

Parque nacional, parque natural · Vista pintoresca
Parque nacional, parque natural · Vista panorâmica
Nationaal park, natuurpark · Mooi uitzicht
Park narodowy, park krajobrazowy · Punkt widokowy

Iglesia · Ermita · Iglesia en ruinas · Monasterio · Ruina de monasterio
Igreja · Capela · Ruína de igreja · Mosteiro · Ruína de mosteiro
Kerk · Kapel · Kerkruïne · Klooster · Kloosterruïne
Kościół · Kaplica · Ruiny kościoła · Klasztor · Ruiny klasztoru

Palacio, castillo · Ruina de castillo · Monumento · Molino de viento · Cueva
Palácio, castelo · Ruinas castelo · Monumento · Moinho de vento · Gruta
Kasteel, burcht · Burchtruïne · Monument · Windmolen · Grot
Pałac, zamek · Ruiny zamku · Pomnik · Wiatrak · Jaskinia

OTROS DATOS · DIVERSOS | OVERIGE INFORMATIE · INNE INFORMACJE

Camping · Albergue juvenil · Campo de golf · Puerto deportivo
Parque de campismo · Pousada da juventude · Área de golfe · Porto de abrigo
Kampeerterrein · Jeugdherberg · Golfterrein · Jachthaven
Kemping · Schronisko młodzieżowe · Pole golfowe · Port jachtowy

Hotel, motel, restaurante · Refugio · Aldea de vacaciones · Baño medicinal
Hotel, motel, restaurante · Abrigo de montanha · Aldeia turística · Termas
Hotel, motel, restaurant · Berghut · Vakantiekolonie · Badplaats
Hotel, motel, gospoda · Schronisko górskie · Wieś letniskowa · Uzdrowisko

Piscina · Playa (baños) · Playa recomendable
Piscina · Praia com balneários · Praia recomendável
Zwembad · Strandbad · Mooi badstrand
Pływalnia · Kąpielisko · Plaża zalecona

Torre · Torre de radio o televisión · Faro · Edificio aislado
Torre · Torre de telecomunicação · Farol · Edifício isolado
Toren · Radio of T.V. mast · Vuurtoren · Geïsoleerd gebouw
Wieża · Wieża stacji radiowej, telewizyjna · Latarnia morska · Budynek odosobniony

Mezquita · Mezquita de antes · Iglesia rusa-ortodoxa · Fuerte
Mesquita · Mesquita antiga · Igreja russa ortodoxa · Forte
Moskee · Voormalig moskee · Russisch orthodox kerk · Fort
Meczet · Były meczet · Cerkiew prawosławna · Forteca

Frontera nacional · Control internacional · Control con restricciónes
Fronteira nacional · Ponto de controlo internacional · Ponto de controlo com restrição
Rijksgrens · Internationaal grenspost · Grenspost met restrictie
Granica państwa · Przejście graniczne międzynarodowe · z ograniczeniami

Frontera administrativa · Zona prohibida
Limite administrativo · Área proibida
Administratieve grens · Afgesloten gebied
Granica administracyjna · Obszar zamknięty

Bosque · Landa
Floresta · Charneca
Bos · Heide
Las · Wrzosowisko

Arena y dunas · Aguas bajas
Areia e dunas · Baixio
Zand en duinen · Bij eb droogvallende gronden
Piasek i wydmy · Watty

Vysvětlivky · Jelmagyarázat
Tegnforklaring · Teckenförklaring
1:300.000

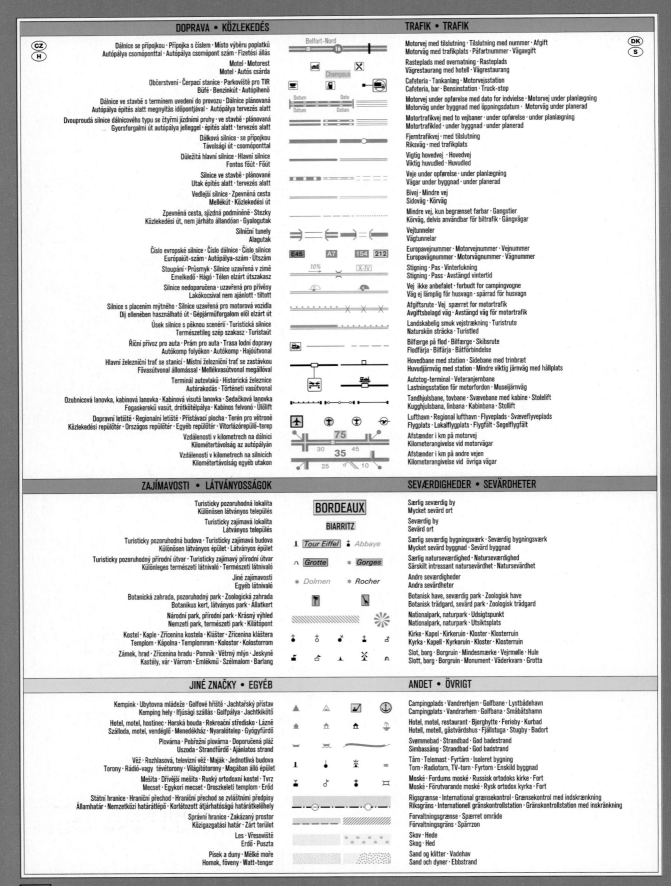

DOPRAVA · KÖZLEKEDÉS   TRAFIK · TRAFIK

CZ / H		DK / S

Dálnice se přípojkou · Přípojka s číslem · Místo výběru poplatků
Autópálya csomóponttal · Autópálya csomópont szám · Fizetési állás
— Motorvej med tilslutning · Tilslutning med nummer · Afgift
Motorväg med trafikplats · Påfartnummer · Vägavgift

Motel · Motorest
Motel · Autós csárda
— Rasteplads med overnatning · Rasteplads
Vägrestaurang med hotell · Vägrestaurang

Občerstvení · Čerpací stanice · Parkoviště pro TIR
Büfé · Benzinkút · Autópihenő
— Cafeteria · Tankanlæg · Motorvejsstation
Cafeteria, bar · Bensinstation · Truck-stop

Dálnice ve stavbě s termínem uvedení do provozu · Dálnice plánovaná
Autópálya épités alatt megnyitás időpontjával · Autópálya tervezés alatt
— Motorvej under opførelse med dato for indvielse · Motorvej under planlægning
Motorväg under byggnad med öppningsdatum · Motorväg under planerad

Dvouproudá silnice dálnicového typu se čtyřmi jízdními pruhy · ve stavbě · plánovaná
Gyorsforgalmi út autópálya jelleggel · épités alatt · tervezés alatt
— Motortrafikvej · under opførelse · under planlægning
Motortrafikled · under byggnad · under planerad

Dálková silnice · se přípojkou
Távolsági út · csomóponttal
— Fjerntrafikvej · med tilslutning
Riksväg · med trafikplats

Důležitá hlavní silnice · Hlavní silnice
Fontos főút · Főút
— Vigtig hovedvej · Hovedvej
Viktig huvudled · Huvudled

Silnice ve stavbě · plánované
Utak épités alatt · tervezés alatt
— Veje under opførelse · under planlægning
Vägar under byggnad · under planerad

Vedlejší silnice · Zpevněná cesta
Mellékút · Közlekedési út
— Bivej · Mindre vej
Sidoväg · Körväg

Zpevněná cesta, sjízdná podmíněně · Stezky
Közlekedési út, nem járháto állandóan · Gyalogutak
— Mindre vej, kun begrænset farbar · Gangstier
Körväg, delvis användbar för biltrafik · Gångvägar

Silniční tunely
Alagutak
— Vejtunneler
Vägtunnelar

Číslo evropské silnice · Číslo dálnice · Číslo silnice
Európaiút-szám · Autópálya-szám · Útszám
— E45   A7   154   212 — Europavejnummer · Motorvejnummer · Vejnummer
Europavägnummer · Motorvägnummer · Vägnummer

Stoupání · Průsmyk · Silnice uzavřená v zimě
Emelkedő · Hágó · Télen elzárt útszakasz
— 10%   X-IV — Stigning · Pas · Vinterlukning
Stigning · Pass · Avstängd vintertid

Silnice nedoporučena · uzavřená pro přívěsy
Lakókocsival nem ajánlott · tiltott
— Vej ikke anbefalet · forbudt for campingvogne
Väg ej lämplig för husvagn · spärrad för husvagn

Silnice s placením mýtného · Silnice uzavřená pro motorová vozidla
Díj ellenében használható út · Gépjárműforgalom elől elzárt út
— Afgiftsrute · Vej spærret for motortrafik
Avgiftsbelagd väg · Avstängd väg för motortrafik

Úsek silnice s pěknou scénérií · Turistická silnice
Természetileg szép szakasz · Turistaút
— Landskabelig smuk vejstrækning · Turistrute
Naturskön sträcka · Turistled

Říční přívoz pro auta · Prám pro auta · Trasa lodní dopravy
Autókomp folyókon · Autókomp · Hajóútvonal
— Bilfærge på flod · Bilfærge · Skibsrute
Flodfärja · Bilfärja · Båtförbindelse

Hlavní železniční trať se stanicí · Místní železniční trať se zastávkou
Fővasútvonal állomással · Mellékvasútvonal megállóval
— Hovedbane med station · Sidebane med trinbræt
Huvudjärnväg med station · Mindre viktig järnväg med hållplats

Terminál autovlaků · Historická železnice
Autórakodás · Történeti vasútvonal
— Autotog-terminal · Veteranjernbane
Lastningsstation för motorfordon · Museijärnväg

Ozubnicová lanovka, kabinová lanovka · Kabinová visutá lanovka · Sedačková lanovka
Fogaskerekű vasút, drótkötélpálya · Kabinos felvonó · Ülőlift
— Tandhjulsbane, tovbane · Svævebane med kabine · Stolelift
Kugghjulsbana, linbana · Kabinbana · Stollift

Dopravní letiště · Regionalní letiště · Přístávací plocha · Terén pro větroně
Közlekedési repülőtér · Országos repülőtér · Egyéb repülőtér · Vitorlázórepülő-terep
— Lufthavn · Regional lufthavn · Flyveplads · Svæveflyveplads
Flygplats · Lokalflygplats · Flygfält · Segelflygfält

Vzdálenosti v kilometrech na dálnici
Kilométertávolság az autópályán
— 75   30   45 — Afstænder i km på motorvej
Kilometerangivelse vid motorvägar

Vzdálenosti v kilometrech na silnicích
Kilométertávolság egyéb utakon
— 35   25   10 — Afstænder i km på andre vejen
Kilometerangivelse vid övriga vägar

ZAJÍMAVOSTI · LÁTVÁNYOSSÁGOK   SEVÆRDIGHEDER · SEVÄRDHETER

Turisticky pozoruhodná lokalita
Különösen látványos település
— **BORDEAUX** — Særlig seværdig by
Mycket sevärd ort

Turisticky zajímavá lokalita
Látványos település
— BIARRITZ — Seværdig by
Sevärd ort

Turisticky pozoruhodná budova · Turisticky zajímavá budova
Különösen látványos épület · Látványos épület
— *Tour Eiffel*   *Abbaye* — Særlig seværdig bygningsværk · Seværdig bygningsværk
Mycket sevärd byggnad · Sevärd byggnad

Turisticky pozoruhodný přírodní útvar · Turisticky zajímavý přírodní útvar
Különleges természeti látnivaló · Természeti látnivaló
— *Grotte*   *Gorges* — Særlig naturseværdighed · Naturseværdighed
Särskilt intressant natursevärdhet · Natursevärdhet

Jiné zajímavosti
Egyéb látnivaló
— *Dolmen*   *Rocher* — Andre seværdigheder
Andra sevärdheter

Botanická zahrada, pozoruhodný park · Zoologická zahrada
Botanikus kert, látványos park · Állatkert
— Botanisk have, seværdig park · Zoologisk have
Botanisk trädgard, sevärd park · Zoologisk trädgard

Národní park, přírodní park · Krásný výhled
Nemzeti park, természeti park · Kilátópont
— Nationalpark, naturpark · Udsigtspunkt
Nationalpark, naturpark · Utsiktsplats

Kostel · Kaple · Kostela · Klášter · Zřícenina kláštera
Templom · Kápolna · Templomrom · Kolostor · Kolostorrom
— Kirke · Kapel · Kirkeruin · Kloster · Klosterruin
Kyrka · Kapell · Kyrkoruin · Kloster · Klosterruin

Zámek, hrad · Zřícenina hradu · Pomník · Větrný mlýn · Jeskyně
Kastély, vár · Várrom · Emlékmű · Szélmalom · Barlang
— Slot, borg · Borgruin · Mindesmærke · Vejrmølle · Hule
Slott, borg · Borgruin · Monument · Väderkvarn · Grotta

JINÉ ZNAČKY · EGYÉB   ANDET · ÖVRIGT

Kempink · Ubytovna mládeže · Golfové hřiště · Jachtařský přistav
Kemping hely · Ifjúsági szállás · Golfpálya · Jachtkikötő
— Campingplads · Vandrerhjem · Golfbane · Lystbådehavn
Campingplats · Vandrarhem · Golfbana · Småbåtshamn

Hotel, motel, hostinec · Horská bouda · Rekreační středisko · Lázně
Szálloda, motel, vendéglő · Menedékház · Nyaralótelep · Gyógyfürdő
— Hotel, motel, restaurant · Bjerghytte · Ferieby · Kurbad
Hotell, motell, gästvärdshus · Fjällstuga · Stugby · Badort

Plovárna · Pobřežní plovárna · Doporučená pláž
Uszoda · Strandfürdő · Ajánlatos strand
— Svømmebad · Strandbad · God badestrand
Simbassäng · Strandbad · God badstrand

Věž · Rozhlasová, televizní věž · Maják · Jednotlivá budova
Torony · Rádió-vagy tévétorony · Világítótorony · Magában álló épület
— Tårn · Telemast · Fyrtårn · Isoleret bygning
Torn · Radiotorn, TV-torn · Fyrtorn · Enskild byggnad

Mešita · Dřívější mešita · Ruský ortodoxní kostel · Tvrz
Mecset · Egykori mecset · Oroszkeleti templom · Erőd
— Moské · Fordums moské · Russisk ortodoks kirke · Fort
Moské · Förutvarande moské · Rysk ortodox kyrka · Fort

Státní hranice · Hraniční přechod · Hraniční přechod se zvláštními předpisy
Államhatár · Nemzetközi határátlépő · Korlátozott átjárhatóságú határátkelőhely
— Rigsgrænse · International grænsekontrol · Grænsekontrol med indskrænkning
Riksgräns · Internationell gränskontrollstation · Gränskontrollstation med inskränkning

Správní hranice · Zakázaný prostor
Közigazgatási határ · Zárt terület
— Forvaltningsgrænse · Spærret område
Förvaltningsgräns · Spärrzon

Les · Vřesoviště
Erdő · Puszta
— Skov · Hede
Skog · Hed

Písek a duny · Mělké moře
Homok, föveny · Watt-tenger
— Sand og klitter · Vadehav
Sand och dyner · Ebbstrand

Carte d'assemblage · Kartenübersicht · Key map · Quadro d'unione
Mapa índice · Corte dos mapas · Overzichtskaart · Skorowidz arkuszy
Klad mapových listů · Áttekintő térkép · Oversigtskort · Kartöversikt
1:300.000

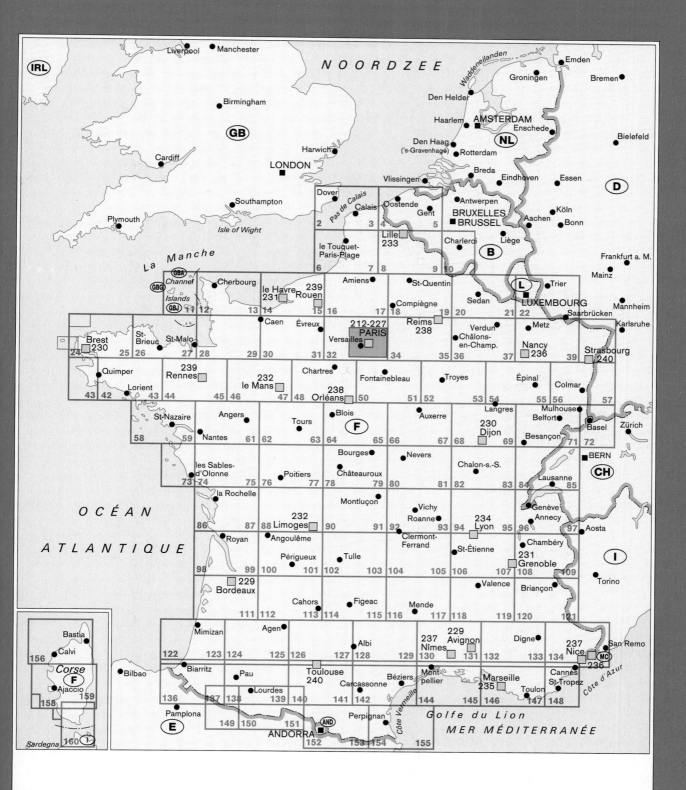

1:300.000

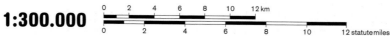

0 2 4 6 8 10 12 km

0 2 4 6 8 10 12 statute miles

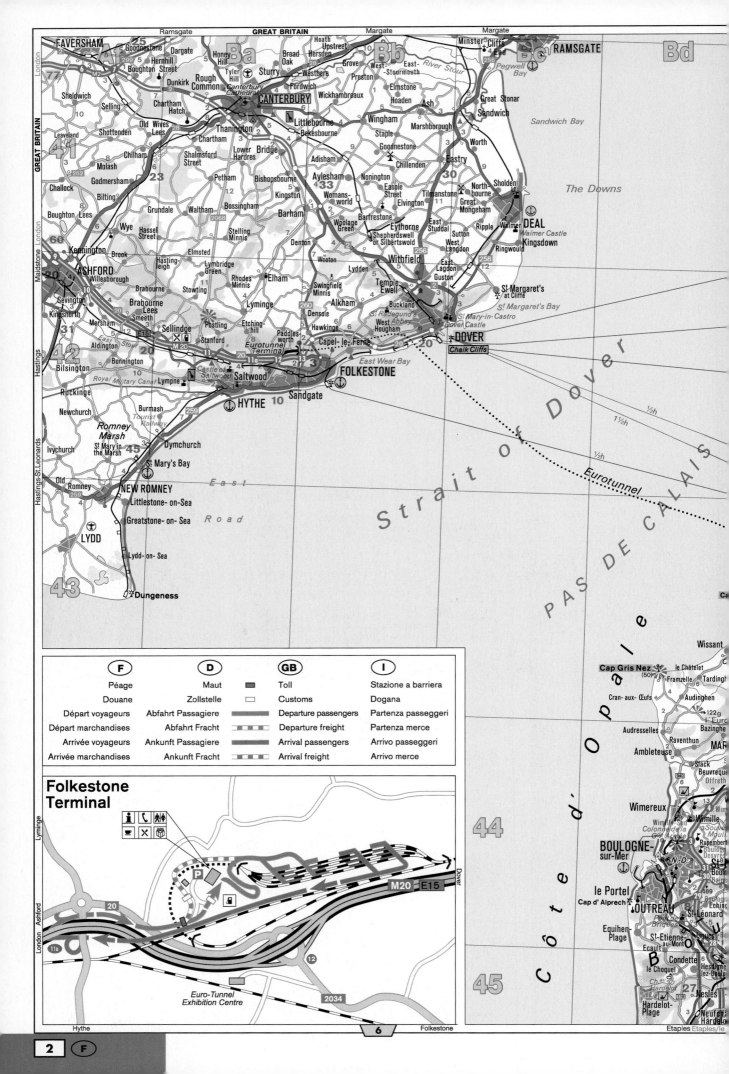

NORTH SEA

MER DU NORD

Zeebrugge 4h

Oostende 2h

Dover-Dunkerque 2h

Calais Terminus

243

243

12

13

14

A16

E402

E

Euro-Tunnel
Exhibition
Centre

Euro-Tunnel
Operation Centre

P P

Boulogne

Guînes

Dover (par aéroglisseur)
(hovercraft)

Dover (par aéroglisseur
(hovercraft)

Phare
de Walde

DUNKERQUE Malo-les-Bains Leffrinckoucke

Oostende/Veurne

Hoverport

Blériot-Plage

Sangatte

N.D. CALAIS
les Bourgeois de Calais

Moulin
Coquelles
Coquelles-Sangatte

Fréthun

Fréthun
Calais

E402

33

Bonningues-
lès-Calais

Pihen-
lès-Guines

GUÎNES

Andres

Château
de Blacourt

Landrethun-
le-Nord

Caffiers

Fergues

Elinghem

Parc

Locquinghem

Hardinghen

Réty

Hermelinghen

Wierre-
Effroy

Mont Cornet

Boursin

Mont
Dauphin

Belle-
et-Houllefort

le Wast

Nabringhen

40

Alincthun

Bellebrune

Fresnoy

Henneveux

Crémarest

Forêt de Desvres

St-Martin-
Choquel

DESVRES

Longfosse

Wierre-
au-Bois

Courset
d'Opale

Beaucoroy

les Dunes- d'Oye

Grand Fort-
Philippe

Petit Fort-
Philippe

Centrale
nucléaire

le Clipon

Hameau-
des-Dunes

Fort-
Mardyck

St Paul-
s/Mer

Grande-
Synthe

Petite-
Synthe

Mardyck

Gr. Synthe

les Hemmes

le Fort-Vert

Waldam

le Tap-Cûl

le Bout-
d'Oye

Oye-Plage

Marck

GRAVELINES
Ville fortifiée

St Georges-
s/l'Aa

Léon-
Plage

Léon Plage/
Eurofret

Craywick

Mardyck Spycker

Coudekerque-
Branche

le Galghouck

Coudekerque

Hoymille Warhem

Pont d'Oye

St. Folquin

Bourbourg/
Gravelines

Cappelle-
la-Grande

Armbouts-
Cappel

Grand Millebrugghe

Bierne

BERGUES
Ville fortifiée

Offekerque

le Beau Marais

Marck-Est

E40

Guînes

les Attaques

le Pont d'Ardres

Nouvelle-
Église

Fort-Bâtard

Ste Marie-Kerque

St Omer-
Capelle

Vieille-

St Folquin

Pont-du-Halot

BOURBOURG

Spycker

Coppenaxfort

Brouckerque

Steene

Crochte

Quaedypre

West-Cappel

Socx

Byssaert

Wylder

Hames-
Boucres

Nielles-
lès-Calais

St-Tricat

Andres

Boulogne

16

Autoroute
des Anglais

Guemps

23

AUDRUICQ

Cappelle-
Brouck

St Pierre-
Brouck

Drincham

la
Looberghe

15

Pitgam

Bissezeele

la Belle Vue

E42

WORMHOUT

Riet-Veld

Bois-
en-Ardres

Nortkerque

224

le Fort
St. Jean

Zegerscappel

la Cloche
l'Erkelsbrugge

Esquelbecq

A26

Balinghem

Campagne-
les-Guines

Autingues

Blanc-Pignon

Ostove

Zutkerque

Polincove

Ruminghem
Muncq- Nieurlet

Holque

Millam

Merckeghem

Ledringhem

le Cygne

Oudezeele

Hardifort

Arneke

ARDRES

Nielles-les-
Ardres
Lostret

Recques-s-Hem
la Recousse

Watten

Ste Mulders

Volckerinckhove

Rubrouck

Zermezeele
Wemaers-
Cappel

CASSEL

Rodelinghem

Bouquehault

Landrethun-
lès-Ardres
Crézecques

le Mont

Wulverdinghe

Lederzeele

Ochtezeele

Noordpeene

Ecottes

Louches

Nordausques

le Communal

Ganspette

Buysscheure

Zuytpeene

Fiennes

Herbinghen

le Ventu

Yeuse

Quémy

Clerques

Tournehem

Bavenghem
les-Eperlesques

Eperlesques

Houlle

St Momelin

Nieurlet

Nord

59

Bavinchove

Ste-Marie-
Cappel

les Trois-Rois

Oxelaere

Audrehem

Alembon

Bonningues-
lès-Ardres

Nort-
Leulinghem

Serques

Seminaire

la Maison-Blanche

Longue Croix

Licques

Mentque

E15

42 Moulle
de-Calais

Mont

Hocquinghem

le Poirier

Moringhem

Tilques

Salperwick

St Martin-
au-Laert

ST OMER

Cistercienne
Clairmarais

Audomarois

Surques

Rebergues

Journy

Haute Pannée

la Wattine

Cormette

Leuline

Tatinghem

Longuenesse
Westhove

ARQUES

Ebblinghem

Staple

Colembert

Bainghen

Nortbécourt

Boisdinghem

Zudausques

Leulinghem

933

21

Wallon-Cappel

Bournonville

Quesques

Escœuilles
Fromentel

Westbécourt
Harlettes

le Val-
d'Acquin
la Raiderie

Quelmes

Acquin

Setques

LUMBRES

Wisques

Wizernes

Gondardenne

Blendecques

Renescure

Pont-d'Asquin

Lynde

Sercus

Morbecque

Steenbecque

Menneville

Coulomby

Seninghem

N.D.
des Ardents

le Verval
Watterdal

Lottinghem

Esquerdes

Bilques

Heuringhem

Wardrecques

Racquinghem

Blendecques

Quiestede

Roquetoire

les Ciseaux

Bléquin

Affringues

Elnes

Wavrans-
s-l'Aa

Helfaut

Blaringhem

Boëseghem

Neuf-Manoir

Ledinghem

Vaudringham

S. Pierre
Fourdebecques

Campagnette

Pihem

Coubronne
Rons

Sablonière

Esques

Ligne

Wittes

Sentequies

les Trois-
Marquets

le Maisnil-
Boutry

Drionville

Wismes

Cloquant

Ouve-Wirquin

Dohem

Merck
St Liévin

Avroult

THÉROUANNE

-d'Amont -d'Aval

Grecques

Herbelles

Cauchie

Clarques Rebecques

Glomenghem

Mametz

Warne
Rincq

31

Thiennes

Tannay

AIRE

Beaucoroy

Thiembronne

Malsnil

Westrehem

Marthes

AMER

Picquigny-
Remilly
Wirquin

Inghem

Ingham

Bientques

55

Wierre-au-Bois

Zeebrugge 4h

Oostende 2h

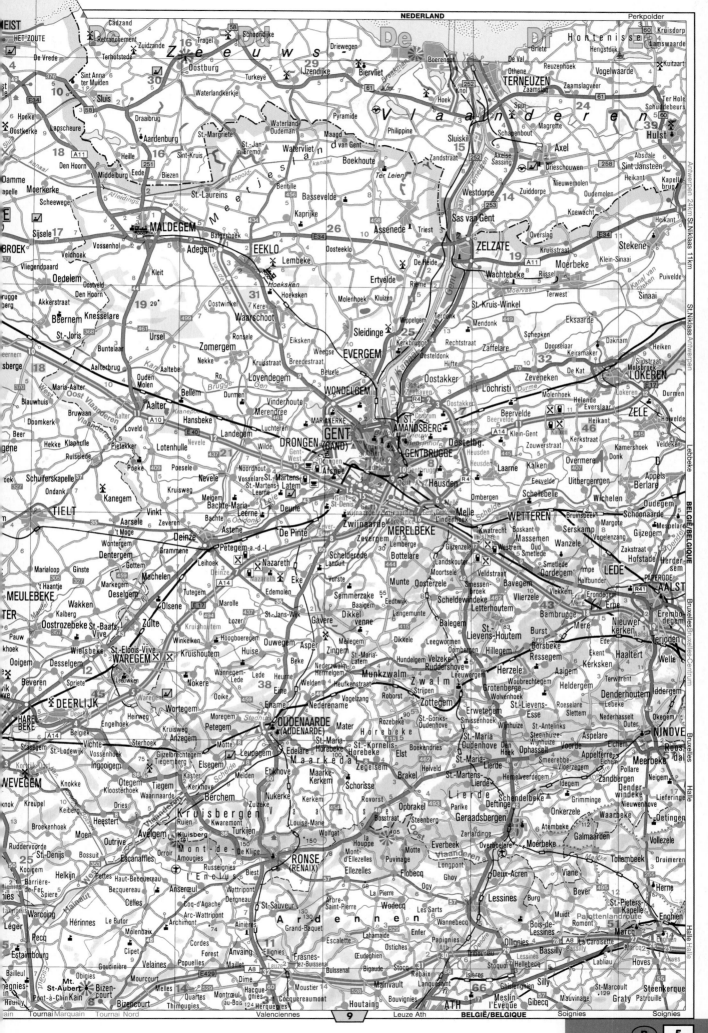

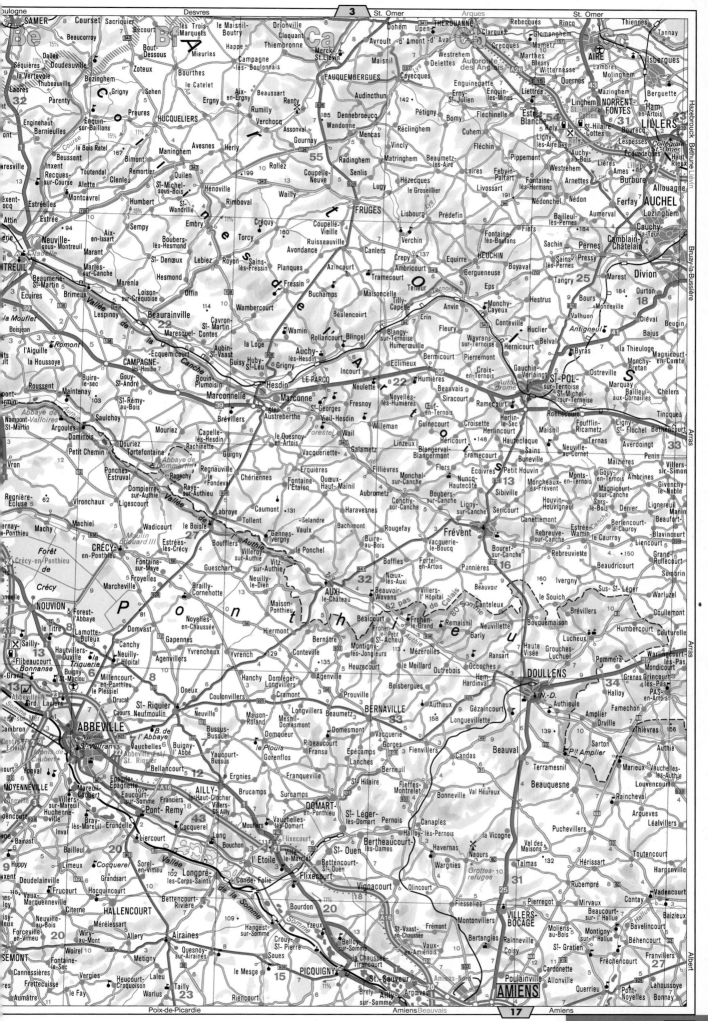

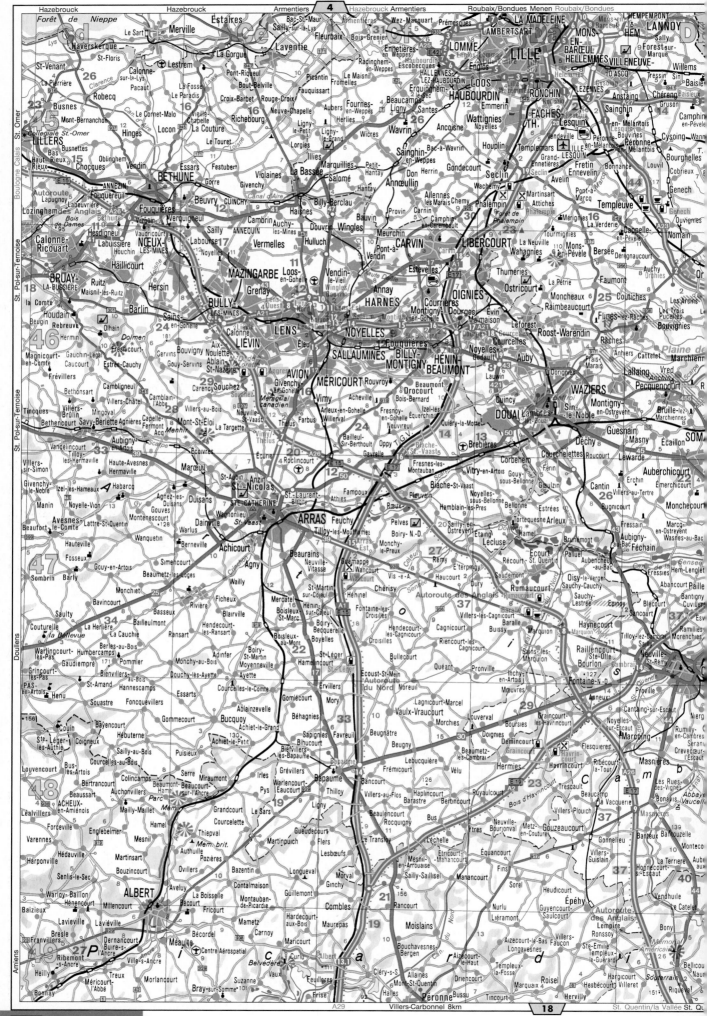

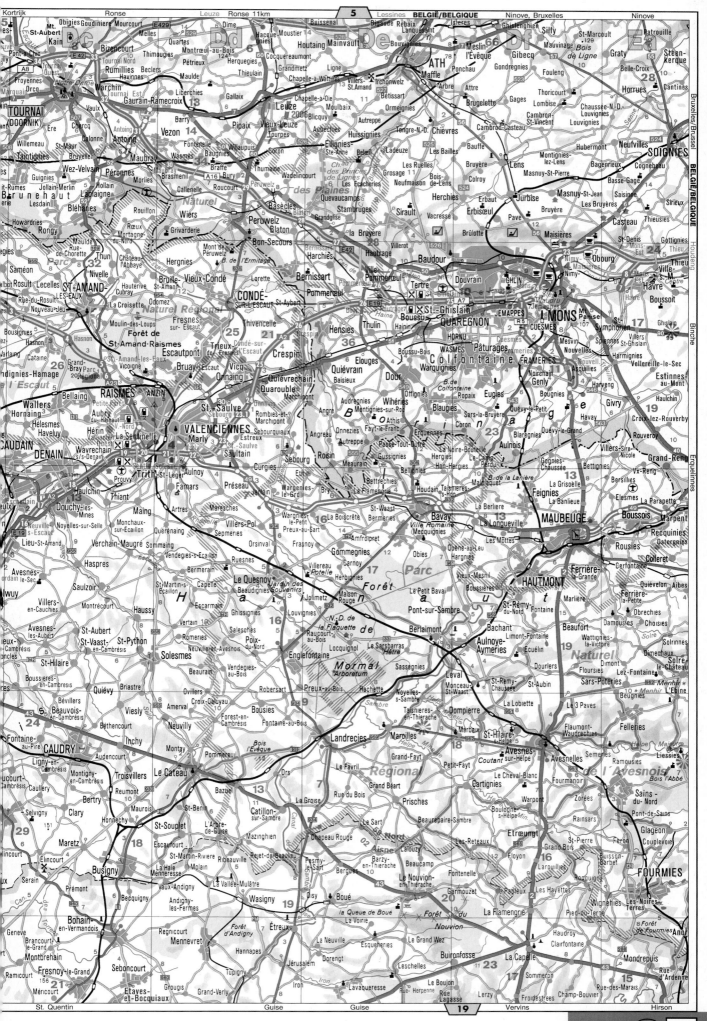

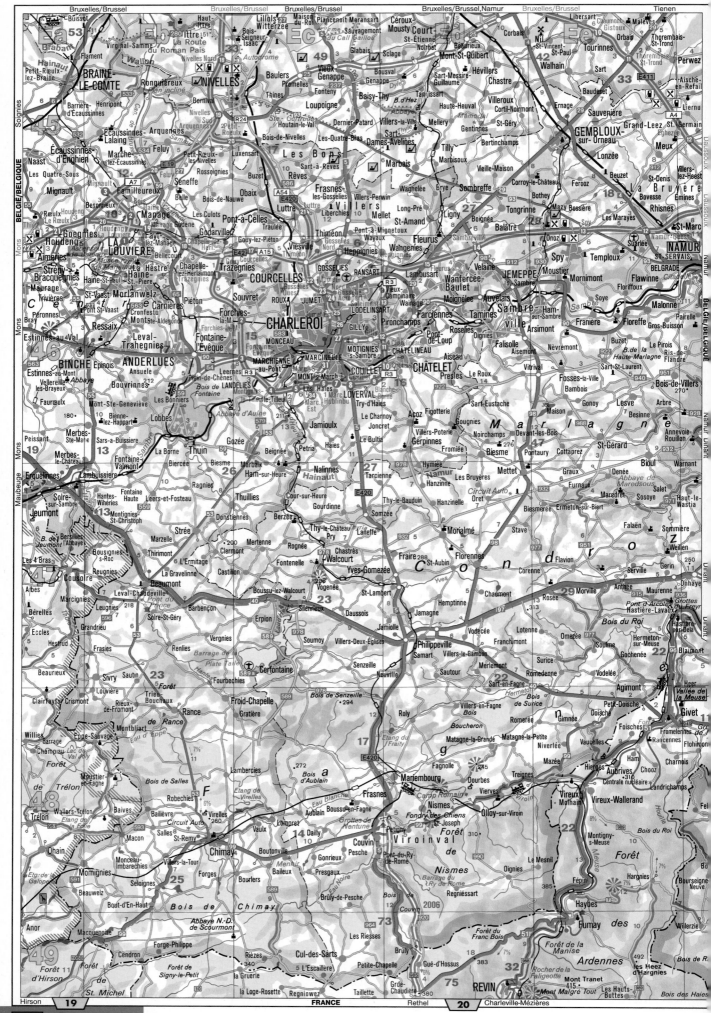

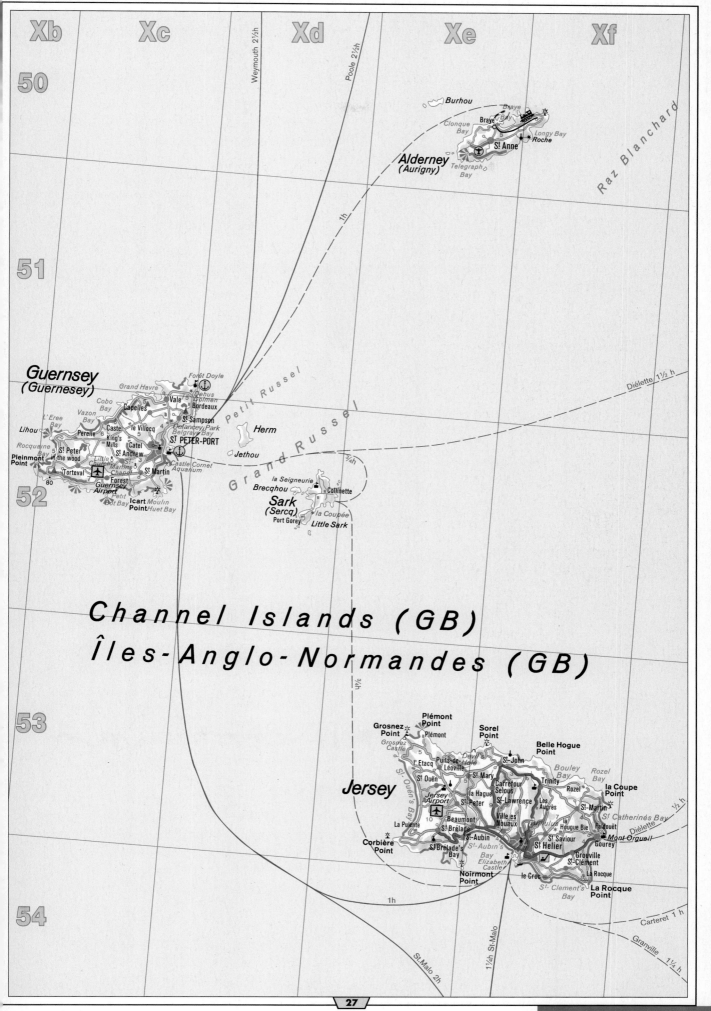

Channel Islands (GB)
Îles-Anglo-Normandes (GB)

Weymouth 2½h

Poole 2½h

Raz Blanchard

Burhou

Braye Bay
Braye

Clonque Bay
Longy Bay
Roche
St Anne

Alderney
(Aurigny)

Telegraph Bay

1h

Diélette 1½ h

Guernsey
(Guernesey)

Forêt Doyle

Grand Havre

Dehus Dolmen

Vale

Bordeaux

Cobo Bay

Capelles

St Sampson

L'Erée Bay
Vazon Bay
Castel
le Villocq
Delancey Park
Belgrave Bay

Lihou
Perelle
King's Mills
Catel
St PETER-PORT

Rocquaine Bay
St Peter in the wood
St Andrew

Petit Russel

Herm

Pleinmont Point
Little Church
Martino Chapel
St Martin
Castle Cornet Aquarium

Jethou

Torteval

80
Guernsey Airport
Forest

Grand Russel

¾h

la Seigneurie
Brecqhou
Collinette

Petit Bot Bay
Icart Point
Moulin Huet Bay

Sark
(Sercq)
Port Gorey
la Coupée
Little Sark

¾h

St Malo

Granville 1¼ h

Grosnez Point
Grospez Castle

Plémont Point
Plémont

Sorel Point

Belle Hogue Point

l' Etacq
Puits-de-Léoville
Devil's Hole
St-John

Bouley Bay
Rozel Bay

St Ouën

St Mary

Trinity

Jersey

St Ouën's Bay

Carrefour Selous

Rozel

la Coupe Point

Jersey Airport
la Hague
St-Peter
St-Lawrence
Les Augres
St-Martin

St Catherinés Bay

½ h

La Pulente

Beaumont
St Brélade
Ville es Nouaux
la Hougue Bie
Faldouët

Diélette

Mont Orgueil

Corbière Point
St Brélade's Bay

St-Aubin
St-Aubin's Bay
Elizabeth Castle
St Helier
St Saviour

Gourey
Grouville
St-Clément

Noirmont Point
le Croc

La Rocque

St-Clement's Bay

La Rocque Point

Carteret 1 h

1h

1½h St-Malo

St Malo 2h

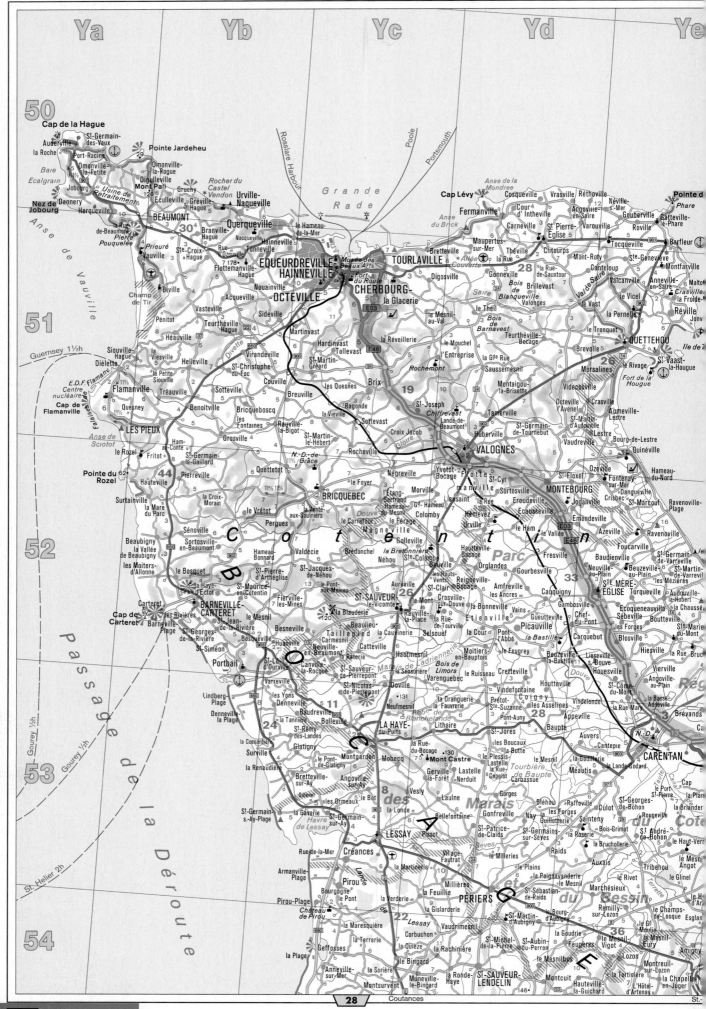

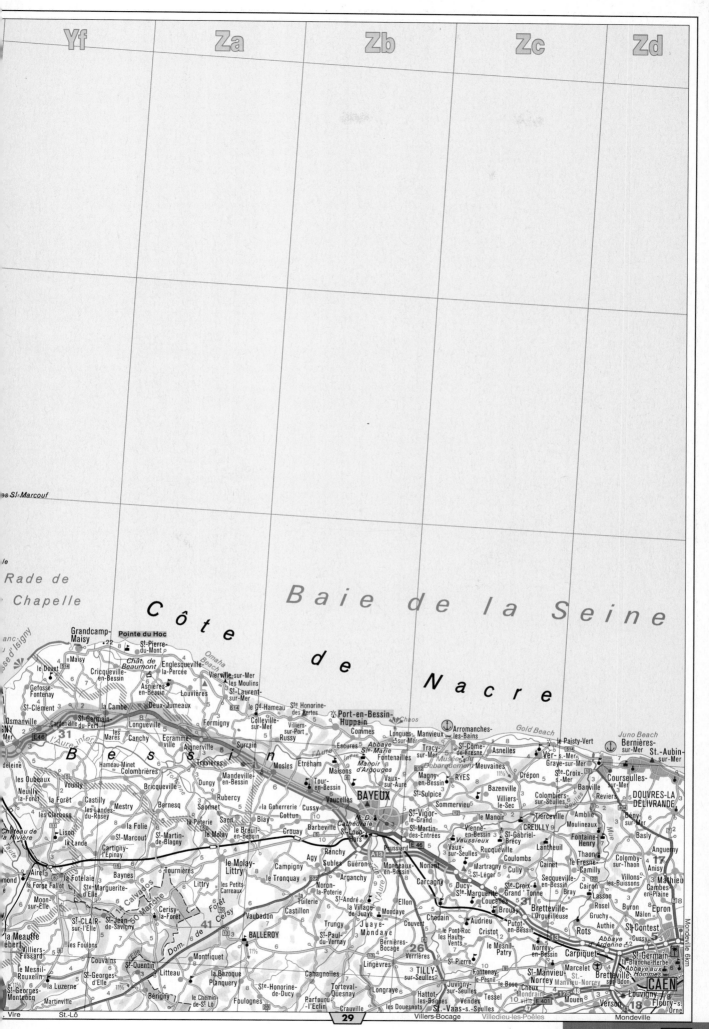

Baie de la Seine

Côte de Nacre

Rade de
Chapelle

es St-Marcouf

le

Grandcamp-
Maisy
Pointe du Hoc
.22
St-Pierre-
du-Mont
anc d'Isigny
Maisy
Chât. de
Beaumont
Englesqueville-
la-Percée
Omaha Beach
le Douet
Cricqueville-
en-Bessin
Vierville-
sur-Mer
les Moulins
Gefosse-
Fontenay
Asnières-
en-Bessin
Louvières
St-Laurent-
sur-Mer
St-Clément
la Cambe
Deux-Jumeaux
le Gd Hameau
Ste Honorine-
des Pertes
Port-en-Bessin-
Huppain
les Chaos
Osmanville
Cardonville
St-Germain-
du-Pert
Longueville
Formigny
Colleville-
sur-Mer
Villiers-
sur-Port
Russy
Commes
Manvieux
Arromanches-
les-Bains
Gold Beach
Juno Beach
E46
l'Aure inter
les Mares
Canchy
Ecramme-
ville
Aignerville
Surrain
Escures
Abbaye
Ste-Marie
Fontenailles
Tracy-
sur-Mer
St-Côme-
de-Fresne
Asnelles
le Paisty-Vert
Ver-s.-Mer
Graye-sur-Mer
Bernières-
sur-Mer
St-Aubin-
sur-Mer
deleine
Bessin
Hameau-Minet
Colombrières
Trévières
Mosles
Etréham
l'Aure
Maisons
Manoir
d'Argouges
Vaux-
sur-Aure
Magny-
en-Bessin
RYES
Meuvaines
Crépon
Ste-Croix-
s.-Mer
Courseulles-
sur-Mer
les Oubeaux
Vouilly
Dungy
Mandeville-
en-Bessin
Tour-
en-Bessin
St-Sulpice
Bazenville
Villiers-
le-Sec
Colombiers-
sur-Seulles
Banville
Reviers
DOUVRES-LA
DÉLIVRANDE
Neuilly-
la-Forêt
la Forêt
Bricqueville
Rubercy
Vaucelles
BAYEUX
Sommervieu
le Manoir
Amblie
Moulineaux
Bény-
sur-Mer
Basly
les Clerbosa
Castilly
les Landes-
du-Rosey
Mestry
Bernesq
Saonnet
la Goherrerie
Cussy
Cottun
N-D.
Cathédrale
St-Vigor-
le-Grand
Tierceville
Fontaine
Henry
Thaon
Colomby-
sur-Thaon
Anguerny
Château de
la Rivière
Lison
la Lande
St-Marcouf
la Folie
la Poterie
Saon
Blay
le Breuil-
en-Bessin
Barbeville
Crouay
St-Loup-
Hors
St-Martin-
des-Entrées
Vienne-
en-Bessin
St-Gabriel-
Brécy
Lantheuil
le Fresne-
Camilly
Anisy
17
Aire
la Forge Fallot
Cartigny-
l'Epinay
St-Martin-
de-Blagny
Agy
Ranchy
Subles
Guéron
Poussiard
E 46
Vaux-
s-Seulles
Rucqueville
Coulombs
Cainet
Villons-
les-Buissons
Cambes-
en-Plaine
Mathieu
mond
la Fotelaie
Baynes
Tournières
le Molay-
Littry
Campigny
le Tronquay
4
A13
Monceaux-
en-Bessin
Nonant
Martragny
St-Léger
Cully
Secqueville-
en-Bessin
Bray
Cairon
Lasson
Rosel
Buron
Epron
Moon-
sur-Elle
Ste-Marguerite-
d'Elle
Littry
les Petits-
Carreaux
Noron-
la-Poterie
Arganchy
St-André
la Tuilerie
Carcagny
Ducy-
Ste-Marguerite
Ste-Croix-
Grand' Tonne
Loucelles
Brouay
31
Bretteville-
l'Orgueilleuse
Gruchy
Authie
Buron
St-Clair
sur-l'Elle
St-Jean-
de-Savigny
Cerisy-
la-Forêt
Forêt
de Cerisy
Vaubadon
Castillon
la Village-
de-Juaye
Mondaye
Ellon
Couvert
Chodain
Audrieu
Putot-
en-Bessin
Cristot
Norrey-
en-Bessin
Rots
Abbaye
Ardenne
Cussy
St-Germain
la Meauffe
ebert
Villiers-
Fossard
les Foulons
41
BALLEROY
13
Trungy
St-Paul-
du-Vernay
Juaye-
Mondaye
Bernières-
Bocage
le Pont-Roc
les Hauts-
Vents
le Mesnil-
Patry
le Mesnil-
Rouxelin
Couvains
St-Quentin
Montfiquet
Dom.
11½
26
Verrières
St-Pierre
Norrey-
en-Bessin
Marcelet
St.-
Bretteville-
la-Blanche-Herbe
Abbaye aux
Hommes
St-Germain
St-
Georges-
Montcocq
la Luzerne
St-Georges-
d'Elle
11½
Litteau
la Bazoque
Planquery
Cahagnolles
Lingèvres
TILLY-
sur-Seulles
Juvigny-
sur-Seulles
le Pesnil
le Bosq
St-Manvieu-
Norrey
Manvieu-Norrey
Carpiquet
CAEN
Fleury-s.-
Orne
Martinville
Bérigny
11½
Litteau
la Bazoque
Planquery
Ste-Honorine-
de-Ducy
Torteval-
Quesnay
Longraye
Hattot-
les-Bagues
Vendes
Fontenay-
Tessel
Mondrain
ville
E 401
Mouen
175
Verson
18
Crauville
Foulognes
Parfouru-
l'Eclin
Crauville
les Douesnots
St-Vaas-s.-Seulles

Vire
St-Lô
29
Villers-Bocage
Villedieu-les-Poêles
Mondeville
Mondeville 6km

50

51

52

53

FÉCAMP

St-Léonard

Yport
Vattetot-sur-Mer
Bénouville
Froberville
le Rambor
12
24
940
St-Clair
Falaise d'Amont
Étretat
Falaise d'Aval
la Place
Bordeaux-St-Clair
les Loges
Gerville
13
le Tilleul
36
Fonguesemare
Cuverville
Sausseuzemare-en-Caux
Chât. des Groseilliers
Écrainville
Cap d'Antifer
la Poterie-Cap-d'Antifer
Beaurepaire
Le Route de Clvoire et des Épices
Ste-Marie-au-Bosc
Villainville
Gonneville-la-Mallet
St-Jouin
Bruneval
CRIQUETOT-l'Esneval
Anglesqueville-l'Esneval
Bornam
139
Heuqueville
Buglise
St-Martin-du-Bec
Vergetot
St-Sauveur-d'Emalleville
Turretot
Écuquetot
Ma
St-Sauveur
Virville
Cauville
Mannevillette
Hermeville
Angerville-l'Orcher
H
Ecqueville
940
Rolleville
Graimbouville
925
28
St-Barthélemy
Fontenay
Managlise
Etainhus
20
Octeville-sur-Mer
St-Andrieux
MONTIVILLIERS
Epouville
Sainneville
St-Roma
Aéroport du Havre Octeville
Fontaine-la-Mallet
480
St-Laurent-de-Brévedent
Epretot
Phare de la Hève
St-Martin-du-Manoir
Gournay
Gainneville
St-Aubin-Routot
30
15
Ste-Adresse
Fort de Ste-Adresse
Harfleur
GONFREVILLE
Dydalle
St-Vigor-d'Ymonville
15
St-Joseph
l'Orcher
Rogerville
Sandouville
St-Vincent-Cramesnil
Musée
Chât. d'Orcher
Cana 2
Le Route

LE HAVRE
Portsmouth
Port Est et Ouest
Centre-Routier
Port Sud
Pont de Normandie
5

B a i e   d e   l a   S e i n e

HONFLEUR
N.-D. de Grâce
Vasouy
Bervi
Fatouvill-Grestain
Côte de Grâce
Ste Catherine
la Rivière-St-Sauveur
Conte
Pennedepie
Criquebœuf
St-Gatien
Manoir du Breuil
St-Pie-du-Va
Villerville
513
Équemau-ville
Ablon
le Montessard
Barneville-la-Bertran
2
Hennequeville
Gonneville-sur-Honfleur
Figuefleur-Equainville
Deauville
144
St-Quentin
St-Gatien
Manneville-la-Raoult
Grasville
Boulleville
TROUVILLE-sur-Mer
Fourneville
Genneville
Chemin de fer touristique
BEUZEVILLE
175
Benerville-sur-Mer
St-Philibert
11
St-Gatien-des-Bois
A29
Quetteville
3
Blonville-sur-Mer
Mont Canisy
Touques
Bonneville-s.-Touques
Englesqueville-en-Auge
le Theil-en-Auge
le Tor
112
Villers-sur-Mer
Falaise des Vaches Noires
St-Arnoult
170
12
Tourville-en-Auge
St-Benoît d'Hébertot
Beuzevil
Tourgéville
St-André-d'Hébertot
la Lande-St-Léger
Houlgate
17
Auberville
Blonville
Vauville
Canapville
St-Martin-aux-Chartrains
6
le Vieux-Bourg
les Jonquets
Château de Villers
St-Pierre-Azif
les Moutiers
132
Surville
CABOURG
120
Dives-sur-Mer
Gonneville-sur-Mer
St-Vaast-en-Auge
Glanville
St-Étienne-la-Thillaye
PONT-l'ÉVEQUE
St-Julien-s.-Calonne
les Authieux-s.-Calonne
Houland
Douville-en-Auge
Branville
Bourgeauville
PONT l'EVEQUE
Reux
Chât. du Perrey
Bonneville-la-Louvet
534
Chât. de Malou
CO

Côte de Grâce

Côte   fleurie

Portsmouth

Rade de Caen

Merville-Franceville-Plage

Sword Beach

Langrune-sur-Mer
Luc-sur-Mer
Lion-sur-Mer
la Bièche-d'Hermanville
Colleville-Plage
Cresserons
Hermanville-sur-Mer
Riva-Bella
OUISTREHAM
Colleville-Montgomery
Plumetot
Périers-sur-le-Dan
Bieville-Beuville
St-Aubin-d'Arquenay
Blainville-sur-Orne
HÉROUVILLE ST-CLAIR
Ranville
Hérouvillette
Escoville
le Mesnil-de-Bures
Bénouville
Amfréville
Bas de Bréville
Petiville
Bavent
Robehomme
Bréville
la Hôme-s.-Mer
Salenelles
Gonneville-en-Auge
Vacaville
Grangues
Dives
Brucourt
Cricqueville-en-Auge
130
St-Clair
Caburg
St-Samson
St-Pair
Dozulé
Cresseveuille
St-Léger-Dubosq
14
Autoroute de Normandie
Moutier
Valsemé
le Torquesne
Fierville-les-Parcs
Pierrefitte-en-Auge
Manneville-la-Pipard
le Mesnil-s.-Blangy
BLANGY-le-Château
St-Pierre-de-Cormeilles
le Breuil-en-Auge
le Faulq
le Pin
510
810
St-Philbert-des-Champs
Norolles
Coquainvilliers
Manoir de Malou
Fauguernon
Moyaux
570
Ouilly-le-Vicomte
Manoir du Pontife
Manerbe
Rocques
Fumichon
Léaupartie
la Roque-Bainard
Formentin
Auvillars
Repentigny
Bonnebosq
290
A13
Beaumont-en-Auge
St-Hymer
Drubec
Clarbec
Villers-sur-Mer
Clermont-en-Auge
Gerrots
Rumesnil
Montreuil-en-Auge
Victo-t-Pontfol
Hotot-en-Auge
Pontfol
St-Pierre-du-Jonquet
Janville
Guillerville
Emiéville
Mondeville
Giberville
la Compagne
TROARN
St-Samson
Bures-s.-Dives
175
St-Richer
Beuvron-en-Auge
St-Jouin
Clermont-en-Auge
Auberville
Grentheville
Sannerville
37
Touffreville
Bavent
5
11
E46
Goustran-ville
Putot-en-Auge
Bassenville
Danestal
Angoult
12
Beaufour-Druval
St-Eugène
18
St-Léger-Dubosq
Brocottes
Rumesnil
Formentin

CAEN
Mondeville
Abbaye aux Dames
Giberville
Colombelles
Cuverville
Démouville
Banneville

Falaise 35km Lisieux 53km
Lisieux
30
Bayeux 36km

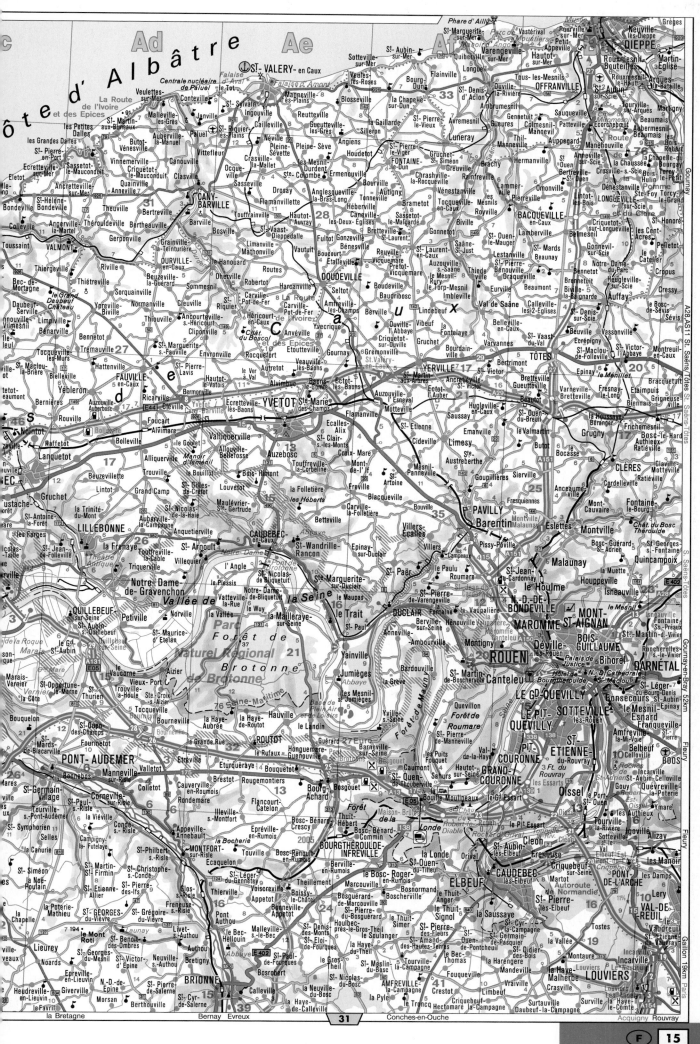

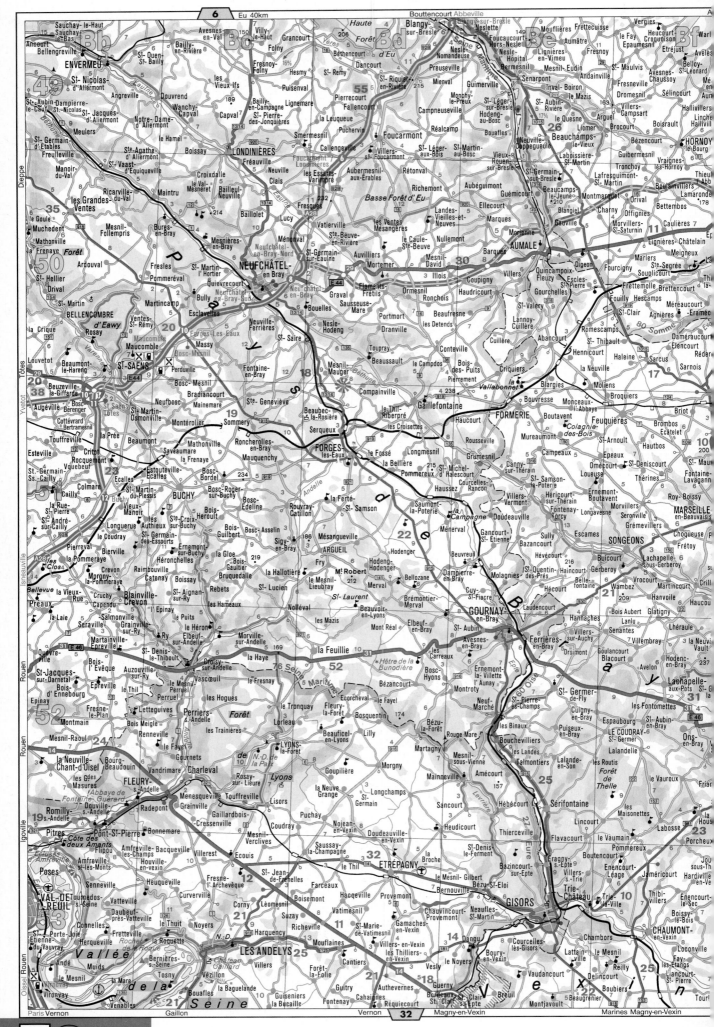

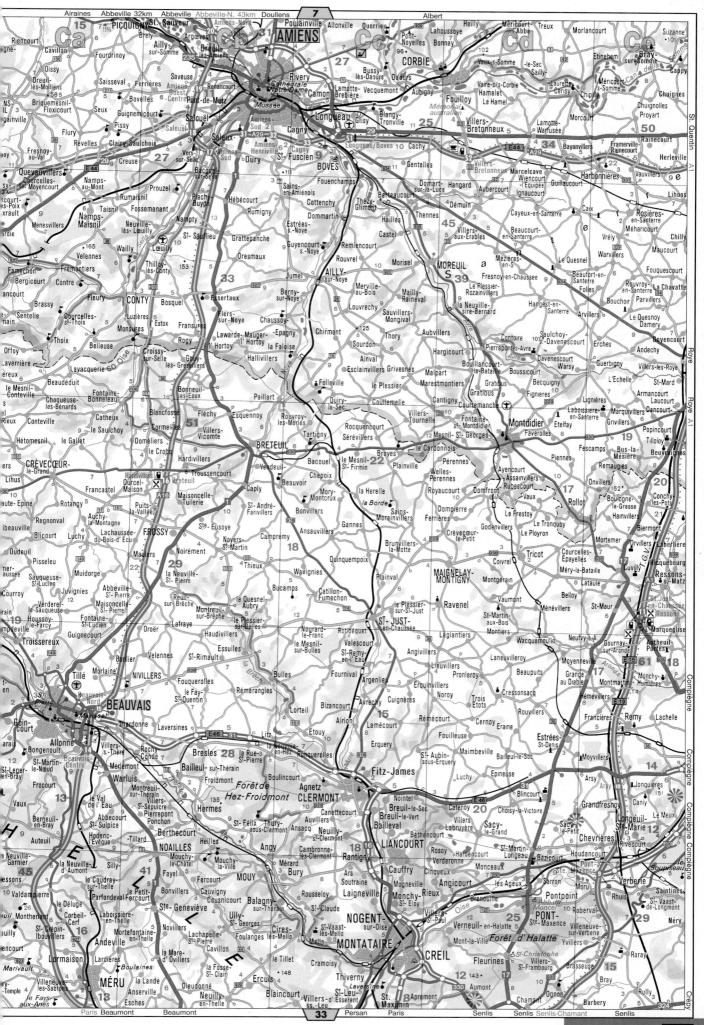

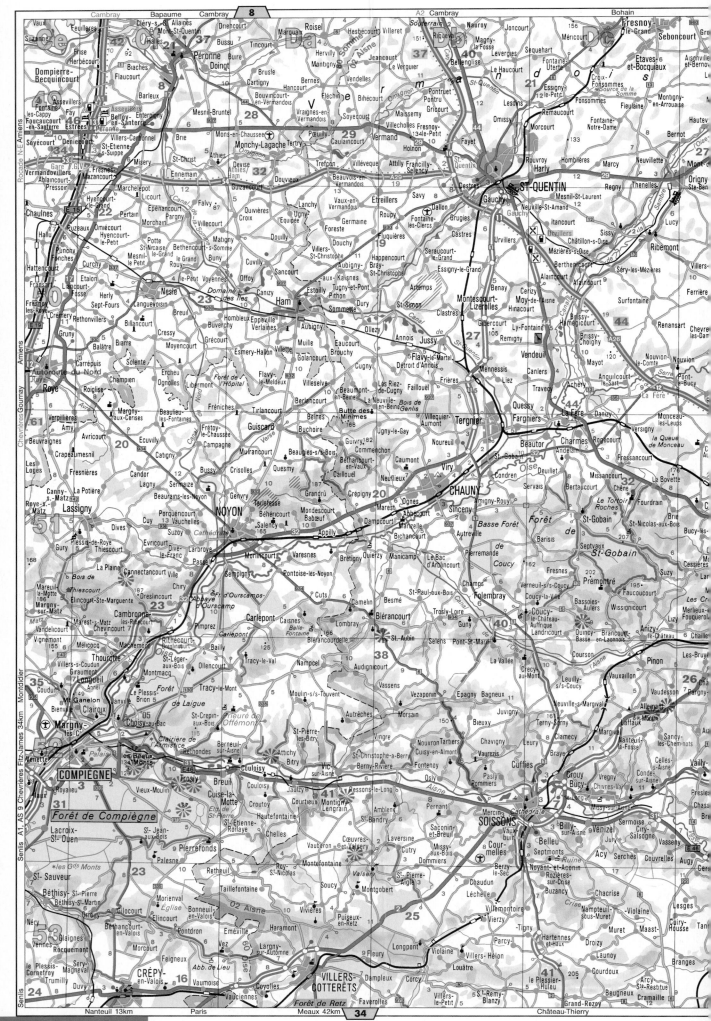

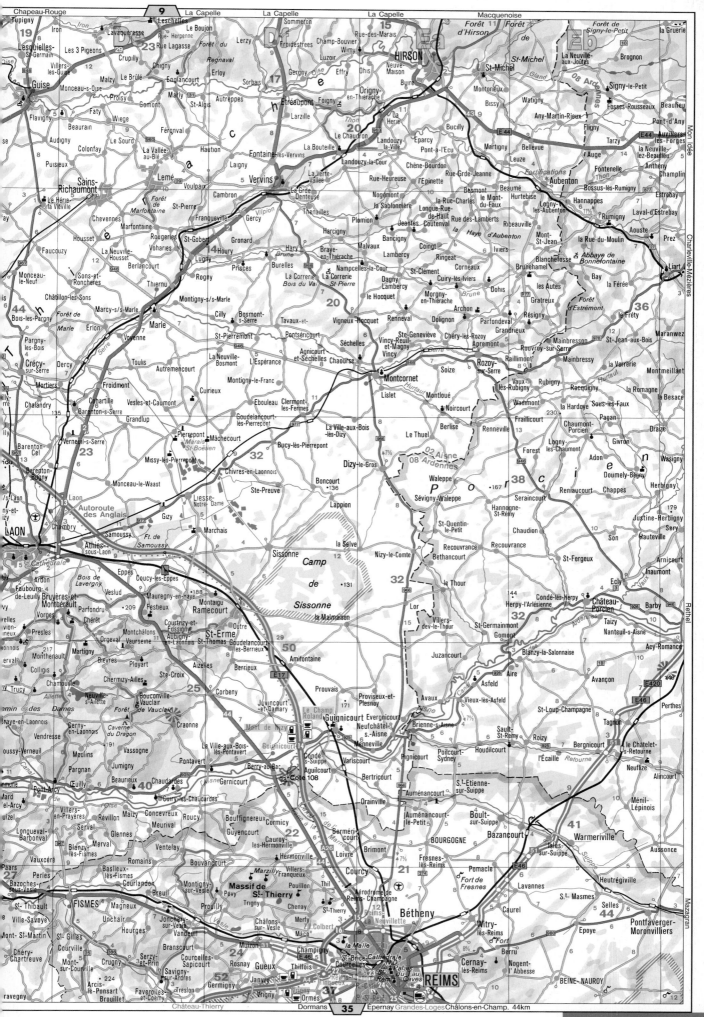

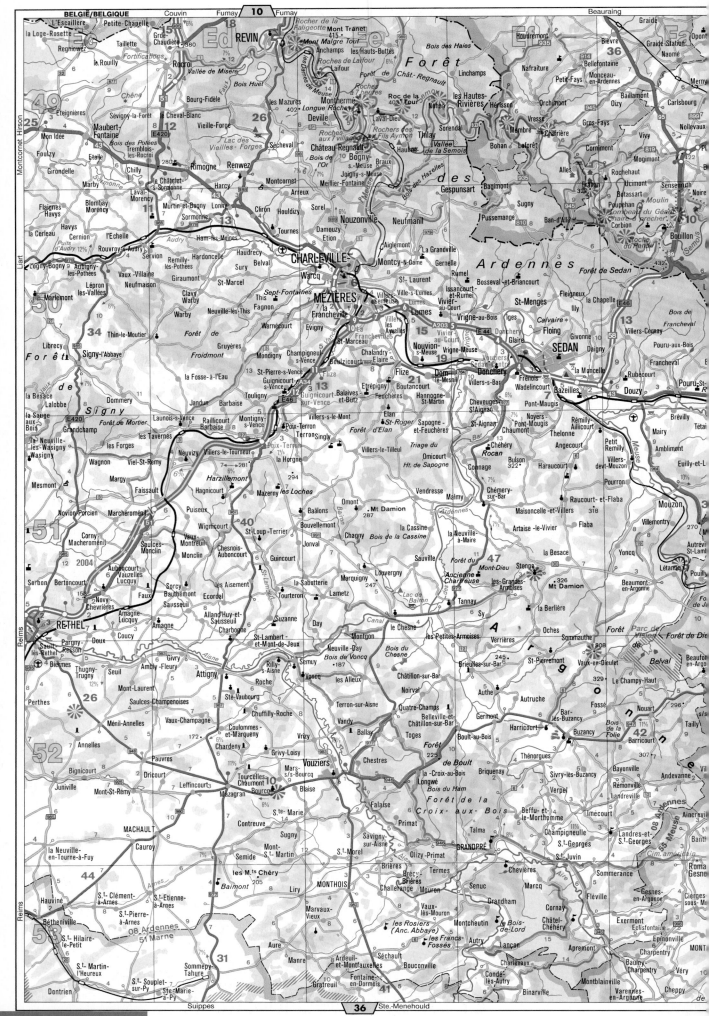

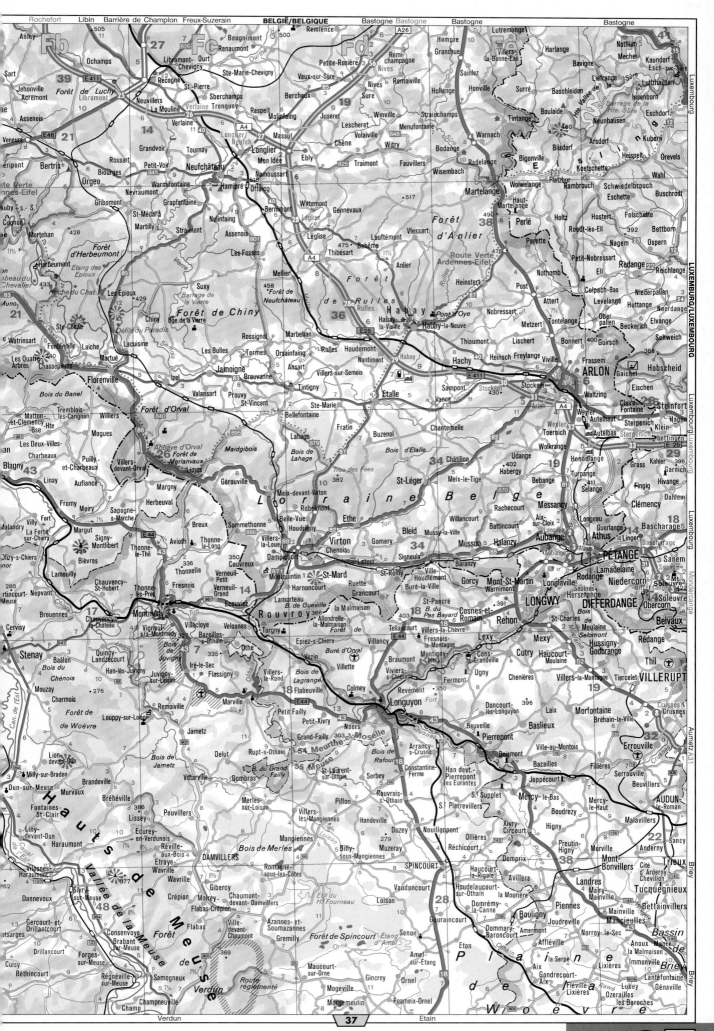

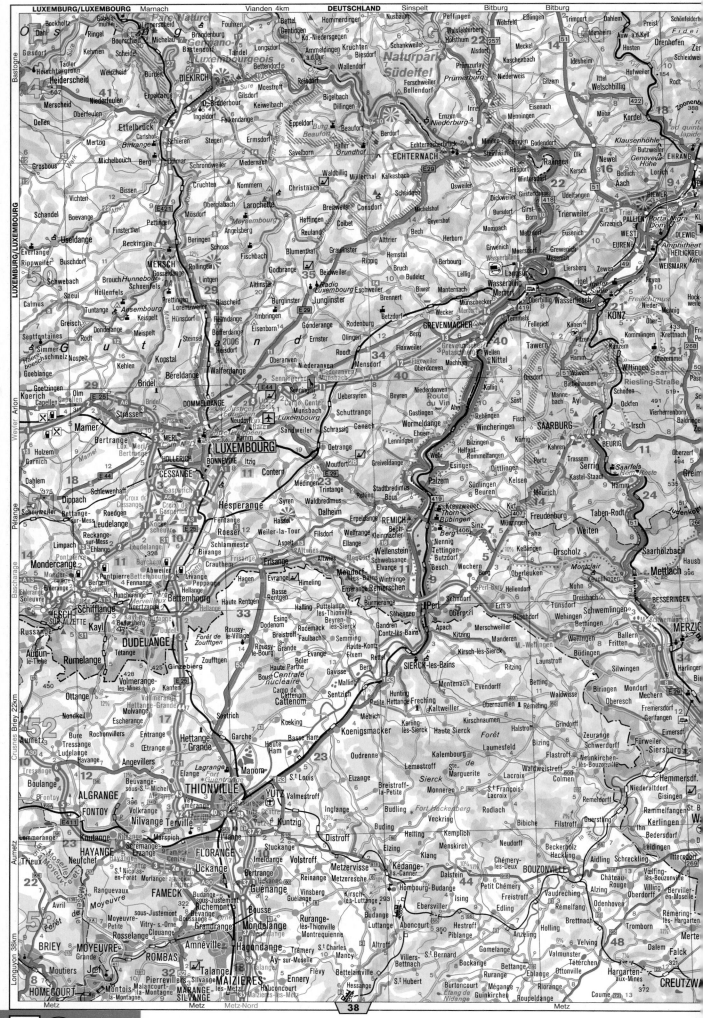

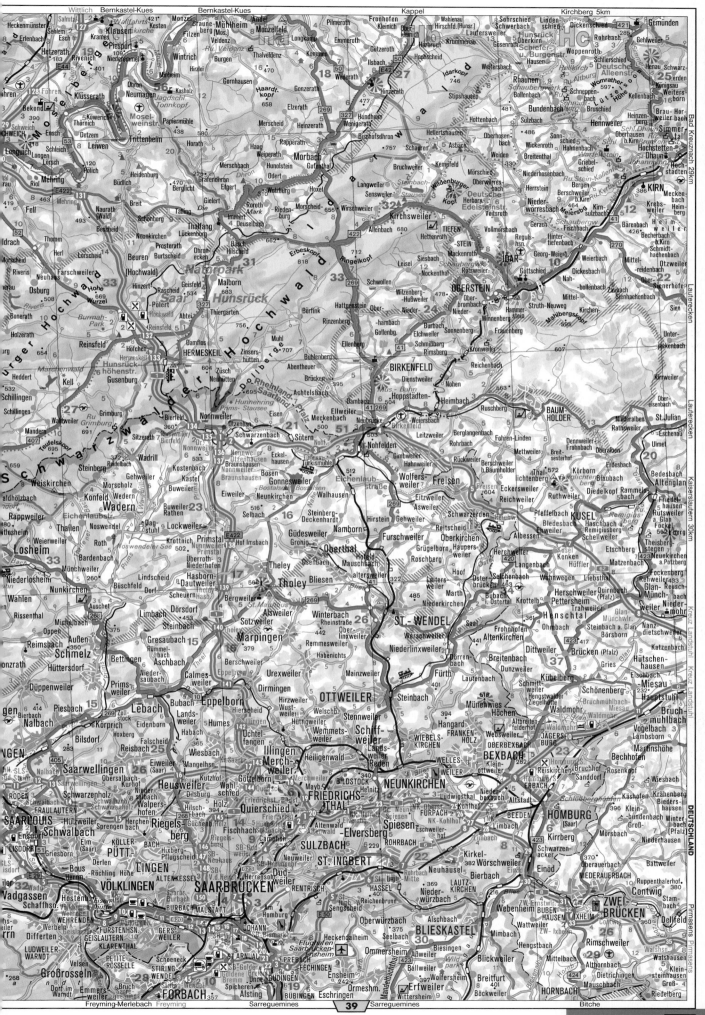

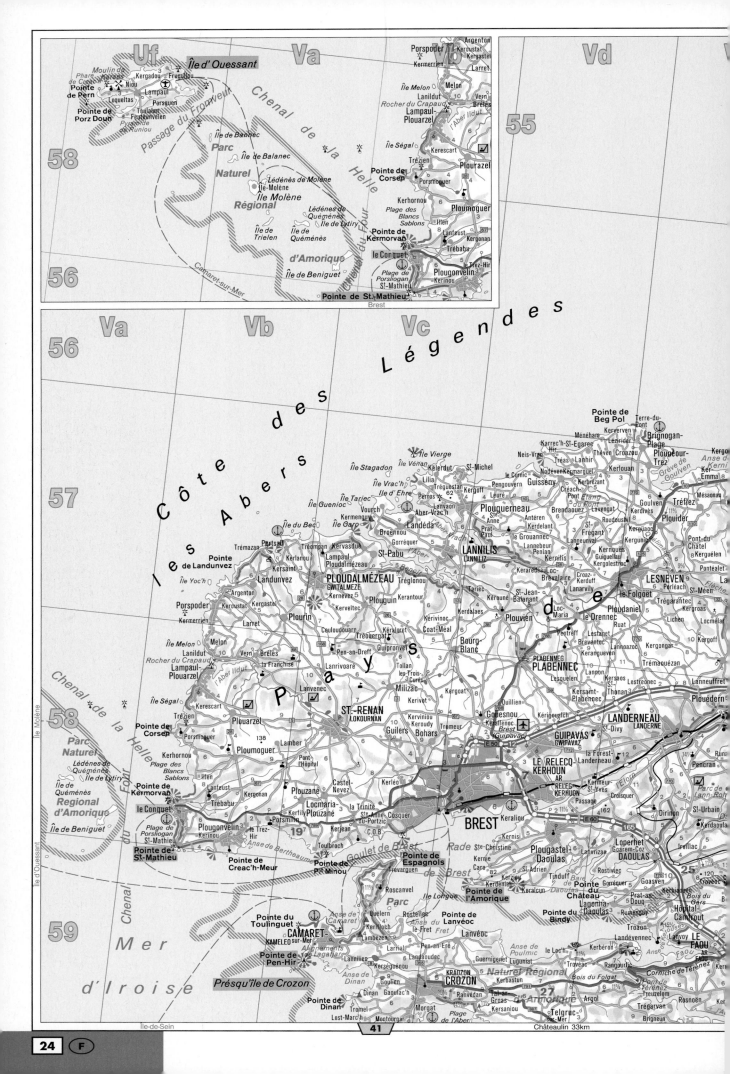

Île d' Ouessant

Moulin de
Phare   Kergadou   Frugullou
de Creac'h   Karaës
Pointe   Niou
de Pern   Lampaul
Loqueltas   Perseguen
Pointe de   Feuteunvelen   Toulaur
Porz Doun   Pyramide
de Runiou

Porspoder
Kermerrien
Île Melon   Melon
Lanildut   10   Vern
Brèles
Rocher du Crapaud   Lampaul-
Plouarzel   la Franchise
l'Aber Ildut
Île Ségal
Kerescart
Trézien   Plouarzel
Pointe de   Porsmoguer   138
Corsen
Kerhornou   Lamber
Plage des   Ploumoguer
Blancs
Sablons   Illien
Pointe de   Lanfeust   Kergonan
Kermorvan   Trébabu
le Conquet   Locmaria-
Kerfily   Plouzané
Plougonvelin   le Trez-   Porsmilin
Kerinou   Hir   Kerjean
Plage de   19   Toulbroch
Porsliogan
St-Mathieu
Pointe de   Anse de Bertheaume
St-Mathieu   Pointe de
Pointe de   Pil Minou
Creac'h-Meur

Pointe du   Anse de
Toulinguet   Camaret
CAMARET-
KAMELEO sur-mer   Quélern   Roscanvel
Pointe de   Kerfloch
Pen-Hir   Lambézen
Alignements
de Lagatjar
Lannilien   Larrial   Pen-an-Ero
Kerséguénou
Présqu'île de Crozon
Anse de
Dinan   Goulien
Pointe de   Dinan   Gaoulac'h
Dinan   Tromel   Montourgar
Lost-Marc'h   Morgat

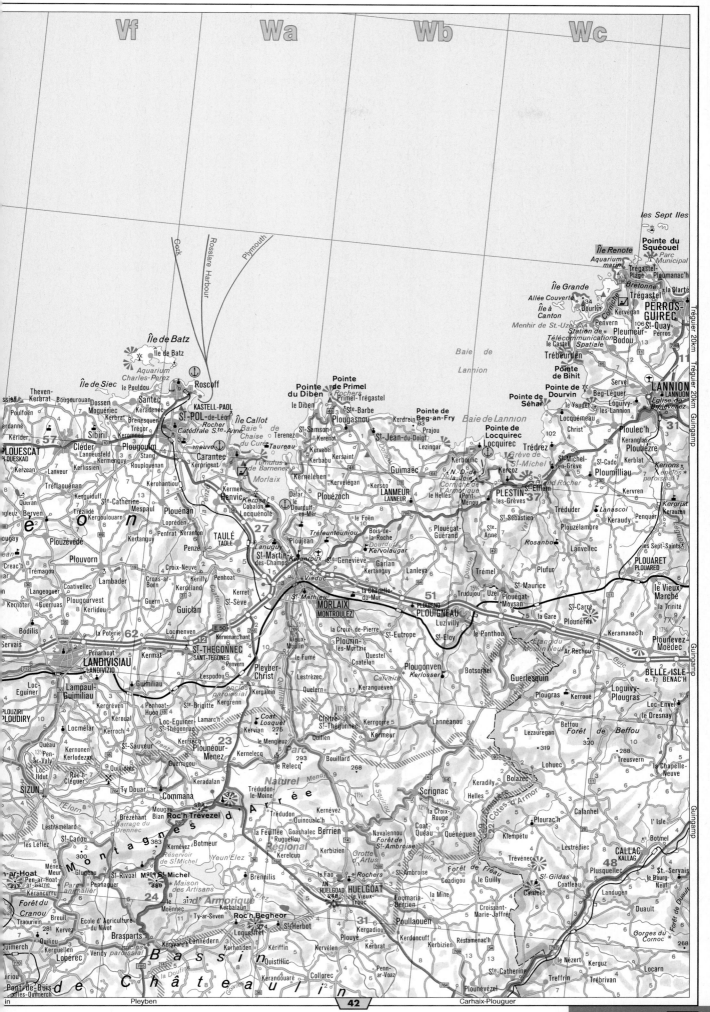

les Sept Iles

Pointe du
Squéouel
Île Renote   Parc
Aquarium   Municipal
marin   Trégastel-
Plage Ploumanac'h
Bretonne la Clarté
Île Grande Trégastel
Allée Couverte Douírn Kervégan
Île à PERROS-
Canton GUIREC
Menhir de St-Uzec Penvern 106 St-Quay-
Station de Pleumeur- Perros
Télécommunication Bodou
le Castel Trébeurden

Baie de
Lannion Pointe
de Bihit
Pointe Servel
du Diben Pointe Pointe de Pointe de Beg-Léguer LANNION
Pointe de Primel Dourvin Séhar le Vaudet LANNUON
du Diben Rochers Pointe de Loguivy- Église de
le Diben Primel-Trégastel Pointe de Baie de Lannion Locquémeau lès-Lannion Brélévenez
Ste-Barbe Beg-an-Fry Locquirec 31
Kerdrein Prajou Pointe de Christ Ploulec'h
Pointe de Plougasnou Locquirec 102 Keranglas
Cork Rosslare Harbour Plymouth St-Samson Terenez Locquirec Trédrez Ploubézre
Thevens- Île de Batz Kervébel St-Jean-du-Doigt Kerboulic Grève St-Michel- St-Cado Kerblat
Kerbrat Île de Batz le Pouldou Kerénot Lezingar de St-Michel en-Grève Kerions
Aquarium Roscoff Kerbabu Kersaint N.D.de St-Efflam enclos
Charles-Perez Santec Kérosal Guimaëc la Joie le Rocher Ploumilliau paroissial
Île de Siec Keradenec le Hellès Corniche Tréduder Kervren
Poulfoën Bourgourouan Moguériec Kerbrat Baie Chaise Taureau Kernéléhen Kervélégan LANMEUR d'Armorique Plestin Tréduder Kergrist
Kérider Dossen Trégor du Curé Plouézoch LANNEUR Pont- les-Grèves Kerauzen
57 Sibiril Keromnès Kersto Menou 37 Plouzélambre Penquer
Cléder St-Pol-de-Léon Île Callot Dalar le Dourduff Garlan St-Sébastien Lanascol
PLOUESCAT Lanneufsfeld Carantec Henvic en-Mer Ste-Geneviève Ste- les Sept-Saints
PLOUESKAD Kermenguy Plougoulm Kerprigent Cobalon le Foën Bois-de- Anne Rosanbo Lanvellec
Kerzean Roulplouénan Croix-Neuve Loquénolé Bois-de-Roche PLOUARET
Lanveur Kerhantiou TAULÉ la-Roche Plouégat- PLOUARED
Tréflaouénan Penfrat Keranton 27 Tréfeunteuniou Kervolaugar Guérand Dourdu Plufur Trémel
Kerguiduff Lopréden TADLE Plouisy St-Maurice
Queran Ste-Catherine Mespaul Plouénan Penzé Lanuguy Kervroux Lanleya Plouégat- le Vieux-
Trézilidé Kergouloarn St-Martin- Kertanguy Moysan Marché
on Plouzévédé Kertanguy des-Champs Viaduc Plouigneau Uzel St-Carré la Trinité
Plouvorn Croas-ar- St-Mathieu la Chapelle- 51 Trudujou la Gare Plouénan
Creac'h Trémagon Born du-Mur Plouigno Plounérin Keramanac'h
Lambader Kerdéland Kerret MORLAIX PLOUIGNEAU Plounévez-
Langeoguer Coativellec Guern St-Sève MONTROULEZ Luzivilly le Ponthou Moëdec
Kernoter Plougourvest Guiclan la Croix-de-Pierre St-Eutrope le Vieux- Ar Réchou BELLE-ISLE
Guerruas Kerlidou Locmenven Vieux- Plourin- St-Eloy Étang du E.-T. BENAC'H
Bodilis 62 Kervenan'oh Moulin les-Mortaix Moulin Neuf
Servais la Poterie Questel Plougonven Loguivy-
Penarhoat Kermat St-Théegonnec le Fumé Coatélan Kerlosser Botsorhel Guerlesquin Plougras
LANDIVISIAU SANT-TEGONEG Lestrézec Botsorhel Kerroué Loc-Envel
LANDIVIZIO Penvern Pleyber- Lannéanou Beffou le Dresnay
Loc- Guimiliau enclos Christ Keranguéven Forêt de Beffou
Eguiner Lampaul- Ste-Brigitte Kergalem Lezauregan 320 la Chapelle-
Guimiliau Kergréven Kergrenn Coat 319 288 Neuve
PLOUZIRI Penhoat- St-Eguiner- Losquet Cloître Kerrgorre Lohuec Treusvern
PLOUDIRY Locmélar Huon St-Thégonnec 275 St-Thégonnec Kermeur Bolazec
Kerroc'h Lamarc'h Kervian Quiffen 293 Bouillard Keradily Plourac'h l' Isle
Quéau Kernonen le Mengleuz Kernelecq 268 Helles Calanhel Botmel
SIZUN Pen-ar-Valy Kerlodezan Plounéour- Parc Scrignac la Croix- Klempétu CALLAC
Loc- Guernigou Menez Keradalan le Relecq Menou Rouge Quénéquen KALLAG
Ildut Quilidien Ty Douar Commana Naturel Trédudon Kernévez Coat- Plusquellec St-Servais
Roc'h- Roc'h Trévezel Arrée le-Moine Quinoualc'h Quéau Trévénec le Bourg-
Cléguer Brézéhant d Trédudon Berrien Forêt de St-Gildas Neuf
ar-Hoat Bian 484 383 la Feuillée Goashalec Ruguellou Navalennou St-Ambroise Forêt de Fréau Landugen
Pen-ar-Hoat- Mougau- Régional Kerelcun Forêt de Coadigou le Guilly Coatléau Duault
Lestrémélar ar-Garne Kernévez St-Ambreise la Mine Nézert Kerguz
les Léflez Kérancurru Barrage du Botmeur Yeun'Elez 764 Grotte Gorges du
St-Cadou Drennec Réservoir le Fao d'Artus Locmaria- Croissant- Cornoc
300 de St-Michel Brennilis AN Berrien Marie-Jaffré
Ménéz 383 St-Rivoal Maison HUELGOAD HUELGOÂT Poullaouen 268
Meur Glujeau des Artisans Kerbalaun le Vieux- la Mine Restamenac'h
Parc Pennaguer Roc'h Begheor Tronc Locarn
Kervez Braspartz animalier Armorique 31 Kergadiou Coatléau Ste-Catherine
Quiliou Breuil École d'Agriculture St-Herbot Kerdonculf Kerbizien 769 Treffrin Trébrivan
Kerguellen du Nivot Loquéffret Plouyé Kerbrat
Loperec Véridy paroissial Kerhoaden Kériffin Kervelen Penn- Plounévézel Kerguz
Pont-de-Buis la Douffin Quistillic ar-Vaoz 764
lès-Quimerch Kerandouaré Collorec

Léon

Morlaix

Montagnes d Arrée

Bassin de Châteaulin

Forêt du Cranou

Côte de Granit rose

Pointe du
Château
le Gouffre　Porz-Hir　Îles d'Er　Creac'h　Sillon de Talbert
Maout
Île St-Gildas　le Roudour　Kermagen　l'Armor　Île Modez　Phare du Paon
Île Tomé　Buguélès　Port-Béni　Pleubian　St-Antoine　45　Phare　du Rosédo　St-Michel
Port-Blanc　Plougrescant　Pleumeur　Lanmodez　20　Île de Bréhat
Kériec　Trestel　St-Gonéry　Kerbars　Île-de-Bréhat
Trévou-Tréguignec　Keralio　la Roche-　Bellevue　St-Adrien　Kermouster　Pointe de
Trélévern　St-Guénole　Jaune　le Guiler　Loguivy　l'Arcouest
Louannec　Penvénan　St-Tugdual　St-Nicolas　Lannevez
Kermaria-　St-Nicolas　TRÉGUIER　Pleumeur-　Kerloury　Perros-Hamon　Pointe de
Sulard　Camlez　LANDREGER　Gautier　Porz Even　Guilben
15　7　Trédarzec　Lézardrieux　Kergrist　8　Ploubazlanec
Ty-an-Tual　Coatréven　Minihy-　St-Nicolas　24　Prouez　PAIMPOL　25　Anse de Paimpol
la Ville-　Trézény　Lochrist　Tréguier　Pouldouran　Pleudaniel　PEMPOULL　Pointe de
Blanche　15　Troguéry　Boloï　Kerity　Abbaye de　Guilben
St-Dogmaël　Langoat　Hengoat　Lancerf　le Vx-Bourg　Beauport　Mez de Goëlo
Rospez　Lanmérin　LA ROCHE-　St-　Plourivo　Guillardon　Port-Lazo　Pointe de
Buhulien　Quemperven　DERRIEN　Jean　le Bourg-　Kerfot　St-Riom　Plouézec
Châl. de　Kermezen　AR ROC'H-DERRIEN　Pommerit-Jaudy　Blanc　Lanvian　Plouézec　Pointe de
Coat frec　Lanvézéac　Penhoat　Yvias　le Questel　Minard
Kermeur　Capuënnec-　Confort　Ploëzal　Fry Quemper　la　St-Paul　Pointe Berjule
Châl. de Tonquédec　Lanvézéac　Berhet　Kerrad　le Petit-　Madeleine　Bréhec
Tonquédec　Cavan　Prat　Trévoazan　Runan　St-Jean　Loup　107　Lanloup　Plage Bonaparte
28　Kervec　Coatascorn　la Belle-　PONTRIEUX　Quemper-　la　11
Kernalégan　Brélidy　Église　PONTREV　Guézennec　Trinité　Pléhédel　39　la Trinité
Pluzunet　Trézelan　Plouëc-　le　Lanleff　Pointe de Plouha
Botlézan　Landebaëron　du-Trieux　St-Clet　Faouet　St-Jacques　Kermaria　Kerouziel
BÉGARD　Kerhonn　St-Gilles-　Kérognan　Tréméven　Kergresquen　St-　PLOUHA　Trévéneuc
BEAR　Squiffiec　les-Bois　Trévérec　Lannebert　Laurent　Pludal
Guénézan　le Vieux　St-Laurent　Gomménec'h　Beaugouyen　la　Kéregal　St-Quay-
Kerscoul　Poirier　Trégonneau　Pommerit-　Froideville　Kertugal　Portrieux
Trégrom　St-Eloi　Pédernec　Ty Coat　le-Vicomte　Pléguien　St-Barnabé　N.-D.-de
St-Conéry　Kermilon　Rangaré　Croix-Blanche　Treveneuc　l'Espérance
Ménez Bré　Plouisy　Folgoat　le Paradis　Goudelin　Kervélard　Lantic　Plourhan
Louargat　le Manaty　302　Runévarec　Pabu　LANVOLLON　11%　ÉTABLES-
Locmaria　St-Effiam　GUINGAMP　Runévarec　St-Jean-　LANNOLON　11%　N.-D.-de-la-Cour　sur-Mer
BELLE-ISLE-　51　Tréglamus　12　St-Jean　St-Patern　le Merzer　Kerdaniel　Tressignaux　N.-D. de　le Bourgnec　STAOL
e.-T.　BENAC'H　Gràces　N.-D.-de-　GWENGAMP　Bringolo　Tréguidel　la-Cour　Binic
Panfourby　Forêt Dom. de　Bon-Secours　St-Agathon　St-Quay　Trévenais　la Corderie　St-Marguerite
Coat-an-　paroissial　305　Kerviou　Forêt　St-Guignan　les　Zoo du　le Vaudic
Hay　Gurunhuel　Ploumagoar　Locmaria　Fontaines　Moulin　la Ville-Louais
Pen-lan-　Kergaër　Moustéru　St-Hernin　PLAGAD　Plélo　de Richard　la　Baie de Sa
Steunou　Coadut　Malaunay　PLOUAGAT　St-Mathurin　Trégomeur Toisse　les Rosaires
Plougonver　Largoat　Lanrodec　31　Kerhamon　Tréméloir　Pordic
Kerambuan　Coat-Form　Kerbaëlen　241　Seignaux　Plouvara　Peignard　PLERIN　Pointe du
Pont-　Avaugour　Plerneuf　Tremuson　la Méaugon　2　la Ville-　Roselier
Melvez　St-Adrien　St-Péver　Senven　Boqueho　17%　ST-BRIEUC　Nizan　6
48　Logorjy　BOURBRIAC　N.-D.-　Bois Meur　St-Donan　ST-BRIEG　Cesson　Langueux
Ste-Anne　le Gollot　306　BOULVRIAG　Tour-an-　de-Restudo　St-Fiacre　le Rumain　St-Hervé　LANGAEG
Roscaradec　Gollet　Crec'h Metern　Kerpery　la Ville-　PLOUFRAGAN　TRÉGUEUX
Bulat-　Etang du　Cosquer-　Plésidy　Cohiniac　Neuve　les Châtelets　TREGAEG　Yffinia
Pestivien　Blavet　Jehan　la Gare　Kerdanielou　St-Julien　le Créhac　8
58　St-Houarneau　St-Norgant　313　Kerhenry　Senven-　le Leslay　le Fœil　Plaine　la Ville-　le Madray
Burthulet　l'Étang-　Lehart　St-Gildas　St-Eloy　Haute　St-Nicolas　l'Hôpital
Maël-　Neuf　l'Connan　Coldabry　le Vieux-　Carfot　St-Gilles　13　Plédran
Pestivien　Kerlouët　Magoar　Jarnay　le Vieux-　Robien　St-Quihouet　la Ville-　la Croix-　Ville-David　Que
Kerouzérien　Kerien　Coat-　Kerdrain　la Clarté　Bourg　la Ville-　St-Eutrope　Nizant　de-Piruit
Loc'h　Kersolec　Piquet　Kerpert　Juhel　QUINTIN　St-Brandan　le Hirel
Peumerit-　St-Gilles-　KINTIN　Lanvia　la Houssaye　Nearvais
St-Nicodème　Quintin　le Guiaudet　Pilgeaux　262　St-Bihy　Carestremble　la Ville　St-Guihen　Catuelan
Trémargat　St-Antoine　Loguéltas　Ker-Anna　Caradeuc　les　Bresset　St-Carreuc
Kergrist-　302　Canihuel　la Croix-　Pas　259　Hénon　le Vau-Gouro
Moëlou　Kergoten　le Haut-　Cadeuc　12%　le Coudray　Caribet
St-NICOLAS　22　Corlay　24　Lanfains　31　Ploeuc-　MONCONTOUR
du-Pélem　CORLAY　Langaury　l'Hermitage-　sur-Lie
KORLE　Forêt　Lorge　PLOHEG

Perros-Guirec　Lannion　Morlaix　Carhaix-Plouguer　Rostrenen　43　Loudéac

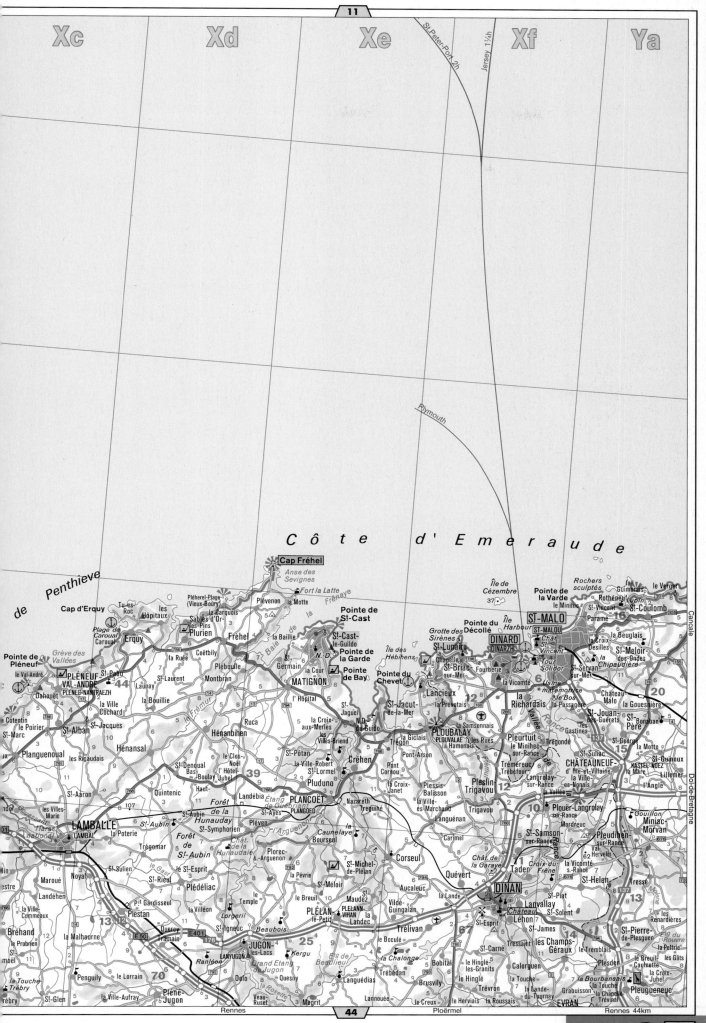

Xc Xd Xe Xf Ya

St-Peter-Port 2h

Jersey 1½h

Côte d'Emeraude

Plymouth

de Penthieve

Cap Fréhel
Anse des Sevignes
Plévenon Fort la Latte
la Motte
Baie de la Frênaye

Pléherel-Plage (Vieux-Bourg)
la Barquois
Cap d'Erquy Tu-es-Roc les Hôpitaux Sables d'Or-les-Pins
Plage de Caroual Plurien Frehel la Baillie
Caroual Erquy St-Germain
Coëtbily la Cour
Pointe de Pléneuf Grève des Vallées la Ruée Plébouille N.-D. Pointe de la Garde
le Val-André PLÉNEUF VAL-ANDRE St-Pabu Montbran l'Hôtel St-Cast-le-Guildo Pointe de Bay
PLENEG-NANTRAEZH St-Laurent Launay MATIGNON Pointe du Chevet
Dahouët la Ville Cochard la Bouillie l'Hôpital St-Jaguel Pointe des Hébihens
Cotentin le Poirier Ruca la Croix-aux-Merles les Villes-Briend N.-D.-du-Guido
St-Marc St-Alban St-Jacques Hénanbihen la Giclais Île des Hébihens
Planguenoual les Rigaudais Trégon St-Jacut-de-la-Mer
Hénansal le Clos-Noël St-Pôtan Pont-Arson
les Villes-Marie St-Denoual Bas-Boulay Juhel la Ville-Robert Créhen Pont Cornou
St-Aaron Quintenic Haut- St-Lormel la Croix-Janet
Harse national Landébia Pluduno Nazareth Plessis-Balisson
LAMBALLE St-Aubin Étang de Guébriand Tréguihé la Ville-ès-Marchand Languénan
LAMBAL la Poterie PLANCOËT Languénan
Trégomar St-Ayes PLANGOED la Caunelaye Carimel
Noyal St-Symphorien Bourseul Corseul
Marqué Forêt de St-Aubin Pléven l'Arguenon
Landéhen Plorec-s-Arguenon Quévert
la Ville-Commeaux Chât. de la Hunaudaie Aucaleuc
Bréhand St-Esprit la Pévrie St-Méloir St-Michel-de-Plélan
le Probrien Plédéliac le Breuil Maudez
la Touche Noyal le Temple Lorgeril la Villéon Vildé-Guingalan
Trébry Plestan Querey la Landec
St-Glen Penguily le Lorrain Tramain Beaubois PLÉLAN-le-Petit Trélivan
St-Igneuc PLELANN-VIHAN
la Ville-Aufray Pléne-Jugon JUGON-les-Lacs Ranléon Kergu Ég de Beaulieu la Chalonge Bobital
Dolo Quesny Trébédan le Hingle-les-Granits
Veau-Ruset Mégrit Languédias le Hingle
Lannouée le Creux Brusvily

DINAN
St-Esprit Léhon Lanvallay
Château St-Solent St-Piat
St-Carné St-Helen
St-James
Tressaint les Champs-Géraux
le Hervial Trévron
Calorguen la Touche
la Lande-du-Tournay
EVRAN

Île de Cézembre Rochers sculptés Guimbrais le Verger
Pointe de la Varde Île Usine St-Vincent St-Coulomb
le Minihic Parame Paramé
St-MALO la Croix Desilles
Grotte des Sirènes ST-MALOU St-Meloir-des-Ondes la Chipaudière
Pointe du Décollé **DINARD** Chât St-Vincent la Beuglais
St-Lunaire DINARZH Tour Solidor St-Servan-sur-Mer
la Chapelle la Fourberie Château-Malo la Gouesnière
St-Briac-sur-Mer la Vicomté matemotrice St-Père St-Bonaban
Lancieux Île du Bos St-Jouan-des-Guérets St-George
la Prévotais la Richardais les Gastines la Motte
PLOUBALAY la Samsonnais Pleurtuit Trégondé St-Suliac St-Guinoux
PLOUVALAE les Rues le Minihec-sur-Rance CHÂTEAUNEUF-d'Ille-et-Villaine KASTEL-NOEZ
la Hamonais Tréméreuc Langrolay-sur-Rance la Ville-ès-Nonais Lillemer
Pleslin-Trigavou Trébéfour Vallée l'Angle la Mare
Trigavou Plouër-Langrolay-sur-Rance Gouillon Miniac-Morvan
St-Samson-sur-Rance Mordreuc Pleudihen-sur-Rance la Vicomté
Chât. de la Garaye Croix du Frêne Taden Ville Hervelin
Lanvallay Tressé les Renardières
le Breuil la Peltrie St-Pierre-de-Plesguen
Plesder les Gâts Caulnette la Croix-Juhel
la Bourbansais Pleugueneuc

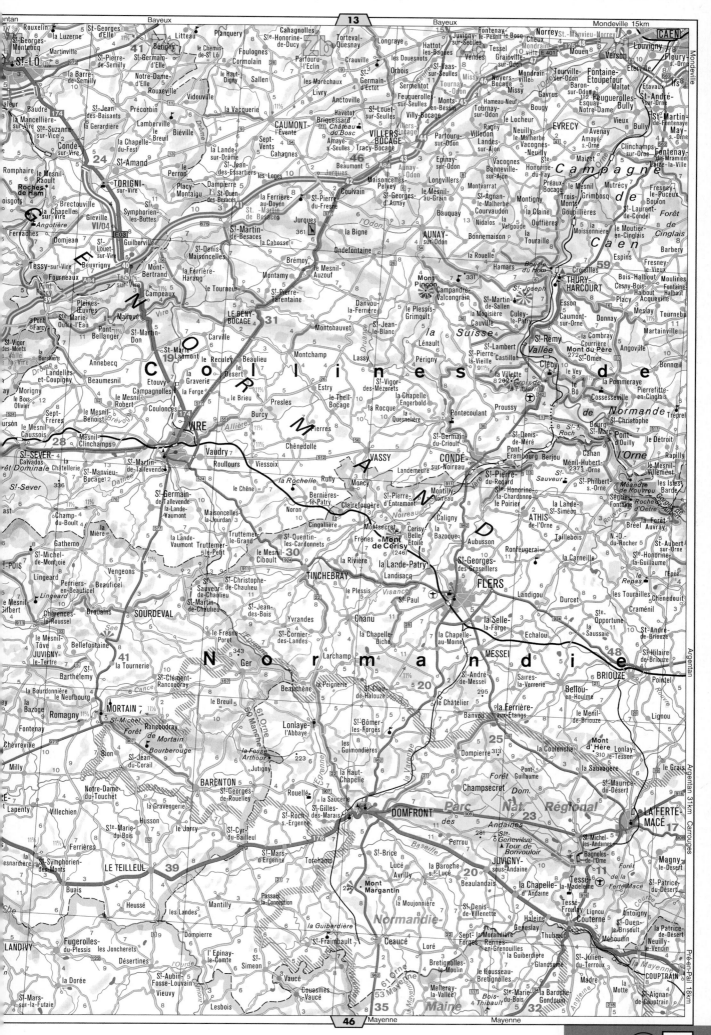

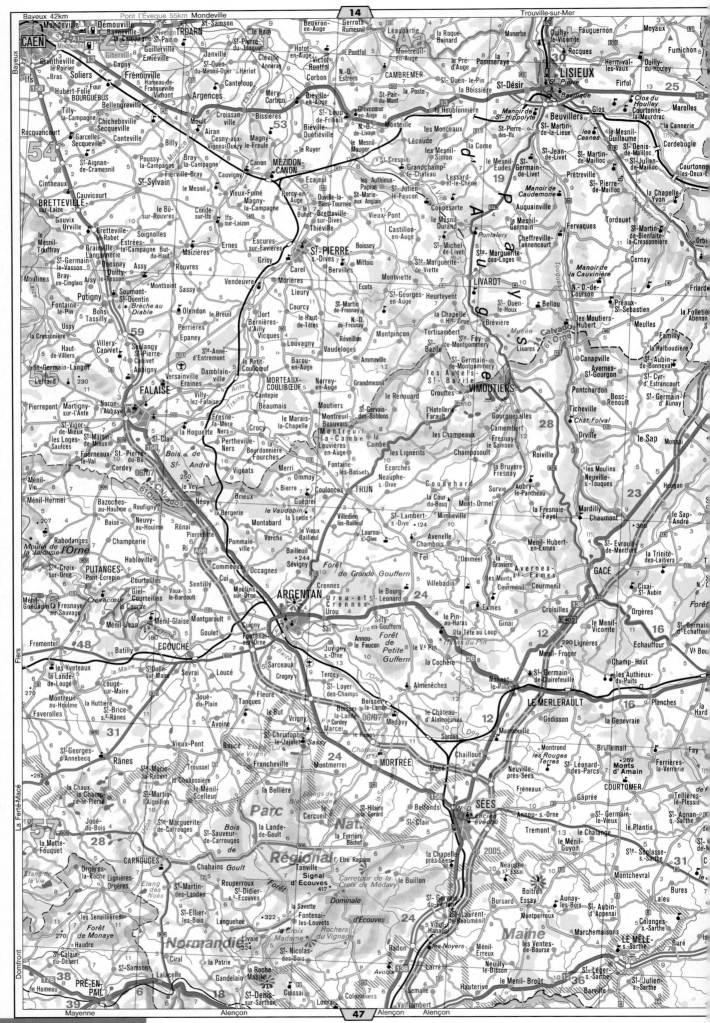

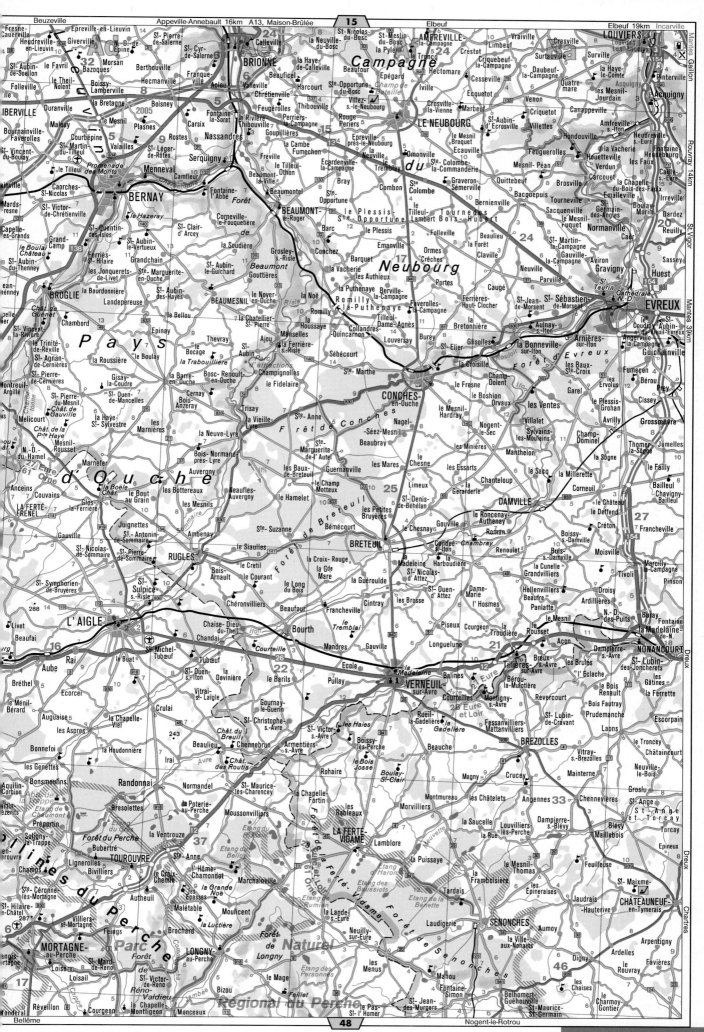

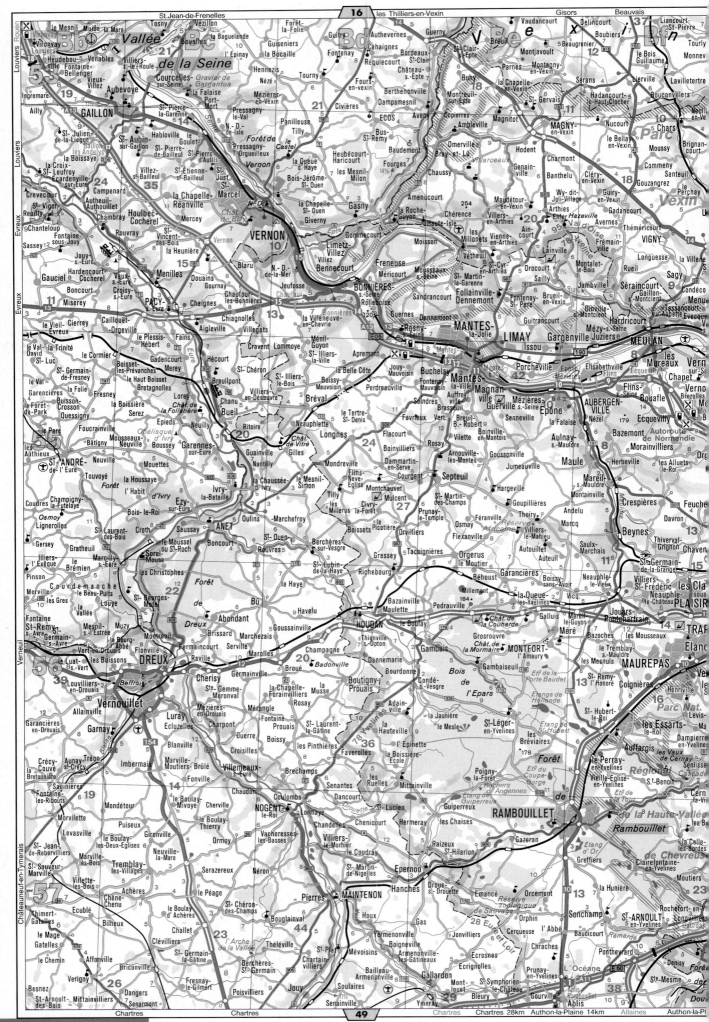

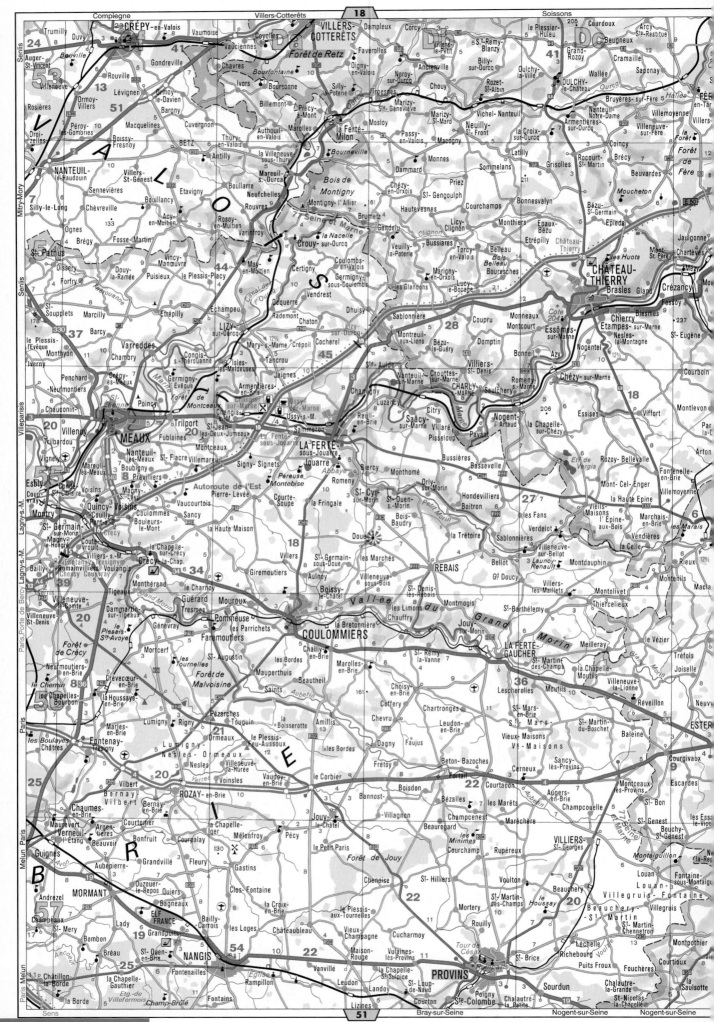

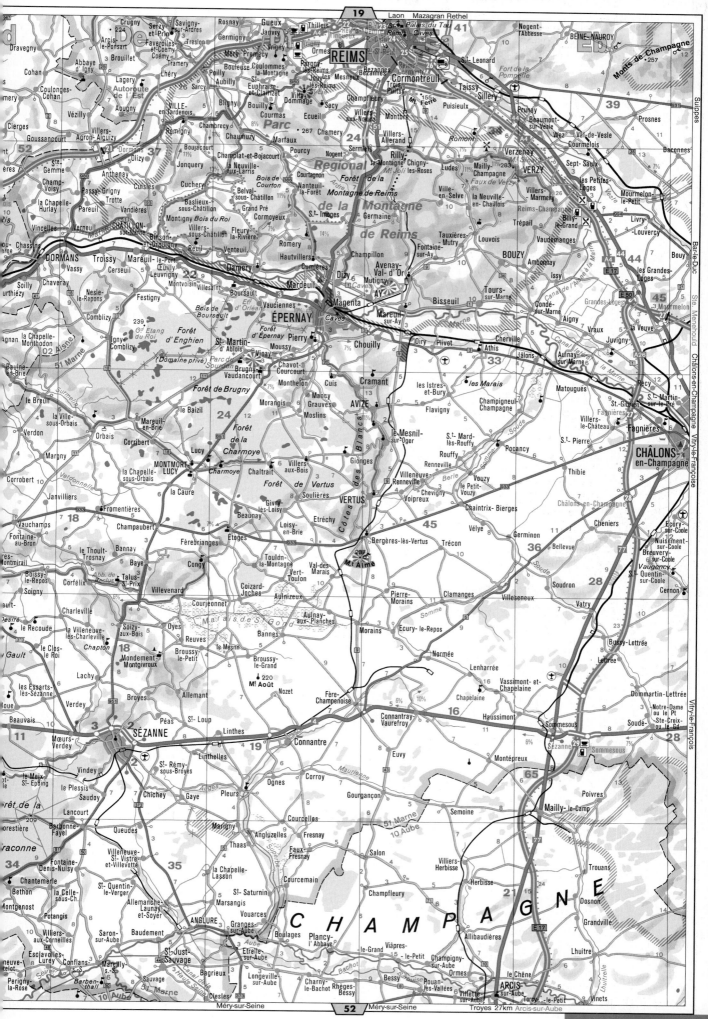

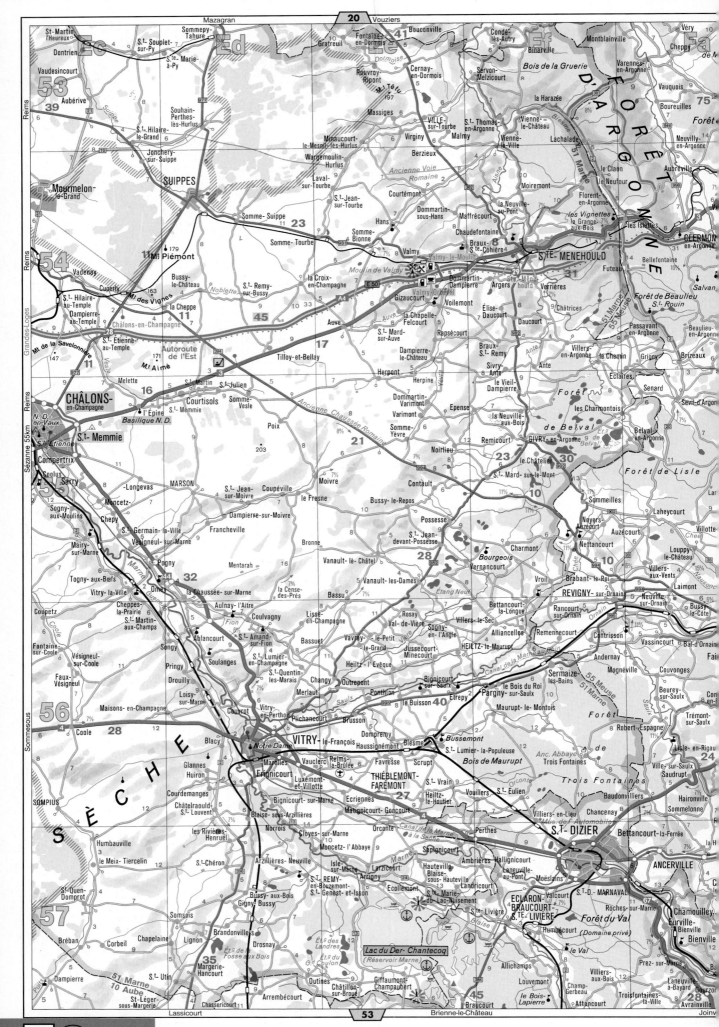

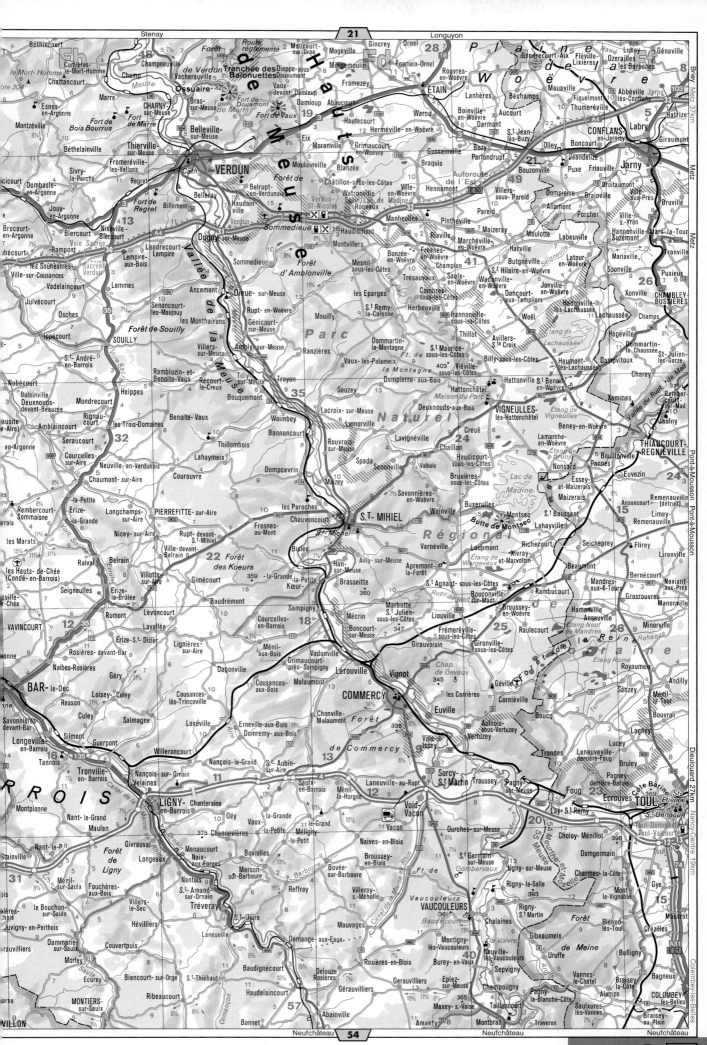

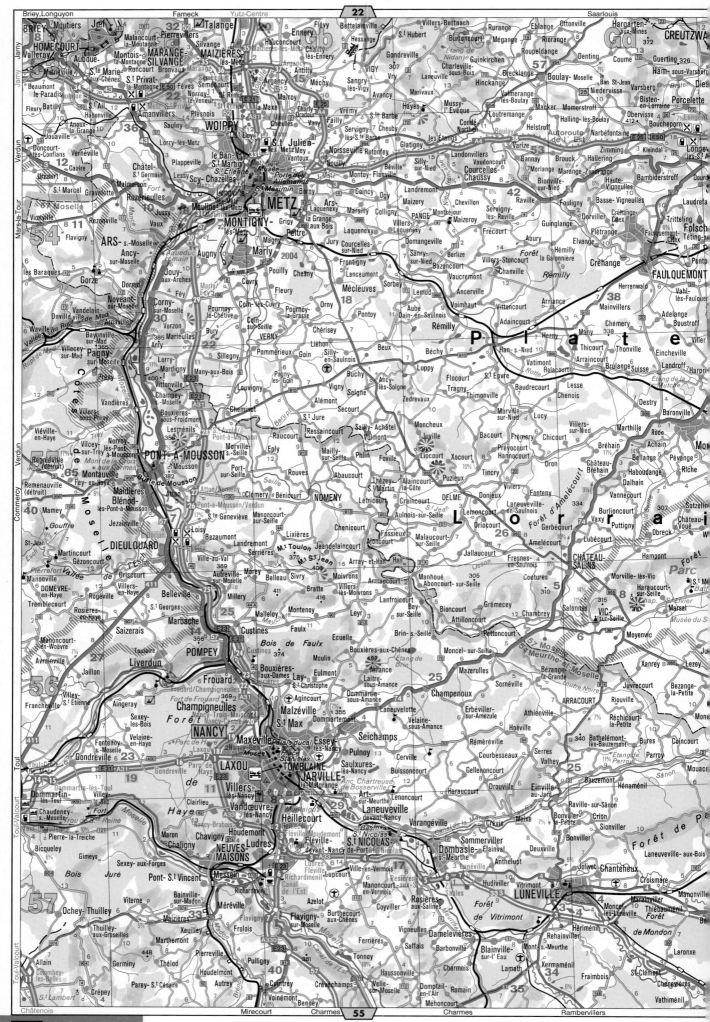

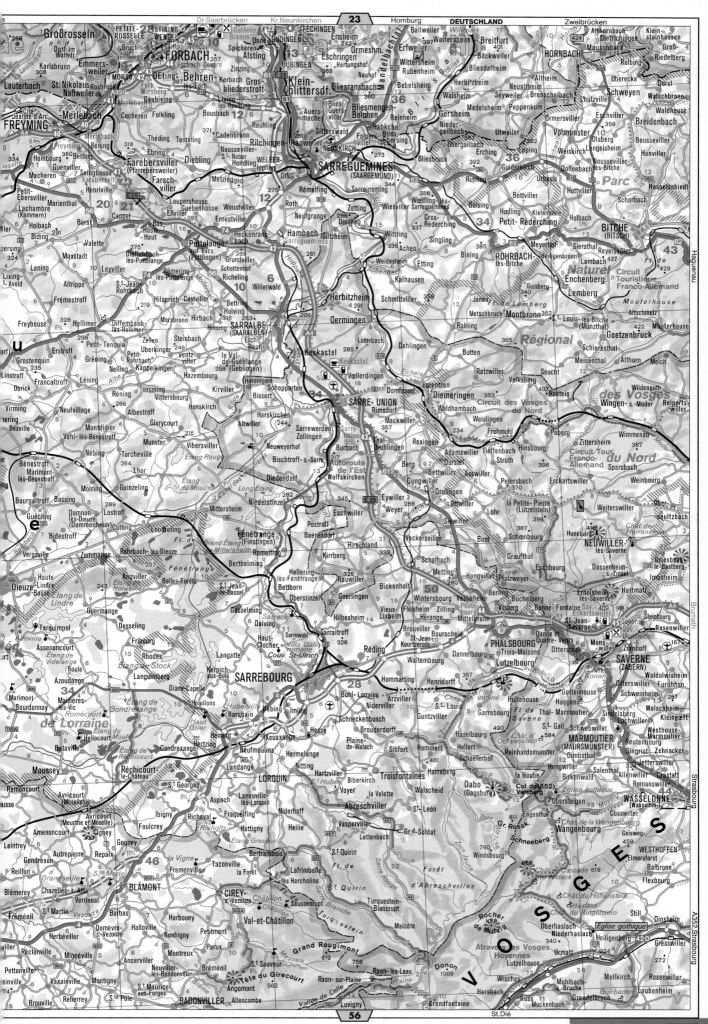

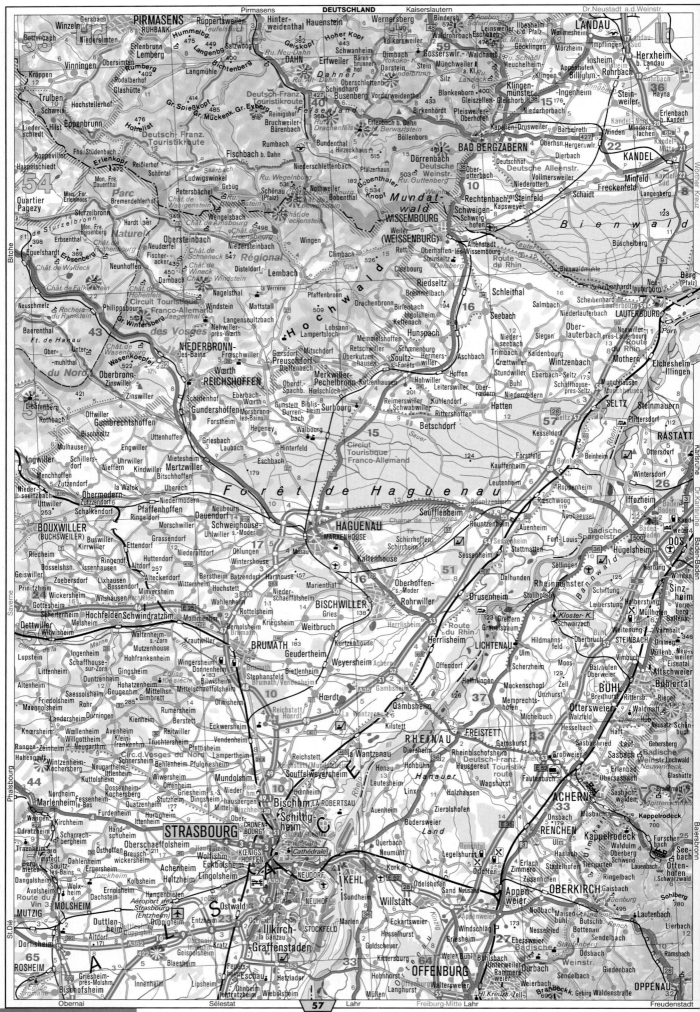

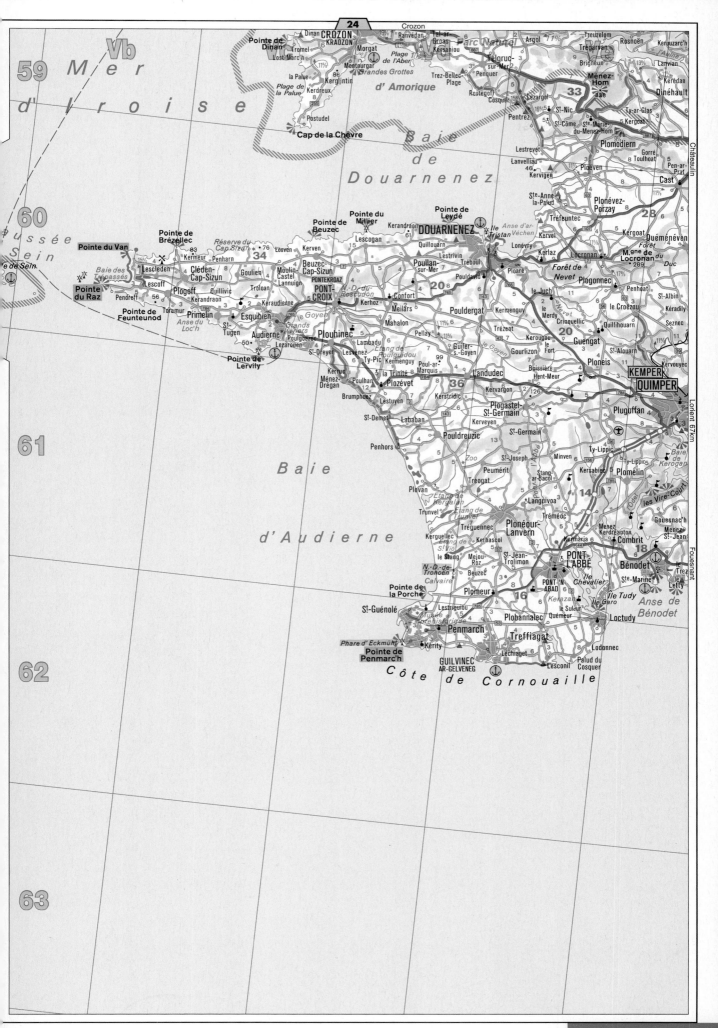

Mer
d'Iroise

59

Vb

Crozon

Pointe de
Dinan
CROZON
KRAOZON
Tromel
Lost-Marc'h
Dinan
Morgat
Ranvédan
Tal-ar-
Groas
Kersaniou
Parc Naturel
Argol 11%
Treuzelom
Trégarvan
Rosnoën
Kerouzarc'h

Montourgar
Grandes Grottes
Plage
de l'Aber
Telgruc-
sur-Mer
Penguer
Brigheun
13%
Lanvian

la Palue
86
Kerglintin
Plage de
la Palue
Kerdreux
d'Amorique
Trez-Bellec-
Plage
Rostegoff
Cosquer
Lezargol
St-Nic
St-Côme
Pentrez
Ste-Marie-
du-Ménez-Hom
Kerédan
Ménez-
Hom
Dinéhault
33
Ty-ar-Glas
Kergoat

Postudel
Cap de la Chèvre
Baie
de
Douarnenez
Lestrevet
Lanvelliau
46
Kervigen
Ste-Anne-
la-Palud
Tréfeuntec
Kervel
Plomodiern
Gorré
Toulhoat
Pen-ar-
Prat
Cast
Plonévez-
Porzay
Ploéven
Ploeven
28
Kergoat
Quéménéven
Forêt
de Locronan
du
Duc
289
Châteaulin

60

Poussée
Sein
e de Sein

Pointe de
Brézellec
Réserve du
Cap-Sizun
83
76
Kermeur
Penharn
34
Lesven
Kerven
Pointe de
Beuzec
Kerandraon
61
Lescogan
Pointe du
Millier
Pointe de
Leydé
Ile
Tristan
DOUARNENEZ
Anse d'ar-
Véchen
Lonévry
Locronan
Forêt
M.gne de Locronan

Pointe du Van
Lescleden
Lescoff
15½
Kermeur
Penharn
Cléden-
Cap-Sizun
Goulien
Troloan
Quillivic
Moulin-
Castel
Lannuign
PONTEKROAZ
N-D-du-
Rostudon
Beuzec-
Cap-Sizun
Poullan-
sur-Mer
Lestrivin
Tréboul
Ploaré
Quillouarn
le Juch
20
Pouldavid
Plogonnec
le Merdy
Forêt de
Nevet
St-Albin
le Croëzou
Pointe
du Raz
Pendreff
56
Kerandraon
Plogoff
Primelin
Kerhoz
Confort
Meilars
Pellay
11%
6
Guiler-s-Goyen
Kerougou
20
le Goyen
le Fort
Crinquellic
Quillihouarn
Guengat
Kéradily
Seznec

Pointe de
Feunteunod
Toramur
St-
Tugen
Esquibien
Audierne
Grands
Jaliers
Poulgoazec
Lezaroüen
Kerruc
Plouhinec
St-Dreyer
Lesvénez
Lambadu
Ty-Pic
Poul-ar-
Marquis
99
la Trinité
L'andudec
36
Gourlizon
Boissière
Hent-Meur
Kervargon
126
Ploneis
St-Alouarn
11
11%
39
Kervouyec

Pointe de
Lervily
Anse du
Loc'h
Kerruc
Ménez-
Drégan
Poulhan
Plozévet
Lestuyen
Kerstridic
Plogastel-
St-Germain
Kerveyen
KEMPER
QUIMPER
Pluguffan

61

Baie

d'Audierne

Brumphuez
St-Demet
Lababan
Pouldreuzic
143
St-Germain
St-Joseph
Minven
13
Ty-Lippic
Ty-Lippic
Plomélin
Baie
de
Kerogan

Penhors
Zoo
Peumérit
Tréogat
Stang-
ar-Bacol
Kersabiec
295
les Vire-
Court
Gouesnac'h

Plovan
Etang de
Kergalan
Languivoa
Trunvel
Etang de
Trunvel
Tréguennec
Tréméoc
14
7
Menez
Kerdréaoton
Menez
St-Jean
Combrit
18

Kerguellec
Etang de
St-Vio
le Stang
Méjou-
Roz
Mejou-
St-Jean-
Trolimon
Plonéour-
Lanvern
Kermaria
PONT-
L'ABBÉ
Bénodet

Pointe de
la Porche
N-D-de-
Tronoën
Calvaire
Beuzec
Plomeur
16
PONT-'N-
ABAD
Ile
Chevalier
Ile Tudy
Ile Garo
Ste-Marine
le Trez
le Letty
Anse de
Bénodet
Foussnant

St-Guénolé
Musée
préhistorique
Lestriguiou
Plobannalec
Quéméur
Kerazan
le Suleur
Loctudy
Lodonnec

62

Penmarch
Treffiagat
Léchiaget
Lesconil
Palud du
Cosquer

Phare d'Eckmühl
Pointe de
Penmarc'h
Kérity
GUILVINEC
AR-GELVENEG
Côte de Cornouaille

62

63

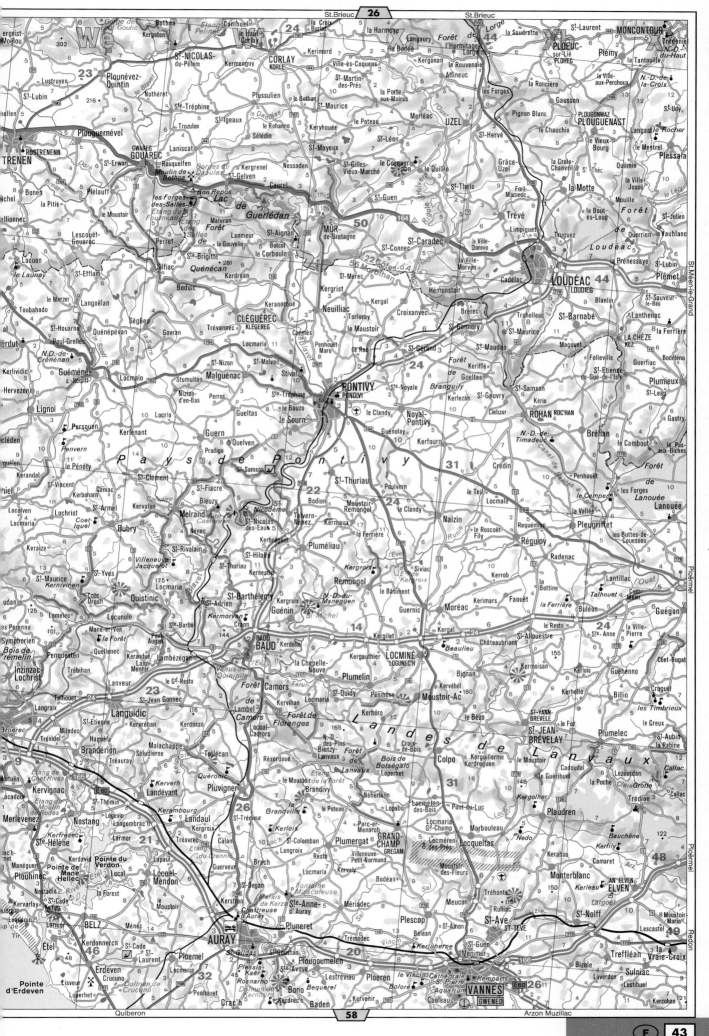

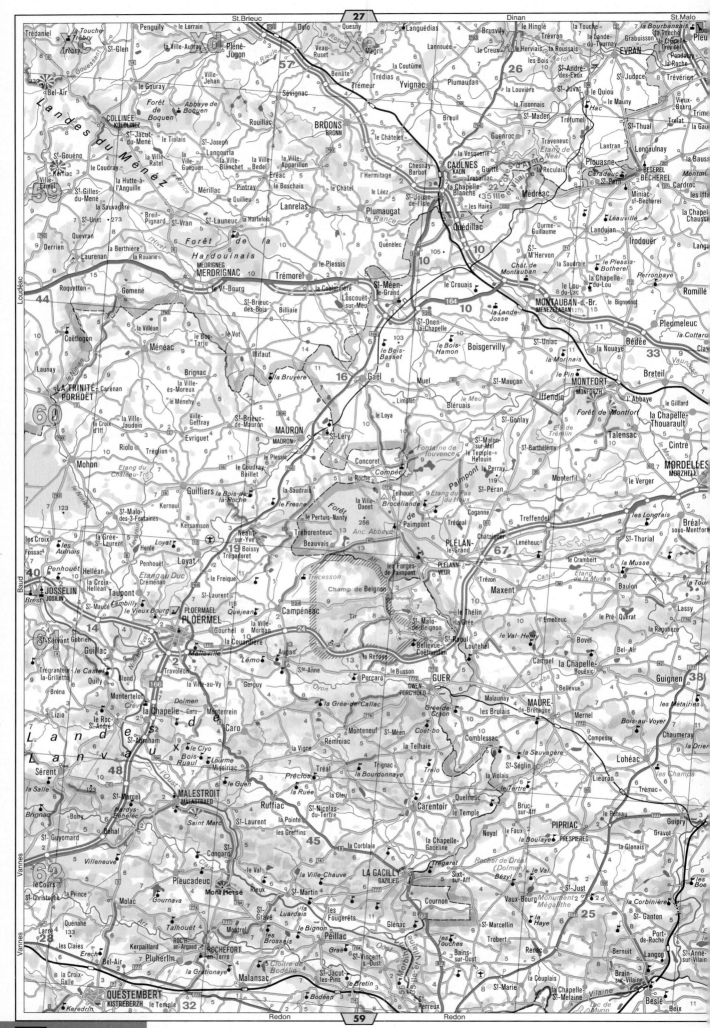

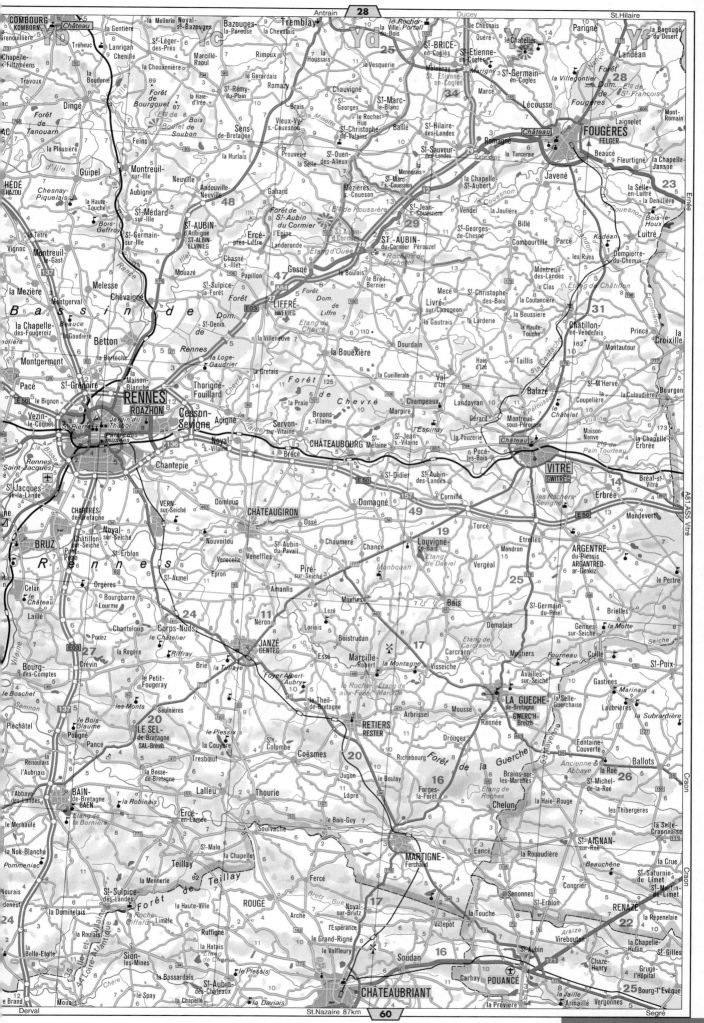

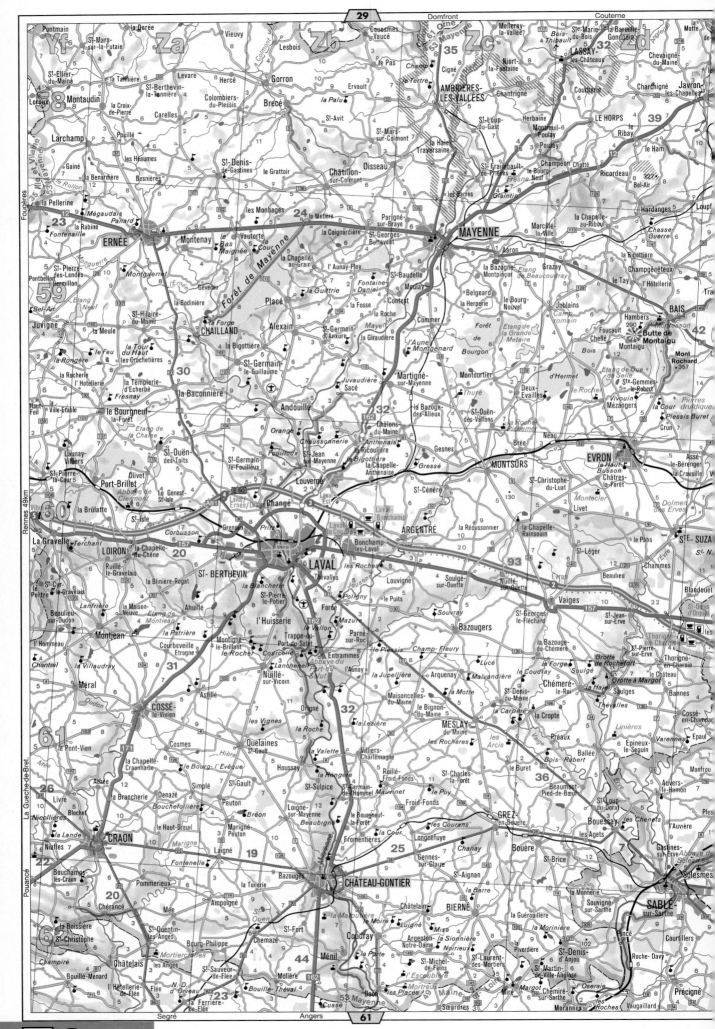

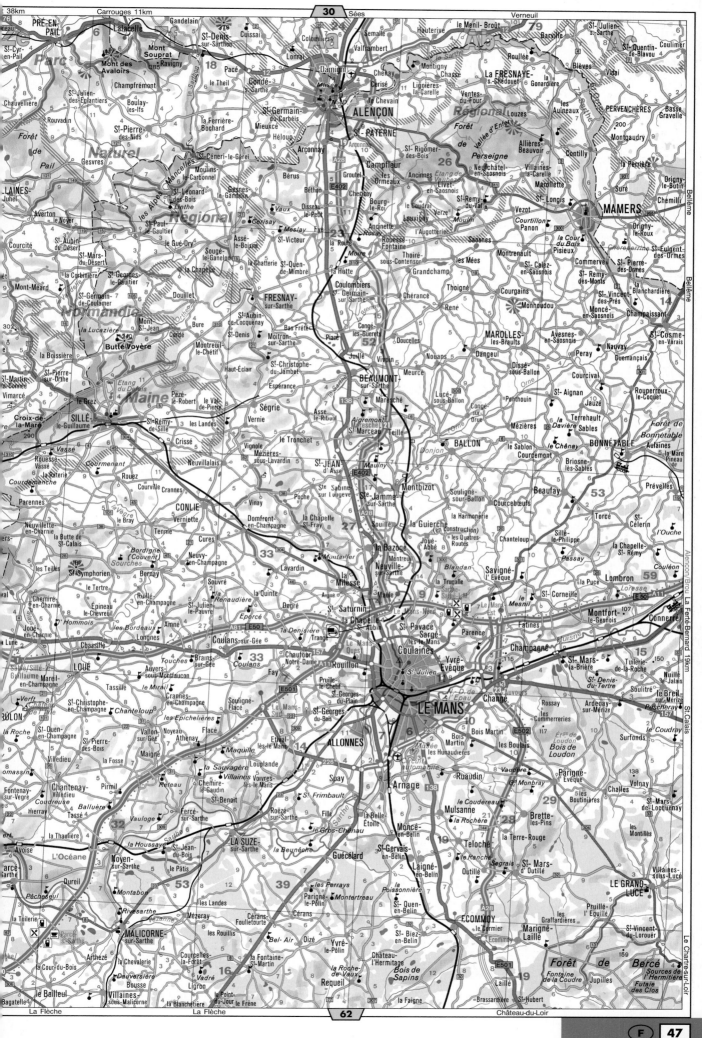

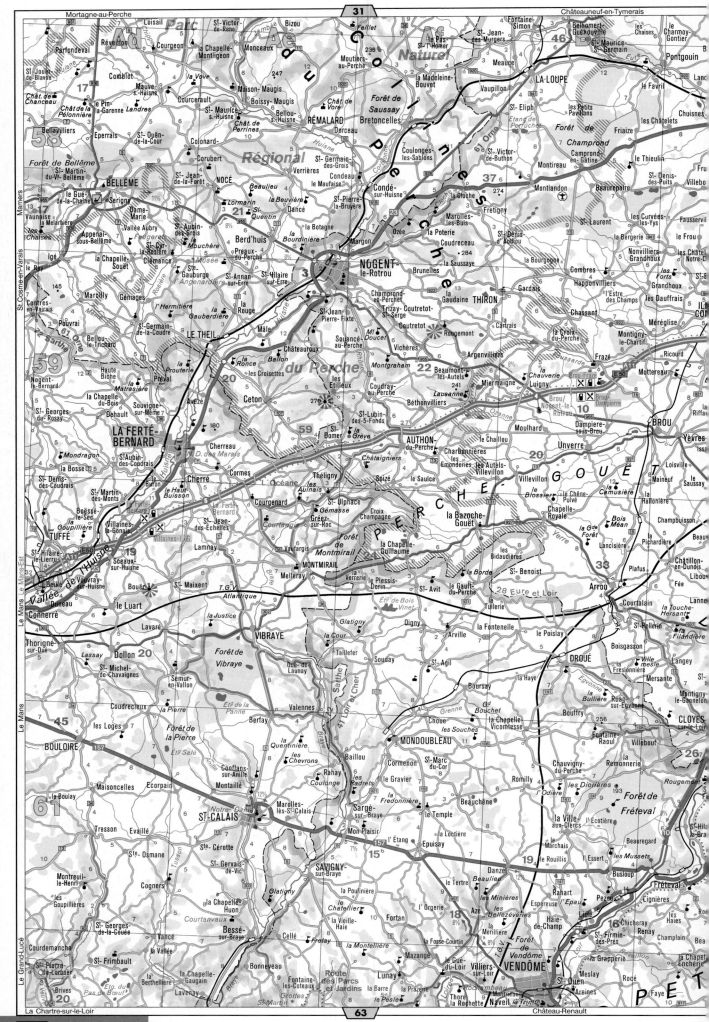

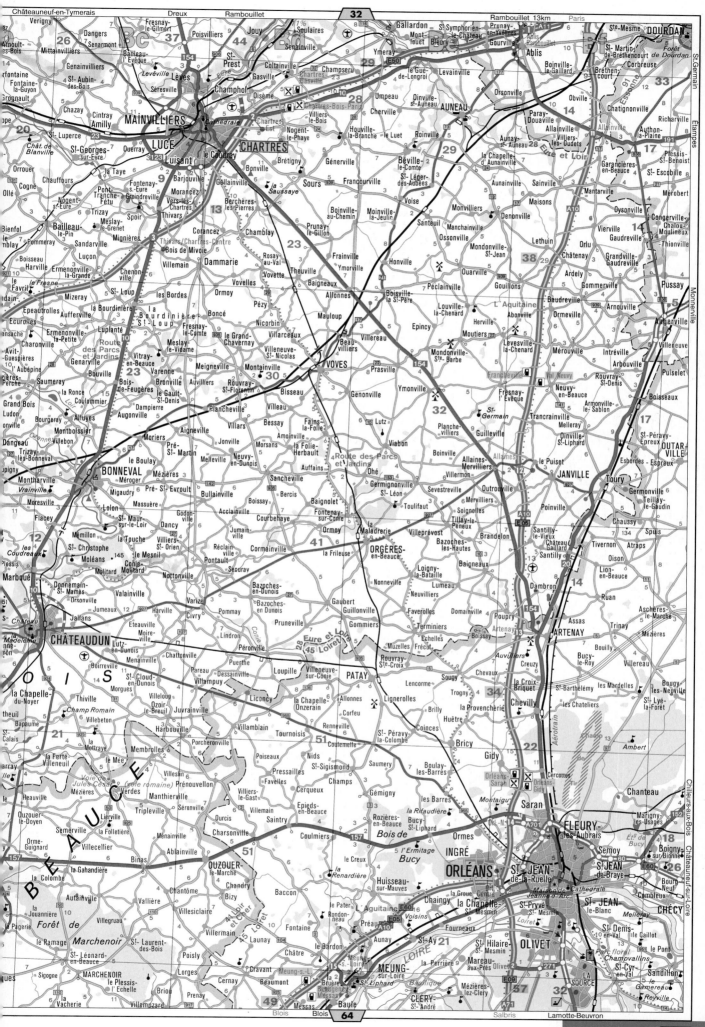

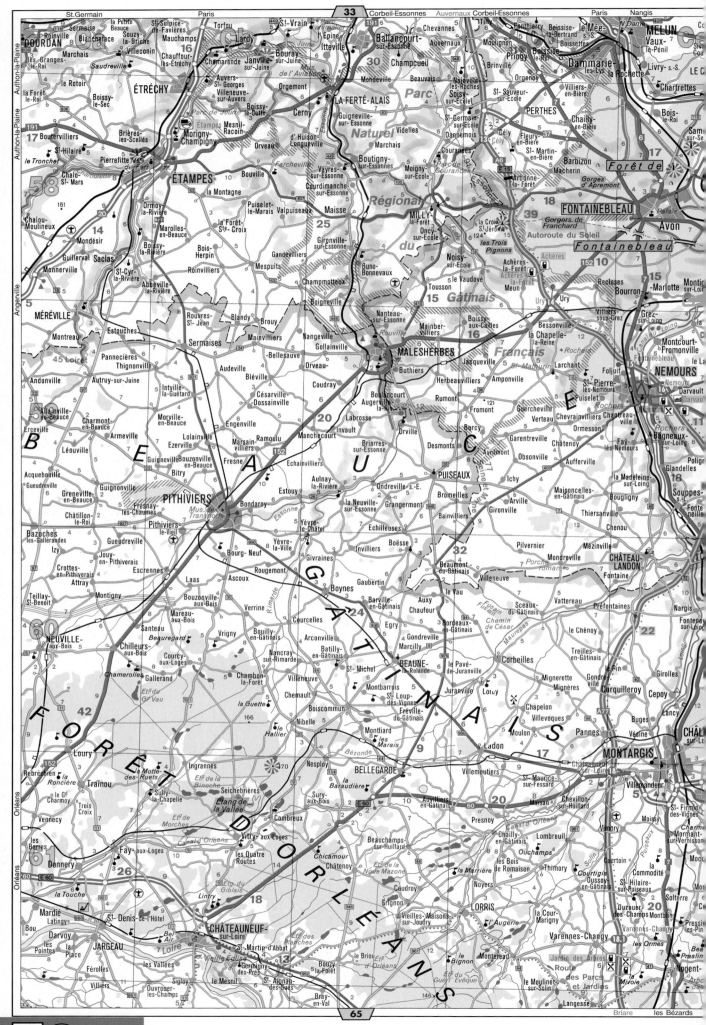

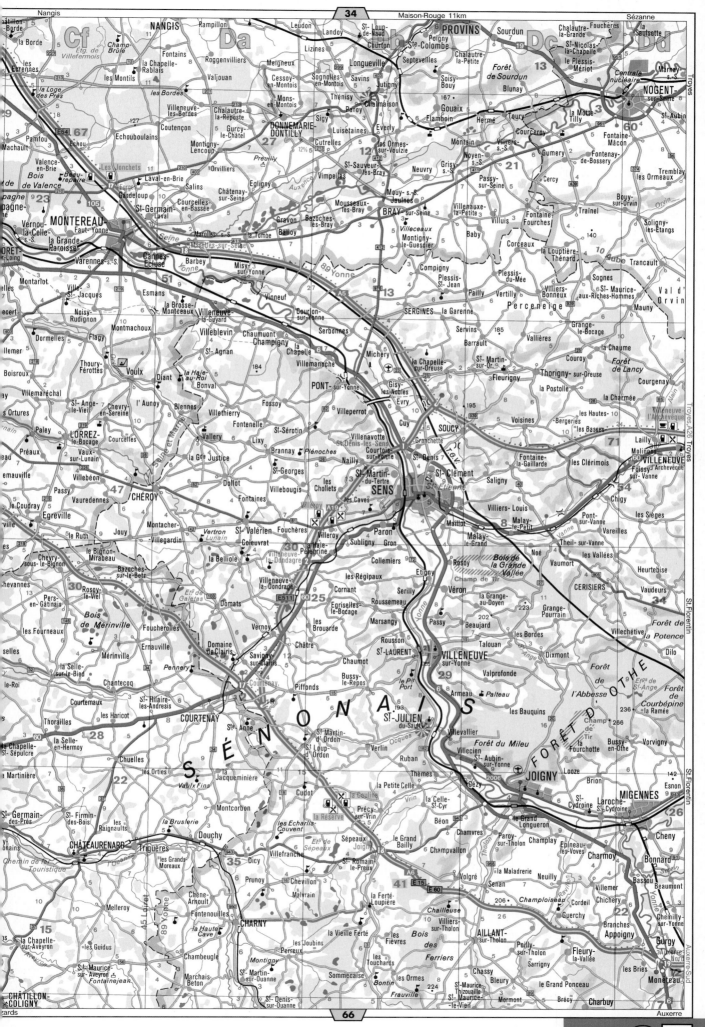

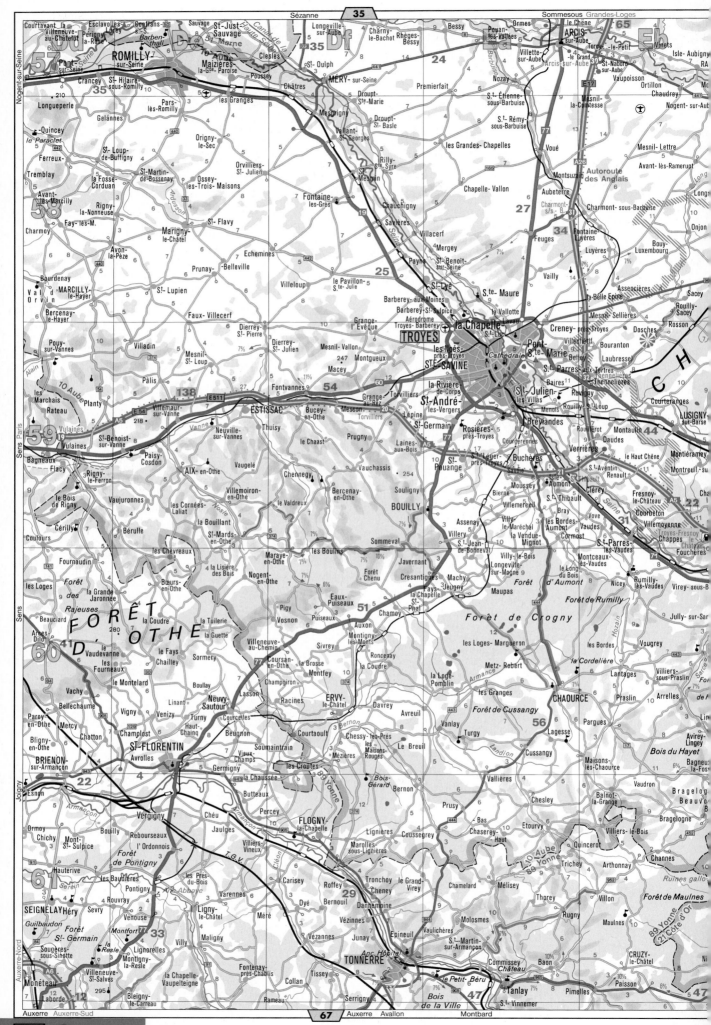

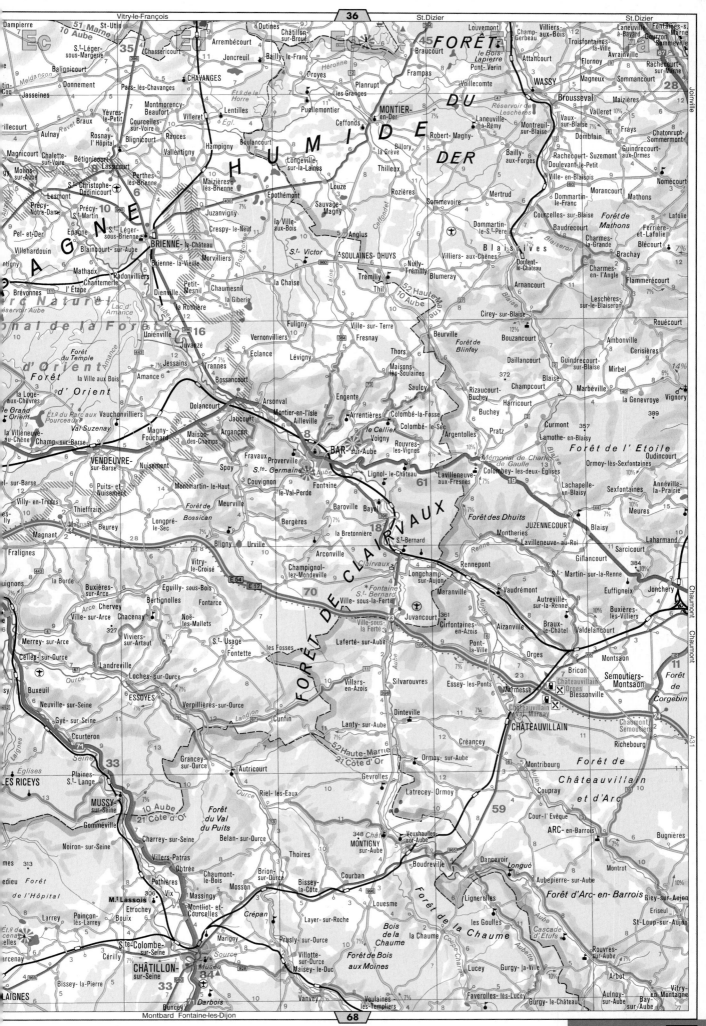

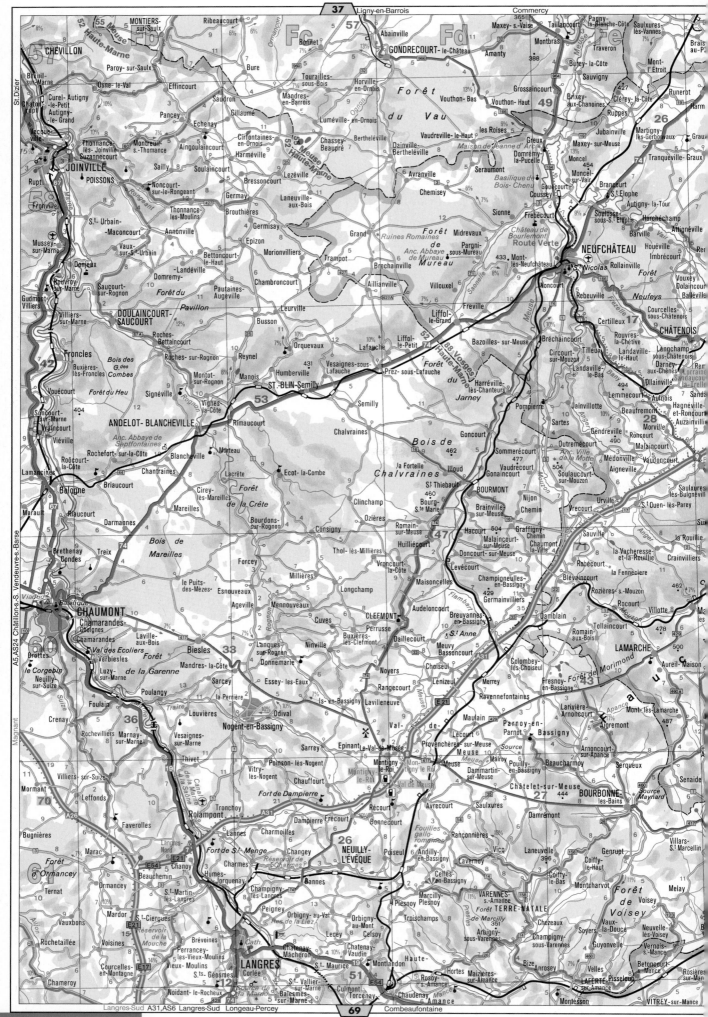

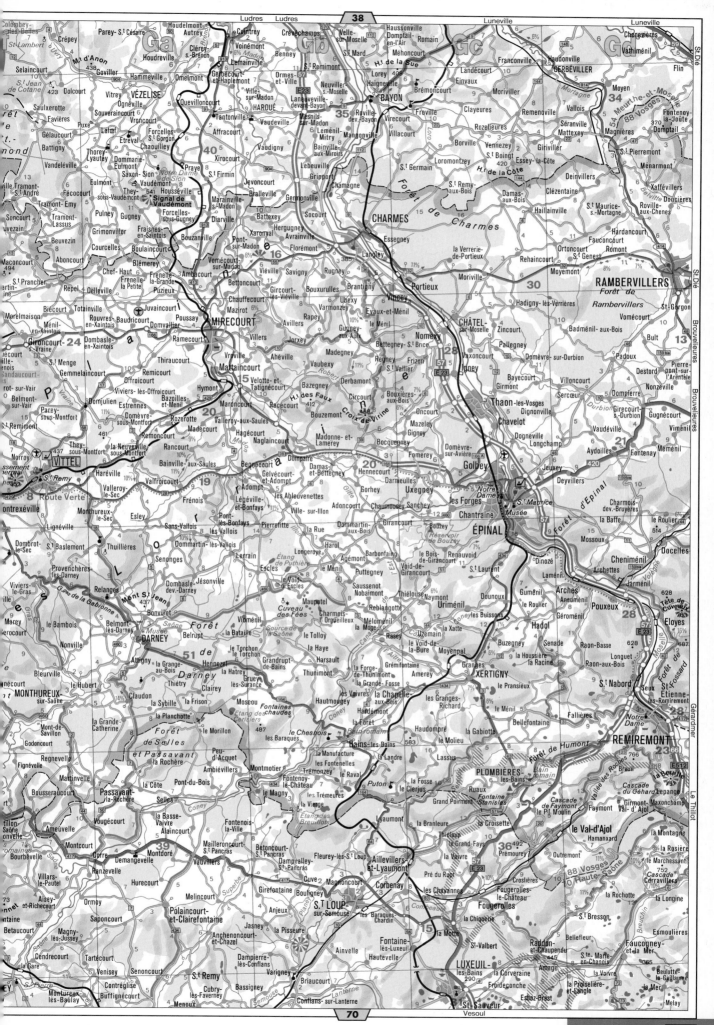

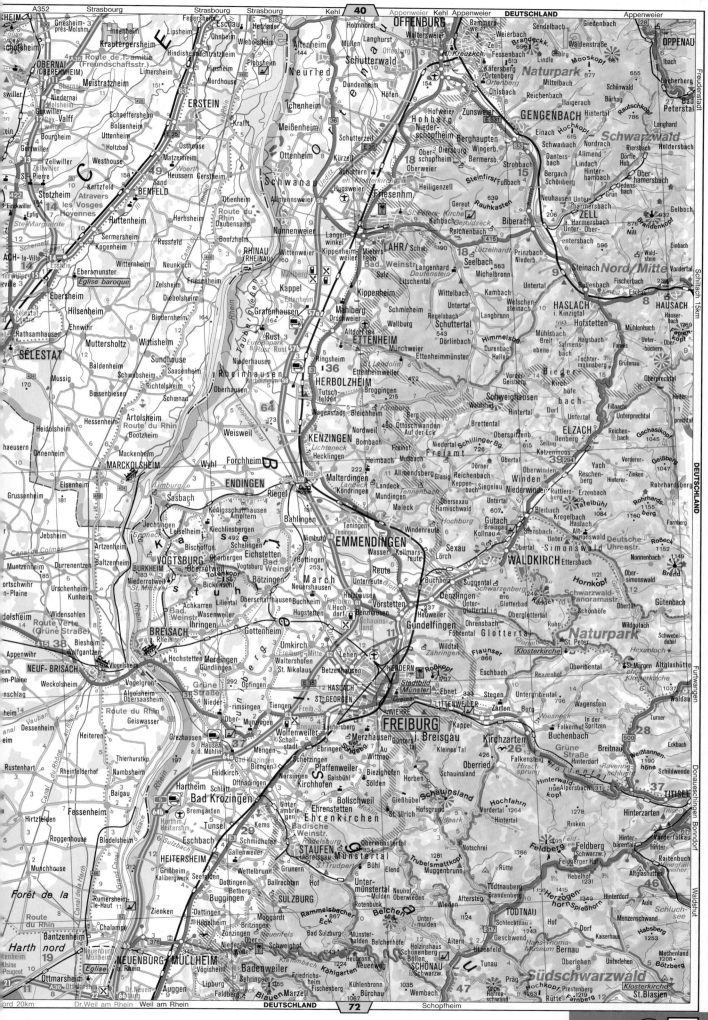

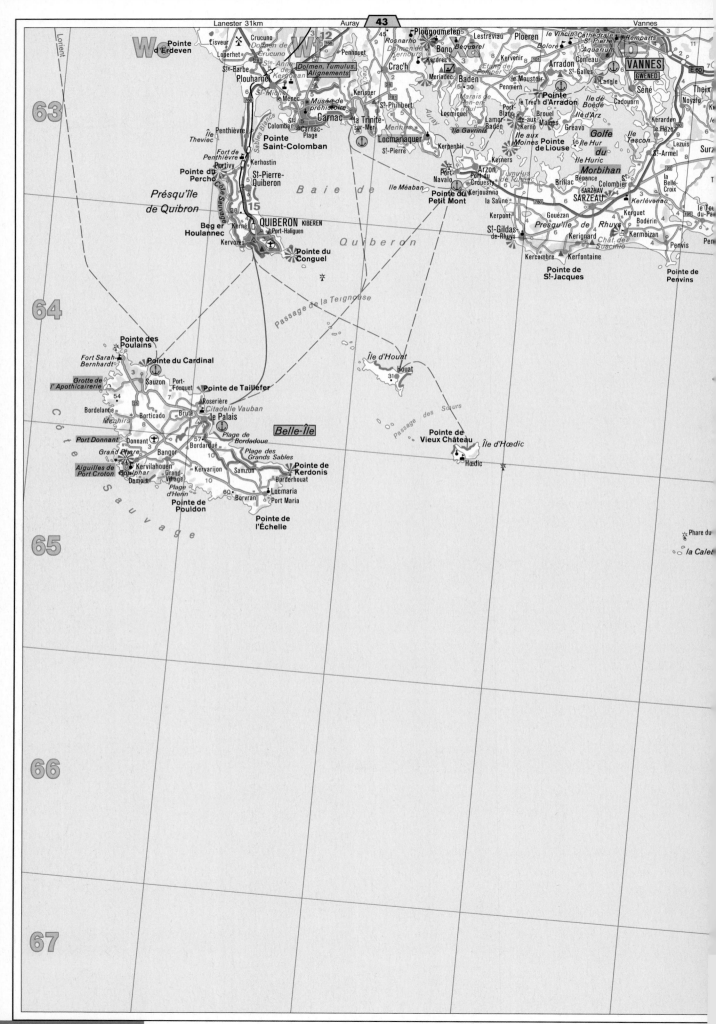

Pointe d'Erdeven

Lisveur
Loperhet
Crucuno
Dolmen de Crucuno
Ste-Barbe
Ste-Anne de Kerdonan
Penhouet
Plouharnel
W12
Rosnarho
Dolmen de Kernours
Crac'h
Ploegoumelen
Lestréviau   Ploeren
le Vincin   Cathédrale St-Pierre
Boloré   Remparts   Aquarium
Kervenir
Conteau   Arradon   St-Galles   **VANNES** GWENED
Bequerel
Kerdrec'h
Meriadec
Baden
Pointe de Pompier
Penmern   le Moustoir
Langle   Séné

St-Michel
le Ménec   Kerisper
St-Philibert
Carnac   la Trinité-sur-Mer
Musée de préhistoire
Dolmen, Tumulus, Alignements
Pointe le Trech d'Arradon
Port-Blanc   Île-aux-Moines
Kernp   Brouel   Île d'Arz   Cadouarn
Kérarden   le Hézo
Noyalo   Theix

63

Île Theviec
Penthièvre
Carnac-Plage
Pointe Saint-Colomban
St-Colomban
Locmariaquer   St-Pierre   Kerhenhir
Marais de Pen-en-Toul   Locmiquel
Île Gavrinis   Gréavo   Île aux Moines   Pointe de Liouse   Île Hur   Île Huric   Île Ilascon   Lezuis   Surzu

Fort de Penthièvre
Portivy
Pointe du Percho
Kerhostin
St-Pierre-Quiberon   Kernbir   **Golfe du Morbihan**   St-Armel

Côte Sauvage   Sables Blancs
5
Présqu'île de Quibron   88   **15**
Port-Navalo   Arzon   Port du Crouesty   Kerjouanno   la Saline
Kerners   Kerport   St-Gildas-de-Rhuys   Béance   Briliac   Colombier   la Belle-Croix
Bénance   Bénance
SARZEAU SARZAV

Beg er Houlannec   Kerné
QUIBERON KIBEREN   Kervozes
Port-Haliguen
Île Méaban
Pointe du Petit Mont   Tumulus Île Tumiac
Presqu'île de Rhuys   Gouézan   Kerguet   Bodérin
Kerignard   Kermoizan   Kerléventan   le Tour du-Par

Pointe du Conguel
Quiberon
St-Pierre   Kercambre   Kerfontaine
Pointe de St-Jacques   Château de Suscinio   Penvins   Pointe de Penvins

64

Passage de la Teignouse

Pointe des Poulains
Fort Sarah-Bernhardt
Pointe du Cardinal
Sauzon   Port-Fouquet
Pointe de Taillefer
Île d'Houat   Houat   31

Grotte de l'Apothicairerie
54   Roserière
Bordelanne   25   Borticado   Bruté   Citadelle Vauban   **le Palais**
Menhirs
Belle-Île
Passage des Sœurs

Port Donnant   Donnant   57   Plage de Bordadoue
Bordardué
Grand Phare   Bangor
Aiguilles de Port Croton   Goulphar   Kervilahouen   Grand-Village   Domois
Plage des Grands Sables
Kervarijon   Samzun   Borderhouat
Pointe de Kerdonis
Pointe de Vieux Château   Île d'Hœdic   Hœdic
Pointe de Pouldon   Plage d'Herin   60   Borvran   Locmaria   Port Maria

65   Phare du la Calet
Pointe de l'Échelle

66

67

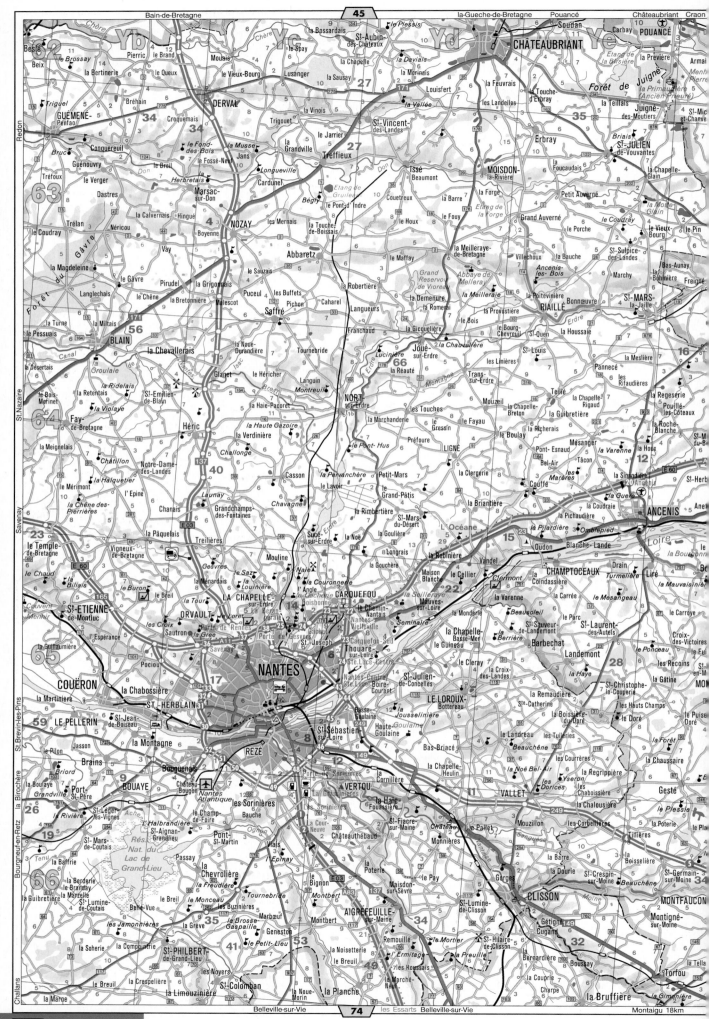

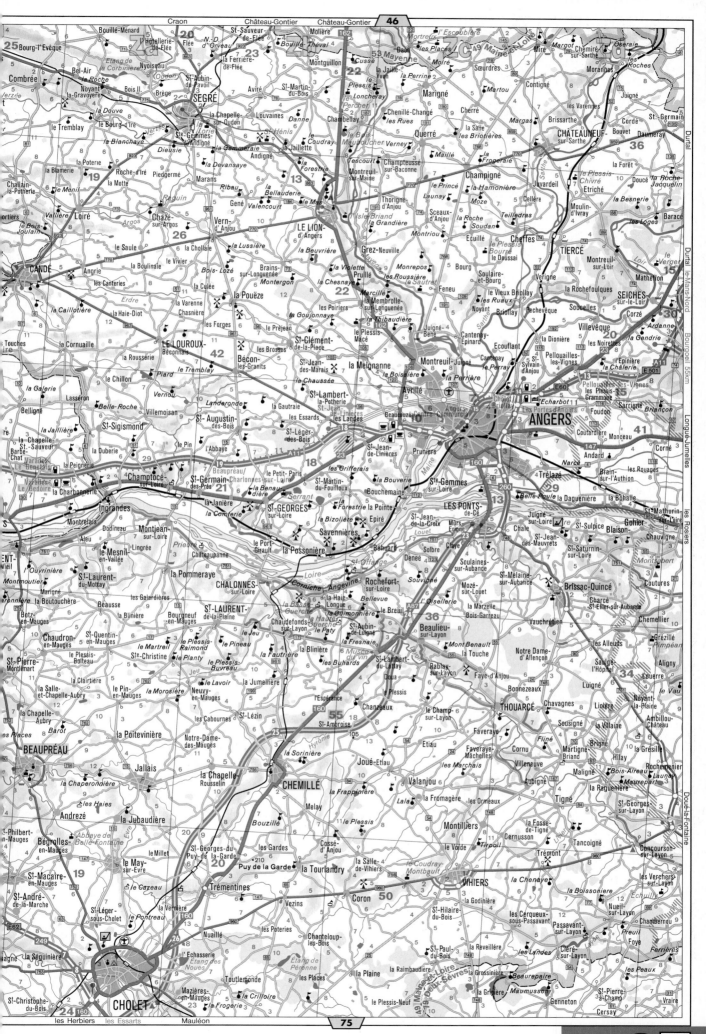

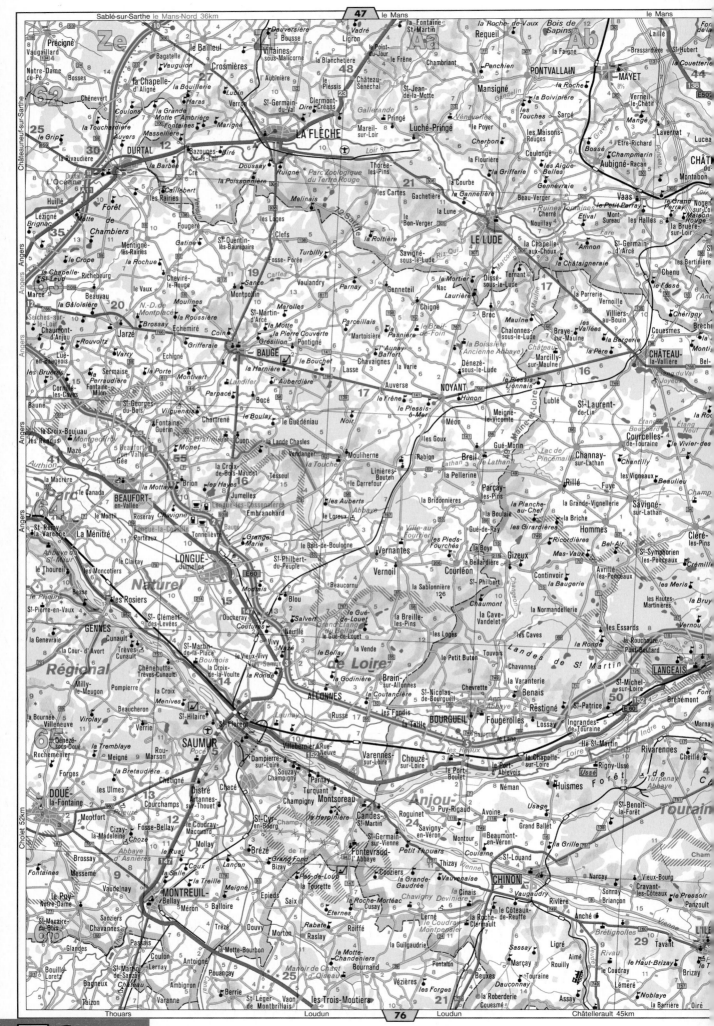

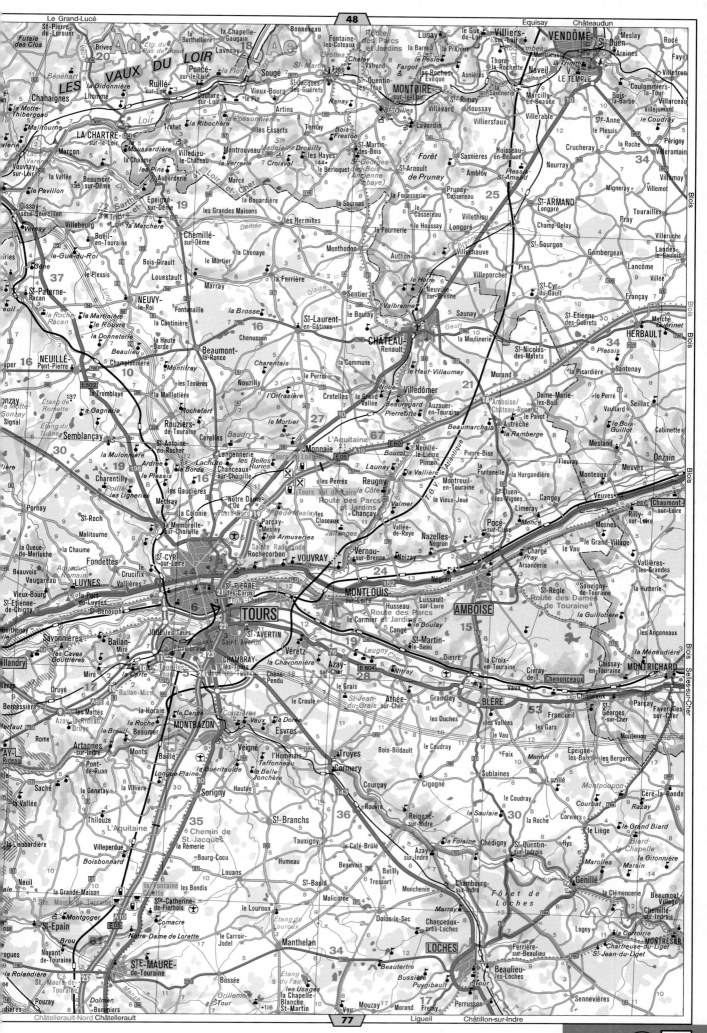

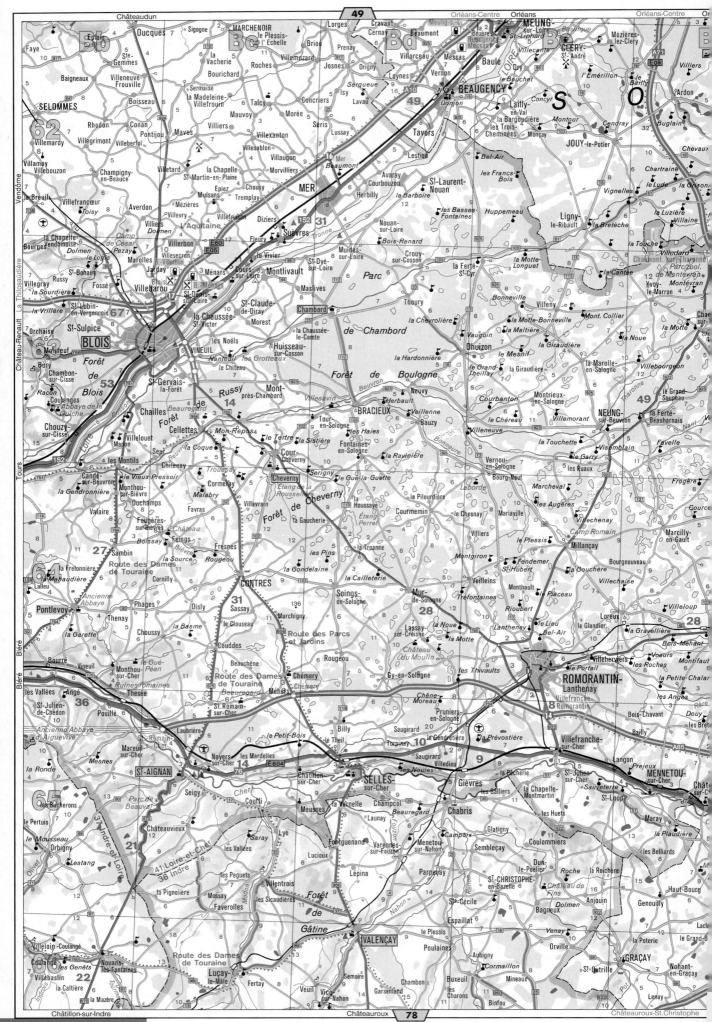

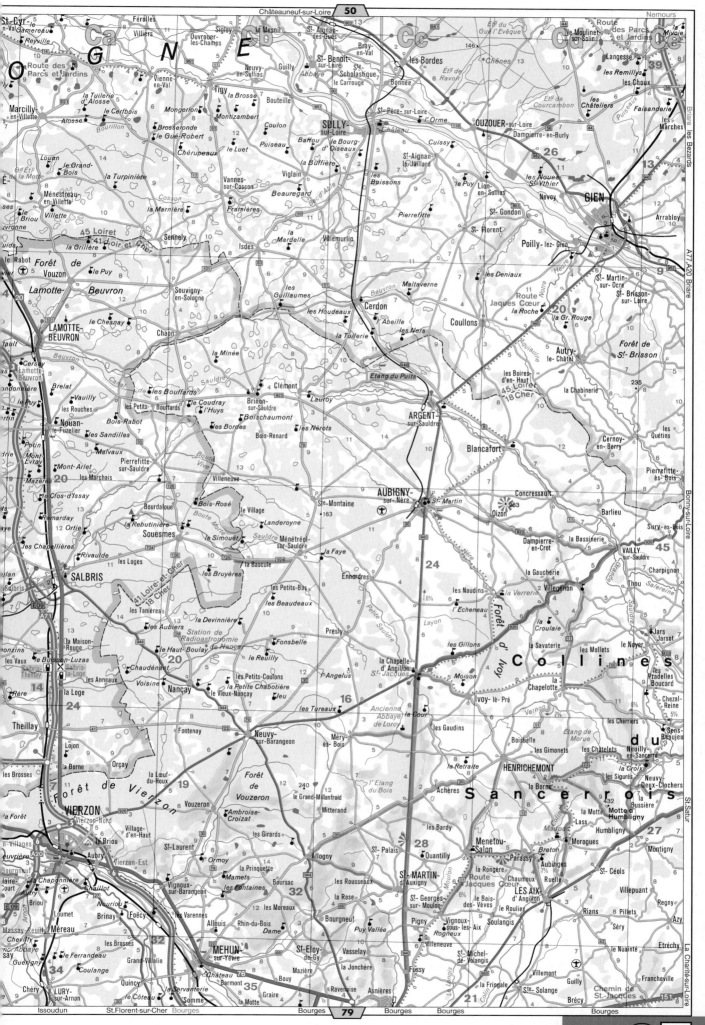

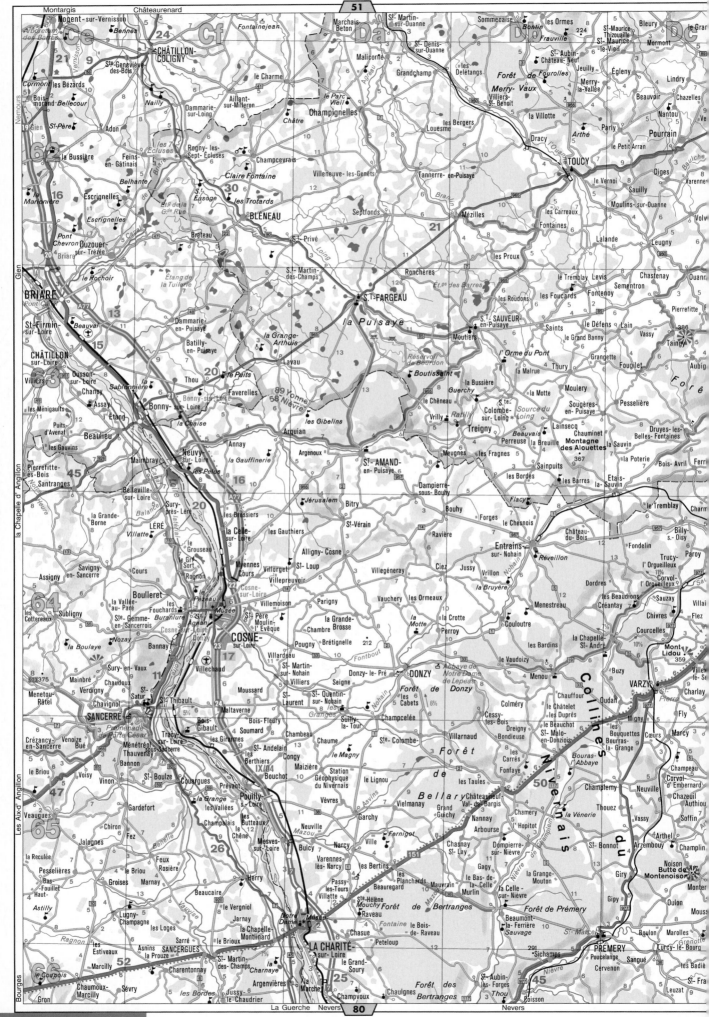

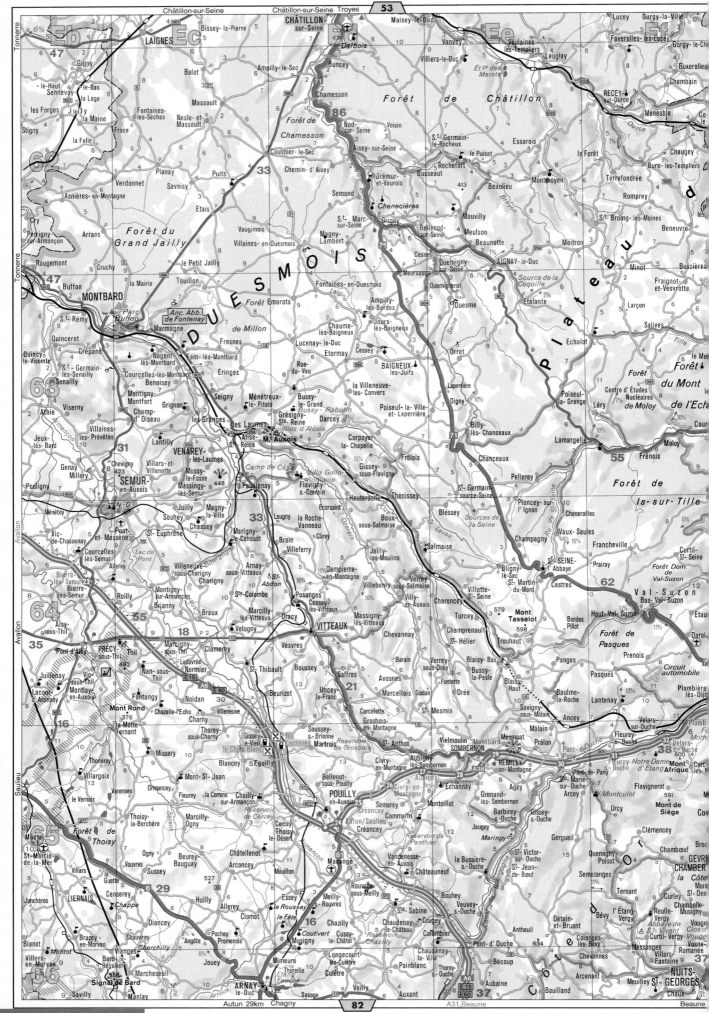

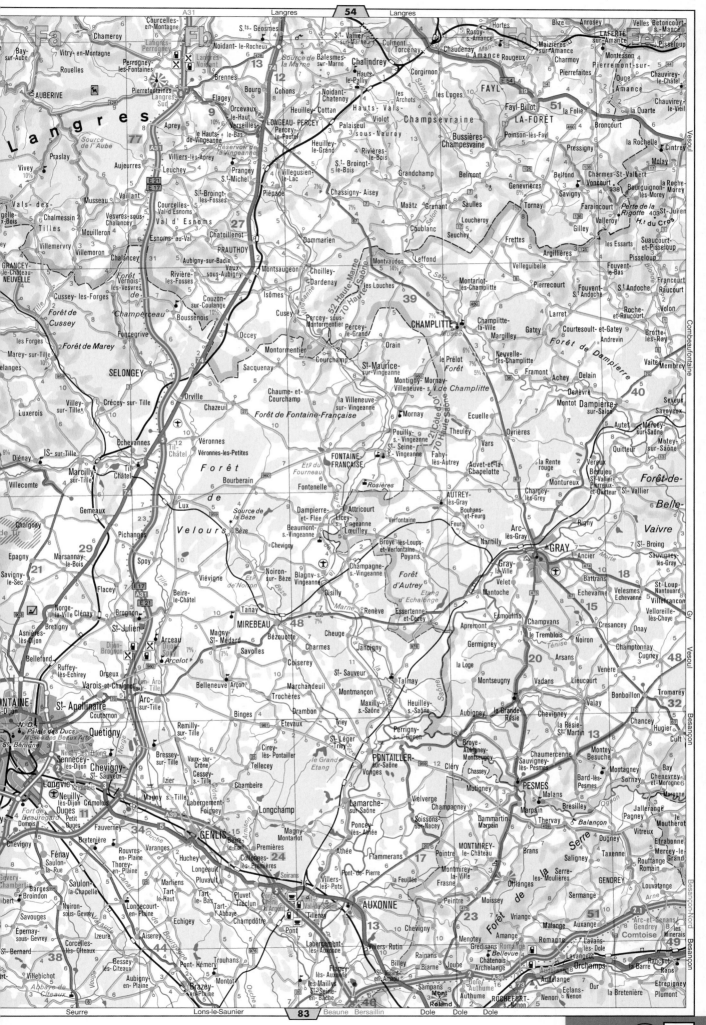

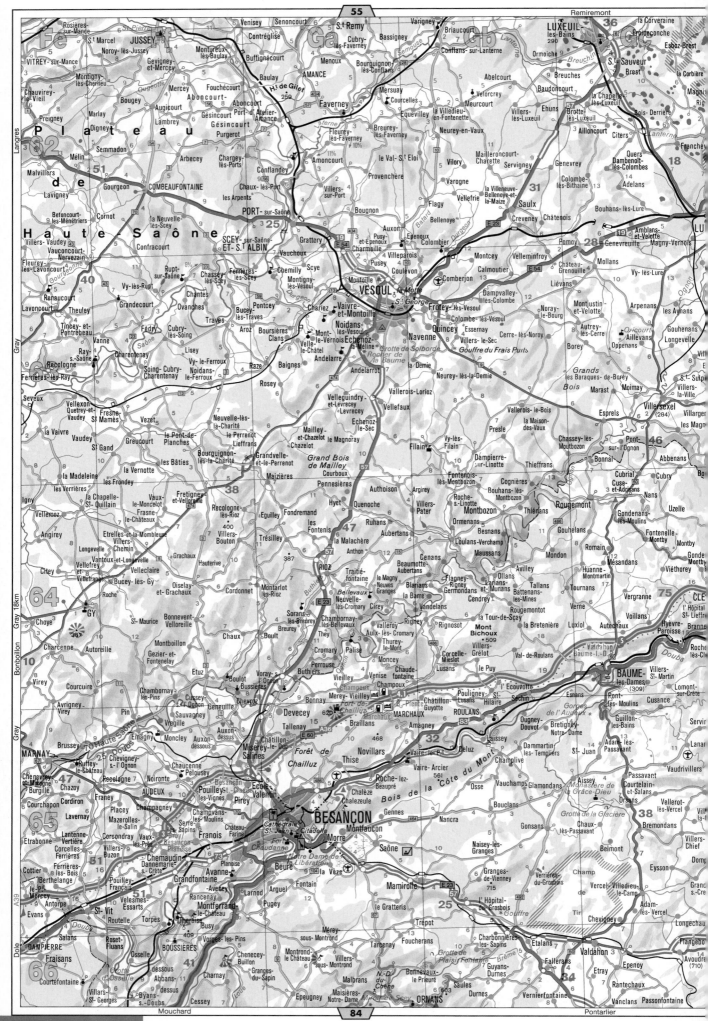

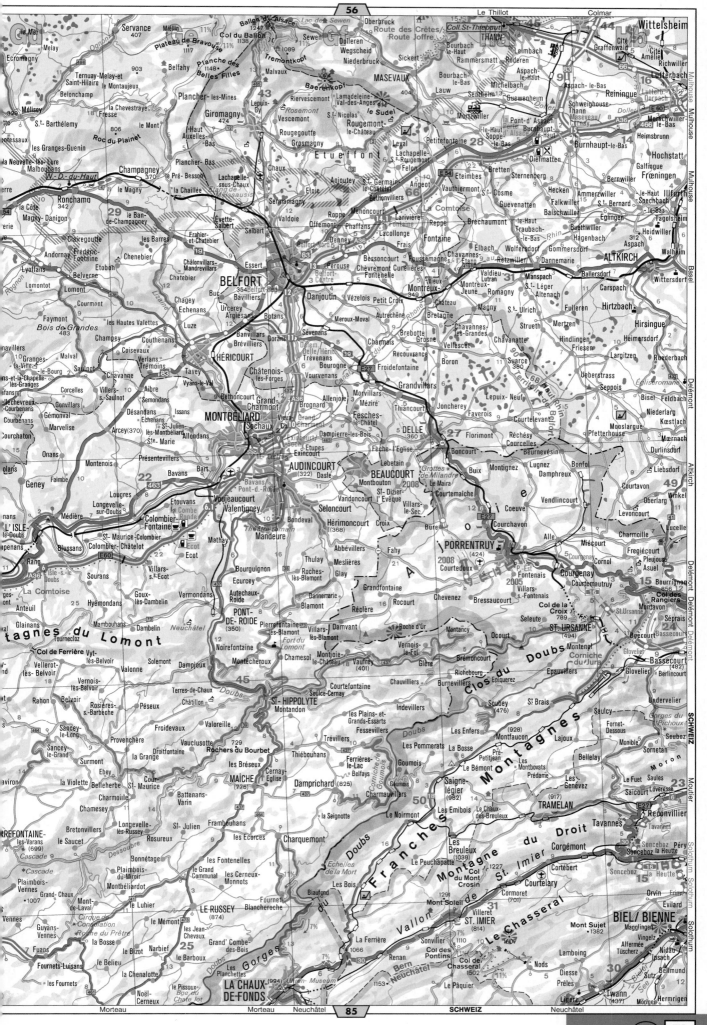

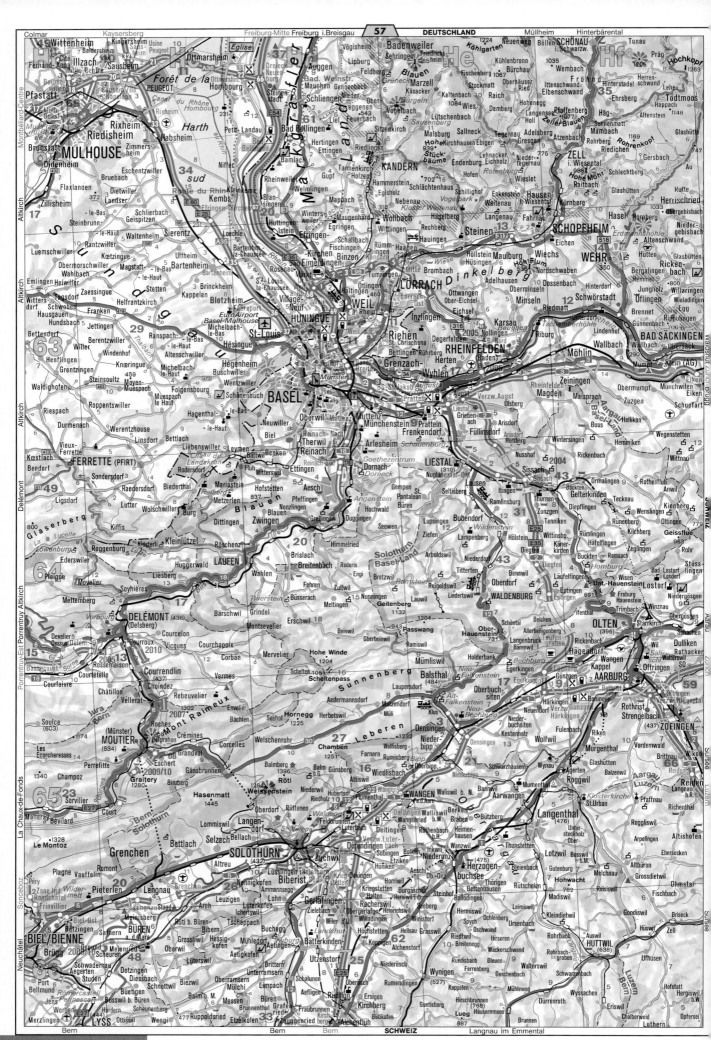

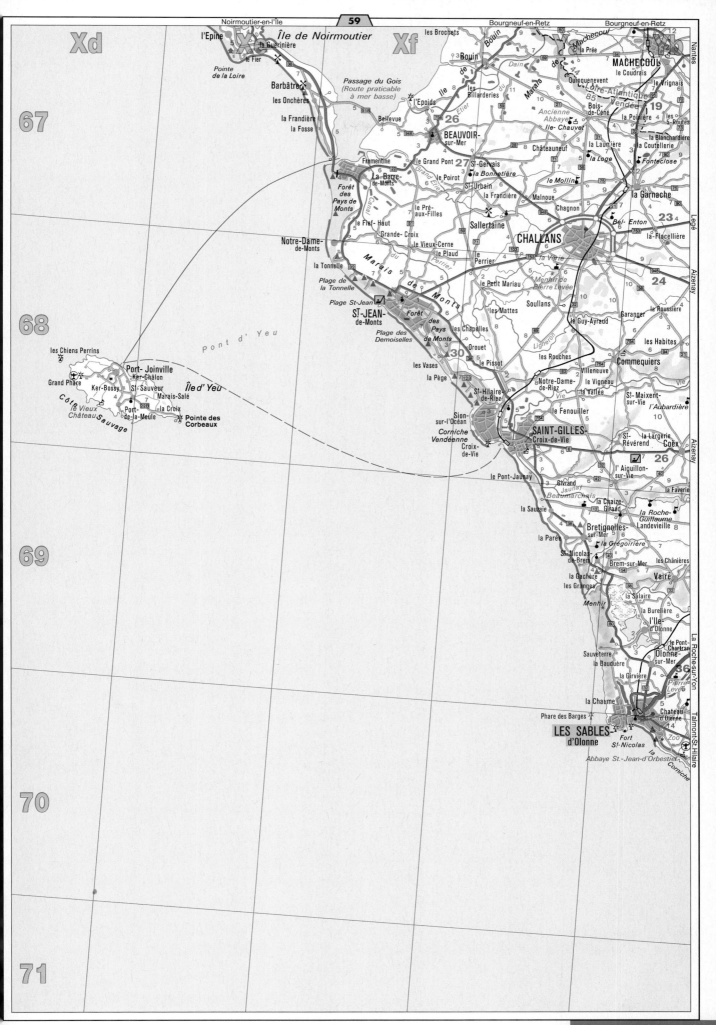

Xd
Xf

67
68
69
70
71

Noirmoutier-en-l'Île
Bourgneuf-en-Retz
Bourgneuf-en-Retz
Nantes

l'Épine
Île de Noirmoutier
les Brochets
Bouin
Machecoul
la Prée
MACHECOUL
le Coudraic

la Guérinière
Bouin
Quinquenevent
le Vrignais

Pointe de la Loire
le Fier
les Billarderies
Marais
Dain
Côte-Atlantique
Bois-de-Céné
19
les 5-Routes

Barbâtre
Passage du Gois
(Route praticable à mer basse)
l'Époids
Bellevue
Ancienne Abbaye
Île-Chauvet
Châteauneuf
la Poirière
la Blanchardière
la Coutellerie

les Onchères
la Frandière
la Fosse
BEAUVOIR-sur-Mer
le Grand Pont
27 St-Gervais
la Bonnetière
St-Urbain
la Laumière
la Loge
le Mollin
Fonteclose

Fromentine
La Barre-de-Monts
le Poirot
la Frandière
Malnoue
Chagnon
la Garnache

Forêt des Pays de Monts
le Pré-aux-Filles
Grande-Croix
Sallertaine
CHALLANS
Bel-Enton
23
la-Flocellière

Notre-Dame-de-Monts
le Fief-Haut
le Vieux-Cerne
le Plaud
le Perrier
la Verie
24

la Tonnelle
Marais
de
Monts
Perrier
le Petit Mariau
Menhir de Pierre Levée

Plage de la Tonnelle
Soullans
les Mattes
le Guy-Ayraud
Garanger
la Roussière

Plage St-Jean
ST-JEAN-de-Monts
Forêt des Pays de Monts
les Chapelles
Ligneron
les Rouches
Commequiers
les Habites

Pont d'Yeu
Plage des Demoiselles
30
Orouet
le Pissot
Villeneuve
le Vigneau
la Vallée
St-Maixent-sur-Vie
l'Aubardière

les Vases
la Pège
St-Hilaire-de-Riez
Notre-Dame-de-Riez
le Fenouiller
Vie

les Chiens Perrins
Port-Joinville
Ker-Châlon
Sion-sur-l'Océan
SAINT-GILLES-Croix-de-Vie
St-Révérend
la Largerie
Coëx

Grand Phare
Ker-Bossy
St-Sauveur
Île d'Yeu
Marais-Salé
la Croix
Corniche Vendéenne
Croix-de-Vie
l'Aiguillon-sur-Vie
26
la Faverie

Côte Vieux Château Sauvage
Port-de-la-Meule
Pointe des Corbeaux
le Pont-Jaunay
Jaunay
Beaumarchais
Givrand
la Chaize-Giraud
la Roche-Guillaume
Landevieille

la Sauzaie
Bretignolles-sur-Mer
la Grégoirière
la Parée
St-Nicolas-de-Brem
Brem-sur-Mer
les Chânières
Vairé

la Gachère
les Granges
la Salaire
la Burelière
l'Île-d'Olonne

Menhir
Sauveterre
la Baudière
le Pont-Chartran
Olonne-sur-Mer

Phare des Barges
la Girvière
Château d'Olonne

la Chaume
Pierre Levée

LES SABLES d'Olonne
Fort St-Nicolas
Zoo

Abbaye St-Jean-d'Orbestier
Corniche

La Roche-sur-Yon
Aizenay
Légé
Talmont-St-Hilaire

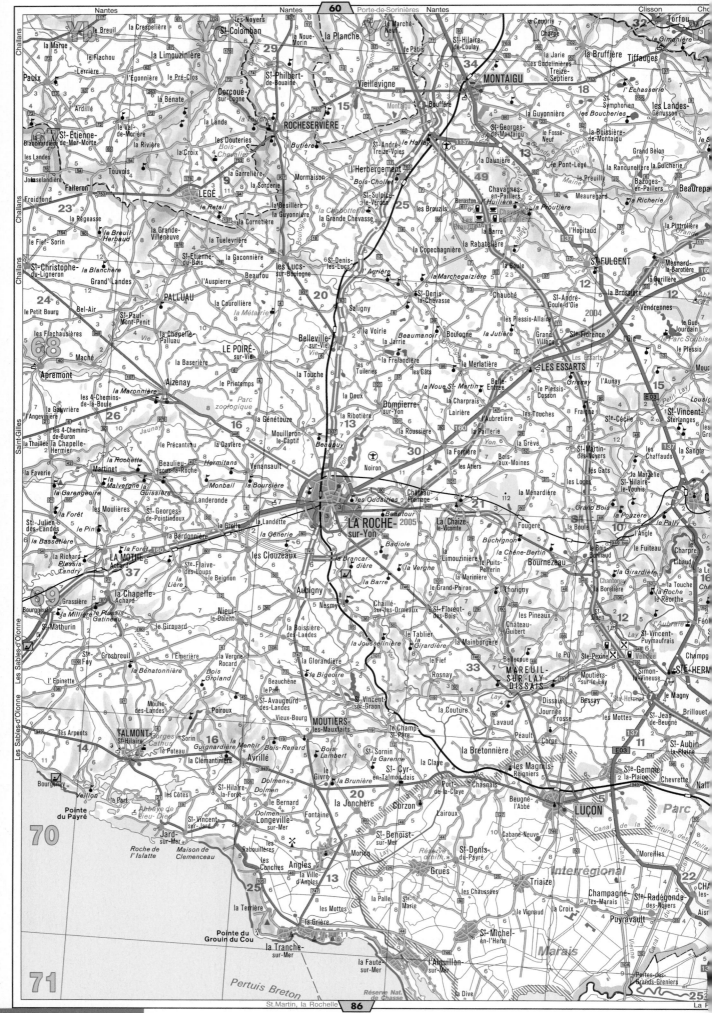

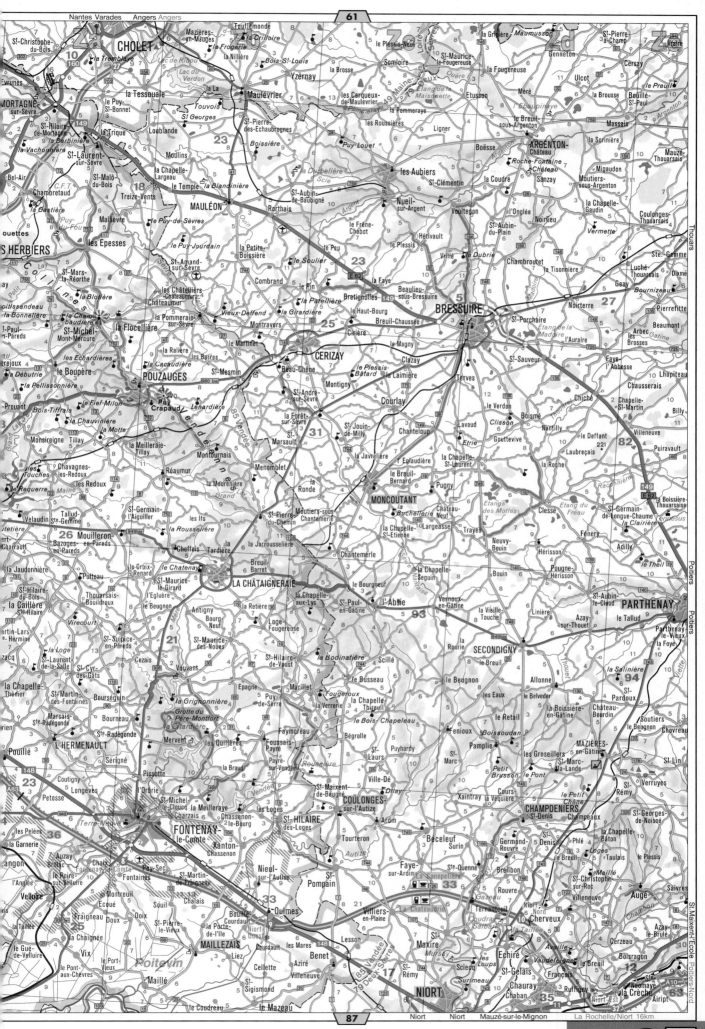

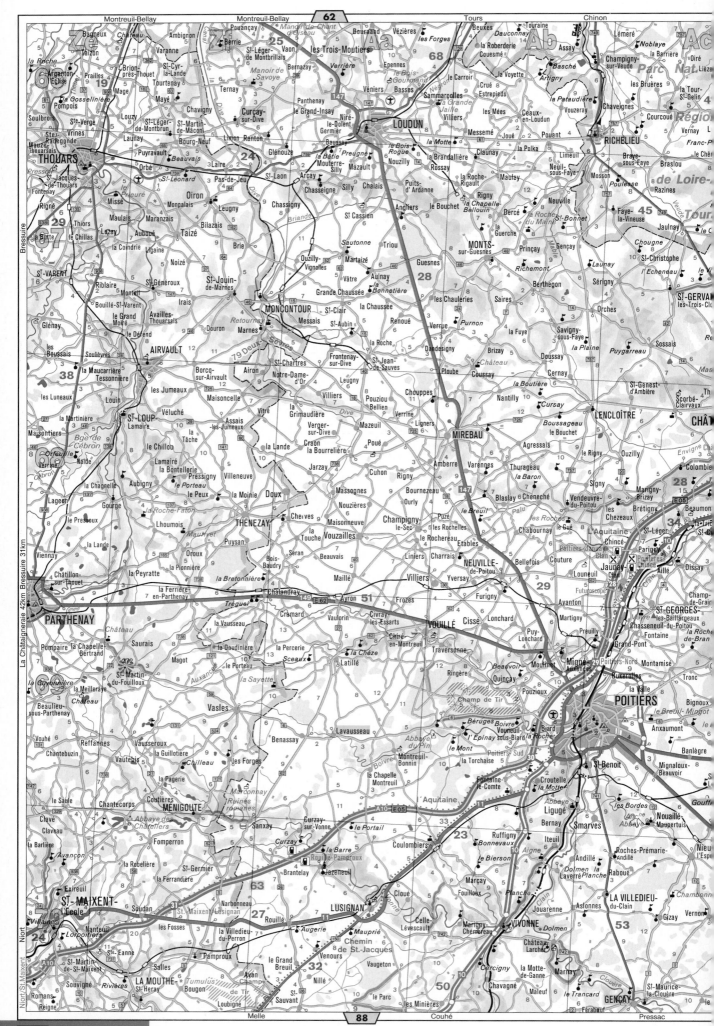

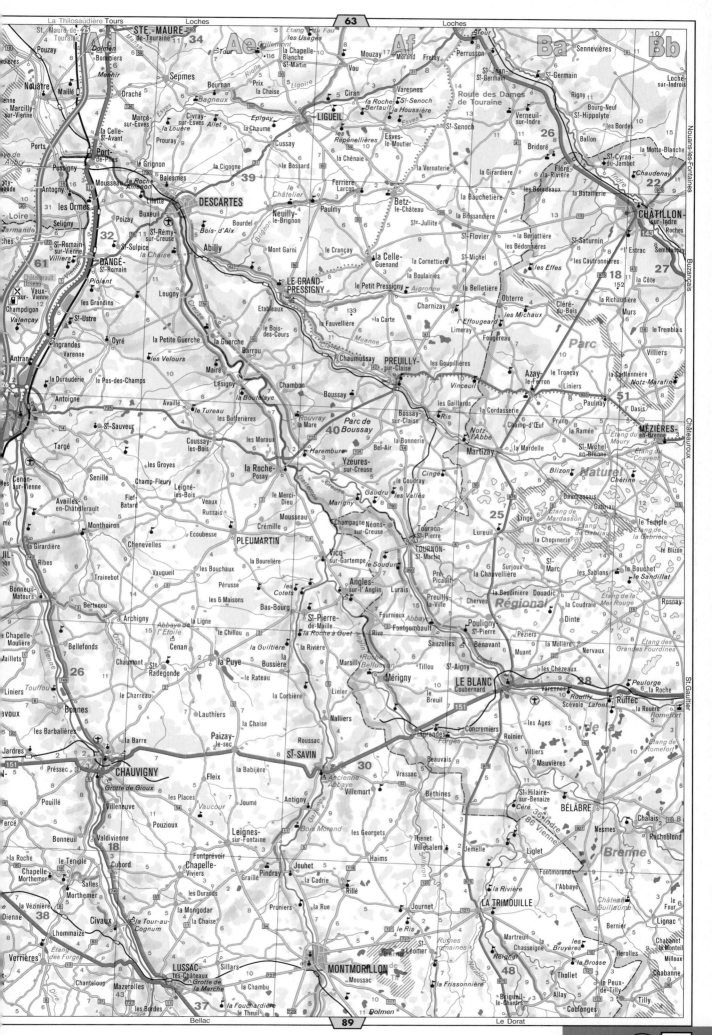

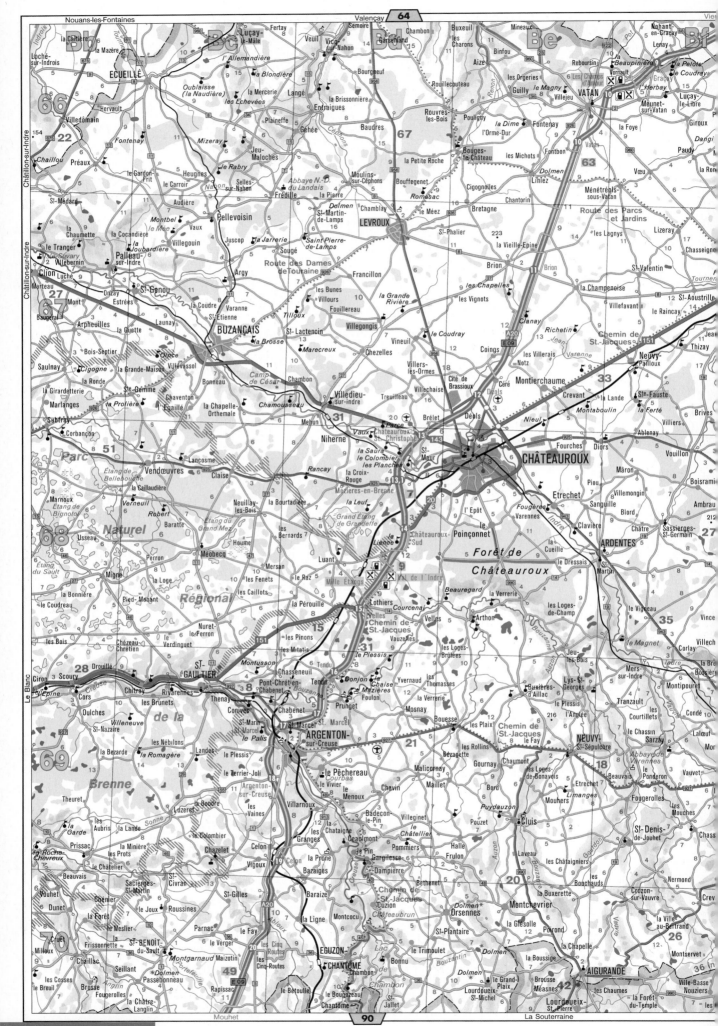

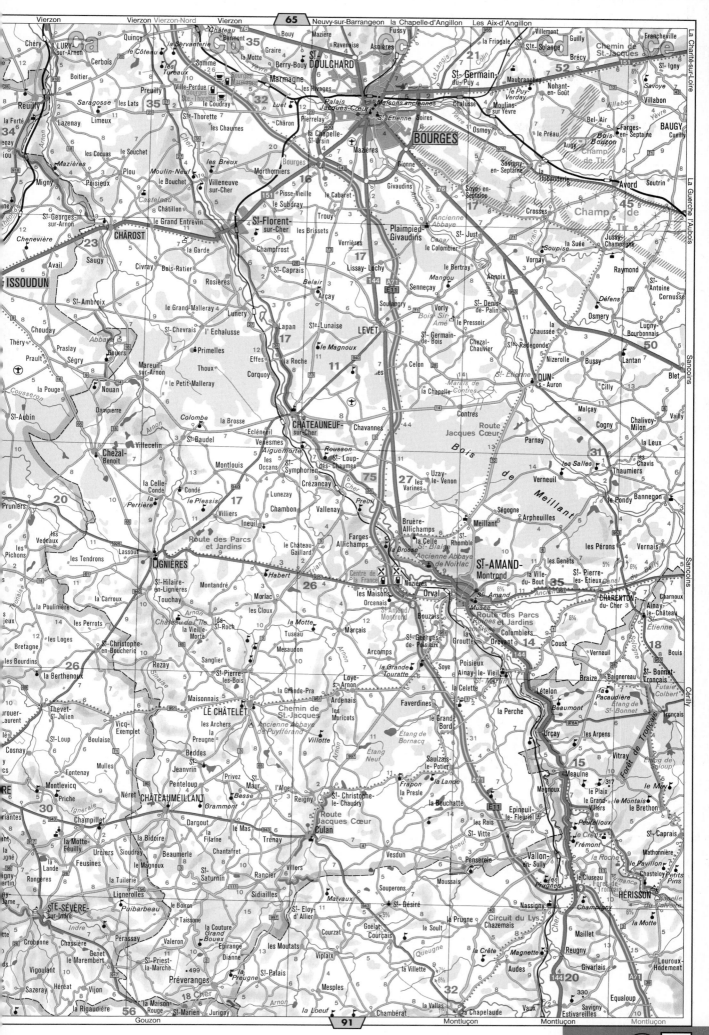

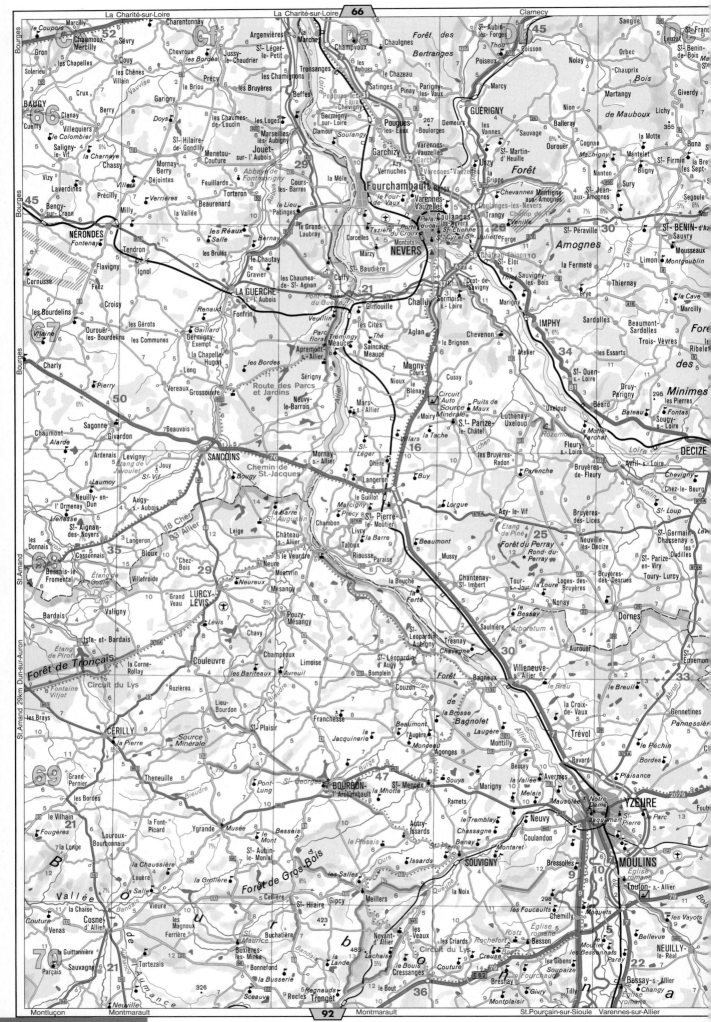

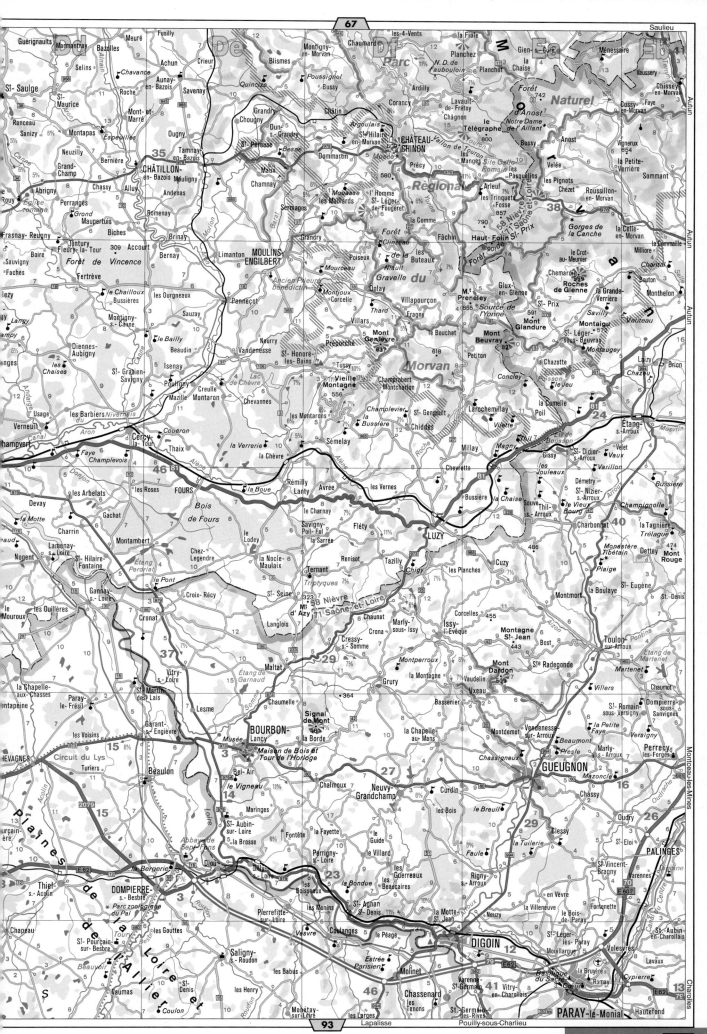

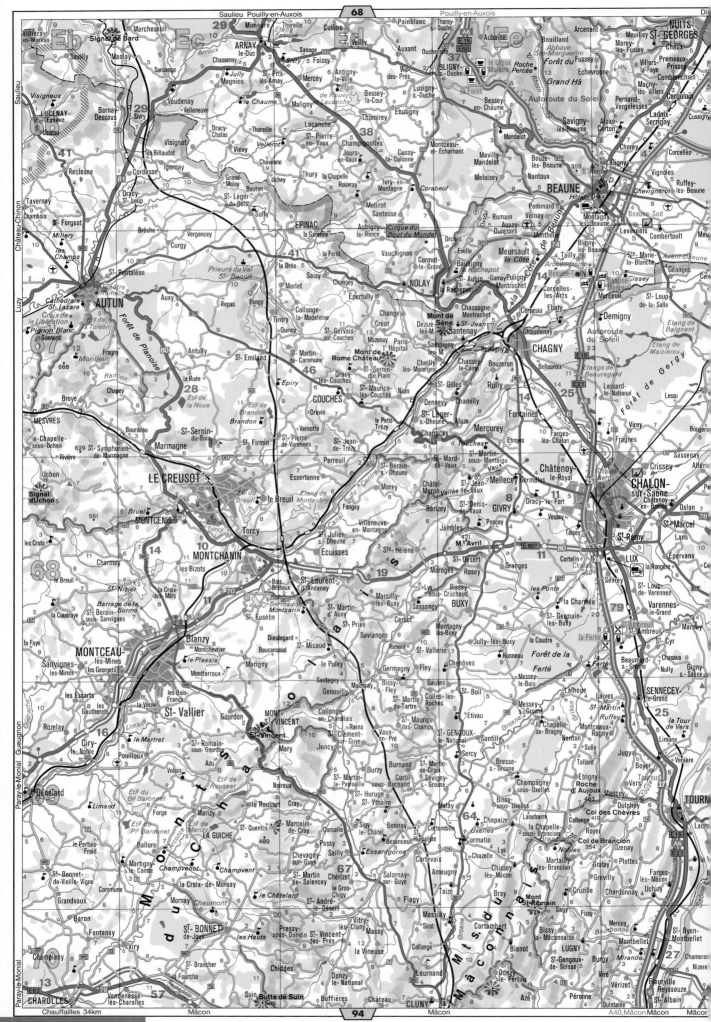

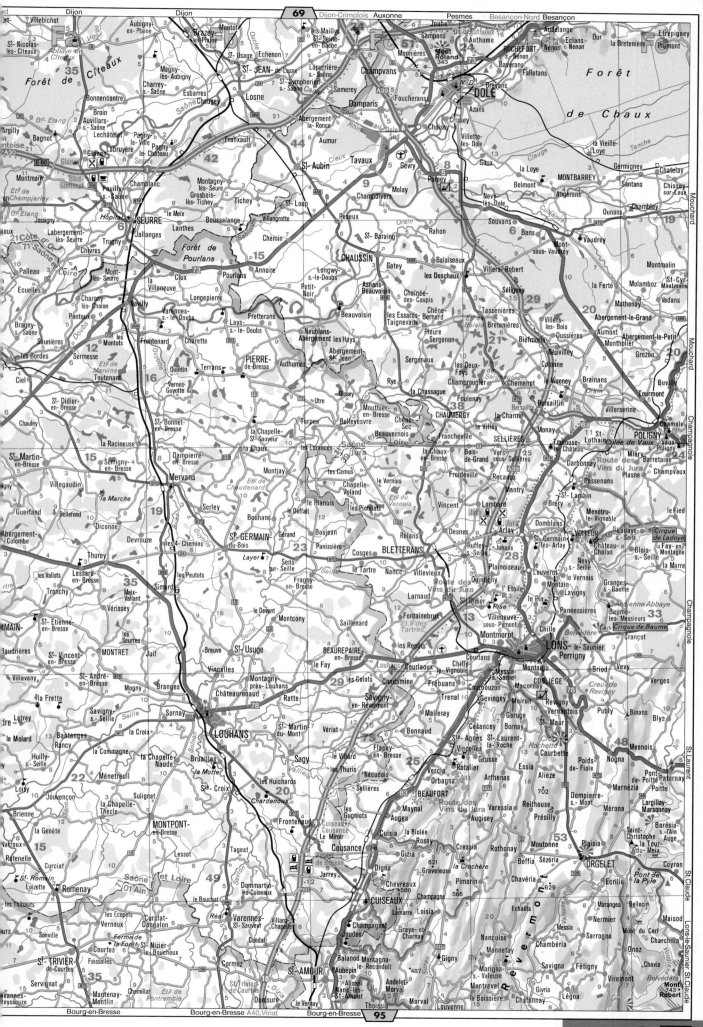

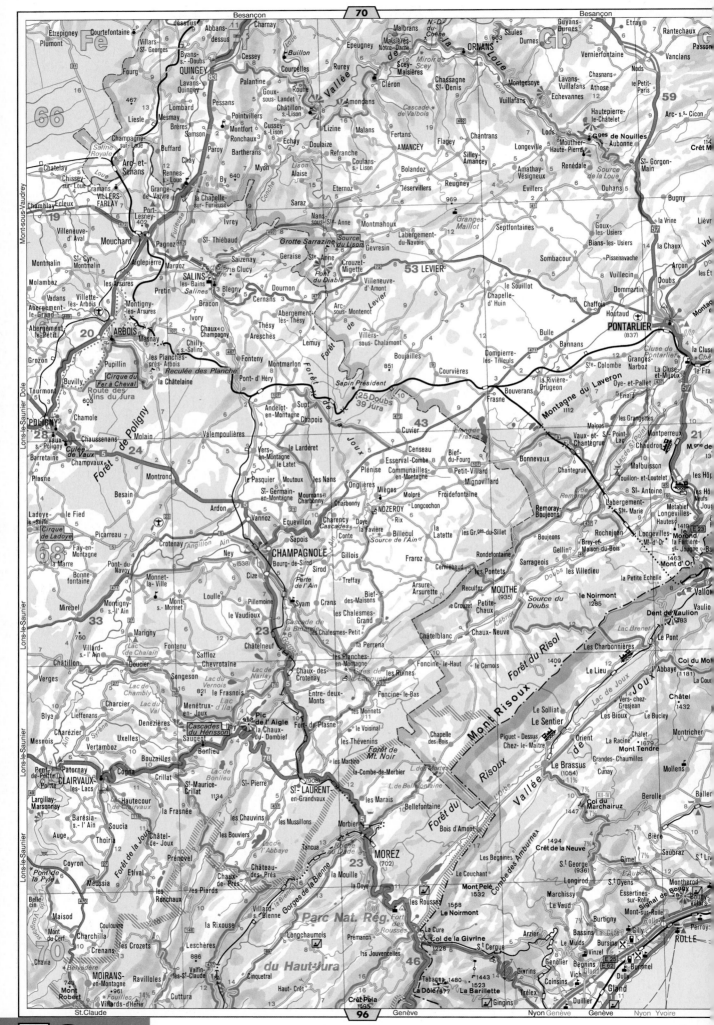

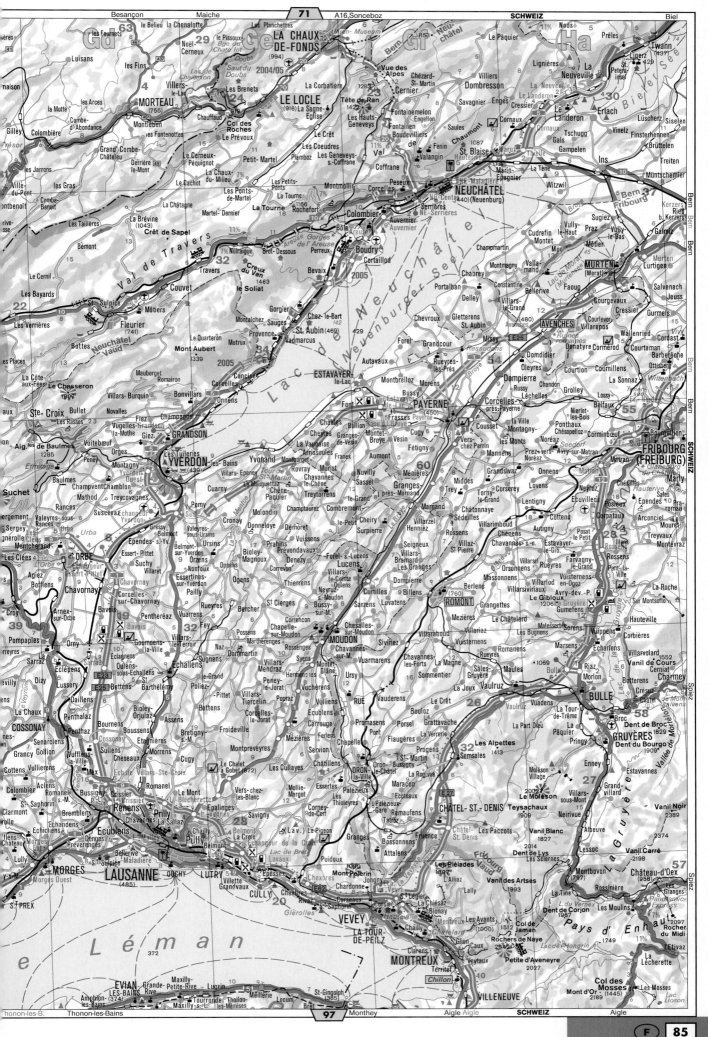

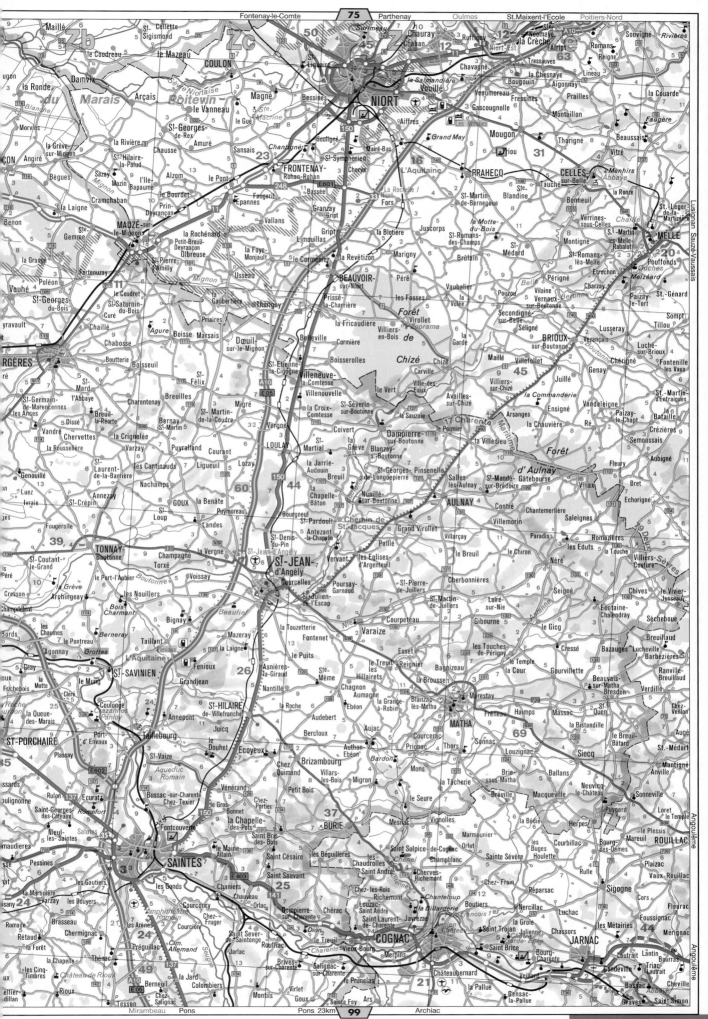

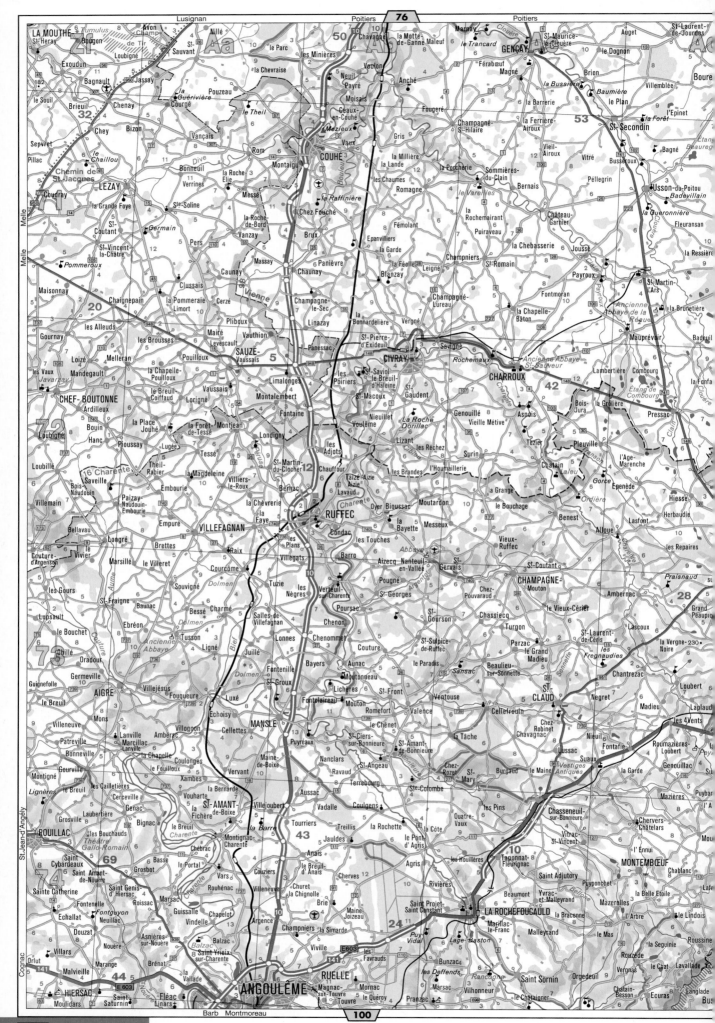

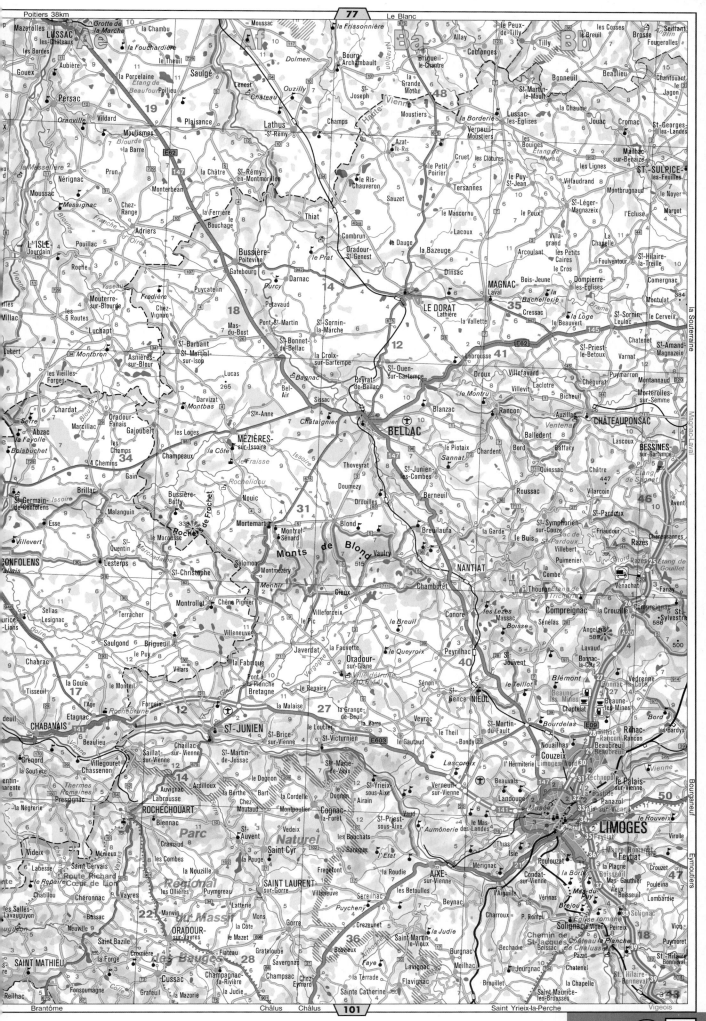

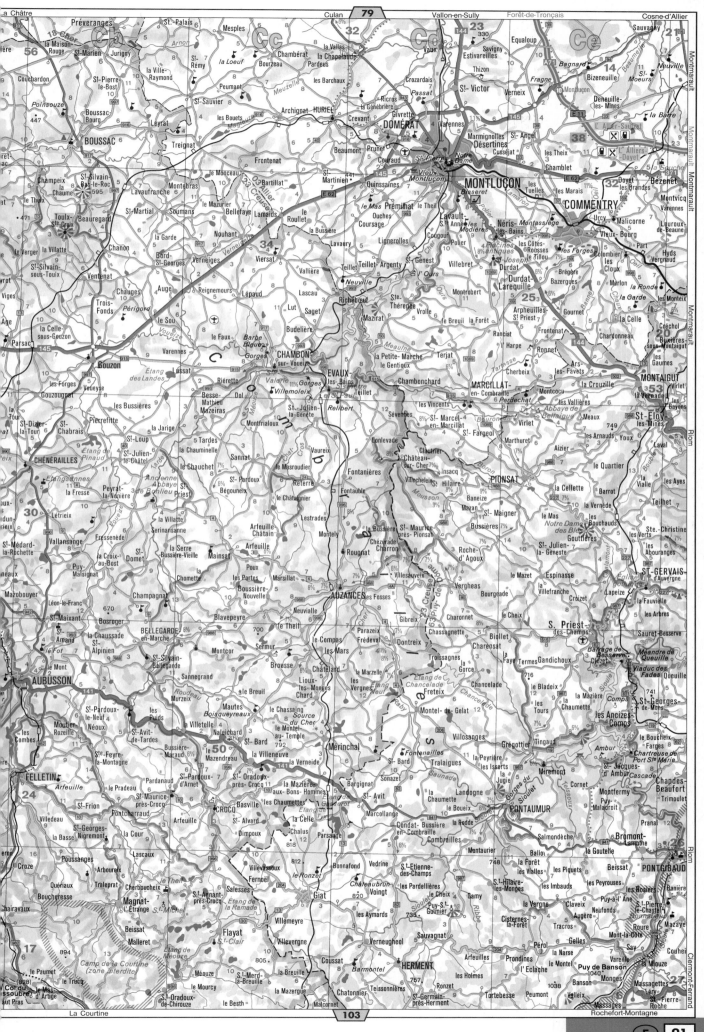

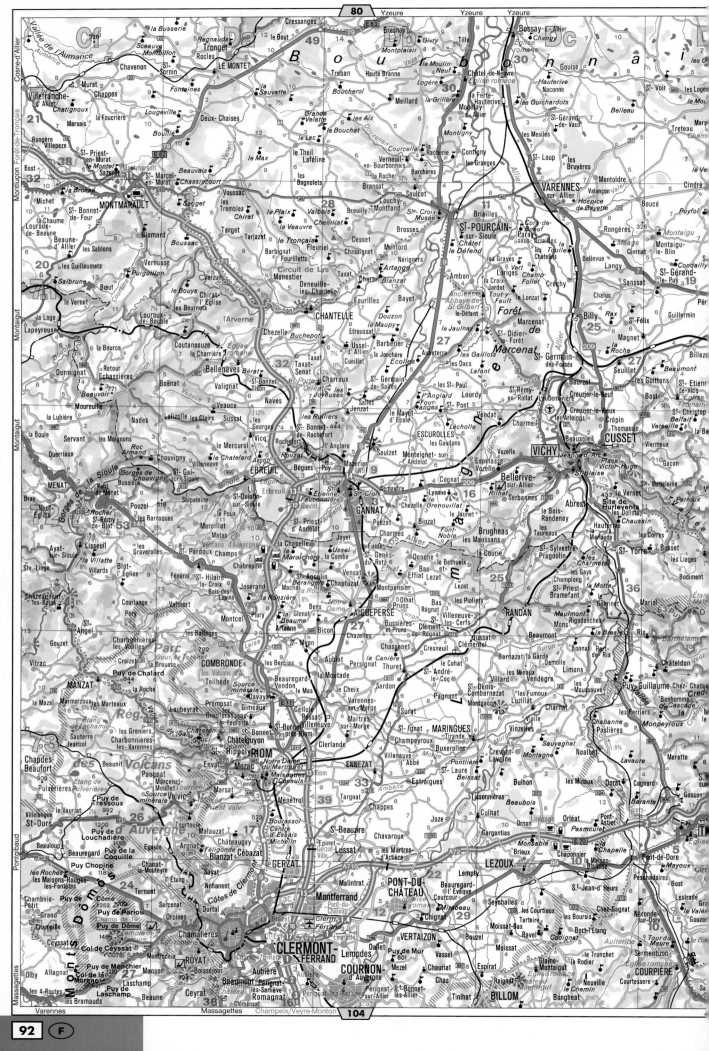

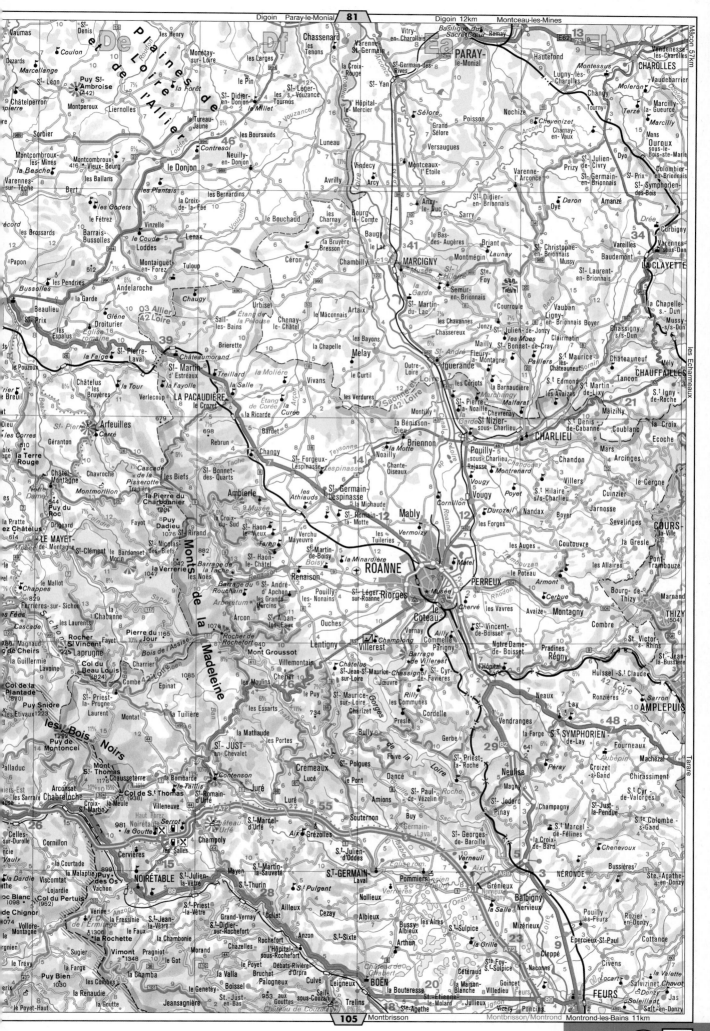

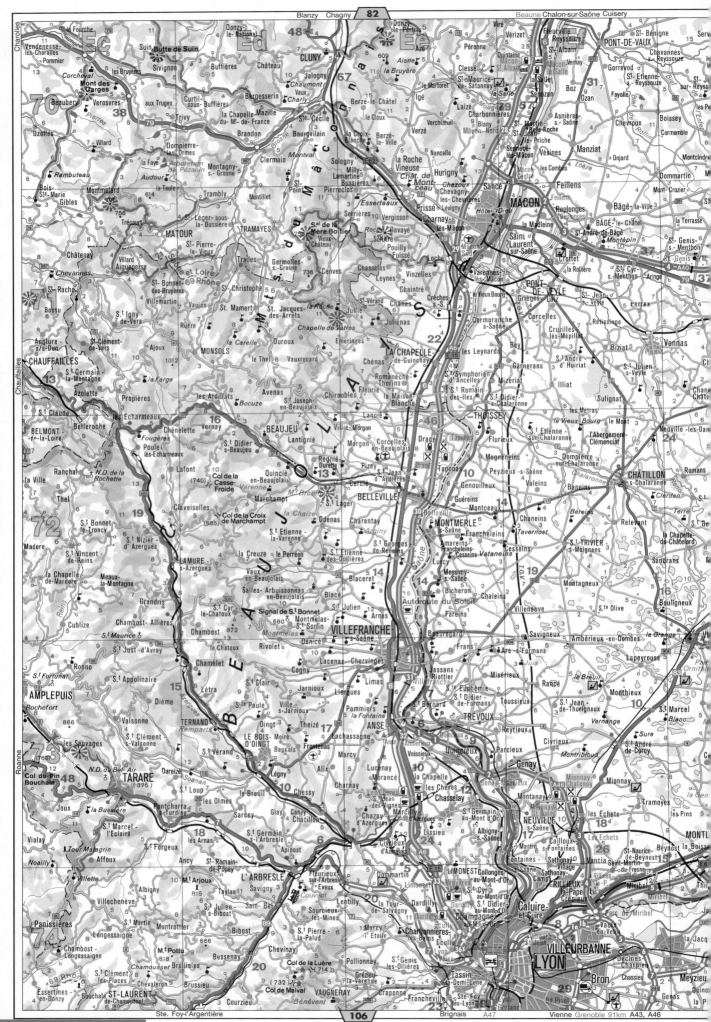

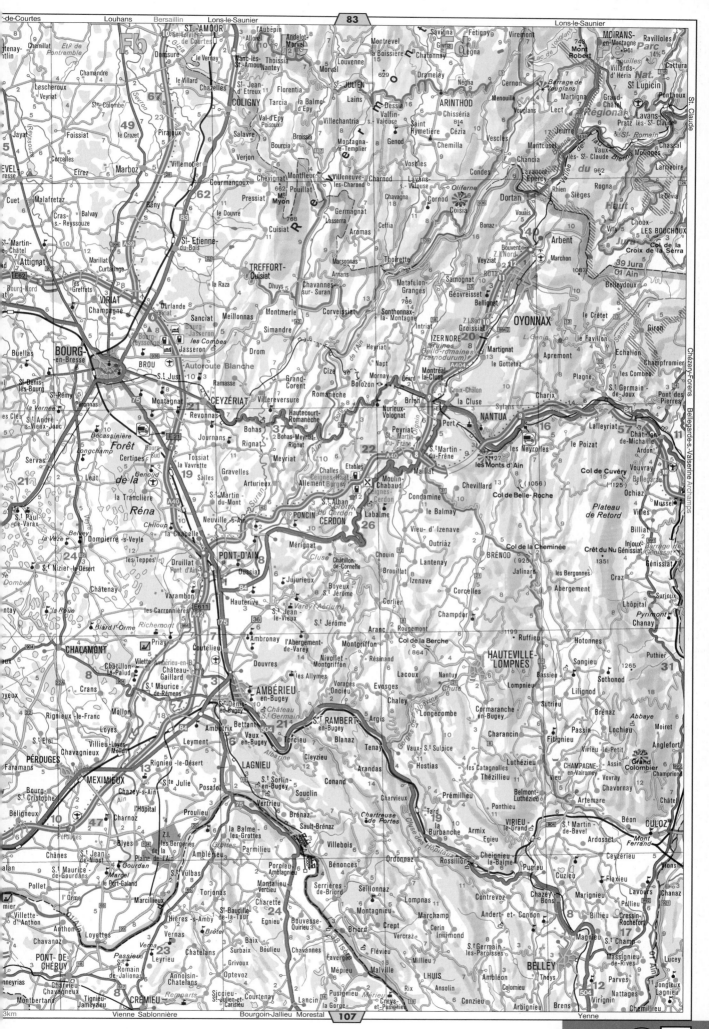

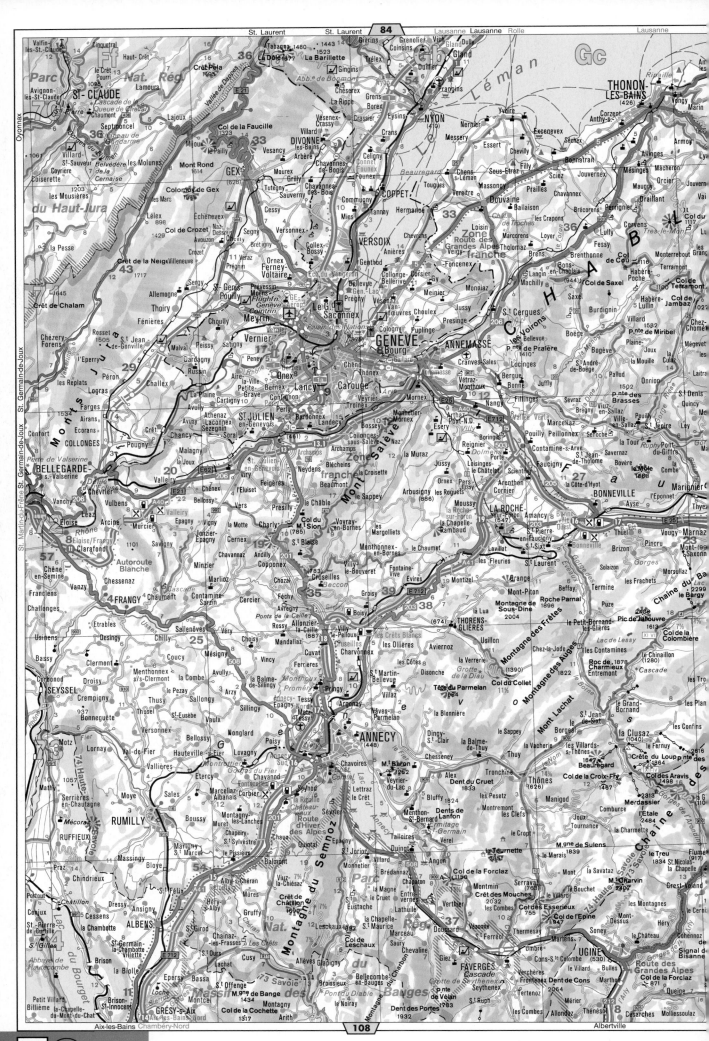

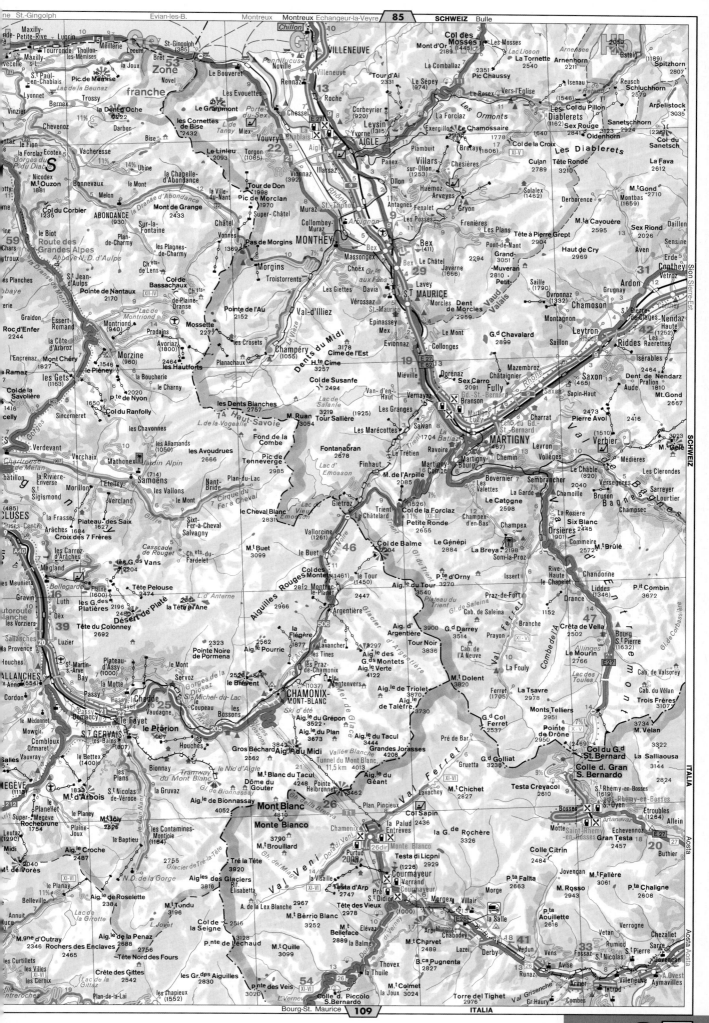

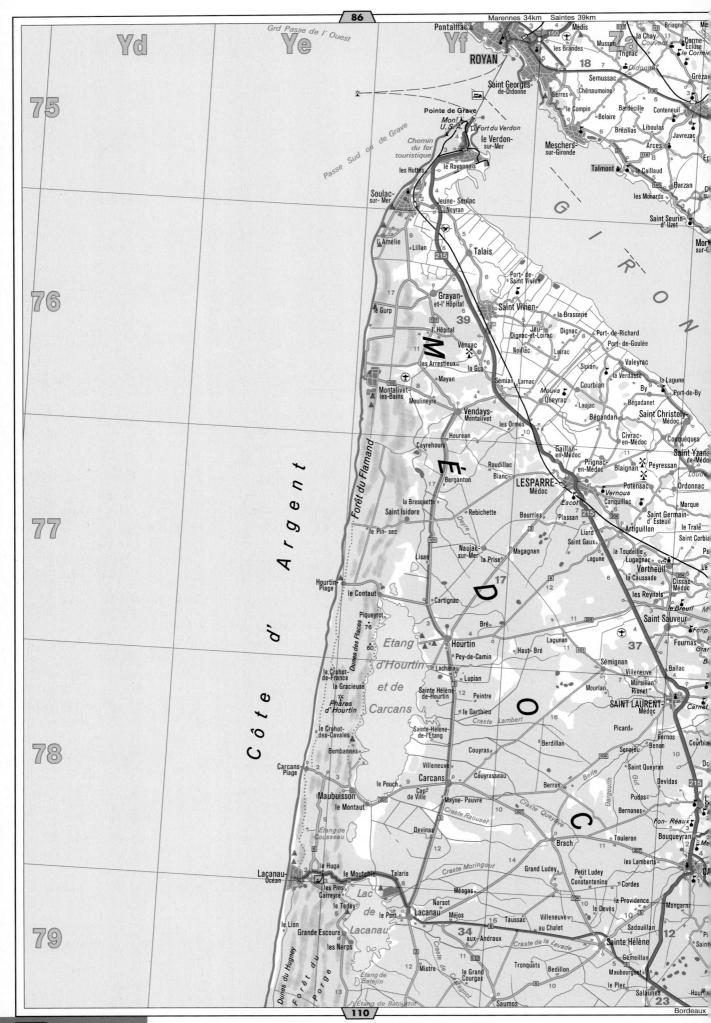

Marennes 4km   Saintes 39km

Pontaillac
ROYAN
Yf
Za
Médis
Briagne
Corme-
Couvent
Ja Chay
Cormé
Eclusé
le Cormier
Musson
Trignac
Didonnes
150
les Brandes
5
18
7
Semussac
Gréza

Yd
Ye

Saint Georges-
de-Didonne
Chênaumoine
Semussac
Serres
le Compin
Bardécille
Contenevil
Beloire
Brézillas
Liboulas
Javrezac
Arces

75

Pointe de Grave
Mon.t
U.S.A.
Fort du Verdon
le Verdon-
sur-Mer
Meschers-
sur-Gironde
Talmont
le Caillaud
les Monards

Passe Sud ou de Grave
Chemin
du fer
touristique
le Royannais
Barzan
Saint Seurin-
d' Uzet

Grd Passe de l' Ouest

les Huttes
Soulac-
sur-Mer
Jeune- Soulac
Neyran
Mor
sur-G

215
l' Amélie
Lillan
Talais
Port- de-
Saint Vivien

76
le Gurp
17
Grayan-
et-l' Hôpital
39
Saint Vivien-
la Brasserie

101
l' Hôpital
Jau-
Dignac-et-Loirac
Dignac
Port- de-Richard
Port- de-Goulée

M
11
Vensac
Noillac
Loirac
Valeyrac

les Arrestieux
la Gua
Sémian Larnac
Sipian
la Verdasse
la Lagune
Port-de-By

Mayan
Mouva
Courbian
By
Bégadanet

Montalivet-
les-Bains
8
Moulineyre
Obeyrac
Laujac
Bégandan
Saint Christoly-
Médoc

Vendays-
Montalivet
les Ormes
10
Gaillan-
en-Médoc
Civrac-
en-Médoc
Corquèques
Saint Yzans-
de-Médoc

E-
Hourean
11
Prignac-
en-Médoc
Blaignan
Peyressan
Loud

Cayrehours
Roudillac
Blanc
LESPARRE-
Médoc
Potensac
Ordonnac

17
Berganton
Escot
215
Canquillac
Vernous
Saint Germain-
d' Esteuil
le Tralé

77
Forêt du Flamand
la Bresquette
Saint Isidore
Rebichette
Bourries
Plassan
204
Artiguillon
Saint Corbia

le Pin- sec
Deyre
Liard
Saint Gaux
la Toudeille
Lugagnac
Cissac-
Médoc
Pe

101
Naujac-
sur-Mer
la Prise
Magagnan
Lagune
Vertheuil
la Caussade
le
Breuil
M

Lisan
Cartignac
4
12
6
les Reynals
Saint Sauveur
Fonp

Hourtin-
Plage
le Contaut
Bré
11
205
37
Fournas
Gran
B

Piqueyrot
76
Dunes des Places
3
Lagunan
101
Sémignan
Ballac
4

Côte   d'   Argent
60
D
Hourtin
17
Haut- Bré
Villeneuve
Marsillan
Rionet

Etang
d'Hourtin
Pey-de-Camin
Lachanau
Lupian
Mourlan
SAINT LAURENT
Médoc
Carnet

le Crohot-
de-France
la Gracieuse
Sainte Hélène-
de-Hourtin
12
Peintre
O
16
Picard
Bernos

Phares
d' Hourtin
Sainte-Hélène-
de-l'Etang
le Garthieu
Craste Lambert
Berdillan
Senajou
Benon
Courbia
Do

le Crohot-
des-Cavales
Couyras
Côuyrasseau
Berdillan
Saint Queyran
215

78
Bombannes
Villeneuve
Berron
Devidas

Carcans-
Plage
2
le Pouch
Carcans
Cap
de Ville
Mayne- Pauvre
10
207
Berron
C
Pudos
Bernones

Maubuisson
le Montaut
Devinas
Craste Raousot
Craste Queyrive
Toulerou
Fon- Réaux
Bouqueyran
Me

Etang de
Cousseau
12
Brach
les Lamberts

le Huga
le Moutchic
Talaris
Craste Moringout
14
Grand Ludey
Petit Ludey
Constantenins
Cordes

Lacanau-
Océan
les Pins
Carreyre
Lac
de
Méogas
Constantenins
la Providence
le Devès
Mongarni

le Tedey
le Port
Lacanau
Méjos
Taussac
Villeneuve
au Chalet
12

79
le Lion
Grande Escoure
Lacanau
34
aux-Andraux
Craste de la Levade
Sainte Hélène

les Nerps
Gémeillan
12

Dunes du Hugney
Forêt du
porge
Etang de
Batejin
Mistre
le Grand
Courgas
Tronquats
Bedillon
Maubourguet
Pi
Houflu

13
Saumos
le Plec
Salaunes

Étang de Batourlot
Bordeaux
23

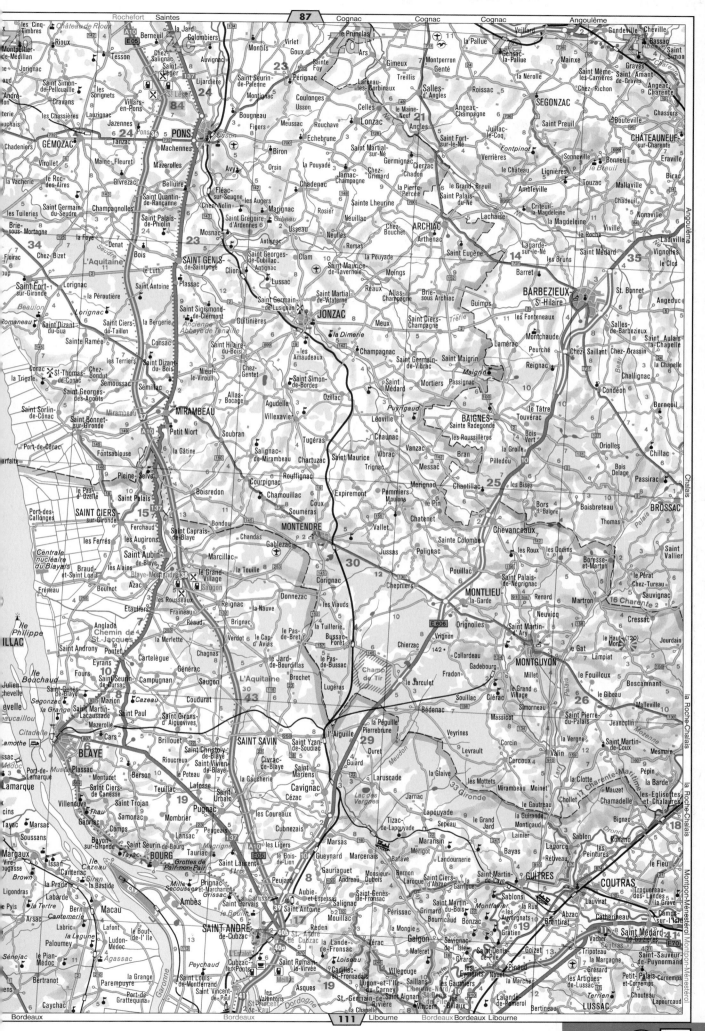

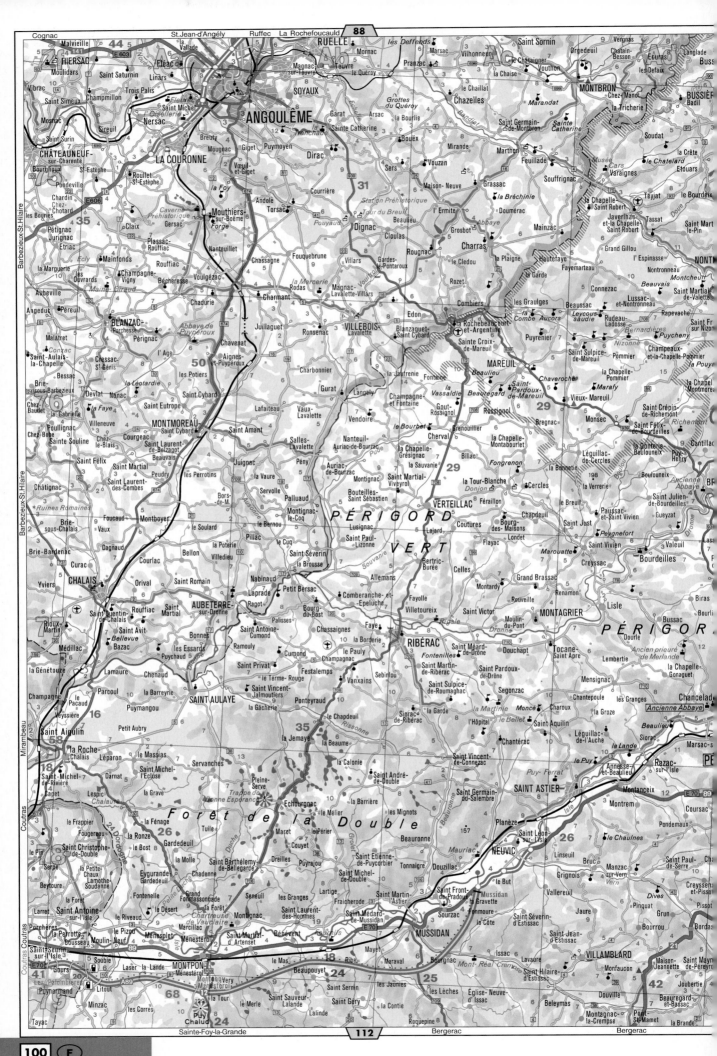

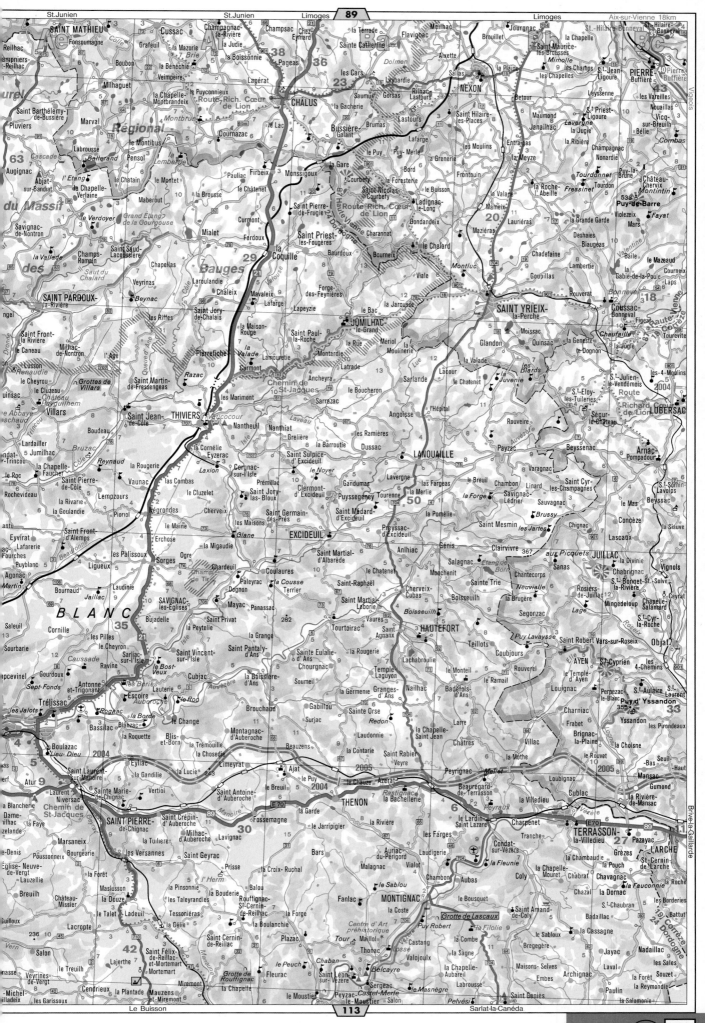

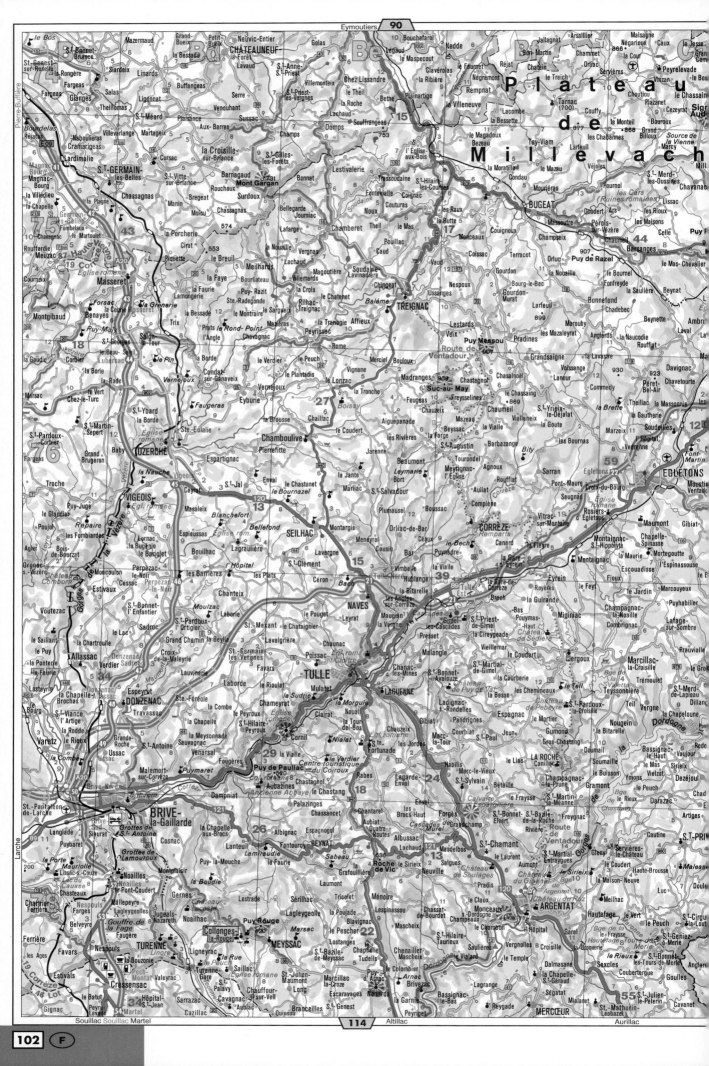

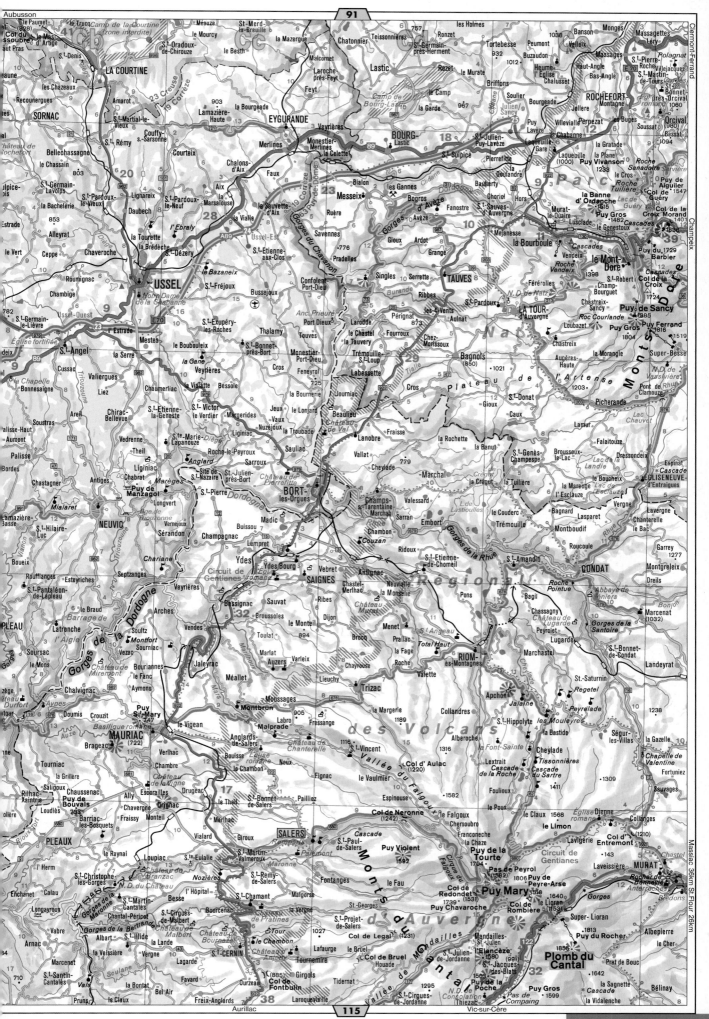

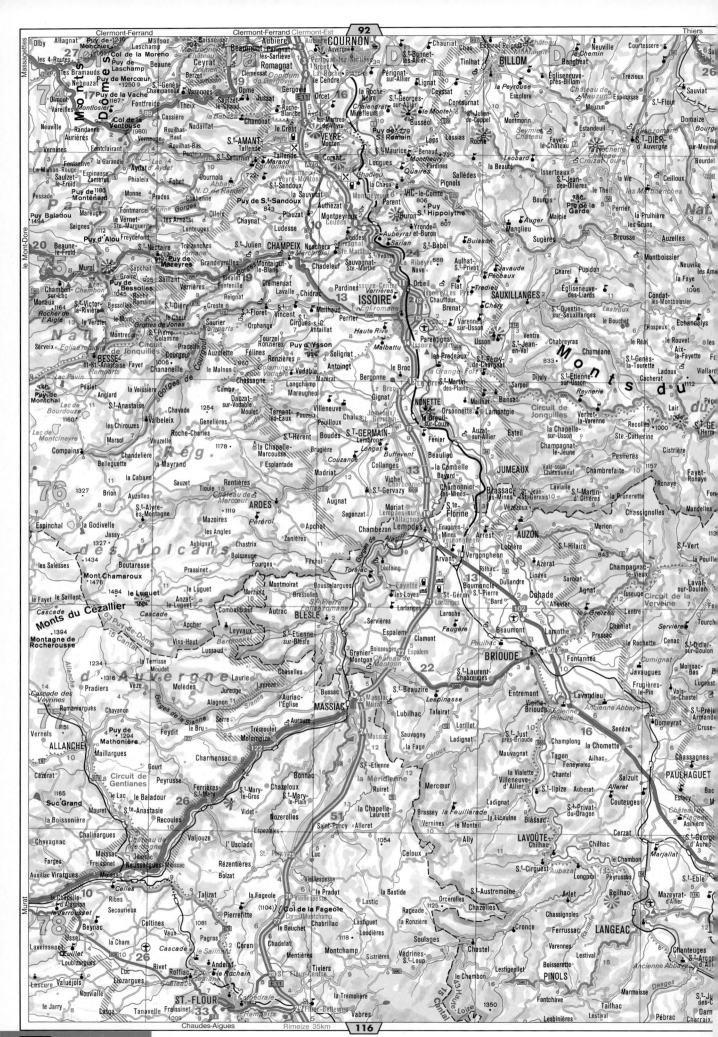

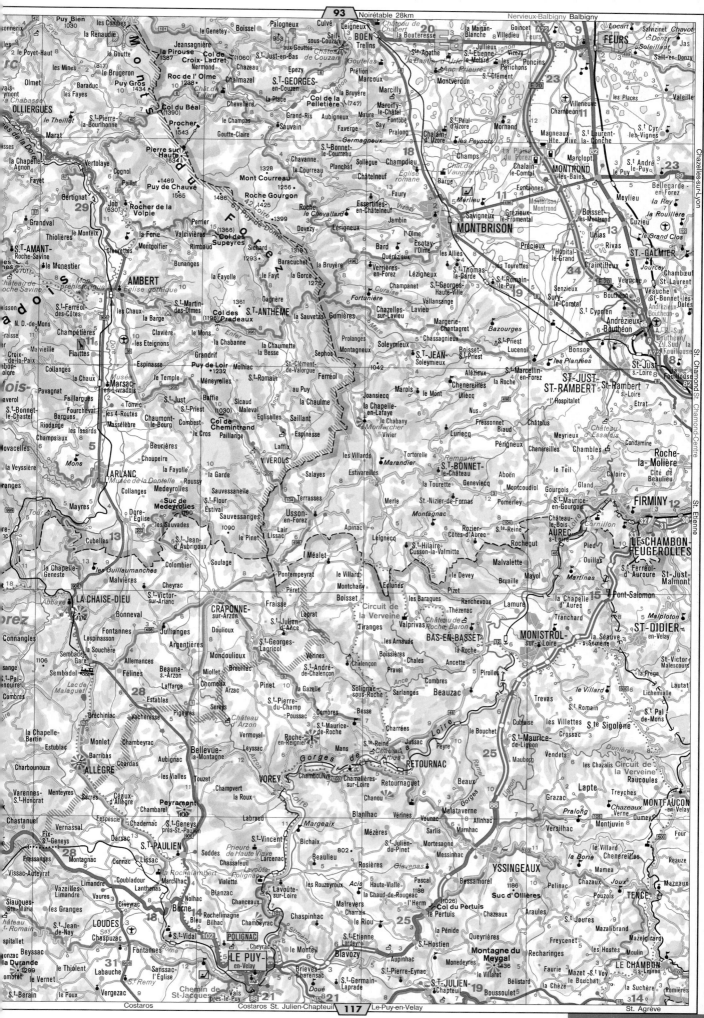

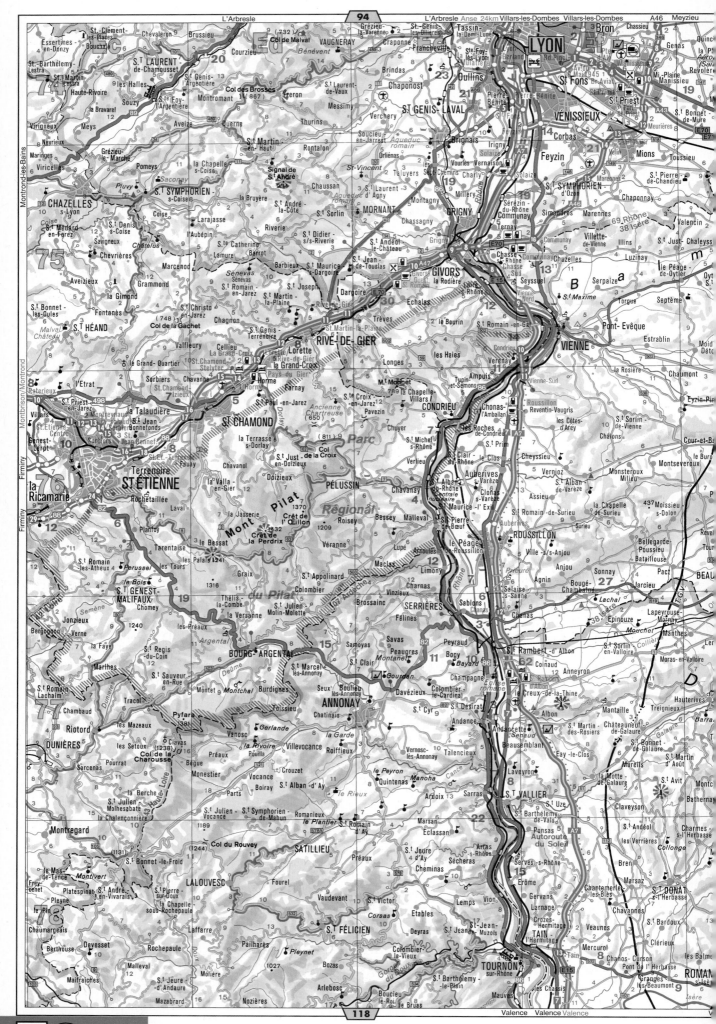

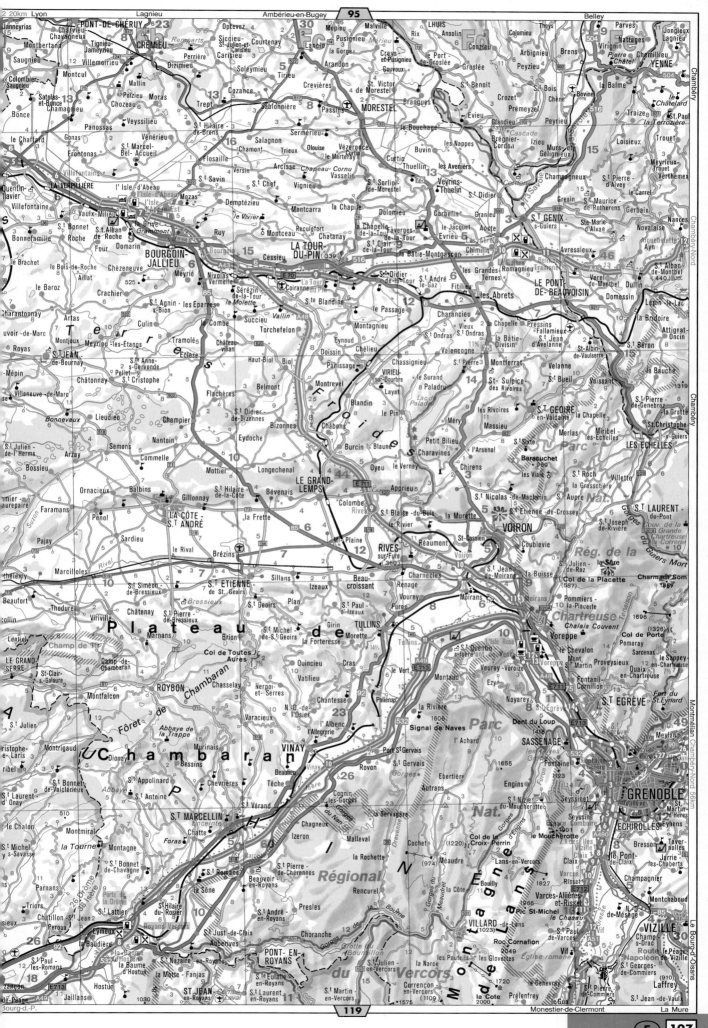

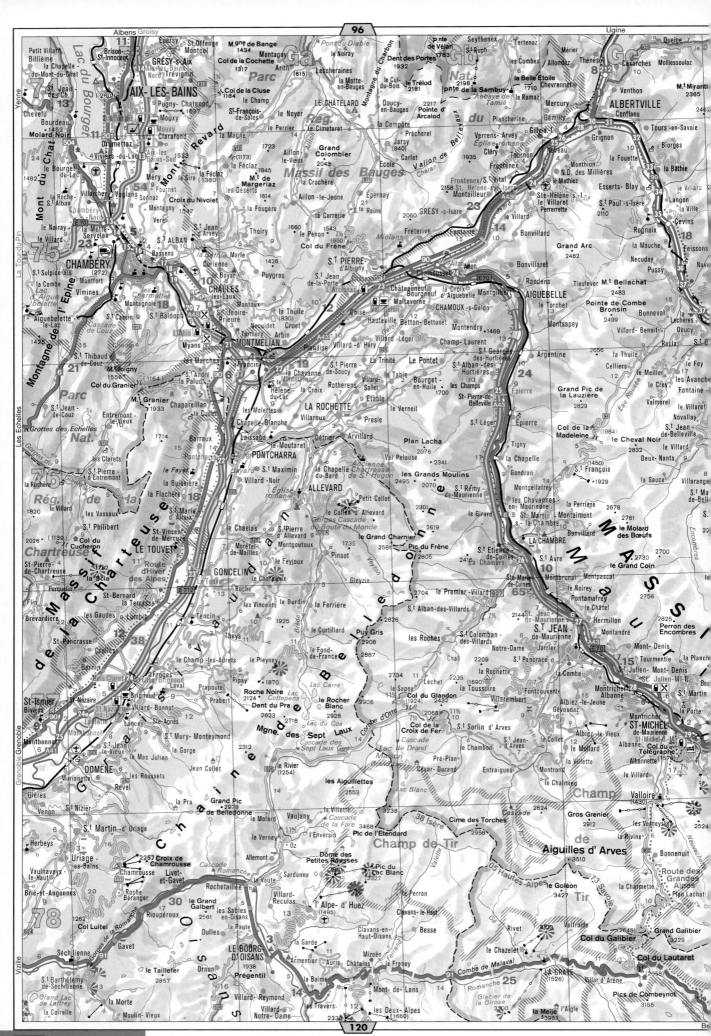

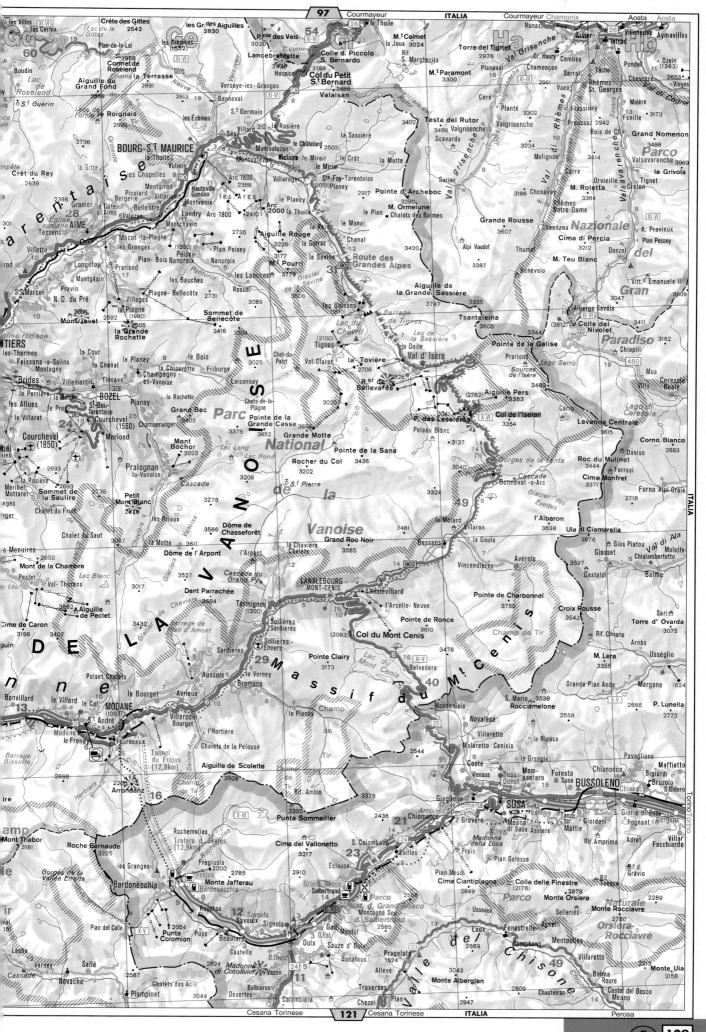

Yd
Ye
Yf
Za

79
80
81
82
83

le Porge-Océan
Dunes du Hugney
Étang de Batejin
le Grand Courgas
Bedillon
Maubourguet
le Plec
Hourton
la Ma

Dunes de Partillot
Étang de Batourlot
Grand Bos
Saumos
23

Dunes du Gr.d Crohot
Forêt du Porge
Étang de Lède Basse
Petit Bos
Serigas
Issac

Dune du Gr.d Crohot
Canal de Ligoteau du Porge
le Porge
le Crastieu
le Temple
Sautuges
Martignas-
sur-Jalle

Laruau
Lauros
18
Saint Jean-
d'Illac
38

Grand-Crohot-
Océan
Maisonnieu
Mautans
48
le Las

Dune de Bayle
Lège-
Cap-Ferret
Grande Berle d'Arpech
les Dorats
Blagon
Bergantou

Claouey
23
Arès
les Nargues
Jossaume
Pierroton
Castillonville

Bassin
le Petit Piquey
Andernos-
les-Bains
Cassy
13
Lubec
Hougueyra
Croix- d'Hins
St.
d'Illac
40

le Grand Piquey
Taussat
Lanton
12
Marcheprime
les Quatre-
Routes
Bellebiste

le Canon
Parc d'attractions
AUDENGE
Testarouch
Lacanau-
de-Mios
les Gargails
Parc

Villa-Algérienne
Ile aux Oiseaux
Vignaud
Tagon
Quartier- Bas
Florence

la Vigne
d'Arcachon
ARCACHON
Gujan-
Mestras
Ruat
Biganos
les Douils
Sanguinet/
Mios
Arcachon

Tramways du
Cap-Ferret
les Abatilles
le Mouleau
Ruat Parc
Ornithologique
le Teich Facture
Lacanau de
Mios
Mougnet

Cap Ferret
Meyran
Parc
aquatique
Balanos
le Voisin
Caze
Mios
le Ba

Pyla-
sur-Mer
23
Petit Caudos
Moura
Mios
Arnauton
Illet
Argilas

Cap Ferret
Pyla-
Plage
LA TESTE
Castendet
Peylon
Peylahon
la Vignolle

Banc d'Arguin
(Réserve
ornithologique)
Dune de Pyla
Forêt Nezer
Caudos
Arcautille
Salles
21

Gaillouneys
83
Dunes de
Ginestras
Champ
Caplanne
le Mayne
Salles
Belin-Béliet

Pointe
d'Arcachon
20
de
le Bran
Bilos
Béliet

la Salie
77
Cazaux
Tir
le Petit
Lagnereau
Vieux-Lugo
BELIN-
Béliet

Dunes des
Places
69
Étang de Cazaux
Langeot
Bernon
Sillac
Lugos
Na

et de Sanguinet
Lombard
Louse
Sanguinet
le Bougès
Courneilley
Gare de Lugos
Camontès

Biscarrosse-
Plage
Méoule
le Clerc
Marian
le Puch
Belin-Béliet
Botrox

en Mayotte
Goubern
Centre
d'Essais
Nigon
Lilaire
le Meynieu

Navarrosse
Millas
Bosque
en Bergoin
en Hill
Narp
le Muret
Biganon
Rég

Zone
BISCARROSSE
Lubiosse
Saugnacq-
et-Muret
Pisses
Mirador
Peyrin-

militaire
Étang de
Biscarrosse et
de Parentis
Lahitte
le Bôo
Bourruque
la Crabette
Hourson
Lesquire
la Nave

le Lac
PARENTIS-
en-Born
Poms
Herran
Mothes
Castelnau
Moustey

interdite
Hillan
Gastes
Esleys
Dupouy
Lucats
Ychoux
Bourdieu
Liposthey
Vieux-
Richet

Maynage
Pelouche
Lafont
Saint Trosse
les Forges
Lavigne
Chemin de
St.Jacques
25
PISSOS

60
Mongaillard
Sainte Eulalie-
en-Born
Grand- Ligautenx
Petit-
Ligautenx
Escoursolles
Dagunague

Guirosse
Souleyrau
Pontenx-
les-Forges
Menaut
35
Baxente
Gaillard
des

Étang
d'Aureilhan
Bestaven
Jean-de-Crabe
Bouricos
Lüe
Labouheyre
Cantegrit
33
les Houssats

Mimizan-
Plage
MIMIZAN
Aureilhan
Saint Paul-
en-Born
Larrousseau
la Barde
Haza
Médous

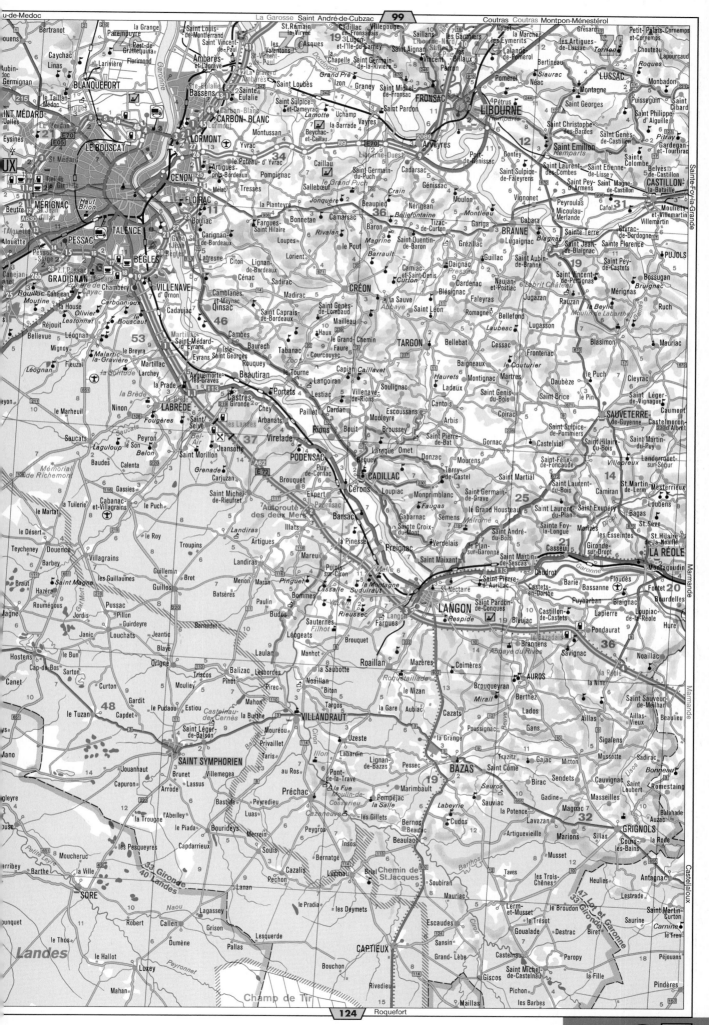

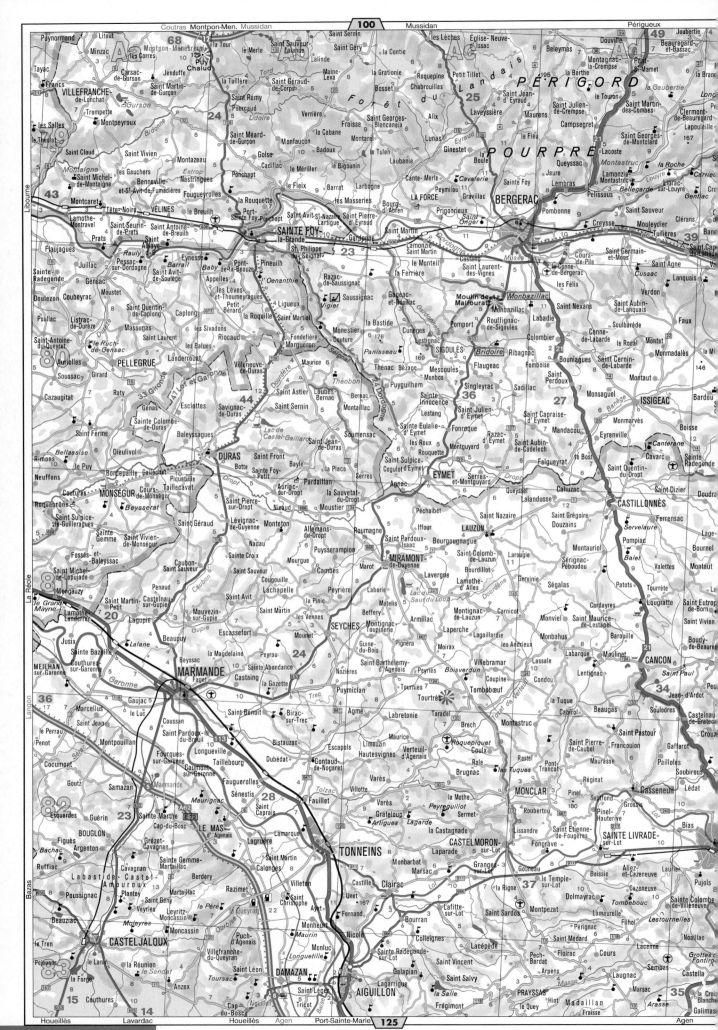

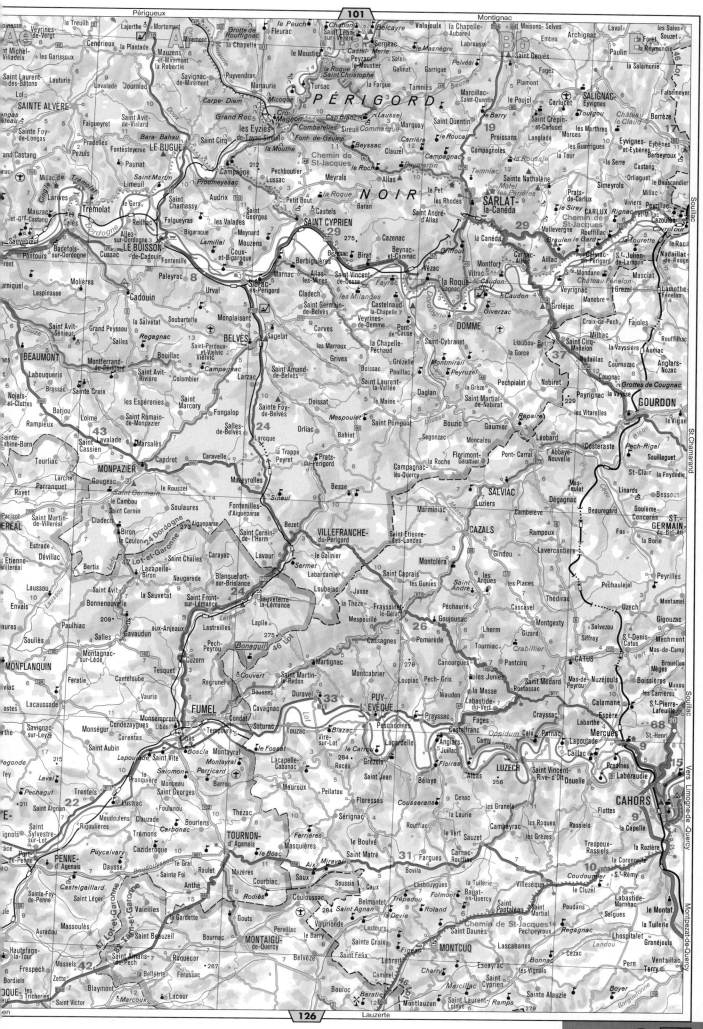

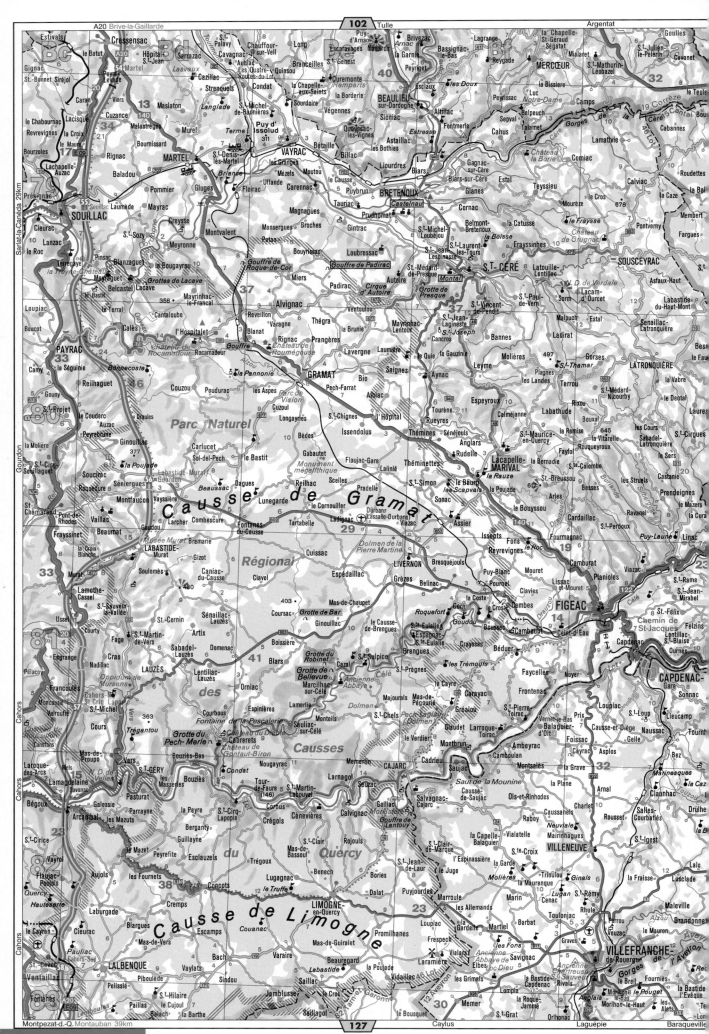

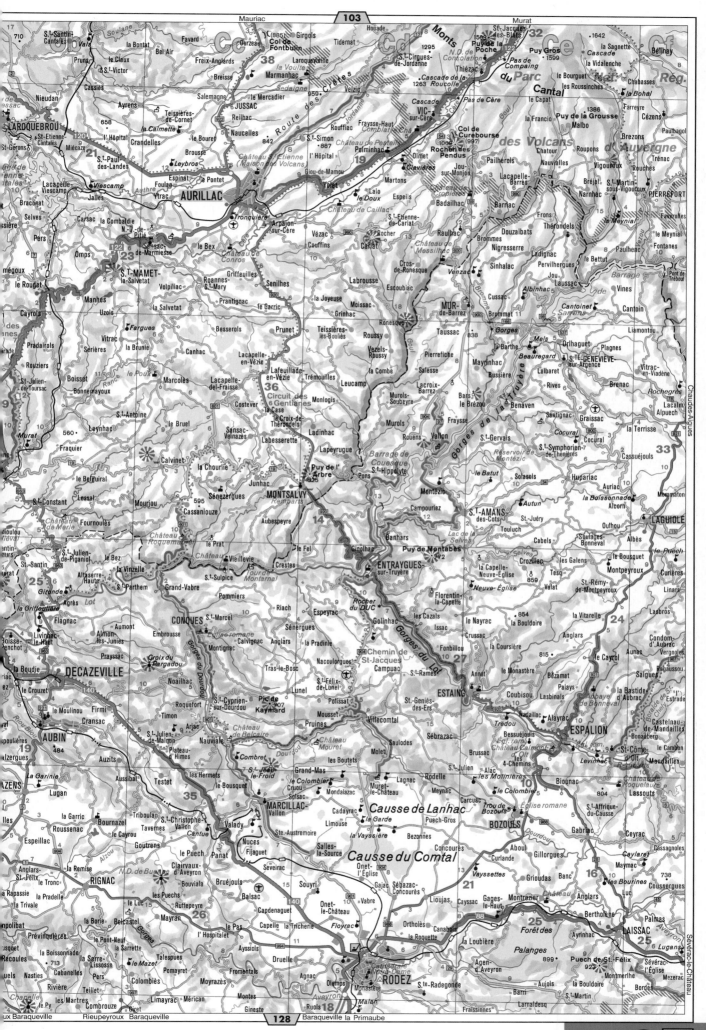

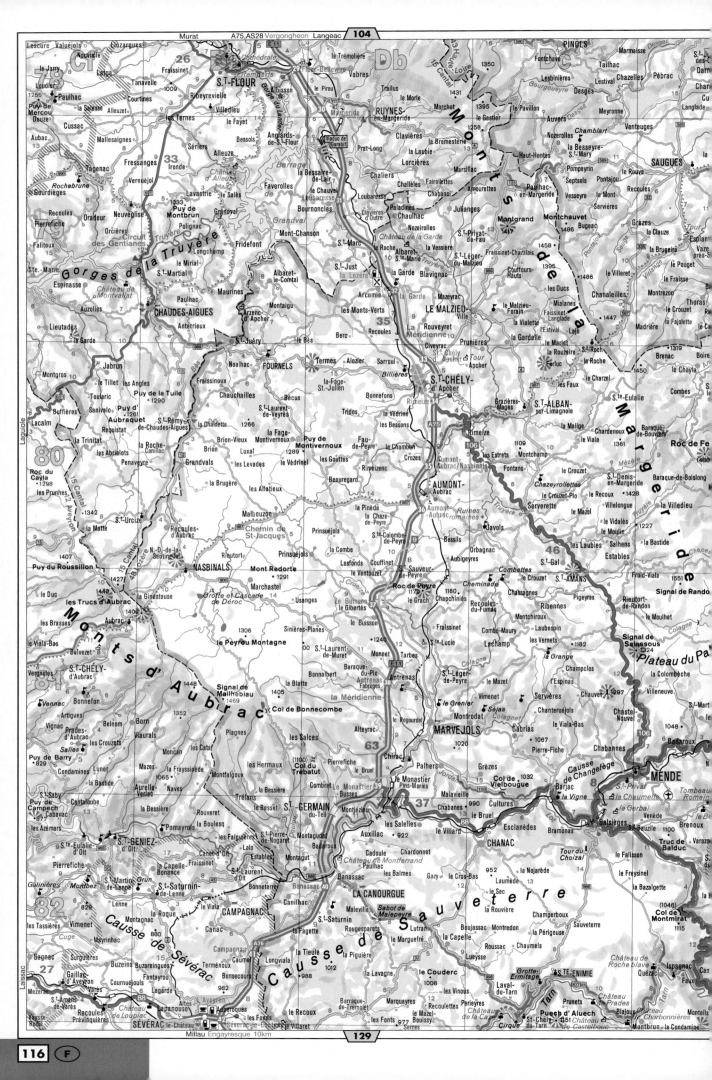

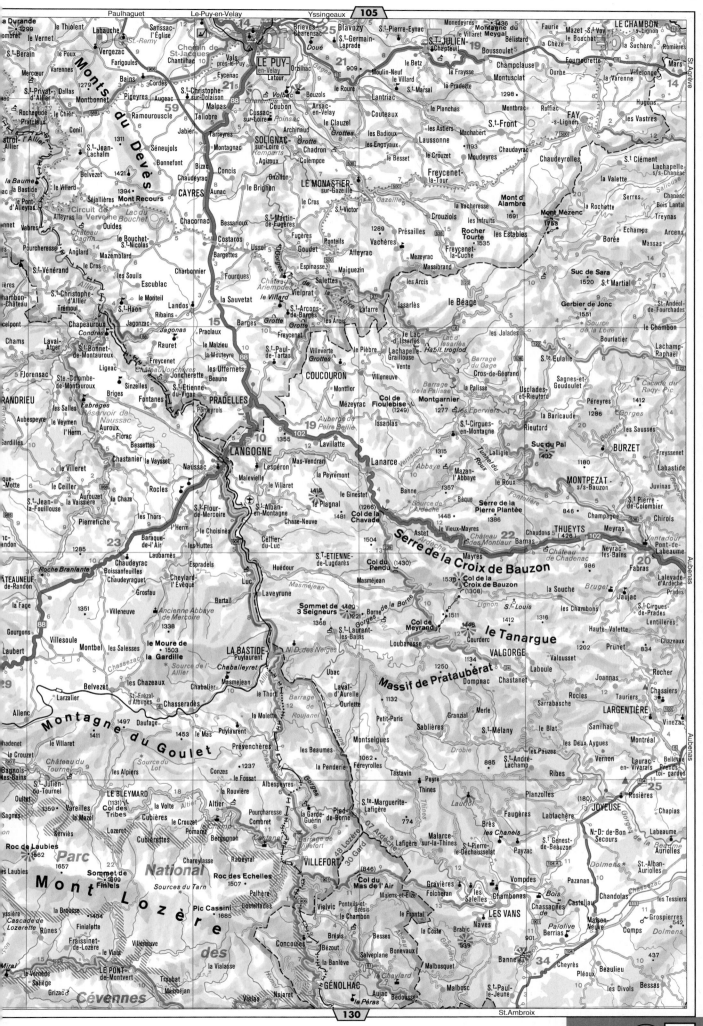

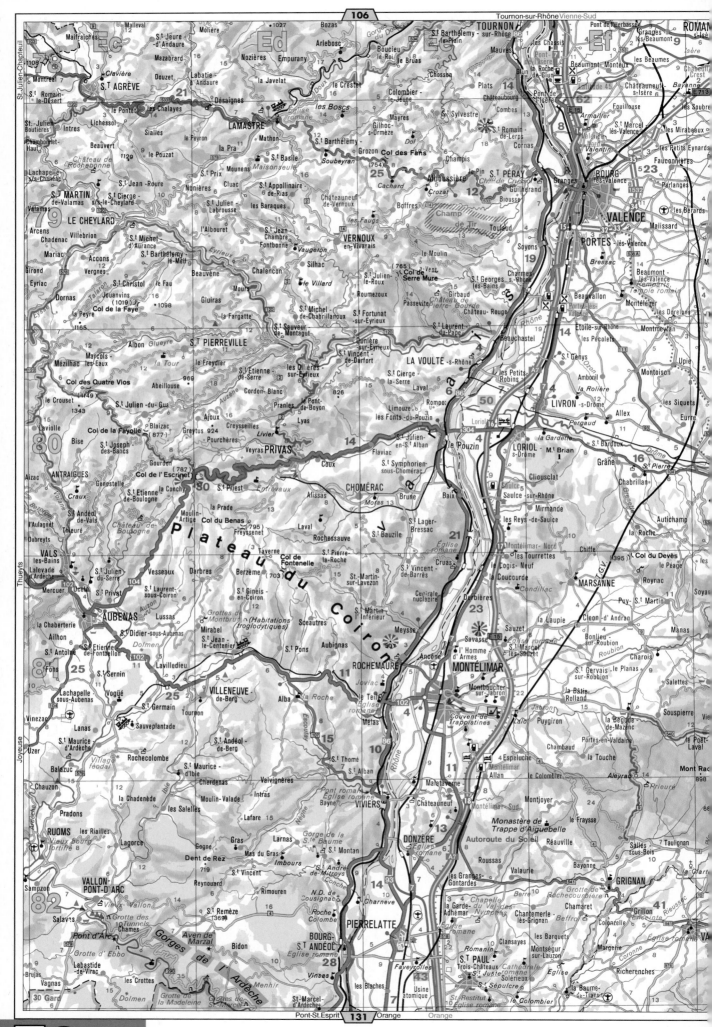

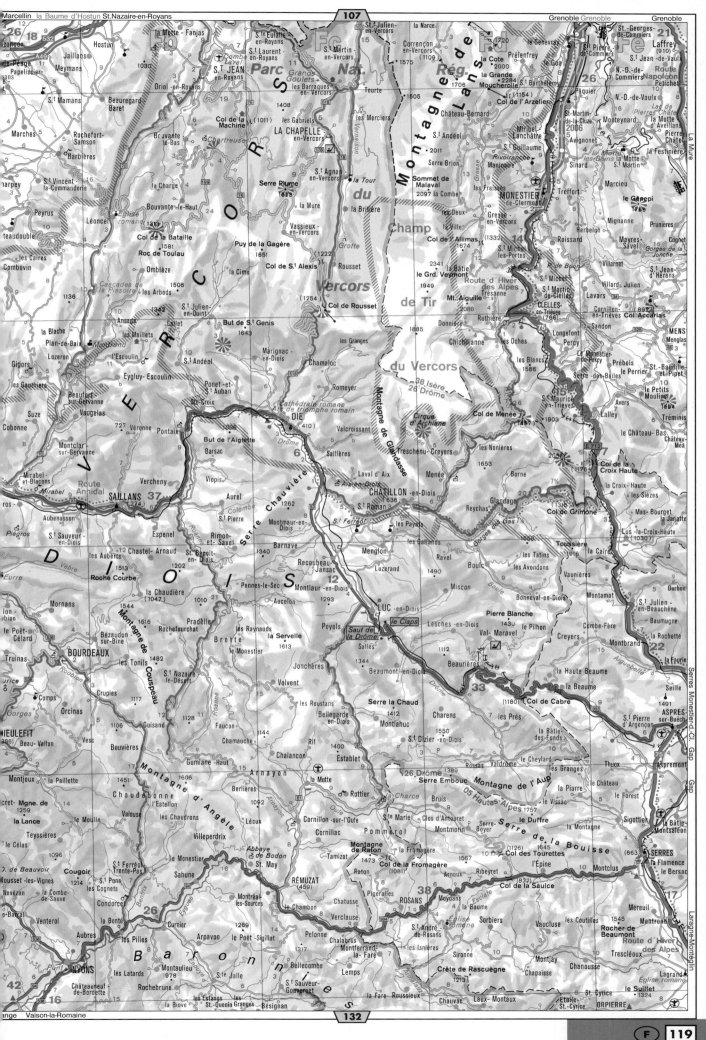

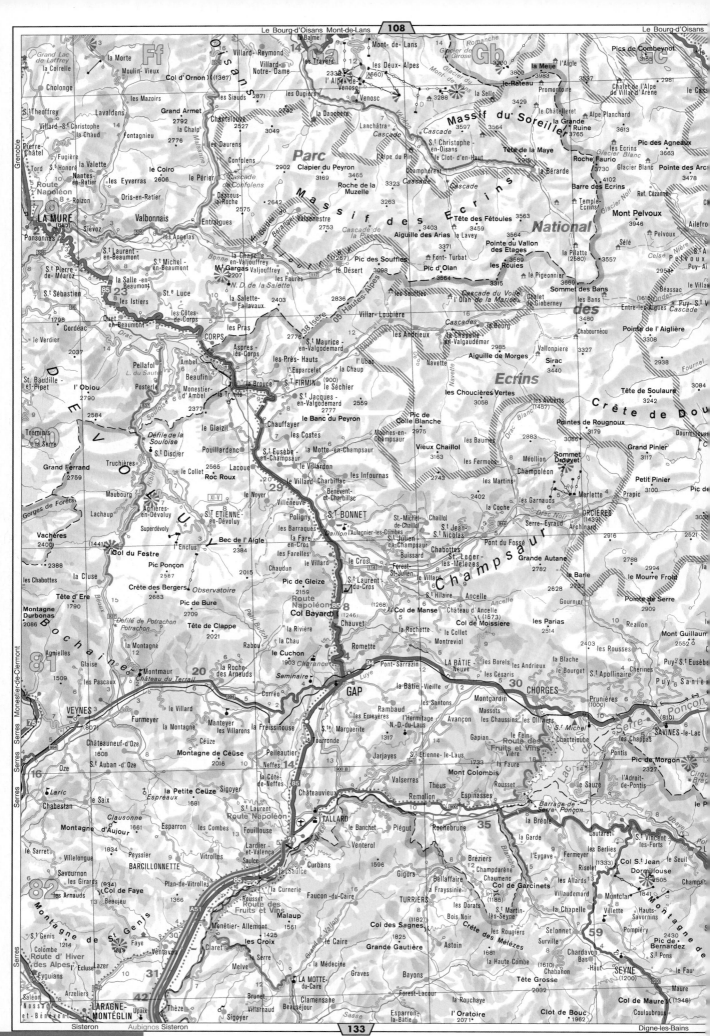

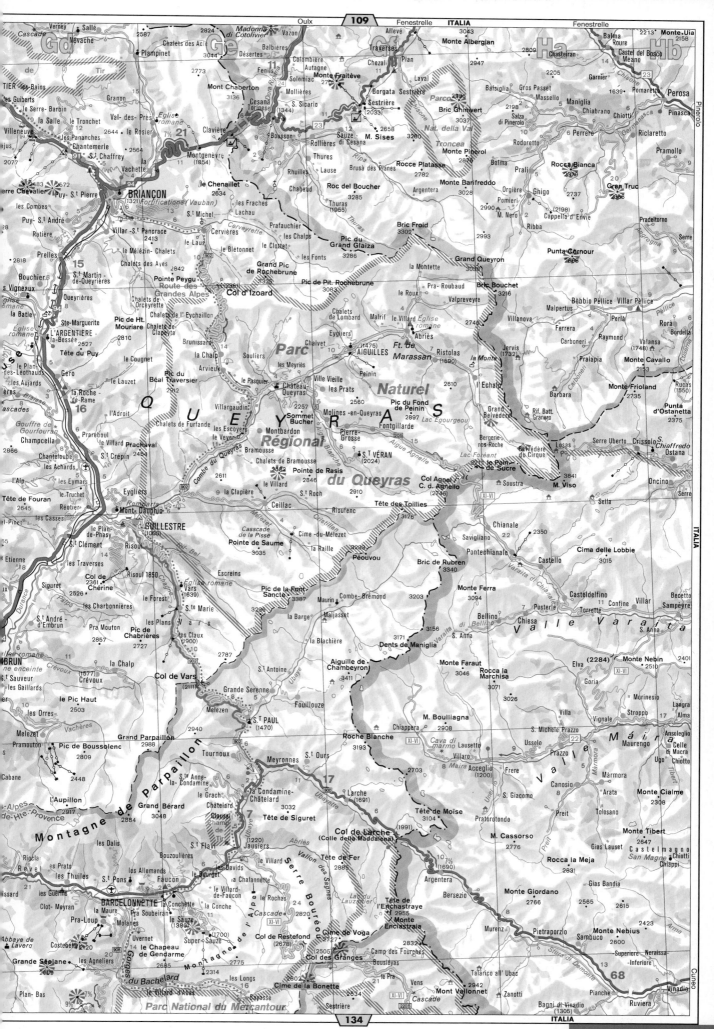

84

85

Huc

Moliets- Plage

A r g e

d'

Messanges-
Plage

Vieux-Boucau-
les-Bains

86

C ô t e

Etg
Har
Gaillou-de
Pountaou
62·
Lac
Blan

Plage
des Casernes

le Penon

les Estagnots

Golfe   de   C   Seignosse

Hossegor   Soorts-
Hossegor

Capbreton   Angre

E 05   E

Benesse-M.
68

87   *G a s c o g n e*   Labenne   Orx

10

Labenne-
Océan

Ondres-
Plage   Beyres   Lalanne

Larroque   Monchoisi
Lac d'Irieu   S

Ondres
Tarnos   St-Martin-
de-Seignanx

la Barre   Vincennes

Chiberta   Castillon

88   BOUCAU

Plage Miramar
Grand Plage   ANGLET   BAYONNE

BIARRITZ

Irún   Irún/Pamplona

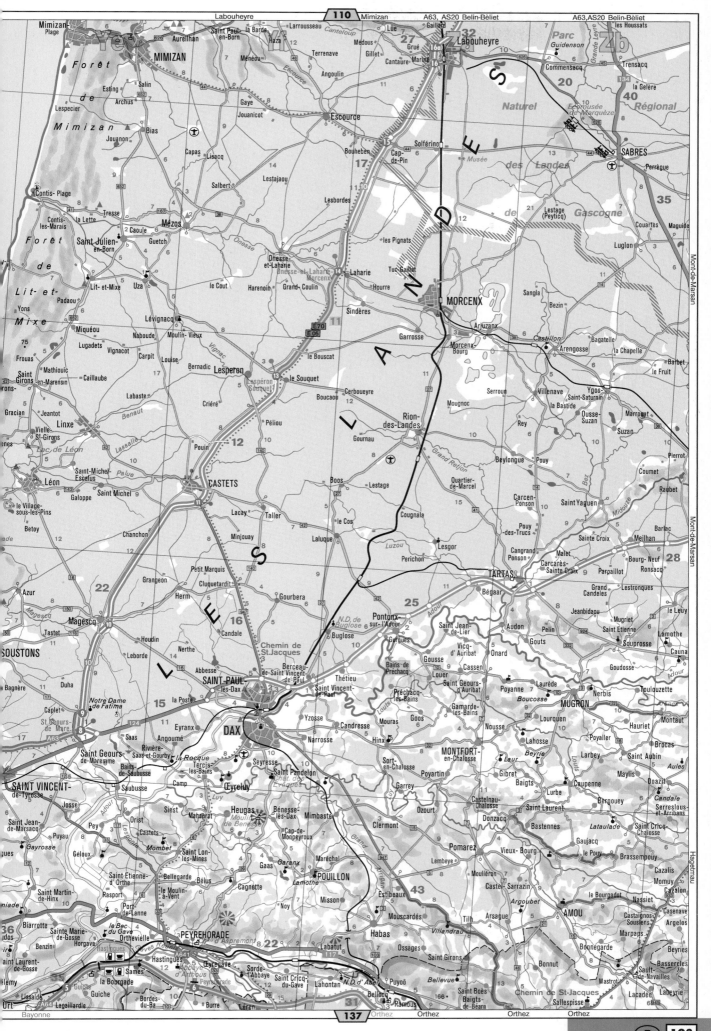

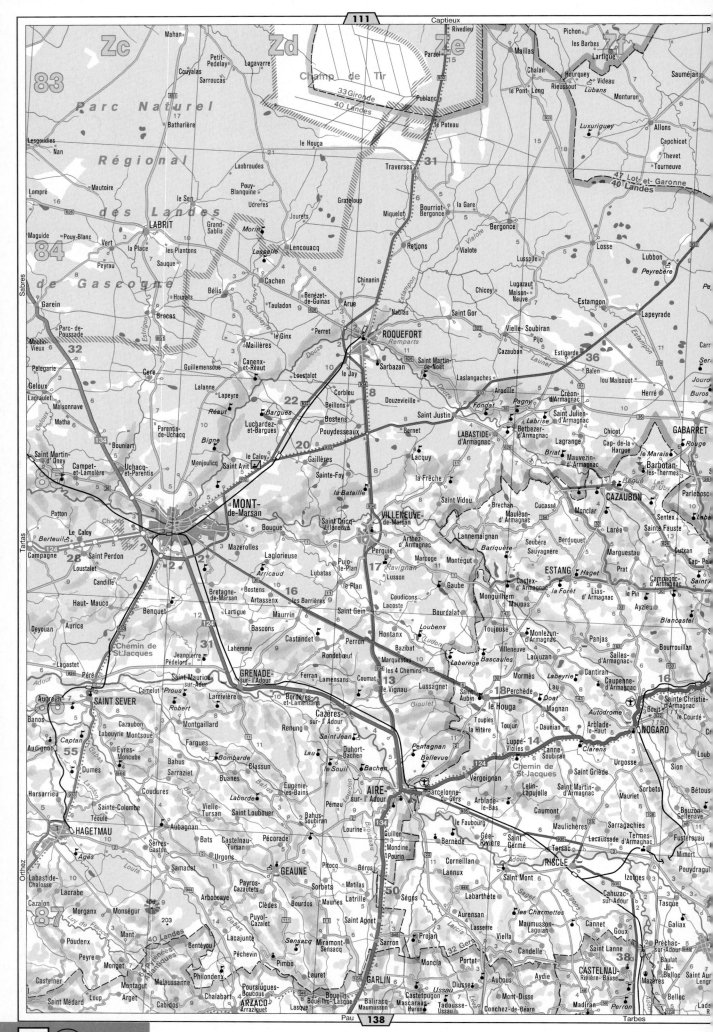

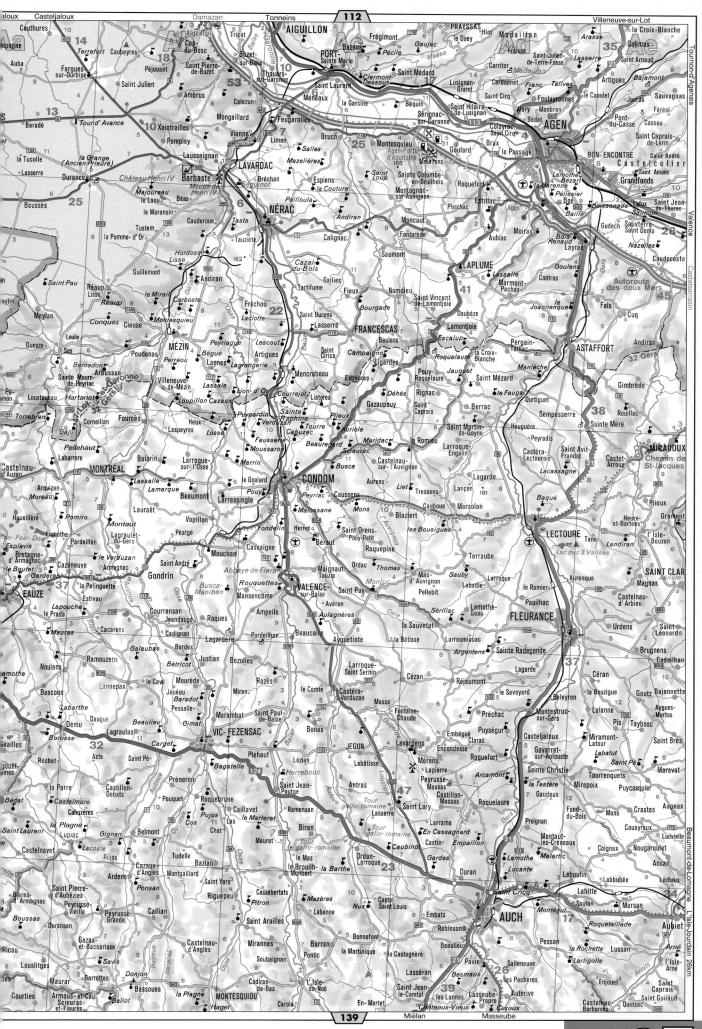

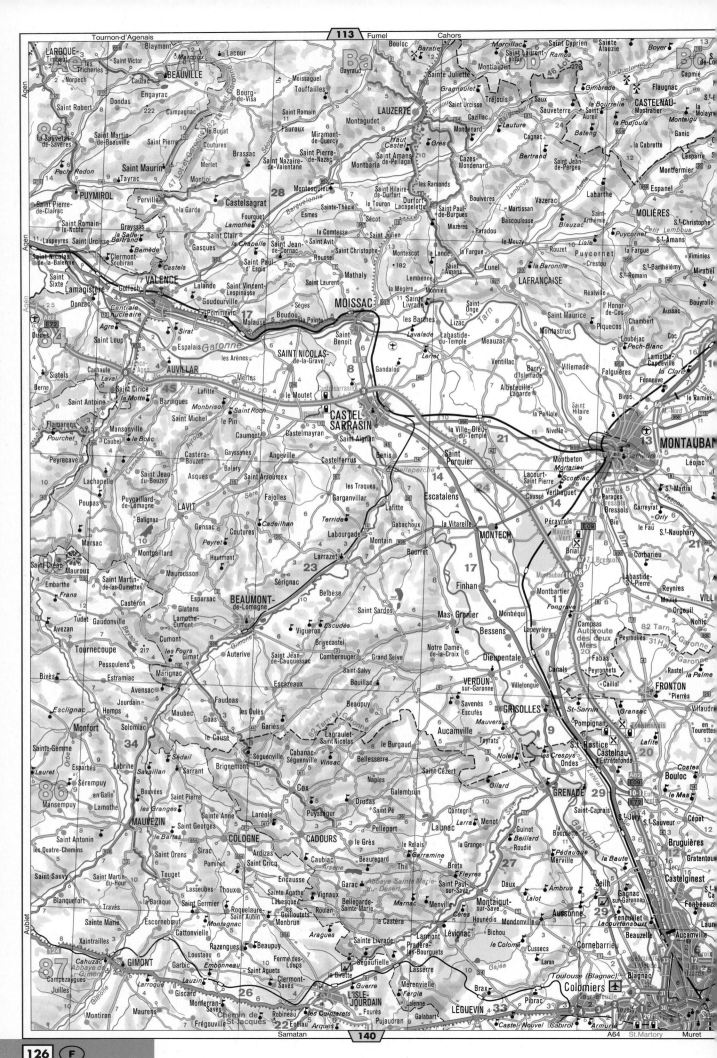

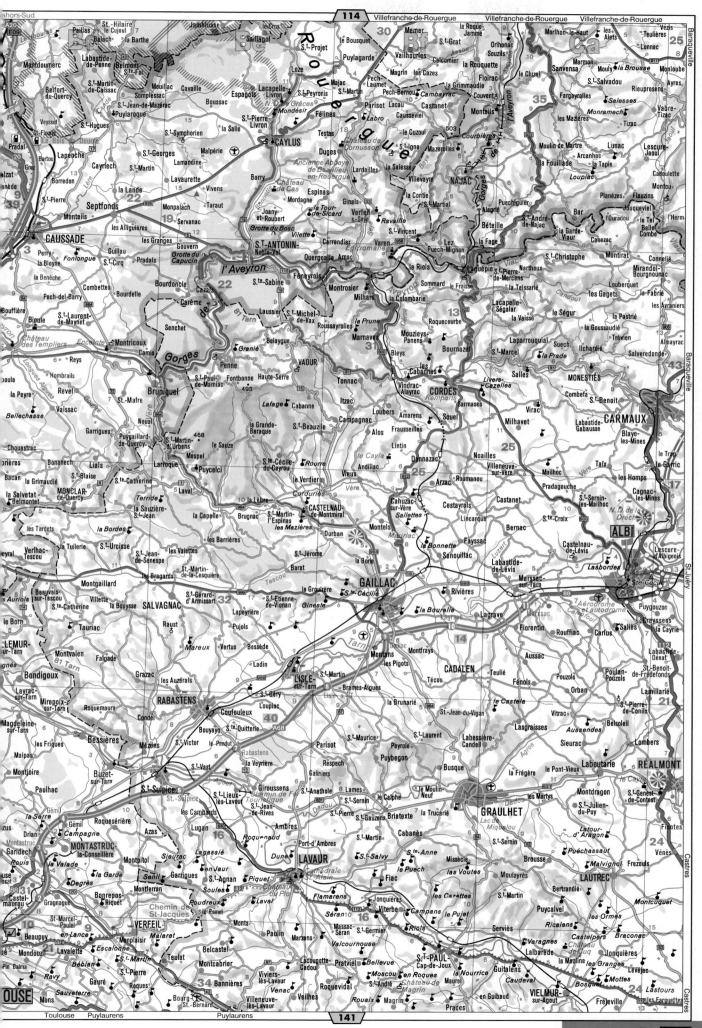

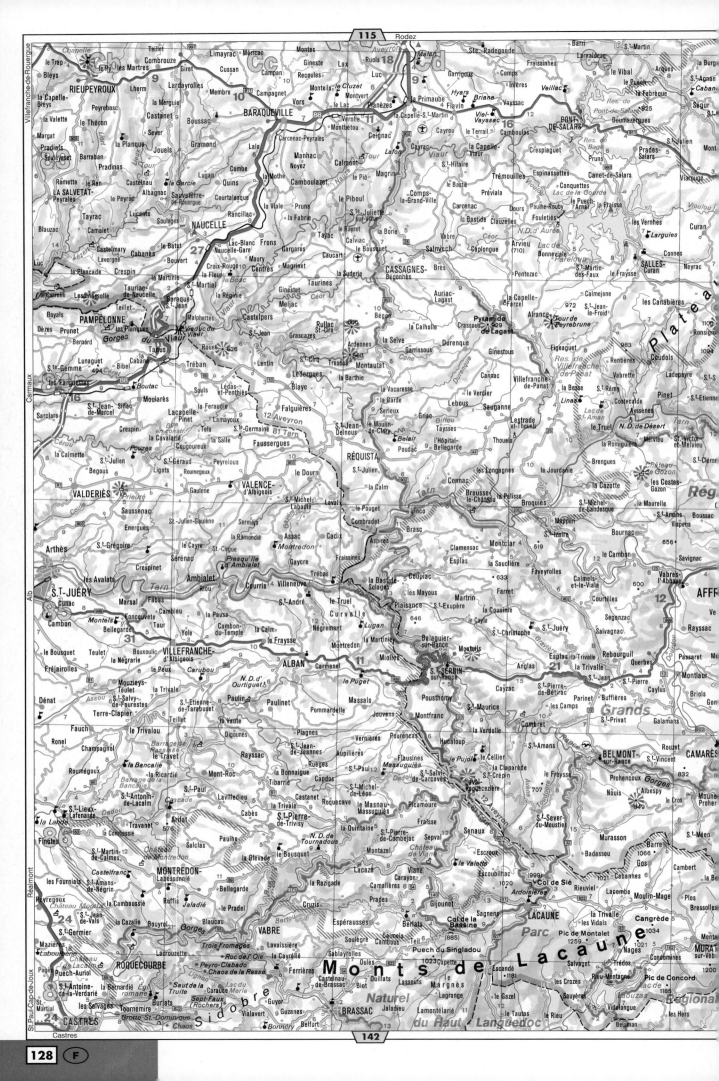

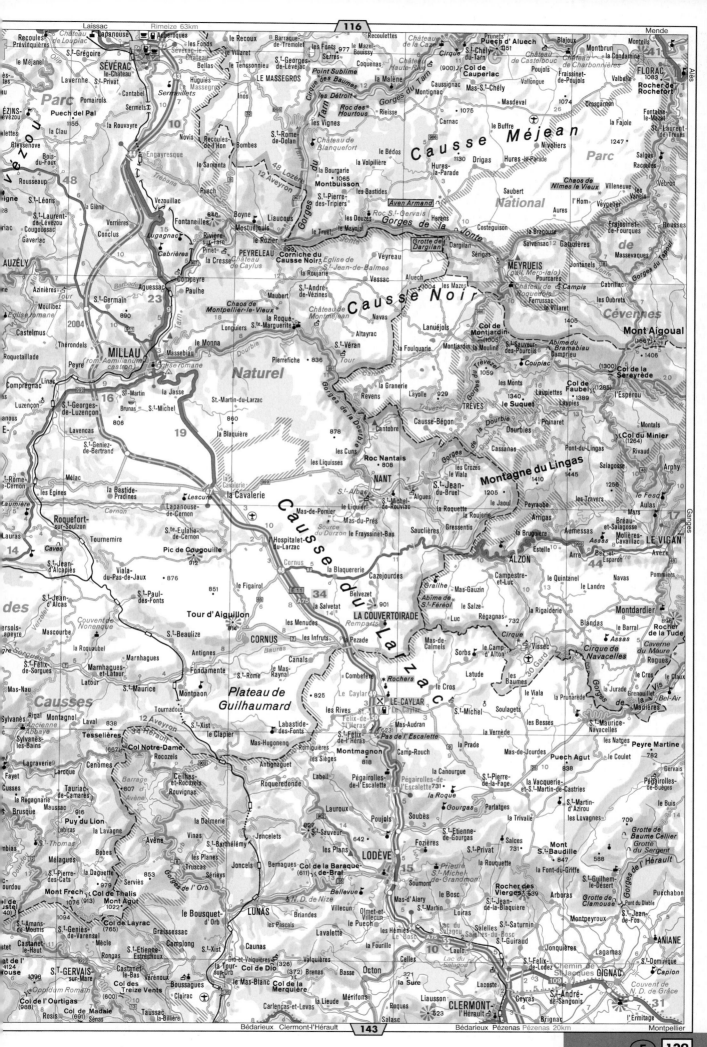

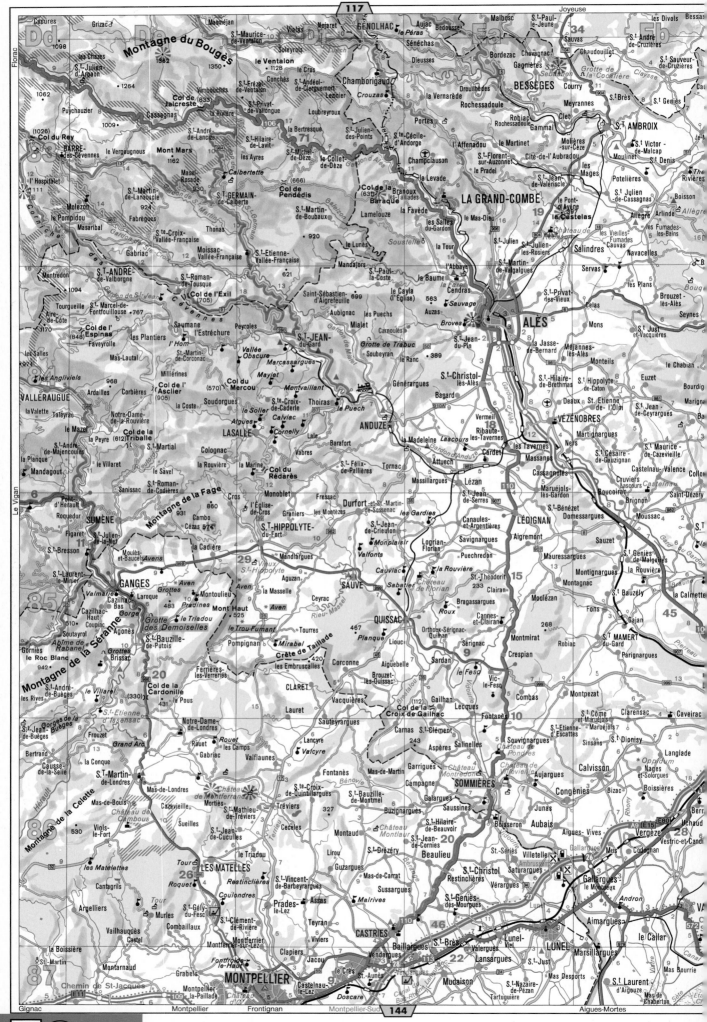

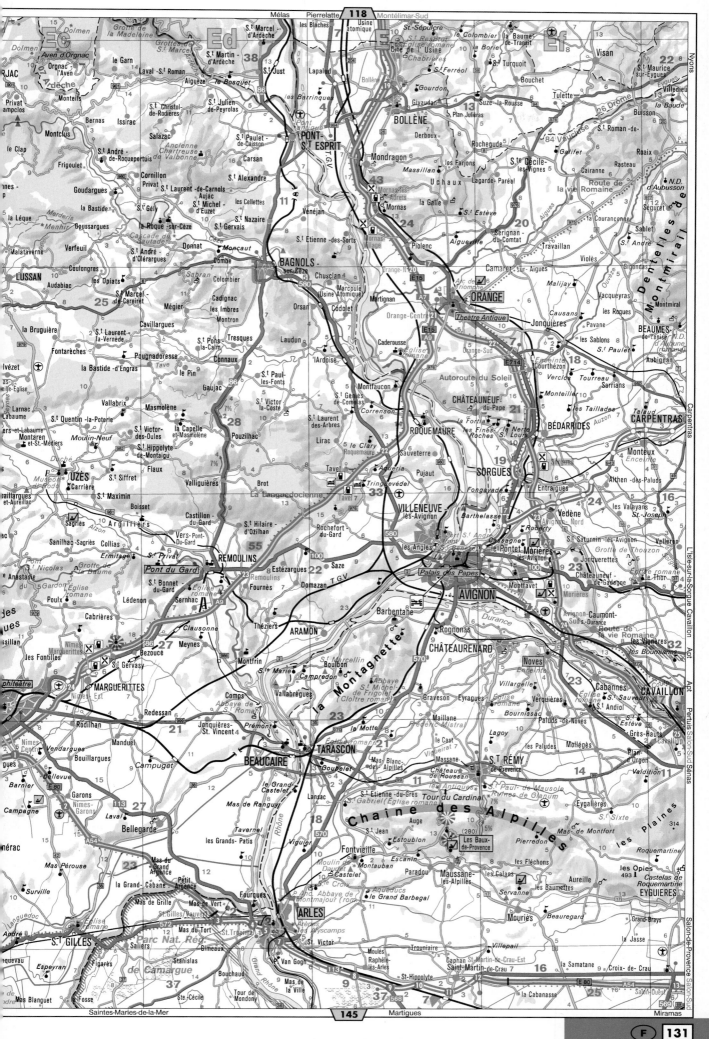

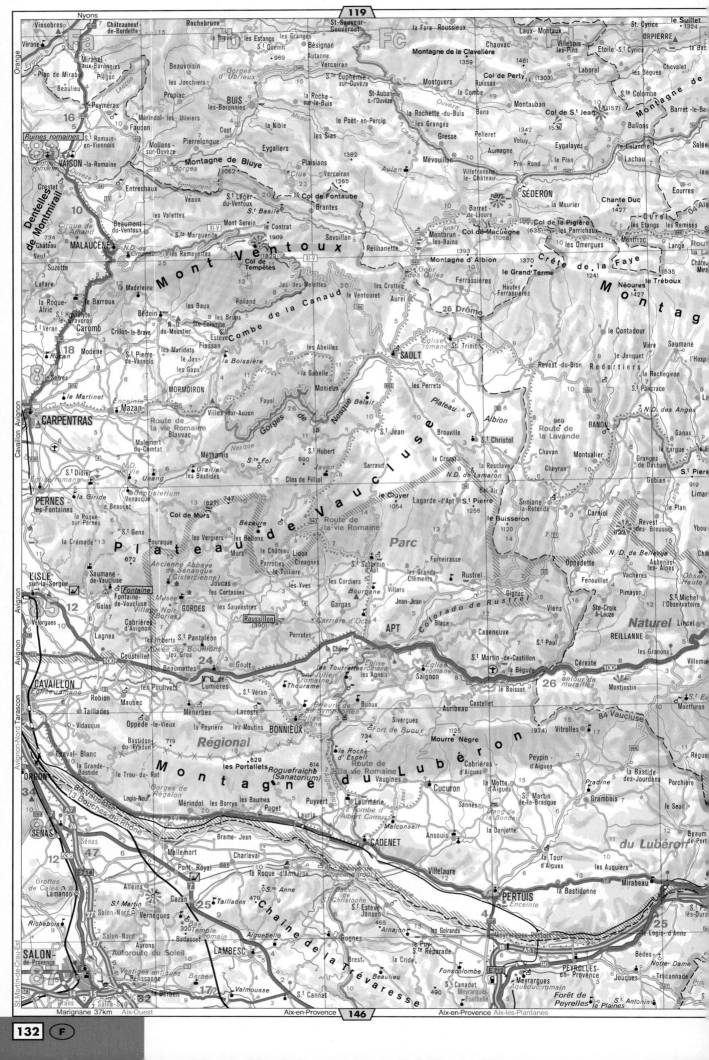

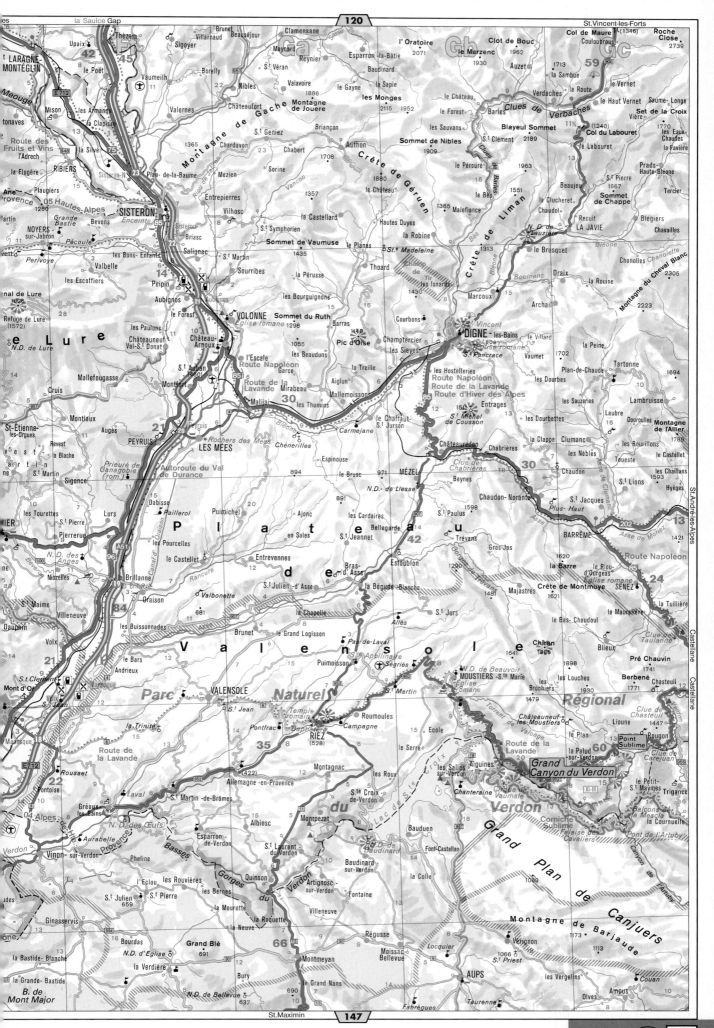

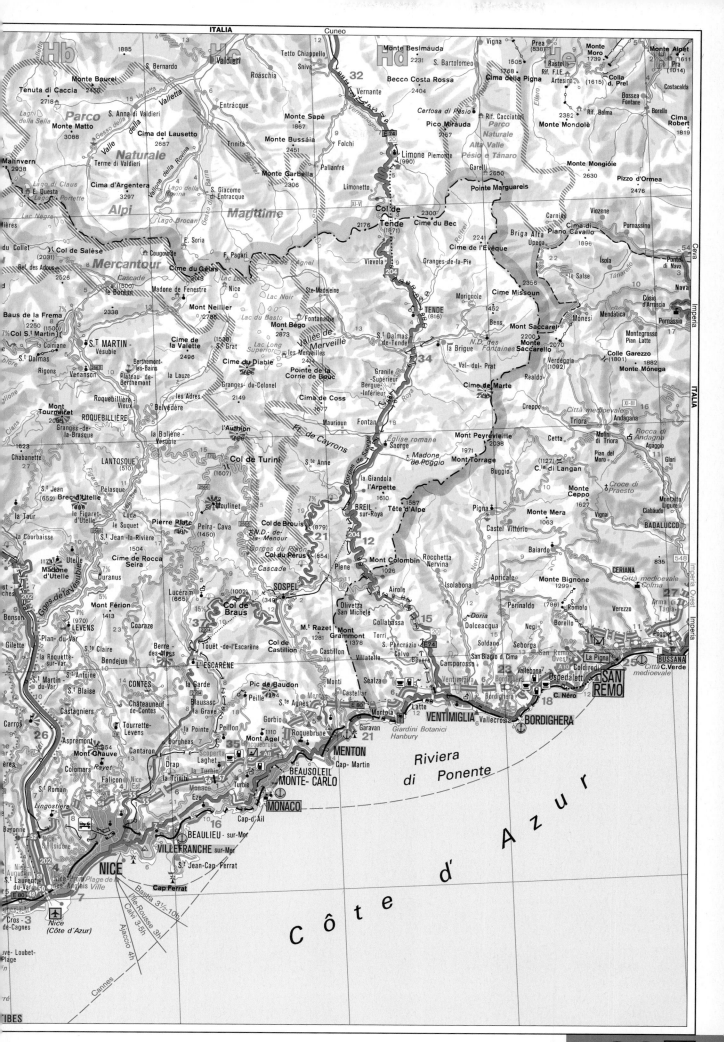

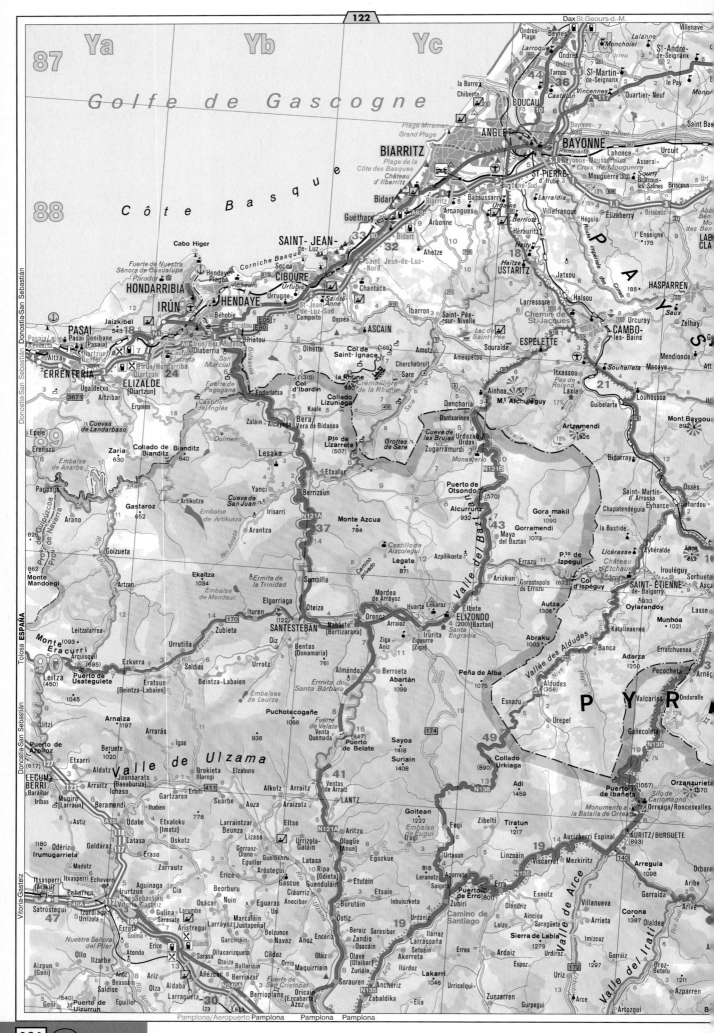

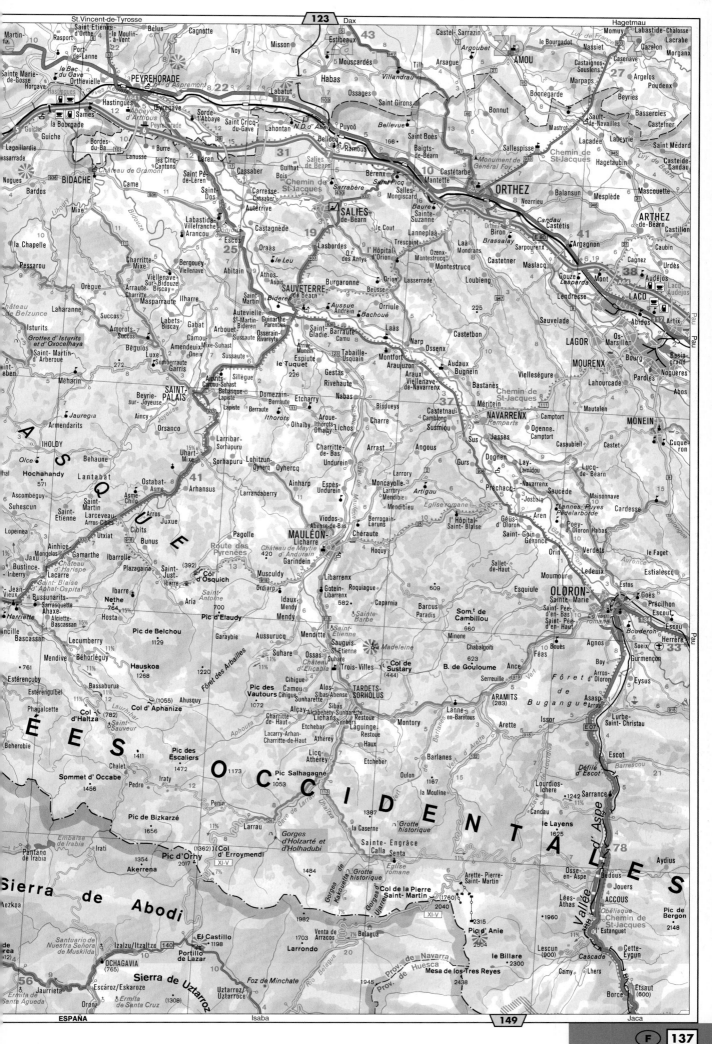

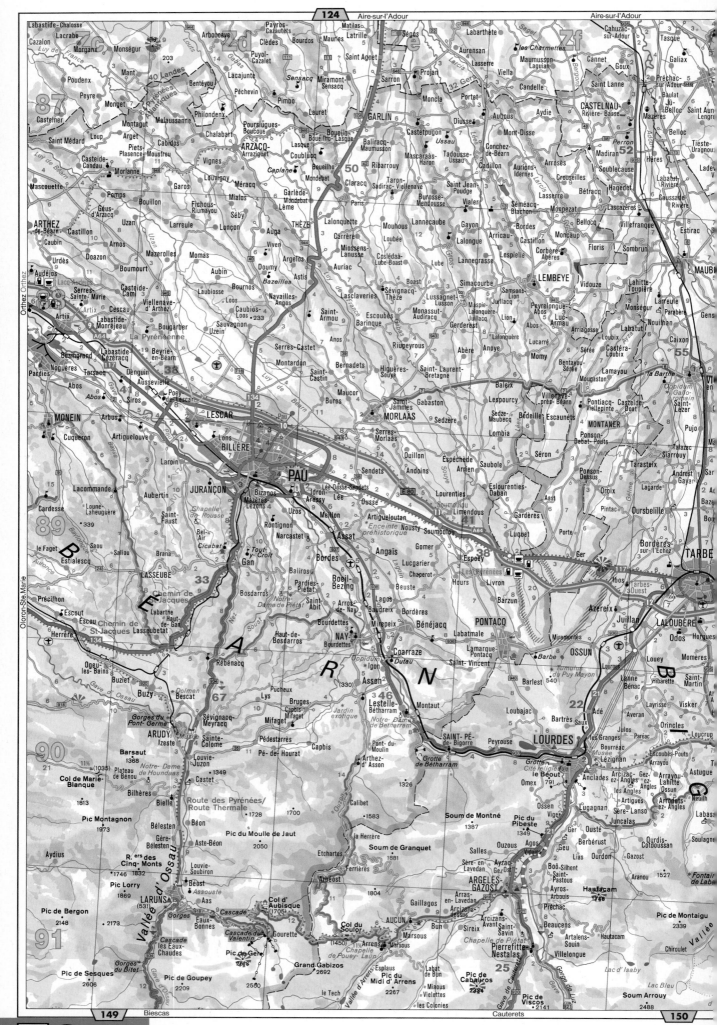

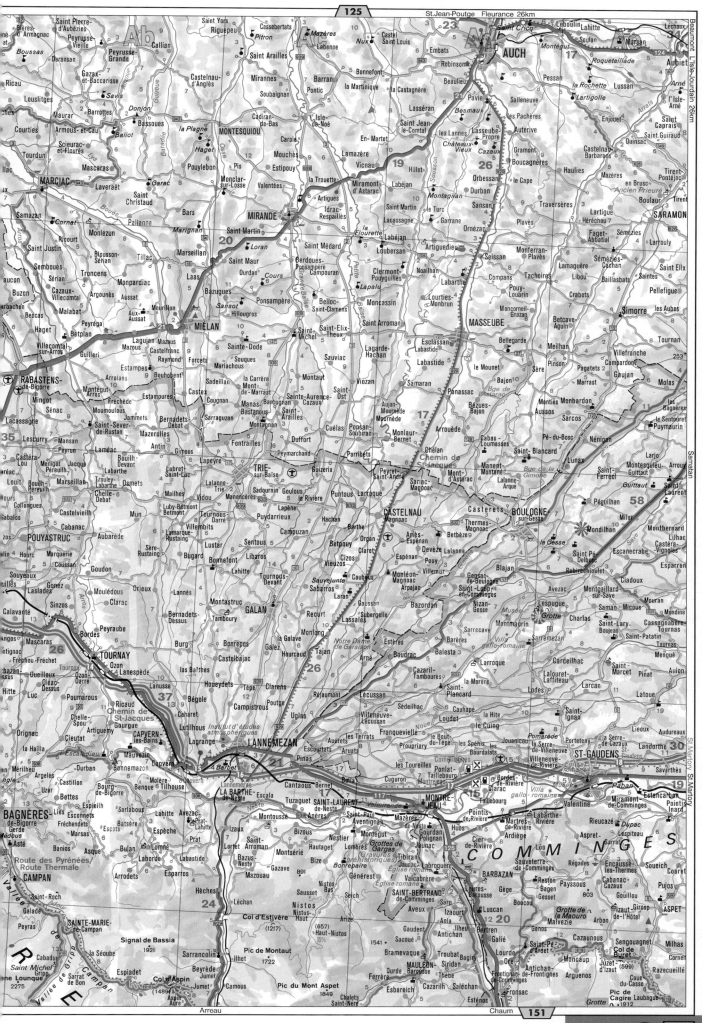

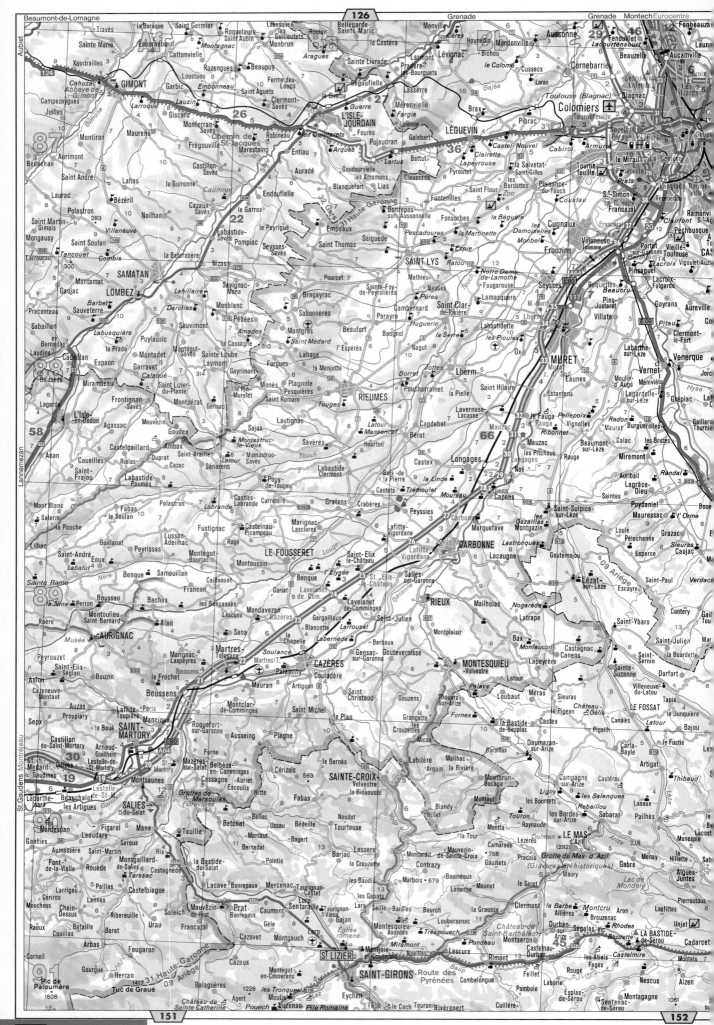

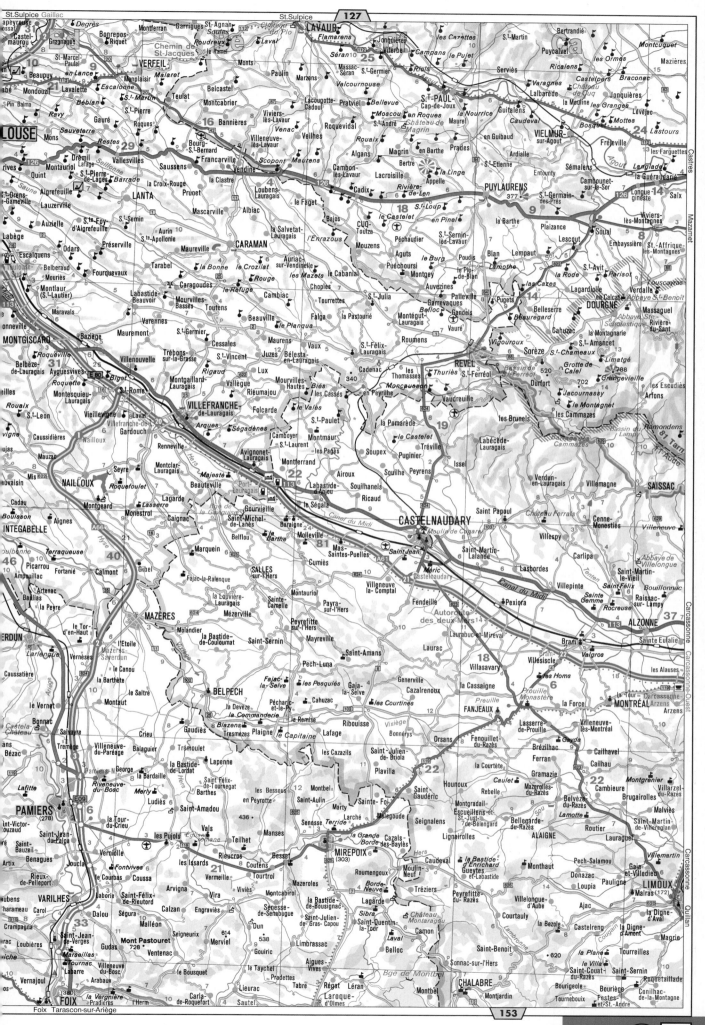

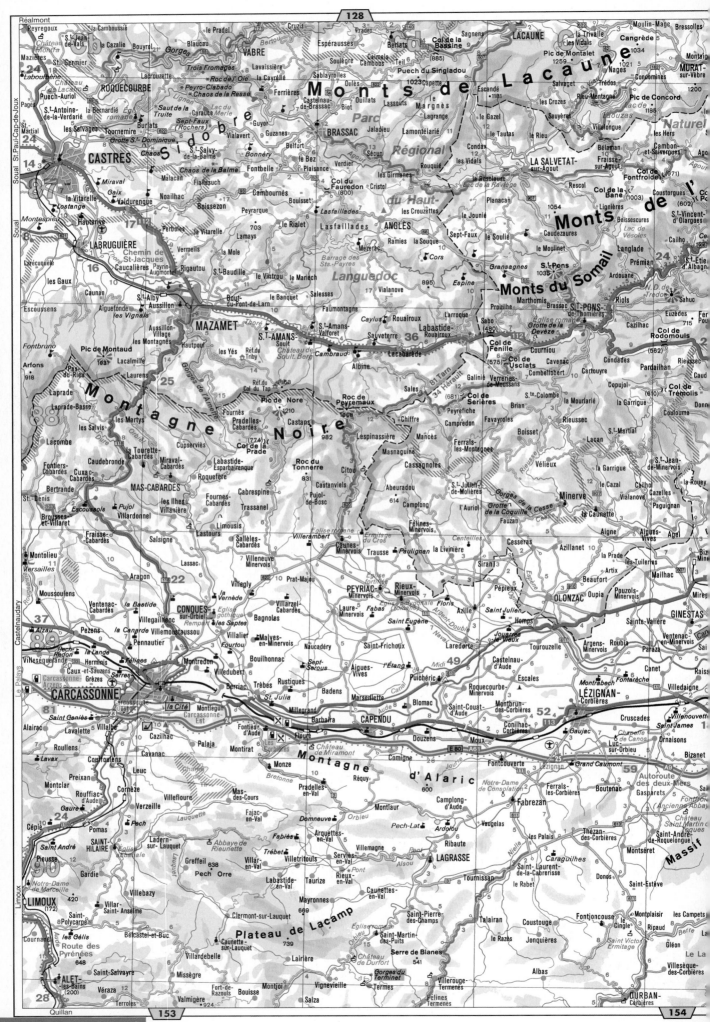

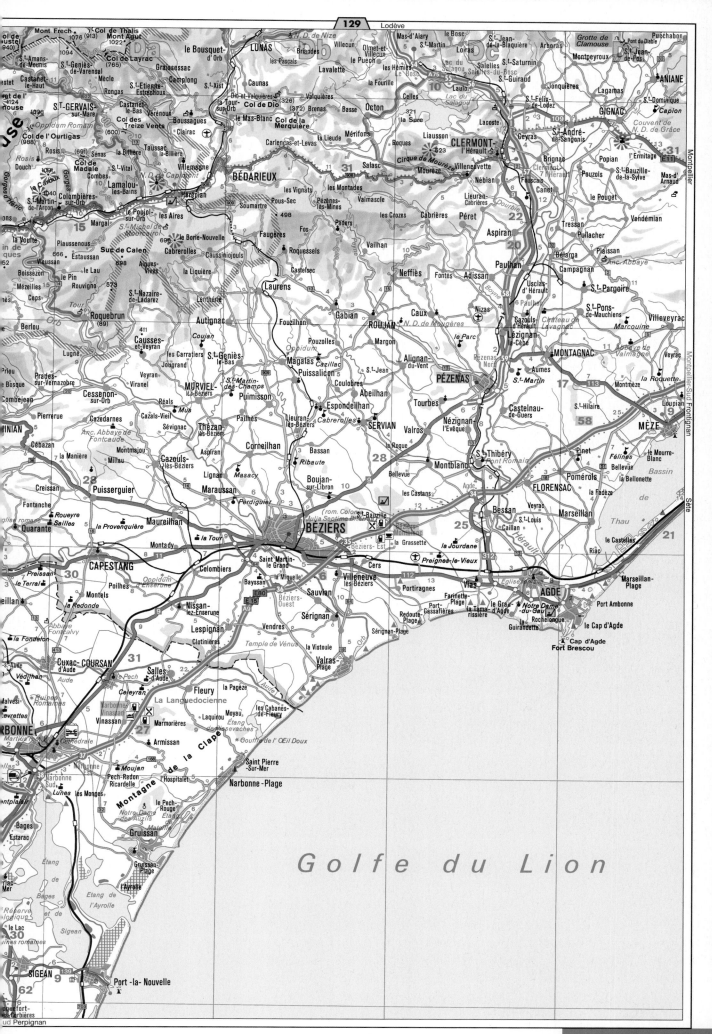

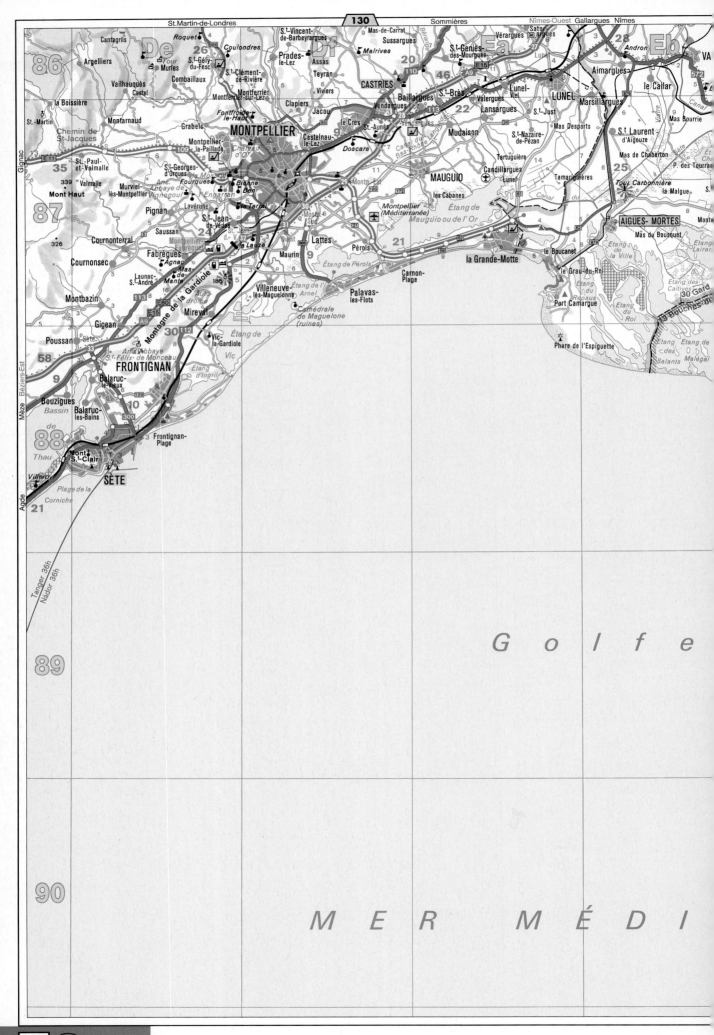

86

De

Cantagrils

Argelliers

Roquet

Coulondres

S.t-Vincent-de-Barbeyrargues

Mas-de-Carrat

Sussargues

Df

Malrives

Vérargues

Satu argues

28

Andron

Eb

VA

Vailhauquès
Castel

Tour
Murles

S.t-Géfy-
du-Fesc

S.t-Clément-
de-Rivière

Prades-
le-Lez

Assas

S.t-Geniès-
des-Mourgues

20

110

Aimargues

le Callar

la Boissière

Combaillaux

Teyran

CASTRIES

46.

A9

Lunel

le Callar

St.-Martin

Montarnaud

Montferrier-sur-Lez

Clapiers

Viviers

Baillargues

S.t-Brès

Lunel-
Viel

LUNEL

Marsillargues

Chemin de
St-Jacques

Grabels

Fontfroide-
le-Haut

Jacou

le Crès

Vendargues

22

Lansargues

S.t-Just

Mas Bourrie

35

E11

St.-Paul-
et-Valmalle

S.t-Georges-
d'Orques

MONTPELLIER

Castelnau-
le-Lez

Vendargues

113

Mudaison

S.t-Nazaire-
de-Pézan

S.t Laurent
d'Aigouze

25

339

Valmalle

Murviel-
lès-Montpellier

Montpellier-
la-Paillade

109

Château
d'O

Doscare

24

MAUGUIO

Candillargues

Tartuguière

Mas Desports

Mas de Chaberton

Tour Carbonnière

P. des Tourna

Mont Haut

Fourques

Bionne
Bon

Montn.-Est

189

les-Cabanes

Tamariguières

la Malgue

87

Pignan

Engarran

Laverune

Terral

30

Montpellier
(Méditerranée)

Étang de
Mauguio ou de l'Or

AIGUES-MORTES

Mas du Bousquet

Mont

Saussan

S.t-Jean-
de-Védas

St. Jean

Montn.
Sud

21

Étang
de la
Ville

Étang
Lairar

Cournonterral

Montpellier-
Fabrègues

Ouest

Lattes

Pérols

la Grande-Motte

le Boucanet

326

Launac-
S.t-André

Agnac

Mas-
de-
Mante

185

Villeneuve-
lès-Maguelonne

Étang de l'
Arnel

Palavas-
les-Flots

Carnon-
Plage

le Grau-du-Roi

Étang
des
Caïtves

30 Gard

Montbazin

113

Mireval

112

Cathédrale
de Maguelone
(ruines)

Port Camargue

Étang
du
Roi

Gigean

E15

A9

30

Vic-
la-Gardiole

Étang de

Phare de l'Espiguette

Étang
des
Salants

Poussan

Sète

Vic

Étang des
Malégu

Bouches-de

58

Abbaye
S.t-Félix-de Monceau

FRONTIGNAN

Étang
d'Ingril

9

Balaruc-
le-Vieux

129

Beuzigues

10

300

Bassin

Balaruc-
les-Bains

88

Thau

Mont
S.t-Clair

3

Frontignan-
Plage

Villeroy

SÈTE

21

Plage de la
Corniche

89

Golfe

90

MER MÉDI

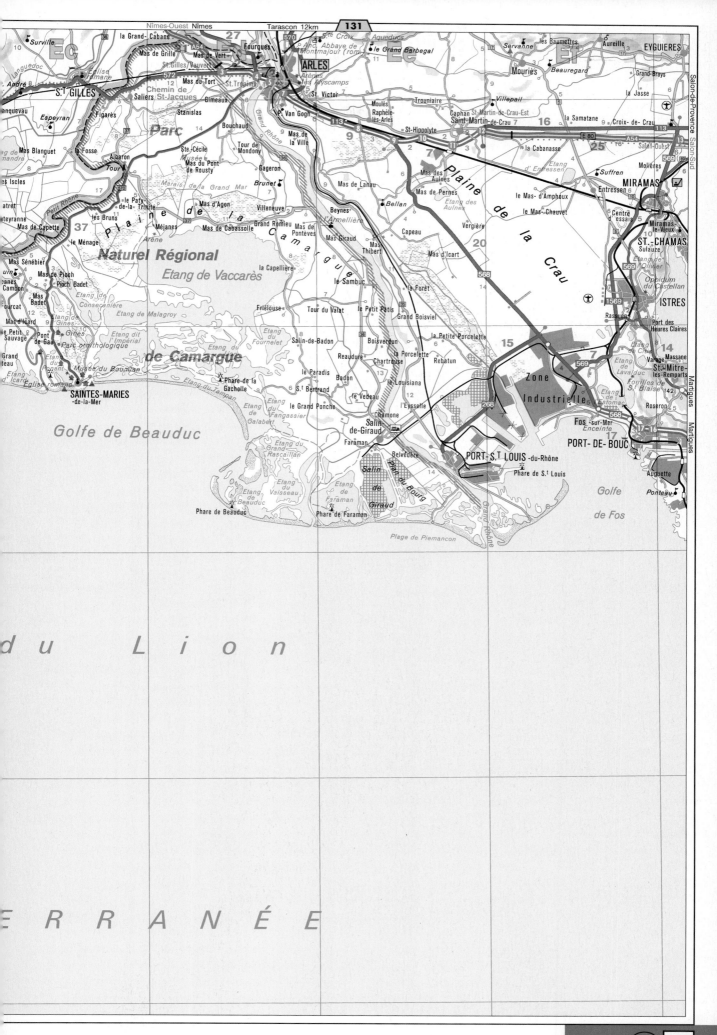

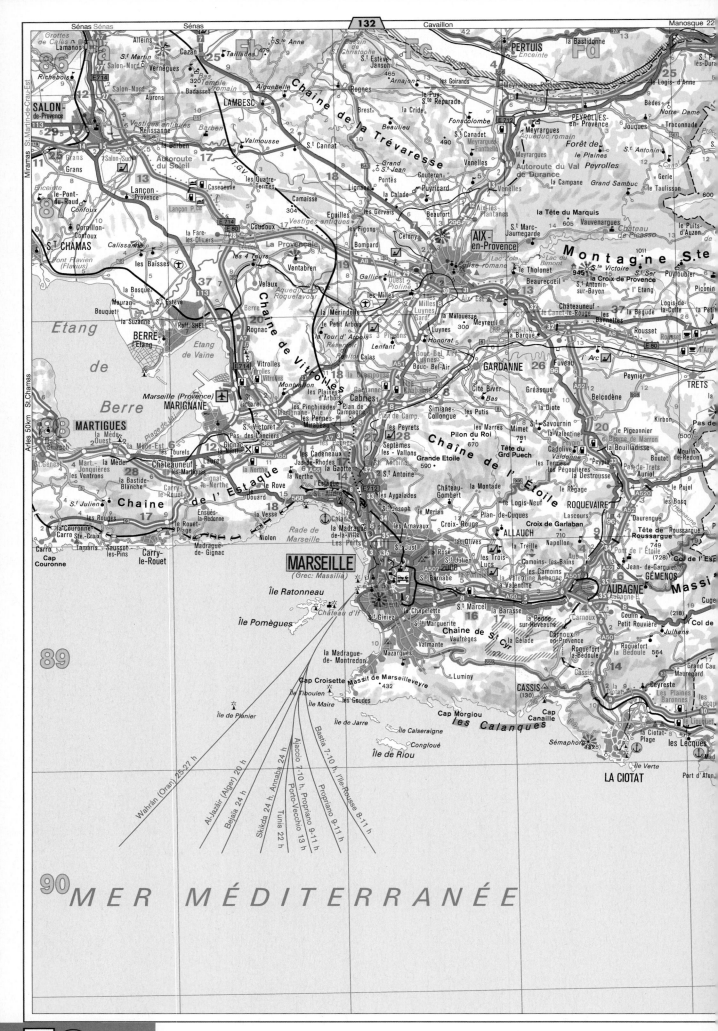

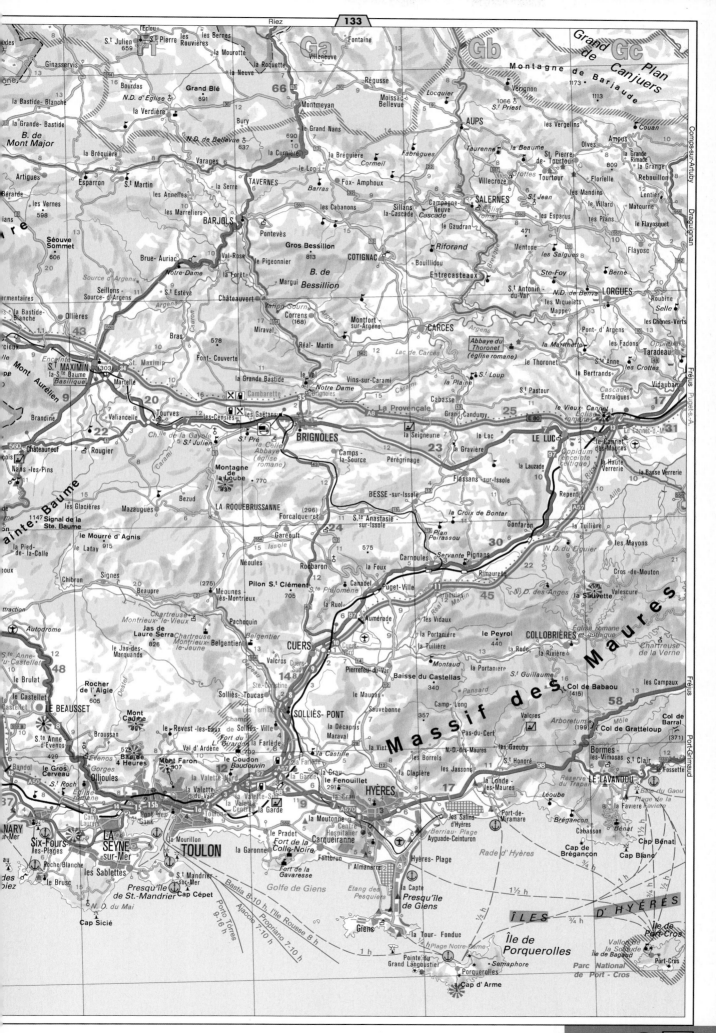

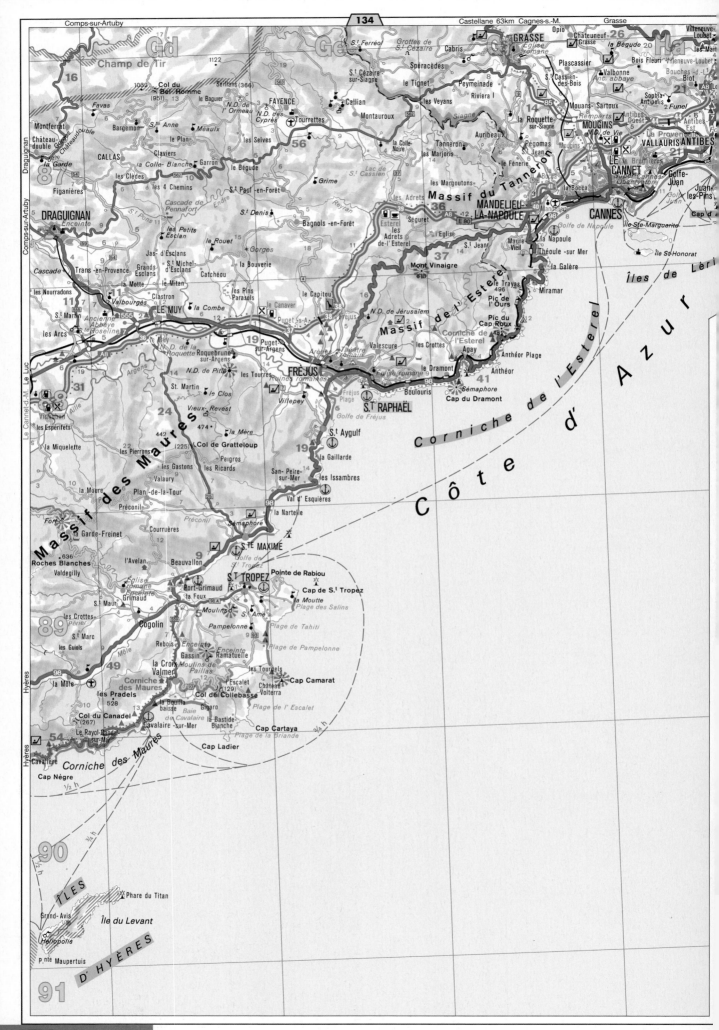

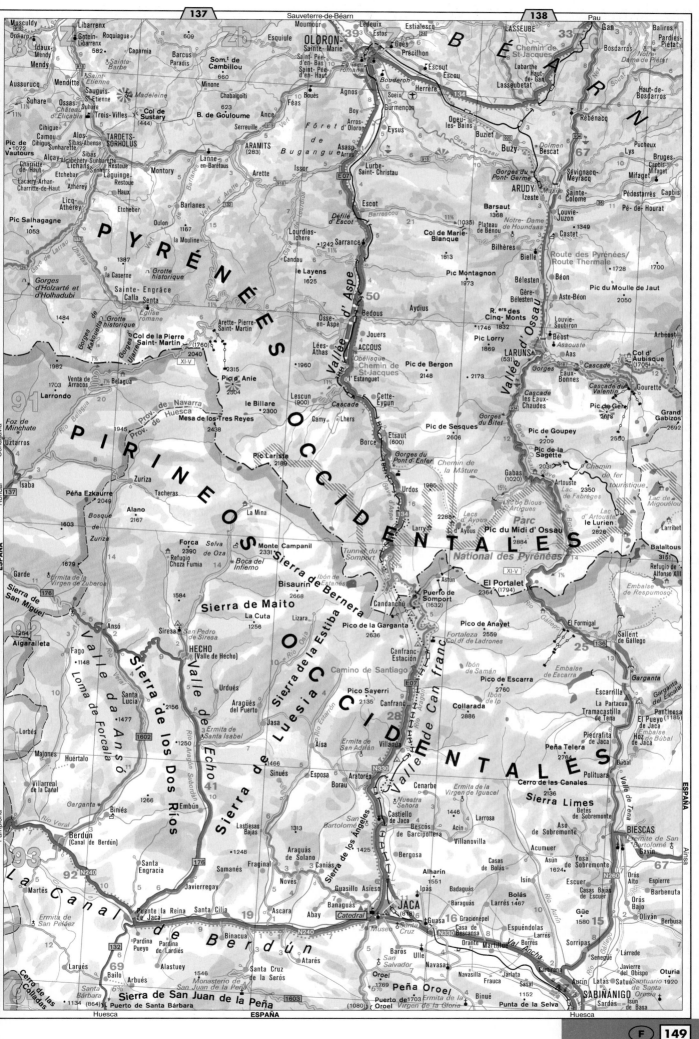

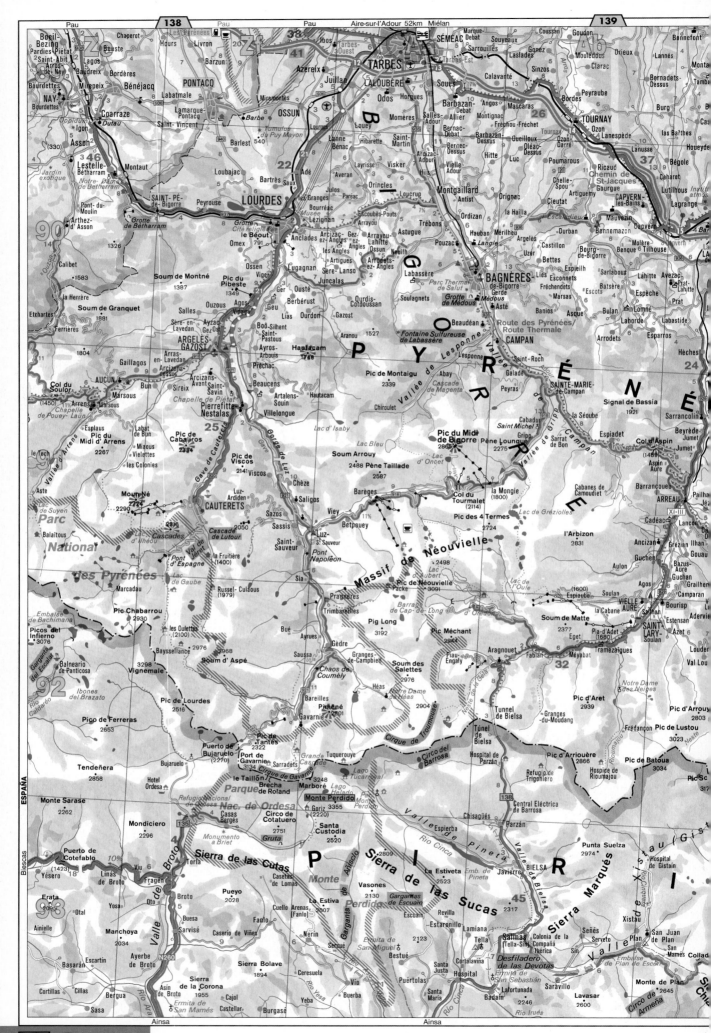

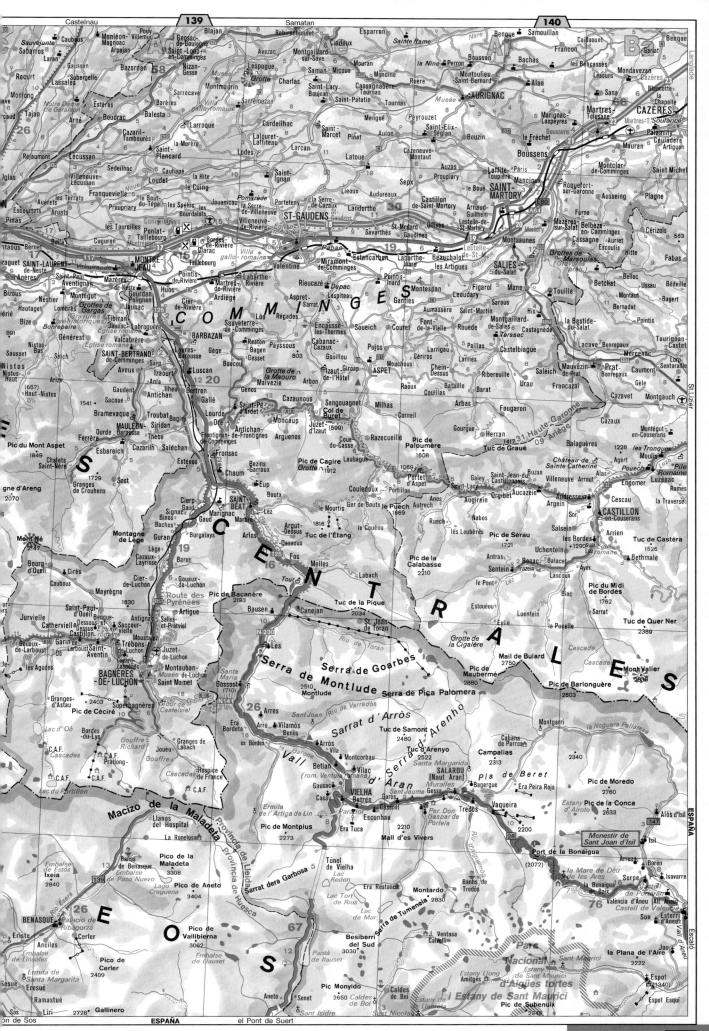

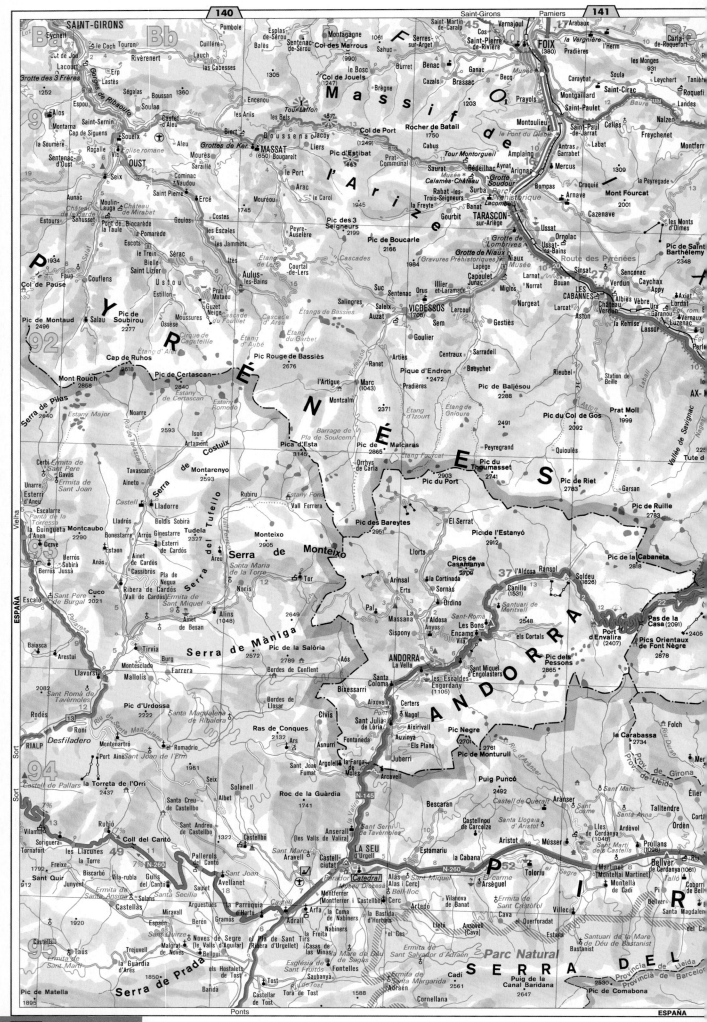

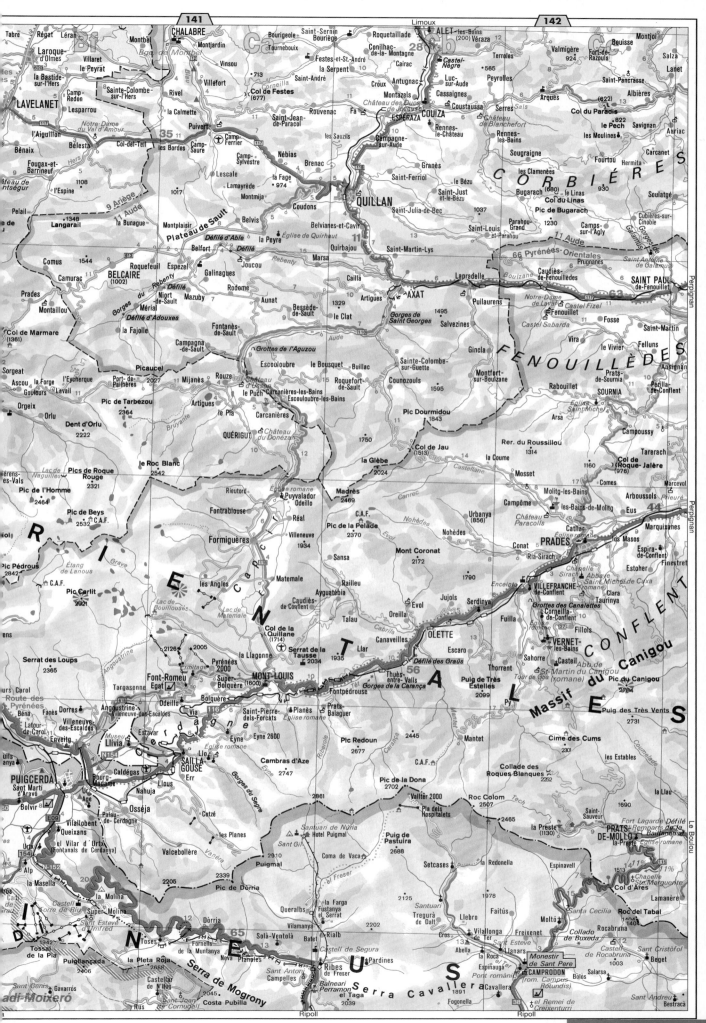

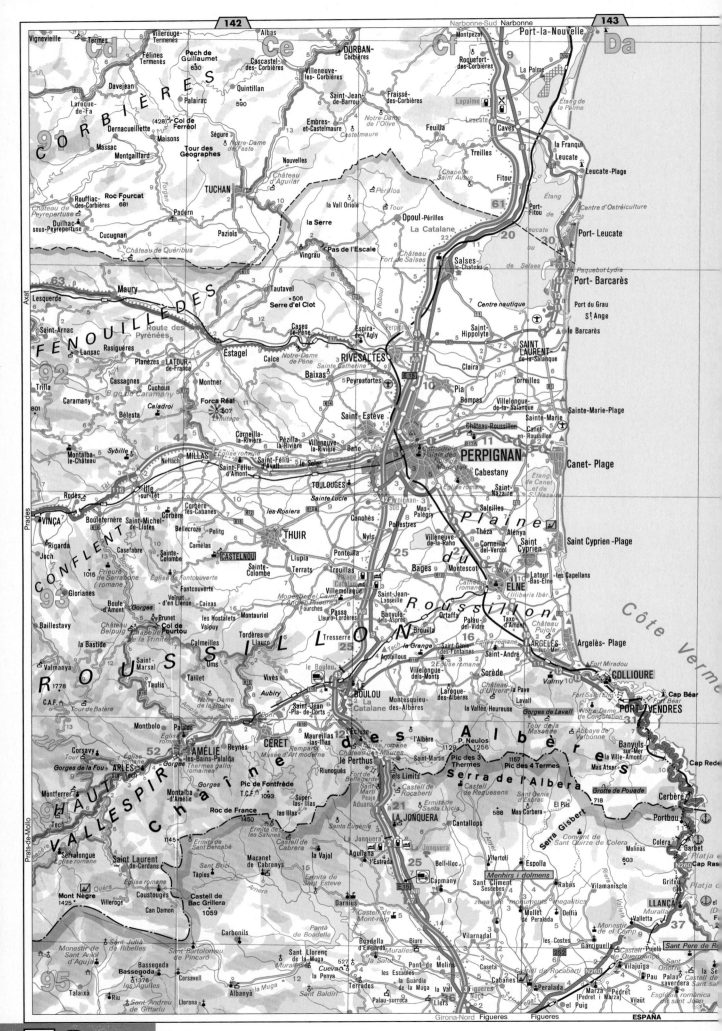

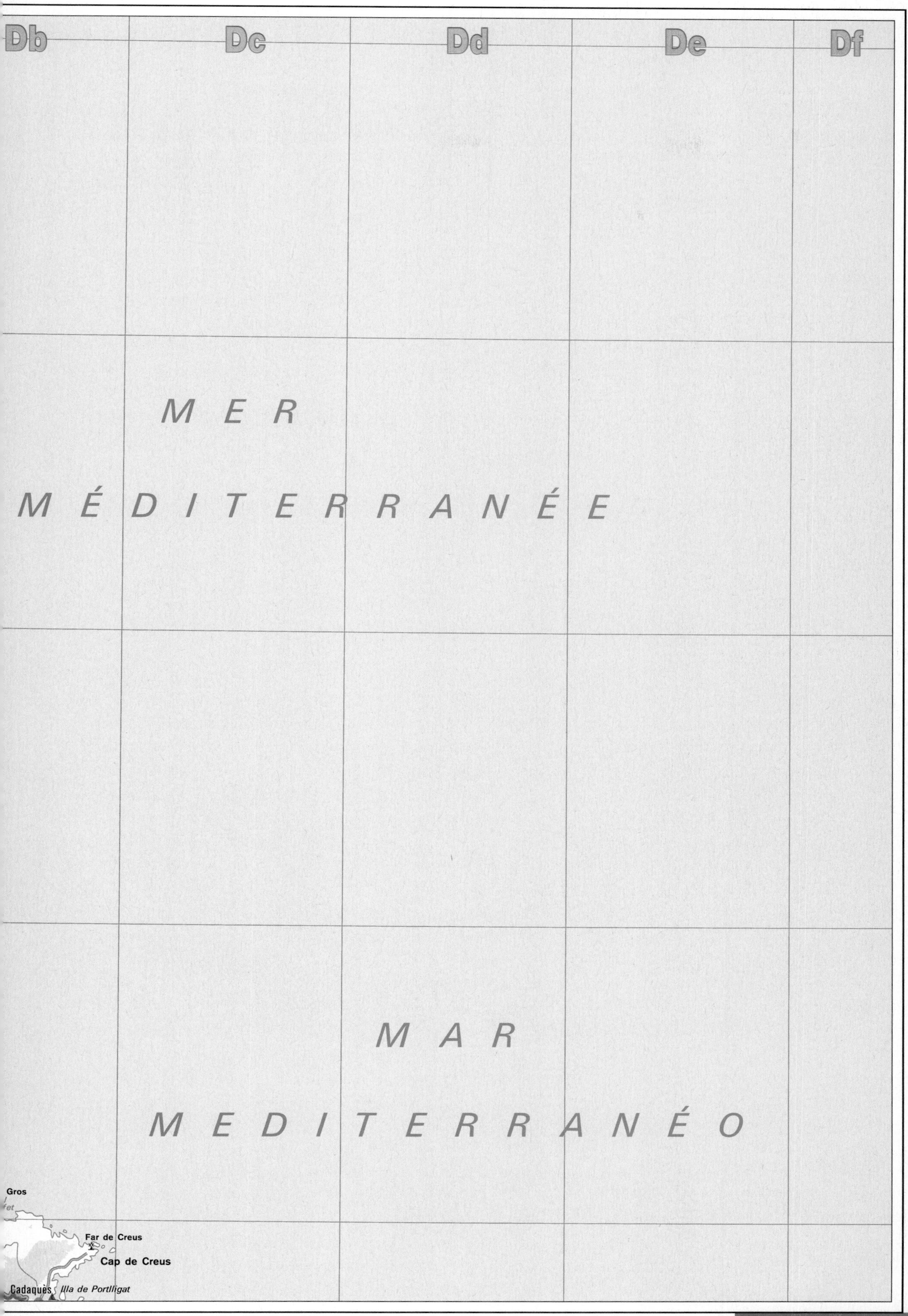
Db
Dc
Dd
De
Df
MER
MÉDITERRANÉE
MAR
MEDITERRANÉO
Gros
Far de Creus
Cap de Creus
Cadaqués
Illa de Portlligat

91

M A R E

L I G U R

92

Savona
Nice
Toulon
Marseille

di I

Anse
de Peraiola

93

Nice
Savona

Île de
la Pietra

L'ILE
ROUSSE
L'ISULA

Guardiola

S.Vicensu

Lozari/L'Ozari
Village
de Vacance

Punta
di Vallitone

Marine de Davia

Algajola

Monticello
U Monticellu

396

Marine de
Sant'Ambroggio

Corbara
U Curbara

Sta. Reparata-
di-Balagna

Marina di
Sant'Ambrogiu

197

Pigna

Couvent
de Corbara

Regino
U Reginu

Belgodere
U

Punta di
la Revellata

Punta Spano

Citadelle
Club - Sant'Ambrosiu
Baie
Agajo Méditerranée

151

Sant'
Antonino/Sant'Antoniu
(497)

Costa

Punta
Caldanu

563

Aregno

113

Occhiatana/Ochi

CALVI

Lumio/Lumiu
Lavatoggiu/U Lavatoghju

151

Ville-di-Parasu
E Ville di Parasi

Golfe de Revellata
Citadelle

Golfe de
Calvi

7

San
Petru

Col
du Salvi
(509)

Avapessa
Murato

455

Speloncato(550)
Spuncatu

844

Grotte des
Veaux Marins

Camp Raffalli

San
Rainera

336

18

Muro
Lunghignano

Nessa
Nesce

1285

N.D.
de la Serra

8

Montegrosso

Cassano/Cassanu

Feliceto
Felicetu

M.Tejo
1332

Pieggiola

Punta Guale

Baie
de Nichiareto

Petra
Maio

8

151

Monte-
maggiore

Zilia

S.Parteo
1680

Olmi-Capp
Olmi è Cape

Forcili

Mausoléo
Mosuleu

Capo Cavallo

Priugiolu

61

Santa
Restituta

Santa
Restituta

Moncale
U Mucale

CALENZANA

M.Grosso
1938

Melaja

Parc

Sèmaphore 295

Capu Planu
848

Paese
Novu
Suare

Tarazone
Mezzanodi

CALINZANA (300)
828

Giùnssani

1781

Forêt de Tartagine

Tartagine

Bocca di
Laggiarello
(1232)

94

33

81

443

M.Corona
2144

2393

2305
M.Padro

Naturel

Capu di
a Mursetta

256

San Quilcu
l'Argentella

Pieve

81

893

Chaos
de Bocca
Rezza

Cima di
a Statoghja

Asco
Ascu

Baie
de Crovani

Capu
di l'Argentella

Régional

Ref.Giunte

12

Punta
di Ciuttone

122

Bocca Bassa
Tour Maraghiu

Golfe
de Galeria

Porta
Vecchia

17

Capu di Vegnu
1380

Maison forest.
de Bonifatu

Cirque
de Bonifatu
(1450)

Ref.
de Carrozzu

Haut
Asco

Forêt de Carozzica

1487

de

Punta di Stollu

Olmu

Prezzuna

1951

a Muvrella
2145

Capu Biancu

Punta Bianca

407

Galéria
839

Capu Tondu

3

Guaitella
u Fangu

Chiorna

Punta a Scala
1409

2562

Bocca

Capu
Stranciacone
Ref.
d'Altore

P.lau
Stagnu

M.Cinto
2706

2583

P.Jume

199

Corse

Punta
Palazzu

Baie
de
Focolara

Calca

594

Tuarelli

Manso

Bocca
a e Poste
1437

2151

2556

Lac
du CAF
Ref.de l'Ercu

2540

Corse

Réserve
Naturelle
de Scandola

Isola di
Gargali

Capu Licchia

Col de
Palmerella
(408)

639

Girolata/Girulatu

81

23

Barghiana

Capu
Manganellu
1023

927

Forêt du Fangu

Foret du Fangu

Monte Estremo

Punta
Minuta
2540

Cascade

Bergerie
de Cesta

2018

Lozzi

Cap Corse

Île de
la Giraglia

Capo Grosso   Tollare   Barcaggio   Tour d'Agnello
    U Barcaghju
Capo Bianco   359   263   187
    Poggio-   Santa   Îles
    U Poghju   Maria   Finocchiarola
Moulin Mattei   280   Rés. Nat.
Cannelle   Ersa   des îles
E Canelle   Col de la Serra   Finocchiarola
Centuri-Port   Centuri (865)   12
Cinturi Portu   Camera   Rogliano   Macinaggio
       Rugliano   Macinaghju
     603
Morsiglia   Tomino
Mursiglia   M.di e Catello   Tuminu
Capu Corvoli   Merla   Marine de Meria
    Golfu Alisu   9   Pastina   Meria   Marina di Meria
      608
Marine de Scalo   Col de S.ta Lucia   485
Marina di u Scalu   (381)   Piana   Campu
Pino   U Campu
Punta Minerviu   U Pinu   Luri
    Séneque   Fieno   180
Minerviu   Chiesa   837   Castello   Tufo   Santa Severa
   Achjesa   U Castellu   U Tufu   Santa Suvera
Barrettali   Carbonacce   132
     E Carbunacce   Cagnano   Porticciolo/U Purticciulu
Marine de Giottani   Ortale
Marina di Giottani   Conchiglio   M.Alticcione   Ghilloni   Tour de Losse
   U Conchigliu   1139   Lapedina   Suprana
Marinca   Oreta   52
    Canari   Pietracorbara
Punta   Cima di   A Petracurbara   Marine de Pietracorbara
di Canelle   Ogliastru   e Follicie   Marina d'Ampuglia
Canelle   Oligastru   1305 (959)   San Michele
E Canelle   6   Siscu   Siscu
     Chioso   S.te Catherine
Albo   Chjosu   Moline   Marine de Sisco
Albu   Olcani   u Chjusu   Sant' E Muline   Marina di Siscu
      Antone
M.Stello   Tour de Sacro
  (152)   Silgaggia
    Nonza   1307
     764   Castello   Erbalunga
Golfe   Olmeta-di-Capocorso   U Castellu   Erbalonga
de   Olmeta di Capicorsu   Pozzo/U Puzzu
S.t Florent   Poretto/U Porettu
    Negru   S.ta Maria   Lavasina
   U Negru   di Lota   Partine
Punta   Mandriale   Figarella   Miomo/Miomu
di Mignola   Punta   Farinole   Corniche   A Ficarella
    di Curza   Faringule   Castagneto   Grigione/Grisgioni
Punta   Peraldu   Marine de Farinole   U Castagnetu
Alga Putrica   Salecia   Marina di Faringule   Pietranera/Petra Nera
      S. Martino -di-Lota
Cima   Punta   Ville-di-Pietrabugno   S.te Lucie
d'Ortella   Mortella   E Ville di Petrabugnu
  416   Guaitella
Désert des Agriates   les Marines   Patrimonio   Serra di Pigno   Cardo
d'Ifana   M.Genova   du Soleil   U Patrimoniu   U Cardu
   479   421   Bartollaciu   Albino   961   BASTIA
S.t FLORENT   Barbaggio   Citadelle
(311)   Casta   San   356   SAN FIURENZU   Barbaghju   Col   Lupino/U Lupinu
   Pancraziu   Cath. du   de Teghime
Bocca   Baccialu   Salone   Dolmen   Nebbio
di Vezzu   Lavandaju/Lavandaghju   Furiani
    545   16   Marana/A Marana
La Balanina   Poggio-   U Poghju   17
Campu Pianu/U Campu Pianu   Cima di Pedi   S.t Francois   d'Oletta/d'Oletta   Casatorra
68   Pilato   597   Oletta   Cima di   Suariccia
  M.Ambrica   378   di Tucla   u Zuccarellu   18
   1063   (362)   Belle   955   Biguglia   Village de Vacances
  Santu Petro/S.to Pietro   Lasagne   Oletta   (270)   Borgo/U Borgu
Urtaca   di Tenda   Pianello   Bocca di   di Tucla   Île San
    Rapale   Santu Stefanu   Lancone   Damianu
Novella   San-Gavino-   Vallecalle   Défilé de   Purettone   Étang
Nuvella   di-Tenda   Pruneta   Lancone   Ortale   de
  652   San Giavanu   835   Biguglia
Cima di   di Tenda   Sorio   San Michele   Valroso   193
Mitilelli   Soriu   (497)   Valle Rose   Lazzarotti
197   1535   Pieve   702   Murato   Aéroport de
      Muratu   Rivinco   Bastia(Poretta)
  Pietralba   M.Reghia   (1219)   Cima   la Marana
  Petralba   di Pozzo   Bocca di   di Taffoni   507   Pinetu
U Pedanu   1469   Tenda   1177   Borgo   Lago
     1372   1104   1234   U Borgu   107
    Lento   Cima a   Vignale   la Canonica
Cima a Trepite   Lentu   u Spazzolu   Lucciana
  428   Campitello/U Campitellu   Scolca/A Scolca   Casamozza
    Bigorno   Volpajola   Torra   10
  Ponte Rosso   Bigornu   A Vulpaiola   Golo
  Ponte Rossu   Accendi   Barchetta   Prunelli   Arena
27   Costa   Pippa   193   di Casacconi   237   Camp
Ponte   Roda   Canavaggia   du Cap Sud
Novu   1146 U Canavaghja   10 Cannaja   Vescovato/U Viscuvatu
   105   Bertalogna   Campile   237 198
Castello/   Costa   Olmo   L'Olmu   Quericiolo   Marina di Sorbo
Valle-Castello   Bisinchi   Divina   U Quericiolu   Marina di Sorbo
Campu Rosu   E Valle   Crocicchia   Carogne   Venzolasca   Sorbo-   Anghione
Campu Rossu   679   di Rustinu   Penta-   A Vinzulasca   Ocagnano/Sorbu   Anghjone
Ponte   Loreto   Ocagnanu
Leccia   Pastoreccia   Monte   M.S.Angelu   Castellare   06
Ponte à   Ortiporio   di-Casinca   1218   di Casinca
a Leccia   Casa Pitti Giocatojo   1236 Ortipoiru   Penta-   Folelli/U Fulelli
  Padule   Morosaglia/Merusaglia   Piano   di-Casinca
Piedigriggio/Pedigrissiu   Cardu/U Cardu   (800) Col du   U Pianu   Porri   San Pellegrinu
Taverna   Prato   Casabianca   Silvareccio   Terre Rosse
    Olmi   Casalta   Silvareccio   Taglio/Taghju   Centre
Grazianaccia   Quercitello   Marinaccio   Champlan   de Vacances
Prato-   la Porta   Ficaja/Ficaghja   U Campu Pianu   Isolaccio
di-Giovellina   875   Gavignano   Castineta   Scata   Pruno   Isolacciu
Ponte   Aiti   Gavignanu   Poggio   Croce   S. Damiano   Peru è Case Vechje
Castirla   U Poghju   10   Polveroso   S.Gavino-   Velone   Talasani
Francardo   Francardu   M.S.Petrone   Nocario   S.Damianu   d'Ampugnani   Orneto
   612   Pont de Lanu   Saliceto/U Salicetu   Verdese   Ornetu   Figareto/U Figaretu
Caporaline 1168   U Ponte di Lanu   Campana   Piazzole   S.ta Lucia-   Mezzana/A Mezzana
Omessa   Lano   S. Lorenzo   Piedicroce   Teglia   di-Moriani   Lavilanella
   Lanu   San   d'Orico   Rapaggio   Monacia   S.Giovanni-   Moriani-Plage
  Rusio   Quilico   Piedipartino   Rapaghju   d'Orezza   di-Moriani   Padulella
  Russiu   Loriani   Pedipartinu   Pie d'Orezza   S.Ghjuvanni   A Padullela
   Cambia   Stazzona   Valle-   M.   d'Muriani   S. Nicolao
Bocca d'   612   Carticasi   Carcheto-   d'Orezza   Tarrano/Tarranu   1285   S.Niculaiu
   Brustico   Col d'Aracola   Carpineto   819   Felce   (250)   S.ta Maria-   S.ta Maria-
Soveria   193   Collo di   Piobbetta   Reparata-   Poggio/U Poghju
   S.Quilico   Tralonca   di-Moriani
(654)

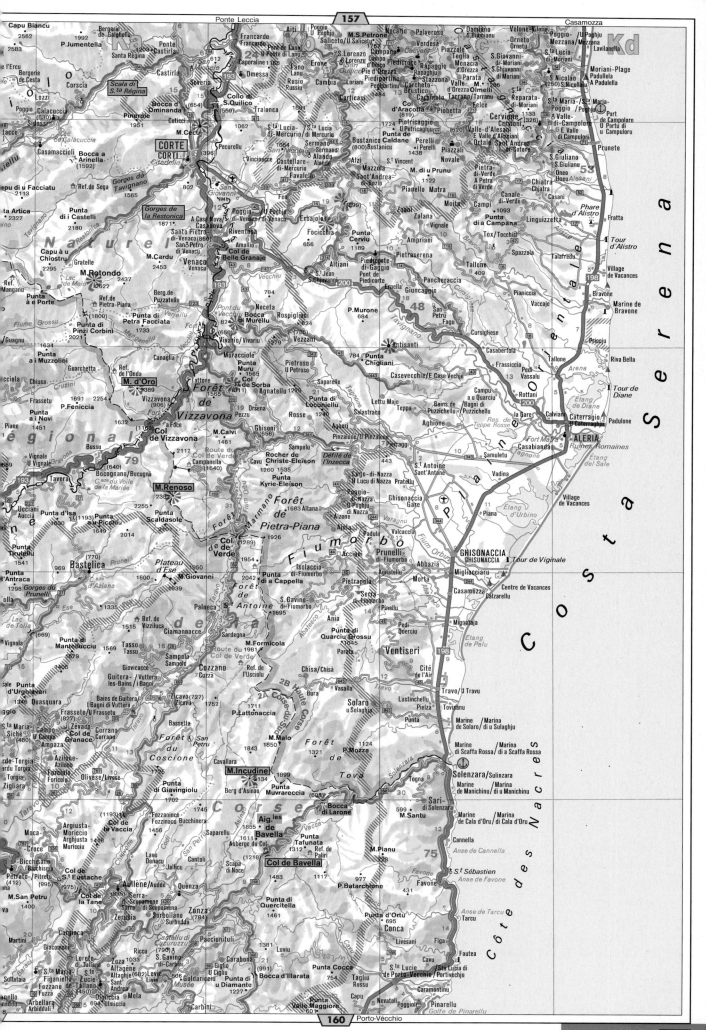

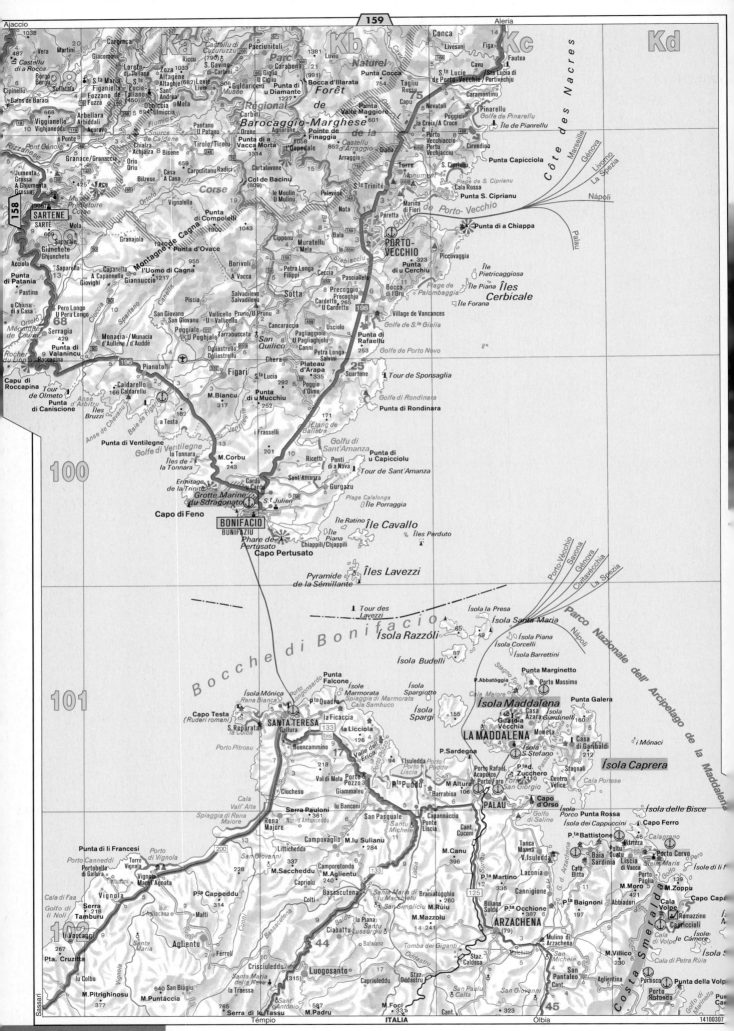

Index des localités · Ortsnamenverzeichnis
Index of place names · Elenco dei nomi di località
Índice de topónimos · Índice dos topónimos
Register van plaatsnamen · Skorowidz miejscowości
Rejstřík sídel · Helységnévjegyzek
Stednavnsfortegnelse · Ortnamnsförteckning

Arles	**13**	131	Ed 86
①	②	③	④

①	②	③	④
Ⓕ Localité	Département	N° de page	Coordonnées
Ⓓ Ortsname	Verwaltungseinheit („Département")	Seitenzahl	Suchfeldangabe
ⒼⒷ Place name	Administrative district ("Département")	Page number	Grid search reference
Ⓘ Località	Circondario amministrativo («Département»)	N° di pagina	Riquadro nel quale si trova il nome
Ⓔ Topónimo	Distrito («Département»)	Nro. de página	Coordenadas de la casilla de localización
Ⓟ Topónimo	Unidade administrativa („Département")	N° da página	Coordenadas de localização
ⓃⓁ Plaatsnaam	Bestuursdistrict („Département")	Paginanummer	Zoekveld-gegevens
ⓅⓁ Nazwa miejscowości	Jednostka administracyjna („Département")	Numer strony	Współrzędne skorowidzowe
ⒸⓏ Městská jména	Administrační jednotka („Département")	Číslo strany	Údaje hledacího čtverce
Ⓗ Helységnév	Közigazgatási egység („Département")	Oldalszám	Keresőhálózat megadása
ⒹⓀ Stednavn	Administration område („Département")	Sidetal	Kvadratangivelse
Ⓢ Ortnamn	Förvaltningsområde («Département»)	Sidnummer	Kartrutangivelse

Les communes que vous trouvez dans l'index des localités sont normalement autonomes.

Die im Ortsnamenverzeichnis enthaltenen Orte sind in der Regel selbstständig.

Due to space constraints the index is selective (only autonomous places).

Le località indicate nel relativo elenco dei nomi di località sono di regola autonome.

Las poblaciones del indice de topónimos son por lo general independientes.

Em geral as populações do índice dos topónimos são independentes.

De in het register van plaatsnamen vermelde plaatsen zijn in de regel zelfstandig.

Miejscowości zawarte w zkorowidzu sąz reguły samodzielnymi gminami.

Sídla uvedená v rejstříku sídel jsou zpravidla samostatná.

A helységnévjegyzekben találhato névek rendszeresen önkormányzat.

De steder, der findes i stednavnsfortegnelse, er som regel selvstændig.

Ortena som är upptagna i ortnamsförteckningen är vanligen autonoma.

②

01	Ain	33	Gironde	66	Pyrénées-Orientales
02	Aisne	34	Hérault	67	Bas-Rhin
03	Allier	35	Ille-et-Vilaine	68	Haut-Rhin
04	Alpes-de-Haute-Provence	36	Indre	69	Rhône
05	Hautes-Alpes	37	Indre-et-Loire	70	Haute-Saône
06	Alpes-Maritimes	38	Isère	71	Saône-et-Loire
07	Ardèche	39	Jura	72	Sarthe
08	Ardennes	40	Landes	73	Savoie
09	Ariège	41	Loir-et-Cher	74	Haute-Savoie
10	Aube	42	Loire	75	Paris
11	Aude	43	Haute-Loire	76	Seine-Maritime
12	Aveyron	44	Loire-Atlantique	77	Seine-et-Marne
13	Bouches-du-Rhône	45	Loiret	78	Yvelines
14	Calvados	46	Lot	79	Deux-Sèvres
15	Cantal	47	Lot-et-Garonne	80	Somme
16	Charente	48	Lozère	81	Tarn
17	Charente-Maritime	49	Maine-et-Loire	82	Tarn-et-Garonne
18	Cher	50	Manche	83	Var
19	Corrèze	51	Marne	84	Vaucluse
2A	Corse-du-Sud	52	Haute-Marne	85	Vendée
2B	Haute-Corse	53	Mayenne	86	Vienne
21	Côte-d'Or	54	Meurthe-et-Moselle	87	Haute-Vienne
22	Côtes-d'Armor	55	Meuse	88	Vosges
23	Creuse	56	Morbihan	89	Yonne
24	Dordogne	57	Moselle	90	Territoire-de-Belfort
25	Doubs	58	Nièvre	91	Essonne
26	Drôme	59	Nord	92	Hauts-de-Seine
27	Eure	60	Oise	93	Seine-St-Denis
28	Eure-et-Loir	61	Orne	94	Val-de-Marne
29	Finistère	62	Pas-de-Calais	95	Val-d'Oise
30	Gard	63	Puy-de-Dôme		
31	Haute-Garonne	64	Pyrénées-Atlantiques	(AND)	Andorra
32	Gers	65	Hautes-Pyrénées	(MC)	Monaco

A

Aast 64 138 Zf 89
Abainville 55 37 Fd 57
Abancourt 59 8 Db 47
Abancourt 60 16 Be 50
Abaucourt 54 38 Gb 55
Abaucourt-Hautecourt 55 37 Fd 53
Abbans-Dessous 25 70 Ff 66
Abbans-Dessus 25 70 Ff 66
Abbaretz 44 60 Yc 63
Abbécourt 02 18 Db 51
Abbecourt 60 17 Ca 52
Abbenans 25 70 Gc 64
Abbeville 80 7 Bf 48
Abbéville-la-Rivière 91 50 Ca 58
Abbéville-lès-Conflans 54 37 Ff 53
Abbévillers 25 71 Gf 64
Abbeville-Saint-Lucien 60 17 Cb 51
Abeilhan 34 143 Db 88
Abelcourt 70 70 Gb 62
Abère 64 138 Ze 88
Abergement-Clémenciat, L' 01 94 Ef 72
Abergement-de-Varey, L' 01 95 Fc 73
Abergement-la-Ronce 39 83 Fc 66
Abergement-le-Grand 39 83 Fe 67
Abergement-le-Petit 39 83 Fe 67
Abergement-lès-Thésy 39 84 Ff 67
Abergement-Sainte-Colombe, L' 71 83 Fa 68
Abidos 64 137 Zc 88
Abilly 37 77 Ae 67
Abitain 64 137 Za 88
Abjat-sur-Bandiat 24 101 Ae 75
Ablaincourt-Pressoir 80 18 Ce 49
Ablain-Saint-Nazaire 62 8 Ce 46
Ablainzevelle 62 8 Ce 48
Ablancourt 51 36 Ed 56
Ableiges 95 32 Bf 54
Ableuvenettes, Les 88 55 Gb 59
Ablis 78 32 Be 57
Ablon 14 14 Ab 52
Aboncourt 54 55 Ff 58
Aboncourt 57 22 Gc 53
Aboncourt-sur-Seille 57 38 Gc 56
Abondance 74 97 Ge 71
Abondant 28 32 Bc 56
Abos 64 138 Zc 88
Abos 64 138 Zf 88
Abreschviller 57 39 Ha 57
Abrest 03 92 Dc 72
Abrets, Les 38 107 Fd 75
Abriès 05 121 Gf 80
Abscon 59 9 Db 46
Absie, L' 79 75 Zc 69
Abzac 16 89 Ae 72
Abzac 33 99 Zf 78
Accolans 25 71 Gd 64
Accolay 89 67 De 63
Accons 07 118 Ec 79
Accous 64 137 Zc 91
Achain 57 38 Gd 55
Achen 57 39 Hb 54
Achenheim 67 40 Hd 57
Achères 18 65 Cc 65
Achères 28 32 Bc 57
Achères 78 33 Ca 55
Achères-la-Forêt 77 50 Cd 58
Achery 02 18 Dc 50
Acheux-en-Amiénois 80 8 Cd 48
Acheux-en-Vimeu 80 7 Be 48
Acheville 62 8 Cf 46
Achey 70 25 Fd 63
Achicourt 62 8 Cd 47
Achiet-le-Grand 62 8 Ce 48
Achiet-le-Petit 62 8 Ce 48
Achun 58 81 De 66
Achy 60 16 Bf 51
Acigné 35 45 Yc 60
Aclou 27 31 Ae 53
Acon 27 31 Ba 56
Acq 62 8 Cd 46
Acqueville 14 29 Zd 55
Acqueville 50 12 Yb 51
Acquigny 27 31 Bb 53
Acquin 62 3 Ca 44
Acy 02 18 Dc 52
Acy-en-Multien 60 34 Cf 54
Acy-Romance 08 19 Ec 51
Adaincourt 57 38 Gc 54
Adainville 78 32 Bd 56
Adam-lès-Passavant 25 70 Cc 65
Adam-lès-Vercel 25 70 Gc 65
Adamswiller 67 39 Hb 55
Adelange 57 38 Gd 54
Adelans 70 70 Gc 62
Adervielle 65 150 Ac 92
Adinfer 62 8 Ce 47
Adissan 34 143 Dc 87
Adjots, Les 16 88 Ab 72
Adompt 88 55 Gb 59
Adon 45 66 Ce 62
Adrets-de-l'Esterel, Les 83 148 Ge 87
Adriers 86 89 Ae 71
Afa 2A 158 le 97
Affieux 19 102 Be 75
Affléville 54 21 Fe 53
Affoux 69 94 Ec 74
Affracourt 54 55 Gb 58
Affringues 62 3 Ca 43
Agassac 31 140 Af 88
Agde 34 143 Dc 89
Agel 34 142 Cf 89
Agen 47 125 Ad 83
Agencourt 21 68 Ef 66
Agen-d'Aveyron 12 115 Ce 82
Agenville 80 7 Ca 47
Agenvillers 80 7 Bf 47
Ageux, Les 60 17 Cd 53
Ageville 52 54 Fc 60
Agey 21 68 Ee 65
Aghione 2B 159 Kc 96
Agincourt 54 38 Gb 56
Agmé 47 112 Ac 82
Agnat 43 104 Dc 76
Agneaux 50 29 Yf 54
Agnetz 60 17 Cc 52
Agnez-lès-Duisans 62 8 Cd 47
Agnicourt-et-Séchelles 02 19 Df 50
Agnières 62 8 Cd 46
Agnières-en-Dévoluy 05 120 Ff 80
Agnin 38 106 Ef 76
Agnos 64 137 Zc 90
Agny 62 8 Cd 47
Agonac 24 101 Ae 77
Agon-Coutainville 50 28 Yc 54
Agonès 34 130 De 85
Agonges 03 80 Da 69
Agos 65 150 Ac 91
Agos-Vidalos 65 138 Zf 90
Agris 16 88 Ab 74
Agudelle 17 99 Zd 76
Aguessac 12 129 Da 84
Aguilcourt 02 19 Df 52
Aguts 81 141 Bf 87
Agy 14 13 Zb 53
Ahaxe-Alciette-Bascassan 64 137 Yf 90
Ahetze 64 136 Yc 88
Ahéville 88 55 Gb 59
Ahuillé 53 46 Za 60
Ahun 23 90 Ca 72
Ahuy 21 69 Fa 64
Aibes 59 10 Ea 47
Aibre 25 71 Ge 63
Aïcirits-Camou-Suhast 64 137 Yf 88
Aiffres 79 87 Zd 71
Aigle, L' 61 31 Ad 56
Aiglemont 08 20 Ee 50
Aiglepierre 39 84 Fe 67
Aigleville 27 32 Bc 54
Aiglun 06 134 Gf 85
Aignay-le-Duc 21 68 Ee 63
Aigne 34 142 Ce 88
Aigné 72 47 Aa 60
Aignerville 14 13 Za 53
Aignes 31 141 Bd 89
Aignes-et-Puypéroux 16 100 Aa 76
Aigneville 80 6 Bd 48
Aigny 51 35 Eb 54
Aigonnay 79 87 Ze 71
Aigre 16 88 Aa 73
Aigrefeuille 31 141 Bd 87
Aigrefeuille-d'Aunis 17 86 Za 72
Aigrefeuille-sur-Maine 44 60 Yd 66
Aigremont 30 130 Ea 85
Aigremont 52 54 Fe 60
Aigremont 78 33 Ca 55
Aigremont 89 67 Df 63
Aiguebelette-le-Lac 73 108 Fe 75
Aiguebelle 73 108 Gb 75
Aigueblanche 73 108 Gd 75
Aiguefonde 81 142 Cb 88
Aigueperse 63 92 Db 72
Aigueperse 69 94 Ec 71
Aigues-Juntes 09 140 Bc 90
Aigues-Mortes 30 144 Eb 87
Aigues-Vives 09 141 Bf 91
Aigues-Vives 11 142 Cd 89
Aigues-Vives 30 130 Eb 86
Aigues-Vives 34 142 Ce 88
Aiguèze 30 131 Ed 83
Aiguilles 05 121 Gf 80
Aiguillon 47 112 Ac 83
Aiguillon, l' 09 153 Bf 91
Aiguillon-sur-Mer, L' 85 74 Ye 71
Aiguillon-sur-Vie, L' 85 73 Yb 68
Aiguines 83 133 Gb 86
Aigurande 36 78 Be 70
Aïlhon 07 118 Ec 81
Aillant-sur-Milleron 45 66 Cf 62
Aillant-sur-Tholon 89 51 Dc 61
Aillas 33 111 Zf 82
Ailleux 42 93 Df 74
Aillevans 70 70 Gc 63
Ailleville 10 53 Ee 59
Aillevillers-et-Lyaumont 70 55 Gc 61
Aillianville 52 54 Fc 58
Ailloncourt 70 70 Gc 62
Aillon-le-Vieux 73 108 Ga 75
Ailly 27 32 Bb 54
Ailly-le-Haut-Clocher 80 7 Bf 48
Ailly-sur-Noye 80 17 Cc 50
Ailly-sur-Somme 80 7 Cb 49
Aimargues 30 130 Eb 86
Aime 73 109 Gd 75
Ainay-le-Château 03 79 Ce 68
Ainay-le-Vieil 18 79 Cd 68
Aincille 64 137 Ye 90
Aincourt 95 32 Be 54
Aincreville 55 20 Fa 52
Aingeray 54 38 Ga 56
Aingeville 88 54 Fe 59
Aingoulaincourt 52 54 Fb 58
Ainharp 64 137 Za 89
Ainhice-Mongelos 64 137 Yf 89
Ainhoa 64 136 Yc 89
Ainvelle 70 55 Gb 61
Ainvelle 88 54 Ff 61
Airaines 80 7 Bf 49
Airan 14 30 Zf 54
Aire 08 19 Eb 52
Airel 50 13 Yf 53
Aires, Les 34 143 Da 87
Aire-sur-l'Adour 40 124 Ze 86
Aire-sur-la-Lys 62 3 Cc 45
Airion 60 17 Cc 52
Airon-Notre-Dame 62 6 Bd 46
Airon-Saint-Vaast 62 7 Bd 46
Airoux 11 141 Bf 88
Airvault 79 76 Zf 68
Aiserey 21 69 Fa 65
Aisey-sur-Seine 21 68 Ed 62
Aisonville-et-Bernoville 02 18 Dd 49
Aissey 25 70 Gc 65
Aisy-sous-Thil 21 68 Eb 64
Aisy-sur-Armançon 89 67 Eb 63
Aïti 2B 157 Kb 94
Aiton 73 108 Gb 75
Aix 19 103 Cc 75
Aix-d'Angillon, les 18 65 Cd 65
Aix-en-Ergny 62 7 Bf 45
Aix-en-Issart 62 7 Be 46
Aix-en-Othe 10 52 De 59
Aix-en-Provence 13 146 Fc 87
Aixe-sur-Vienne 87 89 Ba 74
Aix-la-Fayette 63 104 Dd 75
Aix-les-Bains 73 108 Ff 74
Aix-Noulette 62 8 Ce 46
Aizac 07 118 Ec 80
Aizanville 52 53 Ef 60
Aize 36 78 Be 66
Aizecourt-le-Bas 80 8 Da 49
Aizecourt-le-Haut 80 8 Cf 49
Aizelles 02 19 De 52
Aizenay 85 74 Yc 68
Aizier 27 15 Ad 52
Aizy-Jouy 02 18 Dd 52
Ajac 11 141 Ca 90
Ajaccio 2A 158 le 97
Ajacciu = Ajaccio 2A 158 le 97
Ajain 23 90 Bf 71
Ajat 24 101 Ba 78
Ajou 27 31 Ae 55
Ajoux 07 118 Ed 80
Alaer = Allaire 56 59 Xf 63
Alaigne 11 141 Ca 90
Alaincourt 02 18 Dc 50
Alaincourt-la-Côte 57 38 Gc 55
Alairac 11 142 Cb 89
Alan 31 140 Af 89
Alando 2B 159 Kb 95
Alandu = Alando 2B 159 Kb 95
Alata 2A 158 le 97
Alba-la-Romaine 07 118 Ed 81
Alban 81 128 Cc 85
Albaret-le-Comtal 48 116 Da 79
Albaret-Sainte-Marie 48 116 Db 79
Albas 11 142 Ce 91
Albas 46 113 Bb 82
Albé 67 56 Hb 58
Albefeuille-Lagarde 82 126 Bb 84
Albenc, L' 38 107 Fc 77
Albens 73 96 Ff 74
Albepierre 15 103 Ce 78
Albère, L' 66 154 Cf 94
Albert 80 8 Cd 48
Albertacce 2B 159 If 95
Albertville 73 108 Gc 74
Albestroff 57 39 Gf 55
Albi 81 127 Ca 85
Albiac 31 141 Be 87
Albiac 46 114 Be 80
Albias 82 126 Bc 84
Albières 11 153 Cc 91
Albiès 09 152 Be 92
Albiez-le-Jeune 73 108 Gc 77
Albighy 69 94 Ec 74
Albignac 19 102 Be 78
Albigny-sur-Saône 69 94 Ee 73
Albine 81 142 Cd 88
Albitreccia 2A 159 If 97
Albon 07 118 Ec 80
Albon 26 106 Ef 77
Alboussières 07 118 Ee 79
Albussac 19 102 Bf 78
Alby-sur-Chéran 74 96 Ga 74
Alçay-Alçabéhéty-Sunharette 64 137 Za 90
Aldudes 64 136 Yd 90
Alembon 62 3 Bf 44
Alençon 61 47 Aa 58
Alénya 66 154 Cf 93
Aléria 2B 159 Kd 96
Alès 30 130 Ea 84
Alet-les-Bains 11 142 Cb 91
Alette 62 7 Be 45
Aleu 09 152 Bb 91
Alex 74 96 Gb 73
Alexain 53 46 Zb 59
Algajola 2B 156 If 93
Algans 81 141 Bf 87
Algolsheim 68 57 Hd 60
Algrange 57 22 Ga 52
Alièze 39 83 Fd 69
Alignan-du-Vent 34 143 Dc 88
Alincourt 08 19 Ec 52
Alincthun 62 3 Be 44
Alise-Sainte-Reine 21 68 Ec 63
Alissas 07 118 Ed 80
Alix 69 94 Ed 73
Alixan 26 118 Fa 79
Alizay 27 15 Bb 53
Allain 54 37 Ff 57
Allaines 80 8 Cf 49
Allaines-Mervilliers 28 49 Be 59
Allainville 28 32 Bb 56
Allainville 78 49 Bf 58
Allaire 56 59 Xf 63
Allamont 54 37 Fe 54
Allamps 54 37 Fe 57
Allan 26 118 Ee 81
Allanche 15 104 Cf 77
Alland'Huy-et-Sausseuil 08 20 Ed 51
Allarmont 88 56 Ha 58
Allas-Bocage 17 99 Zd 76
Allas-Champagne 17 99 Zd 76
Allas-les-Mines 24 113 Ba 80
Allassac 19 102 Bc 77
Allauch 13 146 Fc 88
Allègre 30 130 Eb 83
Allègre 43 105 De 77
Alleins 13 132 Fa 86
Allemagne-en-Provence 04 133 Ga 86
Allemanche-Launay-et-Soyer 51 35 De 57
Allemans 24 100 Ab 77
Allemans-du-Dropt 47 112 Ab 81
Allemant 02 18 Dc 52
Allemant 51 35 De 56
Allemond 38 108 Ga 78
Allenay 80 6 Bc 48
Allenc 48 117 Dd 81
Allenjoie 25 71 Gf 63
Allennes-les-Marais 59 8 Cf 45
Allenwiller 67 39 Hc 57
Allerey 21 68 Ec 64
Allerey 21 68 Ec 65
Allerey-sur-Saône 71 83 Ef 67
Allériot 71 82 Ef 68
Allery 80 7 Bf 49
Alles-sur-Dordogne 24 113 Af 79
Alleuds, Les 49 61 Zd 65
Alleuds, Les 79 88 Zf 72
Alleux, Les 08 20 Ee 52
Alleuze 15 116 Da 79
Allevard 38 108 Ga 76
Allèves 74 96 Ga 74
Allex 26 118 Ef 80
Alleyrac 43 117 Df 79
Alleyras 43 117 De 79
Alleyrat 19 103 Cb 75
Alleyrat 23 91 Ca 73
Allez-et-Cazeneuve 47 112 Ad 82
Alliancelles 51 36 Ef 56
Allibaudières 10 35 Ea 57
Allichamps 52 36 Ef 57
Allier 65 139 Aa 89
Allières 09 140 Bc 90
Alliés, Les 25 84 Gc 67
Alligny-Cosne 58 66 Da 64
Allineuc 22 43 Xa 59
Allinges 74 96 Gc 71
Allogny 18 65 Cb 65
Allondans 25 71 Ge 63
Allondaz 73 96 Gc 74
Allondrelle-la-Malmaison 54 21 Fd 51
Allonne 60 17 Ca 52
Allonne 79 75 Zd 69
Allonnes 28 49 Bd 59
Allonnes 49 62 Aa 65
Allonnes 72 47 Aa 61
Allons 04 134 Gd 85
Allons 47 124 Zf 83
Allonville 80 7 Cc 49
Allonzier-la-Caille 74 96 Ga 73
Allos 04 134 Gd 83
Allouagne 62 8 Cd 45
Alloue 16 88 Ad 72
Allouis 18 65 Cb 65
Allouville-Bellefosse 76 15 Ae 51
Allues, Les 73 109 Gd 76
Alluets-le-Roi, Les 78 32 Bf 55
Alluy 58 81 Dd 66
Alluyes 28 49 Bc 59
Ally 15 103 Cb 77
Ally 43 104 Db 78
Almayrac 81 127 Cb 84
Almenêches 61 30 Aa 56
Almon-les-Junies 12 115 Cb 81
Alos 09 152 Ba 91
Alos 81 127 Bf 84
Alos-Sibas-Abense 64 137 Za 90
Alouette, L' 33 111 Zb 80
Aloxe-Corton 21 82 Ef 66
Alpuech 12 115 Cf 80
Alquines 62 3 Bf 44
Alrance 12 128 Ce 84
Alsting 57 39 Ha 53
Altagène 2A 159 Ka 98
Altaghjè = Altagène 2A 159 Ka 98
Alteckendorf 67 40 Hd 56
Altenach 68 71 Ha 63
Altenbach, Goldbach- 68 56 Ha 61
Altenheim 67 40 Hc 56
Althen-des-Paludes 84 131 Ef 84
Altiani 2B 159 Kb 95
Altier 48 117 Df 82
Altillac 19 114 Bf 79
Altkirch 68 71 Hb 63
Altrippe 57 39 Ge 54
Altviller 57 39 Ge 54
Altwiller 67 39 Gf 55
Aluze 71 82 Ee 67
Alvignac 46 114 Be 80
Alvimare 76 15 Ad 51
Alzen 09 140 Bc 91
Alzi 2B 159 Kb 95
Alzing 57 22 Gd 53
Alzon 30 129 Dc 85
Alzonne 11 141 Cb 89
Amage 70 55 Gc 61
Amagne 08 20 Ed 51
Amagney 25 70 Ga 65
Amailloux 79 75 Ze 68
Amance 10 53 Ed 59
Amance 70 70 Ga 62
Amancey 25 84 Ga 66
Amancy 74 96 Gb 72
Amange 39 69 Fd 66
Amanlis 35 45 Yd 61
Amanty 55 54 Fd 57
Amanvillers 57 38 Ga 53
Amanzé 54 38 Gb 56
Amanzé 71 93 Eb 71
Amareins-Franceleins-Cesseins 01 94 Ee 72
Amarens 81 127 Bf 84
Amathay-Vésigneux 25 84 Gb 66
Amayé-sur-Orne 14 29 Zd 54
Amayé-sur-Seulles 14 29 Zb 54
Amazy 58 67 Dd 64
Ambacourt 88 55 Ga 58
Ambarès-et-Lagrave 33 111 Zd 79
Ambax 31 140 Af 88
Ambazac 87 90 Bc 73
Ambel 38 120 Ff 80
Ambenay 27 31 Ae 56
Ambérac 16 88 Aa 73
Ambérieu-en-Bugey 01 95 Fc 73
Ambérieux-en-Dombes 01 94 Ef 73
Ambernac 16 88 Ad 73
Amberre 86 76 Aa 68
Ambert 63 105 De 75
Ambès 33 99 Zc 78
Ambeyrac 12 114 Bf 81
Ambialet 81 128 Cc 85
Ambiegna 2A 158 le 96
Ambierle 42 93 Df 72
Ambiévillers 70 55 Ga 61
Ambillou 37 63 Ac 64
Ambillou-Château 49 61 Zd 65
Amblagnieu, Porcieu- 38 95 Fc 74
Amblainville 60 33 Ca 53
Amblans-et-Velotte 70 70 Gc 62
Ambleny 02 18 Db 52
Ambléon 01 95 Fd 74
Ambleteuse 62 2 Bd 44
Ambleville 16 99 Ze 75
Ambleville 95 32 Be 54
Amblie 14 13 Zd 53
Amblimont 08 20 Fa 51
Ambloy 41 63 Af 62
Ambly-Fleury 08 20 Ec 52
Ambly-sur-Meuse 55 37 Fc 54
Amboise 37 63 Af 64
Ambon 56 59 Xc 63
Ambonil 26 118 Ef 80
Ambonnay 51 35 Eb 54
Ambonville 52 53 Fa 59
Ambrault 36 78 Bf 68
Ambres 81 127 Be 86
Ambricourt 62 7 Cb 46
Ambrières 51 36 Ef 57
Ambrières-les-Vallées 53 46 Zc 58
Ambrines 62 7 Cc 47
Ambronay 01 95 Fc 73
Ambrugeat 19 102 Ca 75
Ambrumesnil 76 15 Af 49
Ambrus 47 125 Ab 83
Ambutrix 01 95 Fc 73
Amécourt 27 16 Be 52
Amelécourt 57 38 Gd 55
Amélie-les-Bains-Palalda 66 154 Ce 94
Amendeuix-Oneix 64 137 Yf 88
Amenoncourt 54 39 Ge 57
Amenucourt 95 32 Bd 54
Ames 62 7 Cc 45
Amettes 62 7 Cc 45
Ameugny 71 82 Ee 69
Ameuvelle 88 55 Ff 61
Amfréville 14 14 Ze 53
Amfreville 50 12 Yd 52
Amfreville-la-Campagne 27 15 Af 53
Amfréville-la-Mi-Voie 76 15 Ba 52
Amfreville-les-Champs 27 16 Bb 53
Amfreville-les-Champs 76 15 Ae 50
Amfreville-sous-les-Monts 27 16 Bb 53
Amfreville-sur-Iton 27 31 Ba 54
Amfroipret 59 9 De 47
Amiens 80 17 Cb 49
Amifontaine 02 19 Df 52
Amigny 50 12 Ye 54
Amigny-Rouy 02 18 Db 51
Amillis 77 34 Da 56
Amilly 28 49 Bc 58
Amilly 45 50 Ce 61
Amions 42 93 Ea 73
Amirat 06 134 Ge 85
Ammerschwihr 68 56 Hb 60
Ammerzwiller 68 71 Ha 62
Amné 72 47 Zf 60
Amnéville 57 22 Ga 53
Amoncourt 70 70 Ga 62
Amondans 25 84 Ga 66
Amorots-Succos 64 137 Yf 88
Amou 40 123 Zb 87
Ampilly-les-Bordes 21 68 Ed 63
Ampilly-le-Sec 21 68 Ed 62
Amplepuis 69 93 Eb 73
Amplier 62 7 Cc 48
Ampoigné 53 46 Zb 62
Amponville 77 50 Cd 59
Ampriani 2B 159 Kc 95
Ampuis 69 106 Ee 76
Ampus 83 147 Gc 87
Amuré 79 87 Zc 71
Amy 60 18 Ce 51
Anais 16 88 Ab 74
Anais 17 86 Za 71
Anan 31 140 Ae 88
Anast = Maure-de-Bretagne 35 44 Ya 61
Ance 64 137 Zb 90
Anceaumeville 76 15 Ba 51
Anceins 61 31 Ad 55
Ancelle 05 120 Gb 81
Ancemont 55 37 Fc 54
Ancenis 44 60 Ye 64
Ancerville 55 36 Fa 57
Ancerville 57 38 Gc 54
Ancerviller 54 39 Gf 57
Ancey 21 68 Ee 65
Anchamps 08 20 Ee 49
Anché 37 62 Ab 66
Anché 86 88 Ab 70
Anchenoncourt-et-Chazel 70 55 Ga 61
Ancienville 02 34 Db 53
Ancier 70 69 Fd 64
Ancinnes 72 47 Ab 58
Ancizan 65 150 Ac 91
Ancizes-Comps, Les 63 91 Ce 73
Ancône 26 118 Ee 81
Ancourt 76 6 Bb 49
Ancourteville-sur-Héricourt 76 15 Ad 50
Ancretteville-sur-Mer 76 15 Ad 50
Ancteville 50 28 Yd 54
Anctoville 14 29 Zb 54
Ancy 69 94 Ed 74
Ancy-le-Franc 89 67 Eb 62
Ancy-le-Libre 89 67 Ea 62
Ancy-sur-Moselle 57 38 Ga 54
Andainville 80 16 Be 49
Andance 07 106 Ee 77
Andancette 26 106 Ee 77
Andard 49 61 Zd 64
Andé 27 16 Bb 53
Andechy 80 17 Ce 50
Andel 22 27 Xc 58
Andelain 02 18 Dc 51
Andelaroche 03 93 De 71
Andelarre 70 70 Ga 63
Andelarrot 70 70 Ga 63
Andelat 15 104 Da 78
Andelot-Blancheville 52 54 Fb 59
Andelot-en-Montagne 39 84 Ff 67
Andelot-Morval 39 83 Fc 70
Andelu 78 32 Be 55
Andelys, Les 27 16 Bc 53
Andernay 55 36 Ef 56
Andernos-les-Bains 33 110 Yf 80
Anderny 54 21 Ff 52
Andert-et-Condon 01 95 Fd 74
Andeville 60 17 Ca 53
Andigné 49 61 Zb 63
Andillac 81 127 Bf 85
Andilly 17 86 Yf 71
Andilly 54 37 Ff 56
Andilly 74 96 Ga 72
Andilly 95 33 Cb 54
Andilly-en-Bassigny 52 54 Fd 61
Andiran 47 125 Ab 84
Andlau 67 56 Hc 58
Andoins 64 138 Ze 89
Andolsheim 68 57 Hc 60
Andon 06 134 Ge 86
Andonville 45 49 Ca 59
Andornay 70 71 Gd 63
Andorra La Vella (AND) 152 Bd 93
Andorre-la-Vieille = Andorra La Vella (AND) 152 Bd 93
Andouillé 53 46 Zb 59
Andouque 81 128 Cc 84
Andouville-Neuville 35 45 Yc 59
Andrein 64 137 Za 88
Andres 62 3 Bf 42
Andrest 65 138 Aa 89
Andrésy 78 33 Ca 55
Andrezé 49 61 Za 65
Andrezel 77 34 Ce 57
Andrézieux-Bouthéon 42 105 Eb 75
An Drinded-Porc'hoed = Trinité-Porhoët, La 56 44 Xc 60
Andryes 89 67 Dc 63
Anduze 30 130 Df 84
An Eleven = Elven 56 43 Xc 62
Anères 65 139 Ac 90
Anet 28 32 Bc 55
Anetz 44 60 Yf 64
Angais 64 138 Ze 89
Angé 41 64 Bb 65
Angeac-Champagne 16 99 Ze 75
Angeac-Charente 16 99 Zf 75
Angecourt 08 20 Ef 51
Angeduc 16 99 Zf 76
Angely 89 67 Ea 63
Angeot 90 71 Ha 62
Angers 49 61 Zc 64
Angerville 91 49 Bf 59
Angerville-Bailleul 76 15 Ac 50
Angerville-la-Campagne 27 31 Ba 55
Angerville-la-Martel 76 15 Ad 50
Angerville-l'Orcher 76 14 Ab 51
Angervilliers 91 33 Ca 57
Angeville 82 126 Ba 84
Angevillers 57 22 Ga 52
Angey 50 28 Yd 56
Angicourt 60 17 Cd 53
Angiens 76 15 Ae 49
Angirey 70 70 Fe 64
Angivillers 60 17 Cd 52
Anglade 33 99 Zc 77
Anglards-de-Saint-Flour 15 116 Da 79
Anglards-de-Salers 15 103 Cc 77
Anglars 12 115 Cc 81
Anglars 12 115 Ce 81
Anglars 12 115 Ce 82
Anglars 46 114 Bf 80
Anglars-Juillac 46 113 Bb 82
Anglars-Nozac 46 113 Bc 80
Anglars-Saint-Félix 12 115 Cb 82
Anglefort 01 95 Fe 73
Anglemont 88 56 Ge 58
Angles 04 134 Gd 85
Anglès 81 142 Cd 87
Angles 85 74 Yd 70
Angles, Les 65 138 Aa 90
Angles, les 66 153 Ca 93
Anglesqueville-la-Bras-Long 76 15 Ae 50
Anglesqueville-l'Esneval 76 14 Ab 51
Angles-sur-Corrèze, Les 19 102 Be 77
Angles-sur-l'Anglin 86 77 Af 68
Anglet 64 122 Yc 88
Angliers 17 86 Za 71
Angliers 86 76 Aa 67
Anglure 51 35 De 57
Anglure-sous-Dun 71 94 Ec 71
Angluzelles 51 35 Df 57
Angoisse 24 101 Ba 76
Angomont 54 39 Gf 57
Angos 65 139 Aa 89
Angoulême 16 100 Aa 75
Angoulins 17 86 Yf 72
Angoumé 40 123 Yf 86
Angous 64 137 Zb 89
Angoustrine-Villeneuve-des-Escaldes 66 153 Bf 94
Angoville 14 29 Zd 55
Angoville-au-Plain 50 12 Ye 52
Angoville-sur-Ay 50 12 Yc 53
Angresse 40 122 Yd 87
Angrie 49 61 Za 63
Anguerny 14 13 Zd 53
Anguilcourt-le-Sart 02 18 Dc 50
Angy 60 17 Cb 53
Anhiers 59 8 Da 46
Aniane 34 129 Dd 86
Aniche 59 9 Db 46
Anisy 14 13 Zd 53
Anizy-le-Château 02 18 Dc 51
Anjeux 70 55 Gb 61
Anjou 38 106 Ef 76
Anjouin 36 64 Be 65
Anjoutey 90 71 Gf 62
Anla 65 139 Ad 90
Anlezy 58 81 Dd 67
Anlhiac 24 101 Ba 77
Annay 58 66 Cf 63
Annay 62 8 Cf 46
Annay-la-Côte 89 67 Df 63
Annay-sur-Serein 89 67 Df 62
Annebault 14 14 Aa 53
Annecy 74 96 Ga 73
Annelles 08 20 Ec 52
Annemasse 74 96 Gb 71
Annéot 89 67 Df 63
Annepont 17 87 Zc 73
Annequin 62 8 Ce 45
Annesse-et-Beaulieu 24 100 Ad 78
Annet-sur-Marne 77 33 Ce 55
Anneux 59 8 Da 48
Anneville-Ambourville 76 15 Af 52
Annéville-la-Prairie 52 53 Fa 59
Anneville-sur-Mer 50 12 Yc 54
Anneville-sur-Scie 76 15 Ba 49
Anneyron 26 106 Ef 77
Annezay 17 87 Zb 72
Annezin 62 8 Cd 45
Annœulin 59 8 Cf 45
Annoire 39 83 Fb 67
Annois 02 18 Db 50
Annoisin-Chatelans 38 95 Fb 74
Annoix 18 79 Cd 67
Annonay 07 106 Ed 77
Annonville 52 54 Fb 58
Annot 04 134 Gd 85
Annouville-Vilmesnil 76 15 Ac 50
Annoux 89 67 Ea 63
Annoville 50 28 Yc 55
Anor 59 9 Ea 49
An Oriant = Lorient 56 42 Wd 62
Anos 64 138 Ze 88
Anost 65 139 Aa 88
Anost 71 81 Ea 66
Anould 88 56 Gf 59
Anoux 54 21 Ff 53
Anoye 64 138 Zf 88
Anquetierville 76 15 Ad 51
Anrosey 52 54 Fe 61
Ansacq 60 17 Cc 52
Ansac-sur-Vienne 16 88 Ad 73
Ansan 32 125 Ae 86
Ansauville 54 37 Fe 56
Ansauvillers 60 17 Cc 51
Anse 69 94 Ee 73
Anserville 60 17 Cb 53
Ansignan 66 153 Cd 92
Ansouis 84 132 Fc 86
Anstaing 59 8 Db 45
Antagnac 47 111 Aa 82
Anterrieux 15 116 Da 79
Anteuil 25 71 Gd 64
Antezant-la-Chapelle 17 87 Zd 73
Anthé 47 113 Af 82
Anthelupt 54 38 Gc 57
Anthenay 51 35 De 54
Antheny 08 19 Eb 49
Anthéor 83 148 Gf 88
Antheuil 21 68 Ee 65

162 (F) Aast — Antheuil

Antheuil-Portes 60 17 Ce 52
Anthien 58 67 De 65
Anthon 38 95 Fb 74
Antibes 06 134 Ha 87
Antichan 65 139 Ad 91
Antichan-de-Frontignes 31 139 Ae 91
Antignac 15 103 Cd 76
Antignac 17 99 Zc 75
Antignac 31 151 Ad 92
Antigny 85 75 Zb 69
Antigny 86 77 Af 69
Antilly 57 38 Gb 53
Antilly 60 34 Cf 54
Antin 65 139 Ab 89
Antisanti 2B 159 Kc 95
Antist 65 139 Aa 90
Antogny 37 77 Ad 67
Antoigné 49 62 Zf 66
Antoigny 61 29 Zd 57
Antoingt 63 104 Db 75
Antonaves 05 133 Fe 83
Antonne-et-Trigonant 24 101 Ae 77
Antony 92 33 Cb 56
Antorpe 25 70 Fe 65
Antraigues-sur-Volane 07 118 Ec 80
ntrain 35 28 Yd 58
ntran 86 77 Ad 67
ntras 09 151 Af 91
ntras 09 152 Bd 91
ntras 32 125 Ac 86
ntrenas 48 116 Db 81
ntugnac 11 153 Cb 91
ntully 71 82 Ec 67
n Uhelgoad = Huelgoat 29 25 Wb 58
nvéville 76 15 Ae 50
nville 16 87 Zf 74
nvin 62 7 Cb 46
ny-Martin-Rieux 02 19 Eb 49
nzat-le-Luguet 63 104 Da 77
nzeling 57 22 Gc 53
nzême 23 90 Bf 71
nzex 47 112 Aa 83
nzin 59 9 Dd 46
nzin 62 8 Cd 47
nzy-le-Duc 71 93 Ea 71
oste 38 107 Fd 75
ougny 51 35 De 53
oury 57 38 Gc 54
ouste 08 19 Eb 50
ouste-sur-Sye 26 118 Fa 80
ouze 88 54 Ff 58
pach 57 22 Gc 52
pchat 63 104 Da 76
pchon 15 103 Ce 77
ppelle 81 141 Bf 87
ppenai-sous-Bellême 61 48 Ad 58
ppenans 25 71 Gd 64
ppenwihr 68 57 Hc 60
ppeville 50 12 Yd 53
ppeville-Annebault 27 15 Ad 53
ppietto 2A 158 Ie 96
ppiettu = Appietto 2A 158 Ie 96
ppilly 60 18 Da 51
ppoigny 89 51 Dd 61
pprieu 38 107 Fd 76
ppy 09 153 Be 92
premont 01 95 Fe 71
premont 08 20 Ef 53
premont 60 17 Cd 53
premont 70 69 Fd 64
premont 85 74 Yb 68
premont-la-Forêt 55 37 Fd 55
premont-sur-Allier 18 80 Da 67
prey 52 69 Fb 62
pt 84 132 Fc 85
rabaux 09 141 Bd 91
râches 74 97 Gd 72
ragnouet 65 150 Ab 92
ragon 11 142 Cb 89
ramits 64 137 Zb 90
ramon 30 131 Ee 85
ranc 01 95 Fd 73
randon 38 107 Fc 74
raujuzon 64 137 Zb 88
raules 43 105 Eb 78
raux 64 137 Zb 88
rbanats 33 111 Zd 80
rbas 31 140 Af 91
rbellara 2A 159 If 98
rbent 01 95 Fe 71
rbéost 65 138 Ze 91
rbiddali = Arbellara 2A 159 Ka 98
rbignieu 01 95 Fd 74
rbigny-sous-Varennes 52 54 Fd 61
rbin 73 108 Ga 75
rbis 33 111 Ze 80
rblade-le-Bas 32 124 Ze 86
rblade-le-Haut 32 124 Zf 86
rbois 39 84 Fe 67
rbon 31 139 Ae 90
rbonne 64 136 Yc 88
rbonne-la-Forêt 77 50 Cd 58
rboras 34 129 Dc 86
rbori 2A 158 Ie 96
rbot 52 53 Fa 61
rboucave 40 124 Zd 87
rbouet-Sussaute 64 137 Yf 88
rbourse 58 66 Db 65
rboussols 66 153 Cc 93
rbresle, L' 69 94 Ed 74
rbrissel 35 45 Yd 61
rburi = Arbori 2B 158 Ie 96
rbus 64 138 Zc 89
rbusigny 74 96 Gb 72
rcachon 33 110 Ye 81
rcais 79 87 Zb 71
rcambal 46 114 Bd 82
rcangues 64 136 Yc 88
rçay 18 79 Cc 67
rçay 86 76 Aa 67
rceau 21 69 Fb 64
rcenant 21 68 Ef 66
rc-en-Barrois 52 53 Fa 61
rcens 07 118 Eb 79
rces 17 98 Za 75
rces-Dilo 89 52 Dd 60
rc-et-Senans 25 84 Fe 66
rcey 21 68 Ee 65
rcey 25 71 Gd 63
rchail 04 133 Gc 84
rchamps 74 96 Ga 72
r C'hastell-Nevez = Châteauneuf-du-Faou 29 42 Wb 59
rchelange 39 69 Fd 66
Arches 15 103 Cb 77
Arches 88 55 Gd 60
Archettes 88 55 Gd 60
Archiac 17 99 Ze 75
Archignac 24 101 Bb 78
Archignat 03 91 Cc 70
Archigny 86 76 Ad 69
Archingeay 17 87 Zb 73
Archon 02 19 Ea 50
Arcins 33 99 Zb 78
Arcis-le-Ponsart 51 19 De 53
Arcis-sur-Aube 10 35 Ea 57
Arcizac-Adour 65 138 Aa 90
Arcizac-ez-Angles 65 138 Aa 90
Arcizans-Avant 65 138 Zf 91
Arcizans-Dessus 65 138 Zf 91
Arc-lès-Gray 70 69 Fd 64
Arcomps 18 79 Cc 68
Arçon 25 84 Gc 67
Arcon 42 93 Df 72
Arconcey 21 68 Ec 65
Arçonnay 72 47 Aa 58
Arconsat 63 93 De 73
Arconville 10 53 Ee 60
Arcs, Les 83 148 Gc 88
Arc-sous-Cicon 25 84 Gc 66
Arc-sous-Montenot 25 84 Ga 67
Arc-sur-Tille 21 69 Fb 64
Arcy-Sainte-Restitue 02 18 Dc 53
Arcy-sur-Cure 89 67 De 63
Ardelles 28 31 Bb 57
Ardelu 28 49 Bf 58
Ardenais 18 79 Cc 69
Ardenay-sur-Mérize 72 47 Ac 61
Ardentes 36 78 Be 68
Ardes 63 104 Da 76
Ardeuil-et-Montfauxelles 08 20 Ee 53
Ardiège 31 139 Ad 90
Ardilleux 79 88 Zf 72
Ardillières 17 86 Za 72
Ardin 79 75 Zc 70
Ardizas 32 126 Ba 86
Ardoix 07 106 Ee 77
Ardon 39 84 Ff 68
Ardon 45 64 Bf 62
Ardouval 76 16 Bb 50
Ardres 62 3 Bf 43
Aregno 2B 156 If 93
Aregnu = Aregno 2B 156 If 93
Areines 41 48 Ba 62
Aren 64 137 Zb 89
Arengosse 40 123 Zb 84
Arenthon 74 96 Gb 72
Arès 33 110 Yf 80
Aresches 39 84 Ff 67
Aressy 64 138 Ze 89
Arette 64 137 Zb 90
Arette-Pierre-Saint-Martin 64 137 Zb 91
Ar Faou = Faou, Le 29 24 Ve 59
Ar Faoued = Faouët, Le 56 42 Wd 60
Arfeuille-Châtain 23 91 Cc 72
Arfeuilles 03 92 De 72
Arfons 81 141 Cb 88
Argagnon 64 137 Zb 88
Arganchy 14 13 Zb 53
Argançon 10 53 Ed 59
Argancy 57 38 Gb 53
Argantred-ar-Genkiz = Argentré-du-Plessis 35 45 Yf 60
Argein 09 151 Af 91
Argelès 65 139 Ab 90
Argelès-Gazost 65 138 Zf 90
Argelès-sur-Mer 66 154 Da 93
Argeliers 11 142 Cf 89
Argelliers 34 130 De 86
Argelos 40 123 Zc 87
Argelos 64 138 Zd 88
Argelouse 40 111 Zc 82
Ar Gelveneg = Guilvinec 29 41 Ve 62
Argences 14 30 Zf 54
Argens-Minervois 11 142 Ce 89
Argentan 61 30 Zf 56
Argentat 19 102 Bf 78
Argentenay 89 67 Ea 62
Argenteuil 95 33 Cb 55
Argenteuil-sur-Armançon 89 67 Ea 62
Argentière-la-Bessée, L' 05 121 Gd 80
Argentières 77 34 Cf 57
Argentine 73 108 Gb 76
Argenton 47 112 Aa 82
Argenton-Château 79 75 Zd 67
Argenton-l'Église 79 76 Ze 66
Argenton-Notre-Dame 53 46 Zc 62
Argenton-sur-Creuse 36 78 Bd 69
Argentré 53 46 Zc 60
Argentré-du-Plessis 35 45 Yf 60
Argent-sur-Sauldre 18 65 Cc 63
Argenvières 18 66 Da 66
Argenvilliers 28 48 Af 59
Argers 51 36 Ef 54
Arget 64 124 Zc 87
Arghjusta Muricciu = Argiusta-Morriccio 2A 159 Ka 98
Argiésans 90 71 Ge 63
Argillières 70 69 Fd 62
Argilliers 30 131 Ec 85
Argilly 21 83 Fa 66
Argis 01 95 Fc 73
Argiusta-Moriccio 2A 159 Ka 98
Argœuvres 80 7 Cb 49
Argol 29 24 Ve 59
Argonay 74 96 Ga 73
Argouges 50 28 Yd 57
Argoules 80 7 Be 46
Argueil 76 16 Bd 51
Arguel 25 70 Ga 65
Arguel 80 16 Be 49
Arguenos 31 139 Ae 91
Argut-Dessous 31 151 Ae 91
Argy 36 78 Bc 67
Arhansus 64 137 Yf 89
Ariès-Espénan 65 139 Ad 89
Arifat 81 128 Cc 86
Arignac 09 152 Bd 91
Arinthod 39 95 Fd 70
Arith 73 96 Ga 74
Arjuzanx 40 123 Za 84
Arlanc 63 105 De 76
Arlay 39 83 Fd 68
Arlebosc 07 106 Ed 78
Arles 13 131 Ed 86
Arles-sur-Tech 66 154 Cd 94
Arlet 43 104 Dc 78
Arleuf 58 81 Ea 66
Arleux 59 8 Da 47
Arleux-en-Gohelle 62 8 Cf 46
Arlos 31 151 Ae 91
Armaillé 49 60 Yf 62
Armancourt 80 17 Ce 50
Armaucourt 54 38 Gb 56
Armbouts-Cappel 59 3 Cc 43
Armeau 89 51 Db 60
Armendarits 64 137 Ye 89
Armentières 59 4 Cf 44
Armentières-en-Brie 77 34 Da 55
Armentières-sur-Avre 27 31 Ae 56
Armentières-sur-Ourcq 02 34 Dc 53
Armentieux 32 139 Aa 87
Armes 58 67 Dd 64
Armillac 47 112 Ac 81
Armissan 11 143 Da 89
Armix 01 95 Fd 73
Armous-et-Cau 32 125 Ab 87
Armoy 74 96 Gd 70
Arnac 15 103 Cb 78
Arnac-la-Poste 87 90 Bc 71
Arnac-Pompadour 19 101 Bc 76
Arnac-sur-Dourdou 12 129 Cf 86
Arnage 72 47 Ab 61
Arnancourt 52 53 Ef 58
Arnas 69 94 Ee 72
Arnas, Les 69 94 Ed 73
Arnaud-Guilhem 31 140 Af 90
Arnave 09 152 Bd 91
Arnaville 54 38 Ga 54
Arnay-le-Duc 21 67 Ec 66
Arnayon 26 119 Fb 82
Arnay-sous-Vitteaux 21 68 Ec 64
Arné 65 139 Ad 89
Arnéguy 64 137 Ye 90
Arnèke 59 3 Cc 43
Arnicourt 08 19 Ec 51
Arnières-sur-Iton 27 31 Ba 55
Arnos 64 138 Zc 89
Arnouville-lès-Gonesse 95 33 Cc 55
Arnouville-lès-Mantes 78 32 Be 55
Aroffe 88 55 Ff 58
Aromas 39 95 Fc 71
Aroz 70 70 Ga 63
Arpaillargues-et-Aureillac 30 131 Ec 84
Arpajon 91 33 Cb 57
Arpajon-sur-Cère 15 115 Cc 79
Arpavon 26 119 Fb 82
Arpenans 70 70 Gc 63
Arpheuilles 18 79 Cd 68
Arpheuilles 36 78 Bb 67
Arpheuilles-Saint-Priest 03 91 Ce 71
Arphy 30 129 Dd 84
Arquenay 53 46 Zc 61
Arques 11 153 Cc 91
Arques 12 115 Ce 83
Arques 62 3 Cb 44
Arques, les 46 113 Bb 81
Arques-la-Bataille 76 16 Ba 49
Arquettes-en-Val 11 142 Cd 90
Arquèves 80 7 Cc 48
Arquian 58 66 Cf 63
Arracourt 54 38 Gd 56
Arradon 56 58 Xb 63
Arraincourt 57 38 Gd 55
Arrancy-sur-Crusne 55 21 Fd 52
Arrans 21 68 Eb 62
Arras 62 8 Ce 47
Arras-en-Lavedan 65 138 Zf 91
Arras-sur-Rhône 07 106 Ee 78
Arrast-Larrebieu 64 137 Zb 89
Arraute-Charritte 64 137 Yf 88
Array-et-Han 54 38 Gb 55
Arrayou-Lahitte 65 138 Aa 90
Arre 30 129 Dd 85
Arreau 65 150 Ac 91
Ar Releg-Kerhuon = Relecq-Kerhuon, Le 29 24 Vd 58
Arrelles 10 52 Eb 60
Arrembécourt 10 52 Ed 57
Arrènes 23 90 Bd 72
Arrens-Marsous 65 138 Ze 91
Arrentès-de-Corcieux 88 56 Gf 60
Arrentières 10 53 Ee 59
Arrest 80 6 Bd 48
Arreux 08 20 Ed 50
Arriance 57 38 Gd 54
Arricau-Bordes 64 138 Zf 88
Arrien 09 151 Ba 91
Arrigas 30 129 Dc 85
Arrigny 51 36 Ee 57
Arro 2A 158 Ie 96
Ar Roc'h-Bernez, Roche-Bernard, La 56 59 Xe 63
Ar Roc'h-Derrien = Roche-Derrien, La 22 26 We 56
Arrodets 65 139 Ab 90
Arrodets-ez-Angles 65 138 Aa 90
Arromanches-les-Bains 14 13 Zc 52
Arronnes 03 92 Dd 72
Arronville 95 33 Ca 53
Arros 64 137 Yf 89
Arros-de-Nay 64 138 Ze 89
Arrosès 64 124 Zf 87
Arrou 28 48 Ba 60
Arrouède 32 139 Ad 88
Arrout 09 151 Ba 91
Arru = Arro 2A 158 Ie 96
Arry 57 38 Ga 54
Arry 80 7 Be 47
Ars 16 87 Zd 75
Ars 23 90 Ca 72
Arsac 33 99 Zb 79
Arsac-en-Velay 43 117 Df 79
Arsague 40 123 Zb 87
Arsans 70 69 Fd 64
Ars-en-Ré 17 86 Yc 71
Ars-Laquenexy 57 38 Gb 54
Ars-les-Favets 63 91 Ce 71
Arsonval 10 53 Ed 59
Ars-sur-Formans 01 94 Ee 73
Ars-sur-Moselle 57 38 Ga 54
Arsure-Arsurette 39 84 Ga 68
Arsures, les 39 84 Fe 67
Arsy 60 17 Ce 52
Artagnan 65 138 Aa 88
Artaise-le-Vivier 08 20 Ef 51
Artaix 71 93 Ea 71
Artalens-Souin 65 138 Zf 91
Artannes-sur-Indre 37 63 Ad 65
Artannes-sur-Thouet 49 62 Zf 65
Artas 38 107 Fa 75
Artassenx 40 124 Zd 85
Artemare 01 95 Fe 73
Artemps 02 18 Db 50
Artenay 45 49 Bf 60
Arthaz-Pont-Notre-Dame 74 96 Gb 72
Arthel 58 66 Dc 65
Arthenac 17 99 Ze 75
Arthenas 39 83 Fd 69
Arthès 81 128 Cb 85
Arthez-d'Armagnac 40 124 Ze 85
Arthez-d'Asson 64 138 Ze 90
Arthez-de-Béarn 64 138 Zc 88
Arthezé 72 47 Zf 62
Arthies 95 32 Be 54
Arthon 36 78 Be 68
Arthon-en-Retz 44 59 Ya 66
Arthonnay 89 52 Eb 61
Arthun 42 93 Ea 74
Artigat 09 140 Bc 90
Artignosc-sur-Verdon 83 133 Ga 86
Artigue 31 151 Ad 92
Artigueloutan 64 138 Ze 89
Artiguelouve 64 138 Zd 89
Artiguemy 65 139 Ab 90
Artigues 09 153 Ca 92
Artigues 11 153 Cb 92
Artigues 47 125 Ac 84
Artigues 65 138 Aa 90
Artigues 83 147 Fe 87
Artigues-de-Lussac, les 33 99 Zf 79
Artigues-près-Bordeaux 33 111 Zd 79
Artins 41 63 Ae 62
Artix 09 141 Bd 90
Artix 64 138 Zc 88
Artolsheim 67 57 Hd 59
Artonges 02 34 Dd 55
Artres 59 9 Dd 47
Art-sur-Meurthe 54 38 Gb 57
Artzenheim 68 57 Hd 60
Arudy 64 138 Zd 90
Arue 40 124 Zd 84
Arvant 43 104 Db 76
Arvert 17 86 Yf 74
Arveyres 33 111 Ze 79
Arvieu 12 128 Cd 83
Arvieux 05 121 Ge 80
Arvigna 09 141 Be 90
Arvillard 73 108 Ga 76
Arville 41 48 Af 60
Arville 77 50 Cd 59
Arvillers 80 17 Cd 50
Arx 40 125 Aa 84
Arzacq-Arraziguet 64 124 Zd 87
Arzal 56 59 Xd 63
Arzano 29 42 Wd 61
Arzay 38 107 Fa 76
Arzembouy 58 66 Dc 65
Arzenc-d'Apcher 48 116 Da 79
Arzenc-de-Randon 48 117 Dd 81
Arzens 11 141 Cb 89
Arzillières-Neuville 51 52 Ed 57
Arzon 56 58 Xa 63
Arzviller 57 39 Ha 56
Asasp-Arros 64 137 Zc 90
Ascain 64 136 Yc 88
Ascarat 64 137 Ye 89
Aschères-le-Marché 45 49 Ca 60
Asco 2B 156 Ka 94
Ascou 09 153 Bf 92
Ascoux 45 50 Cb 60
Ascros 06 134 Ha 85
Ascu = Asco 2B 156 Ka 94
Asfeld 08 19 Ea 52
Aslonnes 86 76 Ac 70
Asnan 58 67 Dd 65
Asnans-Beauvoisin 39 83 Fc 67
Asnelles 14 13 Zc 52
Asnières 27 14 Ac 53
Asnières-en-Bessin 14 13 Za 52
Asnières-en-Montagne 21 68 Eb 62
Asnières-la-Giraud 17 87 Zc 73
Asnières-lès-Dijon 21 69 Fa 64
Asnières-sous-Bois 89 67 Dd 64
Asnières-sur-Blour 86 89 Ae 72
Asnières-sur-Nouère 16 88 Aa 74
Asnières-sur-Oise 95 33 Cc 54
Asnières-sur-Saône 01 94 Ef 70
Asnières-sur-Seine 92 33 Cb 55
Asnières-sur-Vègre 72 47 Ze 61
Asnois 58 67 Dd 64
Asnois 86 88 Ac 72
Aspach 57 39 Gf 57
Aspach 68 71 Hb 63
Aspach-le-Bas 68 71 Ha 62
Aspach-le-Haut 68 71 Ha 62
Aspères 30 130 Ea 86
Aspet 31 139 Ae 90
Aspin-Aure 65 139 Ac 91
Aspiran 34 143 Dc 87
Aspremont 05 119 Fe 82
Aspremont 06 135 Hb 86
Aspres, Les 61 31 Ad 56
Aspres-lès-Corps 05 120 Ff 80
Aspres-sur-Buech 05 119 Fe 81
Aspret-Sarrat 31 139 Ae 90
Asprières 12 114 Ca 81
Asque 65 139 Ab 90
Asques 33 99 Zd 79
Asques 82 126 Af 85
Asquins 89 67 De 64
Assac 81 128 Cc 85
Assainvillers 80 17 Cd 51
Assais-les-Jumeaux 79 76 Zf 68
Assas 34 130 Df 86
Assat 64 138 Ze 89
Assay 37 62 Ab 66
Assé-le-Bérenger 53 46 Ze 60
Assé-le-Boisne 72 47 Zf 59
Assé-le-Riboul 72 47 Aa 59
Assenay 10 52 Ea 59
Assencières 10 52 Eb 58
Assenoncourt 57 39 Ge 56
Assérac 44 59 Xd 64
Assevillers 80 18 Ce 49
Assier 46 114 Bf 80
Assieu 38 106 Ef 76
Assignan 34 142 Cf 88
Assigny 18 66 Ce 64
Assigny 76 6 Bb 49
Assis-sur-Serre 02 18 Dd 50
Asson 64 138 Ze 90
Asswiller 67 39 Hb 55
Astaffort 47 125 Ad 84
Astaillac 19 114 Be 79
Asté 65 139 Ab 90
Aste 65 150 Ze 91
Aste-Béon 64 138 Zd 90
Astillé 53 46 Za 61
Astis 64 138 Zd 88
Aston 09 152 Be 92
Astugue 65 138 Aa 90
Athée 21 69 Fc 65
Athée 53 46 Za 61
Athée-sur-Cher 37 63 Af 65
Athesans-Étroitefontaine 70 70 Gd 63
Athie 21 68 Eb 63
Athie 89 67 Df 63
Athienville 54 38 Gc 56
Athies 62 8 Cf 47
Athies 80 18 Cf 49
Athies-sous-Laon 02 19 De 51
Athis 51 35 Ea 54
Athis-de-l'Orne 61 29 Zd 56
Athis-Mons 91 33 Cc 56
Athos-Aspis 64 137 Za 88
Athose 25 84 Gb 66
Attainville 95 33 Cc 54
Attancourt 52 53 Ef 57
Attaques, Les 62 3 Bf 43
Attenschwiller 68 72 Hc 63
Attiches 59 8 Da 45
Attichy 60 18 Da 52
Attignat 01 95 Fa 71
Attignat-Oncin 73 107 Fe 75
Attignéville 88 54 Fe 58
Attigny 08 20 Ed 52
Attigny 88 55 Ga 60
Attilloncourt 57 38 Gc 56
Attilly 02 18 Db 49
Attin 62 7 Be 46
Atton 54 38 Ga 55
Attray 45 50 Ca 60
Attricourt 70 69 Fc 64
Atur 24 101 Ae 78
Aubagnan 40 124 Zd 86
Aubagne 13 146 Fd 89
Aubaine 21 68 Ee 66
Aubais 30 130 Ea 86
Aubarède 65 139 Ab 89
Aubas 24 101 Bb 78
Aubazines 19 102 Be 77
Aube 57 38 Gc 54
Aube 61 31 Ad 56
Aubenas 07 118 Ec 81
Aubenas-les-Alpes 04 132 Fe 85
Aubencheul-au-Bac 59 8 Da 47
Aubencheul-aux-Bois 02 8 Db 48
Aubenton 02 19 Eb 49
Aubepierre-Ozouer-le-Repos 77 34 Cf 57
Aubepierre-sur-Aube 52 53 Ef 61
Aubépin, L' 39 83 Fc 70
Auberchicourt 59 8 Db 47
Aubercourt 80 17 Cd 50
Aubergenville 78 32 Bf 55
Aubérive 51 36 Ec 53
Auberive 52 69 Fa 62
Auberives-sur-Varèze 38 106 Ee 76
Aubermersnil-Beaumais 76 15 Ba 49
Aubers 59 8 Ce 45
Aubertin 64 138 Zd 89
Auberville 14 14 Zf 53
Auberville-la-Campagne 76 15 Ad 51
Auberville-la-Manuel 76 15 Ad 49
Auberville-la-Renault 76 14 Ac 50
Aubervilliers 93 33 Cc 55
Aubeterre 10 52 Ea 58
Aubeterre-sur-Dronne 16 100 Ab 77
Aubeville 16 100 Zf 76
Aubevoye 27 32 Bb 53
Aubiac 33 111 Ze 82
Aubiac 47 125 Ad 84
Aubiat 63 91 Db 73
Aubie-et-Espessas 33 99 Zd 78
Aubière 63 92 Da 74
Aubiers, Les 79 75 Zc 67
Aubiet 32 125 Ae 87
Aubignan 84 131 Fa 84
Aubignas 07 118 Ed 81
Aubigné 35 45 Yc 59
Aubigné 49 61 Zd 65
Aubigné 79 87 Zf 72
Aubigné-Racan 72 62 Ab 62
Aubignosc 04 133 Ff 84
Aubigny 03 80 Db 68
Aubigny 14 30 Ze 55
Aubigny 79 76 Zf 68
Aubigny 80 17 Cc 49
Aubigny 85 74 Yd 69
Aubigny-au-Bac 59 8 Da 47
Aubigny-aux-Kaisnes 02 18 Da 50
Aubigny-en-Artois 62 8 Cd 46
Aubigny-en-Laonnais 02 19 De 52
Aubigny-en-Plaine 21 69 Fb 66
Aubigny-la-Ronce 21 82 Ed 67
Aubigny-lès-Pothées 08 20 Ec 50
Aubigny-lès-Sombernon 21 68 Ed 65
Aubigny-sur-Nère 18 65 Cc 64
Aubilly 51 35 Df 53
Aubin 12 115 Cb 81
Aubin 64 138 Zd 88
Aubinges 18 65 Cd 65
Aubin-Saint-Vaast 62 7 Bf 46
Auboncourt-Vauzelles 08 20 Ec 51
Aubonne 25 84 Gc 66
Aubord 30 130 Eb 86
Auboué 54 38 Ff 53
Aubous 64 124 Zf 87
Aubréville 55 36 Fa 54
Aubrives 08 20 Ee 48
Aubrometz 62 7 Cb 47
Aubry-du-Hainaut 59 9 Dc 46
Aubry-le-Panthou 61 30 Ab 55
Aubure 68 56 Hb 59
Aubussargues 30 130 Eb 84
Aubusson 23 91 Cb 73
Aubusson 61 29 Zc 56
Aubvillers 80 17 Cc 50
Auby 59 8 Da 46
Aucaleuc 22 27 Xf 58
Aucamville 31 126 Bc 87
Aucamville 82 126 Bb 86
Aucazein 09 151 Af 91
Auccià = Ucciani 2A 159 If 96
Aucelon 26 119 Fc 81
Aucey-la-Plaine 50 28 Yd 57
Auch 32 125 Ad 87
Auchel 62 8 Cc 45
Auchonvillers 80 8 Cd 48
Auchy 59 8 Db 46
Auchy-au-Bois 62 7 Cc 45
Auchy-la-Montagne 60 17 Ca 51
Auchy-lès-Hesdin 62 7 Ca 46
Auchy-les-Mines 62 8 Ce 45
Aucun 65 138 Ze 91
Audaux 64 137 Zb 88
Auddè = Aullène 2A 159 Ka 98
Audelange 39 69 Fd 66
Audeloncourt 52 54 Fd 60
Audembert 62 3 Be 43
Auderville 50 12 Ya 50
Audes 03 79 Cd 70
Audeux 25 70 Ff 65
Audeville 45 50 Cb 59
Audierne 29 41 Vc 60
Audignicourt 02 18 Da 52
Audignon 40 124 Zc 86
Audigny 02 19 Dd 49
Audincourt 25 71 Gf 64
Audincthun 62 7 Ca 45
Audinghen 62 2 Bd 43
Audin-le-Tiche 57 22 Ff 52
Audon 40 123 Zb 86
Audouville-la-Hubert 50 12 Ye 52
Audrehem 62 3 Bf 44
Audressein 09 151 Ba 91
Audresselles 62 2 Bd 44
Audrieu 14 13 Zc 53
Audrix 24 113 Af 79
Audruicq 62 3 Ca 43
Audun-le-Roman 54 21 Ff 52
Auenheim 67 40 Ia 56
Auffargis 78 32 Bf 56
Auffay 76 15 Ba 50
Aufferville 77 50 Cd 59
Auffreville-Brasseuil 78 32 Be 55
Auflance 08 21 Fb 51
Auga 64 138 Zd 88
Auge 08 19 Eb 49
Augé 16 87 Zf 73
Auge 23 91 Cb 71
Augé 79 75 Ze 70
Augea 39 83 Fc 69
Augerans 39 83 Fd 66
Augères 23 90 Be 72
Augerolles 63 93 Dd 74
Auger-Saint-Vincent 60 34 Ce 53
Augers-en-Brie 77 34 Dc 56
Augerville-la-Rivière 45 50 Cc 59
Augicourt 70 70 Ff 62
Augignac 24 101 Ae 75
Augirein 09 151 Af 91
Augisey 39 83 Fd 69
Augnat 63 104 Db 76
Augnax 32 125 Ae 86
Augne 87 90 Be 74
Augny 57 38 Ga 54
Auguaise 61 31 Ad 56
Augy 02 18 Dd 52
Augy 89 67 Dd 62
Augy-sur-Aubois 18 80 Cf 68
Aujac 17 87 Zd 73
Aujac 30 117 Ea 82
Aujac 30 131 Ed 83
Aujan-Mournède 32 139 Ad 88
Aujargues 30 130 Ea 86
Aujeurres 52 69 Fb 62
Aujols 46 114 Bd 82
Aulas 30 129 Dd 85
Aulhat-Saint-Privat 63 104 Db 75
Aullène 2A 159 Ka 98
Aulnat 63 103 Cd 75
Aulnay 10 53 Ec 58
Aulnay 17 87 Zd 72
Aulnay 86 76 Aa 67
Aulnay-l'Aître 51 36 Ed 56
Aulnay-la-Rivière 45 50 Cc 59
Aulnay-sous-Bois 93 33 Cd 55
Aulnay-sur-Iton 27 31 Ba 55
Aulnay-sur-Marne 51 35 Eb 54
Aulnay-sur-Mauldre 78 32 Bf 55
Aulnois 88 54 Fe 59
Aulnois-en-Perthois 55 37 Fa 57
Aulnois-sous-Laon 02 19 Dd 51
Aulnois-sur-Seille 57 38 Gb 55
Aulnoy 77 34 Da 55
Aulnoye-Aymeries 59 9 Df 47
Aulnoy-lez-Valenciennes 59 9 Dd 46
Aulnoy-sur-Aube 52 53 Fa 61
Aulon 23 90 Be 72
Aulon 31 140 Ae 89
Aulon 65 150 Ab 91
Ault 80 6 Bc 48
Aulus-les-Bains 09 152 Bc 92
Aulx-lès-Cromary 70 70 Ga 64
Aumagne 17 87 Zd 73
Aumale 76 16 Be 50
Aumâtre 80 7 Be 49
Auménancourt 51 19 Ea 52
Aumerval 62 7 Cc 45
Aumes 34 143 Dc 88
Aumessas 30 129 Dd 85
Aumetz 57 22 Ff 52
Aumeville-Lestre 50 12 Ye 51
Aumont 39 83 Fd 67
Aumont 60 17 Cd 53
Aumont 80 16 Bf 49
Aumont-Aubrac 48 116 Db 80
Aumur 39 83 Fc 66
Aunac 16 88 Ab 73
Aunat 11 153 Ca 92
Aunay-en-Bazois 58 81 De 66
Aunay-les-Bois 61 31 Ab 57
Aunay-sous-Auneau 28 49 Be 58
Aunay-sous-Crécy 28 32 Bb 56
Aunay-sur-Odon 14 29 Zc 54
Auneau 28 32 Be 58
Auneuil 60 17 Bf 52
Aunou-le-Faucon 61 30 Aa 56
Auppegard 76 15 Ba 49
Aups 83 147 Gb 87
Auquainville 14 30 Ab 54
Auquemesnil 76 6 Bb 49
Auradé 32 140 Ba 87
Auradou 47 113 Ae 82
Auray 56 43 Xa 63
Aure 08 20 Ed 53
Aurec-sur-Loire 43 105 Eb 76
Aureil 87 90 Bc 74
Aureilhan 40 110 Ye 83
Aureilhan 65 138 Aa 89
Aureille 13 131 Ef 86
Aurel 26 119 Fb 80
Aurel 84 132 Fc 84
Aurelle-Verlac 12 116 Da 81
Aurensan 32 124 Ze 87
Aurensan 65 138 Aa 89
Aureville 31 140 Bc 88
Auriac 11 153 Cc 91
Auriac 19 103 Ca 77
Auriac 64 138 Ze 88
Auriac-du-Périgord 24 101 Ba 78
Auriac-Lagast 12 128 Cd 84
Auriac-l'Église 15 104 Da 77

Antheuil-Portes — Auriac-l'Église (F) 163

Auriac-sur-Dropt 47 112 Ab 81
Auriac-sur-Vendinelle 31 141 Be 87
Auribail 31 140 Bc 88
Auribeau 06 134 Gf 87
Auribeau 84 132 Fc 85
Aurice 40 124 Zc 86
Auriébat 65 138 Aa 88
Aurières 63 104 Cf 74
Aurignac 31 140 Af 89
Aurillac 15 115 Cc 79
Aurimont 32 126 Ae 87
Aurin 31 141 Be 87
Auriol 13 146 Fd 88
Auriolles 33 112 Aa 80
Aurions-Idernes 64 138 Zf 87
Auris 38 108 Ga 78
Aurons 13 132 Fa 86
Auros 33 111 Zf 82
Aurouër 03 80 Db 68
Auroux 48 117 De 80
Aussac 16 88 Ab 74
Aussac 81 127 Ca 85
Ausseing 31 140 Ba 90
Aussevielle 64 138 Zd 88
Aussillon 81 142 Cc 88
Aussois 73 109 Ge 77
Aussonce 08 19 Eb 52
Aussonne 31 126 Bb 86
Aussos 32 139 Ad 88
Aussurucq 64 137 Za 90
Autainville 41 49 Bc 61
Autechaux-Roide 25 70 Gc 64
Autechaux 25 71 Ge 64
Autels, Les 02 19 Eb 50
Autels-Villevillon, Les 28 48 Ba 59
Auterive 31 140 Bc 88
Auterive 82 126 Af 85
Auterrive 64 137 Yf 88
Autet 70 69 Fe 63
Auteuil 60 17 Ca 52
Auteuil 78 32 Be 55
Autevielle-Saint-Martin-Bideren 64 137 Za 88
Authe 08 20 Ef 52
Autheuil 28 49 Bb 61
Autheuil 61 31 Ae 57
Autheuil-Authouillet 27 32 Bb 54
Autheuil-en-Valois 60 34 Da 53
Autheux 80 7 Cb 48
Authevernes 27 16 Bd 53
Authezat 63 104 Db 75
Authie 80 8 Cb 48
Authieule 80 7 Cc 48
Authieux, Les 27 31 Af 54
Authieux, Les 27 32 Bb 55
Authieux, Les 76 15 Ba 52
Authieux-du-Puits, Les 61 30 Ab 56
Authieux-Papion, Les 14 30 Aa 54
Authieux-Ratiéville 76 15 Ba 51
Authieux-sur-Calonne, les 14 14 Ab 53
Authiou 58 66 Dc 65
Authoison 70 70 Ga 64
Authon 04 133 Ga 83
Authon 41 63 Af 63
Authon-du-Perche 28 48 Af 59
Authon-Ebéon 17 87 Zd 73
Authon-la-Plaine 91 49 Bf 58
Authou 27 15 Ae 53
Authuille 80 8 Ce 48
Authume 39 69 Fd 66
Authumes 71 83 Fb 67
Autichamp 26 118 Ef 80
Autignac 34 143 Db 88
Autigny 76 15 Af 50
Autigny-la-Tour 88 54 Fe 58
Autigny-le-Grand 52 54 Fa 58
Autigny-le-Petit 52 54 Fa 58
Autingues 62 3 Bf 42
Autoire 46 114 Be 79
Autoreille 70 70 Fe 64
Autouillet 78 32 Be 55
Autrac 43 104 Da 77
Autrans 38 107 Fd 77
Autrèche 37 63 Ba 63
Autrechêne 90 71 Gf 63
Autrêches 60 18 Da 52
Autrécourt-sur-Aire 55 37 Fa 54
Autremencourt 02 19 De 50
Autrepierre 54 39 Ge 57
Autreppes 02 19 Df 49
Autretot 76 15 Ae 51
Autreville 02 18 Db 51
Autreville 88 54 Ff 58
Autréville-Saint-Lambert 55 20 Fa 51
Autreville-sur-la-Renne 52 53 Ef 60
Autreville-sur-Moselle 54 38 Ga 56
Autrey 54 38 Ga 57
Autrey 88 56 Ge 59
Autrey-lès-Cerre 70 70 Gc 63
Autrey-lès-Gray 70 69 Fc 64
Autricourt 21 53 Ed 61
Autruche 08 20 Ef 52
Autruy-sur-Juine 45 50 Ca 59
Autry 08 20 Ef 53
Autry-Issards 03 80 Da 69
Autry-le-Châtel 45 65 Cd 63
Autun 71 82 Eb 67
Auty 82 126 Bc 83
Auvare 06 134 Gf 85
Auve 51 36 Ee 54
Auvernaux 91 33 Cc 57
Auvers 43 116 Dc 79
Auvers 50 12 Ye 53
Auverse 49 63 Aa 63
Auvers-le-Hamon 72 46 Zd 61
Auvers-Saint-Georges 91 50 Cb 58
Auvers-sous-Montfaucon 72 47 Zf 61
Auvers-sur-Oise 95 33 Ca 54
Auvet-et-la-Chapelotte 70 69 Fd 64
Auvillar 82 126 Af 84
Auvillars 14 14 Aa 53
Auvillars-sur-Saône 21 83 Fa 66
Auvillers-les-Forges 08 19 Ec 49
Auvilliers 76 16 Bd 50
Auvilliers-en-Gâtinais 45 50 Cc 61
Auxais 50 12 Ye 53
Auxange 39 69 Fd 65
Aux-Aussat 32 139 Ab 88
Auxelles-Bas 90 71 Ge 62
Auxelles-Haut 90 71 Ge 62
Auxerre 89 67 Dd 62
Auxey-Duresses 21 82 Ee 67
Auxi-le-Château 62 7 Ca 47
Auxon 10 52 Df 60
Auxon 70 70 Gb 62
Auxon-Dessous 25 70 Ff 65
Auxon-Dessus 25 70 Ff 65
Auxonne 21 69 Fc 65
Auxy 45 50 Cc 60
Auxy 71 82 Ec 67
Auzainvilliers 88 54 Ff 59
Auzances 23 91 Cd 72
Auzas 31 140 Af 89
Auzat 09 152 Bc 92
Auzat-sur-Allier 63 104 Db 76
Auzay 85 75 Za 70
Auzebosc 76 15 Ae 51
Auzelles 63 104 Dd 75
Auzérals, Les 81 127 Be 85
Auzers 15 103 Cc 77
Auzet 04 133 Gb 83
Auzeville-Tolosane 31 140 Bc 87
Auzielle 31 141 Bd 87
Auzits 12 115 Cb 81
Auzon 43 104 Dc 76
Auzouer-en-Touraine 37 63 Af 63
Auzouville-Auberbosc 76 15 Ad 51
Auzouville-sur-Ry 76 16 Bb 52
Auzouville-sur-Saâne 76 15 Af 50
Availles-en-Châtellerault 86 77 Ad 68
Availles-Limouzine 86 89 Ad 72
Availles-sur-Seiche 35 45 Ye 61
Availles-Thouarsais 79 76 Zf 67
Avajan 65 150 Ac 91
Avallon 89 67 Df 64
Avançon 05 120 Gb 81
Avançon 08 19 Eb 52
Avanne-Aveney 25 70 Ff 65
Avant-lès-Marcilly 10 52 Dd 58
Avant-lès-Ramerupt 10 52 Eb 58
Avanton 86 76 Ab 69
Avapessa 2B 156 If 93
Avaray 41 64 Bd 62
Avaux 08 19 Ea 52
Aveize 69 106 Ec 74
Aveizieux 42 106 Ec 75
Avelanges 21 69 Fa 63
Avelesges 80 16 Bf 49
Avelin 59 8 Da 45
Aveluy 80 8 Cd 48
Avenas 69 94 Ed 71
Avenay 14 29 Zd 54
Avenay-Val-d'Or 51 35 Ea 54
Aveney, Avanne- 25 70 Ff 65
Avenières, Les 38 107 Fd 75
Avensac 32 126 Af 86
Avensan 33 98 Zb 78
Aventignan 65 139 Ad 90
Averan 65 138 Aa 90
Averdoingt 62 7 Cb 46
Averdon 41 64 Bb 62
Avermes 03 80 Db 69
Avernes 95 32 Bf 54
Avernes-Saint-Gourgon 61 30 Ab 55
Avernes-sous-Exmes 61 30 Ab 56
Avéron-Bergelle 32 124 Aa 86
Averton 53 47 Ze 59
Avesnelles 59 9 Df 48
Avesnes 62 7 Bf 45
Avesnes-Chaussoy 80 16 Bf 49
Avesnes-en-Bray 76 16 Be 52
Avesnes-en-Saosnois 72 47 Ac 59
Avesnes-en-Val 76 6 Bc 49
Avesnes-le-Comte 62 8 Cd 47
Avesnes-le-Sec 59 9 Dc 47
Avesnes-sur-Helpe 59 9 Df 48
Avessac 44 59 Ya 63
Avessé 72 47 Ze 61
Aveux 65 139 Ad 90
Avezac-Prat-Lahitte 65 139 Ac 90
Avezan 32 126 Ae 85
Avèze 30 129 Dd 85
Avèze 63 103 Cd 75
Avezé 72 48 Ae 59
Aviernoz 74 96 Gb 73
Avignon 84 131 Ee 85
Avignonet 38 119 Fe 79
Avignonet-Lauragais 31 141 Be 88
Avignon-lès-Saint-Claude 39 96 Ff 70
Avillers 54 21 Fe 53
Avillers 88 55 Gb 59
Avillers-Sainte-Croix 55 37 Fe 54
Avilley 25 70 Gb 64
Avilly-Saint-Léonard 60 33 Cd 53
Avion 62 8 Ce 46
Avioth 55 21 Fc 51
Aviré 49 61 Zb 62
Avirey-Lingey 10 52 Eb 60
Aviron 27 31 Ba 54
Avize 51 35 Ea 55
Avocourt 55 37 Fa 53
Avoine 37 62 Ab 65
Avoine 61 30 Zf 56
Avoise 72 47 Ze 61
Avolsheim 67 40 Hc 57
Avon 77 50 Ce 58
Avon 79 76 Zf 70
Avondance 62 7 Ca 46
Avon-la-Pèze 10 52 Dd 58
Avon-les-Roches 37 62 Ac 66
Avord 18 79 Cd 66
Avosnes 21 68 Ed 64
Avot 21 69 Fa 63
Avoudrey 25 70 Gc 66
Avrainville 54 38 Ff 56
Avrainville 88 55 Gb 58
Avrainville 91 33 Cb 57
Avranches 50 28 Yd 56
Avranville 88 54 Fd 58
Avrechy 60 17 Cc 52
Avrée 58 81 Df 68
Avremesnil 76 15 Af 49
Avressieux 73 107 Fe 75
Avreuil 10 52 Ea 60
Avricourt 54 39 Ge 57
Avricourt 57 39 Ge 57
Avricourt 60 18 Cf 51
Avrieux 73 109 Ge 77
Avrigney-Virey 70 70 Fe 65
Avril 54 22 Ff 53
Avrillé 49 61 Zc 64
Avrillé 85 74 Yc 70
Avrillé-les-Ponceaux 37 62 Ab 64
Avrilly 03 93 Df 70
Avrilly 27 31 Ba 55
Avrilly 61 29 Zc 57
Avril-sur-Loire 58 80 Dc 68
Avroult 62 3 Ca 44
Avy 17 99 Zc 75
Awoingt 59 9 Db 48
Axat 11 153 Cb 92
Axiat 09 153 Be 92
Ax-les-Thermes 09 153 Bf 92
Ay 51 35 Ea 54
Ayat-sur-Sioule 63 92 Cf 72
Aydat 63 104 Cf 75
Aydie 64 124 Zf 87
Aydius 64 138 Zc 90
Aydoilles 88 55 Gd 59
Ayen 19 101 Bb 77
Ayencourt 80 17 Cd 51
Ayette 62 8 Ce 47
Ayguatébia 66 153 Cb 93
Ayguemorte-les-Graves 33 111 Zd 80
Ayguesvives 31 141 Bd 88
Ayguetinte 32 125 Ac 85
Ayherre 64 137 Ye 88
Ayn 73 107 Fe 75
Aynac 46 114 Bf 80
Aynans, Les 70 70 Gc 63
Ayrens 15 115 Cb 79
Ayron 86 76 Aa 69
Ayros-Arbouis 65 138 Zf 90
Ayssènes 12 128 Ce 84
Ay-sur-Moselle 57 22 Gb 53
Aytré 17 86 Yf 72
Ayvelles, Les 08 20 Ee 50
Ayzac-Ost 65 138 Zf 90
Ayzieu 32 124 Zf 85
Azannes-et-Soumazannes 55 21 Fc 53
Azas 31 127 Be 86
Azat-Châtenet 23 90 Be 72
Azat-le-Ris 87 89 Ba 71
Azay-le-Brulé 79 75 Ze 70
Azay-le-Ferron 36 77 Ba 67
Azay-le-Rideau 37 63 Ac 65
Azay-sur-Cher 37 63 Af 64
Azay-sur-Indre 37 63 Af 65
Azay-sur-Thouet 79 75 Zd 69
Azé 41 48 Af 61
Azé 71 82 Ee 70
Azelot 54 38 Gb 57
Azerables 23 90 Bc 70
Azerailles 54 56 Gd 58
Azerat 24 101 Ba 78
Azérat 43 104 Dc 76
Azereix 65 138 Zf 89
Azet 65 150 Ac 92
Azeville 50 12 Ye 52
Azillanet 34 142 Ce 89
Azille 11 142 Cd 89
Azilone-Ampaza 2A 159 Ka 97
Azilonu Ampaza 2A 159 Ka 97
Azincourt 62 7 Ca 46
Azolette 69 94 Ec 71
Azoudange 57 39 Ge 56
Azur 40 123 Ye 86
Azy 18 65 Ce 65
Azy-le-Vif 58 80 Db 68
Azy-sur-Marne 02 34 Dc 54
Azzana 2A 158 If 96

B

Baâlon 55 21 Fb 52
Baâlons 08 20 Ed 51
Babeau-Bouldoux 34 142 Cf 88
Babœuf 60 18 Da 51
Baby 77 51 Dc 58
Baccarat 54 56 Ge 58
Baccon 45 49 Bd 61
Bach 46 114 Be 82
Bachant 59 9 Df 47
Bachas 31 140 Af 89
Bachellerie, La 24 101 Ba 78
Bachivillers 60 16 Bf 53
Bachos 31 151 Ad 91
Bachy 59 8 Db 45
Bacilly 50 28 Yd 56
Baconnes 51 35 Ec 54
Baconnière, La 53 46 Za 59
Bacouel 60 17 Cc 51
Bacouel-sur-Selle 80 17 Cb 49
Bacourt 57 38 Gc 55
Bacquepuis 27 31 Ba 54
Bacqueville 27 16 Bc 53
Bacqueville-en-Caux 76 15 Ba 50
Badailhac 15 115 Cd 79
Badaroux 48 116 Db 82
Badaroux 48 116 Dd 81
Badecon-le-Pin 36 78 Bd 69
Badefols-d'Ans 24 101 Bb 77
Badefols-sur-Dordogne 24 113 Ae 79
Baden 56 58 Xa 63
Badménil-aux-Bois 88 55 Gd 59
Badonviller 54 39 Gf 57
Badonvilliers-Gérauvilliers 55 37 Fd 57
Baen = Bain-de-Bretagne 35 45 Yb 61
Baerendorf 67 39 Ha 55
Baerenthal 57 40 Hd 55
Baffe, La 88 55 Gd 60
Baffie 63 105 De 76
Bagard 30 130 Ea 84
Bagas 33 111 Zf 81
Bagat-en-Quercy 46 113 Bb 82
Bâgé-la-Ville 01 94 Ef 71
Bâgé-le-Châtel 01 94 Ef 71
Bagert 09 140 Ba 90
Bages 11 143 Cf 90
Bages 66 154 Cf 93
Baghols 69 94 Ed 73
Bagnac-sur-Célé 46 114 Ca 80
Bagneaux 89 52 Dd 59
Bagneaux-sur-Loing 77 50 Ce 59
Bagnères-de-Bigorre 65 139 Aa 90
Bagnères-de-Luchon 31 151 Ad 92
Bagneux 02 18 Db 52
Bagneux 03 80 Db 69
Bagneux 36 64 Be 65
Bagneux 51 35 De 57
Bagneux 54 37 Ff 57
Bagneux 92 33 Cb 56
Bagneux-la-Fosse 10 52 Eb 61
Bagnizeau 17 87 Ze 73
Bagnoles 11 142 Cc 89
Bagnoles-de-l'Orne 61 29 Zd 57
Bagnols 63 103 Cd 76
Bagnols-en-Forêt 83 148 Ge 87
Bagnols-les-Bains 48 117 Dd 81
Bagnols-sur-Cèze 30 131 Ed 84
Bagnot 21 83 Fa 66
Baguer-Morvan 35 28 Yb 57
Baguer-Pican 35 28 Yb 57
Baho 66 154 Cf 92
Bahus 40 124 Zd 86
Baigneaux 28 49 Bd 58
Baigneaux 28 49 Be 60
Baigneaux 33 111 Ze 80
Baigneaux 41 64 Bb 62
Baignes 70 70 Ga 63
Baignes-Sainte-Radegonde 16 99 Ze 76
Baigneux-les-Juifs 21 68 Ed 63
Baignolet 28 49 Bd 59
Baigts 40 123 Zb 86
Baigts-de-Béarn 64 123 Za 87
Baillargues 34 130 Ea 87
Baillé 35 45 Yd 58
Bailleau-Armenonville 28 32 Bd 57
Bailleau-le-Pin 28 49 Bc 58
Bailleau-l'Evêque 28 49 Bc 58
Baillestavy 66 154 Cd 93
Baillet-en-France 95 33 Cb 54
Bailleul 59 4 Ce 44
Bailleul 61 30 Zf 56
Bailleul 80 7 Bf 48
Bailleul, Le 72 47 Zf 62
Bailleul-aux-Cornailles 62 7 Cc 46
Bailleul-la-Vallée 27 14 Ac 53
Bailleul-le-Soc 60 17 Cd 52
Bailleul-lès-Pernes 62 7 Cc 45
Bailleulmont 62 8 Cd 47
Bailleul-Neuville 76 16 Bc 50
Bailleul-Sir-Berthoult 62 8 Cf 46
Bailleul-sur-Thérain 60 17 Cb 52
Bailleval 60 17 Cc 52
Baillolet 76 16 Bc 50
Baillou 41 48 Af 61
Bailly 60 18 Cf 52
Bailly 78 33 Ca 55
Bailly-aux-Forges 52 53 Ef 58
Bailly-en-Rivière 76 6 Bb 49
Bailly-le-Franc 10 53 Ed 57
Bailly-Romainvilliers 77 34 Ce 55
Baincthun 62 3 Bd 44
Bain-de-Bretagne 35 45 Yb 61
Bainghen 62 3 Bf 44
Bains 43 117 De 78
Bains-de-Molitg, les 66 153 Cc 93
Bains-les-Bains 88 55 Gb 61
Bains-sur-Oust 35 44 Xf 62
Bainville-aux-Miroirs 54 55 Gb 58
Bainville-aux-Saules 88 55 Ga 59
Bainville-sur-Madon 54 38 Ga 57
Bairols 06 134 Ha 85
Bais 35 45 Ye 60
Bais 53 46 Zd 59
Baisieux 59 8 Db 45
Baives 59 10 Eb 48
Baix 07 118 Ee 80
Baixas 66 154 Ce 92
Baizieux 80 8 Cd 49
Bazil, Le 51 35 De 55
Bajonnette 32 125 Ae 86
Bajus 62 8 Cc 46
Balacet 09 151 Af 91
Baladou 46 114 Bd 79
Balagny-sur-Thérain 60 17 Cc 53
Balaguères 09 140 Ba 91
Balaguier-d'Olt 12 114 Bf 81
Balaguier-sur-Rance 12 128 Cd 85
Balaiseaux 39 83 Fc 67
Balaives-et-Butz 08 20 Ee 50
Balan 01 95 Fa 74
Balanod 39 83 Fc 70
Balansun 64 137 Zb 88
Balanzac 17 86 Za 74
Balaruc-les-Bains 34 143 De 88
Balaruc-le-Vieux 34 144 De 88
Balâtre 80 18 Cf 50
Balazé 35 45 Ye 59
Balazuc 07 118 Ec 81
Balbigny 42 93 Eb 74
Balbins 38 107 Fb 76
Balbronn 67 39 Hc 57
Baldenheim 67 57 Hd 59
Baldersheim 68 56 Hc 62
Baleine, La 50 28 Ye 55
Baleix 64 138 Zf 88
Balesmes-sur-Marne 52 69 Fc 62
Balesta 31 139 Ad 89
Baleyssagues 47 112 Aa 80
Balgau 68 57 Hd 61
Balgudè = Belgodere 2B 156 Ka 93
Balignac 82 126 Af 85
Balignicourt 10 53 Ec 57
Balines 27 31 Af 56
Balinghem 62 3 Bf 43
Baliracq-Maumusson 64 124 Ze 87
Baliros 64 138 Ze 89
Balizac 33 111 Zd 82
Ballainvilliers 91 33 Cb 56
Ballaison 74 96 Gb 71
Ballancourt-sur-Essonne 91 33 Cc 57
Ballan-Miré 37 63 Ad 65
Ballans 17 87 Ze 74
Ballay 08 20 Ee 52
Ballée 53 46 Zd 61
Balleroy 14 13 Zb 53
Ballersdorf 68 71 Ha 63
Ballon 17 86 Za 72
Ballon 72 47 Ab 59
Ballons 26 132 Fd 83
Ballore 71 82 Ec 69
Ballots 53 45 Yf 61
Balloy 77 51 Da 58
Balma 31 127 Bd 87
Balme, La 73 107 Fe 74
Balme-d'Epy, La 39 95 Fc 70
Balme-de-Sillingy, La 74 96 Ga 73
Balme-de-Thuy, La 74 96 Gb 73
Balme-les-Grottes, La 01 95 Fc 73
Balmont 74 96 Ga 74
Balnot-la-Grange 10 52 Eb 61
Balnot-sur-Laignes 10 53 Ec 60
Balogna 2A 158 Ie 95
Balot 21 68 Ec 62
Balsac 12 115 Cc 82
Balschwiller 68 71 Ha 62
Balsièges 48 116 Dc 82
Baltzenheim 68 57 Hd 60
Balzac 16 88 Aa 74
Bambecque 59 4 Cd 43
Bambiderstroff 57 38 Gd 54
Banaleg = Bannalec 29 42 Wb 61
Banassac 48 116 Db 82
Banca 64 136 Yd 90
Bancigny 02 19 Ea 50
Bancourt 62 8 Cf 48
Ban-de-Laveline 88 56 Ha 59
Ban-de-Sapt 88 56 Ha 58
Bandol 83 147 Fe 90
Baneins 01 94 Ef 72
Baneuil 24 112 Ae 79
Banios 65 139 Ab 90
Banize 23 90 Bf 73
Bannalec 29 42 Wb 61
Bannans 25 84 Gb 67
Bannay 18 66 Cf 64
Bannay 51 35 De 55
Bannay 57 38 Gc 54
Banne 07 117 Ea 82
Bannegon 18 79 Ce 68
Bannes 46 114 Bf 80
Bannes 51 35 Df 56
Bannes 52 54 Fc 61
Bannes 53 46 Zd 61
Banneville-la-Campagne 14 14 Ze 53
Banneville-sur-Ajon 14 29 Zc 54
Bannières 81 127 Be 87
Bannoncourt 55 37 Fd 55
Bannost-Villegagnon 77 34 Db 56
Banogne-Recouvrance 08 19 Ea 51
Banon 04 132 Fd 84
Banos 40 124 Zc 86
Bans 39 83 Fd 67
Ban-Saint-Martin, le 57 38 Ga 54
Bansat 63 104 Dc 76
Ban-sur-Meurthe 88 56 Gf 60
Bantanges 71 83 Fa 69
Banteux 59 8 Db 48
Banthelu 95 32 Be 54
Bantheville 55 20 Fa 52
Bantigny 59 8 Cb 47
Bantouzelle 59 8 Db 48
Bantzenheim 68 57 Hd 62
Banvillars 90 71 Ge 63
Banville 14 13 Zd 53
Banvou 61 29 Zc 57
Banyuls-dels-Aspres 66 154 Cf 93
Banyuls-sur-Mer 66 154 Da 94
Baon 89 52 Ea 61
Baons-le-Comte 76 15 Ae 51
Bapaume 62 8 Cf 48
Baracé 49 61 Zd 63
Baraigne 11 141 Be 89
Baraize 36 78 Bd 70
Baralle 62 8 Da 47
Baraquerille 12 128 Cc 83
Barastre 62 8 Cf 48
Baratier 05 121 Gc 81
Barbachen 65 139 Aa 88
Barbaggio 2B 157 Kc 92
Barbaghju = Barbaggio 2B 157 Kc 92
Barbaira 11 142 Cd 89
Barbas 54 39 Gf 57
Barbaste 47 125 Ab 83
Barbâtre 85 73 Xe 67
Barbazan 31 139 Ad 90
Barbazan-Debat 65 139 Aa 89
Barbazan-Dessus 65 139 Aa 90
Barbechat 44 60 Ye 65
Barbe-Chat 44 61 Yf 64
Barben, la 13 132 Fb 87
Barbentane 13 131 Ee 85
Barberey-Saint-Sulpice 10 52 Ea 58
Barberier 03 92 Db 71
Barbery 14 29 Zd 54
Barbery 60 33 Ce 53
Barbeville 14 13 Zb 52
Barbey 77 51 Da 58
Barbey-Seroux 88 56 Gf 60
Barbezières 16 87 Zf 73
Barbezieux-Saint-Hilaire 16 99 Zf 76
Barbières 26 119 Fa 79
Barbirey-sur-Ouche 21 68 Ee 65
Barbizon 77 50 Cd 58
Barbonne-Fayel 51 35 De 57
Barbonville 54 38 Gc 57
Barboux, Le 25 71 Ge 66
Barbuise 10 35 Dd 57
Barby 08 19 Eb 51
Barc 27 31 Ae 54
Barcarès, le 66 154 Da 92
Barcelonne 26 118 Fa 79
Barcelonne-du-Gers 32 124 Ze 86
Barcelonnette 04 121 Gd 82
Barchain 57 39 Gf 56
Barcillonnette 05 120 Ff 82
Barcugnan 32 139 Ac 88
Barcus 64 137 Zb 89
Barcy 77 34 Cf 54
Bard 42 105 Ea 75
Barde, La 17 99 Zf 78
Bardigues 82 126 Af 84
Bard-le-Régulier 21 68 Eb 66
Bard-lès-Epoisses 21 67 Eb 63
Bard-lès-Pesmes 70 69 Fd 65
Bardon, Le 45 49 Bd 61
Bardos 64 137 Ye 88
Bardou 24 112 Ae 80
Bardouville 76 15 Af 52
Barèges 65 150 Aa 91
Bareilles 65 150 Aa 92
Bareilles 65 151 Ac 91
Barembach 67 56 Hb 58
Baren 31 151 Ad 91
Barentin 76 15 Af 51
Barenton 50 29 Zb 57
Barenton-Bugny 02 19 Dd 51
Barenton-Cel 02 19 Dd 51
Barenton-sur-Serre 02 19 De 50
Barésia-sur-l'Ain 39 83 Fe 69
Barfleur 50 12 Ye 50
Bargème 83 134 Gd 86
Bargemon 83 134 Gd 87
Barges 21 69 Fa 65
Barges 43 117 Df 79
Barges 70 54 Ff 61
Bargny 60 34 Cf 53
Barie 33 111 Zf 81
Barils, Les 27 31 Ae 56
Barinque 64 138 Ze 88
Barisis 02 18 Dc 51
Barizey 71 82 Ee 68
Barjac 09 140 Ba 90
Barjac 30 131 Ec 83
Barjac 48 116 Dc 81
Barjols 83 147 Ga 87
Barjon 21 68 Ef 63
Barjouville 28 49 Bc 58
Bar-le-Duc 55 37 Fb 56
Barles 04 133 Gb 83
Bar-lès-Buzancy 08 20 Ef 52
Barlest 65 138 Zf 90
Barleux 80 18 Cf 49
Barlieu 18 65 Cd 64
Barlin 62 8 Cd 46
Barly 62 8 Cd 47
Barly 80 7 Cb 47
Barnay-Dessous 71 82 Ec 66
Barnaye 26 119 Fc 81
Barneville-Carteret 50 12 Yb 52
Barneville-la-Bertran 14 14 Ab 52
Barneville-sur-Seine 27 15 Af 52
Baroche-sous-Lucé, La 61 29 Zc 57
Baromesnil 76 6 Bc 49
Baron 30 130 Eb 84
Baron 33 111 Ze 80
Baron 60 33 Ce 53
Baron 71 82 Eb 70
Baron-sur-Odon 14 29 Zd 54
Baronville 57 38 Gd 55
Barou-en-Auge 14 30 Zf 55
Baroville 10 53 Ee 59
Barp, Le 33 110 Zb 81
Barquet 27 31 Af 54
Barr 67 57 Hc 58
Barrais-Bussolles 03 93 De 71
Barran 32 125 Ac 87
Barrancoueu 65 150 Ac 91
Barras 04 133 Ga 84
Barraute-Camu 64 137 Za 88
Barre 81 128 Ce 86
Barre, la 39 69 Fe 66
Barre, la 70 70 Gb 64
Barre, la 87 89 Ba 73
Barre-de-Monts, La 85 73 Xf 67
Barre-des-Cévennes 48 130 Dd 83
Barre-de-Semilly, La 50 29 Yf 54
Barre-en-Ouche, La 27 31 Ad 55
Barrême 04 133 Gc 85
Barret 16 99 Ze 76
Barretaine 39 83 Fe 68
Barret-le-Bas 05 132 Fe 83
Barrettali 2B 157 Kc 91
Barriac-les-Bosquets 15 103 Cb 78
Barro 16 88 Ab 73
Barrou 37 77 Ae 67
Barroux, Le 84 132 Fa 84
Barry-d'Islemade 82 126 Bb 84
Bars 24 101 Ba 78
Bars 32 139 Ab 87
Barsac 26 119 Fb 80
Barsac 33 111 Ze 81
Barst 57 39 Gf 54
Bar-sur-Aube 10 53 Ee 59
Bar-sur-Loup, Le 06 134 Gf 86
Bar-sur-Seine 10 53 Ec 60
Bart 25 71 Ge 64
Bartenheim 68 72 Hc 63
Bartenheim-la-Chaussée 68 72 Hd 63
Bartès 65 138 Zf 90
Barthe 65 139 Ac 89
Barthe-de-Neste, La 65 139 Ac 90
Bartherans 25 84 Ff 66
Barthes, Les 82 126 Ba 84
Barville 27 31 Ac 54
Barville 61 30 Ac 58
Barville 88 54 Fe 58
Barville, Cany- 76 15 Ad 50
Barville-en-Gâtinais 45 50 Cc 60
Barzan 17 98 Za 75
Barzun 64 138 Zf 89
Barzy-en-Thiérache 02 9 De 48
Barzy-sur-Marne 02 34 Dd 54
Bascons 40 124 Zd 86
Bascous 32 125 Aa 86
Bas-en-Basset 43 105 Ea 77
Bas-et-Lezat 63 92 Db 72
Baslieux 54 21 Fe 52
Baslieux-lès-Fismes 51 19 De 53
Baslieux-sous-Châtillon 51 35 De 54
Basly 14 13 Zd 53
Bassac 16 87 Zf 75
Bassan 34 143 Db 88
Bassanne 33 111 Zf 81
Bassée, La 59 8 Ce 45
Basse-Goulaine 44 60 Yd 65
Basse-Ham 57 22 Gb 52
Bassemberg 67 56 Hb 58
Basseneville 14 14 Zf 53
Bassens 33 111 Zc 79
Bassens 73 108 Ff 75
Bassercles 40 124 Zc 87
Basse-Rentgen 57 22 Gb 51
Basses 86 76 Aa 66
Basse-sur-le-Rupt 88 56 Ge 61
Basseux 62 8 Cd 47
Bassevelle 77 34 Db 55
Bassignac 15 103 Cc 77
Bassignac-le-Bas 19 102 Bf 78
Bassignac-le-Haut 19 102 Ca 77
Bassigney 70 55 Gb 62
Bassillac 24 101 Ae 77
Bassing 57 39 Ge 55
Bassoles-Aulers 02 18 Dc 51
Bassoncourt 52 54 Fd 60
Bassou 89 51 Dd 61
Bassoues 32 125 Ab 87
Bassu 51 36 Ee 56
Bassuet 51 36 Ee 56
Bassussarry 64 136 Yc 88
Bassy 74 96 Fe 73
Bastanès 64 137 Zb 88
Bastelica 2A 159 Ka 96
Bastelicaccia 2A 158 If 97
Bastennes 40 123 Zb 87
Bastia 2B 157 Kc 92
Bastide, La 66 154 Cd 93
Bastide, La 83 134 Gd 86
Bastide-Blanche, La 83 147 Fe 87
Bastide-Blanche, la 83 148 Gd 89
Bastide-de-Besplas, La 09 140 Bb 90
Bastide-de-Bousignac, La 09 141 Bf 90
Bastide-de-Lordat, La 09 141 Be 90
Bastide-d'Engras, La 30 131 Ec 84
Bastide-de-Sérou, La 09 140 Bc 90
Bastide-des-Jourdans, La 84 132 Fd 86
Bastide-du-Salat, La 09 140 Af 90
Bastide-l'Evêque, la 12 114 Ca 82

164 (F) Auriac-sur-Dropt — Bastide-l'Evêque, la

Bernin **38** 108 Ef 77
Bernis **30** 130 Eb 86
Bernolsheim **67** 40 He 56
Bernon **10** 52 Df 61
Bernos-Beaulac **33** 111 Ze 82
Bernot **02** 18 Dd 49
Bernouil **89** 52 Df 61
Bernouville **27** 16 Be 53
Bernwiller **68** 71 Hb 62
Berny-en-Santerre **62** 8 Cf 49
Berny-Rivière **02** 18 Da 52
Bérou-la-Mulotière **28** 31 Ba 56
Berrac **32** 125 Ad 84
Berre-des-Alpes **06** 135 Hb 85
Berre-l'Étang **13** 146 Fa 88
Berrias **07** 117 Eb 82
Berric **56** 59 Xc 63
Berrie **86** 62 Zf 66
Berrien **29** 25 Wb 58
Berrieux **02** 19 Df 52
Berrogain-Laruns **64** 137 Za 89
Berru **51** 19 Ea 53
Berrwiller **68** 56 Hb 61
Berry-au-Bac **02** 19 Df 52
Berry-Bouy **18** 79 Cb 66
Bersac, le **05** 119 Fe 82
Bersac-sur-Rivalier **87** 90 Bc 72
Bersaillin **39** 83 Fd 67
Bersée **59** 8 Da 46
Bersillies **59** 9 Ea 47
Berstett **67** 40 Hd 56
Berstheim **67** 40 He 56
Bert **03** 93 De 71
Bertangles **80** 7 Cb 49
Bertaucourt-Épourdon **02** 18 Dc 51
Berteaucourt **80** 17 Cc 50
Berteaucourt-lès-Dames **80** 7 Ca 48
Bertheauville **76** 15 Ad 50
Berthecourt **60** 17 Cb 52
Berthegon **86** 76 Ab 67
Berthelange **25** 70 Fe 65
Berthelévïlle, Dainville- **55** 54 Fd 58
Berthelming **57** 39 Ha 56
Berthen **59** 4 Ce 44
Berthenay **37** 63 Ad 64
Berthenicourt **02** 18 Dc 50
Berthenonville **27** 32 Bd 53
Berthenoux, La **36** 79 Ca 69
Berthez **33** 111 Zf 82
Bertholène **12** 115 Ce 82
Berthouville **27** 31 Ad 53
Bertignat **63** 105 De 75
Bertignolles **10** 53 Ed 60
Bertincourt **62** 8 Cf 48
Bertoncourt **08** 20 Ec 51
Bertrambois **54** 39 Gf 57
Bertrancourt **80** 8 Cd 48
Bertrange **57** 22 Gb 53
Bertre **81** 141 Bf 87
Bertren **65** 139 Ad 91
Bertreville-Saint-Ouen **76** 15 Ba 50
Bertric-Burée **24** 100 Ac 77
Bertrichamps **54** 56 Ge 58
Bertricourt **02** 19 Ea 52
Bertrimont **76** 15 Ba 50
Bertrimoutier **88** 56 Ha 59
Bertry **59** 9 Dc 48
Béru **89** 67 Df 62
Bérulle **10** 52 De 59
Bérus **72** 47 Aa 58
Bérus **72** 47 Ab 58
Berville **76** 15 Ae 50
Berville **95** 33 Ca 53
Berville-en-Roumois **27** 15 Ae 53
Berville-la-Campagne **27** 31 Af 54
Berviller-en-Moselle **57** 22 Gd 53
Berville-sur-Mer **27** 14 Ac 52
Berville-sur-Seine **76** 15 Af 52
Berzé-la-Ville **71** 94 Ee 70
Berzé-le-Châtel **71** 94 Ee 70
Berzème **07** 118 Ed 81
Berzieux **51** 36 Ee 54
Berzy-le-Sec **02** 18 Db 52
Besace, La **08** 19 Ec 50
Besace, La **08** 20 Ef 51
Besain **39** 84 Fe 68
Besançon **25** 70 Ga 65
Bésayes **26** 119 Fa 79
Bescat **64** 138 Zd 90
Bésingrand **64** 138 Zc 89
Besion **50** 28 Yf 55
Besmé **02** 18 Db 51
Besmont **02** 19 Ea 49
Besnans **70** 70 Gb 64
Besné **44** 59 Xf 64
Besneville **50** 12 Yc 52
Besny-et-Loizy **02** 19 Dd 51
Bessac **16** 100 Zf 76
Bessais-le-Fromental **18** 80 Ce 68
Bessamorel **43** 105 Ea 78
Bessan **34** 143 Dc 88
Bessancourt **95** 33 Cb 54
Bessans **73** 109 Gf 77
Bessas **07** 117 Eb 82
Bessat, Le **42** 106 Ed 76
Bessay **85** 74 Yf 69
Bessay-sur-Allier **03** 80 Dc 70
Besse **15** 103 Cc 78
Bessé **16** 88 Aa 73
Besse **24** 113 Ba 80
Besse **38** 108 Gb 78
Bessède-de-Sault **11** 153 Ca 92
Besse-et-Saint-Anastaise **63** 104 Cf 75
Bessèges **30** 130 Ea 83
Bessenay **69** 94 Ed 74
Bessens **82** 126 Bb 85
Bessé-sur-Braye **72** 48 Ae 62
Besse-sur-Issole **83** 147 Gb 88
Besset **09** 141 Bf 90
Bessey **42** 106 Ee 76
Bessey-en-Chaume **21** 82 Ee 66
Bessey-la-Cour **21** 82 Ed 66
Bessey-lès-Cîteaux **21** 69 Fa 66
Besseyre-Saint-Mary, La **43** 116 Dc 79
Bessières **31** 127 Bd 86
Bessines **79** 87 Zc 71
Bessines-sur-Gartempe **87** 89 Bc 72
Bessins **38** 107 Fb 77
Besson **03** 80 Db 70
Bessoncourt **90** 71 Gf 63
Bessonies **46** 114 Ca 80
Bessons, Les **48** 116 Db 80
Bessuéjouls **12** 115 Ce 81
Bessy-sur-Cure **89** 67 De 63
Bestiac **09** 153 Be 92
Bétaille **46** 114 Be 79
Betaucourt **70** 55 Ff 61
Betbèze **65** 139 Ad 89
Betbezer-d'Armagnac **40** 124 Ze 85
Betcave-Aguin **32** 139 Ae 88
Betchat **09** 140 Ba 90
Bétête **23** 90 Ca 70
Béthancourt-en-Valois **60** 18 Cf 53
Béthancourt-en-Vaux **02** 18 Da 51
Béthelainville **55** 37 Fb 53
Béthemont-la-Forêt **95** 33 Cb 54
Béthencourt **59** 9 Dc 48
Béthencourt-sur-Mer **80** 6 Bd 48
Béthencourt-sur-Somme **80** 18 Cf 50
Bétheniville **51** 20 Ec 53
Bétheny **51** 19 Ea 53
Béthincourt **55** 21 Fb 53
Béthines **86** 77 Af 69
Béthisy-Saint-Martin **60** 18 Ce 53
Béthisy-Saint-Pierre **60** 18 Ce 53
Bethmale **09** 151 Ba 91
Béthon **51** 35 Dd 57
Béthon **72** 47 Aa 58
Bethoncourt **25** 71 Ge 63
Béthonsart **62** 8 Cd 46
Béthonvilliers **28** 48 Af 59
Bethonvilliers **90** 71 Gf 62
Béthune **62** 8 Cd 45
Bétignicourt **10** 53 Ec 58
Béton-Bazoches **77** 34 Db 56
Betoncourt-les-Ménétries **70** 70 Fe 62
Betoncourt-Saint-Pancras **70** 55 Gb 61
Betoncourt-sur-Mance **70** 54 Fe 61
Bétous **32** 124 Aa 86
Betpouey **65** 150 Aa 91
Betpouy **65** 139 Ac 89
Bétracq **64** 138 Zf 87
Betschdorf **67** 40 Hf 55
Bettainvillers **54** 21 Ff 53
Bettancourt-la-Ferrée **52** 36 Ef 57
Bettancourt-la-Longue **51** 36 Ef 56
Bettange **57** 22 Gc 53
Bettant **01** 95 Fc 73
Bettborn **57** 39 Ha 56
Bettegney-Saint-Brice **88** 55 Gb 59
Bettelainville **57** 22 Gb 53
Bettembos **80** 16 Bf 50
Bettencourt-Rivière **80** 7 Bf 48
Bettencourt-Saint-Ouen **80** 7 Ca 48
Bettendorf **68** 71 Hb 63
Bettes **65** 139 Ab 90
Betteville **76** 15 Ae 51
Bettignies **59** 9 Df 46
Betting-lès-Saint-Avold **57** 39 Ge 54
Bettlach **68** 72 Hc 63
Betton **35** 45 Yc 59
Betton-Bettonet **73** 108 Gb 75
Bettoncourt **88** 55 Ga 58
Bettrechies **59** 9 De 47
Bettwiller **67** 39 Hb 55
Betz **60** 34 Cf 54
Betz-le-Château **37** 77 Af 67
Beugnâtre **62** 8 Cf 48
Beugneux **02** 18 Dc 53
Beugnies **59** 9 Ea 47
Beugnon **89** 52 De 60
Beugnon, Le **79** 75 Zc 69
Beugnon, Le **79** 75 Ze 69
Beugny **62** 8 Cf 48
Beuil **06** 134 Gf 84
Beulay, Le **88** 56 Ha 59
Beulotte-Saint-Laurent **70** 56 Ge 61
Beure **25** 70 Ga 65
Beurey **10** 53 Ec 59
Beurey-Bauguay **21** 68 Ec 65
Beurey-sur-Saulx **55** 36 Fa 56
Beurières **63** 105 De 76
Beurizot **21** 68 Ec 64
Beurlay **17** 86 Zb 73
Beurville **52** 53 Ef 59
Beussent **62** 7 Be 45
Beutin **62** 7 Be 46
Beuvardes **02** 34 Dc 54
Beuveille **54** 21 Fd 52
Beuvezin **54** 55 Ff 58
Beuvigny **50** 29 Za 55
Beuvillers **14** 30 Ab 54
Beuvillers **54** 21 Ff 52
Beuvraignes **80** 17 Ce 51
Beuvrequen **62** 3 Bd 44
Beuvron **58** 67 Dc 64
Beuvron-en-Auge **14** 14 Zf 53
Beuvry **62** 8 Ce 45
Beuvry-la-Forêt **59** 9 Db 46
Beux **57** 38 Gb 54
Beuxes **86** 62 Ab 66
Beuzec-Cap-Sizun **29** 41 Vc 60
Beuzeville **27** 14 Ac 52
Beuzeville-au-Plain **50** 12 Ye 52
Beuzeville-la-Bastille **50** 12 Yd 52
Beuzeville-la-Grenier **76** 15 Ac 51
Beuzeville-la-Guérard **76** 15 Ad 50
Beuzevillette **76** 15 Ad 51
Beveuge **70** 70 Gc 63
Béville-le-Comte **28** 32 Be 58
Bévillers **59** 9 Dc 48
Bevons **04** 133 Ef 83
Bévy **21** 68 Ef 65
Bey **01** 94 Ef 71
Bey **71** 82 Ef 68
Beychac-et-Caillau **33** 111 Zd 79
Beylongue **40** 123 Zb 85
Beynac **87** 89 Bb 74
Beynac-et-Cazenac **24** 113 Ba 79
Beynat **19** 102 Ca 75
Beynes **04** 133 Gb 84
Beynes **78** 32 Bf 55
Beynost **01** 94 Ef 73
Beyrède-Jumet **65** 139 Ac 91
Beyren-lès-Sierck **57** 22 Gb 52
Beyrie-en-Béarn **64** 138 Zd 88
Beyries **40** 123 Zc 87
Beyrie-sur-Joyeuse **64** 137 Yf 89
Beyssac **19** 101 Bc 76
Beyssac **19** 102 Bf 76
Beyssenac **19** 101 Bb 76
Bey-sur-Seille **54** 38 Gc 56
Bez, Le **81** 142 Cc 87
Bézac **09** 141 Bd 90
Bezalles **77** 34 Db 56
Bézancourt **76** 16 Bd 52
Bezange-la-Petite **57** 38 Gd 56
Bezannes **51** 35 Df 53
Bézaudun-les-Alpes **06** 134 Ha 86
Bézaudun-sur-Bîne **26** 119 Fb 81
Bezaumont **54** 38 Ga 55
Bèze **21** 69 Fb 64
Bézenac **24** 113 Ba 79
Bézenet **03** 91 Cf 70
Bézéril **32** 140 Af 87
Bez-et-Esparon **30** 129 Dd 85
Béziers **34** 143 Db 88
Bezinghem **62** 7 Be 45
Bezins-Garraux **31** 139 Ae 91
Bezole, La **11** 141 Ca 90
Bezolles **32** 125 Ac 86
Bezons **95** 33 Cb 55
Bezouce **30** 132 Ec 85
Bézouotte **21** 69 Fc 64
Bézues-Bajon **32** 139 Ad 88
Bézu-le-Guéry **02** 34 Db 54
Bézu-Saint-Eloi **27** 16 Be 53
Bézu-Saint-Germain **02** 34 Dc 54
Biaches **80** 18 Cf 49
Biache-Saint-Vaast **62** 8 Cf 47
Bians-les-Usiers **25** 84 Gb 67
Biard **86** 76 Ab 69
Biarne **39** 69 Fc 66
Biarre **80** 18 Cf 50
Biarritz **64** 136 Yc 88
Biarrotte **40** 122 Ye 87
Biars-sur-Cère **46** 114 Bf 79
Bias **40** 123 Ye 84
Bias **47** 112 Ae 82
Biaudos **40** 123 Ye 87
Bibiche **57** 22 Gc 52
Biblisheim **67** 40 He 55
Bibost **69** 94 Ed 74
Bichancourt **02** 18 Db 51
Biches **58** 81 Dd 66
Bickenholtz **57** 39 Ha 56
Bicqueley **54** 38 Ff 57
Bidache **64** 137 Yf 88
Bidarray **64** 136 Yd 89
Bidart **64** 136 Yc 88
Bidestroff **57** 39 Ge 55
Biding **57** 39 Ge 54
Bidon **07** 118 Ed 82
Biécourt **88** 55 Ff 59
Biederthal **68** 72 Hc 64
Bief-des-Maisons **39** 84 Ga 68
Bief-du-Fourg **39** 84 Ga 68
Biefmorin **39** 83 Fd 67
Biefvillers-lès-Bapaume **62** 8 Ce 48
Bielle **64** 138 Zd 90
Biencourt **80** 7 Be 49
Biencourt-sur-Orge **55** 37 Fc 57
Bienville **60** 18 Cf 52
Bienville-la-Petite **54** 38 Gd 57
Bienvillers-au-Bois **62** 8 Cd 47
Biermes **08** 20 Ec 52
Biermont **60** 17 Ce 51
Bierné **53** 46 Zc 62
Bierne **59** 3 Cc 43
Bierre-lès-Semur **21** 68 Eb 64
Bierry-les-Belles-Fontaines **89** 67 Eb 63
Biert **09** 152 Bb 91
Bierville **76** 16 Bb 51
Biesheim **68** 57 Hd 60
Biesles **52** 54 Fb 60
Bietlenheim **67** 40 He 56
Bieujac **33** 111 Zf 81
Bieuxy **02** 18 Db 52
Biéville **50** 29 Za 54
Biéville-Beuville **14** 14 Ze 53
Biéville-Quétiéville **14** 30 Zf 54
Bièvres **02** 19 De 52
Bièvres **08** 21 Fb 51
Bièvres **91** 33 Cb 56
Biffontaine **88** 56 Ge 59
Biganos **33** 110 Za 81
Bignac **16** 88 Aa 74
Bignan **56** 43 Xb 61
Bignay **17** 87 Zb 73
Bigne, La **14** 29 Zb 54
Bignicourt-sur-Marne **51** 36 Ed 56
Bignicourt-sur-Saulx **51** 36 Ee 56
Bignon, Le **44** 60 Yd 66
Bignon-du-Maine, Le **53** 46 Zc 61
Bignon-Mirabeau, Le **45** 51 Cf 60
Bignoux **86** 76 Ac 69
Bignycourt **08** 20 Ec 52
Bigorno **2B** 157 Kb 93
Bigornu = Bigorno **2B** 157 Kb 93
Bigottière, La **53** 46 Zb 59
Biguglia **2B** 157 Kc 93
Bihorel **76** 15 Ba 52
Bihucourt **62** 8 Ce 48
Bilhères **64** 138 Zd 90
Bilia **2A** 158 If 99
Billac **19** 114 Be 79
Billancelles **28** 48 Bb 58
Billancourt **80** 18 Cf 50
Billaux, Les **33** 99 Ze 79
Billé **35** 45 Ye 59
Billecul **39** 84 Ga 68
Billère **64** 138 Zd 89
Billey **21** 69 Fc 66
Billezois **03** 92 Dd 71
Billiat **01** 95 Fe 72
Billième **73** 96 Fe 74
Billiers **56** 59 Xd 63
Billio **56** 43 Xc 61
Billom **63** 92 Dc 74
Billy **03** 92 Dc 71
Billy **14** 30 Ze 54
Billy **41** 64 Bd 65
Billy-Berclau **62** 8 Cf 45
Billy-Chevannes **58** 80 Dc 66
Billy-le-Grand **51** 35 Eb 54
Billy-lès-Chanceaux **21** 68 Ee 63
Billy-Montigny **62** 8 Cf 46
Billy-sous-Mangiennes **55** 21 Fd 52
Billy-sur-Aisne **02** 18 Dc 52
Billy-sur-Oisy **58** 66 Dc 64
Billy-sur-Ourcq **02** 34 Db 53
Bilwisheim **67** 40 Hd 56
Bilzheim **68** 56 Hc 61
Bimont **62** 7 Bf 45
Binarville **51** 20 Ef 53
Binas **41** 49 Bc 61
Bindernheim **67** 57 Hd 59
Binges **21** 69 Fb 65
Binic **22** 26 Xb 57
Bining **57** 39 Hb 54
Biniville **50** 12 Yd 52
Binos **31** 151 Ad 91
Binson-et-Orquigny **51** 35 De 54
Bio **46** 114 Be 80
Biol **38** 107 Fc 76
Biolle, La **73** 96 Ff 74
Biollet **63** 91 Ce 73
Bion **50** 29 Za 57
Bioncourt **57** 38 Gc 56
Bionville-sur-Nied **57** 38 Gc 54
Biot **06** 148 Ha 87
Biot, le **74** 97 Gd 71
Bioule **82** 127 Bd 84
Bioussac **16** 88 Ab 72
Biozat **03** 92 Db 72
Birac **16** 99 Zf 75
Birac **33** 111 Zf 82
Birac-sur-Trec **47** 112 Ab 82
Biran **32** 125 Ac 86
Biras **24** 100 Ad 77
Biriatou **64** 136 Yb 88
Birkenwald **67** 39 Hc 56
Biron **17** 99 Zd 75
Biron **24** 113 Af 81
Biron **64** 137 Zb 88
Biscarrosse **40** 110 Yf 82
Bischheim **67** 40 He 57
Bischholtz **67** 40 Hd 55
Bischoffsheim **67** 40 Hc 58
Bischwihr **68** 57 Hc 60
Bischwiller **67** 40 Hf 56
Bisel **68** 71 Hb 63
Bisinchi **2B** 157 Kc 94
Bislée **55** 37 Fc 55
Bisping **57** 39 Gf 56
Bissert **67** 39 Ha 55
Bisseuil **51** 35 Ea 54
Bissey-la-Côte **21** 53 Ee 61
Bissey-la-Pierre **21** 53 Ec 61
Bissey-sous-Cruchaud **71** 82 Ee 68
Bissezeele **59** 3 Cc 43
Bissières **14** 30 Zf 54
Bissy-la-Mâconnaise **71** 82 Ee 70
Bissy-sous-Uxelles **71** 82 Ee 69
Bissy-sur-Fley **71** 82 Ed 69
Bisten-en-Lorraine **57** 38 Gd 53
Bistroff **57** 39 Ge 54
Bitche **57** 39 Hc 54
Bitry **58** 66 Da 64
Bitry **60** 18 Da 52
Bitschhoffen **67** 40 Hd 55
Bitschwiller-lès-Thann **68** 56 Ha 62
Bivès **32** 126 Ae 85
Biviers **38** 108 Fe 77
Biville **50** 12 Yb 51
Biville-la-Baignarde **76** 15 Ba 50
Biville-la-Rivière **76** 15 Af 50
Biville-sur-Mer **76** 6 Bb 49
Bivilliers **61** 31 Ad 57
Bizanet **11** 142 Cf 90
Bizanos **64** 138 Zd 89
Bize **52** 54 Fd 61
Bize **65** 139 Ac 90
Bize-Minervois **11** 142 Cf 89
Bizeneuille **03** 91 Ce 70
Biziat **01** 94 Ef 71
Bizonnes **38** 107 Fc 76
Bizot, Le **25** 71 Ge 66
Bizots, les **71** 82 Ec 68
Bizou **61** 31 Ae 58
Bizous **65** 139 Ac 90
Blacé **69** 94 Ed 72
Blaceret **69** 94 Ed 72
Blaceret **69** 94 Ee 72
Blacourt **60** 16 Bf 52
Blacqueville **76** 15 Af 51
Blacy **51** 36 Ed 56
Blacy **89** 67 Ea 63
Blaesheim **67** 40 Hd 57
Blagnac **31** 126 Bc 87
Blagny-sur-Vingeanne **21** 69 Fc 64
Blaignac **33** 111 Zf 81
Blaignan **33** 98 Za 77
Blain **44** 60 Yb 64
Blaincourt **60** 17 Cc 53
Blaincourt-sur-Aube **10** 53 Ec 58
Blainville-Crevon **76** 16 Bb 51
Blainville-sur-l'Eau **54** 38 Gc 57
Blainville-sur-Mer **50** 28 Yc 54
Blainville-sur-Orne **14** 14 Ze 53
Blairville **62** 8 Ce 47
Blaiserives **52** 53 Ef 58
Blaise-sous-Arzillières **51** 36 Ed 56
Blaison-Gohier **49** 61 Zd 64
Blaisy **52** 53 Fa 59
Blaisy-Bas **21** 68 Ee 64
Blaisy-Haut **21** 68 Ee 64
Blajan **31** 139 Ad 89
Blamont **25** 71 Gf 64
Blâmont **54** 39 Gf 57
Blan **81** 141 Ca 87
Blanc, Le **36** 77 Ba 69
Blancafort **18** 65 Cd 63
Blancey **21** 68 Ec 65
Blancfossé **60** 17 Cb 51
Blanchefosse-et-Bay **08** 19 Eb 50
Blancherupt **67** 56 Hb 58
Blanc-Mesnil, Le **93** 33 Cc 55
Blandainville **28** 49 Bb 59
Blandas **30** 129 Dd 85
Blandin **38** 107 Fc 76
Blandouet **53** 46 Ze 60
Blandy **77** 33 Ce 57
Blandy **91** 50 Cb 59
Blangerval-Blangermont **62** 7 Cb 47
Blangy-le-Château **14** 14 Ab 53
Blangy-sous-Poix **80** 17 Ca 50
Blangy-sur-Bresle **76** 16 Bd 49
Blangy-sur-Ternoise **62** 7 Cb 46
Blangy-Tronville **80** 17 Cc 49
Blannay **89** 67 De 63
Blanot **21** 68 Eb 65
Blanot **71** 82 Ee 70
Blanquefort **32** 126 Ae 86
Blanquefort **33** 140 Ba 87
Blanquefort **33** 111 Zc 79
Blanquefort-sur-Briolance **47** 113 Af 81
Blanzac **43** 105 Df 78
Blanzac **87** 89 Ba 72
Blanzac-Porcheresse **16** 100 Aa 76
Blanzaguet-Saint-Cybard **16** 100 Ab 76
Blanzat **63** 92 Da 74
Blanzay **86** 88 Ab 71
Blanzay-sur-Boutonne **17** 87 Zd 72
Blanzée **55** 37 Fd 54
Blanzy **71** 82 Ec 68
Blanzy-la-Salonnaise **08** 19 Eb 52
Blanzy-lès-Fismes **02** 19 De 52
Blargies **60** 16 Be 50
Blarians **25** 70 Gb 64
Blaringhem **59** 3 Cc 44
Blars **46** 114 Be 81
Blasimon **33** 111 Zf 80
Blaslay **86** 76 Ab 68
Blassac **43** 104 Dc 77
Blaudeix **23** 90 Ca 71
Blausasc **06** 135 Hc 86
Blauvac **84** 132 Fb 84
Blauzac **30** 131 Ec 85
Blavignac **48** 116 Db 79
Blavozy **43** 105 Df 78
Blay **14** 13 Zb 53
Blaye **33** 99 Zc 78
Blaye-les-Mines **81** 127 Ca 84
Blaymont **47** 113 Af 83
Blaziert **32** 125 Ac 85
Blécourt **52** 53 Fa 58
Blécourt **59** 8 Db 47
Bleigny-le-Carreau **89** 52 De 61
Blémerey **54** 39 Ge 57
Blémerey **88** 55 Ga 58
Blendecques **62** 3 Cb 44
Bléneau **89** 66 Cf 62
Blennes **77** 51 Da 59
Blénod-lès-Pont-à-Mousson **54** 38 Ga 55
Blénod-lès-Toul **54** 37 Fe 57
Bléquin **62** 3 Bf 44
Blérancourt **02** 18 Da 51
Bléré **37** 63 Af 65
Bléruais **35** 44 Xf 60
Blésignac **33** 111 Ze 80
Blesle **43** 104 Db 77
Blesme **51** 36 Ee 56
Blesmes **02** 34 Dc 54
Blessac **23** 91 Ca 73
Blessey **21** 68 Ee 64
Blessonville **52** 53 Fa 60
Blessy **62** 7 Cb 45
Blet **18** 79 Ce 67
Bletterans **39** 83 Fc 68
Bleurville **88** 55 Ff 60
Bleury **28** 32 Be 57
Blévaincourt **88** 54 Fe 60
Blèves **72** 47 Ac 58
Bleymard, Le **48** 117 De 82
Blicourt **60** 17 Ca 51
Blienschwiller **67** 56 Hc 58
Bliesbruck **57** 39 Hb 54
Blies-Guersviller **57** 39 Ha 54
Blieux **04** 133 Gc 85
Blignicourt **10** 53 Ed 58
Bligny **10** 53 Ed 59
Bligny **51** 35 Df 53
Bligny-lès-Beaume **21** 82 Ee 67
Bligny-le-Sec **21** 68 Ee 64
Bligny-sur-Ouche **21** 82 Ee 66
Blincourt **60** 17 Cd 52
Blingel **62** 7 Ca 46
Blis-et-Born **24** 101 Af 77
Blismes **58** 67 De 66
Blodelsheim **68** 57 Hd 61
Blois **41** 64 Bb 63
Blois-sur-Seille **39** 83 Fe 68
Blomac **11** 142 Cd 89
Blomard **03** 92 Cf 71
Blombay-Morency **08** 20 Ec 50
Blond **87** 89 Ba 72
Blondefontaine **70** 55 Ff 61
Blonville-sur-Mer **14** 14 Aa 52
Blosseville **76** 15 Ae 49
Blosville **50** 12 Ye 52
Blot-l'Église **63** 92 Cf 72
Blotzheim **68** 72 Hc 63
Blou **49** 62 Zf 64
Blousson-Sérian **32** 139 Ab 88
Bloutière, La **50** 28 Ye 55
Bloye **74** 96 Ff 74
Bluffy **74** 96 Gb 73
Blumeray **52** 53 Ef 58
Blussans **25** 71 Gd 64
Blye **39** 83 Fe 69
Blyes **01** 95 Fb 73
Bô, Le **14** 29 Zd 55
Bobigny **93** 33 Cc 55
Bobital **22** 27 Xf 58
Bocasse, Le **76** 15 Ba 51
Bocé **49** 62 Zf 63
Bocognano **2A** 159 Ka 96
Bocquegney **88** 55 Gb 59
Bocquence **61** 31 Ac 56
Bodéo, La **22** 43 Xa 59
Bodilis **29** 25 Vf 57
Boé **47** 125 Ad 84
Boëcé **61** 30 Ac 57
Boëge **74** 96 Gc 71
Boeil-Bezing **64** 138 Ze 89
Boën **42** 93 Ea 74
Bœrsch **67** 56 Hc 58
Boeschepe **59** 4 Ce 44
Boëseghem **59** 3 Cb 44
Bœsenbiesen **67** 57 Hd 59
Boësse **45** 50 Cc 60
Boësse **79** 75 Zd 67
Boëssé-le-Sec **72** 48 Ad 60
Boffles **62** 7 Cb 47
Boffres **07** 118 Ee 79
Bogève **74** 96 Gc 71
Bogny-sur-Meuse **08** 20 Ee 49
Bogy **07** 106 Ee 77
Bohain-en-Vermandois **02** 9 Dc 49
Bohal **56** 44 Xd 62
Bohalle, La **49** 61 Zd 64
Bohars **29** 24 Vc 58
Bohas-Meyriat-Rignat **01** 95 Fc 72
Boigneville **91** 50 Cc 58
Boigny-sur-Bionne **45** 49 Ca 61
Boinville-en-Mantois **78** 32 Be 55
Boinville-en-Woëvre **55** 37 Fe 53
Boinville-le-Gaillard **78** 49 Bf 58
Boinvilliers **78** 32 Bd 55
Boiry-Becquerelle **62** 8 Ce 47
Boiry-Notre-Dame **62** 8 Cf 47
Boiry-Saint-Martin **62** 8 Ce 47
Bois **17** 99 Zc 76
Bois-Anzeray **27** 31 Ae 55
Bois-Arnault **27** 31 Ae 56
Boisbergues **80** 7 Cb 48
Bois-Bernard **62** 8 Cf 46
Boisbreteau **16** 99 Zf 77
Boiscommun **45** 50 Cc 60
Bois-d'Amont **39** 84 Ga 69
Bois-d'Arcy **78** 33 Ca 56
Bois-d'Arcy **89** 67 De 63
Bois-de-Céné **85** 73 Ya 67
Bois-de-Champ **88** 56 Ge 59
Bois-de-la-Pierre **31** 140 Ba 88
Bois-d'Ennebourg **76** 16 Bb 52
Boisdinghem **62** 3 Ca 44
Bois-d'Oingt, Le **69** 94 Ed 73
Boisdon **77** 34 Db 56
Boisemont **27** 16 Bc 53
Boisemont **95** 32 Bf 54
Boisgasson **28** 48 Ba 60
Boisgervilly **35** 44 Xf 60
Bois-Grenier **59** 4 Ce 45
Bois-Guilbert **76** 16 Bc 51
Bois-Guillaume **76** 15 Ba 52
Bois-Héroult **76** 16 Bc 51
Bois-Herpin **91** 50 Cb 58
Bois-Himont **76** 15 Ae 51
Boisjean **62** 7 Be 46
Bois-Jérôme-Saint-Ouen **27** 32 Bd 54
Boisle, Le **80** 7 Bf 47
Bois-le-Roi **27** 32 Bc 55
Bois-le-Roi **77** 50 Ce 58
Bois-lès-Pargny **02** 19 Dd 50
Boisleux-au-Mont **62** 8 Ce 47
Boisleux-Saint-Marc **62** 8 Ce 47
Boismé **79** 75 Zd 68
Boismont **54** 21 Fe 52
Boismont **80** 7 Be 48
Boismorand **45** 66 Ce 62
Boisney **27** 31 Ad 54
Bois-Normand-près-Lyre **27** 31 Ae 55
Bois-Plage-en-Ré, Le **17** 86 Yd 71
Boisredon **17** 99 Zc 77
Bois-Robert, Les **76** 15 Ba 49
Boisroger **50** 28 Yc 54
Bois-Sainte-Marie **71** 94 Ec 71
Boissay **76** 16 Bc 51
Boisse **24** 112 Ad 80
Boisse, La **01** 94 Fa 73
Boisseau **41** 64 Bb 62
Boisseaux **45** 49 Bf 59
Boissède **31** 140 Ae 88
Boissei-la-Lande **61** 30 Aa 56
Boisse-Penchot **12** 115 Cb 81
Boisserolles **79** 87 Zd 72
Boisseron **34** 130 Ea 86
Boisset **15** 115 Cb 80
Boisset **30** 131 Ec 85
Boisset **34** 142 Ce 88
Boisset **43** 105 Df 77
Boisset-lès-Montrond **42** 105 Eb 75
Boisset-les-Prévanches **27** 32 Bb 55
Boissets **78** 32 Bd 55
Boisset-Saint-Priest **42** 105 Ea 75
Boissettes **77** 50 Cd 57
Boisseuil **87** 89 Bb 74
Boisseuilh **24** 101 Bb 77
Boissey **01** 94 Fa 70
Boissey **14** 30 Aa 54
Boissezon **81** 142 Cc 87
Boissezon-de-Masviel **81** 128 Cf 86
Boissière, La **14** 30 Aa 54
Boissière, La **27** 32 Bc 55
Boissière, La **34** 130 Cd 87
Boissière, La **53** 46 Za 62
Boissière-d'Ans, La **24** 101 Af 77
Boissière-de-Montaigu, La **85** 74 Ye 67
Boissière-des-Landes, La **85** 74 Yd 69
Boissière-du-Doré, La **44** 60 Ye 65
Boissière-École, La **78** 32 Bd 56
Boissière-en-Gâtine, La **79** 75 Zd 69
Boissières **30** 130 Eb 86
Boissières **46** 113 Bc 81
Boissière-sur-Evre, La **49** 60 Yf 65
Boissise-la-Bertrand **77** 33 Cd 57
Boissise-le-Roi **77** 33 Cd 57
Boissy-aux-Cailles **77** 50 Cd 59
Boissy-en-Drouais **28** 32 Bb 56
Boissy-Fresnoy **60** 34 Cf 53
Boissy-l'Aillerie **95** 33 Ca 54
Boissy-Lamberville **27** 31 Ad 54
Boissy-la-Rivière **91** 50 Ca 58
Boissy-le-Bois **60** 16 Bf 53
Boissy-le-Châtel **27** 15 Ae 53
Boissy-le-Châtel **77** 34 Da 56
Boissy-le-Cutte **91** 50 Cb 58
Boissy-le-Repos **51** 35 Dd 55
Boissy-le-Sec **91** 50 Ca 58
Boissy-lès-Perche **28** 31 Af 56
Boissy-Maugis **61** 48 Ae 58
Boissy-Mauvoisin **78** 32 Bd 55
Boissy-Saint-Léger **94** 33 Cd 56
Boissy-sans-Avoir **78** 32 Be 56
Boissy-sous-Saint-Yon **91** 33 Cb 57
Boistrudan **35** 45 Yd 61
Boisville-la-Saint-Père **28** 49 Be 59
Boisyvon **50** 28 Yf 56
Boitron **61** 30 Ab 57
Boitron **77** 34 Db 55
Bolandoz **25** 84 Ga 66
Bolazec **29** 25 Wc 58
Bolbec **76** 15 Ac 51
Bollène **84** 131 Ee 83
Bollène-Vésubie, la **06** 135 Hb 84
Bolleville **50** 12 Yc 53
Bolleville **76** 15 Ad 51
Bollezeele **59** 3 Cb 43
Bollwiller **68** 56 Hb 61
Bologne **52** 54 Fa 59
Bolozon **01** 95 Fc 71
Bolquère **66** 153 Ca 93
Bolsenheim **67** 57 Hd 58
Bombon **77** 34 Cf 57
Bommes **33** 111 Zd 81
Bommiers **36** 78 Bf 68
Bompas **09** 152 Bd 91
Bompas **66** 154 Cf 92
Bomy **62** 7 Cb 45
Bona **58** 80 Dc 66
Bonac-Irazein **09** 151 Af 91
Bonboillon **70** 69 Fe 64
Boncé **28** 49 Bd 59
Bonchamp-lès-Laval **53** 46 Zb 60
Boncourt **02** 19 Df 51
Boncourt **27** 32 Bb 54
Boncourt **54** 37 Fe 53
Boncourt-le-Bois **21** 69 Ef 66
Boncourt-sur-Meuse **55** 37 Fd 56
Bondaroy **45** 50 Cb 59
Bondeval **25** 71 Gf 64
Bondigoux **31** 127 Bd 85
Bondons, Les **48** 117 Dd 82
Bondoufle **91** 33 Cc 57
Bondues **59** 4 Da 44

166 (F) Bernin — Bondues

Bondy 93 33 Cc 55
Bon-Encontre 47 125 Ad 83
Bongheat 63 92 Dc 74
Bonhomme, Le 68 56 Ha 59
Bonifacio 2A 160 Kb 100
Bonin 58 67 Df 65
Bonlier 60 17 Ca 52
Bonlieu 39 84 Ff 69
Bonlieu-sur-Roubion 26 118 Ef 81
Bonloc 64 137 Ye 88
Bonnac 09 141 Bd 90
Bonnac 15 104 Da 77
Bonnac-la-Côte 87 89 Bb 73
Bonnard 89 51 Dd 61
Bonnat 23 90 Bf 71
Bonnaud 39 83 Fc 69
Bonnay 25 70 Ga 65
Bonnay 71 82 Ed 69
Bonnay 80 8 Cc 49
Bonne 74 96 Gb 72
Bonnebosq 14 14 Aa 53
Bonnecourt 52 54 Fc 61
Bonnée 45 65 Cc 62
Bonnefamille 38 107 Fa 75
Bonnefoi 61 31 Ad 56
Bonnefond 19 102 Bf 75
Bonnefont 65 139 Ac 89
Bonnefontaine 39 84 Fe 68
Bonnegarde 40 123 Zb 87
Bonneil 02 34 Dc 54
Bonnelles 78 33 Ca 57
Bonnemain 35 28 Yb 58
Bonnemaison 14 29 Zc 54
Bonnemazon 65 139 Ab 90
Bonnencontre 21 83 Fa 66
Bonneœil 14 29 Zd 55
Bonnes 16 100 Aa 77
Bonnes 86 77 Ad 69
Bonnesvalyn 02 34 Db 54
Bonnet 55 37 Fc 57
Bonnétable 72 47 Ac 59
Bonnétage 25 71 Ge 65
Bonnetan 33 111 Zd 80
Bonneuil 16 99 Zf 75
Bonneuil 36 89 Bb 70
Bonneuil-en-Valois 60 18 Cf 53
Bonneuil-les-Eaux 60 17 Cb 51
Bonneuil-Matours 86 77 Ad 68
Bonneuil-sur-Marne 94 33 Cd 56
Bonneval 28 49 Bc 59
Bonneval 43 105 De 77
Bonneval-sur-Arc 73 109 Ha 76
Bonnevaux 25 84 Gb 68
Bonnevaux 30 117 Ea 82
Bonnevaux 74 97 Ge 71
Bonnevaux-le-Prieuré 25
70 Gb 66
Bonneveau 41 48 Ae 62
Bonnevent-Velloreille 70 70 Ff 64
Bonneville 16 88 Zf 73
Bonneville 74 96 Gc 72
Bonneville 80 7 Cb 48
Bonneville, La 50 12 Yd 52
Bonneville-Aptot 27 15 Ae 53
Bonneville-et-Saint-Avit-de-
Fumadières 24 112 Aa 79
Bonneville-la-Louvet 14 14 Ac 53
Bonneville-sur-Iton, la 27 31 Ba 55
Bonnières 60 16 Bf 51
Bonnières 62 7 Cb 47
Bonnières-sur-Seine 78 32 Bd 54
Bonnieux 84 132 Fb 86
Bonningues-lès-Ardres 62
7 Ca 45
Bonningues-lès-Calais 62 3 Be 43
Bonnœuvre 44 60 Ye 63
Bonnut 64 123 Zb 87
Bonny-sur-Loire 45 66 Cf 63
Bono 56 43 Xa 63
Bonrepos 65 139 Ac 89
Bonrepos-Riquet 31 127 Bd 86
Bonrepos-sur-Aussonnelle 31
140 Ba 87
Bonsecours 76 15 Ba 52
Bons-en-Chablais 74 96 Gc 71
Bonsmoulins 61 31 Ad 57
Bonson 42 105 Eb 75
Bonsons 06 135 Hb 85
Bons-Tassilly 14 30 Ze 55
Bonvillaret 73 108 Gb 75
Bonville 54 38 Gd 57
Bonviller 54 38 Gc 57
Bonvillers 60 17 Cb 53
Bonvillers 60 17 Cc 51
Bonvillet 88 55 Ga 60
Bony 02 8 Db 49
Bonzac 33 99 Ze 78
Bonzée-en-Woëvre 55 37 Fd 54
Boofzheim 67 57 He 58
Boos 76 15 Bb 52
Bootzheim 67 57 Hd 59
Boqueho 22 26 Xa 58
Boran-sur-Oise 60 33 Cc 53
Borce 64 137 Zc 91
Bordeaux 33 111 Zc 79
Bordeaux-en-Gâtinais 45
50 Cd 60
Bordeaux-Saint-Clair 76 14 Ab 50
Bordères 64 138 Ze 89
Bordères-et-Lamensans 40
124 Zd 86
Bordères-Louron 65 150 Ac 91
Bordères-sur-l'Echez 65
138 Aa 89
Bordes 64 138 Ze 89
Bordes 65 139 Ab 89
Bordes, Les 36 78 Bf 67
Bordes, Les 45 65 Cc 62
Bordes, Les 71 83 Fa 67
Bordes, Les 89 51 Dc 60
Bordes-Aumont, Les 10 52 Ea 59
Bordes-de-Rivière 31 139 Ad 90
Bordes-du-Ba 64 123 Yf 87
Bordes-sur-Arize, Les 09
140 Bc 90
Bordes-sur-Lez, les 09 151 Ba 91
Bordezac 30 130 Ea 83
Bords 17 87 Zb 73
Bord-Saint-Georges 23 91 Cb 71
Borée 07 117 Eb 79
Boresse-et-Marton 17 99 Zf 77
Borest 60 33 Ce 53
Borey 70 70 Gc 63
Borgu, U = Borgo 2B 157 Kd 93
Bormes-les-Mimosas 83
147 Gc 90
Born, le 31 127 Bd 85
Born, le 48 116 Dd 81
Bornambusc 76 14 Ac 51
Bornay 39 83 Fd 69
Borne 43 105 De 78
Bornel 60 33 Cb 53
Boron 90 71 Ha 63
Borre 59 4 Cd 44
Borrèze 24 113 Bc 79
Bors-de-Baignes 16 99 Ze 77
Bors-de-Montmoreau 16
100 Ab 76
Bort-les-Orgues 19 103 Cc 76
Bort-l'Étang 63 92 Dc 74
Borville 54 55 Gc 58
Bosc, le 09 152 Bc 91
Bosc, Le 34 129 Dc 86
Boscamnant 17 99 Zf 77
Bosc-Bénard-Commin 27
15 Af 53
Bosc-Bénard-Crescy 27 15 Ae 53
Bosc-Bérenger 76 16 Bb 51
Bosc-Bordel 76 16 Bc 51
Bosc-Edeline 76 16 Bc 51
Bosc-Guérard-Saint-Adrien 76
15 Ba 51
Bosc-Hyons 76 16 Bd 52
Bosc-le-Hard 76 15 Bb 51
Bosc-Mesnil 76 16 Bc 50
Bosc-Renoult, Le 61 30 Ab 55
Bosc-Renoult-en-Ouche 27
31 Ae 55
Bosc-Renoult-en-Roumois 27
15 Ae 53
Bosc-Roger-en-Roumois, Le 27
15 Af 53
Bosc-Roger-sur-Buchy 76
16 Bc 51
Bosdarros 64 138 Zd 89
Bosgouet 27 15 Af 52
Bosguérard-de-Marcouville 27
15 Af 53
Bosjean 71 83 Fc 68
Bosmont-sur-Serre 02 19 Df 50
Bosnormand 27 15 Af 53
Bosquel 80 17 Cb 50
Bosquentin 27 16 Bd 52
Bosrobert 27 15 Ae 53
Bosroger 23 91 Cb 73
Bossay-sur-Claise 37 77 Af 68
Bosse, La 25 71 Gd 66
Bosse, La 72 48 Ad 60
Bosse-de-Bretagne, La 35
45 Yc 61
Bossée 37 63 Ae 66
Bossendorf 67 40 Hd 56
Bosset 24 112 Ac 79
Bosseval-et-Briancourt 08
20 Ef 50
Bossey 74 95 Ga 72
Bossieu 38 107 Fa 76
Bossugan 33 111 Zf 80
Bossus-lès-Rumigny 08 19 Eb 49
Bost 03 92 Cf 70
Bost 03 92 Dd 71
Bostens 40 124 Zd 85
Bosville 76 15 Ae 50
Botans 90 71 Gf 63
Botmeur 29 25 Wa 58
Botsorhel 29 25 Wc 57
Bottereaux, Les 27 31 Ae 55
Botz-en-Mauges 49 61 Za 65
Bou 45 49 Ca 61
Bouafle 78 32 Bf 55
Bouafles 27 16 Bc 53
Bouan 09 152 Bd 92
Bouaye 44 60 Yb 66
Boubers-lès-Hesmond 62 7 Be 46
Boubers-sur-Canche 62 7 Cb 47
Boubiers 60 16 Bf 53
Boucagnères 32 139 Ad 87
Boucau 64 122 Yd 87
Bouc-Bel-Air 13 146 Fc 88
Boucé 03 92 Dc 71
Boucé 61 30 Zf 57
Bouchage 38 107 Fd 74
Bouchage, Le 16 88 Ac 72
Bouchain 59 9 Db 47
Bouchamps-lès-Craon 53
46 Za 62
Bouchaud, Le 03 93 Df 71
Bouchavesnes-Bergen 80 8 Cf 49
Bouchemaine 49 61 Zc 64
Boucheporn 57 38 Gd 54
Bouchet, le 74 96 Gc 74
Bouchet, Le 86 76 Aa 67
Bouchet, Le 86 76 Ab 68
Bouchet-Saint-Nicolas, Le 43
117 De 79
Bouchevilliers 27 16 Be 52
Bouchoir 80 17 Ce 50
Bouchon 80 7 Ca 48
Bouchon-sur-Saulx, Le 55
37 Fb 57
Bouchoux, les 39 96 Fe 71
Bouchy-Saint-Genest 51 34 Dd 57
Boucieux-le-Roi 07 106 Ee 78
Bouclans 25 70 Gb 65
Boucoiran 30 130 Eb 84
Bouconville 08 20 Ee 53
Bouconvillers 60 32 Bf 53
Bouconville-sur-Madt 55 37 Fe 55
Bouconville-Vauclair 02 19 De 52
Boudes 63 103 Db 76
Boudeville 76 15 Af 50
Boudou 82 126 Ba 84
Boudrac 31 139 Ad 89
Boudreville 21 53 Ee 61
Boudy-de-Beauregard 47
112 Ae 81
Bouée 44 59 Ya 65
Boueilh-Boueilho-Lasque 64
124 Ze 87
Bouelles 76 16 Bc 50
Bouër 72 48 Ad 60
Bouère 53 46 Zd 61
Bouessay 53 46 Zd 61
Bouesse 36 78 Be 69
Bouëx 16 100 Ab 75
Bouëxière, La 35 45 Yd 59
Bouffémont 95 33 Cb 54
Boufféré 85 74 Yd 67
Bouffignereux 02 19 Df 52
Boufflers 80 7 Ca 47
Bougainville 80 17 Ca 49
Bougarber 64 138 Zd 88
Bougé-Chambalud 38 106 Ef 77
Bouges-le-Château 36 78 Be 66
Bougey 70 70 Ff 62
Bougival 78 33 Ca 55
Bouglainval 28 32 Bd 57
Bougligny 77 50 Cd 59
Bouglon 47 112 Aa 82
Bougneau 17 99 Zc 75
Bougnon 70 70 Ga 62
Bougon 79 76 Zf 70
Bougue 40 124 Zd 85
Bouguenais 44 60 Yc 65
Bougy 14 29 Zc 54
Bougy-lez-Neuville 45 49 Ca 60
Bouhans 71 83 Fb 68
Bouhanset-et-Feurg 70 69 Fd 64
Bouhans-lès-Lure 70 70 Gc 62
Bouhans-lès-Montbozon 70
70 Gb 64
Bouhet 17 86 Za 72
Bouhey 21 68 Ee 65
Bouhy 58 66 Da 64
Bouilh-Devant 65 139 Ab 89
Bouilhonnac 11 142 Cc 89
Bouilh-Péreuilh 65 139 Ab 89
Bouillac 12 114 Ca 81
Bouillac 24 113 Af 80
Bouillac 82 126 Ba 85
Bouilladise, La 13 146 Fd 88
Bouillancourt-en-Séry 80 6 Bd 49
Bouillancourt-la-Bataille 80
17 Cd 50
Bouillancy 60 34 Cf 54
Bouilland 21 68 Ee 66
Bouillargues 30 131 Ec 86
Bouille, la 76 15 Af 52
Bouillé-Courdault 85 75 Zb 70
Bouillé-Loretz 79 62 Ze 66
Bouillé-Ménard 49 46 Za 62
Bouillé-Saint-Paul 79 75 Zd 66
Bouillie, La 22 27 Xd 57
Bouillon 64 138 Zc 88
Bouillonville 54 37 Ff 55
Bouilly 10 52 Df 59
Bouilly 51 35 Df 53
Bouilly-en-Gâtinais 45 50 Cb 60
Bouin 79 88 Zf 72
Bouin 85 59 Xf 67
Bouin-Plumoisin 62 7 Bf 46
Bouisse 11 142 Cc 91
Boulx 21 53 Ec 61
Boujailles 25 84 Ga 67
Boujan-sur-Libron 34 143 Db 88
Boulages 10 35 Df 57
Boulaincourt 88 55 Ga 58
Boulancourt 77 50 Cc 59
Boulange 57 22 Ff 52
Boulaur 32 139 Ae 87
Boulaye, La 71 81 Ea 68
Boulay-les-Barres 45 49 Be 61
Boulay-les-Ifs 53 47 Zf 58
Boulay-Morin, Le 27 31 Bb 54
Boulay-Moselle 57 38 Gc 53
Boulazac 24 101 Ae 77
Boulbon 13 131 Ee 85
Boule-d'Amont 66 154 Cd 93
Bouleternère 66 154 Cd 93
Bouleurs-le-Mont 77 34 Cf 55
Bouleuse 51 35 Df 53
Bouliac 33 111 Zc 80
Boulieu-lès-Annonay 07
106 Ed 77
Bouligneux 01 94 Ef 72
Bouligney 70 55 Gb 61
Bouligny 55 21 Fe 53
Boulin 65 139 Aa 89
Boullarre 60 34 Da 54
Boullay-les-Deux-Églises 28
32 Bb 57
Boullay-les-Troux 91 33 Ca 56
Boullay-Mivoye, Le 28 32 Bc 57
Boullay-Thierry, Le 28 32 Bc 57
Boulleret 18 66 Cf 64
Boulleville 27 14 Ac 52
Bouloc 31 126 Bc 86
Bouloc 82 113 Ba 83
Boulogne 85 74 Ye 68
Boulogne-Billancourt 92 33 Cb 55
Boulogne-la-Grasse 60 17 Ce 51
Boulogne-sur-Gesse 31
139 Ad 89
Boulogne-sur-Helpe 59 9 Df 48
Boulogne-sur-Mer 62 2 Bd 44
Bouloire 72 48 Ad 61
Boulon 14 29 Zd 54
Boulot 70 70 Ff 64
Boulou, Le 66 154 Ce 93
Boult 70 70 Ga 64
Boult-au-Bois 08 20 Ef 52
Boult-sur-Suippe 51 19 Ea 52
Boulvé, Le 46 113 Ba 82
Boulvriag = Bourbriac 22
26 We 58
Boulzicourt 08 20 Ee 50
Boumourt 64 138 Zc 89
Bouniagues 24 112 Ad 80
Boupère, Le 85 75 Za 68
Bouquehault 62 3 Bf 43
Bouquelon 27 15 Ac 52
Bouquemaison 80 7 Cc 47
Bouquemont 55 37 Fc 55
Bouquet 30 130 Eb 84
Bouquetot 27 15 Ae 52
Bouqueval 95 33 Cc 54
Bouranton 10 52 Eb 59
Bouray-sur-Juine 91 50 Cb 57
Bourbach-le-Bas 68 71 Ha 62
Bourbach-le-Haut 68 56 Ha 62
Bourberain 21 69 Fb 64
Bourbévelle 70 55 Ff 61
Bourbon-Lancy 71 81 De 69
Bourbon-l'Archambault 03
80 Da 69
Bourbonne-les-Bains 52 54 Fe 61
Bourboule, La 63 103 Ce 75
Bourbourg 59 3 Cb 43
Bourbriac 22 26 We 58
Bourcefranc-le-Chapus 17
86 Yf 73
Bourcia 39 95 Fc 70
Bourcq 08 20 Ed 52
Bourdainville 76 15 Af 50
Bourdalat 40 124 Ze 85
Bourdeau 73 108 Ff 74
Bourdeaux 26 119 Fa 81
Bourdeilles 24 100 Ad 77
Bourdeix, Le 24 100 Ad 75
Bourdelles 33 111 Aa 81
Bourdet, Le 79 87 Zc 71
Bourdic 30 131 Eb 85
Bourdinière-Saint-Loup, La 28
49 Bc 59
Bourdon 80 7 Ca 49
Bourdonnay 57 39 Ge 56
Bourdonné 78 32 Bd 56
Bourdons-sur-Rognon 52
54 Fc 60
Bourecq 62 7 Cc 45
Bouresches 02 34 Db 54
Bouresse 86 88 Ad 70
Bouret-sur-Canche 62 7 Cb 47
Boureuilles 55 36 Fa 53
Bourg 33 99 Zc 78
Bourg 52 69 Fb 62
Bourg, Le 46 114 Bf 80
Bourg-Achard 27 15 Ae 52
Bourgaltroff 57 39 Ge 55
Bourganeuf 23 90 Be 73
Bourg-Archambault 86 89 Ba 70
Bourg-Argental 42 106 Ed 77
Bourgbarré 35 45 Yc 61
Bourg-Beaudouin 27 16 Bb 52
Bourg-Blanc 29 24 Vd 57
Bourg-Bruche 67 56 Ha 58
Bourg-Charente 16 87 Ze 74
Bourg-de-Bigorre 65 139 Ab 90
Bourg-de-Péage 26 107 Fa 78
Bourg-des-Comptes 35 45 Yb 61
Bourg-de-Sirod 39 84 Ff 68
Bourg-des-Maisons 24 100 Ac 76
Bourg-de-Thizy 69 93 Eb 72
Bourg-de-Visa 82 126 Af 83
Bourg-d'Hem, Le 23 90 Be 71
Bourg-d'Iré, Le 49 61 Za 62
Bourg-d'Oisans, Le 38 108 Ga 78
Bourg-d'Oueil 31 151 Ac 91
Bourg-du-Bost 24 100 Ab 77
Bourg-Dun 76 15 Af 49
Bourgeauville 14 14 Aa 53
Bourg-en-Bresse 01 95 Fb 71
Bourges 18 79 Cc 66
Bourg-et-Comin 02 19 De 52
Bourget-du-Lac, Le 73 108 Ff 75
Bourget-en-Huile 73 108 Gb 76
Bourg-Fidèle 08 20 Ed 49
Bourgheim 67 57 Hc 58
Bourghelles 59 8 Db 45
Bourg-Lastic 63 103 Cd 75
Bourg-le-Comte 71 93 Df 71
Bourg-le-Roi 72 47 Aa 58
Bourg-lès-Valence 26 118 Ef 79
Bourg-l'Evêque 49 45 Yf 62
Bourg-Madame 66 153 Bf 94
Bourgneuf 17 86 Yf 72
Bourgneuf 73 108 Gb 75
Bourgneuf-en-Mauges 49
61 Za 65
Bourgneuf-en-Retz 44 59 Ya 66
Bourgneuf-la-Forêt, Le 53
46 Za 60
Bourgogne 51 19 Ea 52
Bourgoin-Jallieu 38 107 Fb 75
Bourgon 53 45 Yf 60
Bourgonce, La 88 56 Ge 59
Bourgougnague 47 112 Ac 81
Bourg-Saint-Andéol 07 118 Ed 82
Bourg-Saint-Bernard 31
127 Be 87
Bourg-Saint-Christophe 01
95 Fa 73
Bourg-Sainte-Marie 52 54 Fd 59
Bourg-Saint-Léonard, Le 61
30 Aa 56
Bourg-Saint-Maurice 73
109 Ge 75
Bourgthéroulde-Infreville 27
14 Af 53
Bourguébus 14 30 Ze 54
Bourgueil 37 62 Aa 65
Bourguenolles 50 28 Ye 56
Bourguet, Le 83 134 Gd 86
Bourguignon 25 71 Ge 64
Bourguignon-lès-Conflans 70
70 Ga 62
Bourguignon-lès-la-Charité 70
70 Ff 64
Bourguignon-lès-Morey 70
69 Fe 62
Bourguignons 10 53 Ec 60
Bourgvilain 71 94 Ed 70
Bourideys 33 111 Zd 82
Bouriège 11 141 Ca 91
Bourigeole 11 141 Ca 91
Bourisp 65 150 Ac 92
Bourlens 47 113 Af 82
Bourlon 62 8 Da 47
Bourmont 52 54 Fd 59
Bournainville-Faverolles 27
31 Ac 54
Bournan 37 77 Ae 66
Bournand 86 62 Aa 66
Bournazel 12 115 Cb 82
Bournazel 81 127 Bf 84
Bourneau 85 75 Zb 69
Bournel 47 112 Ae 81
Bourneville 27 15 Ad 52
Bournezeau 85 74 Ye 69
Bourniquel 24 113 Ae 80
Bournois 25 70 Gc 64
Bournoncle-Saint-Pierre 43
104 Db 76
Bournonville 62 3 Bf 44
Bournos 64 138 Zd 88
Bourogne 90 71 Gf 63
Bourran 47 112 Ac 82
Bourré 41 64 Bb 64
Bourréac 65 138 Aa 90
Bourret 82 126 Ba 85
Bourriot-Bergonce 40 124 Ze 84
Bourron-Marlotte 77 50 Ce 58
Bourrou 24 100 Ad 78
Bourrouillan 32 124 Zf 86
Bours 62 7 Cb 46
Bours 65 138 Aa 89
Boursault 51 35 Df 54
Boursay 41 48 Af 60
Bourscheid 57 39 Hb 56
Bourseul 22 27 Xe 58
Bourseville 80 6 Bd 48
Boursières 70 70 Ga 63
Boursies 59 8 Da 48
Boursin 62 3 Be 44
Boursonne 60 34 Da 53
Bourth 27 31 Ae 56
Bourthes 62 7 Bf 45
Bourville 76 15 Ae 50
Boury-en-Vexin 60 16 Be 53
Bousbach 57 39 Gf 54
Bousbecque 59 4 Da 44
Bouscat, le 33 111 Zc 79
Bousies 59 9 Dd 48
Bousignies 59 9 Dc 46
Bousignies-sur-Roc 59 10 Eb 47
Bousquet, Le 11 153 Ca 92
Bousquet-d'Orb, Le 34 129 Da 86
Boussac 12 128 Cc 83
Boussac 12 128 Cf 85
Boussac 23 90 Cb 70
Boussac 46 114 Bf 81
Boussac, La 35 28 Yc 57
Boussac-Bourg 23 91 Cb 70
Boussagues 34 129 Da 87
Boussan 31 140 Af 89
Boussay 37 77 Af 67
Boussay 44 60 Ye 66
Bousse 57 22 Gb 53
Bousse 72 47 Zf 62
Bousselange 21 83 Fb 67
Boussenac 09 152 Bc 91
Boussenois 21 69 Fb 63
Boussens 31 140 Af 89
Bousseraucourt 70 55 Ff 61
Boussès 47 125 Aa 84
Bousseviller 57 39 Hc 54
Boussey 21 68 Ed 64
Boussicourt 80 17 Cd 50
Boussières 25 70 Ff 66
Boussières 59 9 Df 47
Boussières-en-Cambrésis 59
9 Dc 47
Boussois 59 9 Ea 47
Boussoulet 43 105 Ea 78
Boussy 74 96 Ff 73
Boussy-Saint-Antoine 91
33 Cd 56
Boust 57 22 Gb 52
Boustroff 57 38 Gd 54
Boutancourt 08 20 Ee 50
Boutavent 60 16 Be 51
Bout-du-Pont-de-Larn 81
142 Cc 88
Bouteille, La 02 19 Df 49
Boutenac 11 142 Ce 90
Boutenac-Touvent 17 99 Zb 76
Boutencourt 60 16 Bf 53
Boutervilliers 91 50 Ca 58
Bouteville 16 99 Zf 75
Boutiers-Saint-Trojan 16 87 Ze 74
Boutigny 77 34 Cf 55
Boutigny-Prouais 28 32 Bd 56
Boutigny-sur-Essonne 91
50 Cc 58
Bouttencourt 80 6 Bd 49
Boutteville 50 12 Ye 52
Boutx 31 151 Ae 91
Bouvaincourt-sur-Bresle 80
6 Bc 48
Bouvancourt 51 19 Df 52
Bouvante(-le-Bas) 26 119 Fb 79
Bouvellemont 08 20 Ed 51
Bouverans 25 84 Gb 67
Bouvesse-Quirieu 38 95 Fc 74
Bouvières 26 119 Fb 81
Bouvignies 59 8 Db 46
Bouvigny 62 8 Ce 46
Bouville 28 49 Bc 59
Bouville 76 15 Af 51
Bouville 91 50 Cb 58
Bouvincourt-en-Vermandois 80
18 Da 49
Bouvines 59 8 Db 45
Bouvresse 60 16 Be 51
Bouvron 44 59 Ya 64
Bouvron 54 37 Ff 56
Bouxières-aux-Bois 88 55 Gb 59
Bouxières-aux-Chênes 54
38 Gb 56
Bouxières-aux-Dames 54
38 Gb 56
Bouxières-sous-Froidmont 54
38 Ga 55
Boux-sous-Salmaise 21 68 Ed 64
Bouxurulles 88 55 Gb 58
Bouxwiller 67 40 Hc 55
Bouxwiller 68 72 Hb 63
Bouy 51 35 Ec 54
Bouy-Luxembourg 10 52 Eb 58
Bouyssou, Le 46 114 Bf 80
Bouy-sur-Orvin 10 51 Dc 58
Bouzais 18 79 Cc 68
Bouzancourt 52 53 Ef 59
Bouzanville 54 55 Ga 58
Bouzel 63 92 Db 74
Bouze-lès-Beaume 21 82 Ee 66
Bouzemont 88 55 Gb 59
Bouzic 24 113 Bb 80
Bouziès 46 114 Bd 82
Bouzigues 34 144 Dd 88
Bouzillé 49 60 Yf 65
Bouzin 31 140 Af 89
Bouzincourt 80 8 Cd 48
Bouzon-Gellenave 32 124 Aa 86
Bouzonville 57 22 Gd 53
Bouzonville-aux-Bois 45 50 Cb 60
Bouzy 51 35 Ea 54
Bouzy-la-Forêt 45 50 Cc 61
Bovée-sur-Barboure 55 37 Fd 57
Bovel 35 44 Ya 61
Bovelles 80 17 Ca 49
Boves 80 17 Cc 50
Boviolles 55 37 Fc 57
Boyardville 17 86 Ye 73
Boyaval 62 7 Cb 46
Boyelles 62 8 Ce 47
Boyer 42 93 Ea 72
Boyer 71 82 Ef 69
Boyeux-Saint-Jérôme 01 95 Fc 72
Boynes 45 50 Cc 60
Boyon 06 134 Ha 85
Boz 01 94 Ef 70
Bozas 07 106 Ed 78
Bozel 73 109 Gd 76
Bozouls 12 115 Ce 82
Brabant-le-Roi 55 36 Ef 55
Brabant-sur-Meuse 55 21 Fb 53
Brach 33 98 Za 78
Brachay 52 53 Fa 58
Brachy 76 15 Af 50
Bracieux 41 64 Bd 63
Bracon 39 84 Ff 67
Bracquemont 76 6 Ba 49
Bracquetuit 76 15 Ba 50
Bradiancourt 76 16 Bc 51
Braffais 50 28 Ye 56
Bragassargues 30 130 Ea 85
Bragayrac 31 140 Ba 88
Bragelogne-Beauvoir 10 52 Eb 61
Bragny-sur-Saône 71 83 Fa 67
Brahic 07 117 Ea 82
Braillans 25 70 Ga 65
Brailly-Cornehotte 80 7 Bf 47
Brain 21 68 Ed 64
Brainans 39 83 Fd 67
Braine 02 18 Dd 52
Brains 44 60 Yb 65
Brains-sur-les-Marches 53
43 Ye 61
Brain-sur-Allonnes 49 62 Aa 65
Brain-sur-l'Authion 49 61 Zd 64
Brain-sur-Longuenée 49 61 Zb 63
Brain-sur-Vilaine 35 44 Ya 62
Brainville 50 28 Yd 54
Brainville 54 37 Fe 54
Brainville-sur-Meuse 52 54 Fd 59
Braize 03 79 Cd 69
Bralleville 54 55 Gb 58
Bram 11 141 Ca 89
Bramans 73 109 Ge 77
Brametot 76 15 Af 50
Bramevaque 65 139 Ad 91
Bran 17 99 Ze 76
Branceilles 19 102 Be 78
Branches 89 51 Dc 61
Brancourt-en-Laonnois 02
18 Dc 51
Brancourt-le-Grand 02 9 Dc 49
Brandérion 56 43 We 62
Brandeville 55 21 Fb 52
Brando 2B 157 Kc 92
Brandon 71 94 Ed 70
Brandonnet 12 114 Ca 82
Brandonvillers 51 52 Ed 57
Brandu = Brando 2B 157 Kc 92
Branges 71 83 Fb 69
Brangues 38 107 Fd 74
Brannay 89 51 Da 59
Branne 25 70 Gc 64
Branne 33 111 Ze 80
Brannens 33 111 Zf 81
Branoux-les-Taillades 30
130 Df 83
Brans 39 69 Fd 65
Bransat 03 92 Db 71
Branscourt 51 19 De 53
Bransles 77 51 Cf 60
Brantes 84 132 Fb 83
Brantes 84 132 Fb 83
Brantigny 88 55 Gb 58
Brantôme 24 100 Ad 76
Branville 14 14 Aa 53
Branville-Hague 50 12 Yb 51
Bras 83 147 Ff 88
Brasc 12 128 Cd 85
Bras-d'Asse 04 133 Ga 85
Brasles 02 34 Dc 54
Braslou 37 76 Ac 67
Brasparts 29 25 Wa 59
Brassac 09 152 Bd 91
Brassac 81 128 Cd 87
Brassac 82 126 Af 83
Brassac-les-Mines 63 104 Dc 76
Brassempouy 40 123 Zb 87
Brasseuse 60 17 Ce 53
Bras-sur-Meuse 55 37 Fc 53
Brassy 58 67 Df 65
Brassy 80 17 Ca 50
Bratte 54 38 Gb 56
Braud-et-Saint-Louis 33 99 Zc 77
Brauvilliers 55 37 Fa 57
Braux 04 134 Ge 85
Braux 10 53 Ec 58
Braux 21 68 Ec 64
Braux-le-Châtel 52 53 Ef 60
Braux-Saint-Rémy 51 36 Ef 54
Brax 31 126 Bb 87
Brax 47 125 Ad 83
Bray 27 31 Af 54
Bray 71 82 Ee 69
Bray-Dunes 59 4 Cd 42
Braye 02 18 Dc 52
Braye-en-Laonnois 02 19 Dd 52
Braye-en-Thiérache 02 19 Df 50
Bray-en-Val 45 50 Cc 62
Braye-sous-Faye 37 76 Ac 67
Braye-sur-Maulne 37 62 Ab 63
Bray-et-Lû 95 32 Bd 54
Bray-lès-Mareuil 80 7 Bf 48
Bray-sur-Seine 77 51 Db 58
Bray-sur-Somme 80 8 Ce 49
Brazey-en-Morvan 21 68 Eb 65
Brazey-en-Plaine 21 69 Fb 66
Bréal-sous-Montfort 35 44 Ya 60
Bréal-sous-Vitré 35 45 Yf 60
Bréançon 95 33 Ca 54
Bréau 77 34 Cf 57
Bréau-et-Salagosse 30 129 Dd 85
Bréauté 76 14 Ac 51
Brebières 62 8 Da 46
Brebotte 90 71 Gf 63
Brécé 35 45 Yd 60
Brecé 53 46 Zb 58
Brécey 50 28 Yf 56
Brech 56 43 Xa 62
Bréchamps 28 32 Bd 56
Bréchaumont 68 71 Ha 62
Brectouville 50 29 Yf 54
Brécy 02 34 Dc 54
Brécy 18 65 Cd 66
Brécy-Brières 08 20 Ee 53
Brède, La 33 111 Zc 80
Brée 53 46 Zc 60
Bréel 61 29 Zd 56
Brée-les-Bains, la 17 86 Yd 72
Brégnier-Cordon 01 107 Fd 75
Brégy 60 34 Cf 54
Bréhain 57 38 Gd 55
Bréhain-la-Ville 54 21 Ff 52
Bréhal 50 28 Yc 55
Bréhand 22 27 Xc 58
Bréhéville 55 21 Fb 52
Breidenbach 57 39 Hc 54
Breil 49 62 Aa 64
Breille-les-Pins, La 49 62 Aa 64
Breil-sur-Mérize, Le 72 47 Ac 61
Breil-sur-Roya 06 135 Hd 85
Breistroff-la-Grande 57 22 Gb 52
Breitenau 67 56 Hb 59
Breitenbach 67 56 Hb 58
Breitenbach-Haut-Rhin 68
56 Ha 60
Brélidy 22 26 We 57
Bréménil 54 39 Gf 57
Brémoncourt 54 55 Gc 58
Bremondans 25 70 Gc 65
Brémontier-Merval 76 16 Bd 51
Brémoy 14 29 Zb 55
Brem-sur-Mer 85 73 Yb 69
Brémur-et-Vaurois 21 68 Ed 62
Bren 26 106 Ef 78
Brenac 11 153 Ca 91
Brenas 34 129 Db 87
Brenat 63 104 Db 75
Brénaz 01 95 Fc 73
Brénaz 01 95 Fe 73
Brenelle 02 18 Dd 52
Brengues 46 114 Be 81
Brennes 52 69 Fb 62
Brennilis 29 25 Wa 58
Brénod 01 95 Fd 72
Brenon 83 134 Gd 86
Brenouille 60 17 Cd 53
Brenoux 48 116 Dd 82
Brens 01 95 Fe 74
Brenthonne 74 96 Gc 71
Breny 02 34 Dc 53

Bondy — Breny (F) 167

Bréole, La **04** 120 Gb 82
Brères **25** 84 Ff 66
Bréry **39** 83 Fd 68
Bresdon **17** 87 Zf 73
Bréseux, Les **25** 71 Ge 65
Bresilley **70** 69 Fd 65
Bresle **80** 8 Cd 49
Bresles **60** 17 Cb 52
Bresnay **03** 80 Db 70
Bresolettes **61** 31 Ad 57
Bresse, La **88** 56 Gf 60
Bresse-sur-Grosne **71** 82 Ee 69
Bressey-sur-Tille **21** 69 Fb 65
Bressolles **01** 95 Fa 73
Bressolles **03** 80 Db 69
Bressols **82** 126 Bc 85
Bresson **38** 107 Fe 78
Bressuire **79** 75 Zd 67
Brest **29** 24 Vd 58
Brestot **27** 15 Ae 52
Bretagne **36** 78 Be 67
Bretagne **90** 71 Gf 63
Bretagne-d'Armagnac **32** 125 Aa 85
Bretagne-de-Marsan **40** 124 Zd 85
Bretagnolles **27** 32 Bc 55
Breteau **45** 66 Cf 62
Bréteil **35** 44 Ya 60
Bretenière **21** 69 Fa 65
Bretenière, la **25** 70 Gb 64
Bretenière, la **39** 69 Fe 66
Bretenières **39** 83 Fd 67
Bretenoux **46** 114 Bf 79
Breteuil **27** 31 Af 56
Breteuil **60** 17 Cb 51
Bréthel **61** 31 Ad 56
Brethenay **52** 54 Fa 60
Bretigney-Notre-Dame **25** 70 Gb 65
Bretignolles **79** 75 Zc 67
Brétignolles-sur-Mer **85** 73 Ya 69
Brétigny **21** 69 Fa 64
Brétigny **27** 15 Ae 53
Brétigny **60** 18 Da 51
Brétigny-sur-Orge **91** 33 Cb 57
Bretoncelles **61** 48 Af 58
Bretonnière, La **85** 74 Ye 70
Bretonvillers **25** 71 Gd 65
Brette-les-Pins **72** 47 Ac 61
Bretten **68** 71 Ha 62
Brettes **16** 88 Aa 72
Bretteville **50** 12 Yc 51
Bretteville-du-Grand-Caux **76** 14 Ac 50
Bretteville-l'Orgueilleuse **14** 13 Zc 53
Bretteville-Saint-Laurent **76** 15 Af 50
Bretteville-sur-Ay **50** 12 Yc 53
Bretteville-sur-Dives **14** 30 Zf 54
Bretteville-sur-Laize **14** 30 Ze 54
Bretteville-sur-Odon **14** 13 Zd 53
Brettnach **57** 22 Gd 53
Bretx **31** 126 Bb 86
Breuches **70** 70 Gb 62
Breugnon **58** 66 Dc 64
Breuil **51** 19 De 53
Breuil **80** 18 Cf 50
Breuil, Le **03** 93 Dd 71
Breuil, Le **51** 35 Dd 55
Breuil, Le **69** 94 Ed 73
Breuil, Le **71** 82 Ec 68
Breuilaufa **87** 89 Ba 72
Breuil-Barret **85** 75 Zb 69
Breuil-Bernard, Le **79** 75 Zc 68
Breuil-Bois-Robert **78** 32 Be 55
Breuil-Coiffaud, Le **79** 88 Aa 72
Breuil-en-Auge, Le **14** 14 Ab 53
Breuil-en-Bessin, Le **14** 13 Za 53
Breuilh **24** 101 Ae 78
Breuil-la-Réorte **17** 87 Zb 72
Breuil-le-Sec **60** 17 Cc 52
Breuillet **17** 86 Yf 74
Breuillet **91** 33 Cb 57
Breuil-le-Vert **60** 17 Cc 52
Breuil-Magné **17** 86 Za 73
Breuilpont **27** 32 Bc 55
Breuil-sous-Argenton, Le **79** 75 Zd 67
Breuil-sur-Couze, le **63** 103 Db 76
Breurey-lès-Faverney **70** 70 Ga 62
Breuschwickersheim **67** 40 Hd 57
Breuvannes-en-Bassigny **52** 54 Fd 60
Breuvery-sur-Coole **51** 35 Eb 55
Breuville **50** 12 Yb 51
Breux **55** 21 Fc 51
Breux-Jouy **91** 33 Cb 57
Breux-sur-Avre **27** 31 Ba 56
Brévainville **41** 49 Bb 61
Bréval **78** 32 Bd 55
Brévands **50** 12 Ye 53
Brevans **39** 83 Fd 66
Brévedent, Le **14** 14 Ab 53
Bréviaires, Les **78** 32 Be 56
Brévière, La **14** 30 Ab 55
Bréville **14** 14 Ze 53
Bréville **16** 87 Ze 74
Brévillers **62** 7 Ca 46
Brévillers **80** 7 Cc 47
Bréville-sur-Mer **50** 28 Yc 55
Brevilliers **70** 71 Ge 63
Brévilly **08** 20 Fa 51
Bréxent-Enocq **62** 7 Be 45
Brey-et-Maison-du-Bois **25** 84 Gb 68
Brézé **49** 62 Zf 65
Brézilhac **11** 141 Ca 90
Brézins **38** 107 Fb 76
Brézolles **28** 31 Ba 56
Brezons **15** 115 Ce 79
Briançon **05** 121 Gd 79
Briançonnet **06** 134 Ge 85
Brianny **21** 68 Ec 64
Briant **71** 93 Ea 71
Briare **45** 66 Ce 63
Briarres-sur-Essonne **45** 50 Cc 59
Briastre **59** 9 Dc 47
Briatexte **81** 127 Bf 86
Briaucourt **52** 54 Fb 59
Briaucourt **70** 55 Gb 62
Bricon **52** 53 Ef 60
Bricquebec **50** 12 Yc 52
Bricquebosq **50** 12 Yb 51
Bricqueville-sur-Mer **50** 28 Yc 55
Bricy **45** 49 Be 61
Brides-les-Bains **73** 109 Gd 76
Bridoire, la **73** 107 Fe 75
Bridoré **37** 77 Ba 66
Brie **02** 18 Dc 51
Brie **09** 141 Bd 89
Brie **16** 88 Ab 74
Brie **35** 45 Yc 61
Brie **79** 76 Zf 67
Brie **80** 18 Cf 49
Briec **29** 42 Vf 60
Brie-Comte-Robert **77** 33 Cd 56
Brie-et-Angonnes **38** 108 Fe 78
Brielles **35** 45 Yf 60
Briel-sur-Barse **10** 53 Ec 59
Brienne **71** 83 Fa 69
Brienne-la-Vieille **10** 53 Ed 58
Brienne-le-Château **10** 53 Ed 58
Brienne-sur-Aisne **08** 19 Ea 52
Briennon **42** 93 Ea 72
Brienon-sur-Armançon **89** 52 Dd 61
Brières-les-Scellés **91** 50 Ca 58
Brie-sous-Archiac **17** 99 Ze 76
Brie-sous-Barbezieux **16** 100 Zf 76
Brie-sous-Matha **17** 87 Ze 74
Brie-sous-Mortagne **17** 99 Zb 76
Brieuil **79** 88 Zf 71
Brieulles-sur-Bar **08** 20 Ef 52
Brieulles-sur-Meuse **55** 21 Fb 52
Brieux **61** 30 Zf 55
Brieves-Charensac **43** 105 Df 78
Briey **54** 22 Ff 53
Briffons **63** 103 Cd 74
Brignac **34** 129 Dc 87
Brignac **56** 44 Xd 60
Brignac-la-Plaine **19** 101 Bc 77
Brignais **69** 106 Ee 75
Brignancourt **95** 32 Bf 54
Brigné **49** 61 Zd 65
Brignemont **31** 126 Af 86
Brignogan-Plage **29** 24 Ve 56
Brignoles **83** 147 Ga 88
Brignon, Le **43** 117 Df 79
Brigue, La **06** 135 Hd 84
Brigueil-le-Chantre **86** 77 Ba 70
Brigueuil **16** 89 Af 73
Briis-sous-Forges **91** 33 Ca 57
Brillac **16** 89 Ae 72
Brillanne, La **04** 133 Ff 85
Brillecourt **10** 53 Ec 58
Brillevast **50** 12 Yd 51
Brillon **59** 9 Db 46
Brillon-en-Barrois **55** 36 Fa 56
Brimeux **62** 7 Be 46
Brimont **51** 19 Ea 52
Brinay **18** 65 Ca 65
Brinay **58** 81 De 66
Brinckheim **68** 72 Hc 63
Brindas **69** 94 Ee 74
Bringolo **22** 26 Xa 57
Brinon-sur-Beuvron **58** 67 Dc 65
Brinon-sur-Sauldre **18** 65 Cb 63
Brin-sur-Seille **54** 38 Gc 56
Briod **39** 83 Fd 69
Briollay **49** 61 Zc 63
Brion **01** 95 Fd 72
Brion **36** 78 Be 67
Brion **38** 107 Fb 77
Brion **48** 116 Da 80
Brion **49** 62 Zf 64
Brion **63** 104 Cf 76
Brion **71** 81 Eb 67
Brion **86** 88 Ac 70
Brion **89** 51 Dc 61
Brionne **27** 15 Ae 53
Brionne, la **23** 90 Be 72
Brion-près-Thouet **79** 76 Ze 66
Brion-sur-Ource **21** 53 Ed 61
Briord **01** 95 Fc 74
Briosne-lès-Sables **72** 47 Ac 59
Briot **60** 16 Bf 51
Brioude **43** 104 Dc 77
Brioux-sur-Boutonne **79** 87 Ze 72
Briouze **61** 29 Zd 56
Briquemesnil-Floxicourt **80** 17 Ca 49
Briquenay **08** 20 Ef 52
Briscous **64** 136 Yd 88
Brison-Saint-Innocent **73** 96 Ff 74
Brissac **34** 130 De 85
Brissac-Quincé **49** 61 Zd 64
Brissarthe **49** 61 Zd 62
Brissay-Choigny **02** 18 Dc 50
Brissy-Hamégicourt **02** 18 Dc 50
Brive-la-Gaillarde **19** 102 Bd 78
Brives **36** 78 Bf 67
Brives **72** 48 Ad 62
Brives-sur-Charente **17** 87 Zd 74
Brix **50** 12 Yc 51
Brixey-aux-Chanoines **55** 54 Fe 58
Brizambourg **17** 87 Zd 74
Brizay **37** 62 Ac 66
Brizeaux **55** 36 Fa 54
Brizon **74** 96 Gc 72
Broc **49** 62 Ab 63
Broc, Le **06** 134 Ha 86
Broc, Le **63** 104 Db 75
Brocas **40** 123 Zb 86
Brocas **40** 124 Zc 84
Brochon **21** 68 Ef 65
Brocourt **80** 16 Be 49
Broglie **27** 31 Ad 54
Brognard **25** 71 Gf 63
Brognon **08** 19 Eb 49
Brognon **21** 69 Fb 64
Broin **21** 83 Fa 66
Broindon **21** 69 Fa 65
Broissanc **07** 106 Ee 77
Broissia **39** 95 Fc 70
Brombos **60** 16 Bf 51
Bromeilles **45** 50 Cc 59
Brommat **12** 115 Ce 80
Bromont-Lamothe **63** 91 Ce 73
Bron **69** 94 Ef 74
Bronn = Brons **22** 44 Xe 59
Bronvaux **57** 38 Ga 53
Broons **22** 44 Xe 59
Broque, la **67** 56 Hb 58
Broquiers **60** 16 Be 50
Broquiès **12** 128 Ce 84
Brossac **16** 99 Zf 77
Brossay **49** 62 Ze 66
Brosse-Montceaux, La **77** 51 Da 58
Brosses **89** 67 De 63
Brosville **27** 31 Ba 54
Brotte-lès-Luxeuil **70** 70 Gc 62
Brotte-lès-Ray **70** 69 Fe 63
Brou **28** 48 Bb 59
Brouains **50** 29 Za 56
Brouay **14** 13 Zc 53
Brouchaud **24** 101 Af 77
Brouchy **80** 18 Da 50
Brouck **57** 38 Gd 54
Brouckerque **59** 3 Cb 43
Brouderdorff **57** 39 Ha 56
Broué **28** 32 Bd 56
Brouennes **55** 21 Fb 51
Brouilh-Monbert, Le **32** 125 Ac 86
Brouilla **66** 154 Cf 93
Brouillet **51** 35 De 53
Brouqueyran **33** 111 Ze 82
Brousse **23** 91 Cc 73
Brousse **63** 104 Dc 75
Brousse **81** 127 Ca 86
Brousse, La **17** 87 Zd 73
Brousse, La **63** 92 Da 73
Brousse-le-Château **12** 128 Cd 85
Brousses-et-Villaret **11** 142 Cb 88
Broussey-en-Blois **55** 37 Fd 57
Broussey-en-Woëvre **55** 37 Fe 56
Broussy-le-Grand **51** 35 Df 56
Broussy-le-Petit **51** 35 De 56
Brou-sur-Chantereine **77** 33 Cd 55
Broût-Vernet **03** 92 Db 71
Brouvelieures **88** 56 Ge 59
Brouville **54** 56 Ge 57
Brouviller **57** 39 Ha 56
Brouy **91** 50 Cb 59
Brouzet-lès-Alès **30** 130 Eb 84
Brouzet-lès-Quissac **30** 130 Df 85
Brouzils, Les **85** 74 Ye 67
Broxeele **59** 3 Cb 43
Broye **71** 82 Eb 67
Broye-Aubigney-Montseugny **70** 69 Fd 65
Broye-les-Loups-et-Verfontaine **70** 69 Fc 64
Broyes **51** 35 De 56
Broyes **60** 17 Cc 51
Brû **88** 56 Ge 58
Bruailles **71** 83 Fb 69
Bruay-la-Buissière **62** 8 Cd 46
Bruay-sur-l'Escaut **59** 9 Dd 46
Brucamps **80** 7 Ca 48
Bruch **47** 125 Ac 83
Brucheville **50** 12 Ye 52
Brucourt **14** 14 Zf 53
Bruc-sur-Aff **35** 44 Xf 62
Brue-Auriac **83** 147 Ff 87
Bruebach **68** 72 Hc 62
Brueil-en-Vexin **78** 32 Be 54
Bruère-Allichamps **18** 79 Cc 68
Bruère-sur-Loir, La **72** 62 Ac 63
Bruffière, La **85** 60 Ye 66
Brugairolles **11** 141 Ca 90
Brugeron, le **63** 105 De 74
Bruges-Capbis-Mifaget **64** 138 Ze 90
Brugheas **03** 92 Dc 72
Brugnac **47** 112 Ac 82
Brugny-Vaudancourt **51** 35 Df 55
Bruguière, La **30** 129 Dc 85
Bruguière, La **30** 131 Ec 84
Bruguières **31** 126 Bc 86
Bruille-lez-Marchiennes **59** 8 Db 46
Bruille-Saint-Amand **59** 9 Dd 46
Bruis **05** 119 Fd 82
Brûlain **79** 87 Ze 71
Brulais, Les **35** 44 Xf 61
Brulange **57** 38 Gd 55
Brûlatte-Saint-Isle, La **53** 46 Za 60
Bruley **54** 37 Ff 56
Brullemail **61** 31 Ab 57
Brullioles **69** 94 Ec 74
Brûlon **72** 47 Ze 61
Brumath **67** 40 He 56
Brumetz **02** 34 Da 54
Brunehamel **02** 19 Eb 50
Brunelles **28** 48 Af 59
Brunembert **62** 3 Bf 44
Brunémont **59** 8 Da 47
Brunet **04** 133 Ga 85
Bruniquel **82** 127 Bd 84
Brunoy **91** 33 Cc 56
Brunstatt **68** 72 Hb 62
Brunville **76** 6 Bb 49
Brunvillers-la-Motte **60** 17 Cc 51
Brusc, le **83** 147 Fe 90
Brusque **12** 129 Cf 86
Brusquet, Le **04** 133 Gb 83
Brussey **70** 70 Fe 65
Brussieu **69** 94 Ed 74
Brusson **51** 36 Ee 56
Brusvily **22** 27 Xf 58
Brutelles **80** 6 Bd 48
Bruville **54** 37 Ff 54
Brux **86** 88 Ab 71
Bruxières-sous-les-Côtes **55** 37 Fe 55
Bruyères **88** 56 Ge 59
Bruyères-et-Montbérault **02** 19 De 51
Bruyères-le-Châtel **91** 33 Cb 57
Bruyères-sur-Fère **02** 34 Dc 53
Bruyères-sur-Oise **95** 33 Cb 54
Bruz **35** 45 Yb 60
Bry **59** 9 De 47
Bryas **62** 7 Cb 46
Bû **28** 32 Bc 56
Buais **50** 29 Za 57
Buanes **40** 124 Zd 86
Bubertré **61** 31 Ad 57
Bubry **56** 43 We 61
Buc **78** 33 Ca 56
Buc **90** 71 Ge 63
Bucamps **60** 17 Cb 51
Bucey-en-Othe **10** 52 Df 59
Bucey-lès-Gy **70** 70 Ff 64
Bucey-lès-Traves **70** 70 Ff 63
Buchelay **78** 32 Bd 55
Buchères **10** 52 Ea 59
Buchy **57** 38 Gb 55
Buchy **76** 16 Bc 51
Bucilly **02** 19 Ea 49
Bucquoy **62** 8 Ce 48
Bucugnà = Bocognano **2A** 159 Ka 96
Bucy-le-Long **02** 18 Dc 52
Bucy-le-Roy **45** 49 Bf 60
Bucy-lès-Cerny **02** 18 Dd 51
Bucy-lès-Pierrepont **02** 19 Df 51
Bucy-Saint-Liphard **45** 49 Be 61
Budelière **23** 91 Cc 71
Buding **57** 22 Gb 52
Budos **33** 111 Zd 81
Bué **18** 66 Ce 65
Bueil **27** 32 Bc 55
Bueil-en-Touraine **37** 63 Ad 63
Buellas **01** 95 Fa 71
Buethwiller **68** 71 Ha 63
Buffard **25** 84 Fe 66
Buffières **71** 94 Ed 70
Buffignécourt **70** 70 Ga 62
Buffon **21** 68 Eb 63
Bugarach **11** 153 Cc 91
Bugard **65** 139 Ab 89
Bugeat **19** 102 Bf 75
Bugnein **64** 137 Zb 88
Bugnicourt **59** 8 Db 47
Bugnières **52** 53 Fa 61
Bugny **25** 84 Gc 66
Bugue, Le **24** 113 Af 79
Buhl **67** 40 Hf 55
Buhl **68** 56 Hb 61
Buhl-Lorraine **57** 39 Ha 56
Buhy **95** 32 Be 53
Buicourt **60** 16 Be 51
Buigny-l'Abbé **80** 7 Bf 48
Buigny-lès-Gamaches **80** 6 Bd 48
Buigny-Saint-Maclou **80** 7 Be 48
Buire **02** 19 Ea 49
Buire-au-Bois **62** 7 Ca 47
Buire-Courcelles **80** 18 Da 49
Buire-le-Sec **62** 7 Be 46
Buire-sur-l'Ancre **80** 8 Cd 49
Buironfosse **02** 9 Df 49
Buis, Le **87** 89 Bb 72
Buis-les-Baronnies **26** 132 Fb 83
Buissard **05** 120 Ga 81
Buisse, La **38** 107 Fd 77
Buisson, Le **48** 116 Db 81
Buisson, Le **51** 36 Ee 56
Buisson, Le **84** 118 Ee 83
Buissoncourt **54** 38 Gc 56
Buisson-de-Cadouin, Le **24** 113 Af 79
Buis-sur-Damville **27** 31 Ba 56
Buissy **62** 8 Da 47
Bujaleuf **87** 90 Bd 74
Bulainville **28** 49 Bd 59
Bulan **65** 139 Ab 90
Bulat-Pestivien **22** 26 We 58
Bulcy **58** 66 Da 65
Buléon **56** 43 Xb 61
Bulgnéville **88** 54 Ff 59
Bulhon **63** 92 Dc 73
Bulle **25** 84 Gb 67
Bullecourt **62** 8 Cf 47
Bulles **60** 17 Cb 52
Bulligny **54** 37 Ff 57
Bullion **78** 32 Bf 57
Bullou **28** 48 Bb 59
Bully **42** 93 Ea 73
Bully **76** 16 Bc 50
Bully-les-Mines **62** 8 Ce 46
Bulson **08** 20 Ef 51
Bult **88** 55 Gd 59
Bun **65** 138 Zf 91
Buncey **21** 68 Ed 62
Buneville **62** 7 Cc 47
Bunifaziu = Bonifacio **2A** 160 Kb 100
Buno-Bonnevaux **91** 50 Cc 58
Bunus **64** 137 Yf 89
Bunzac **16** 88 Ac 74
Buoux **84** 132 Fc 85
Burbach **67** 39 Ha 55
Burbanche, La **01** 95 Fd 73
Burbure **62** 8 Cc 45
Burcy **14** 29 Zb 55
Burcy **77** 50 Cd 59
Burdignes **42** 106 Ed 77
Burdignin **74** 96 Gc 71
Bure **55** 54 Fc 57
Buré **61** 30 Ac 57
Bure-les-Templiers **21** 68 Ef 62
Burelles **02** 19 Df 50
Bures **54** 38 Gd 56
Bures **61** 30 Ac 57
Bures-en-Bray **76** 16 Bb 50
Bures-sur-Yvette **91** 33 Ca 56
Buret, le **53** 46 Zc 61
Burey **27** 31 Af 55
Burey-en-Vaux **55** 37 Fe 57
Burey-la-Côte **55** 54 Fe 57
Burg **65** 139 Ab 89
Burgalays **31** 151 Ad 91
Burgaronne **64** 137 Za 88
Burgaud, Le **31** 126 Ba 86
Burgille **25** 70 Fe 65
Burgnac **87** 89 Ba 74
Burgy **71** 82 Ee 70
Burie **17** 87 Zd 74
Buriville **54** 39 Ge 57
Burlats **81** 128 Cb 87
Burlioncourt **57** 38 Gd 55
Burnand **71** 82 Ed 69
Burnevillers **25** 71 Ha 65
Burnhaupt-le-Bas **68** 71 Ha 62
Burnhaupt-le-Haut **68** 71 Ha 62
Buros **64** 138 Ze 88
Burosse-Mendousse **64** 138 Ze 87
Burret **09** 152 Bc 91
Bursard **61** 30 Ab 57
Burthecourt-aux-Chênes **54** 38 Gb 57
Burtoncourt **57** 22 Gc 53
Bury **60** 17 Cc 53
Burzet **07** 117 Eb 80
Burzy **71** 82 Ed 69
Bus **62** 8 Cf 48
Buschwiller **68** 72 Hd 63
Busigny **59** 9 Dc 48
Bus-la-Mésière **80** 17 Ce 51
Bus-lès-Artois **80** 8 Cd 48
Busloup **41** 48 Ba 61
Busnes **62** 8 Cd 45
Busque **81** 127 Bf 86
Bussac **24** 100 Ad 77
Bussac-Forêt **17** 99 Zd 77
Bussac-sur-Charente **17** 87 Zc 74
Bus-Saint-Rémy **27** 32 Bd 54
Bussang **88** 56 Gf 61
Busseau, Le **79** 75 Zc 69
Busseaut **21** 68 Ed 62
Busséol **63** 104 Db 74
Busserotte-et-Montenaille **21** 68 Ef 63
Busset **03** 92 Dd 72
Bussiares **02** 34 Db 54
Bussière, La **23** 91 Cd 72
Bussière, La **45** 66 Ce 62
Bussière, La **86** 77 Ae 69
Bussière-Badil **24** 100 Ad 75
Bussière-Boffy **87** 89 Af 72
Bussière-Dunoise **23** 90 Be 71
Bussière-Galant **87** 101 Ba 75
Bussière-Poitevine **87** 89 Af 71
Bussières **21** 68 Ef 63
Bussières **42** 93 Eb 74
Bussières **63** 91 Cd 72
Bussières **70** 70 Ff 64
Bussières **71** 94 Ee 71
Bussières **77** 34 Db 55
Bussières **89** 67 Ea 64
Bussière-Saint-Georges **23** 91 Ca 70
Bussières-et-Pruns **63** 92 Db 72
Bussière-sur-Ouche, La **21** 68 Ee 65
Busson **52** 54 Fc 59
Bussu **80** 8 Cf 49
Bussunarits-Sarrasquette **64** 137 Ye 90
Bussus-Bussuel **80** 7 Bf 48
Bussy **18** 79 Cd 67
Bussy **60** 18 Cf 51
Bussy-Albieux **42** 93 Ea 74
Bussy-en-Othe **89** 51 Dd 60
Bussy-la-Pesle **21** 68 Ee 64
Bussy-la-Pesle **58** 66 Dc 65
Bussy-le-Château **51** 36 Ed 54
Bussy-le-Grand **21** 68 Ed 63
Bussy-le-Repos **51** 36 Ee 55
Bussy-le-Repos **89** 51 Db 60
Bussy-lès-Daours **80** 17 Cc 49
Bussy-lès-Poix **80** 17 Ca 50
Bussy-Lettrée **51** 35 Eb 56
Bussy-Saint-Georges **77** 33 Ce 55
Bust **67** 39 Hb 55
Bustanico **2B** 159 Kb 95
Bustanicu = Bustanico **2B** 159 Kb 95
Bustince-Iriberry **64** 137 Ye 89
Bû-sur-Rouvres, Le **14** 30 Ze 54
Buswiller **67** 40 Hd 56
Busy **25** 70 Ff 65
Butgnéville **55** 37 Fe 54
Buthiers **70** 70 Ga 64
Buthiers **77** 50 Cc 59
Butot **76** 15 Ba 51
Butot-Vénesville **76** 15 Ad 50
Butry-sur-Oise **95** 33 Cb 54
Butteaux **89** 52 De 61
Butten **67** 39 Hb 55
Buverchy **80** 18 Cf 50
Buvilly **39** 83 Fe 67
Buvin **38** 107 Fd 75
Buxerette, La **36** 78 Be 70
Buxerolles **21** 68 Ef 62
Buxerolles **86** 76 Ac 69
Buxeuil **10** 53 Ec 60
Buxeuil **36** 64 Be 66
Buxeuil **86** 77 Ae 67
Buxières-d'Aillac **36** 78 Be 69
Buxières-lès-Clefmont **52** 54 Fc 60
Buxières-les-Mines **03** 80 Cf 70
Buxières-lès-Villiers **52** 53 Fa 60
Buxières-sous-Montaigut **63** 91 Cf 71
Buxières-sur-Arce **10** 53 Ec 60
Buxy **71** 82 Ee 68
Buysscheure **59** 3 Cc 44
Buzan **09** 151 Af 91
Buzançais **36** 78 Bc 67
Buzancy **02** 18 Dc 53
Buzancy **08** 20 Ef 52
Buzeins **12** 116 Cf 82
Buzet-sur-Baïse **47** 112 Ab 83
Buzet-sur-Tarn **31** 127 Bd 86
Buziet **64** 138 Zd 90
Buzignargues **34** 130 Ea 86
Buzon **65** 139 Aa 88
Buzy **55** 37 Fe 53
Buzy **64** 138 Zd 90
By **25** 84 Ff 66
Byans-sur-Doubs **25** 70 Ff 66

C

Cabanac **65** 139 Ab 89
Cabanac-et-Villagrains **33** 111 Zc 81
Cabanac-Séguenville **31** 126 Ba 86
Cabanès **12** 128 Cb 83
Cabanès **81** 127 Bf 86
Cabanes-de-Fleury, Les **11** 143 Db 89
Cabanial, Le **31** 141 Bf 87
Cabannes **13** 131 Ef 85
Cabannes **81** 128 Ce 86
Cabannes, les **09** 152 Be 92
Cabannes, les **81** 127 Bf 84
Cabara **33** 111 Zf 80
Cabariot **17** 86 Za 73
Cabas-Loumassès **32** 139 Ad 88
Cabasse **83** 147 Gb 88
Cabestany **66** 154 Cf 92
Cabidos **64** 124 Zd 87
Cabourg **14** 14 Zf 53
Cabrerets **46** 114 Bd 81
Cabrerolles **34** 143 Da 87
Cabrespine **11** 142 Cc 88
Cabrières **30** 130 Ec 85
Cabrières **34** 143 Dc 87
Cabrières **84** 132 Fa 85
Cabrières-d'Aigues **84** 132 Fc 86
Cabriès **13** 146 Fc 88
Cabris **06** 134 Gf 86
Cachan **94** 33 Cb 56
Cachen **40** 124 Zd 84
Cachy **80** 17 Cc 49
Cadalen **81** 127 Bf 85
Cadarcet **09** 140 Bd 90
Cadarsac **33** 111 Ze 79
Cadaujac **33** 111 Zc 80
Cadéac **65** 150 Ac 91
Cadeilhan **32** 125 Ae 86
Cadeillan **32** 140 Af 88
Caden **56** 59 Xe 63
Cadenet **84** 132 Fc 86
Caderousse **84** 131 Ee 84
Cadière, La **30** 130 De 85
Cadière-d'Azur, La **83** 147 Fe 89
Cadillac **33** 111 Ze 81
Cadillac-en-Fronsadais **33** 99 Zd 79
Cadillon **64** 138 Zf 87
Cadix **81** 128 Cc 85
Cadix **81** 141 Bf 87
Cadolive **13** 146 Fd 88
Cadours **31** 126 Ba 86
Cadrieu **46** 114 Bf 82
Caen **14** 13 Zd 53
Caëstre **59** 4 Cd 44
Caffiers **62** 3 Be 43
Cagnac-les-Mines **81** 127 Ca 85
Cagnano **2B** 157 Kc 91
Cagnanu = Cagnano **2B** 157 Kc 91
Cagnes-sur-Mer **06** 134 Ha 86
Cagnicourt **62** 8 Cf 47
Cagnoncles **59** 9 Db 47
Cagnotte **40** 123 Yf 87
Cagny **14** 30 Ze 54
Cagny **80** 17 Cc 49
Cahagnes **14** 29 Zb 54
Cahagnolles **14** 13 Zb 54
Cahaignes **27** 32 Bd 53
Cahan **61** 29 Zd 55
Caharet **65** 139 Ab 90
Cahon **80** 7 Be 48
Cahors **46** 113 Bc 82
Cahus **46** 114 Bf 79
Cahuzac **11** 141 Bf 89
Cahuzac **47** 112 Ad 81
Cahuzac **81** 141 Ca 88
Cahuzac-sur-Adour **32** 124 Zf 87
Cahuzac-sur-Vère **81** 127 Bf 85
Caignac **31** 141 Be 89
Cailhau **11** 141 Ca 90
Cailhavel **11** 141 Ca 90
Caillac **46** 113 Bc 82
Caillavet **32** 125 Ac 86
Caille **06** 134 Ge 86
Caillère-Saint-Hilaire, La **85** 75 Za 69
Cailleville **76** 15 Ae 49
Caillouël **02** 18 Da 51
Caillouet-Orgeville **27** 32 Bb 54
Cailly **76** 16 Bb 51
Cailly-sur-Eure **27** 31 Bb 54
Cairanne **84** 118 Ee 83
Cairon **14** 13 Zd 53
Caisargues **30** 131 Ec 86
Caisnes **60** 18 Da 51
Caix **80** 17 Cd 50
Caixas **66** 154 Ce 93
Caixon **65** 138 Aa 88
Cajarc **46** 114 Bf 82
Calacuccia **2B** 159 Ka 94
Calais **62** 3 Bf 43
Calamane **46** 115 Bc 81
Calan **56** 42 We 61
Calanhel **22** 25 Wd 58
Calavanté **65** 139 Ab 89
Calcatoggio **2A** 158 Ie 96
Calcatoghju = Calcatoggio **2A** 158 Ie 96
Calce **66** 154 Ce 92
Calenzana **2B** 156 If 93
Calès **46** 114 Bd 80
Calignac **47** 125 Ac 84
Caligny **61** 29 Zc 56
Calinzana = Calenzana **2B** 156 If 93
Callac **22** 25 Wd 58
Callas **83** 134 Gd 87
Callen **40** 111 Zd 83
Callengeville **76** 16 Bd 49
Calleville **27** 15 Ae 53
Calleville-les-Deux-Eglises **76** 15 Ba 50
Callian **32** 125 Ab 87
Callian **83** 134 Ge 87
Calmeilles **66** 154 Ce 93
Calmels-et-le-Viala **12** 128 Ce 85
Calmette, La **30** 130 Eb 85
Calmont **12** 128 Cd 83
Calmont **31** 141 Bd 89
Calmoutier **70** 70 Gb 63
Caloire **42** 105 Eb 76
Calonges **47** 112 Ab 82
Calonne-Ricouart **62** 8 Cd 46
Calonne-sur-la-Lys **62** 8 Cd 45
Calorguen **22** 27 Xf 58
Calotterie, La **62** 7 Be 46
Caluire-et-Cuire **69** 94 Ef 74
Calvi **2B** 156 Ie 93
Calviac **46** 114 Ca 79
Calviac-en-Périgord **24** 113 Bb 79
Calvignac **46** 114 Be 82
Calvinet **15** 115 Cc 80
Calvisson **30** 130 Eb 86
Calzan **09** 141 Be 90
Camalès **65** 138 Aa 88
Camarade **09** 140 Bb 90
Camaret-sur-Aigues **84** 118 Ee 83
Camaret-sur-Mer **29** 24 Vc 59
Camarsac **3** 111 Zd 80
Cambayrac **46** 113 Bb 82
Cambe, la **14** 13 Yf 52
Cambernard **31** 140 Bb 88
Cambernon **50** 28 Yd 54
Cambes **33** 111 Zd 80
Cambes **46** 114 Bf 81
Cambes **47** 112 Ab 81
Cambes-en-Plaine **14** 13 Zd 53
Cambia **2B** 157 Kb 94
Cambiac **31** 141 Be 88
Cambieure **11** 141 Ca 90
Camblain-Châtelain **62** 7 Cc 46
Camblain-l'Abbé **62** 8 Cd 46
Cambligneul **62** 8 Cd 46
Cambo-les-Bains **64** 136 Yd 88
Cambon **81** 128 Cb 85
Cambon-du-Temple **81** 128 Cc 85
Cambon-lès-Lavaur **81** 141 Bf 87
Camboulazet **12** 128 Cc 83
Camboulit **46** 114 Bf 81
Cambounès **81** 142 Cc 87
Cambounet-sur-le-Sor **81** 141 Ca 87
Cambout, Le **22** 43 Xc 60
Cambrai **59** 8 Db 47
Cambremer **14** 30 Aa 54
Cambrin **62** 8 Ce 45
Cambron **80** 7 Be 48
Cambronne-lès-Clermont **60** 17 Cc 52
Cambronne-lès-Ribécourt **60** 18 Cf 51
Camburat **46** 114 Bf 81
Came **64** 137 Yf 88
Camelas **66** 154 Ce 93
Camelin **02** 18 Da 51
Camembert **61** 30 Ab 55
Cametours **50** 28 Ye 54
Camiac-et-Saint-Denis **33** 111 Ze 80
Camiers **62** 6 Bd 45
Camiran **33** 111 Zf 81
Camlez **22** 26 We 56
Cammazes, Les **81** 141 Ca 88
Camoël **56** 59 Xd 64
Camon **09** 141 Bf 90

168 (F) Bréole, La — Camon

Ceyssat 63 104 Db 74
Ceyzériat 01 95 Fb 72
Ceyzérieu 01 95 Fe 74
Cézac 33 99 Zd 78
Cézac 46 113 Bc 82
Cezais 85 75 Zb 69
Cézan 32 125 Ad 86
Cezay 42 93 Df 74
Cézens 15 115 Cf 79
Cézia 39 95 Fd 70
Cézy 89 51 Dc 61
Chabanais 16 89 Ae 73
Chabanne 63 104 Da 75
Chabanne, La 03 93 De 72
Chabanne, La 63 103 Ce 75
Chabanne, La 63 105 Df 75
Chabestan 05 120 Fe 82
Chabeuil 26 118 Fa 79
Chablis 89 67 De 62
Chabottes 05 120 Gb 81
Chabournay 86 76 Ab 68
Chabrac 16 89 Ae 73
Chabreloche 63 93 De 73
Chabrignac 19 101 Bc 77
Chabrillan 26 118 Ef 80
Chabris 36 64 Bd 65
Chacé 49 62 Zf 65
Chacenay 10 53 Ed 60
Chacrise 02 18 Dc 53
Chadeleuf 63 104 Db 75
Chadenac 17 99 Zd 75
Chadron 43 117 Df 79
Chaffois 25 84 Gb 67
Chagey 70 71 Ge 63
Chagnolet 17 86 Yf 71
Chagny 08 20 Ee 51
Chagny 71 82 Ee 67
Chahaignes 72 63 Ad 62
Chahains 61 30 Zf 57
Chaignay 21 69 Fa 64
Chaignes 27 32 Bc 54
Chaillac 36 78 Bb 70
Chaillac-sur-Vienne 87 89 Af 73
Chailland 53 46 Za 59
Chaillé-les-Marais 85 74 Yf 70
Chailles 41 64 Bb 63
Chaillé-sous-les-Ormeaux 85 74 Yd 69
Chaillevette 17 86 Yf 74
Chaillevois 02 18 Dd 51
Chailley 89 52 De 60
Chaillon 55 37 Fd 55
Chailloué 61 30 Ab 57
Chailly-en-Bière 77 50 Cd 58
Chailly-en-Brie 77 34 Da 56
Chailly-en-Gâtinais 45 50 Cd 61
Chailly-lès-Ennery 57 38 Gb 53
Chailly-sur-Armançon 21 68 Ec 65
Chainaz-les-Frasses 74 96 Ff 74
Chaînée-des-Coupis 39 83 Fc 67
Chaingy 45 49 Be 61
Chaintré 71 94 Ee 71
Chaintreaux 77 51 Ce 59
Chaintrix-Bierges 51 35 Ea 55
Chaise, La 10 53 Ed 58
Chaise-Baudouin, la 50 28 Ye 56
Chaise-Dieu, La 43 105 De 77
Chaise-Dieu-du-Theil 27 31 Ae 56
Chaises, Les 28 31 Ba 57
Chaix 85 75 Za 70
Chaize-Giraud, La 85 73 Yb 69
Chaize-le-Vicomte, La 85 74 Ye 68
Chalabre 11 141 Ca 91
Chalagnac 24 100 Ae 78
Chalain-d'Uzore 42 105 Ea 74
Chalaines 55 37 Fe 57
Chalain-le-Comtal 42 105 Eb 75
Chalais 16 100 Aa 77
Chalais 36 77 Bb 69
Chalais 86 76 Aa 67
Chalamont 01 95 Fb 73
Chalampé 68 57 Hd 62
Chalancey 52 69 Fa 62
Chalancon 26 119 Fc 81
Chalandray 86 76 Zf 69
Chalandry 02 19 Dd 50
Chalandry-Elaire 08 20 Ee 50
Chalange, Le 61 31 Ab 57
Chalard, Le 87 101 Ba 75
Chalautre-la-Grande 77 34 Dc 57
Chalautre-la-Reposte 77 51 Da 58
Chalaux 58 67 Df 65
Chaleins 01 94 Ee 72
Chaleix 24 101 Af 75
Chalencon 07 118 Ed 79
Chalesmes-Grand, les 39 84 Ga 68
Chalesmes-Petit, les 39 84 Ga 68
Châlette-sur-Loing 45 50 Ce 60
Chalette-sur-Voire 10 53 Ec 58
Chaley 01 95 Fd 73
Chalèze 25 70 Ga 65
Chalezeule 25 70 Ga 65
Chaliers 15 116 Db 79
Chaligny 54 38 Ga 57
Chalinargues 15 104 Cf 78
Chalindrey 52 69 Fc 62
Chalivoy-Milon 18 79 Ce 67
Challain-la-Potherie 49 61 Yf 63
Challans 85 73 Ya 67
Challement 58 67 Dd 65
Challerange 08 20 Ee 53
Challes 01 95 Fc 72
Challes 72 47 Ac 61
Challes-les-Eaux 73 108 Ff 75
Challet 28 32 Bc 57
Challex 01 96 Ef 71
Challignac 16 99 Zf 76
Challonges 74 96 Ff 72
Challuy 58 80 Da 67
Chalmaison 77 51 Db 58
Chalmazel 42 105 Df 74
Chalmoux 71 81 Df 69
Chalon, le 26 107 Fa 78
Chalonnes-sous-le-Lude 49 62 Ab 63
Chalonnes-sur-Loire 49 61 Zb 64
Châlons-en-Champagne 51 36 Ec 55
Châlons-sur-Marne = Châlons-en-Champagne 51 36 Ec 55
Châlons-sur-Vesle 51 19 Df 53
Chalon-sur-Saône 71 82 Ef 68
Chalonvillars-Mandrevillars 70 71 Ge 63
Chalo-Saint-Mars 91 50 Ca 58
Chalou-Moulineux 91 49 Ca 58
Chalus 63 103 Db 76
Chalvignac 15 103 Cb 77
Chalvraines 52 54 Fc 59
Chamadelle 33 99 Zf 78
Chamagne 88 55 Gb 58
Chamagnieu 38 107 Fa 74
Chamalières 63 92 Da 74
Chamalières-sur-Loire 43 105 Df 77
Chamaloc 26 119 Fc 80
Chamant 60 33 Cd 53
Chamarande 91 50 Cb 57
Chamarandes-Choignes 52 54 Fb 60
Chamaret 26 118 Ef 82
Chamba, La 42 93 De 74
Chambain 21 68 Ef 62
Chambeire 21 69 Fb 65
Chambellay 49 61 Zb 62
Chambeon 42 105 Eb 74
Chambérat 03 79 Cc 70
Chamberaud 23 90 Ca 72
Chamberet 19 102 Be 75
Chambéria 39 83 Fd 70
Chambéry 73 108 Ff 75
Chambeugle 89 51 Da 61
Chambezon 43 104 Db 76
Chambilly 71 93 Ea 71
Chamblac 27 31 Ad 55
Chamblanc 21 83 Fa 66
Chambles 42 105 Eb 76
Chamblet 03 91 Ce 70
Chambley-Bussières 54 37 Ff 54
Chambly 60 33 Cb 53
Chambœuf 21 68 Ef 65
Chambœuf 42 105 Eb 75
Chambois 61 30 Aa 56
Chambolle-Musigny 21 68 Ef 65
Chambon 17 86 Za 72
Chambon 18 79 Cb 68
Chambon 37 77 Ae 67
Chambon, le 07 117 Eb 80
Chambon, le 30 117 Df 82
Chambonas 07 117 Ea 82
Chambon-Feugerolles, Le 42 105 Eb 76
Chambon-la-Forêt 45 50 Cb 60
Chambon-le-Château 48 117 Dd 79
Chambon-Sainte-Croix 23 90 Be 70
Chambon-sur-Cisse 41 64 Bb 63
Chambon-sur-Dolore 63 105 Dd 76
Chambon-sur-Lac 63 104 Cf 75
Chambon-sur-Lignon, Le 43 105 Eb 78
Chambon-sur-Voueize 23 91 Cc 71
Chamborand 23 90 Bd 72
Chambord 27 31 Ad 55
Chambord 41 64 Bd 63
Chamborêt 87 89 Ba 72
Chamborigaud 30 130 Df 83
Chambornay-lès-Bellevaux 70 70 Ga 64
Chambornay-lès-Pins 70 70 Ff 64
Chambors 60 16 Be 53
Chambost-Allières 69 94 Ec 72
Chambost-Longessaigne 69 94 Ec 74
Chamboulive 19 102 Be 76
Chambourcy 78 33 Ca 55
Chambourg-sur-Indre 37 63 Af 65
Chambray 27 32 Bb 54
Chambray-lès-Tours 37 63 Ae 64
Chambrecy 51 35 De 53
Chambres, Les 50 28 Yd 56
Chambretaud 85 75 Za 67
Chambroncourt 52 54 Fc 58
Chambry 02 19 Dd 51
Chambry 77 34 Cf 54
Chaméane 63 104 Dc 75
Chamelet 69 94 Ed 73
Chamery 51 35 Df 53
Chamesey 25 71 Gd 65
Chamesol 25 71 Gf 64
Chamesson 21 68 Ed 62
Chameyrat 19 102 Be 78
Chamigny 77 34 Da 55
Chamilly 71 82 Ee 67
Chammes 53 46 Zd 60
Chamole 39 84 Fe 67
Chamonix-Mont-Blanc 74 97 Gf 73
Chamouillac 17 99 Zd 77
Chamouille 02 19 De 52
Chamouilley 52 36 Fa 57
Chamousset 73 108 Gb 75
Chamoux 89 67 Dd 64
Chamoy 10 52 Df 60
Champagnac 15 103 Cc 76
Champagnac 17 99 Zd 76
Champagnac-de-Belair 24 101 Ae 76
Champagnac-la-Noaille 19 102 Ca 77
Champagnac-la-Prune 19 102 Bf 77
Champagnac-la-Rivière 87 89 Af 74
Champagnac-le-Vieux 43 104 Dd 76
Champagnat 23 91 Cb 72
Champagnat 71 83 Fc 70
Champagnat-le-Jeune 63 104 Dc 76
Champagne 07 106 Ee 77
Champagne 07 117 Eb 80
Champagne 17 86 Za 73
Champagne 28 32 Bd 56
Champagne 39 83 Fc 70
Champagné 72 47 Ac 60
Champagne-au-Mont-d'Or 69 94 Ee 74
Champagne-en-Valromey 01 95 Fe 73
Champagne-le-Sec 86 88 Ab 71
Champagné-les-Marais 85 74 Yf 70
Champagne-Mouton 16 88 Ac 73
Champagné-Saint-Hilaire 86 88 Ab 71
Champagne-sur-Oise 95 33 Cb 54
Champagne-sur-Seine 77 51 Ce 58
Champagne-sur-Vingeanne 21 69 Fc 64
Champagne-Vigny 16 100 Aa 75
Champagney 25 70 Ff 65
Champagney 39 69 Fd 65
Champagney 70 71 Ge 62
Champagnier 38 107 Fe 78
Champagnole 39 84 Ff 68
Champagnolles 17 99 Zc 75
Champagny 21 68 Ee 64
Champagny-en-Vanoise 73 109 Ge 76
Champagny-sous-Uxelles 71 82 Ee 69
Champallement 58 67 Dc 65
Champanges 74 96 Gd 70
Champaubert 51 35 De 55
Champcella 05 121 Gd 80
Champcenest 77 34 Db 56
Champcerie 61 30 Ze 56
Champcervon 50 28 Yd 56
Champcevinel 24 101 Ae 77
Champcevrais 89 66 Cf 62
Champcey 50 28 Yd 56
Champclause 43 105 Eb 78
Champcueil 91 50 Cc 57
Champ-de-la-Pierre, le 61 30 Ze 57
Champdeniers-Saint-Denis 79 75 Zd 70
Champdeuil 77 33 Ce 57
Champdieu 42 105 Ea 75
Champdivers 39 83 Fc 66
Champ-d'Oiseau 21 68 Ec 63
Champdolent 17 87 Zb 73
Champ-Dolent 27 31 Ba 55
Champdor 01 95 Fd 72
Champdôtre 21 69 Fa 65
Champdray 88 56 Ge 60
Champ-du-Boult 14 29 Yf 56
Champeau 21 67 Ea 65
Champeaux 35 45 Ye 60
Champeaux 77 34 Ce 57
Champeaux, Les 61 30 Aa 55
Champeaux-et-la-Chapelle-Pommier 24 100 Ad 76
Champeaux-sur-Sarthe 61 30 Ac 57
Champeix 63 104 Da 75
Champenard 27 32 Bc 54
Champenoise, La 36 78 Be 67
Champenoux 54 38 Gc 56
Champéon 53 46 Zc 58
Champétières 63 105 De 75
Champey 70 71 Ge 63
Champey-sur-Moselle 54 38 Ga 55
Champfleur 72 47 Aa 58
Champfleury 10 35 Ea 57
Champfleury 51 35 Ea 53
Champfrémont 53 47 Zf 58
Champfromier 01 95 Fe 71
Champgénéteux 53 46 Zd 59
Champguyon 51 34 Dd 56
Champ-Haut 61 30 Ab 56
Champhol 28 32 Bd 58
Champien 80 18 Cf 50
Champier 38 107 Fb 76
Champigné 49 61 Zc 63
Champignelles 89 66 Da 62
Champigneul-Champagne 51 35 Eb 55
Champigneulles 54 38 Ga 56
Champigneulles-en-Bassigny 52 54 Fd 60
Champigneul-sur-Vence 08 20 Ed 50
Champignolles 21 82 Ed 66
Champignolles 27 31 Ae 55
Champignol-lez-Mondeville 10 53 Ee 60
Champigny 89 51 Da 59
Champigny-en-Beauce 41 64 Bb 62
Champigny-la-Futelaye 27 32 Bb 55
Champigny-le-Sec 86 76 Aa 68
Champigny-lès-Langres 52 54 Fc 61
Champigny-sous-Varennes 52 54 Fd 61
Champigny-sur-Aube 10 35 Ea 57
Champigny-sur-Marne 94 33 Cd 56
Champigny-sur-Veude 37 76 Ab 66
Champillet 36 79 Ca 69
Champillon 51 35 Df 54
Champis 07 118 Ee 79
Champlan 91 33 Cb 56
Champlat-et-Boujacourt 51 35 Df 54
Champ-Laurent 73 108 Gb 75
Champlay 89 51 Dc 61
Champlecy 71 82 Eb 70
Champ-le-Duc 88 56 Ge 59
Champlemy 58 66 Dc 65
Champlin 08 19 Ec 49
Champlin 58 66 Dc 65
Champlitte 70 69 Fd 63
Champlive 25 70 Gb 65
Champlost 89 52 De 60
Champmillon 16 100 Aa 75
Champmotteux 91 50 Cb 58
Champnétery 87 90 Bd 74
Champneuville 55 21 Fb 53
Champniers 16 88 Ab 74
Champniers 86 88 Ac 71
Champoléon 05 120 Gb 80
Champoly 42 93 Df 73
Champosoult 61 30 Ab 55
Champougny 55 37 Fe 57
Champoux 25 70 Ga 64
Champrenault 21 68 Ee 64
Champrepus 50 28 Ye 56
Champrond-en-Gâtine 28 48 Ba 58
Champrond-en-Perchet 28 48 Af 59
Champrougier 39 83 Fd 67
Champs 02 18 Db 51
Champs 61 31 Ad 57
Champs 63 92 Da 72
Champsac 87 89 Af 74
Champ-Saint-Père, Le 85 74 Ye 69
Champsanglard 23 90 Bf 71
Champs-de-Losque, Les 50 12 Ye 53
Champsecret 61 29 Zc 57
Champseru 28 49 Bd 58
Champsevraine 52 69 Fd 62
Champs-Géraux, les 22 27 Ya 58
Champs-Romain 24 101 Ae 75
Champs-sur-Tarentaine-Marchal 15 103 Cd 76
Champs-sur-Yonne 89 67 Dd 62
Champ-sur-Barse 10 53 Ec 59
Champ-sur-Drac 38 107 Fe 78
Champ-sur-Layon, le 49 61 Zc 65
Champtercier 04 133 Ga 84
Champteussé-sur-Baconne 49 61 Zc 63
Champtoceaux 49 60 Ye 65
Champtocé-sur-Loire 49 61 Za 64
Champtonnay 70 69 Fe 64
Champvallon 89 51 Dc 61
Champvans 70 69 Fd 64
Champvans-les-Moulins 25 70 Ff 65
Champvert 58 81 Dd 67
Champvoisy 51 35 Dd 54
Champvoux 58 66 Da 66
Chamrousse 38 108 Ff 78
Chamvres 89 51 Dc 61
Chanac-les-Mines 19 102 Be 78
Chanaleilles 43 116 Dc 79
Chanas 38 106 Ef 77
Chanat-la-Mouteyre 63 92 Da 74
Chanay 01 95 Fe 73
Chanaz 73 95 Fe 74
Chancé 35 45 Yd 60
Chanceaux 21 68 Ee 63
Chanceaux-près-Loches 37 63 Af 66
Chanceaux-sur-Choisille 37 63 Ae 64
Chancelade 24 100 Ad 77
Chancenay 52 36 Ef 56
Chancey 70 69 Fe 65
Chancia 39 95 Fd 70
Chandai 61 31 Ae 56
Chandolas 07 117 Eb 82
Chandon 42 93 Eb 72
Chanéac 07 117 Eb 79
Chaneins 01 94 Ef 72
Changé 53 46 Zb 60
Change 71 82 Ed 67
Changé 72 47 Ab 61
Change, Le 24 101 Af 77
Changey 52 54 Fc 61
Changis-sur-Marne 77 34 Da 55
Changy 42 93 Df 72
Changy 51 36 Ee 56
Changy 71 93 Eb 70
Chaniat 43 104 Dc 77
Chaniers 17 87 Zc 74
Channay 21 52 Ec 61
Channay-sur-Lathan 37 62 Ab 64
Channes 10 52 Eb 61
Chanonat 63 104 Da 74
Chanos-Curson 26 106 Ef 78
Chanousse 05 119 Fd 82
Chanoy 52 54 Fb 61
Chanoz-Châtenay 01 94 Fa 71
Chanteau 45 49 Bf 61
Chantecoq 45 51 Cf 60
Chantecorps 79 76 Zf 70
Chanteheux 54 38 Gd 57
Chantelle 03 92 Da 71
Chanteloup 27 31 Ba 55
Chanteloup 27 32 Bb 54
Chanteloup 35 45 Yc 61
Chanteloup 50 28 Yd 55
Chanteloup 77 33 Ce 55
Chanteloup 79 75 Zc 68
Chanteloup-les-Bois 49 61 Zb 66
Chanteloup-les-Vignes 78 33 Ca 55
Chanteloure 38 120 Ff 79
Chantemerle 51 35 Dd 57
Chantemerle-les-Blés 26 106 Ef 78
Chantemerle-lès-Grignan 26 118 Ee 82
Chantenay-Saint-Imbert 58 80 Db 68
Chantenay-Villedieu 72 47 Zf 61
Chantepie 35 45 Yc 60
Chanteraine 55 37 Fc 56
Chantes 70 70 Ff 63
Chantesse 38 107 Fc 77
Chanteuges 43 104 Dd 78
Chantillac 16 99 Ze 77
Chantilly 60 33 Cc 53
Chantonnay 85 74 Yf 68
Chantraine 88 55 Gc 59
Chantraines 52 54 Fb 59
Chantrans 25 84 Ga 66
Chantrigné 53 46 Zc 58
Chanu 61 29 Zb 56
Chanville 57 38 Gc 54
Chanzeaux 49 61 Zc 65
Chaon 41 65 Ca 63
Chaouilley 54 55 Ga 58
Chaource 10 52 Ea 60
Chaourse 02 19 Ea 50
Chapaize 71 82 Ee 69
Chapdes-Beaufort 63 92 Cf 73
Chapdeuil, Le 24 100 Ab 77
Chapeau 03 81 Dd 70
Chapelaine 51 35 Ea 56
Chapelaude, La 03 79 Cd 70
Chapelle, La 03 92 Dd 72
Chapelle, La 08 20 Fa 50
Chapelle, La 27 15 Ac 53
Chapelle, La 36 78 Be 70
Chapelle, La 56 44 Xd 61
Chapelle, La 73 108 Gb 76
Chapelle-Achard, La 85 74 Yc 69
Chapelle-Agnon, La 63 105 Dd 75
Chapelle-Anthenaise, La 53 46 Zb 60
Chapelle-Aubareil, La 24 101 Bb 78
Chapelle-au-Mans, La 71 81 Df 69
Chapelle-au-Moine 61 29 Zc 56
Chapelle-au-Riboul, La 53 46 Zd 59
Chapelle-aux-Bois, La 88 55 Gc 60
Chapelle-aux-Brocs, La 19 102 Bd 78
Chapelle-aux-Chasses, La 03 81 Dd 68
Chapelle-aux-Choux, La 72 62 Ab 63
Chapelle-aux-Filtzméens, La 35 45 Yb 58
Chapelle-aux-Naux, La 37 62 Ac 65
Chapelle-Baloue, La 23 90 Bd 70
Chapelle-Basse-Mer, La 44 60 Yd 65
Chapelle-Bâton, La 79 75 Ze 70
Chapelle-Bâton, La 86 88 Ac 71
Chapelle-Bertin, La 43 105 Dd 77
Chapelle-Bertrand, La 79 76 Ze 69
Chapelle-Biche, La 61 29 Zc 56
Chapelle-Blanche 73 108 Ga 76
Chapelle-Blanche, La 22 44 Xf 59
Chapelle-Blanche-Saint-Martin, La 37 63 Ae 66
Chapelle-Bonnin 86 76 Aa 69
Chapelle-Bouëxic, La 35 44 Ya 62
Chapelle-Cécelin, La 50 28 Yf 56
Chapelle-Chaussée, La 35 44 Ya 59
Chapelle-Craonnaise, La 53 46 Za 61
Chapelle-d'Abondance 74 97 Ge 71
Chapelle-d'Alagnon, La 15 104 Cf 78
Chapelle-d'Aligné, La 72 62 Ze 62
Chapelle-d'Andaine, La 61 29 Zd 57
Chapelle-d'Angillon, La 18 65 Cc 64
Chapelle-d'Armentières, La 59 4 Cf 44
Chapelle-d'Aunainville, La 28 49 Be 58
Chapelle-d'Aurec, La 43 105 Eb 77
Chapelle-de-Bragny, La 71 82 Ee 69
Chapelle-de-Guinchay, La 71 94 Ee 71
Chapelle-de-la-Tour, La 38 107 Fc 75
Chapelle-de-Mardore, La 69 94 Ec 72
Chapelle-des-Bois 25 84 Ga 69
Chapelle-des-Fougeretz, La 35 45 Yb 59
Chapelle-des-Marais, La 44 59 Xe 64
Chapelle-des-Pots, La 17 87 Zc 74
Chapelle-de-Surieu, La 38 106 Ef 76
Chapelle-devant-Bruyères, La 88 56 Ge 59
Chapelle-d'Huin 25 84 Gb 67
Chapelle-du-Bard, La 38 108 Ga 76
Chapelle-du-Bois, la 72 48 Ad 59
Chapelle-du-Bois-des-Faulx, la 27 31 Ba 54
Chapelle-du-Bourgay, La 76 15 Ba 50
Chapelle-du-Châtelard, La 01 94 Fa 72
Chapelle-du-Fest, la 50 29 Za 54
Chapelle-du-Genêt, La 49 61 Yf 65
Chapelle-du-Lou, La 35 44 Ya 59
Chapelle-du-Mont-de-France, La 71 94 Ed 70
Chapelle-du-Mont-du-Chat, La 73 96 Ff 74
Chapelle-du-Noyer, La 28 49 Bb 60
Chapelle-Enchérie, La 41 48 Bb 62
Chapelle-Engerbold, La 14 29 Zc 55
Chapelle-en-Lafaye, La 42 105 Df 76
Chapelle-en-Serval, La 60 33 Cd 54
Chapelle-en-Valgaudémar, la 05 120 Gb 80
Chapelle-en-Vercors, La 26 119 Fc 79
Chapelle-en-Vexin, La 95 32 Be 53
Chapelle-Erbrée, La 35 45 Yf 60
Chapelle-Faucher, La 24 101 Ae 76
Chapelle-Felcourt, La 51 36 Ee 54
Chapelle-Forainvilliers, La 28 32 Bd 56
Chapelle-Fortin, La 28 31 Af 57
Chapelle-Gaceline, La 56 44 Xf 62
Chapelle-Gaudin, La 79 75 Zd 67
Chapelle-Gaugain, La 72 48 Ae 62
Chapelle-Gauthier, La 27 31 Ac 55
Chapelle-Gauthier, La 77 34 Cf 57
Chapelle-Geneste, La 43 105 De 76
Chapelle-Glain, La 44 60 Ye 63
Chapelle-Gonaguet, La 24 100 Ad 77
Chapelle-Grésignac, La 24 100 Ac 76
Chapelle-Guillaume, La 28 48 Af 60
Chapelle-Hareng, La 27 30 Ac 54
Chapelle-Haute-Grue, La 14 30 Aa 55
Chapelle-Hermier, La 85 74 Yb 68
Chapelle-Heulin, La 44 60 Yd 65
Chapelle-Hugon, La 18 80 Cf 67
Chapelle-Hullin, La 49 45 Yf 62
Chapelle-Hurlay, La 51 35 Dd 54
Chapelle-Iger, La 77 34 Cf 57
Chapelle-Janson, La 35 45 Yf 58
Chapelle-la-Reine, La 77 50 Cd 59
Chapelle-Lasson, La 51 35 Df 57
Chapelle-Launay, La 44 59 Ya 64
Chapelle-Laurent, La 15 104 Db 77
Chapelle-lès-Luxeuil, La 70 70 Gc 62
Chapelle-Marcousse, La 63 104 Da 76
Chapelle-Montabourlet, La 24 100 Ac 76
Chapelle-Montbrandeix, La 87 101 Af 75
Chapelle-Monthodon, La 02 35 Dd 54
Chapelle-Montligeon, La 61 31 Ad 58
Chapelle-Montlinard, La 18 66 Cf 66
Chapelle-Montmartin, La 41 64 Be 65
Chapelle-Montmoreau, La 24 100 Ad 76
Chapelle-Moulière, La 86 76 Ad 69
Chapelle-Moutils, La 77 34 Dc 56
Chapelle-Naude, La 71 83 Fb 69
Chapelle-Neuve, La 22 25 Wd 58
Chapelle-Neuve, La 56 43 Xa 61
Chapelle-Onzerain, La 45 49 Bd 60
Chapelle-Orthemale, La 36 78 Bc 67
Chapelle-Pouilloux, La 79 88 Aa 72
Chapelle-près-Sées, La 61 30 Aa 57
Chapelle-Rablais, La 77 51 Cf 57
Chapelle-Rainsouin, La 53 46 Zc 60
Chapelle-Rambaud, La 74 96 Gb 72
Chapelle-Réanville, La 27 32 Bc 54
Chapelle-Rousselin, La 49 61 Zb 65
Chapelle-Royale 28 48 Ba 60
Chapelle-Saint-André, La 58 66 Dc 64
Chapelle-Saint-Aubert, La 35 45 Ye 59
Chapelle-Saint-Aubin, La 72 47 Aa 60
Chapelle-Saint-Étienne, La 79 75 Zc 68
Chapelle-Saint-Florent, La 49 60 Yf 65
Chapelle-Saint-Fray, La 72 47 Aa 60
Chapelle-Saint-Géraud, La 19 102 Bf 78
Chapelle-Saint-Jean, La 24 101 Ba 77
Chapelle-Saint-Laurent, La 79 75 Zd 68
Chapelle-Saint-Luc, La 10 52 Ea 59
Chapelle-Saint-Martial, La 23 90 Bf 72
Chapelle-Saint-Martin-en-Plaine, La 41 64 Bc 62
Chapelle-Saint-Maurice 74 96 Ga 74
Chapelle-Saint-Mesmin, La 45 49 Be 61
Chapelle-Saint-Quillain, La 70 70 Fe 64
Chapelle-Saint-Rémy, La 72 47 Ab 70
Chapelle-Saint-Sauveur, La 44 61 Zb 64
Chapelle-Saint-Sauveur, La 71 83 Fb 67
Chapelle-Saint-Sépulcre, La 45 51 Cf 60
Chapelle-Saint-Sulpice, La 77 34 Db 57
Chapelle-Saint-Ursin, La 18 79 Cb 66
Chapelles-Bourbon, Les 77 34 Cf 56
Chapelle-Souëf, La 61 48 Ad 59
Chapelle-sous-Brancion, La 71 82 Ee 69
Chapelle-sous-Orbais, La 51 35 De 55
Chapelle-sous-Uchon, La 71 82 Eb 68
Chapelle-Spinasse 19 102 Ca 76
Chapelle-sur-Aveyron, La 45 51 Cf 61
Chapelle-sur-Chézy, La 02 34 Dc 55
Chapelle-sur-Coise, La 69 106 Ec 75
Chapelle-sur-Dun, La 71 93 Eb 71
Chapelle-sur-Dun, La 76 15 Af 49
Chapelle-sur-Erdre, La 44 60 Yc 65
Chapelle-sur-Loire, La 37 62 Ab 65
Chapelle-sur-Oreuse, La 89 51 Db 59
Chapelle-sur-Oudon, La 49 61 Zb 62
Chapelle-sur-Usson, La 63 104 Dc 76
Chapelle-Taillefert, La 23 90 Be 72
Chapelle-Thècle, La 71 83 Fa 69
Chapelle-Thémer, La 85 75 Za 69
Chapelle-Thireuil, La 79 75 Zc 69
Chapelle-Thouarault, La 35 44 Ya 60
Chapelle-Urée, La 50 28 Yf 57
Chapelle-Vallon 10 52 Ea 58
Chapelle-Vaupelteigne, La 89 52 De 61
Chapelle-Vendômoise, La 41 64 Bb 63
Chapelle-Vicomtesse, La 41 48 Ba 61
Chapelle-Viel, La 61 31 Ad 56
Chapelle-Villars, La 42 106 Ee 76
Chapelle-Viviers 86 77 Ae 70
Chapelle-Voland 39 84 Fc 68
Chapelle-Yvon, La 14 30 Ac 54
Chapelon 45 50 Cd 60
Chapelotte, La 18 65 Cd 64
Chapet 78 32 Bf 55
Chaplaine 51 36 Ee 57
Chapois 39 84 Ff 67
Chaponost 69 94 Ee 74
Chappes 03 92 Cf 70
Chappes 08 19 Eb 51
Chappes 10 52 Eb 59
Chappes 63 92 Db 73
Chaptelat 87 89 Bb 73
Chaptuzat 63 92 Db 72
Charancieu 38 107 Fd 75
Charancin 01 95 Fd 73
Charannat 16 100 Ab 76
Charantonnay 38 107 Fa 75
Charavines 38 107 Fd 76
Charbillac, Bénévent-et- 05 120 Ga 80
Charbogne 08 20 Ed 51
Charbonnat 71 81 Ea 68
Charbonnières 28 48 Af 59
Charbonnières 71 94 Ef 70
Charbonnières-les-Bains 69 94 Ee 74
Charbonnières-les-Sapins 25 70 Gb 66
Charbonnières-les-Varennes 63 92 Da 73

170 (F) Ceyssat — Charbonnières-les-Varennes

Charbonnières-les-Vieilles 63 92 Da 73
Charbonnier-les-Mines 63 104 Db 76
Charbuy 89 66 Dc 62
Charcenne 70 70 Fe 64
Charcé-Saint-Ellier-sur-Aubance 49 61 Zd 64
Charchigné 53 46 Zd 58
Charchilla 39 83 Fe 70
Charcier 39 84 Fe 69
Chard 23 91 Cc 73
Chardeny 08 20 Ed 52
Chardogne 55 36 Fa 56
Chardonnay 71 82 Ef 69
Chareil 03 92 Db 71
Charencey 21 68 Ee 64
Charency 39 84 Ga 68
Charens 26 119 Fd 81
Charensat 63 91 Cd 73
Charentay 69 94 Ee 72
Charentenay 89 67 Dd 63
Charentilly 37 63 Ad 64
Charenton-du-Cher 18 79 Cd 68
Charenton-le-Pont 94 33 Cc 56
Charentonnay 18 66 Cf 66
Charette 38 95 Fc 74
Charette 71 83 Fb 67
Charey 54 37 Ff 54
Charézier 39 84 Fe 69
Chargé 37 63 Ba 64
Chargey-lès-Grey 70 69 Fd 64
Chargey-lès-Port 70 70 Ga 62
Chariez 70 70 Ga 63
Charigny 21 68 Ec 64
Charité-sur-Loire, La 58 66 Da 65
Charix 01 95 Fe 71
Charlas 31 139 Ae 89
Charleval 13 132 Fb 86
Charleval 27 16 Bc 52
Charleville 51 35 De 56
Charleville-Mézières 08 20 Ee 50
Charleville-sous-Bois 57 38 Gc 53
Charlieu 42 93 Ea 72
Charly 02 34 Db 55
Charly 18 80 Ce 67
Charly 69 106 Ee 75
Charmant 16 100 Ab 76
Charmauvillers 25 71 Gf 65
Charmé 16 88 Aa 73
Charme, Le 45 66 Cf 62
Charmeil 03 92 Dc 72
Charmel, Le 02 34 Dd 54
Charmensac 15 104 Da 77
Charmentray 77 33 Ce 55
Charmes 02 18 Dc 51
Charmes 03 92 Db 72
Charmes 21 69 Fc 64
Charmes 52 54 Fc 61
Charmes 88 55 Gb 58
Charmes-en-l'Angle 52 53 Fa 58
Charmes-la-Côte 54 37 Fe 57
Charmes-la-Grande 52 53 Ef 58
Charmes-Saint-Valbert 70 69 Fe 62
Charmes-sur-l'Herbasse 26 106 Fa 78
Charmes-sur-Rhône 07 118 Ef 79
Charmoille 25 71 Ge 65
Charmoille 70 70 Ga 63
Charmois 54 38 Gc 57
Charmois 90 71 Gf 63
Charmois-devant-Bruyères 88 55 Gd 59
Charmois-l'Orgueilleux 88 55 Gb 60
Charmont 51 36 Ef 55
Charmont 95 32 Be 54
Charmont-en-Beauce 45 50 Ca 59
Charmontois, Les 51 36 Fa 55
Charmont-sous-Barbuise 10 52 Eb 58
Charmoy 10 52 Dd 58
Charmoy 71 82 Eb 68
Charmoy 89 51 Dc 61
Charnas 07 106 Ee 77
Charnat 63 92 Dc 73
Charnay 25 70 Ff 66
Charnay 69 94 Ed 73
Charnay-lès-Chalon 71 83 Fa 67
Charnay-lès-Mâcon 71 94 Ee 71
Charnècles 38 107 Fd 76
Charnizay 37 77 Af 67
Charnod 39 95 Fb 71
Charnoz 01 95 Fb 73
Charny 21 68 Ec 65
Charny 77 33 Ce 55
Charny 89 51 Da 61
Charny-le-Bachot 10 35 Df 57
Charny-sur-Meuse 55 37 Fc 53
Charolles 71 82 Eb 70
Charols 26 118 Ef 81
Charonville 28 49 Bb 59
Chârost 18 79 Ca 67
Charpey 26 119 Fa 79
Charpont 28 32 Bc 56
Charquemont 25 71 Ge 65
Charrais 86 76 Ab 68
Charraix 43 116 Dd 78
Charras 16 100 Ac 75
Charray 28 49 Bb 61
Charre 64 137 Zb 89
Charrecey 71 82 Ee 67
Charrey-sur-Saône 21 83 Fb 66
Charrey-sur-Seine 21 53 Ed 61
Charrin 58 81 Dd 68
Charritte-de-Bas 64 137 Zb 89
Charron 17 86 Yf 71
Charron 23 91 Cd 72
Charroux 03 92 Da 71
Charroux 86 88 Ac 72
Chars 95 32 Bf 54
Charsonville 45 49 Bd 61
Chartainvilliers 28 32 Bd 57
Chartèves 02 34 Dd 54
Chartrené 49 62 Zf 64
Chartres 28 49 Bc 58
Chartres-de-Bretagne 35 45 Yb 60
Chartre-sur-le-Loir, La 72 63 Ad 62
Chartrettes 77 50 Ce 58
Chartrier-Ferrière 19 102 Bc 78
Chartronges 77 34 Db 56
Chartuzac 17 99 Zd 76
Charvieu-Chavagneur 38 95 Fa 74
Charvonnex 74 96 Ga 73
Chas 63 92 Db 74
Chasnais 85 74 Ye 70
Chasnans 25 84 Gb 66
Chasnay 58 66 Db 65
Chasné-sur-Illet 35 45 Yc 59
Chaspinhac 43 105 Df 78
Chaspuzac 43 105 De 78
Chassagne 63 104 Da 76
Chassagne, La 39 83 Fc 67
Chassagne-Montrachet 21 82 Ee 67
Chassagnes 07 117 Eb 82
Chassagnes 43 104 Dd 77
Chassagne-Saint-Denis 25 84 Ga 66
Chassagny 69 106 Ee 75
Chassaignes 24 100 Ab 77
Chassal 39 95 Fe 70
Chasseguey 50 29 Yf 57
Chasselas 71 94 Ee 71
Chasselay 38 107 Fb 77
Chasselay 69 94 Ee 73
Chassemy 02 18 Dd 52
Chassenard 03 81 Df 70
Chasseneuil 36 78 Bc 69
Chasseneuil-du-Poitou 86 76 Ac 69
Chasseneuil-sur-Bonnieure 16 88 Ac 74
Chassenon 16 89 Ae 73
Chasseradès 48 117 De 81
Chasse-sur-Rhône 38 106 Ee 75
Chassey 21 68 Ec 64
Chassey-Beaupré 55 54 Fc 58
Chassey-le-Camp 71 82 Ee 67
Chassey-lès-Moutbozon 70 70 Gc 63
Chassey-lès-Scey 70 70 Ff 63
Chassiecq 16 88 Ac 73
Chassiers 07 117 Eb 81
Chassieu 69 94 Ef 74
Chassignelles 89 67 Eb 62
Chassignieu 38 107 Fc 76
Chassignolles 36 78 Bf 69
Chassignolles 43 104 Dc 76
Chassigny-Aisey 52 69 Fc 62
Chassigny-sous-Dun 71 93 Eb 71
Chassillé 72 47 Zf 60
Chassy 18 80 Cf 66
Chassy 71 81 Ea 69
Chassy 89 51 Dc 61
Chastang, Le 19 102 Be 78
Chastanier 48 117 De 80
Chasteaux 19 102 Bc 78
Chastel 43 104 Db 78
Chastel-Arnaud 26 119 Fb 81
Chastellet-lès-Sausses 04 134 Ge 84
Chastellux-sur-Cure 89 67 Df 64
Chastel-Merlhac 15 103 Cd 77
Chastel-Nouvel 48 116 Dc 81
Chastreix 63 103 Ce 75
Châtaigneraie, La 85 75 Zb 69
Chatain 86 88 Ac 72
Châtaincourt 28 31 Bb 56
Châtas 88 56 Ha 58
Château 71 94 Ed 70
Châteaubernard 16 87 Ze 74
Château-Bernard 38 119 Fd 79
Châteaubleau 77 34 Da 57
Châteaubourg 07 118 Ee 78
Châteaubourg 35 45 Yd 60
Château-Bréhain 57 38 Gd 55
Châteaubriant 44 45 Yd 62
Château-Chalon 39 83 Fd 68
Château-Chervix 87 101 Bc 75
Château-Chinon 58 81 Df 66
Château-d'Almenêches, Le 61 30 Aa 56
Château-des-Prés 39 84 Ff 69
Château-d'Oléron, Le 17 86 Ye 73
Château-d'Olonne 85 73 Yb 69
Châteaudouble 26 119 Fa 79
Châteaudouble 83 148 Gc 87
Château-du-Loir 72 62 Ac 62
Châteaudun 28 49 Bc 60
Châteaufort 04 133 Ga 83
Châteaufort 78 33 Ca 56
Château-Gaillard 01 95 Fb 73
Château-Garnier 86 88 Ac 71
Châteaugay 63 92 Da 73
Châteaugiron 35 45 Yd 60
Château-Gontier 53 46 Zb 62
Château-Guibert 85 74 Ye 69
Château-l'Abbaye 59 9 Dc 46
Château-Landon 77 50 Ce 60
Château-Larcher 86 76 Ab 70
Château-la-Vallière 37 62 Ab 63
Château-l'Evêque 24 100 Ae 77
Château-l'Hermitage 72 47 Ab 62
Châteaulin 29 42 Vf 59
Château-Malo 35 27 Ya 57
Châteaumeillant 18 79 Cb 69
Châteauneuf 21 68 Ed 65
Châteauneuf 71 93 Eb 71
Châteauneuf 73 108 Gb 75
Châteauneuf 85 73 Ya 67
Châteauneuf-de-Bordette 26 119 Fa 82
Châteauneuf-de-Contes 06 135 Hb 86
Châteauneuf-de-Gadagne 84 131 Ef 85
Châteauneuf-de-Galaure 26 106 Ef 77
Châteauneuf-d'Entraunes 06 134 Ge 84
Châteauneuf-de-Vernoux 07 118 Ed 79
Châteauneuf-d'Ille-et-Villaine 35 27 Ya 57
Châteauneuf-d'Oze 05 120 Ff 81
Châteauneuf-du-Faou 29 42 Wb 59
Châteauneuf-du-Pape 84 131 Ee 84
Châteauneuf-en-Thymerais 28 31 Bb 57
Châteauneuf-Grasse 06 134 Gf 86
Châteauneuf-la-Forêt 87 90 Bd 74
Châteauneuf-le-Rouge 13 146 Fd 87
Châteauneuf-les-Bains 63 92 Cf 72
Châteauneuf-les-Martigues 13 146 Fa 88
Châteauneuf-Miravail 04 132 Fe 84
Châteauneuf-sur-Charente 16 100 Zf 75
Châteauneuf-sur-Cher 18 79 Cb 67
Châteauneuf-sur-Isère 26 118 Ef 78
Châteauneuf-sur-Loire 45 50 Cb 61
Châteauneuf-sur-Sarthe 49 61 Zd 62
Châteauneuf-Val-de-Bargis 58 66 Db 65
Châteauneuf-Val-Saint-Donnat 04 133 Ff 84
Châteauponsac 87 89 Bb 72
Château-Porcien 08 19 Eb 51
Châteauredon 04 133 Gb 84
Châteaurenard 13 131 Ef 85
Châteaurenard 45 51 Cf 61
Château-Renault 37 63 Af 63
Château-Rouge 57 22 Gd 53
Châteauroux 05 121 Gd 81
Châteauroux 36 78 Be 68
Château-Salins 57 38 Gd 56
Château-sur-Allier 03 80 Da 68
Château-sur-Cher 63 91 Cd 72
Château-sur-Epte 27 32 Bd 53
Châteauthébaud 44 60 Yd 66
Château-Thierry 02 34 Dc 54
Château-Verdun 09 152 Be 92
Châteauvert 83 147 Ga 87
Châteauvieux 41 64 Bc 65
Châteauvieux 83 134 Gd 86
Châteauvilain 38 107 Fb 75
Châteauvillain 52 53 Ef 60
Château-Voué 57 38 Gd 55
Châtel, Le 73 108 Gc 77
Châtelaillon-Plage 17 86 Yf 72
Châtelain 53 46 Zc 62
Châtelaine, La 39 84 Fe 67
Châtelais 49 46 Za 62
Châtelans, Annoisin- 38 95 Fb 74
Châtelard 23 91 Cc 73
Châtelard, Le 73 108 Ga 74
Châtelaudren 22 26 Xa 57
Châtelblanc 25 84 Ga 68
Châtel-Censoir 89 67 Dd 63
Châtel-Chéhéry 08 20 Ef 53
Châtel-de-Joux 39 84 Fe 69
Châtel-de-Neuvre 03 92 Db 70
Châteldon 63 92 Dd 73
Châtelet, Le 18 79 Cb 69
Châtelet, Le 58 66 Db 65
Châtelet-en-Brie, Le 77 50 Ce 57
Châtelets, Les 28 31 Ba 57
Châtelets, Les 28 48 Bb 58
Châtelet-sur-Meuse 52 54 Fd 61
Châtelet-sur-Retourne, Le 08 19 Eb 52
Châtelet-sur-Sormonne, Le 08 20 Ed 49
Châtel-Gérard 89 67 Ea 63
Châtelguyon 63 92 Da 73
Châtelier, Le 35 45 Ye 58
Châtelier, Le 51 36 Ef 55
Châtelier, Le 61 29 Zc 56
Châteliers-Notre-Dame, Les 28 48 Bb 58
Châtellenot 21 68 Ec 65
Châtellerault 86 77 Ad 68
Châtelliers-Châteaumur, Les 85 75 Zb 67
Châtel-Montagne 03 93 De 72
Châtel-Moron 71 82 Ed 68
Châtelneuf 39 84 Ff 68
Châtelneuf 42 105 Df 75
Châtelperron 03 93 Dd 70
Châtelraould-Saint-Louvent 51 36 Ed 56
Châtel-Saint-Germain 57 38 Ga 54
Châtel-sur-Moselle 88 55 Gc 59
Châtelus 03 93 De 71
Chatelus 23 90 Be 70
Châtelus 42 105 Ea 76
Châtelus-Malvaleix 23 90 Ca 71
Châtenay 01 95 Fb 72
Châtenay 28 49 Bf 58
Châtenay 38 107 Fb 77
Châtenay 71 94 Ec 71
Châtenay-Mâcheron 52 54 Fc 61
Châtenay-sur-Seine 77 51 Da 58
Châtenay-Vaudin 52 54 Fc 61
Chatenet 17 99 Ze 77
Châtenet, Le 87 89 Bc 71
Chatenet, Le 87 90 Bd 74
Châtenois 39 69 Fd 66
Châtenois 67 56 Hc 59
Châtenois 70 70 Gb 62
Châtenois 88 54 Ff 59
Châtenois-les-Forges 90 71 Gf 63
Châtenoy 45 50 Cc 61
Châtenoy 77 50 Cd 59
Châtenoy-en-Bresse 71 82 Ef 68
Châtignac 16 100 Zf 76
Châtillon 39 84 Fe 69
Châtillon 69 94 Ed 73
Châtillon-Coligny 45 66 Cf 62
Châtillon-de-Michaille 01 95 Fe 72
Châtillon-en-Bazois 58 81 Dd 66
Châtillon-en-Diois 26 119 Fc 80
Châtillon-en-Dunois 28 48 Bb 60
Châtillon-en-Vendelais 35 45 Ye 59
Châtillon-Guyotte 25 70 Gb 65
Châtillon-la-Borde 77 51 Ce 47
Châtillon-la-Palud 01 95 Fb 73
Châtillon-le-Duc 25 70 Ga 65
Châtillon-le-Roi 45 50 Ca 60
Châtillon-lès-Sons 02 19 De 50
Châtillon-Saint-Jean 26 107 Fa 78
Châtillon-sous-les-Côtes 55 37 Fd 54
Châtillon-sur-Broué 51 36 Ee 57
Châtillon-sur-Chalaronne 01 94 Ef 72
Châtillon-sur-Cher 41 64 Bc 65
Châtillon-sur-Colmont 53 46 Zb 58
Châtillon-sur-Indre 36 77 Bb 67
Châtillon-sur-Lison 25 84 Ff 66
Châtillon-sur-Loire 45 66 Ce 63
Châtillon-sur-Marne 51 35 De 54
Châtillon-sur-Morin 51 35 Dd 56
Châtillon-sur-Oise 02 18 Dc 50
Châtillon-sur-Saône 88 55 Ff 61
Châtillon-sur-Seiche 35 45 Yb 60
Châtillon-sur-Seine 21 53 Ed 61
Châtillon-sur-Thouet 79 76 Ze 69
Châtin 58 81 Df 66
Châtonnay 38 107 Fb 76
Chatonrupt-Sommermont 52 54 Fa 58
Chatou 78 33 Ca 55
Châtre, La 36 78 Bf 69
Châtre-Langlin, La 36 78 Bc 70
Châtres 10 52 Df 57
Châtres 24 101 Bb 77
Châtres 77 34 Ce 56
Châtres-la-Forêt 53 46 Zd 60
Châtres-sur-Cher 41 64 Bf 65
Châtrices 51 36 Ef 54
Chattancourt 55 37 Fb 53
Chaucenne 25 70 Ff 65
Chauchailles 48 116 Da 80
Chauché 85 74 Ye 68
Chauchet, Le 23 91 Cc 72
Chauchigny 10 52 Df 58
Chauconin-Neufmontiers 77 34 Cf 55
Chaudardes 02 19 De 52
Chaudebonne 26 119 Fb 82
Chaudefonds-sur-Layon 49 61 Zb 65
Chaudefontaine 25 70 Ga 64
Chaudenay 52 54 Fd 62
Chaudenay 71 82 Ee 67
Chaudenay-le-Château 21 68 Ed 65
Chaudenay-sur-Moselle 54 38 Ff 57
Chaudes-Aigues 15 116 Da 79
Chaudeyrac 48 117 De 81
Chaudeyrolles 43 117 Eb 79
Chaudière, La 26 119 Fb 81
Chaudon 28 32 Bc 57
Chaudon-Norante 04 133 Gb 85
Chaudrey 10 52 Eb 57
Chaudron-en-Mauges 49 61 Za 65
Chaudun 02 18 Db 53
Chauffailles 71 94 Ec 71
Chauffayer 05 120 Ga 80
Chauffecourt 88 55 Ga 58
Chauffour 18 88 Ab 72
Chauffour-lès-Bailly 10 52 Eb 59
Chauffour-lès-Étréchy 91 50 Cb 57
Chauffours 28 49 Bc 58
Chauffour-sur-Vell 19 102 Bd 78
Chauffourt 52 54 Fc 61
Chauffry 77 34 Db 56
Chaufour-lès-Bonnières 78 32 Bc 54
Chaufour-Notre-Dame 72 47 Aa 60
Chaugey 21 68 Ef 62
Chaugey 21 83 Fb 66
Chaulgnes 58 66 Da 66
Chaulhac 48 116 Db 79
Chaulme, La 63 105 Df 76
Chaulnes 80 18 Ce 50
Chaum 31 151 Ad 91
Chaumard 58 67 Df 66
Chaume, La 21 53 Ef 61
Chaume-et-Courchamp 21 69 Fc 63
Chaumeil 19 102 Bf 75
Chaumeil 19 102 Bf 76
Chaume-les-Baigneux 21 68 Ec 63
Chaumercenne 70 69 Fd 65
Chaumeré 35 45 Yd 60
Chaumergy 39 83 Fc 67
Chaumes-en-Brie 77 34 Cf 56
Chaumesnil 10 53 Ed 58
Chaumont 18 80 Ce 67
Chaumont 52 53 Fa 60
Chaumont 61 30 Ab 56
Chaumont 74 96 Ff 72
Chaumont 89 51 Da 58
Chaumont-d'Anjou 49 62 Ze 63
Chaumont-devant-Damvillers 55 21 Fc 53
Chaumontel 95 33 Cc 54
Chaumont-en-Vexin 60 16 Bf 53
Chaumont-la-Ville 52 54 Fd 60
Chaumont-le-Bois 21 53 Ed 61
Chaumont-le-Bourg 63 105 De 76
Chaumont-Porcien 08 19 Eb 51
Chaumont-sur-Aire 55 37 Fb 55
Chaumont-sur-Loire 41 63 Bb 64
Chaumont-sur-Tharonne 41 64 Bf 63
Chaumot 58 67 Dd 65
Chaumot 89 51 Db 60
Chaumousey 88 55 Gc 59
Chaumoux-Marcilly 18 66 Ce 66
Chaumussay 37 77 Af 67
Chaumusse, La 39 84 Ff 69
Chaunac 17 99 Zd 76
Chaunay 86 88 Aa 71
Chauny 02 18 Db 51
Chauriat 63 92 Db 74
Chaussade, La 23 91 Cb 73
Chaussaire, La 49 60 Yf 65
Chaussée, La 76 15 Ba 49
Chaussée, La 86 76 Aa 67
Chaussée-d'Ivry, La 28 32 Bc 55
Chaussée-Saint-Victor, La 41 64 Bc 63
Chaussée-sur-Marne, La 51 36 Ed 55
Chaussée-Tirancourt, La 80 7 Ca 49
Chaussenac 15 103 Cb 77
Chaussenans 39 84 Fe 68
Chausseterre 42 93 De 73
Chaussin 39 83 Fc 67
Chausson 69 106 Ed 75
Chaussoy-Epagny 80 17 Cb 50
Chaussy 45 49 Bf 60
Chaussy 95 32 Be 54
Chauvac 26 119 Fd 83
Chauvé 44 59 Ya 66
Chauvency-Saint-Hubert 55 21 Fb 51
Chauvigne 35 45 Yd 58
Chauvigny 86 77 Ad 69
Chauvigny-du-Perche 41 48 Ba 61
Chauvincourt-Provemont 27 16 Bd 53
Chauvirey-le-Châtel 70 69 Fe 62
Chauvirey-le-Vieil 70 69 Fe 62
Chauvoncourt 55 37 Fd 55
Chauvry 95 33 Cb 54
Chaux 21 68 Ef 66
Chaux 70 70 Ff 64
Chaux 90 71 Ge 62
Chaux, La 25 84 Gc 66
Chaux, La 63 84 Gc 67
Chaux, la 61 30 Ze 57
Chaux, La 71 83 Fb 68
Chaux-Champagny 39 84 Ff 67
Chaux-de-Prés 39 84 Ff 69
Chaux-des-Crotenay 39 84 Ff 69
Chaux-du-Dombief, La 39 84 Ff 69
Chaux-en-Bresse, La 39 83 Fc 68
Chaux-lès-Clerval 25 71 Gd 64
Chaux-lès-Passavant 25 70 Gc 65
Chaux-lès-Port 70 70 Ga 62
Chaux-Neuve 25 84 Ga 68
Chauzon 07 118 Ec 82
Chavagnac 15 104 Cf 78
Chavagnac 24 101 Bc 78
Chavagne 35 45 Yb 60
Chavagnes 49 61 Zd 65
Chavagnes-en-Paillers 85 74 Ye 67
Chavagnes-les-Redoux 85 75 Za 68
Chavaignes 49 63 Aa 63
Chavanac 19 102 Ca 75
Chavanat 23 90 Bf 73
Chavanatte 90 71 Ha 63
Chavanay 42 106 Ee 76
Chavanges 10 53 Ed 57
Chavaniac-Lafayette 43 104 Dd 78
Chavannas 26 106 Ef 78
Chavannaz 74 96 Ga 72
Chavanne 70 71 Gd 63
Chavanne, Les 70 55 Gc 61
Chavannes 18 79 Cc 67
Chavannes-en-Maurienne, Les 73 108 Gb 76
Chavannes-les-Grandes 90 71 Ha 63
Chavannes-sur-l'Étang 68 71 Ha 63
Chavannes-sur-Reyssouze 01 83 Ee 70
Chavannes-sur-Suran 01 95 Fc 71
Chavanod 74 96 Ga 73
Chavaroux 63 92 Db 73
Chavatte, La 80 17 Ce 50
Chaveignes 37 76 Ac 66
Chavelot 88 55 Gc 59
Chavenat 16 100 Ab 76
Chavenay 78 32 Bf 55
Chavençon 60 32 Bf 53
Chavenon 03 92 Cf 70
Chaventon 36 78 Bc 67
Chavéria 39 83 Fd 69
Chaveroche 19 103 Cb 75
Chaveyriat 01 94 Fa 71
Chavignol 18 66 Ce 65
Chavignon 02 18 Dd 52
Chavigny 02 18 Db 52
Chavigny 54 38 Ga 57
Chavigny-Bailleul 27 31 Bb 55
Chavin 36 78 Bd 69
Chavonne 02 19 Dd 52
Chavornay 01 95 Fe 73
Chavot-Courcourt 51 35 Df 55
Chavoy 50 28 Ye 56
Chavroches 03 93 Dd 70
Chay 25 84 Ff 66
Chay, La 17 86 Za 75
Chazay-d'Azergues 69 94 Ee 73
Chazeaux 07 117 Eb 81
Chaze-de-Peyre, La 48 116 Db 80
Chazé-Henry 49 45 Yf 62
Chazelet 36 78 Bc 69
Chazelles 15 104 Dc 78
Chazelles 16 100 Ac 75
Chazelles 39 95 Fc 70
Chazelles 42 93 Df 74
Chazelles 43 116 Dc 78
Chazelles-sur-Albe 54 39 Ge 57
Chazelles-sur-Lyon 42 106 Ec 75
Chazemais 03 79 Cd 70
Chazé-sur-Argos 49 61 Za 63
Chazeuil 21 69 Fb 63
Chazeuil 58 66 Dc 65
Chazey-Bons 01 95 Fe 74
Chazey-sur-Ain 01 95 Fb 73
Chazilly 21 68 Ed 65
Chazot 25 71 Gd 65
Chécy 45 49 Ca 61
Chef-Boutonne 79 88 Zf 72
Chef-du-Pont 50 12 Yd 52
Cheffes 49 61 Zc 63
Cheffois 85 75 Zb 69
Chef-Haut 88 55 Ga 58
Chefresne, Le 50 28 Yf 55
Chéhéry 08 20 Ef 51
Cheignieu-la-Balme 01 95 Fd 74
Cheillé 37 62 Ac 65
Cheilly-lès-Maranges 71 82 Ee 67
Chein-Dessus 31 140 Af 90
Cheissoux 87 90 Bd 74
Cheix, Le 63 91 Cd 74
Cheix, Le 63 91 Ce 72
Cheix, Le 63 92 Db 73
Cheix, Le 63 104 Da 75
Cheix-en-Retz 44 59 Yb 65
Chelers 62 8 Cc 46
Chélieu 38 107 Fc 76
Chelle-Debat 65 139 Ab 89
Chelles 60 18 Da 52
Chelles 77 33 Cd 55
Chelle-Spou 65 139 Ab 90
Chelun 35 45 Ye 61
Chemaudin 25 70 Ff 65
Chemazé 53 46 Zb 62
Chemellier 49 61 Zd 64
Chemenot 39 83 Fd 67
Chéméré 44 59 Ya 66
Chémeré-le-Roi 53 46 Zd 61
Chémery 41 64 Bc 64
Chémery-les-Deux 57 22 Gc 53
Chémery-sur-Bar 08 20 Ef 51
Chemilla 39 95 Fd 70
Chemillé 49 61 Zb 65
Chemillé-sur-Dême 37 63 Ad 63
Chemillé-sur-Indrois 37 63 Bb 66
Chemilli 61 47 Ac 58
Chemilly 03 80 Db 70
Chemilly 70 70 Ga 63
Chemilly-sur-Serein 89 67 Df 62
Chemilly-sur-Yonne 89 51 Dd 61
Chemin 39 83 Fb 67
Chemin, Le 51 36 Ef 54
Cheminas 07 106 Ee 78
Chemin-d'Aisey 21 68 Ed 62
Cheminon 51 36 Ef 56
Cheminot 57 38 Ga 55
Chemiré-en-Charnie 72 47 Ze 60
Chemiré-le-Gaudin 72 47 Zf 61
Chemiré-sur-Sarthe 49 46 Zd 62
Chemy 59 8 Cf 45
Chenac-Saint-Seurin-d'Uzet 17 98 Zb 75
Chenailler-Mascheix 19 102 Bf 78
Chenalotte, La 25 71 Ge 66
Chénas 69 94 Ee 71
Chenaud 24 100 Aa 77
Chenay 51 19 Df 53
Chenay 72 47 Aa 58
Chenay 79 88 Zf 71
Chenay-le-Châtel 71 93 Df 71
Chêne, Le 10 35 Eb 57
Chêne-Arnoult 89 51 Da 61
Chêne-Bernard 39 83 Fc 67
Chenebier 70 71 Ge 63
Chenecey-Buillon 25 70 Ff 66
Cheneché 86 76 Ab 68
Chêne-Chenu 28 32 Bb 57
Chênedouit 61 29 Zd 56
Chêne-en-Semine 74 96 Ff 72
Chênehutte-Trèves-Cunault 49 62 Zf 65
Chénelette 69 94 Ec 72
Chénérailles 23 91 Cb 72
Chenereilles 42 105 Ea 76
Chenereilles 42 105 Eb 76
Chenereilles 43 105 Eb 78
Chêne-Sec 39 83 Fc 67
Chenevelles 86 77 Ad 68
Chenevières 54 38 Gd 57
Chenevrey-et-Morogne 70 69 Fe 65
Chênex 74 96 Ff 72
Cheney 89 52 Df 61
Chenicourt 54 38 Gb 55
Chenières 54 21 Fe 52
Chéniers 23 90 Be 70
Cheniers 51 35 Eb 55
Chenillé-Changé 49 61 Zc 62
Cheniménil 88 55 Gd 60
Chennebrun 27 31 Ae 56
Chennegy 10 52 Df 59
Chennevières-lès-Louvres 95 33 Cd 54
Chennevières-sur-Marne 94 33 Cd 56
Chenois 57 38 Gd 55
Chenoise 77 34 Db 57
Chenommet 16 88 Ab 73
Chenon 16 88 Ab 73
Chenonceaux 37 63 Ba 65
Chenou 77 50 Cd 60
Chenôve 21 69 Fa 65
Chenôves 71 82 Ee 68
Chens-sur-Léman 74 96 Gb 71
Chenu 72 62 Ac 63
Cheny 89 51 Dd 61
Chepniers 17 99 Ze 77
Chepoix 60 17 Cc 51
Cheppe, La 51 36 Ec 54
Cheppes-la-Prairie 51 36 Ec 56
Cheppy 55 20 Fa 53
Cheptainville 91 33 Cb 57
Chepy 51 36 Ec 55
Chépy 80 6 Bd 48
Chéraute 64 137 Za 89
Cherbonnières 17 87 Zd 73
Cherbourg 50 12 Yc 51
Chérence 95 32 Be 54
Chérence-le-Héron 50 28 Ye 56
Chérencés-le-Roussel 50 29 Yf 56
Chéreng 59 8 Db 45
Chères, Les 69 94 Ee 73
Chérêt 02 19 De 51
Chériennes 62 7 Ca 47
Cherier 42 93 Df 73
Chérigné 79 87 Ze 72
Chéris, Les 50 28 Ye 57
Chérisay 72 47 Aa 58
Chérisy 28 32 Bc 56
Chérisy 62 8 Cf 47
Chérizet 71 82 Ed 69
Chermignac 17 87 Zb 74
Chermisey 88 54 Fd 58
Chermizy-Ailles 02 19 De 52
Chéronnac 87 89 Ae 74
Chéronvilliers 27 31 Ae 56
Chéroy 89 51 Da 59
Cherré 49 61 Zc 62
Cherré 72 48 Ad 60
Cherreau 72 48 Ae 59
Cherval 24 100 Ac 76
Cherveix-Cubas 24 101 Ba 77
Chervers-Châtelars 16 88 Ad 74
Cherves 86 76 Aa 68
Cherves-Richemont 16 87 Zd 74
Chervettes 17 87 Zb 72
Cherveux 79 75 Zd 70
Cherville 51 35 Eb 54
Chéry 18 65 Ca 66
Chéry-Chartreuve 02 19 Dd 53
Chéry-lès-Pouilly 02 19 Dd 51
Chéry-lès-Rozoy 02 19 Ea 50
Chesley 10 52 Ea 61
Chesnay, Le 78 33 Ca 56
Chesne, Le 08 20 Ee 51
Chesne, le 27 31 Af 55
Chesnois-Auboncourt 08 20 Ed 51
Chesny 57 38 Gb 54
Chessenaz 74 96 Ff 72
Chessy 69 94 Ed 73
Chessy 77 33 Ce 55
Chéu 89 52 De 61
Cheuge 21 69 Fc 64
Cheux 14 13 Zc 54
Chevagnes 03 81 Dd 69
Chevagny-les-Chevrières 71 94 Ee 71
Chevagny-sur-Guye 71 82 Ed 69
Chevaigné 35 45 Yc 59
Chevaigné-du-Maine 53 46 Zd 58
Chevain, Le 72 47 Aa 58
Cheval-Blanc 84 132 Fa 86
Chevaline 74 96 Gb 74
Chevallerais, La 44 60 Yb 64
Chevanceaux 17 99 Ze 77
Chevannay 21 68 Ed 64
Chevannes 45 51 Cf 60
Chevannes 89 67 Dc 62
Chevannes 91 33 Cc 57
Chevannes-Changy 58 66 Dc 65
Chevennes 02 19 De 50
Chevennes 21 68 Ef 66
Chevenon 58 80 Db 67
Chevenoz 74 97 Gd 71
Cheverny 41 64 Bc 64
Cheveuges-Saint-Aignan 08 20 Ef 50
Chevières 08 20 Ef 52
Chevigney 25 70 Gc 66
Chevigney 70 69 Fd 65
Chevigney-sur-l'Ognon 25 70 Ff 65
Chevigny 21 69 Fa 65

Charbonnières-les-Vieilles — Chevigny (F) 171

Chevigny 39 69 Fc 65
Chevigny-en-Valière 21 82 Ef 67
Chevigny-Saint-Sauveur 21 69 Fa 65
Chevillard 01 95 Fd 72
Chevillé 72 47 Ze 61
Chevillon 52 37 Fa 57
Chevillon 89 51 Db 61
Chevillon-sur-Huillard 45 50 Cd 61
Chevilly 45 49 Be 60
Chevinay 69 94 Ed 74
Chevincourt 60 18 Cf 51
Cheviré-le-Rouge 49 62 Ze 63
Chevrainvilliers 77 50 Cd 59
Chevreaux 39 83 Fc 69
Chevregny 02 19 Dd 52
Chèvremont 90 71 Gf 63
Chèvrerie, La 16 88 Aa 72
Chevresis-Monceau 02 19 Dd 50
Chevreuse 78 33 Ca 56
Chèvreville 50 29 Yf 57
Chèvreville 60 34 Ce 54
Chevrier 74 96 Ff 72
Chevrières 38 107 Fb 77
Chevrières 42 106 Ec 75
Chevrières 60 17 Ce 52
Chevroches 58 67 Dd 64
Chevrolière, La 44 60 Yc 66
Chevrotaine 39 84 Ff 69
Chevroux 01 94 Ee 70
Chevroz 25 70 Ga 65
Chevru 77 34 Db 56
Chevry 01 96 Ga 71
Chevry 50 28 Yf 55
Chevry-Cossigny 77 33 Cd 56
Chevry-en-Sereine 77 51 Cf 59
Chevry-sous-le-Bignon 45 51 Cf 60
Chey 79 88 Zf 71
Cheylade 15 103 Ce 77
Cheylard, Le 07 118 Ec 79
Cheylard-l'Evêque 48 117 De 81
Cheyssieu 38 106 Ef 76
Chezal-Benoît 18 79 Ca 68
Chèze 65 150 Zf 91
Chèze, La 22 43 Xc 60
Chèzeaux 52 54 Fd 61
Chezelle 03 92 Da 71
Chezelle 03 92 Db 72
Chezelles 36 78 Bd 67
Chézelles 37 76 Ac 66
Chézeneuve 38 107 Fb 75
Chézery-Forens 01 96 Ff 71
Chézy 03 80 Dc 69
Chézy-en-Orxois 02 34 Db 54
Chézy-sur-Marne 02 34 Dc 55
Chiatra 2B 159 Kc 95
Chiché 79 75 Zd 68
Chicheboville 14 30 Ze 54
Chichée 89 67 Df 62
Chichery 89 51 Dd 61
Chichey 51 35 De 56
Chichilianne 38 119 Fd 80
Chicourt 57 38 Gd 55
Chiddes 58 81 Df 67
Chiddes 71 82 Ed 70
Chidrac 63 104 Da 75
Chierry 02 34 Dc 54
Chieulles 57 38 Gb 54
Chigné 49 63 Aa 63
Chigny 02 19 De 49
Chigny-les-Roses 51 35 Ea 54
Chigy 89 51 Dc 59
Chilhac 43 104 Dc 78
Chillac 16 99 Zf 76
Chille 39 83 Fd 68
Chilleurs-aux-Bois 45 50 Ca 60
Chillou, Le 79 76 Zf 68
Chilly 08 20 Ec 49
Chilly 74 96 Ff 73
Chilly 80 17 Ce 50
Chilly-le-Vignoble 39 83 Fd 69
Chilly-Mazarin 91 33 Cb 56
Chilly-sur-Salins 39 84 Ff 67
Chimilin 38 107 Fd 75
Chindrieux 73 96 Ff 74
Chinon 37 62 Ab 66
Chipilly 80 17 Cd 49
Chirac 16 89 Ad 73
Chirac 48 116 Db 81
Chirac-Bellevue 19 103 Cd 76
Chirassimont 42 93 Eb 73
Chirat-l'Église 03 92 Da 71
Chiré-en-Montreuil 86 76 Aa 69
Chirens 38 107 Fd 76
Chirmont 80 17 Cc 50
Chirols 07 117 Eb 80
Chiroubles 69 94 Ed 71
Chiry-Ourscamps 60 18 Cf 51
Chis 65 139 Aa 89
Chisa 2B 159 Kb 97
Chisà = Chisa 2A 159 Kb 97
Chissay-en-Touraine 41 63 Ba 64
Chisseaux 37 63 Ba 65
Chisséria 39 95 Fd 70
Chissey-en-Morvan 71 81 Eb 66
Chissey-lès-Mâcon 71 82 Ee 69
Chissey-sur-Loue 39 83 Fe 66
Chitenay 41 64 Bc 64
Chitray 36 78 Bc 69
Chitry 89 67 De 62
Chitry-les-Mines 58 67 Dd 65
Chivres 21 83 Fa 67
Chivres-en-Laonnais 02 19 Df 51
Chivres-Val 02 18 Dc 52
Chivy-lès-Étouvelles 02 19 Dd 51
Chizé 79 87 Zd 72
Chjatra = Chiatra 2B 159 Kc 95
Chouain 14 13 Zc 53
Chocques 62 8 Cd 45
Choilley-Dardenay 52 69 Fc 63
Choisel 78 33 Ca 56
Choiseul 52 54 Fd 60
Choisey 39 83 Fc 66
Choisies 59 9 Ea 47
Choisy 74 96 Ga 73
Choisy-au-Bac 60 18 Cf 52
Choisy-en-Brie 77 34 Db 56
Choisy-la-Victoire 60 17 Cd 52
Choisy-le-Roi 94 33 Cc 56
Cholet 49 61 Za 66
Cholonge 38 120 Fe 78
Choloy-Ménillot 54 37 Fe 57
Chomelix 43 105 De 77
Chomérac 07 118 Ed 80
Chomette, La 43 104 Dc 77
Chonas-l'Amballan 38 106 Ee 76
Chooz 08 10 Ee 48
Choqueuse-les-Bénards 60 17 Ca 51
Choranche 38 107 Fc 78
Chorey 21 82 Ef 66
Chorges 05 120 Gb 81
Chouday 36 79 Ca 67
Chougny 58 81 De 66
Chouilly 51 35 Ea 54
Chouppes 86 76 Aa 68
Chourgnac 24 101 Ba 77
Choussy 41 64 Bc 64
Chouvigny 03 92 Da 72
Choux 39 95 Fe 71
Choux, Les 45 65 Ce 62
Chouy 02 34 Db 53
Chouzé-sur-Loire 37 62 Aa 65
Chouzy-sur-Cisse 41 64 Bb 63
Choye 70 70 Fe 64
Chuelles 45 51 Cf 60
Chuffilly-Roche 08 20 Ed 52
Chuignes 80 17 Ce 49
Chuignolles 80 17 Ce 49
Chuisnes 28 48 Bb 58
Chusclan 30 131 Ee 84
Chuzelles 38 106 Ef 75
Ciadoux 31 139 Ae 89
Ciamannacce 2A 159 Ka 97
Ciboure 64 136 Yb 88
Cideville 76 15 Af 51
Ciel 71 83 Fa 67
Cier-de-Luchon 31 151 Ad 91
Cier-de-Rivière 31 139 Ad 90
Cierges 02 35 Dd 53
Cierges-sous-Montfaucon 55 20 Fa 53
Cierp-Gaud 31 151 Ad 91
Cierrey 27 32 Bb 54
Cierzac 17 99 Ze 75
Cieurac 46 114 Bc 79
Cieurac 46 114 Bd 82
Cieutat 65 139 Ab 90
Cieux 87 89 Ba 73
Ciez 58 66 Da 64
Cigogné 37 63 Af 65
Cilly 02 19 Df 50
Cinais 37 62 Ab 66
Cindré 03 92 Dd 71
Cinq-Mars-la-Pile 37 63 Ac 64
Cinqueux 60 17 Cd 53
Cintegabelle 31 141 Bd 89
Cintheaux 14 30 Ze 54
Cintray 27 31 Af 56
Cintray 28 49 Bc 58
Cintré 35 44 Ya 60
Cintrey 70 69 Fe 62
Ciotat, La 13 146 Fd 89
Cipières 06 134 Gf 86
Ciral 61 30 Zf 58
Ciran 37 77 Af 66
Circourt 88 55 Gb 59
Circourt-sur-Mouzon 88 54 Fe 59
Cirès 31 151 Ad 91
Cires-lès-Mello 60 17 Cc 53
Cirey 70 70 Ga 64
Cirey-lès-Mareilles 52 54 Fb 59
Cirey-lès-Pontailler 21 69 Fb 65
Cirey-sur-Blaise 52 53 Ef 58
Cirey-sur-Vezouze 54 39 Gf 57
Cirfontaines-en-Azois 52 53 Ef 60
Cirfontaines-en-Ornois 52 54 Fc 58
Ciron 36 77 Bb 69
Ciry-le-Noble 71 82 Eb 69
Ciry-Salsogne 02 18 Dc 52
Cisai-Saint-Aubin 61 30 Ac 56
Cisery 89 67 Ea 63
Cissac-Médoc 33 98 Zb 77
Cissé 86 76 Ab 69
Cisternes-la-Forêt 63 91 Ce 74
Cistrières 43 105 Dd 77
Citerne 80 7 Be 49
Citers 70 70 Gc 62
Citey 70 70 Fe 64
Citou 11 142 Cd 88
Citry 77 34 Db 55
Civaux 86 77 Ad 70
Civens 42 93 Eb 73
Civières 27 32 Bd 53
Civrac-de-Blaye 33 99 Zd 78
Civrac-de-Dordogne 33 111 Zf 80
Civrac-en-Médoc 33 98 Za 76
Civray 18 79 Cb 67
Civray 86 88 Ab 72
Civray-de-Touraine 37 63 Ba 65
Civray-sur-Esves 37 77 Ae 66
Civrenne 36 79 Ca 68
Civrieux 01 94 Ef 73
Civrieux-d'Azergues 69 94 Ee 73
Civry 28 49 Bc 60
Civry-en-Montagne 21 68 Ed 65
Civry-la-Forêt 78 32 Bd 55
Cizancourt 80 8 Cf 49
Cizay-la-Madeleine 49 62 Ze 65
Cize 01 95 Fc 71
Cize 39 84 Ff 64
Cizely 58 81 Dc 67
Cizos 65 139 Ac 89
Clacy-et-Thierret 02 19 Dd 51
Cladech 24 113 Af 81
Cladech 24 113 Ba 80
Claira 66 154 Cf 92
Clairac 47 112 Ac 82
Clairefontaine-en-Yvelines 78 32 Bf 57
Clairefougère 61 29 Zb 56
Clairegoutte 70 71 Gd 63
Clairfayts 59 10 Ea 48
Clairfontaine 02 9 Df 49
Clairmarais 62 3 Cb 44
Clairoix 60 18 Cf 52
Clairvaux-d'Aveyron 12 115 Cc 82
Clairvaux-les-Lacs 39 84 Fe 69
Clairy-Saulchoix 80 17 Cb 49
Clais 76 16 Bc 50
Claix 16 100 Aa 75
Claix 38 107 Fe 78
Clam 17 99 Zd 76
Clamanges 51 35 Ea 56
Clamart 92 33 Cb 56
Clamecy 02 18 Dc 52
Clamecy 58 67 Dd 64
Clamensane 04 120 Ga 83
Clamerey 21 68 Ec 64
Clamour 58 80 Da 66
Clans 06 134 Ha 84
Clans 70 70 Ga 63
Clansayes 26 118 Ee 82
Claon, Le 55 36 Ef 54
Claouey 33 110 Ye 80
Clapier, Le 12 129 Db 86
Clapiers 34 130 Cf 87
Clara 66 153 Cc 93
Clarac 31 139 Ad 90
Clarac 65 139 Ab 89
Claracq 64 138 Ze 87
Clarafond 74 96 Ff 72
Clarbec 14 14 Aa 53
Clarens 65 139 Ac 90
Clarensac 30 130 Eb 86
Claret 04 120 Ff 82
Claret 34 130 Df 85
Clarques 62 3 Cb 45
Clary 59 9 Dc 48
Classun 40 124 Zd 86
Clastres 02 18 Db 50
Clasville 76 15 Ad 50
Clat, Le 11 153 Cb 92
Claudon 88 55 Ga 60
Claunay 86 76 Ab 67
Claux, Le 15 103 Ce 78
Clavans-en-Haut-Oisans 38 108 Ga 78
Claveisolles 69 94 Ec 72
Claveyson 26 106 Ef 77
Clavière 36 78 Be 68
Clavières 15 116 Db 79
Claviers 83 134 Gd 87
Claville 27 31 Ba 54
Claville-Motteville 76 15 Bb 51
Clavy-Warby 08 20 Ed 50
Claye, La 85 74 Ye 70
Clayes 35 44 Ya 59
Claye-Souilly 77 33 Ce 55
Clayes-sous-Bois, Les 78 32 Bf 56
Clayette, La 71 93 Eb 71
Clayeures 54 55 Gc 58
Clécy 14 29 Zd 55
Cléden-Cap-Sizun 29 41 Vc 60
Cléden-Poher 29 42 Wb 59
Cléder 29 25 Vf 57
Clèdes 40 124 Zd 87
Cleebourg 67 40 Hf 54
Clefcy 88 56 Gf 59
Clefmont 52 54 Fd 60
Clefs 49 62 Zf 63
Clefs, Les 74 96 Gb 73
Cléguer 56 42 Wd 61
Cléguérec 56 43 Wf 60
Clelles-en-Trièves 38 119 Fd 80
Clémencey 21 68 Ef 65
Clémensat 63 92 Da 74
Clémensat 63 104 Da 75
Clémery 54 38 Gb 55
Clémont 18 65 Cb 63
Clénay 21 69 Fa 64
Clenleu 62 7 Bf 45
Cléon 76 15 Ba 53
Cleon-d'Andran 26 118 Ef 81
Cleppé 42 93 Eb 74
Clérac 17 99 Ze 77
Cléré-du-Bois 36 77 Ba 67
Cléré-les-Pins 37 62 Ac 64
Clères 76 15 Ba 51
Cléré-sur-Layon 49 61 Zd 66
Clérey 10 52 Eb 59
Clérey-la-Côte 88 54 Fe 58
Clérey-sur-Brénon 54 55 Ga 57
Clergoux 19 102 Bf 77
Clérieux 26 106 Ef 78
Clérimois, Les 89 51 Dc 59
Clerjus, Le 88 55 Gb 61
Clerlande 63 92 Db 73
Clermain 71 94 Ed 70
Clermont 09 140 Bb 90
Clermont 40 123 Za 87
Clermont 60 17 Cc 52
Clermont 74 96 Ff 73
Clermont-Créans 72 62 Zf 62
Clermont-de-Beauregard 24 112 Ad 79
Clermont-d'Excideuil 24 101 Ba 76
Clermont-en-Argonne 55 36 Fa 54
Clermont-Ferrand 63 92 Da 74
Clermont-le-Fort 31 140 Bc 88
Clermont-lès-Fermes 02 19 Df 50
Clermont-l'Hérault 34 129 Dc 87
Clermont-Pouyguillès 32 139 Ad 88
Clermont-Savès 32 126 Ba 87
Clermont-Soubiran 47 126 Ae 84
Clermont-sur-Lauquet 11 142 Cc 90
Cléron 25 84 Ga 66
Clerques 62 3 Bf 43
Clerval 25 70 Gc 64
Cléry 21 69 Fd 65
Cléry 73 108 Gb 75
Cléry-en-Vexin 95 32 Bf 54
Cléry-Grand 55 21 Fa 52
Cléry-Petit 55 21 Fb 52
Cléry-Saint-André 45 49 Be 62
Cléry-sur-Somme 80 8 Cf 49
Clesles 51 35 De 57
Clessé 79 75 Zd 68
Clessy 71 81 Ea 69
Cléty 62 3 Cb 45
Cleurie 88 56 Ge 60
Cleuville 76 15 Ad 50
Cléville 14 30 Zf 54
Cléville 76 15 Ad 51
Clévilliers 28 32 Bc 57
Cleyrac 33 111 Zf 80
Cleyzieu 01 95 Fc 73
Clézentaine 88 55 Gd 58
Clichy 92 33 Cb 55
Climbach 67 40 Hf 54
Clinchamp 52 54 Fc 59
Clinchamps-sur-Orne 14 29 Zd 54
Clion 17 99 Zc 76
Clion 36 77 Bb 67
Cliousclat 26 118 Ef 80
Cliponville 76 15 Ad 50
Clisse, La 17 87 Zb 74
Clisson 44 60 Ye 66
Clitourps 50 12 Yd 51
Clohars-Carnoët 29 42 Wc 62
Clohars-Fouesnant 29 42 Vf 61
Cloître-Pleyben, Le 29 42 Wa 59
Cloître-Saint-Thégonnec 29 25 Wb 58
Clomot 21 68 Ec 65
Clonas-sur-Varèze 38 106 Ee 76
Clos-Fontaine 77 34 Da 57
Clouange 57 22 Ga 53
Cloué 86 76 Aa 70
Clouzeaux, Les 85 74 Yc 69
Cloyes-sur-le-Loir 28 48 Bb 61
Cloyes-sur-Marne 51 52 Ed 57
Clucy 39 84 Ff 67
Clugnat 23 91 Ca 71
Cluis 36 78 Be 69
Clumanc 04 133 Gc 84
Cluny 71 82 Ed 70
Clusaz, la 74 96 Gc 73
Cluse, La 05 120 Ff 81
Cluse-et-Mijoux, la 25 84 Gc 67
Cluses 74 97 Gd 72
Clussais 79 88 Aa 71
Clux 71 83 Fb 67
Coadut 22 26 We 57
Coaraze 06 135 Hb 85
Coarraze 64 138 Ze 89
Coatascorn 22 26 We 56
Coat-Méal 29 24 Vc 57
Coatréven 22 26 We 56
Cobonne 26 119 Fa 80
Cobrieux 59 8 Db 45
Cochère, La 61 30 Aa 56
Cocherel 77 34 Da 54
Cocheren 57 39 Gf 54
Coclois 10 52 Ec 58
Cocquerel 80 7 Bf 48
Cocumont 47 112 Aa 82
Cocurès 48 117 Dd 82
Codognan 30 130 Eb 86
Codolet 30 131 Ee 84
Coëtlogon 22 44 Xc 60
Coëtmieux 22 27 Xd 58
Cœuvres-et-Valsery 02 18 Da 52
Coëx 85 73 Yb 68
Coffery 77 34 Db 56
Coggia 2A 158 Ie 96
Coglès 35 28 Yd 58
Cogna 39 84 Fe 69
Cognac 16 87 Ze 74
Cognac-la-Forêt 87 89 Ba 73
Cognat-Lyonne 03 92 Db 72
Cogners 72 48 Ad 61
Cognet 38 119 Fe 79
Cognières 70 70 Gb 64
Cognin-les-Gorges 38 107 Fc 77
Cognocoli-Monticchi 2A 158 If 98
Cogny 18 79 Cd 67
Cogny 69 94 Ed 73
Cogolin 83 148 Gd 89
Cohade 43 104 Dc 76
Cohiniac 22 26 Xa 58
Cohons 52 69 Fc 62
Coiffy-le-Bas 52 54 Fe 61
Coiffy-le-Haut 52 54 Fe 61
Coigneux 80 8 Cd 48
Coignières 78 32 Bf 56
Coigny 50 12 Yd 53
Coimères 33 111 Ze 82
Coinces 45 49 Be 60
Coinches 88 56 Ha 59
Coincourt 54 38 Gd 56
Coincy 02 34 Dc 54
Coincy 57 38 Gb 54
Coings 36 78 Be 67
Coingt 02 19 Ea 50
Coin-lès-Cuvry 57 38 Ga 54
Coin-sur-Seille 57 38 Ga 54
Coirac 33 111 Ze 80
Coise 69 106 Ec 75
Coiserette 39 96 Ff 70
Coisevaux 70 71 Ge 63
Coisia 39 95 Fd 71
Coisy 80 7 Cb 49
Coivert 17 87 Zd 72
Coivrel 60 17 Cd 51
Coizard-Joches 51 35 Df 56
Colayrac-Saint-Cirq 47 125 Ad 83
Colembert 62 3 Be 44
Coligny 01 95 Fc 70
Colincamps 80 8 Cd 48
Collan 89 52 Df 61
Collancelle, La 58 67 Dd 65
Collandres 15 103 Cd 77
Collandres-Quincarnon 27 31 Af 55
Collanges 63 104 Db 76
Collat 43 105 Dd 77
Collégien 77 33 Ce 55
Collemiers 89 51 Db 60
Collonges-au-Mont-d'Or 69 94 Ee 74
Colleret 59 10 Ea 47
Collet-de-Dèze, Le 48 130 Df 83
Colletot 27 15 Ad 52
Colleville 76 15 Ac 50
Colleville-Montgomery 14 14 Ze 53
Colleville-sur-Mer 14 13 Za 52
Collias 30 131 Ec 85
Colligny 57 38 Gb 54
Colline-Beaumont 62 7 Be 46
Collinée 22 44 Xc 59
Collioure 66 154 Da 93
Collobrières 83 147 Gb 89
Collonge-en-Charollais 71 82 Ed 69
Collonge-la-Madeleine 71 82 Ed 67
Collonges 01 96 Ff 72
Collonges-la-Rouge 19 102 Bd 78
Collonges-lès-Bevy 21 68 Ef 65
Collonges-lès-Premières 21 69 Fa 65
Collonges-sous-Salève 74 95 Ga 72
Collongues 06 134 Gf 85
Collongues 65 139 Aa 89
Collorec 29 25 Wa 59
Collorgues 30 130 Eb 84
Colmar 68 56 Hc 60
Colmars 04 134 Gd 83
Colmen 57 22 Gd 52
Colmesnil-Mannevil 76 15 Ba 49
Colmey 54 21 Fd 52
Colmier-le-Bas 52 68 Ef 62
Colmier-le-Haut 52 68 Ef 62
Colognac 30 130 De 84
Cologne 32 126 Af 86
Colombe 38 107 Fc 76
Colombe, La 41 49 Bc 61
Colombe, La 50 28 Ye 55
Colombé-la-Fosse 10 53 Ee 59
Colombé-le-Sec 10 53 Ee 59
Colombe-lès-Vesoul 70 70 Gb 63
Colombelles 14 14 Ze 53
Colombes 92 33 Cb 55
Colombey-les-Choiseul 52 54 Fd 60
Colombey-les-Deux-Églises 52 53 Ef 59
Colombier 03 91 Ce 71
Colombier 21 68 Ee 65
Colombier 24 112 Ad 80
Colombier 42 106 Ed 77
Colombier, Le 18 79 Cd 67
Colombier-en-Brionnais 71 94 Eb 70
Colombières-sur-Orb 34 143 Da 87
Colombier-Fontaine 25 71 Ge 64
Colombier-le-Cardinal 07 106 Ee 77
Colombier-le-Jeune 07 118 Ee 78
Colombier-le-Vieux 07 106 Ee 78
Colombiers 17 87 Zc 75
Colombiers 34 143 Da 89
Colombiers 61 30 Aa 58
Colombiers 86 76 Ab 68
Colombier-Saugnieu 69 107 Fa 74
Colombiers-du-Plessis 53 46 Za 58
Colombiers-sur-Seulles 14 13 Zc 53
Colombiès 12 115 Cc 82
Colomby 50 12 Yd 52
Colomby-sur-Thaon 14 13 Zd 53
Colomiers 31 126 Bc 87
Colomieu 01 95 Fd 74
Colonard-Corubert 61 48 Ad 58
Colondannes 23 90 Bd 71
Colonne 39 83 Fd 67
Colonzelle 26 118 Ef 82
Colpo 56 43 Xa 62
Colroy-la-Grande 88 56 Ha 59
Colroy-la-Roche 67 56 Hb 58
Coltainville 28 49 Bd 58
Coltines 15 104 Cf 78
Coly 24 101 Bb 78
Combaillaux 34 130 De 86
Combas 30 130 Ea 85
Combeaufontaine 70 70 Ff 62
Combefa 81 127 Ca 84
Comberanche-et-Epeluche 24 100 Ab 77
Comberjon 70 70 Gb 63
Comberouger 82 126 Ba 85
Combertault 21 82 Ef 67
Combes 34 143 Da 87
Combiers 16 100 Ac 76
Comblanchien 21 82 Ef 66
Combles 80 8 Cf 48
Combles-en-Barrois 55 36 Fa 56
Comblessac 35 44 Xf 61
Combleux 45 49 Bf 61
Comblot 61 48 Ad 58
Combloux 74 97 Gd 73
Combon 27 31 Af 54
Combourg 35 28 Yb 58
Combourtillé 35 45 Ye 59
Combovin 26 119 Fa 79
Combrailles 63 91 Cd 73
Combrand 79 75 Zb 67
Combray 14 29 Zd 55
Combray, Illiers- 28 48 Bb 59
Combre 42 93 Eb 72
Combrée 49 61 Yf 62
Combres 28 48 Ba 59
Combressol 19 103 Cb 76
Combres-sous-les-Côtes 55 37 Fd 54
Combret 12 128 Ce 85
Combreux 45 50 Cb 61
Combrimont 88 56 Ha 59
Combrit 29 41 Vf 61
Combronde 63 92 Da 73
Combs-la-Ville 77 33 Cd 57
Comelle, La 71 81 Ea 67
Comiac 46 114 Bf 79
Comigne 11 142 Cd 90
Comines 59 4 Da 44
Commana 29 25 Wa 58
Commarin 21 68 Ed 65
Commeaux 61 30 Zf 56
Commelle 42 93 Ea 73
Commenailles 39 83 Fc 68
Commenchon 02 18 Db 51
Commensacq 40 123 Zb 83
Commentry 03 91 Ce 71
Commeny 95 32 Bf 54
Commequiers 85 73 Ya 68
Commer 53 46 Zc 59
Commercy 55 37 Fd 56
Commerveil 72 47 Ac 59
Commes 14 13 Zb 52
Communailles-en-Montagne 39 84 Ga 68
Communay 69 106 Ef 75
Compains 63 104 Cf 76
Compainville 76 16 Bd 50
Compans 77 33 Ce 55
Compas, Le 23 91 Cc 73
Compertrix 51 36 Ec 55
Compeyre 12 129 Db 84
Compiègne 60 18 Ce 52
Compigny 89 51 Db 58
Compolibat 12 115 Cb 82
Compôte, La 73 108 Ga 74
Comprégnac 12 129 Cf 84
Compreignac 87 89 Bb 73
Comps 26 119 Fa 81
Comps 30 131 Ed 85
Comps 33 99 Zc 78
Comps-la-Grand-Ville 12 128 Cd 83
Comps-sur-Artuby 83 134 Gd 86
Comté, La 62 8 Cd 46
Comus 11 153 Bf 92
Conan 41 64 Bb 62
Conand 01 95 Fc 73
Conat 66 153 Cc 93
Conca 2A 159 Kc 98
Concarneau 29 42 Wa 61
Concevreux 02 19 De 52
Concèze 19 101 Bc 76
Conches 77 33 Ce 55
Conches-en-Ouche 27 31 Af 55
Conchez-de-Béarn 64 124 Ze 87
Conchil-le-Temple 62 6 Bd 46
Conchy-les-Pots 60 17 Ce 51
Conchy-sur-Canche 62 7 Cb 47
Concorès 46 113 Bc 81
Concots 46 114 Bd 82
Concoules 30 117 Df 82
Concourson-sur-Layon 49 61 Zd 65
Concremiers 36 77 Ba 69
Concressault 18 65 Cd 64
Concriers 41 64 Bc 62
Condac 16 88 Ab 72
Condamine 01 95 Fd 72
Condamine 39 83 Fc 69
Condamine-Châtelard, La 04 121 Ge 82
Condat 15 103 Ce 76
Condat 46 114 Bd 79
Condat-en-Combraille 63 91 Cd 73
Condat-lès-Montboissier 63 104 Dd 75
Condat-sur-Ganaveix 19 102 Bd 76
Condat-sur-Trincou 24 101 Ae 76
Condat-sur-Vézère 24 101 Bb 78
Condat-sur-Vienne 87 89 Bb 74
Condeau 61 48 Af 58
Condécourt 95 32 Bf 54
Condé-Folie 80 7 Ca 48
Condeissiat 01 94 Fa 72
Condé-lès-Autry 08 20 Ef 53
Condé-lès-Herpy 08 19 Eb 51
Condé-Northen 57 38 Gc 54
Condéon 16 99 Zf 76
Condes 39 95 Fd 70
Condes 52 54 Fa 60
Condé-Sainte-Libiaire 77 34 Cf 55
Condé-sur-Aisne 02 18 Dc 52
Condé-sur-Huisne 61 48 Af 58
Condé-sur-Ifs 14 30 Zf 54
Condé-sur-Iton 27 31 Af 56
Condé-sur-l'Escaut 59 9 Dd 46
Condé-sur-Marne 51 35 Eb 54
Condé-sur-Noireau 14 29 Zc 55
Condé-sur-Risle 27 15 Ad 53
Condé-sur-Sarthe 61 47 Aa 58
Condé-sur-Suippe 02 19 Df 52
Condé-sur-Vesgre 78 32 Bd 56
Condé-sur-Vire 50 29 Yf 54
Condette 62 2 Bd 45
Condezaygues 47 113 Af 82
Condom 32 125 Ac 85
Condom-d'Aubrac 12 115 Cf 81
Condorcet 26 119 Fb 82
Condren 02 18 Db 51
Condrieu 69 106 Ee 76
Conflandey 70 70 Ga 62
Conflans-en-Jarny 54 37 Ff 54
Conflans-Sainte-Honorine 78 33 Ca 54
Conflans-sur-Anille 72 48 Ae 61
Conflans-sur-Lanterne 70 55 Gb 62
Conflans-sur-Loing 45 50 Ce 61
Conflans-sur-Seine 51 35 De 57
Confolens 16 89 Ae 72
Confolent-Port-Dieu 19 103 Cc 75
Confracourt 70 70 Ff 62
Confrançon 01 94 Fa 71
Congénies 30 130 Ea 86
Congerville-Thionville 91 49 Bf 58
Congé-sur-Orne 72 47 Ab 59
Congis-sur-Thérouanne 77 34 Cf 54
Congrier 53 45 Yf 62
Congy 51 35 De 55
Conie-Molitard 28 49 Bc 60
Conilhac-Corbières 11 142 Ce 89
Conilhac-de-la-Montagne 11 141 Cb 91
Conjoux 73 96 Fe 74
Conlie 72 47 Zf 60
Conliège 39 83 Fd 69
Connac 12 128 Cd 84
Connangles 43 105 Dd 77
Connantray-Vaurefroy 51 35 Ea 56
Connantre 51 35 Df 56
Connaux 30 131 Ed 84
Conne-de-Labarde 24 112 Ad 80
Connelles 27 16 Bb 53
Connerré 72 47 Ad 60
Connezac 24 100 Ad 75
Connigis 02 34 Dd 54
Conquereuil 44 60 Yb 63
Conques 12 115 Cc 81
Conques-sur-Orbiel 11 142 Cc 89
Conquet, Le 29 24 Vb 58
Consac 17 99 Zc 76
Conségudes 06 134 Ha 85
Consenvoye 55 21 Fb 53
Consigny 52 54 Fc 60
Cons-la-Grandville 54 21 Fe 52
Cons-Sainte-Colombe 74 96 Gb 74
Contalmaison 80 8 Ce 48
Contamine-Sarzin 74 96 Ff 72
Contamines-Montjoie, les 74 97 Ge 74
Contamine-sur-Arve 74 96 Gc 72
Contault 51 36 Ee 55
Contay 80 8 Cc 48
Conte 39 84 Ga 68
Contes 06 135 Hb 86
Contes 62 7 Bf 46
Contest 53 46 Zc 59
Conteville 14 30 Ze 54
Conteville 27 14 Ac 52
Conteville 60 17 Ca 51
Conteville 62 7 Cb 46
Conteville 76 16 Bd 50
Conteville 80 7 Ca 47
Conteville-lès-Boulogne 62 3 Be 44
Conthil 57 38 Ge 55
Contigné 49 61 Zc 62
Contigny 03 92 Db 70
Continvoir 37 62 Ab 64
Contoire 80 17 Cd 50
Contrazy 09 140 Bb 90
Contré 17 87 Ze 72
Contre 80 17 Ca 50
Contréglise 70 55 Ga 62
Contremoulins 76 15 Ac 50
Contres 18 79 Cd 67
Contres 41 64 Bc 64
Contreuve 08 20 Ed 52
Contrevoz 01 95 Fd 74
Contrexéville 88 55 Ff 59
Contrières 50 28 Yd 55
Contrisson 55 36 Ef 56
Conty 80 17 Ca 50
Contz-les-Bains 57 22 Gc 52
Conzieu 01 95 Fd 74
Coole 51 36 Ec 56
Coolus 51 36 Ec 55
Copechagnière, La 85 74 Yd 67
Copponex 74 96 Ga 72
Coquainvilliers 14 14 Ab 53
Coquelles 62 3 Be 43
Coquille, La 24 101 Af 75
Corancez 28 49 Bd 58
Corancy 58 81 Df 66
Coray 29 42 Wb 60
Corbara 2B 156 If 93
Corbarieu 82 126 Bc 85
Corbas 69 106 Ef 75
Corbehem 62 8 Da 46
Corbeil 51 36 Ee 57
Corbeil-Cerf 60 17 Ca 53

172 F Chevigny — Corbeil-Cerf

Croix-Comtesse, La 17 87 Zd 72
Croixdalle 76 16 Bc 50
Croix-de-Vie, Saint-Gilles- 85 73 Ya 68
Croix-du-Perche, La 28 48 Ba 59
Croix-en-Brie, La 77 34 Da 57
Croix-en-Champagne, La 51 36 Ed 54
Croix-en-Ternois 62 7 Cb 46
Croix-en-Touraine, La 37 63 Af 64
Croix-Fonsommes 02 18 Dc 49
Croix-Héléan, La 56 44 Xd 61
Croixille, La 53 45 Yf 59
Croix-Mare 76 15 Af 51
Croix-Moligneaux 80 18 Da 50
Croixrault 80 17 Bf 50
Croix-Saint-Leufroy, la 27 32 Bb 54
Croix-sur-Gartempe, la 87 89 Af 72
Croix-sur-Ourcq, la 02 34 Dc 53
Croix-sur-Roudoule, La 06 134 Gf 84
Croix-Valmer, La 83 148 Gd 89
Croizet-sur-Gand 42 93 Eb 73
Crollon 50 28 Yd 57
Cromac 87 89 Bb 70
Cronat 71 81 De 68
Cronce 43 104 Dc 78
Cropte, La 53 46 Zd 61
Cropus 76 15 Ba 50
Cros 30 130 De 85
Cros 63 103 Cd 76
Cros, le 34 129 Dd 85
Cros, le 63 103 Ce 75
Cros, le 63 105 Df 76
Cros-de-Montvert 15 103 Ca 78
Cros-de-Ronesque 15 115 Cd 79
Crosey-le-Grand 25 71 Gd 64
Crosey-le-Petit 25 70 Gc 64
Crosmières 72 62 Zf 63
Crosne 91 33 Cc 56
Crossac 44 59 Xe 64
Crosses 18 79 Cd 66
Crosville-la-Vieille 27 31 Af 54
Crosville-sur-Douve 50 12 Yd 52
Crosville-sur-Scie 76 15 Ba 50
Crotelles 37 63 Af 63
Crotenay 39 83 Fe 68
Croth 27 32 Bc 55
Crotoy, Le 80 6 Bd 47
Crots 05 120 Gc 81
Crottes-en-Pithiverais 45 50 Ca 60
Crottet 01 94 Ef 71
Crouay 14 13 Zb 53
Crouseilles 64 138 Zf 87
Croutelle 86 76 Ab 69
Croûtes, Les 10 52 Df 61
Croutoy 60 18 Da 52
Croutes-sur-Marne 02 34 Db 55
Crouy 02 18 Dc 52
Crouy-en-Thelle 60 33 Cb 53
Crouy-Saint-Pierre 80 7 Ca 49
Crouy-sur-Cosson 41 64 Bd 63
Crouy-sur-Ourcq 77 34 Da 54
Crouzet, Le 25 84 Ga 68
Crouzet-Migette 25 84 Ga 67
Crouzille, La 63 104 Ce 71
Crouzilles 37 62 Ac 66
Crozant 23 90 Bd 70
Croze 23 92 Cb 74
Crozes-Hermitage 26 106 Ef 78
Crozet 01 96 Ga 71
Crozet 01 107 Fd 74
Crozet, le 01 95 Fb 70
Crozets, Les 39 84 Fe 70
Crozon 29 24 Vd 59
Crozon-sur-Vauvre 36 78 Bf 70
Cruas 07 118 Ee 81
Crucey 28 31 Ba 56
Crucheray 41 63 Ba 62
Cruet 73 108 Ga 75
Crugey 21 68 Ee 65
Crugny 51 19 De 53
Cruguel 56 43 Xc 61
Cruis 04 133 Ff 84
Crulai 61 31 Ae 56
Crupies 26 119 Fb 81
Crupilly 02 19 De 49
Cruscades 11 142 Ce 89
Cruseilles 74 96 Ga 72
Crusnes 54 21 Ff 52
Cruviers-Lascours 30 130 Eb 84
Crux-la-Ville 58 67 Dd 66
Cruzille 72 82 Ee 69
Cruzilles-lès-Mépillat 01 94 Ef 71
Cruzy 34 143 Cf 88
Cruzy-le-Châtel 89 52 Eb 61
Cry 89 68 Eb 62
Cubelles 43 116 Dd 78
Cubières 48 117 De 82
Cubières-sur-Cinable 48 153 Cc 91
Cubiérettes 48 117 De 82
Cubjac 24 101 Af 77
Cublac 19 101 Bb 78
Cublize 69 94 Ec 72
Cubnezais 33 99 Zd 78
Cubrial 25 70 Gc 64
Cubry 25 70 Gc 64
Cubry-lès-Faverney 70 55 Ga 62
Cubzac-les-Ponts 33 99 Zd 79
Cucharmoy 77 34 Da 56
Cuchery 51 35 De 54
Cucq 62 6 Bd 46
Cucugnan 11 154 Cd 91
Cucuron 84 132 Fc 86
Cudos 33 111 Ze 82
Cudot 89 51 Db 61
Cuébris 06 134 Ha 85
Cuélas 32 139 Ac 88
Cuers 83 147 Gd 89
Cuffies 02 18 Dc 52
Cuffy 18 80 Da 67
Cugand 85 60 Yc 66
Cuges-les-Pins 13 146 Fe 89
Cugnaux 31 140 Bc 87
Cugny 02 18 Da 50
Cuguen 35 28 Yc 58
Cuguron 31 139 Ad 90
Cuhon 86 76 Aa 68
Cuignères 60 17 Cc 52
Cuigy-en-Bray 60 16 Be 52
Cuillé 53 45 Yf 61
Cuinchy 62 8 Ce 45

Cuincy 59 8 Da 46
Cuing, Le 31 139 Ad 90
Cuinzier 42 93 Eb 72
Cuire, Caluire-et-, 69 94 Ef 74
Cuirieux 02 19 De 50
Cuiry-Housse 02 18 Dc 53
Cuiry-lès-Chaudardes 02 19 De 52
Cuiry-lès-Iviers 02 19 Ea 50
Cuis 51 35 Df 55
Cuiseaux 71 83 Fd 69
Cuise-la-Motte 60 18 Da 52
Cuiserey 21 69 Fb 64
Cuisery 71 83 Fa 69
Cuisia 39 83 Fc 69
Cuissai 61 30 Aa 58
Cuisy 55 21 Fb 53
Cuisy 77 33 Ce 54
Cuisy-en-Almont 02 18 Db 52
Culan 18 79 Cc 69
Culey-la-Patry 14 29 Zc 55
Culhat 63 92 Dc 73
Culles-les-Roches 71 82 Ed 69
Cully 14 13 Zc 53
Culmont 52 54 Fc 62
Culoz 01 95 Fe 73
Cult 70 69 Fe 65
Cultures 48 116 Dc 82
Cumières 51 35 Df 54
Cumières-le-Mort-Homme 55 21 Fb 53
Cumiès 11 141 Bf 89
Cumont 82 126 Af 85
Cunac 81 128 Cb 85
Cuncy-lès-Varzy 58 66 Dc 64
Cunèges 24 112 Ac 80
Cunel 55 21 Fb 53
Cunelières 90 71 Gf 63
Cunfin 10 53 Ee 60
Cunlhat 63 104 Dd 75
Cuon 49 62 Zf 64
Cuperly 51 36 Ec 54
Cuq 47 125 Ae 84
Cuq-Toulza 81 141 Bf 87
Cuqueron 64 138 Zc 89
Curac 16 100 Aa 77
Curan 12 128 Cf 83
Curbans 04 120 Ga 82
Curbigny 71 93 Eb 71
Curciat-Dongalon 01 83 Fa 70
Curdin 71 81 Ea 69
Curel 04 132 Fd 83
Curel-Autigny 52 54 Fa 58
Curemonte 19 114 Be 79
Cures 72 47 Aa 60
Curey 50 28 Yd 57
Curgies 59 9 Dd 46
Curgy 71 82 Ec 67
Curienne 73 108 Ga 75
Curières 12 115 Cf 81
Curley 21 68 Ef 65
Curlu 80 8 Ce 49
Curmont 52 53 Ef 59
Curtafond 01 95 Fa 71
Curtil-Saint-Seine 21 68 Ef 64
Curtil-sous-Buffières 71 94 Ed 70
Curtil-sous-Burnand 71 82 Ed 69
Curtil-Vergy 21 68 Ef 65
Curvalle 81 128 Cd 85
Curverville 27 16 Bc 53
Curzay-sur-Vonne 86 76 Aa 70
Curzon 85 74 Ye 70
Cusance 25 70 Gc 65
Cuse-et-Adrisans 25 70 Gc 64
Cusey 62 69 Fc 63
Cussac 15 116 Cf 79
Cussac 33 99 Zb 78
Cussac 87 89 Af 74
Cussac-sur-Loire 43 117 De 79
Cussangy 10 52 Ea 60
Cussay 37 77 Ae 66
Cussey-les-Forges 21 69 Fc 63
Cussey-sur-Lison 25 84 Ff 66
Cussey-sur-l'Ognon 25 70 Ff 64
Cussy-en-Morvan 71 81 Ea 66
Cussy-la-Colonne 21 82 Ed 66
Cussy-le-Châtel 21 68 Ed 65
Cussy-les-Forges 89 67 Ea 64
Custines 54 38 Ga 56
Cutry 02 18 Db 52
Cutry 54 21 Fe 52
Cutting 57 39 Gf 56
Cuttoli-Corticchiato 2A 158 If 97
Cuttuli Curtichjatu = Cuttoli-Corticchiato 2A 158 If 97
Cuttura 39 84 Fe 70
Cuve 70 55 Gb 61
Cuvergnon 60 34 Cf 53
Cuverville 14 14 Ze 53
Cuverville 27 16 Bc 53
Cuverville 76 14 Ab 50
Cuverville-sur-Yères 76 6 Bc 49
Cuves 50 28 Yf 56
Cuves 52 54 Fc 60
Cuvier 39 84 Ga 68
Cuvillers 59 8 Cb 47
Cuvilly 60 17 Ce 51
Cuvry 57 38 Ga 54
Cuxac-Cabardès 11 142 Cb 88
Cuxac-d'Aude 11 143 Cf 89
Cuy 60 18 Cf 51
Cuy 89 51 Db 59
Cuy-Saint-Fiacre 76 16 Be 51
Cuzac 46 114 Ca 81
Cuzance 46 114 Bd 79
Cuzieu 01 95 Fe 74
Cuzieu 42 105 Eb 75
Cuzion 36 78 Bd 70
Cuzorn 47 113 Af 81
Cuzy 71 81 Ea 68
Cuzzà = Cozzano 2A 159 Ka 97
Cys-la-Commune 02 19 Dd 52
Cysoing 59 8 Db 45

D

Dabo 57 39 Hb 57
Dachstein 67 40 Hd 57
Daglan 24 113 Bb 80
Dagny 77 34 Db 56
Dagny-Lambercy 02 19 Ea 50
Dagonville 55 37 Fc 56
Daguenière, la 49 61 Zd 64

Dahlenheim 67 40 Hd 57
Daignac 33 111 Ze 80
Daigny 08 20 Ef 50
Daillancourt 52 53 Ef 59
Daillecourt 52 54 Fd 60
Dainville 62 8 Cd 47
Dainville-Bertheléville 55 54 Fd 58
Daix 21 69 Ef 64
Dalem 57 22 Gd 53
Dalhain 57 38 Gd 55
Dalhunden 67 40 Hf 56
Dallon 02 18 Db 50
Dalou 09 141 Bd 90
Dalstein 57 22 Gc 53
Daluis 06 134 Ge 84
Damas-aux-Bois 88 55 Gc 58
Damas-et-Bettegney 88 55 Gb 59
Damazan 47 112 Ab 83
Dambach 67 40 Hd 54
Dambach-la-Ville 67 56 Hc 59
Dambelin 25 71 Gd 64
Dambenoît-lès-Colombe 70 70 Gc 62
Damblain 88 54 Fd 60
Damblainville 14 30 Zf 55
Dambron 28 49 Bf 60
Damelevières 54 38 Gc 57
Dame-Marie 27 31 Ba 56
Dame-Marie 61 48 Ad 58
Dame-Marie-les-Bois 37 63 Ba 63
Daméraucourt 60 16 Bf 50
Damerey 71 83 Ef 67
Damery 51 35 Df 54
Damery 80 17 Ce 50
Damgan 56 59 Xc 63
Damigni 61 47 Aa 58
Damloup 55 37 Fc 53
Dammard 02 34 Db 53
Dammarie 28 49 Bc 58
Dammarie-en-Puisaye 45 66 Cf 63
Dammarie-les-Lys 77 50 Cd 57
Dammarie-sur-Loing 45 66 Cf 62
Dammarie-sur-Saulx 55 37 Fb 57
Dammartin-en-Goële 77 33 Ce 54
Dammartin-en-Serve 78 32 Bd 55
Dammartin-les-Templiers 25 70 Gb 65
Dammartin-Marpain 39 69 Fd 65
Dammartin-sur-Meuse 52 54 Fd 61
Dammartin-sur-Tigeaux 77 34 Cf 56
Damousies 59 9 Ea 47
Damouzy 08 20 Ee 50
Dampierre 10 36 Ec 57
Dampierre 14 29 Za 54
Dampierre 52 54 Fa 61
Dampierre-au-Temple 51 36 Ec 54
Dampierre-en-Bray 76 16 Bd 51
Dampierre-en-Bresse 71 83 Fb 68
Dampierre-en-Burly 45 65 Cd 62
Dampierre-en-Crot 18 65 Cd 64
Dampierre-en-Graçay 18 64 Bf 65
Dampierre-en-Montagne 21 68 Ed 64
Dampierre-en-Yvelines 78 32 Bf 56
Dampierre-et-Flée 21 69 Fc 64
Dampierre-le-Château 51 36 Ee 54
Dampierre-les-Bois 25 71 Gf 63
Dampierre-lès-Conflans 70 55 Gb 61
Dampierre-Saint-Nicolas 76 16 Bb 49
Dampierre-sous-Bouhy 58 66 Da 64
Dampierre-sous-Brou 28 48 Ba 59
Dampierre-sur-Avre 28 31 Ba 56
Dampierre-sur-Boutonne 17 87 Zd 72
Dampierre-sur-Linotte 70 70 Gb 64
Dampierre-sur-Moivre 51 36 Ed 55
Dampierre-sur-Salon 70 69 Fe 63
Dampjoux 25 71 Ge 64
Dampleux 02 18 Da 53
Dampmart 77 33 Ce 55
Dampniat 19 102 Bd 78
Damprichard 25 71 Gf 65
Damps, les 27 16 Bb 53
Dampvalley-lès-Colombe 70 70 Gb 64
Dampvalley-Saint-Pancras 70 55 Gb 61
Dampvitoux 54 37 Ff 54
Damrémont 52 54 Fd 61
Damville 27 31 Ba 55
Damvillers 55 21 Fc 52
Damvix 85 87 Zb 71
Dancé 42 93 Ea 73
Dancé 61 48 Ae 58
Dancourt 76 16 Bd 49
Dancourt-Popincourt 80 17 Ce 50
Dancy 28 49 Bc 59
Danestal 14 14 Aa 53
Dangeau 28 49 Bb 59
Dangers 28 32 Bc 57
Dangé-Saint-Romain 86 77 Ad 67
Dangeul 57 47 Ab 59
Dangolsheim 67 40 Hc 57
Dangu 27 32 Bd 54
Dangy 50 28 Ye 54
Danizy 02 18 Db 50
Danjoutin 90 71 Gf 63
Danne-et-Quatre-Vents 57 39 Hb 56
Dannelbourg 57 39 Hb 56
Dannemarie 57 39 Gf 54
Dannemarie 68 71 Ha 63
Dannemarie 78 32 Bd 56
Dannemarie-sur-Crète 25 70 Ff 65
Dannemoine 89 52 Ea 61
Dannemois 91 50 Cc 58
Dannes 62 6 Bd 45
Dannevoux 55 21 Fb 53
Danvou-la-Ferrière 14 29 Zb 55
Danzé 41 63 Af 62
Daon 53 46 Zc 62
Daoulas 29 24 Ve 58
Daours 80 17 Cd 49
Darazac 19 102 Ca 77
Darbonnay 39 83 Fd 68
Darbres 07 118 Ed 81
Darcey 21 68 Ed 63

Dardenac 33 111 Ze 80
Dardez 27 31 Bb 54
Dardilly 69 94 Ec 73
Dareizé 69 94 Ec 73
Dargies 80 17 Bf 50
Dargoire 42 106 Ed 75
Darmannes 52 54 Fb 59
Darmont 55 37 Fe 53
Darnac 87 89 Af 71
Darnétal 76 15 Ba 52
Darnets 19 102 Ca 76
Darney 88 55 Ga 60
Darney-aux-Chênes 88 54 Fe 59
Darnieulles 88 55 Gb 59
Darois 21 68 Ef 64
Darvault 77 50 Ce 59
Darvoy 45 50 Ca 61
Dasle 71 71 Gf 64
Daubensand 67 57 He 58
Daubeuf-la-Campagne 27 31 Ba 53
Daubeuf-près-Vatteville 27 16 Bb 53
Daubeuf-Serville 76 15 Ac 50
Daubèze 33 111 Zf 80
Dauendorf 67 40 Hd 55
Daufage 48 117 De 81
Daumazan-sur-Arize 09 140 Bb 90
Daumeray 49 61 Zd 62
Dauphin 04 133 Fe 85
Dausse 47 113 Af 82
Daux 31 126 Bb 86
Dauzat-sur-Vodable 63 104 Da 76
Davayat 63 92 Da 73
Davayé 71 94 Ee 71
Davejean 11 154 Cd 91
Davenescourt 80 17 Cd 50
Davézieux 07 106 Ee 77
Davignac 19 102 Ca 76
Davrey 10 52 Df 60
Davron 78 32 Bf 55
Dax 40 123 Yf 86
Deauville 14 14 Aa 52
Deaux 30 130 Ea 84
Débats-Rivière-d'Orpra 42 93 Df 74
Decazeville 12 115 Cb 81
Déchy 59 8 Da 46
Décines-Charpieu 69 94 Ef 74
Decize 58 80 Dc 67
Dégagnac 46 113 Bb 80
Degré 72 47 Aa 60
Dehault 72 48 Ac 60
Dehlingen 67 39 Hb 55
Deinvillers 88 55 Gb 58
Déjointes 18 80 Cf 66
Delain 70 69 Fd 63
Delettes 62 7 Cb 45
Delincourt 60 16 Be 53
Delle 90 71 Gf 63
Delme 57 38 Gc 55
Delouze-Rosières 55 37 Fd 57
Déluge, le 60 17 Ca 53
Delut 55 21 Fd 52
Deluz 25 70 Gb 64
Demandolx 04 134 Gd 85
Demange-aux-Eaux 55 37 Fc 57
Demangevelle 70 55 Ga 61
Demie, la 70 70 Gb 63
Demigny 71 82 Ef 67
Démouville 14 14 Ze 53
Dému 32 125 Ab 86
Démuin 80 17 Cd 50
Denain 59 9 Dc 46
Dénat 81 128 Cb 85
Denazé 53 46 Za 61
Deneé 49 61 Zc 64
Dénestanville 76 15 Ba 50
Deneuille-lès-Chantelle 03 92 Da 70
Deneuille-les-Mines 03 91 Ce 70
Deneuvre 54 56 Ge 58
Denèvre 70 25 Fd 63
Dénezé-sous-Doué 49 62 Ze 65
Dénezé-sous-le-Lude 49 63 Aa 63
Denezières 39 84 Fe 69
Denguin 64 138 Zc 89
Denice 69 94 Ed 73
Denier 62 8 Cc 46
Denipaire 88 56 Gf 58
Dennebrœucq 62 7 Ca 45
Denneville 50 12 Yc 53
Denney 71 82 Gf 63
Denonville 28 49 Be 58
Denting 57 38 Gd 53
Déols 36 78 Be 68
Derbamont 88 55 Gb 59
Dercé 86 76 Ab 67
Dercy 02 19 De 50
Dernacueillette 11 154 Cd 91
Dernancourt 80 8 Cd 49
Derval 44 60 Yb 63
Désaignes 07 118 Ed 79
Désandans 25 71 Ge 64
Descartes 37 77 Ae 67
Deschaux, Le 39 83 Fd 67
Désert, Le 14 29 Zb 55
Désertines 03 91 Cd 70
Désertines 53 29 Za 58
Déserts 25 84 Ga 66
Déserts, Les 73 108 Ga 75
Déservilliers 25 84 Ga 66
Desges 43 116 Dc 78
Designy 74 96 Ff 73
Desmonts 45 50 Cd 59
Desnes 39 83 Fc 68
Dessenheim 68 57 Hc 61
Dessia 39 95 Fd 70
Destord 88 55 Gd 58
Destrousse, La 13 146 Fd 88
Destry 57 38 Gd 55
Desvres 62 3 Be 44
Détain-et-Bruant 21 68 Ee 65
Détrier 73 108 Ga 76
Détroit, Le 14 29 Zd 55
Dettey 71 81 Eb 68
Dettwiller 67 40 Hc 56
Deuil-la-Barre 95 33 Cc 55
Deûlémont 59 4 Cf 44
Deux-Chaises 03 92 Da 70
Deux-Évailles 53 46 Zc 59
Deux-Fays, Les 39 83 Fc 67
Deux-Jumeaux 14 13 Za 52
Deuxville 54 38 Gc 57
Deux-Villes-Basse, Les 08 21 Fb 51
Deux-Villes-Haute, Les 08 21 Fb 51
Devay 58 81 Dd 68

Devecey 25 70 Ga 65
Devesset 07 106 Ec 78
Devèze 65 139 Aa 89
Deviat 16 100 Aa 76
Dévillac 47 113 Ae 81
Deville 08 20 Ee 49
Déville-lès-Rouen 76 15 Ba 52
Devise 80 18 Da 49
Devrouze 71 83 Fa 68
Deycimont 88 55 Gd 59
Deyme 31 141 Bd 88
Deyvillers 88 55 Gd 59
Dézert, Le 50 12 Yd 53
Dezize-lès-Maranges 71 82 Ed 67
D'Huison-Longueville 91 50 Cb 58
Dhuisy 77 34 Db 54
Dhuizel 02 19 Dd 52
Dhuizon 41 64 Bd 63
Diancey 21 68 Ec 65
Diane-Capelle 57 39 Gf 56
Diant 77 51 Cf 59
Diarville 54 55 Ga 58
Diconne 71 83 Fa 68
Dicy 89 51 Da 61
Didenheim 68 72 Hb 62
Diebling 57 39 Gf 54
Diebolsheim 67 57 Hd 59
Diedendorf 67 39 Ha 55
Diedling 57 39 Ha 54
Dieffenbach-au-Val 67 56 Hb 59
Dieffenbach-lès-Wœrth 67 40 He 55
Dieffenthal 67 56 Hc 59
Dieffmatten 68 71 Ha 62
Dième 69 94 Ec 73
Diemeringen 67 39 Hb 55
Diémoz 38 107 Fa 75
Diénay 21 69 Fa 63
Dienne 15 103 Ce 78
Dienné 86 76 Ad 70
Diennes-Aubigny 58 81 Dd 67
Dienville 10 53 Ed 58
Dieppe 76 6 Ba 49
Dierre 37 63 Af 64
Dierrey-Saint-Julien 10 52 De 59
Dierrey-Saint-Pierre 10 52 De 59
Diesen 57 38 Gd 53
Dietwiller 68 72 Hc 63
Dieudonné 60 17 Ca 53
Dieue-sur-Meuse 55 37 Fc 54
Dieulefit 26 119 Fa 81
Dieulivol 33 112 Aa 80
Dieulouard 54 38 Ga 55
Dieupentale 82 126 Bb 85
Dieuze 57 39 Ga 56
Diéval 62 7 Cb 46
Differdange-lès-Hellimer 57 39 Gf 54
Diges 89 66 Dc 62
Digna 39 83 Fc 69
Dignac 16 100 Ab 75
Digne-d'Aval, La 11 141 Cb 90
Digne-les-Bains 04 133 Gb 84
Dignonville 88 55 Gd 59
Digny 28 31 Ba 57
Digny-Saint-Clair 74 96 Gb 73
Digoin 71 81 Eb 70
Digosville 50 12 Yc 51
Digulleville 50 12 Ya 50
Dijon 21 69 Fa 65
Dimbsthal 67 39 Hc 56
Dimechaux 59 9 Ea 47
Dimont 59 9 Ea 47
Dinan 22 27 Xf 58
Dinard 35 27 Xf 57
Dinarzh = Dinard 35 27 Xf 57
Dinéault 29 41 Vf 59
Dingé 35 45 Yb 60
Dingsheim 67 40 Hd 57
Dinozé 88 55 Gc 60
Dinsac 87 89 Af 71
Dinsheim 67 39 Hc 57
Dinteville 52 53 Ee 60
Dio 34 129 Db 87
Dionay 38 107 Fb 77
Dions 30 130 Eb 84
Diors 36 78 Be 68
Diou 03 81 De 69
Diou 36 79 Ca 66
Dirac 16 100 Ab 75
Dirinon 29 24 Ve 58
Dirol 58 67 Dd 65
Dissangis 89 67 Df 63
Dissay 86 76 Ac 68
Dissay-sous-Courcillon 72 63 Ac 63
Dissé-sous-Ballon 72 47 Ab 59
Dissé-sous-le-Lude 72 63 Aa 63
Distré 49 62 Zf 65
Distroff 57 22 Gb 52
Diusse 64 124 Ze 87
Divajeu 26 118 Fa 80
Dives 60 17 Ce 51
Dives-sur-Mer 14 14 Zf 53
Divion 62 8 Cc 46
Divonne-les-Bains 01 96 Ga 70
Dixmont 89 51 Dc 60
Dizimieu 38 107 Fb 74
Dizy 51 35 Df 54
Dizy-le-Gros 02 19 Ea 51
Doazit 40 123 Zc 86
Doazon 64 138 Zc 89
Docelles 88 55 Gd 60
Dodenom 57 22 Gb 52
Dœuil-sur-le-Mignon 17 87 Zc 72
Dognen 64 138 Zc 89
Dogneville 88 55 Gc 59
Dohem 62 3 Cb 45
Dohis 02 19 Ea 50
Doignies 59 8 Da 47
Doingt 80 18 Cf 49
Doissat 24 113 Ba 80
Doissin 38 107 Fc 76
Doix 85 75 Zb 70
Doizieux 42 106 Ed 76
Dol = Dol-de-Bretagne 35 28 Yb 57
Dolaincourt 88 54 Fe 58
Dolancourt 10 53 Ed 59
Dolcourt 54 55 Ff 58
Dol-de-Bretagne 35 28 Yb 57
Dole 39 83 Fd 66
Dolignon 02 19 Ea 50
Dolleren 68 56 Gf 62
Dollon 72 48 Ad 60
Dollot 89 51 Da 59
Dolmayrac 47 112 Ad 82
Dolo 22 27 Xe 58
Dolomieu 38 107 Fc 75

Dolus-d'Oléron 17 86 Ye 73
Dolus-le-Sec 37 63 Af 66
Dolving 57 39 Ha 56
Domagné 35 45 Yd 60
Domaize 63 104 Dd 74
Domalain 35 45 Ye 61
Domancy 74 97 Gd 73
Domarin 38 107 Fb 75
Domart-en-Ponthieu 80 7 Ca 48
Domart-sur-la-Luce 80 17 Cc 50
Domats 89 51 Da 60
Domazan 30 131 Ed 85
Dombasle-devant-Darney 88 55 Ga 60
Dombasle-en-Argonne 55 37 Fb 54
Dombasle-en-Xaintois 88 55 Ff 59
Dombasle-sur-Meurthe 54 38 Gc 57
Domblain 52 53 Ef 58
Domblans 39 83 Fd 68
Dombras 59 21 Fc 52
Dombrot-le-Sec 88 55 Ff 60
Dombrot-sur-Vair 88 55 Ff 59
Domecy-sur-Cure 89 67 De 64
Doméliers 60 17 Ca 51
Domène 38 108 Ff 77
Domérat 03 91 Cd 70
Domesargues 30 130 Eb 84
Domesmont 80 7 Ca 48
Domessin 73 107 Fe 75
Domèvre-sous-Montfort 88 55 Ga 59
Domèvre-sur-Avière 88 55 Gc 59
Domèvre-sur-Durbion 88 55 Gc 59
Domeyrat 43 104 Dd 77
Domeyrot 23 91 Ca 71
Domezain-Berraute 64 137 Zb 89
Domfaing 88 56 Ge 59
Domfessel 67 39 Ha 55
Domfront 60 17 Cd 51
Domfront 61 29 Zc 57
Domfront-en-Champagne 72 47 Aa 60
Domgermain 52 37 Fe 57
Dominelais, La 35 45 Yb 62
Dominois 80 7 Bf 46
Domjean 50 29 Yf 55
Domjevin 54 39 Ge 57
Domléger-Longvillers 80 7 Ca 48
Dom-le-Mesnil 08 20 Ee 50
Domloup 35 45 Yc 60
Dommarie-Eulmont 54 55 Ga 58
Dommartemont 54 38 Gb 56
Dommartin 01 94 Ef 70
Dommartin 25 84 Gb 67
Dommartin 58 81 Df 66
Dommartin 69 94 Ee 74
Dommartin 80 17 Cc 50
Dommartin-aux-Bois 88 55 Gb 60
Dommartin-Dampierre 51 36 Ee 54
Dommartin-la-Chaussée 54 37 Ff 54
Dommartin-la-Montagne 55 37 Fd 54
Dommartin-le-Coq 10 53 Ec 57
Dommartin-le-Franc 52 53 Ef 58
Dommartin-le-Saint-Père 52 53 Ef 58
Dommartin-lès-Remiremont 88 56 Gf 61
Dommartin-lès-Toul 54 38 Ff 56
Dommartin-lès-Vallois 88 55 Ga 60
Dommartin-Lettrée 51 35 Ea 56
Dommartin-sous-Amance 54 38 Gb 56
Dommartin-sous-Hans 51 36 Ee 54
Dommartin-sur-Vraine 88 55 Ff 58
Dommartin-Varimont 51 36 Ee 55
Dommary-Baroncourt 55 21 Fe 53
Domme 24 113 Bb 80
Dommery 08 20 Ec 50
Dommiers 02 18 Db 52
Domnon-lès-Dieuze 57 39 Ge 56
Domont 95 33 Cb 54
Dompaire 88 55 Gb 59
Dompcevrin 55 37 Fc 55
Dompierre 59 9 Df 48
Dompierre 60 17 Cd 51
Dompierre 61 29 Zc 57
Dompierre 88 55 Gc 59
Dompierre-aux-Bois 55 37 Fd 55
Dompierre-Becquincourt 80 18 Ce 49
Dompierre-du-Chemin 35 45 Yf 59
Dompierre-en-Morvan 21 67 Ec 64
Dompierre-les-Églises 87 89 Bb 71
Dompierre-les-Ormes 71 94 Ec 70
Dompierre-les-Tilleuls 25 84 Gb 67
Dompierre-sous-Sanvignes 71 81 Eb 69
Dompierre-sur-Authie 80 7 Bf 47
Dompierre-sur-Besbre 03 81 De 69
Dompierre-sur-Chalaronne 01 94 Ef 72
Dompierre-sur-Charente 17 87 Zd 74
Dompierre-sur-Héry 58 67 Dd 65
Dompierre-sur-Mer 17 86 Yf 71
Dompierre-sur-Mont 39 83 Fd 69
Dompierre-sur-Nièvre 58 66 Db 65
Dompierre-sur-Veyle 01 95 Fb 72
Dompierre-sur-Yon 85 74 Yd 68
Dompnac 07 117 Ea 81
Domprel 25 70 Gc 65
Dompremy 51 36 Ee 56
Domps 87 102 Ca 75
Domptail 88 55 Gd 58
Domptail-en-l'Air 54 38 Gb 57
Domptin 02 34 Db 54
Domqueur 80 7 Ca 48
Domremy-aux-Bois 55 37 Fc 56
Domremy-Landéville 52 54 Fa 58
Domrémy-la-Pucelle 88 54 Fe 58
Domsure 01 83 Fb 70
Domvallier 88 55 Ga 59
Domvast 80 7 Bf 47

Fléac-sur-Seugne 17 99 Zc 75
flèche, la 52 72 Bf 62
fléchin 62 7 Cb 45
fléchy 60 17 Cb 51
flée 21 68 Eb 64
flée 72 63 Ac 62
fleigneux 08 20 Ef 50
fleisheim 57 39 He 54
fleix 86 77 Ae 69
fleix, le 24 112 Ab 79
fléré-la-Rivière 36 77 Ba 66
flers 61 29 Zc 56
flers 62 7 Cb 47
flers-sur-Noye 80 17 Cb 50
flesquières 59 8 Da 48
flesselles 80 7 Cb 48
flétrange 57 38 Gd 54
lêtre 59 4 Cd 44
lêty 58 81 Dd 68
leurac 16 87 Zf 74
leurance 32 125 Ad 85
leurat 23 90 Be 71
leurbaix 62 8 Cf 45
leuré 61 30 Zf 56
leuré 86 77 Ad 70
leurey-lès-Faverney 70 70 Ga 62
leurey-lès-Lavoncourt 70 70 Fe 63
leurey-lès-Saint-Loup 70 70 Fe 63
leurey-sur-Ouche 21 68 Ef 65
leuriel 03 92 Db 71
leurieux-sur-l'Arbresle 69 94 Ed 74
leurtigné 35 45 Yf 58
leurville 71 82 Ee 70
leury 02 18 Da 51
leury 11 143 Da 89
leury 57 38 Gb 54
leury 60 16 Bf 53
leury 62 7 Cb 46
leury 80 17 Ce 50
leury-en-Bière 77 50 Cd 58
leury-la-Forêt 27 16 Bd 52
leury-la-Montagne 71 93 Ea 71
leury-la-Rivière 51 35 Df 54
leury-la-Vallée 89 51 Dc 61
leury-les-Aubrais 45 49 Bf 61
leury-Mérogis 91 33 Cc 57
leury-sur-Loire 58 80 Db 68
leury-sur-Orne 14 29 Zd 54
léville-devant-Nancy 54 38 Gd 57
léville-Lixières 54 21 Fe 53
évy 57 22 Gb 53
exbourg 67 39 Hc 57
ey 71 82 Ed 68
eys 89 67 Df 62
ez 58 67 Dd 64
ez-Cuzy 58 67 Dd 64
igny 08 19 Eb 49
in 54 55 Gd 57
ines-lez-Raches 59 8 Db 46
ins-Neuve-Église 78 32 Bd 55
ins-sur-Seine 78 32 Bf 55
ipou 27 16 Bb 53
irey 54 37 Ff 55
ixecourt 80 7 Ca 48
ize 08 20 Ee 50
ocelière, La 85 73 Yb 67
ocelière, La 85 73 Za 68
ocourt 57 38 Gc 55
ocques 76 6 Bc 48
ogny-la-Chapelle 89 52 Df 61
oing 08 20 Ef 50
oing 71 82 Ee 70
oirac 33 111 Zc 79
oirac 46 114 Bd 79
orac 48 116 Dd 83
orange 48 117 De 80
orange 97 22 Ga 53
orémont 85 95 Gb 58
orensac 34 143 Db 88
orent-en-Argonne 51 36 Ef 54
orentia 39 95 Fc 70
orentin 81 127 Ca 85
orentin-la-Capelle 12 115 Cd 81
oressas 46 113 Ba 82
orimont 90 71 Ha 63
orimont-Gaumier 24 113 Bb 80
orte, La 17 86 Ye 71
ottemanville 50 12 Yd 52
ottemanville-Hague 50 12 Yb 51
oudès 33 111 Zf 81
oursies 59 9 Df 47
oyon 59 9 Df 48
urnet 73 96 Gd 74
uquières 02 18 Da 50
uy 80 17 Ca 49
oce 2A 160 Ka 99
icicchia 2B 159 Kb 95
isches 08 10 Ee 48
issac 12 114 Bf 81
issiat 01 95 Fb 70
issy-lès-Vézelay 89 67 De 64
issy-sur-Vanne 89 51 Dd 59
ix 09 141 Bd 91
olcarde 31 141 Be 88
olembray 02 18 Db 51
olgensbourg 68 72 Hc 63
olgoët, le 29 24 Ve 57
olies 80 17 Ca 50
olking 57 39 Gf 59
ollainville-Dennemont 78 32 Be 54
olles 87 90 Bc 72
olletière, La 76 15 Ae 51
olletière-Abenon, La 14 30 Ac 55
olleville 31 40 Ad 54
olleville 57 41 Af 54
olligny 50 28 Yd 56
olschviller 57 38 Ge 54
omerey 88 55 Gc 59
omperron 79 76 Zf 70
onbeauzard 31 126 Bc 86
oncegrive 21 69 Fa 63
onches 80 18 Ce 50
oncine-les-Bas 39 84 Gb 69
oncine-le-Haut 39 84 Gb 69
oncquevillers 62 8 Cd 48
ondet 33 110 Zf 81

Fondettes 37 63 Ad 64
Fondremand 70 70 Ga 64
Fongrave 47 112 Ad 82
Fongueusemare 76 14 Ab 50
Fonroque 24 112 Ac 80
Fons 07 118 Ec 81
Fons 30 130 Eb 85
Fons 46 114 Bf 81
Fonsorbes 31 140 Bb 87
Fons-sur-Lussan 30 131 Eb 83
Fontain 25 70 Ga 65
Fontaine 10 53 Ee 59
Fontaine 38 107 Fd 77
Fontaine 90 71 Gf 63
Fontaine-au-Bois 59 9 Dd 48
Fontaine-au-Pire 59 9 Dc 48
Fontaine-Bellenger 27 32 Bb 53
Fontainebleau 77 50 Ce 58
Fontaine-Bonneleau 60 17 Ca 50
Fontainebrux 39 83 Fc 68
Fontaine-Châalis 60 33 Ce 53
Fontaine-Chalendray 17 87 Ze 73
Fontaine-Denis-Nuisy 51 35 De 57
Fontaine-de-Vaucluse 84 132 Fa 85
Fontaine-en-Bray 76 16 Bc 50
Fontaine-en-Dormois 51 20 Ee 53
Fontaine-Fourches 77 51 Dc 58
Fontaine-Française 21 69 Fc 63
Fontaine-Guérin 49 62 Ze 64
Fontaine-Henry 14 13 Zd 53
Fontaine-Heudebourg 27 31 Bb 53
Fontaine-l'Abbé 27 31 Ae 54
Fontaine-la-Gaillarde 89 51 Dc 59
Fontaine-la-Guyon 28 49 Bb 58
Fontaine-la-Louvet 27 31 Ac 54
Fontaine-la-Mallet 76 14 Aa 51
Fontaine-la-Soret 27 31 Ae 54
Fontaine-Lavaganne 60 16 Bf 51
Fontaine-le-Bourg 76 15 Ba 51
Fontaine-le-Comte 86 76 Ab 69
Fontaine-le-Dun 76 15 Af 50
Fontaine-le-Pin 14 30 Ze 55
Fontaine-le-Port 77 50 Ce 58
Fontaine-le-Puits 73 108 Gc 76
Fontaine-les-Bassets 61 30 Aa 55
Fontaine-lès-Boulans 62 7 Cb 45
Fontaine-les-Cappy 80 18 Ce 49
Fontaine-lès-Clercs 02 18 Db 50
Fontaine-lès-Clerval 25 70 Gc 64
Fontaine-les-Côteaux 41 48 Ae 62
Fontaine-lès-Croisilles 62 8 Cf 47
Fontaine-lès-Dijon 21 69 Fa 64
Fontaine-le-Sec 80 7 Be 49
Fontaine-lès-Grès 10 52 Df 58
Fontaine-lès-Hermans 62 7 Cc 45
Fontaine-lès-Luxeuil 70 55 Gb 61
Fontaine-lès-Ribouts 28 32 Bb 57
Fontaine-lès-Vervins 02 19 Df 49
Fontaine-l'Etalon 62 7 Ca 47
Fontaine-Mâcon 10 51 Dd 58
Fontaine-Milon 49 62 Zd 64
Fontaine-Notre-Dame 02 18 Dc 49
Fontaine-Notre-Dame 59 8 Da 47
Fontaine-Raoul 41 48 Ba 61
Fontaines 71 82 Ee 67
Fontaines 85 75 Zb 70
Fontaines 89 51 Da 59
Fontaines 89 66 Db 62
Fontaine-Saint-Lucien 60 17 Ca 51
Fontaine-Saint-Martin, La 72 47 Ad 62
Fontaines-en-Duesmois 21 68 Ed 63
Fontaines-en-Sologne 41 64 Bd 63
Fontaine-Simon 28 31 Ba 57
Fontaines-les-Sèches 21 68 Ec 62
Fontaine-sous-Jouy 27 32 Bb 54
Fontaine-sous-Montdidier 80 17 Cc 51
Fontaine-sous-Préaux 76 15 Ba 52
Fontaines-Saint-Clair 55 21 Fb 52
Fontaines-Saint-Martin 69 94 Ef 73
Fontaines-sur-Marne 52 36 Fa 57
Fontaines-sur-Saône 69 94 Ef 74
Fontaine-sur-Ay 51 35 Ea 54
Fontaine-sur-Maye 80 7 Bf 47
Fontaine-Uterte 02 18 Dc 49
Fontains 77 34 Da 57
Fontan 06 135 Hd 84
Fontanès 30 130 Ea 86
Fontanès 34 130 Df 86
Fontanès 42 106 Ec 75
Fontanès 46 114 Bc 83
Fontanès 48 117 Ee 80
Fontanès-de-Sault 11 153 Ca 92
Fontanes-du-Causse 46 114 Bd 81
Fontanges 15 103 Cd 78
Fontangy 21 68 Ec 64
Fontanières 23 91 Cd 72
Fontanil-Cornillon 38 107 Fe 77
Fontannes 43 104 Dc 77
Fontannes 43 105 De 77
Fontans 48 116 Dc 80
Fontarèches 30 131 Ec 84
Fontclaireau 16 88 Ab 73
Fontcouverte 11 142 Ce 90
Fontcouverte 17 87 Zc 74
Fontcouverte 73 108 Gb 77
Fontelaye, La 76 15 Af 50
Fontenai-les-Louvets 61 30 Aa 57
Fontenailles 77 34 Cf 57
Fontenailles 89 66 Db 63
Fontenai-sur-Orne 61 30 Zf 56
Fontenay 27 32 Bd 53
Fontenay 36 78 Be 66
Fontenay 50 29 Yf 57
Fontenay 71 82 Eb 70
Fontenay 76 14 Ab 51
Fontenay 88 55 Gd 59

Fontenay-près-Vézelay 89 67 De 64
Fontenay-Saint-Père 78 32 Be 54
Fontenay-sous-Fournonis 89 67 Dd 63
Fontenay-sur-Conie 28 49 Bd 60
Fontenay-sur-Eure 28 49 Bc 58
Fontenay-sur-Loing 45 50 Ce 60
Fontenay-sur-Mer 50 12 Ye 51
Fontenay-sur-Vègre 72 47 Ze 61
Fontenay-Torcy 60 16 Be 51
Fontenay-Trésigny 77 34 Cf 56
Fontenelle 02 9 Df 48
Fontenelle 21 69 Fc 63
Fontenelle 90 71 Gf 63
Fontenelle, La 35 28 Yd 58
Fontenelle, La 41 48 Ba 60
Fontenelle-en-Brie 02 34 Dc 55
Fontenelles, Les 25 71 Ge 65
Fontenet 17 87 Zd 73
Fontenille 16 88 Aa 73
Fontenille 79 87 Zf 72
Fontenilles 31 140 Bc 87
Fontenois-la-Ville 70 55 Ga 61
Fontenois-lès-Montbozon 70 70 Gb 63
Fontenottes, Les 25 85 Gd 66
Fontenouilles 89 66 Da 61
Fontenoy 02 18 Db 52
Fontenoy 89 66 Db 63
Fontenoy-la-Joûte 54 55 Gd 58
Fontenoy-le-Château 88 55 Gb 61
Fontenoy-sur-Moselle 54 38 Ff 56
Fontenu 39 84 Fe 68
Fontès 34 143 Dc 87
Fontette 10 53 Ee 59
Fontevraud-l'Abbaye 49 62 Aa 65
Fontgombault 36 77 Af 68
Fontguenand 36 64 Bd 65
Fontienne 04 133 Fe 84
Fontiers-Cabardès 11 142 Cb 88
Fontjoncouse 11 142 Ce 90
Fontoy 57 22 Ff 52
Fontpédrouse 66 153 Cb 93
Fontrabiouse 66 153 Ca 93
Fontrailles 65 139 Ac 88
Font-Romeu 66 153 Ca 93
Fontvannes 10 52 Df 59
Fontvieille 13 131 Ee 86
Forbach 57 39 Gf 53
Forcalqueiret 83 147 Ga 88
Forcalquier 04 133 Fe 85
Forcé 53 46 Zb 60
Force, La 11 141 Ca 89
Force, la 24 112 Ab 79
Forcelles-Saint-Gorgon 54 55 Ga 58
Forcelles-sous-Gugney 54 55 Ga 58
Forceville 80 8 Cd 48
Forceville-en-Vimeu 80 7 Be 49
Forcey 52 54 Fc 60
Forciolo 2A 159 Ka 97
Forclaz, La 74 97 Gd 71
Foreste 22 126 Ba 87
Forest-en-Cambrésis 59 9 Dd 48
Forestière, La 51 35 Dd 57
Forest-l'Abbaye 80 7 Be 47
Forest-Landerneau, La 29 24 Ve 58
Forest-Montiers 80 7 Be 47
Forest-Saint-Julien 05 120 Ga 81
Forest-sur-Marque 59 8 Db 45
Forêt, La 33 100 Aa 78
Forêt-Auvray, La 61 29 Zd 56
Forêt-du-Parc, la 27 32 Bb 55
Forêt-du-Temple, La 23 78 Bf 70
Forêt-Fouesnant, La 29 42 Wa 61
Forêt-la-Folie 27 16 Bd 53
Forêt-le-Roi, La 91 50 Ca 58
Forêt-Sainte-Croix, La 91 50 Cb 58
Forêt-sur-Sèvre, La 79 75 Zc 68
Forfry 77 34 Cf 54
Forge, la 88 56 Ge 60
Forges 17 86 Yf 73
Forgès 19 102 Bf 78
Forges 49 62 Ze 65
Forges, les 49 61 Za 63
Forges, les 56 43 Xd 60
Forges, les 79 76 Zf 69
Forges, Les 88 55 Gd 59
Forges-la-Forêt 35 45 Ye 61
Forges-les-Bains 91 33 Ca 57
Forges-les-Eaux 76 16 Bd 51
Forges-sur-Meuse 55 21 Fb 53
Forie, La 63 105 De 75
Forléans 21 67 Eb 64
Formentin 14 14 Aa 53
Formerie 60 16 Be 51
Formigny 14 13 Za 52
Formiguères 66 153 Ca 93
Fors 79 87 Zd 71
Forstfeld 67 40 Ia 56
Forstheim 67 40 Hf 55
Fortan 41 48 Af 61
Fort-du-Plasne 39 84 Ff 69
Fortel-en-Artois 62 7 Cb 47
Forteresse, la 38 107 Fc 77
Fort-Louis 67 40 Ia 56
Fort-Mahon-Plage 80 6 Bd 46
Fort-Mardyck 59 3 Cb 42
Fort-Moville 27 14 Ac 53
Fortschwihr 68 57 Hc 60
Fos 31 151 Ae 91
Fos 34 143 Db 87
Fossat, le 09 140 Bc 89
Fossé 41 64 Bb 63
Fossé 66 153 Cc 92
Fossé, le 76 16 Bd 51
Fosse-Corduan, La 10 52 Dd 58
Fosse-de-Tigné, la 49 61 Zd 65
Fossemagne 24 101 Af 78
Fossemanant 80 17 Cb 50
Fosses 95 33 Cd 54
Fosses, Les 79 87 Zd 72
Fossés-et-Baleyssac 33 112 Aa 81
Fosseuse 60 33 Cb 53
Fosseux 62 8 Cd 47
Fossieux 57 38 Gc 56
Fossoy 02 34 Dc 54
Fos-sur-Mer 13 145 Ed 88
Foucarmont 76 16 Bd 49
Foucart 76 15 Ad 51
Foucarville 50 12 Ye 52

Foucaucourt-en-Santerre 80 18 Ce 49
Foucaucourt-Hors-Nesle 80 7 Be 49
Foucaucourt-sur-Thabas 55 36 Fa 54
Fouchécourt 88 54 Ff 60
Foucherans 25 70 Ga 66
Foucherans 39 83 Fc 66
Fouchères 10 52 Eb 60
Fouchères 89 51 Da 59
Fouchères-aux-Bois 55 37 Fb 57
Foucherolles 45 50 Da 60
Fouchy 67 56 Hb 59
Foucrainville 27 32 Bb 55
Fouencamps 80 17 Cc 49
Fouesnant 29 42 Vf 61
Fouenant = Fouesnant 29 42 Vf 61
Fougax-et-Barrineuf 09 153 Bf 91
Fougeré 49 62 Zd 64
Fougeré 85 74 Ye 69
Fougères 35 56 44 Xe 62
Fougères-sur-Bièvre 41 64 Bc 64
Fougerolles 36 78 Bf 69
Fougerolles 70 55 Gc 61
Fougerolles-du-Plessis 53 29 Yf 58
Fougueyrolles 24 112 Ab 79
Fouillade, La 12 127 Ca 83
Fouilleuse 60 17 Cc 50
Fouilloue 05 120 Ga 82
Fouilloue, La 42 105 Eb 76
Fouilloux, le 17 99 Zf 77
Fouilloy 60 16 Be 50
Fouilloy 80 18 Ce 49
Fouju 77 33 Ce 57
Foulain 52 54 Fb 60
Foulangues 60 17 Cc 52
Foulayronnes 47 125 Ad 83
Foulbec 27 15 Ac 52
Foulcrey 57 39 Gf 56
Fouleix 24 100 Ae 79
Foulenay 39 83 Fc 67
Fouligny 57 38 Gd 54
Foulognes 14 13 Zb 54
Fouquebrune 16 100 Ab 75
Fouquereuil 62 8 Cd 45
Fouquescourt 80 17 Ce 50
Fouqueure 16 88 Aa 73
Fouqueville 27 15 Ba 53
Fouquières-lès-Béthune 62 8 Cd 45
Fouquières-lès-Lens 62 8 Cf 46
Four 48 117 Df 80
Fourane, La 31 140 Bc 89
Fouras 17 86 Yf 73
Fourbanne 25 70 Gb 65
Fourcès 32 125 Ac 84
Fourchambault 58 80 Da 66
Fourches 14 30 Zf 55
Fourcigny 80 16 Be 50
Fourdrain 02 18 Dc 51
Fourdrinoy 80 17 Ca 50
Fourg 25 84 Fe 66
Fourges 27 32 Bd 53
Fourgs, Les 25 84 Gc 67
Fourilles 03 92 Db 71
Fourmagnac 46 114 Bf 81
Fourmetot 27 15 Ad 52
Fourmies 59 9 Ea 48
Fournaudin 89 52 Dd 60
Fourneaux 42 93 Eb 73
Fourneaux 50 29 Yf 55
Fourneaux 73 109 Gd 77
Fourneaux-le-Val 14 30 Ze 55
Fournels 48 116 Da 80
Fournes-Cabardès 11 142 Cc 88
Fournes-en-Weppes 59 8 Cf 45
Fournet-Blancheroche 25 71 Ge 65
Fournets-Luisans 25 71 Gd 66
Fournival 60 17 Cc 52
Fournols 63 104 Dd 75
Fournoulès 15 115 Cb 80
Fouronnes 89 67 Dd 63
Fourques 30 131 Ed 86
Fourques 66 154 Ce 93
Fourques-sur-Garonne 47 112 Aa 82
Fourqueux 78 33 Ca 55
Fourquevaux 31 141 Bd 87
Fours 33 99 Zc 77
Fours 58 80 Ea 67
Fours-en-Vexin 27 32 Bd 53
Fourtou 11 153 Cc 91
Foussais-Payré 85 75 Zb 69
Foussemagne 90 71 Gf 63
Fousseret, Le 31 140 Ba 89
Foussignac 16 87 Zf 74
Fouzilhon 34 143 Db 88
Fox-Amphoux 83 147 Ga 87
Foye-Monjault, La 79 87 Zc 71
Fozières 34 129 Dc 86
Fozzano 2A 159 Ka 98
Fragnes 71 82 Ef 67
Fragny-en-Bresse 71 83 Fc 68
Frahier-et-Chatebier 70 71 Gc 63
Fraignot-et-Vesvrotte 21 68 Ed 63
Fraillicourt 08 19 Eb 50
Fraimbois 54 38 Gd 57
Frain 88 55 Ff 60
Frais 90 71 Gf 63
Fraisnes-en-Saintois 54 55 Ga 58
Fraisse 24 112 Ab 79
Fraisse-Cabardès 11 142 Cb 88
Fraissé-des-Corbières 11 154 Cf 91
Fraisse-sur-Agout 34 142 Ce 87
Fraissines 81 128 Cc 85
Fraissinet-de-Fourques 48 129 Dd 83
Fraissinet-de-Lozère 48 117 De 82
Fraize 88 56 Gf 59
Fralignes 10 53 Ec 60
Framboisière, La 28 31 Ba 57
Frambouhans 25 71 Ge 65
Framecourt 62 7 Cc 46
Framerville-Rainecourt 80 17 Ce 49
Framicourt 80 6 Be 49
Frampas 52 53 Ed 58
Francaltroff 57 39 Ge 55
Francarville 31 141 Bd 87
Francastel 60 17 Ca 51
Françay 41 63 Ba 63
Francazal 31 140 Ba 90

Francazal 31 140 Bc 87
Francescas 47 125 Ac 84
Franchesse 03 80 Da 69
Francheval 08 20 Fa 49
Franchevelle 70 70 Gc 62
Francheville 21 69 Fa 64
Francheville 27 31 Af 56
Francheville 39 83 Fd 67
Francheville 51 35 Ea 56
Francheville 54 38 Ff 56
Francheville 61 30 Aa 56
Francheville 69 94 Ee 74
Francheville, Le 08 22 Ee 50
Franciens 74 96 Ff 72
Francières 60 17 Ce 52
Francières 80 7 Bf 48
Francillon 38 107 Fd 77
Francillon-sur-Roubion 26 119 Fa 81
Francilly-Selency 02 18 Db 49
Francin 73 108 Ga 76
Francon 31 140 Af 89
Franconville 54 55 Gc 57
Franconville 95 33 Cc 55
Francoulès 46 114 Bc 81
Francourt 70 69 Fe 63
Francourville 28 49 Bd 58
Francs 33 112 Zf 79
Francueil 37 63 Ba 65
Franey 25 70 Fe 65
Frangy 74 96 Ff 72
Franken 68 72 Hc 63
Franleu 80 6 Bd 48
Franois 25 70 Ff 65
Franquevielle 31 139 Ad 90
Franqueville 02 19 De 50
Franqueville 27 31 Ae 53
Franqueville 80 7 Ca 48
Franqueville-Saint-Pierre 76 15 Ba 52
Frans 01 94 Ee 73
Fransart 80 18 Ce 50
Fransèches 23 90 Ca 72
Fransu 80 7 Ca 48
Fransures 80 17 Cb 50
Franvillers 80 17 Cd 49
Franxault 21 83 Fb 66
Frapelle 88 56 Ha 59
Fraquelfing 57 39 Gf 57
Fraroz 39 84 Ga 68
Frasnay-Reugny 58 81 Dd 67
Frasne 25 84 Gb 67
Frasne 39 84 Fe 69
Frasnée, La 39 84 Fe 69
Frasne-le-Château 70 70 Ff 64
Frasnois, Le 39 84 Ff 69
Frasnoy 59 9 Df 48
Frasseto 2A 159 Ka 97
Frassetu, U = Frasseto 2A 159 Ka 97
Fraussaines 81 127 Bf 84
Fravaux 10 53 Ed 59
Fraysse, Le 81 128 Cc 85
Frayssinet 46 114 Bc 81
Frayssinet-le-Gélat 46 113 Ba 81
Frayssinhes 46 114 Bf 79
Frazé 28 48 Ba 59
Fréauville 76 16 Bc 49
Frebécourt 88 54 Fe 58
Frébuans 39 83 Fc 69
Frèche, La 40 124 Ze 85
Fréchède 65 139 Ab 88
Fréchencourt 80 7 Cc 49
Fréchendets 65 139 Ab 90
Fréchet, Le 31 140 Af 89
Fréchou 47 125 Ab 84
Fréchou-Fréchet 65 139 Aa 89
Frécourt 52 54 Fc 61
Frédille 36 78 Bc 67
Frégimont 47 112 Ac 83
Frégouville 32 140 Af 87
Fréhel 22 27 Xd 57
Freigné 49 60 Yf 63
Freissinières 05 121 Gd 80
Freissinouse, La 05 120 Ga 81
Freistroff 57 22 Gc 53
Freix-Anglards 15 103 Cc 78
Fréjairolles 81 128 Cb 85
Fréjeville 81 127 Ca 87
Fréjus 83 148 Ge 88
Fréland 68 56 Hb 60
Frelinghien 59 4 Cf 44
Frémainville 95 32 Bf 54
Frémécourt 95 33 Ca 54
Fréménil 54 39 Ge 57
Frémery 57 38 Gc 55
Frémestroff 57 39 Ge 54
Fréminfontaine 88 43 Ge 59
Frémontiers 80 17 Ca 50
Frémonville 54 39 Gf 57
Frénaye, La 76 15 Ad 51
Frencq 62 7 Be 45
Frenelle-la-Grande 88 55 Ga 58
Frenelle-la-Petite 88 55 Ga 58
Frênes 61 29 Zb 56
Freneuse 76 15 Ba 52
Freneuse 78 32 Bd 54
Freneuse-sur-Risle 27 15 Ae 53
Freney, Le 73 109 Gd 77
Freney-d'Oisans, Le 38 108 Ga 78
Fréniches 60 18 Da 50
Frénois 21 68 Ed 63
Frénois 88 55 Ga 59
Frénouville 14 30 Ze 54
Frépillon 95 33 Cb 54
Fresles 76 16 Bc 50
Fresnaie-Fayel, La 61 30 Ab 56
Fresnais, La 35 28 Ya 57
Fresnay 10 53 Ef 59
Fresnay-au-Sauvage, La 61 30 Ze 56
Fresnay-en-Retz 44 59 Ya 66
Fresnay-le-Chédouet, La 72 47 Ab 58
Fresnay-le-Comte 28 49 Bc 59
Fresnay-le-Gilmert 28 32 Bc 57
Fresnay-le-Long 76 15 Ba 51
Fresnay-le-Samson 61 30 Ab 55
Fresnay-l'Evêque 28 49 Bc 59
Fresnay-sur-Sarthe 72 47 Aa 59
Fresne, Le 27 31 Af 55
Fresne, Le 51 36 Ed 55
Fresneaux-Montchevreuil 60 17 Ca 53
Fresne-Cauverville 27 15 Ad 53
Fresné-la-Mère 14 30 Ze 55
Fresne-l'Archevêque 27 16 Bc 52
Fresne-Léguillon 60 17 Ca 53
Fresne-le-Plan 76 16 Bb 52
Fresne-Poret, Le 50 29 Zb 56
Fresnes 02 18 Dc 51

Fresnes 21 68 Ec 63
Fresnes 41 64 Bc 64
Fresnes 89 67 Df 62
Fresnes 94 33 Cc 56
Fresne-Saint-Mamès 70 70 Ff 63
Fresnes-au-Mont 55 37 Fc 55
Fresnes-en-Saulnois 57 38 Gc 55
Fresnes-en-Tardenois 02 34 Dd 54
Fresnes-lès-Montauban 62 8 Cd 46
Fresnes-lès-Reims 51 19 Ea 52
Fresnes-Mazancourt 80 18 Cf 49
Fresnes-sur-Apance 52 54 Ff 61
Fresnes-sur-Escaut 59 9 De 46
Fresnes-Tilloloy 59 7 Be 49
Fresneville 80 7 Be 49
Fresney 27 32 Bb 55
Fresney-le-Puceux 14 29 Zd 54
Fresney-le-Vieux 14 29 Zd 54
Fresnicourt 62 8 Cd 46
Fresnières 60 18 Ce 51
Fresnois-la-Montagne 54 21 Fd 52
Fresnoy 62 7 Ca 46
Fresnoy 80 16 Be 49
Fresnoy-au-Val 80 17 Ca 49
Fresnoy-en-Chaussée 80 17 Cd 50
Fresnoy-en-Gohelle 62 8 Cf 46
Fresnoy-en-Thelle 60 33 Cb 53
Fresnoy-Folny 76 16 Bc 49
Fresnoy-le-Château 10 52 Eb 59
Fresnoy-le-Grand 02 9 De 49
Fresnoy-le-Luat 60 33 Ce 53
Fresnoy-lès-Roye 80 17 Ce 50
Frespech 47 113 Ae 83
Fresquiennes 76 15 Ba 51
Fressac 30 130 Df 85
Fressain 59 8 Db 47
Fressancourt 02 18 Dc 51
Fresse 70 70 Gd 61
Fresselines 23 90 Be 70
Fressenneville 80 6 Bd 48
Fressies 59 8 Db 47
Fressin 62 7 Ca 46
Fressines 79 87 Ze 71
Frestoy, Le 60 17 Cd 51
Fresville 50 12 Yd 52
Fréterive 73 108 Gb 75
Fréteval 41 48 Bb 61
Fréthun 62 3 Bf 43
Frétigney-et-Velloreille 70 70 Ff 64
Frétigny 28 48 Bf 58
Fretin 59 8 Cf 45
Frétoy 77 34 Da 56
Frétoy-le-Château 60 18 Cf 51
Frette, La 71 83 Fa 69
Frettecuisse 80 7 Be 49
Frettemeule 80 8 Bd 48
Fretterans 71 83 Fb 67
Frette-sur-Seine, La 95 33 Cb 55
Fréty, le 08 19 Eb 50
Freulleville 76 16 Bb 49
Frévent 62 7 Cb 47
Fréville 76 15 Ad 51
Fréville-du-Gâtinais 45 50 Cc 60
Frévillers 62 8 Cd 46
Frévin-Capelle 62 8 Cd 46
Freybouse 57 39 Ge 54
Freycenet-la-Cuche 43 117 Ea 79
Freycenet-la-Tour 43 117 Ea 79
Freychenet 09 152 Be 91
Freyming-Merlebach 57 39 Ge 54
Freyssenet 07 117 Eb 80
Freyssenet 07 118 Ed 80
Friaize 28 48 Ba 58
Friardel 14 30 Ac 55
Friaucourt 80 6 Bc 48
Fribourg 57 39 Gf 56
Fricamps 80 17 Bf 50
Frichemesnil 76 15 Ba 51
Fricourt 80 8 Cd 49
Fridefont 15 116 Da 79
Friedolsheim 67 40 Hc 56
Frières-Faillouël 02 18 Db 50
Friesen 68 71 Ha 63
Friesenheim 67 57 Hd 59
Frignicourt 51 36 Ed 56
Frise 80 8 Ce 49
Friville-Escarbotin 80 6 Bd 48
Frizon 88 55 Gc 59
Froberville 76 14 Ab 50
Frocourt 60 17 Ca 52
Frœningen 68 71 Hb 62
Frœschwiller 67 40 Hf 55
Froges 38 108 Ff 77
Frohen-le-Grand 80 7 Cb 47
Frohen-le-Petit 80 7 Cb 47
Frohmuhl 67 39 Hb 55
Froideconche 70 55 Gc 62
Froidefontaine 90 71 Gf 63
Froidestrées 62 9 Df 49
Froideterre 70 70 Gd 61
Froidevaux 25 71 Ge 65
Froideville 39 83 Fc 68
Froidfond 85 74 Ye 67
Froidmont-Cohartille 02 19 De 50
Froidos 55 36 Fa 54
Froissy 60 17 Cb 51
Frôlois 21 68 Ed 63
Frôlois 54 38 Ga 57
Fromelennes 08 10 Ee 48
Fromelles 59 8 Cf 45
Fromental 87 90 Bc 72
Fromentières 51 35 De 55
Fromeréville-les-Vallons 55 37 Fc 54
Fromont 77 50 Cd 59
Fromy 08 21 Fb 51
Froncles 52 54 Fa 59
Fronsac 31 139 Ad 91
Fronsac 33 111 Zf 79
Frontenac 33 111 Zf 80
Frontenard 71 83 Fa 67
Frontenas 69 94 Ed 73
Frontenay-Rohan-Rohan 79 87 Zc 71
Frontenex 73 108 Gb 75
Frontignan 34 144 Db 88
Frontignan-de-Comminges 31 139 Ad 90
Frontignan-Savès 31 140 Af 88
Fronton 31 126 Bc 85
Frontonas 38 107 Fb 76
Fronville 52 54 Fa 58
Frossay 44 59 Ya 65
Frotey-lès-Lure 70 71 Gd 63
Frotey-lès-Vesoul 70 70 Gb 63
Frouard 54 38 Ga 56

Frouville 95 33 Ca 54
Frouzins 31 140 Bb 87
Froville 54 56 Gc 58
Froyelles 80 7 Bf 47
Frozes 86 76 Aa 69
Frucourt 80 7 Be 48
Frugères-les-Mines 43 104 Db 76
Fruges 62 7 Ca 45
Frugières-le-Pin 43 104 Dc 77
Fruncé 28 48 Bb 58
Fry 76 16 Bd 51
Fuans 25 71 Gd 66
Fublaines 77 34 Cf 55
Fugeret, Le 04 134 Gd 84
Fugerolles-du-Plessis 53 29 Za 58
Fuilet, Le 49 60 Yf 65
Fuilla 66 153 Cc 93
Fuissé 71 94 Ee 71
Fuligny 10 53 Ee 58
Fulleren 68 71 Ha 63
Fultot 76 15 Ae 50
Fulvy 89 67 Eb 62
Fumay 08 10 Ee 49
Fumel 47 113 Af 82
Fumichon 14 30 Ac 53
Furchhausen 67 39 Hc 56
Furdenheim 67 40 Hd 57
Furiani 2B 157 Kc 93
Furmeyer 05 120 Ff 81
Fussey 21 82 Ef 66
Fussy 18 65 Cc 66
Fustérouau 32 124 Aa 86
Fustignac 31 140 Af 89
Futeau 55 36 Fa 54
Fuveau 13 146 Fd 88
Fuzzà = Fozzano 2A 159 Ka 98
Fyé 72 47 Aa 59

G

Gaas 40 123 Yf 87
Gabarnac 33 111 Ze 81
Gabarret 40 124 Aa 85
Gabaston 64 138 Ze 88
Gabat 64 137 Yf 88
Gabian 34 143 Db 87
Gabillou 24 101 Ba 77
Gabre 09 140 Bc 90
Gabriac 12 115 Ce 82
Gabriac 48 130 De 83
Gabrias 48 116 Dc 81
Gacé 61 30 Ab 56
Gacilly, La 56 44 Xf 62
Gâcogne 58 67 Df 65
Gaconnière, La 17 86 Ye 73
Gadancourt 95 32 Bf 54
Gadencourt 27 32 Bc 55
Gaël 35 44 Xe 60
Gageac-et-Rouillac 24 112 Ac 80
Gagnac-sur-Cère 46 114 Bf 79
Gagnac-sur-Garonne 31 126 Bc 86
Gagnières 30 130 Ea 83
Gagny 93 33 Cd 55
Gahard 35 45 Yc 59
Gailhan 30 130 Ea 85
Gaillac 81 127 Bf 85
Gaillac-d'Aveyron 12 116 Cf 82
Gaillac-Toulza 31 140 Bc 89
Gaillagos 65 138 Ze 91
Gaillan-en-Médoc 33 98 Za 77
Gaillardbois-Cressenville 27 16 Bc 52
Gaillarde, La 76 15 Af 49
Gaillefontaine 76 16 Bd 51
Gaillères 40 124 Zd 85
Gaillon 27 32 Bb 54
Gaillon-sur-Montcient 78 32 Bf 54
Gainneville 76 14 Ab 51
Gajac 33 111 Zf 82
Gaja-et-Villedieu 11 141 Cb 90
Gaja-la-Selve 11 141 Bf 89
Gajan 09 140 Ba 90
Gajan 30 130 Eb 85
Gajoubert 87 89 Ae 72
Galametz 62 7 Ca 47
Galan 65 139 Ac 89
Galapian 47 112 Ac 83
Galargues 34 130 Ea 86
Galéria 2B 156 Id 94
Galey 09 151 Af 91
Galfingue 68 71 Hb 62
Galgan 12 115 Cb 81
Galgon 33 99 Ze 79
Galiax 32 124 Aa 87
Galié 31 139 Ad 91
Galinagues 11 153 Ca 92
Gallardon 28 32 Be 57
Gallet, Le 60 17 Ca 51
Galluis 78 32 Be 56
Gamaches 80 6 Bd 49
Gamaches-en-Vexin 27 16 Bd 53
Gamarde-les-Bains 40 123 Za 86
Gamarthe 64 137 Yf 89
Gambais 78 32 Be 56
Gambaiseuil 78 32 Be 56
Gambsheim 67 40 Hf 56
Gan 64 138 Zd 89
Ganac 09 152 Bd 91
Gancourt-Saint-Etienne 76 16 Be 51
Gandelain 61 30 Zf 58
Gandelu 02 34 Db 54
Ganges 34 130 De 85
Gannat 03 92 Db 72
Gannay-sur-Loire 03 81 Dd 68
Gannes 60 17 Cc 51
Gans 33 111 Zf 82
Ganties 31 140 Af 90
Ganzeville 76 15 Ac 50
Gap 05 120 Ga 81
Gapennes 80 7 Bf 47
Gâprée 61 31 Ab 57
Garac 31 126 Ba 86
Garancières 78 32 Be 56
Garancières-en-Beauce 28 49 Bf 58
Garancières-en-Drouais 28 32 Bb 56
Garanou 09 152 Be 92
Garat 16 100 Ab 75
Garcelles-Secqueville 14 30 Ze 54
Garches 92 33 Cb 55
Garchizy 58 80 Da 66
Garchy 58 66 Da 65
Gardanne 13 146 Fc 88
Garde, La 04 134 Gd 85
Garde, La 38 108 Ga 78
Garde, La 83 147 Ga 90
Garde-Adhémar, La 26 118 Ee 82
Gardefort 18 66 Cf 65
Garde-Freinet, La 83 148 Gc 89
Gardegan-et-Tourtirac 33 111 Zf 79
Gardères 65 138 Zf 89
Gardie 11 142 Cb 90
Gardonne 24 112 Ab 79
Gardouch 31 141 Be 88
Garein 40 124 Zc 84
Garencières 27 32 Bb 55
Garennes-sur-Eure 27 32 Bc 55
Garentreville 77 50 Cd 59
Garéoult 83 147 Ga 88
Garganvillar 82 126 Ba 85
Gargas 31 126 Bc 86
Gargas 84 132 Fc 85
Gargenville 78 32 Be 55
Garges-lès-Gonesse 95 33 Cc 55
Gargilesse-Dampierre 36 78 Bd 69
Garidech 31 127 Bd 86
Gariès 82 126 Ba 86
Garigny 18 80 Cf 66
Garin 31 151 Ad 92
Garindein 64 137 Za 89
Garlan 29 25 Wb 57
Garlède-Mondebat 64 138 Zd 87
Garlin 64 124 Ze 87
Garn, Le 30 131 Ec 83
Garnache, La 85 73 Yb 67
Garnat-sur-Engièvre 03 81 De 69
Garnay 28 32 Bc 56
Garnerans 01 94 Ef 71
Garons 30 131 Ec 86
Garos 64 138 Zd 87
Garravet 32 140 Af 88
Garrebourg 57 39 Hb 56
Garrey 40 123 Za 86
Garrigues 30 130 Eb 84
Garrigues 34 130 Ea 86
Garrigues 81 127 Be 86
Garrosse 40 123 Za 84
Gars 06 134 Ge 85
Gartempe 23 90 Be 72
Gas 28 32 Be 57
Gasny 27 32 Bd 54
Gasques 82 126 Af 84
Gassin 83 148 Gd 89
Gast, Le 14 29 Yf 56
Gastes 40 110 Yf 83
Gastines 53 45 Yf 61
Gastins 77 34 Da 57
Gasville 28 49 Bd 58
Gatey 39 83 Fc 67
Gathemo 50 29 Za 56
Gatteville-le-Phare 50 12 Ye 50
Gatuzières 48 129 Dc 83
Gaubertin 45 50 Cc 60
Gaubretière, La 85 74 Yf 67
Gauchin-Légal 62 8 Cd 46
Gauchin-Verloingt 62 7 Cb 46
Gauchy 02 18 Db 50
Gauciel 27 32 Bb 54
Gaud, Cierp- 31 151 Ad 91
Gaudaine, La 28 48 Af 59
Gaude, La 06 134 Ha 86
Gaudechart 60 16 Bf 51
Gaudent 65 139 Ad 91
Gaudiempré 62 8 Cd 47
Gaudiès 09 141 Be 89
Gaudonville 32 126 Af 85
Gaugeac 24 113 Af 80
Gaujac 30 131 Ed 84
Gaujac 32 140 Af 88
Gaujac 47 112 Aa 82
Gaujacq 40 123 Zb 87
Gaujan 32 139 Ae 88
Gault-du-Perche, Le 41 48 Af 60
Gault-Saint-Denis, Le 28 49 Bc 59
Gault-Soigny, Le 51 35 Dd 56
Gauré 31 127 Bd 87
Gauriac 33 99 Zc 78
Gauriaguet 33 99 Zd 78
Gaussan 65 139 Ac 89
Gausson 22 43 Xb 59
Gauthérets, Les 71 82 Eb 69
Gauville 61 31 Ad 56
Gauville 80 16 Be 50
Gauville-la-Campagne 27 31 Ba 54
Gavarnie 65 150 Aa 92
Gavarret-sur-Aulouste 32 125 Ad 86
Gavaudun 47 113 Af 81
Gavignano 2B 157 Kb 94
Gavignanu = Gavignano 2B 157 Kb 94
Gavisse 57 22 Gb 52
Gavray 50 28 Yd 55
Gâvre, le 44 60 Yb 63
Gavrelle 62 8 Cf 46
Gâvres 56 42 Wd 62
Gavrus 14 29 Zc 54
Gayan 65 138 Aa 89
Gaye 51 35 De 56
Gayon 64 138 Ze 88
Gazave 65 139 Ac 90
Gazax-et-Baccarisse 32 125 Ab 87
Gazéran 78 32 Be 57
Gazilieg = Gacilly, La 56 44 Xf 62
Gazost 65 138 Aa 90
Géanges 71 82 Ef 67
Geaune 40 124 Zd 87
Geay 17 87 Zb 73
Geay 79 75 Ze 67
Gèdre 65 150 Aa 92
Gée-Rivière 32 124 Ze 86
Géfosse-Fontenay 14 13 Yf 52
Gefosses 50 12 Yc 54
Gehée 36 78 Bd 66
Geishouse 68 56 Ha 61
Geispitzen 68 72 Hc 63
Geispolsheim 67 40 Hd 57
Geiswasser 68 57 Hd 61
Geiswiller 67 40 Hc 56
Gélacourt 54 56 Ge 58
Gélannes 10 52 De 58
Gélaucourt 54 55 Ff 58
Gellainville 28 49 Bd 58
Gellenoncourt 54 38 Gc 56
Gellin 25 84 Gb 68
Geloux 40 123 Ye 87
Geloux 40 124 Zc 85
Gelucourt 57 39 Ge 56
Gelvécourt-et-Adompt 88 55 Gb 59
Gémages 61 48 Ad 59
Gemaingoutte 88 56 Ha 59
Gemeaux 21 69 Fa 64
Gémigny 45 49 Be 61
Gémil 31 127 Bd 86
Géminos 13 146 Fd 89
Gemmelaincourt 88 55 Ff 59
Gémonval 25 71 Gd 63
Gémonville 54 55 Ff 58
Gémozac 17 99 Zb 75
Genac 16 88 Aa 74
Genainville 95 32 Be 54
Genas 69 94 Ef 74
Genay 21 68 Eb 63
Genay 69 94 Ef 73
Gençay 86 76 Ac 70
Gendreville 88 54 Fe 59
Gendrey 39 69 Fe 65
Gené 49 61 Zb 63
Génébrières 82 127 Bc 85
Genech 59 8 Db 45
Génelard 71 82 Eb 69
Générac 30 131 Ec 86
Générac 33 99 Zc 77
Générargues 30 130 Df 84
Générest 65 139 Ad 90
Generville 11 141 Bf 89
Geneslay 61 29 Zd 57
Genestelle 07 118 Ec 80
Geneston 44 60 Yc 66
Genest-Saint-Isle, Le 53 46 Za 60
Genête, La 71 83 Fa 69
Genétouze, La 17 100 Zf 77
Génétouze, La 85 74 Yc 68
Genêts 50 28 Yd 56
Genettes, Les 61 31 Ad 57
Geneuille 25 70 Ff 65
Genevraie, La 61 30 Ab 56
Genevraye, La 77 50 Ce 59
Genevreuille 70 70 Gc 62
Genevrey 70 70 Gb 62
Genevrières 52 69 Fd 62
Genevroye, La 52 53 Fa 59
Geney 25 71 Gd 64
Geneytouse, La 87 90 Bc 74
Génicourt 95 33 Ca 54
Génicourt-sur-Meuse 55 37 Fc 54
Genillé 37 63 Ba 65
Génis 24 101 Ba 77
Génissac 33 111 Ze 79
Génissieux 26 107 Fa 78
Genlis 21 69 Fb 65
Gennes 25 70 Ga 65
Gennes 49 62 Ze 65
Gennes-Ivergny 62 7 Ca 47
Gennes-sur-Glaize 53 46 Zc 61
Gennes-sur-Seiche 35 45 Yf 61
Genneteil 49 63 Aa 63
Gennetines 03 80 Dc 69
Genneton 79 61 Zd 66
Genneville 14 14 Ab 52
Gennevilliers 92 33 Cb 55
Genod 39 95 Fd 70
Génolhac 30 117 Df 82
Genos 31 139 Ae 90
Genouillac 16 88 Ad 73
Genouillac 23 90 Bf 70
Genouillé 17 87 Zb 72
Genouilleux 01 94 Ee 72
Genouilly 18 64 Bf 65
Genouilly 71 82 Ed 69
Gensac 33 112 Aa 80
Gensac 65 138 Aa 88
Gensac 82 126 Af 85
Gensac-de-Boulogne 31 139 Ad 89
Gensac-la-Pallue 16 87 Ze 75
Gensac-sur-Garonne 31 140 Ba 89
Genté 16 99 Ze 75
Gentelles 80 17 Cc 49
Gentieg = Janzé 35 45 Yd 61
Gentioux-Pigerolles 23 90 Bf 74
Genvry 60 18 Cf 51
Géovreisset 01 95 Fd 71
Ger 50 29 Zb 56
Ger 64 138 Zf 89
Ger 65 138 Zf 90
Geraise 39 84 Ff 67
Gérardmer 88 56 Gf 60
Géraudot 10 52 Eb 59
Gerbaix 73 107 Fe 75
Gerbécourt 57 38 Gd 55
Gerbécourt-et-Haplemont 54 55 Ga 58
Gerbépal 88 56 Gf 60
Gerberoy 60 16 Bf 51
Gerbéviller 54 55 Gd 57
Gercourt-et-Drillantcourt 55 21 Fb 53
Gercy 02 19 Df 50
Gerde 65 139 Ab 90
Gerderest 64 138 Ze 88
Gère-Béleston 64 138 Zd 90
Gergny 02 19 Df 49
Gergueil 21 68 Ee 65
Gergy 71 82 Ef 67
Gerland 21 83 Fa 66
Germ 65 151 Ac 92
Germagnat 01 95 Fc 71
Germagny 71 82 Ed 68
Germaine 02 18 Da 50
Germaine 51 35 Ea 54
Germaines 52 69 Fa 62
Germainville 28 32 Bc 56
Germainvilliers 52 54 Fd 60
Germay 52 54 Fc 58
Germéfontaine 25 70 Gc 65
Germenay 58 67 Dd 65
Germignac 17 99 Zd 75
Germigney 39 83 Fe 66
Germigney 70 69 Fd 64
Germignonville 28 49 Be 59
Germigny 51 19 Df 53
Germigny 89 52 Df 61
Germigny-des-Prés 45 50 Cb 61
Germigny-l'Evêque 77 34 Cf 55
Germigny-l'Exempt 18 80 Cf 67
Germigny-sous-Coulombs 77 34 Da 54
Germigny-sur-Loire 58 80 Da 66
Germinon 51 35 Ea 55
Germiny 54 38 Ga 57
Germisay 52 54 Fc 58
Germolles-sur-Grosne 71 94 Ed 71
Germondans 25 70 Gb 64
Germond-Rouvre 79 75 Zd 70
Germont 08 20 Ef 52
Germonville 54 55 Gb 58
Gernelle 08 20 Ee 50
Gernicourt 02 19 Df 52
Géronce 64 137 Zb 89
Gerponville 76 15 Ad 50
Gerrots 14 14 Aa 53
Gerstheim 67 57 He 58
Gertwiller 67 57 Hc 58
Geruge 39 83 Fd 69
Gervans 26 106 Ef 78
Gerville 76 14 Ab 50
Géry 55 37 Fb 56
Gerzat 63 92 Da 74
Gesnes 53 46 Zc 60
Gesnes-le-Gandelin 72 47 Aa 58
Gespunsart 08 20 Ee 50
Gestas 64 137 Za 88
Gesté 49 60 Yf 65
Gestel 56 42 Wd 62
Gestiès 09 152 Bd 92
Gesvres 53 47 Aa 58
Gétigné 44 60 Ye 66
Gets, les 74 97 Ge 72
Geu 65 138 Zf 90
Geudertheim 67 40 He 56
Géus-d'Arzacq 64 138 Zc 88
Géüs-d'Oloron 64 137 Zb 89
Gévezé 35 45 Yb 59
Gevigney-et-Mercey 70 70 Ff 62
Geville 55 37 Fe 56
Gevingey 39 83 Fd 69
Gevresin 25 84 Ga 67
Gevrey-Chambertin 21 68 Ef 65
Gevrolles 21 53 Ee 61
Gevry 39 83 Fc 66
Gex 01 96 Ga 71
Geyssans 26 107 Fa 78
Gez 65 138 Zf 90
Gézaincourt 80 7 Cb 48
Gez-ez-Angles 65 138 Aa 90
Gezier-et-Fontenelay 70 70 Ff 64
Gézoncourt 54 38 Ff 55
Ghisonaccia 2B 159 Kc 96
Ghisoni 2B 159 Kb 96
Ghissignies 59 9 Dd 47
Ghisunaccia = Ghisonaccia 2B 159 Kc 96
Ghjucatoghju = Giocatojo 2B 157 Kc 94
Ghjunchetu = Giuncheto 2A 158 If 99
Ghyvelde 59 4 Cd 42
Giat 63 91 Cc 74
Gibeaumeix 54 37 Fe 57
Gibel 31 141 Be 89
Gibercourt 02 18 Db 50
Giberville 14 14 Ze 53
Gibles 71 94 Ec 71
Gibourne 17 87 Ze 73
Gibret 40 123 Zb 86
Gicq, Le 17 87 Ze 73
Gidy 45 49 Bf 61
Giel-Courteilles 61 30 Ze 56
Gien 45 65 Cd 62
Gien-sur-Cure 58 67 Ea 66
Giettaz, La 73 96 Gc 73
Gièvres 41 64 Be 65
Giey-sur-Aujon 52 53 Fa 61
Giez 74 96 Gb 74
Giffaumont-Champaubert 51 36 Ee 57
Gif-sur-Yvette 91 33 Ca 56
Gigean 34 144 De 88
Gignac 34 129 Dd 87
Gignac 46 102 Bc 78
Gignac 84 132 Fd 85
Gignac-la-Nerthe 13 146 Fb 88
Gignat 63 103 Db 76
Gignéville 88 55 Ff 60
Gigney 88 55 Gc 59
Gigny 39 83 Fc 70
Gigny 89 68 Eb 62
Gigny-Bussy 51 52 Ed 57
Gigny-sur-Saône 71 82 Ef 69
Gigondas 84 131 Ef 83
Gigors 04 120 Ga 82
Gigors 26 119 Fa 80
Gigouzac 46 113 Bc 81
Gijounet 81 128 Cd 86
Gilette 06 134 Ha 85
Gilhoc-sur-Ormèze 07 118 Ee 79
Gillancourt 52 53 Ef 60
Gillaumé 52 54 Fc 58
Gilles 78 32 Bd 55
Gilley 25 84 Gc 66
Gilley 52 69 Fd 62
Gillois 39 84 Ga 68
Gillonnay 38 107 Fb 76
Gilly-lès-Cîteaux 21 68 Ef 65
Gilly-sur-Isère 73 108 Gc 75
Gilly-sur-Loire 71 81 De 69
Gilocourt 60 18 Cf 53
Gimat 82 126 Af 85
Gimbrède 32 125 Ae 84
Gimeaux 63 92 Da 73
Gimel-les-Cascades 19 102 Bf 77
Gimeux 16 87 Zd 75
Gimont 32 126 Af 87
Gimouille 58 80 Da 67
Ginai 61 30 Ab 56
Ginals 82 127 Bf 83
Ginasservis 83 133 Ff 86
Ginchy 80 8 Cf 48
Gincla 11 153 Cb 92
Gindou 46 113 Bb 81
Ginestas 11 142 Cf 89
Ginestet 24 112 Ac 79
Gingsheim 67 40 Hd 56
Ginouillac 46 114 Bd 80
Gintrac 46 114 Be 79
Giocatojo 2B 157 Kc 94
Gionges 51 35 Df 55
Giou-de-Mamou 15 115 Cd 79
Gioux 23 90 Ca 75
Gipcy 03 80 Da 69
Girancourt 88 55 Gb 60
Giraumont 54 37 Ff 54
Giraumont 60 18 Ce 52
Girauvoisin 55 37 Fd 56
Gircourt-lès-Viéville 88 55 Gb 58
Girecourt-sur-Durbion 88 55 Gd 59
Girefontaine 70 55 Gb 61
Giremoutiers 77 34 Da 55
Girgols 15 103 Cc 78
Giriviller 54 55 Gc 58
Girmont 88 55 Gc 59
Girmont-Val-d'Ajol 88 55 Gd 61
Girolles 45 50 Ce 60
Girolles 89 67 Df 63
Giromagny 90 71 Ge 62
Giron 01 95 Fe 71
Gironcourt-sur-Vraine 88 55 Ff 59
Girondelle 08 20 Ec 49
Gironde-sur-Dropt 33 111 Zf 81
Gironville 77 50 Cd 59
Gironville-sous-les-Côtes 55 37 Fe 56
Gironville-sur-Essonne 91 50 Cc 58
Girouard, Le 85 74 Yc 69
Giroussens 81 127 Be 86
Giroux 36 78 Bf 66
Giry 58 66 Dc 65
Gisay-la-Coudre 27 31 Ad 55
Giscaro 32 126 Af 87
Giscos 33 111 Ze 83
Gisors 27 16 Be 53
Gissac 12 129 Cf 86
Gissey-le-Vieil 21 68 Ec 65
Gissey-sous-Flavigny 21 68 Ed 63
Gissey-sur-Ouche 21 68 Ee 65
Gisy-les-Nobles 89 51 Db 59
Giuncaggio 2B 159 Kc 95
Giuncheto 2A 160 If 99
Givardon 18 80 Ce 67
Givarlais 03 79 Cd 70
Givenchy 62 8 Ce 45
Givenchy-en-Gohelle 62 8 Ce 46
Givenchy-le-Noble 62 8 Cd 47
Giverny 27 32 Bd 54
Giverville 27 15 Ad 53
Givet 08 10 Ee 48
Givonne 08 20 Ef 50
Givors 69 106 Ee 75
Givraines 45 50 Cc 60
Givrand 85 73 Ya 68
Givrauval 55 37 Fb 57
Givre, Le 85 74 Yd 70
Givrezac 17 99 Zc 75
Givron 08 19 Eb 51
Givry 08 20 Ed 52
Givry 71 82 Ee 68
Givry 89 67 De 63
Givry-en-Argonne 51 36 Ef 55
Givry-lès-Loisy 51 35 Df 55
Gizaucourt 51 36 Ee 54
Gizay 86 76 Ac 70
Gizeux 37 62 Ab 64
Gizia 39 83 Fc 69
Gizy 02 19 De 51
Glacerie, La 50 12 Yc 51
Glageon 59 10 Ea 48
Glaignes 60 18 Cf 53
Glaine-Montaigut 63 92 Dc 74
Glaire 08 20 Ef 50
Glaizil, Le 05 120 Ff 80
Glamondans 25 70 Gb 65
Gland 02 34 Dc 54
Gland 89 67 Eb 62
Glandage 26 119 Fd 80
Glandelles 77 50 Ce 59
Glandon 87 101 Bb 76
Glanes 46 114 Bf 79
Glanges 87 102 Bc 74
Glannes 51 36 Ed 56
Glanon 21 83 Fa 66
Glanville 14 14 Aa 53
Glatens 82 126 Af 85
Glatigny 50 12 Yc 53
Glatigny 57 38 Gc 54
Glatigny 60 16 Bf 51
Glay 25 71 Gf 64
Glénac 56 44 Xf 62
Glénat 15 115 Cb 79
Glénay 79 76 Ze 67
Glénic 23 90 Bf 71
Glennes 02 19 De 52
Glénouze 86 76 Zf 67
Glère 25 71 Gf 64
Gleyzin 38 108 Ga 76
Glicourt 76 6 Bb 49
Glisolles 27 31 Ba 55
Glisy 80 17 Cc 49
Glomel 22 42 Wd 59
Glonville 54 56 Ge 58
Glorianes 66 154 Cd 93
Glos 14 30 Ab 54
Glos-la-Ferrière 61 31 Ad 55
Glos-sur-Risle 27 15 Ae 53
Gluiras 07 118 Ed 79
Glun 07 118 Ef 78
Glux-en-Glenne 58 81 Ea 67
Goas 82 126 Af 86
Godefroy, La 50 28 Ye 56
Godenvillers 60 17 Cd 51
Goderville 76 14 Ac 51
Godewaersvelde 59 4 Cd 44
Godisson 61 30 Ab 56
Godivelle, La 63 104 Cf 76
Godoncourt 88 55 Ff 61
Gœrlingen 67 39 Ha 56
Gœrsdorf 67 40 He 55
Goès 64 138 Zc 89
Gœtzenbruck 57 39 Hc 55
Gogney 54 39 Gf 57
Gognies-Chaussée 59 9 Df 46
Gohannière, La 50 28 Ye 56
Gohory 28 48 Bb 60
Goin 57 38 Gb 55
Goincourt 60 17 Ca 52
Golancourt 60 18 Da 50
Golbey 88 55 Gc 59
Goldbach-Altenbach 68 56 Ha 61
Golfech 82 126 Af 84
Golinhac 12 115 Cd 81
Golleville 50 12 Yc 52
Gombergean 41 63 Ba 63
Gomelange 57 22 Gc 53
Gomené 22 44 Xd 59
Gomer 64 138 Ze 89
Gometz-la-Ville 91 33 Ca 56
Gometz-le-Châtel 91 33 Ca 56
Gomiécourt 62 8 Ce 48
Gommecourt 62 8 Cd 48
Gommecourt 78 32 Bd 54
Gommegnies 59 9 De 47
Gommenech 22 26 Wf 57
Gommersdorf 68 71 Ha 63
Gommerville 28 49 Bf 58
Gommerville 76 14 Ac 51
Gomméville 21 53 Ec 61
Gomont 08 19 Ea 51
Goncelin 38 108 Ff 76
Goncourt 52 54 Fd 59
Gondecourt 59 8 Cf 45
Gondenans-les-Moulins 25 70 Gc 64
Gondenans-Montby 25 70 Gc 64
Gondeville 16 87 Zf 74
Gondrecourt-Aix 54 21 Fe 53
Gondrecourt-le-Château 55 54 Fd 57
Gondreville 45 50 Cc 60
Gondreville 45 50 Cd 60
Gondreville 54 38 Ff 56
Gondreville 60 34 Cf 53
Gondrexange 57 39 Gf 56
Gondrexon 54 39 Ge 57
Gondrin 32 125 Ab 85
Gonds, Les 17 87 Zc 74
Gonesse 95 33 Cc 55
Gonez 65 139 Ab 89
Gonfaron 83 147 Gb 89
Gonfreville 50 12 Yd 53
Gonfreville-Caillot 76 15 Ac 51
Gonfreville-l'Orcher 76 14 Ab 51
Gonfrière, La 61 31 Ac 56
Gonnehem 62 8 Cd 45
Gonnelieu 59 8 Da 48
Gonnetot 76 15 Af 50
Gonneville 50 12 Yd 51
Gonneville-en-Auge 14 14 Ze 53
Gonneville-la-Mallet 76 14 Ab 51
Gonneville-sur-Honfleur 14 14 Ab 52
Gonneville-sur-Mer 14 14 Zf 53
Gonneville-sur-Scie 76 15 Ba 50
Gonsans 25 70 Gb 65
Gontaud-de-Nogaret 47 112 Ab 82
Gonterie-Boulouneix, La 24 100 Ad 76
Gonzeville 76 15 Ae 50
Goos 40 123 Za 86
Gorbio 06 135 Hc 86
Gorcy 54 21 Fe 51
Gordes 84 132 Fb 85
Gorenflos 80 7 Ca 48
Gorges 44 60 Ye 66
Gorges 50 12 Yd 53
Gorges 80 7 Cb 48
Gorgue, La 59 4 Ce 45
Gorhey 88 55 Gb 59
Gorre 87 89 Af 74
Gorrevod 01 94 Ee 70
Gorron 53 46 Zb 58
Gorses 46 114 Ca 80
Gorvello, Le 56 59 Xc 63
Gorze 57 38 Ga 54
Gosné 35 45 Yd 59
Gosselming 57 39 Ha 56
Gottenhouse 67 39 Hc 56
Gottesheim 67 40 Hc 56
Gouaix 77 51 Db 58
Goualade 33 111 Zf 83
Gouarec 22 43 We 59
Gouaux 65 150 Ac 91
Gouaux-de-Larboust 31 151 Ac 92
Gouaux-de-Luchon 31 151 Ad 91
Gouberville 50 12 Ye 50
Gouchaupré 76 6 Bb 49
Goudargues 30 131 Ec 83
Goudelancourt-lès-Berrieux 02 19 Df 52
Goudelancourt-lès-Pierrepont 02 19 Df 50
Goudelin 22 26 Wf 57
Goudet 43 117 Df 79
Goudex 31 140 Af 88
Goudon 65 139 Ab 89
Goudourville 82 126 Af 84
Gouesnach 29 41 Vf 61
Gouesnière, La 35 27 Ya 57
Gouesnou 29 24 Vd 58
Gouex 86 89 Ae 70
Gougenheim 67 40 Hd 56
Gouhelans 25 70 Gc 64
Gouhenans 70 70 Gc 63
Gouillons 28 49 Bf 58
Gouise 03 92 Dc 70
Goujounac 46 113 Bb 81
Goulafrière, La 27 30 Ac 55
Goulet 61 30 Zf 56
Goulien 29 41 Vc 60
Goulier 09 152 Bd 92
Goulles 19 102 Ca 78
Goulles, Les 21 53 Ef 61
Gouloux 58 67 Ea 65
Goult 84 132 Fb 85
Goulven 29 24 Ve 57
Goumois 25 71 Gf 65
Goupillières 14 29 Zd 54
Goupillières 27 31 Ae 54
Goupillières 78 32 Be 55
Gouray, Le 22 44 Xd 59
Gourbera 40 123 Yf 86
Gourbit 09 152 Bd 91
Gourchelles 60 16 Be 50
Gourdan-Polignan 31 139 Ad 90
Gourdièges 15 116 Cf 79
Gourdon 06 134 Gf 86
Gourdon 07 118 Ec 80
Gourdon 46 113 Bc 80
Gourdon 71 82 Ec 69
Gourdon-Murat 19 102 Bf 75
Gourfaleur 50 29 Yf 54
Gourgançon 51 35 Ea 56
Gourgé 79 76 Ze 68
Gourgeon 70 70 Ff 62
Gourgue 65 139 Ab 90
Gourhel 56 44 Xd 61
Gourin 56 42 Wc 60
Gourlizon 29 41 Ve 60
Gournay 36 78 Be 69
Gournay 79 88 Zf 72
Gournay-en-Bray 76 16 Be 52
Gournay-le-Guérin 27 31 Ae 56
Gournay-sur-Aronde 60 17 Ce 52
Gours 33 100 Aa 79
Gourvieille 11 141 Be 88
Gourvillette 17 87 Ze 73
Goussaincourt 55 54 Fe 58
Goussainville 28 32 Bd 56
Goussainville 95 33 Cc 54
Goussancourt 02 35 De 53
Gousse 40 123 Za 86
Goussonville 78 32 Be 55
Goutelle, La 63 91 Ce 73
Goutevernisse 31 140 Bb 89
Goutrens 12 115 Cc 82
Gout-Rossignol 24 100 Ac 76
Gouts 40 123 Zb 86
Gouttières 27 31 Ae 54
Gouttières 63 91 Ce 72
Goutz 32 125 Ae 86
Gouvello, La 56 43 Wf 59
Gouves 62 8 Cd 47
Gouvets 50 29 Yf 55
Gouvieux 60 33 Cc 53
Gouville 27 31 Af 55
Gouville-sur-Mer 50 28 Yc 54
Goux 32 124 Zf 87
Goux 39 83 Fd 66
Goux-lès-Dambelin 25 71 Ge 64
Goux-les-Usiers 25 84 Gb 67

178 (F) Frouville — Goux-les-Usiers

Haut-Corlay, Le 22 26 Wf 59
Haut-de-Bosdarros 64 138 Zd 89
Haut-du-Them-Château-Lambert, Le 70 56 Ge 61
Haute-Amance 52 54 Fd 61
Haute-Avesnes 62 8 Cd 47
Haute-Beaume, La 05 119 Fd 81
Haute-Chapelle, La 61 29 Zb 57
Hautecloque 62 7 Cb 46
Hautecour 39 84 Fe 69
Hautecour 73 109 Gd 76
Hautecourt-Romanèche 01 95 Fc 72
Haute-Duyes 04 133 Ga 83
Haute-Épine 60 17 Ca 51
Hautefage 19 102 Bf 78
Hautefage-la-Tour 47 113 Ae 83
Hautefaye 24 100 Ac 75
Hautefond 71 81 Eb 70
Hautefontaine 60 18 Da 52
Haute-Goulaine 44 60 Yd 65
Hautefort 24 101 Ba 77
Haute-Isle 95 32 Bd 54
Haute-Kontz 57 22 Gb 52
Hauteluce 73 97 Gd 74
Haute-Maison, La 77 34 Da 55
Hautepierre-le-Châtelet 25 84 Gb 66
Hauterive 03 92 Dc 72
Hauterive 61 30 Ab 58
Hauterive 89 52 Dd 61
Hauterive-la-Fresse 25 84 Gc 67
Hauterives 26 106 Fa 77
Haute-Rivoire 69 106 Ec 74
Hauteroche 21 68 Ed 64
Hautes-Rivière, Les 08 20 Ef 49
Hautesvignes 47 112 Ac 82
Hautevelle 70 55 Gb 61
Hautevesnes 02 34 Db 54
Hauteville 02 18 Dd 49
Hauteville 08 19 Eb 51
Hauteville 51 36 Ee 57
Hauteville 62 8 Cd 47
Hauteville, La 78 32 Bd 56
Hauteville-la-Guichard 50 12 Ye 54
Hauteville-lès-Dijon 21 69 Ef 64
Hauteville-Lompnes 01 95 Fd 73
Hauteville-sur-Fier 74 96 Ff 73
Hauteville-sur-Mer 50 28 Yc 55
Haution 02 19 Df 49
Haut-Mauco 40 124 Zc 86
Hautmont 59 9 Df 47
Hautmougey 88 55 Gb 60
Hautot-l'Auvray 76 15 Ae 50
Hautot-le-Vatois 76 15 Ae 51
Hautot-Saint-Sulpice 76 15 Ae 50
Hautot-sur-Mer 76 15 Ba 49
Hautot-sur-Seine 76 15 Af 52
Hauts-de-Chée, Les 55 37 Fa 55
Hauts-de-Vingeanne, les 52 69 Fb 62
Hauts-Vals-sous-Nauroy 52 69 Fc 62
Hautteville-Bocage 50 12 Yd 52
Hautvillers 51 35 Df 54
Hautvillers-Ouville 80 7 Be 47
Hauville 27 15 Ae 52
Hauviné 08 20 Ec 53
Haux 33 111 Zd 80
Haux 64 137 Za 90
Havange 57 22 Ff 52
Havelu 28 32 Bd 56
Haveluy 59 9 Dc 46
Havernas 80 7 Cb 48
Haverskerque 59 4 Cd 45
Havre, Le 76 14 Aa 51
Havrincourt 62 8 Da 48
Hayange 57 22 Ga 53
Haybes 08 20 Ee 48
Haye, La 76 16 Bc 52
Haye, La 88 55 Gb 60
Haye-Aubrée, La 27 15 Ae 52
Haye-Bellefond, La 50 28 Ye 55
Haye-de-Calleville, La 27 31 Ae 53
Haye-d'Ectot, La 50 12 Yb 52
Haye-de-Routot, la 27 15 Ae 52
Haye-du-Puits, La 50 12 Yc 53
Haye-du-Theil, la 27 15 Af 53
Haye-le-Comte, la 27 31 Ba 53
Haye-Malherbe, la 27 15 Ba 53
Haye-Pesnel, la 50 28 Yd 56
Hayes 57 38 Gc 53
Hayes, les 41 63 Ae 62
Haye-Saint-Sylvestre, la 27 31 Ad 55
Hay-les-Roses, L' 94 33 Cb 56
Haynecourt 59 8 Da 47
Hays, Les 39 83 Fc 67
Hazebrouck 59 4 Cd 44
Hazembourg 57 39 Gf 55
Hazhoù = Hédé 35 45 Yb 59
Heaulme, le 95 32 Bf 54
Héauville 50 12 Yb 51
Hébécourt 27 16 Be 52
Hébécourt 80 17 Cb 50
Hébécrevon 50 12 Yf 54
Héberville 76 15 Ae 50
Hébuterne 62 8 Cd 48
Hèches 65 139 Ac 90
Hecken 68 71 Ha 62
Hecmanville 27 31 Ad 53
Hécourt 27 32 Bc 55
Hécourt 60 16 Be 51
Hecq 59 9 Dd 47
Hectomare 27 31 Af 53
Hédauville 80 8 Cd 48
Hédé 35 45 Yb 59
Hédouville 95 33 Cb 54
Hegeney 67 40 Hf 55
Hégenheim 68 72 Hd 63
Heidolsheim 67 57 Hd 59
Heidwiller 68 71 Hb 63
Heiligenberg 67 39 Hc 57
Heiligenstein 67 57 Hc 58
Heillecourt 54 38 Gb 57
Heilles 60 17 Cb 52
Heilly 80 8 Cc 49
Heilly 80 8 Cd 49
Heiltz-le-Houtier 51 36 Ee 56
Heiltz-le-Maurupt 51 36 Ee 56
Heiltz-l'Évêque 51 35 Ee 56
Heimersdorf 68 71 Hb 63
Heimsbrunn 68 71 Hb 62
Heippes 55 37 Fb 55
Heiteren 68 57 Hd 61
Heiwiller 68 72 Hb 63
Hélesmes 59 9 Dc 46
Hélette 64 137 Ye 89
Helfaut 62 3 Cb 44
Helfrantzkirch 68 72 Hc 63
Helléan 56 44 Xd 61
Hellemmes 59 8 Da 45
Hellenvilliers 27 31 Ba 56
Hellering-lès-Fénétrange 57 39 Ha 56
Helleville 50 12 Yb 51
Hellimer 57 39 Ge 54
Héloup 61 47 Aa 58
Helstroff 57 38 Gc 54
Hem 59 4 Db 45
Hémevez 50 12 Yd 52
Hémévillers 60 17 Ce 52
Hem-Hardinval 80 7 Cb 48
Hémilly 57 38 Gd 54
Heming 57 39 Gf 56
Hem-Lenglet 59 8 Db 47
Hémonstoir 22 43 Xb 60
Hénaménil 54 38 Gd 56
Hénansal 22 27 Xd 57
Henbont = Hennebont 56 43 We 62
Hendaye 64 136 Yb 88
Hendecourt-lès-Cagnicourt 62 8 Cf 47
Hendecourt-lès-Ransart 62 8 Ce 47
Hénencourt 80 8 Cd 48
Henflingen 68 72 Hb 63
Hengoat 22 26 We 56
Hengwiller 67 39 Hb 56
Hénin-Beaumont 62 8 Cf 46
Héninel 62 8 Cf 47
Hénin-sur-Cojeul 62 8 Cf 47
Hennebont 56 43 We 62
Hennecourt 88 55 Gb 59
Hennemont 55 37 Fd 54
Henneveux 62 3 Bf 44
Hennezel 88 55 Ga 60
Hennezis 27 32 Bc 53
Hénon 22 26 Xb 58
Hénonville 60 33 Ca 53
Hénouville 76 15 Af 52
Henrichemont 18 65 Cd 65
Henridorff 57 39 Hb 56
Henriville 57 39 Gf 54
Hénu 62 8 Cd 48
Henvic 29 25 Wa 57
Hérange 57 39 Hb 56
Herbault 41 63 Ba 63
Herbécourt 80 18 Cf 49
Herbelles 62 3 Cb 45
Herbergement,L' 85 74 Yd 67
Herbeuval 08 21 Fc 51
Herbeuville 55 37 Fd 54
Herbeville 78 32 Bf 55
Herbéviller 54 39 Ge 57
Herbeys 38 108 Fe 78
Herbiers, Les 85 74 Yf 67
Herbignac 44 59 Xe 64
Herbignies 59 9 De 47
Herbinghen 62 3 Bf 43
Herbitzheim 67 39 Ha 54
Herblay 95 33 Ca 55
Herbsheim 67 57 Hd 58
Hercé 53 46 Za 58
Herchies 60 17 Ca 52
Hérelle, La 60 17 Cc 51
Hérenguerville 50 28 Yd 55
Hérépian 34 143 Da 87
Hères 65 124 Aa 87
Hergnies 59 9 Dd 46
Hergugney 88 55 Gb 58
Héric 44 60 Yc 64
Héricourt 62 7 Cb 46
Héricourt 70 71 Ge 63
Héricourt-en-Caux 76 15 Ae 50
Héricourt-sur-Thérain 60 16 Be 51
Héricy 77 50 Ce 58
Hérie, Le 02 19 Ea 49
Hérie-La-Viéville, La 02 19 Dd 50
Hériménil 54 38 Gd 57
Hérimoncourt 25 71 Gf 64
Hérin 59 9 Dc 46
Hérissart 80 7 Cc 48
Hérisson 03 79 Ce 69
Herlevillers 80 17 Ce 49
Herlière, la 62 8 Cd 47
Herlies 59 8 Cf 45
Herlincourt 62 7 Cb 46
Herlin-le-Sec 62 7 Cb 46
Herly 62 7 Bf 45
Herly 80 18 Cf 50
Herm, L' 09 141 Be 91
Herm, L' 40 123 Yf 86
Hermanville 76 15 Af 50
Hermanville-sur-Mer 14 14 Ze 53
Hermaux, Les 48 116 Da 81
Hermaville 62 8 Cd 47
Hermé 77 51 Dc 58
Hermelange 57 39 Ha 56
Hermenault,L' 85 75 Za 69
Hermeray 78 32 Be 57
Hermes 60 17 Cb 52
Hermeville 76 14 Ab 51
Hermies 62 8 Da 48
Hermillon 73 108 Gc 77
Hermin 62 8 Cd 46
Hermitage, L' 35 44 Yb 60
Hermitage-Lorge, L' 22 43 Xb 59
Hermites, Les 37 63 Ae 63
Hermival-les-Vaux 14 30 Ab 54
Hermonville 51 19 Df 52
Hernicourt 62 7 Cb 46
Herny 57 38 Gd 54
Héron, Le 76 16 Bc 52
Héronchelles 76 16 Bc 51
Hérouville 95 33 Ca 54
Hérouville-Saint-Clair 14 14 Zd 53
Hérouvillette 14 14 Ze 53
Herpelmont 88 56 Ge 59
Herpont 51 36 Ee 55
Herpy-l'Arlésienne 08 19 Eb 51
Herqueville 27 16 Bb 53
Herqueville 50 12 Ya 50
Herran 31 140 Af 91
Herré 40 124 Zf 84
Herrère 64 138 Zc 90
Herrin 59 8 Cf 45
Herrlisheim 67 40 Hf 56
Herrlisheim-près-Colmar 68 56 Hb 60
Herry 18 66 Cf 65
Herserange 54 21 Fe 51
Hersin-Coupigny 62 8 Cd 46
Hertzing 57 39 Gf 56
Hervelinghen 62 3 Be 43
Hervilly 80 18 Da 49
Héry 58 67 Dd 65
Héry 89 52 Dd 61
Héry-sur-Alby 74 96 Ga 74
Herzeele 59 4 Cd 43
Hesbécourt 80 8 Da 49
Hescamps 80 16 Bf 50
Hesdigneul 62 8 Cd 45
Hesdigneul-lès-Boulogne 62 3 Bd 44
Hesdin 62 7 Ca 46
Hesdin-l'Abbé 62 3 Bd 44
Hésingue 68 72 Hd 63
Hesmond 62 7 Be 46
Hesse 57 39 Ha 56
Hessenheim 67 57 Hd 59
Hestroff 57 22 Gc 53
Hestrud 59 10 Ea 47
Hestrus 62 7 Cb 46
Hétomesnil 60 17 Ca 51
Hettange-Grande 57 22 Ga 52
Hettenschlag 68 57 Hc 60
Heubécourt-Haricourt 27 32 Bd 54
Heuchin 62 7 Cb 46
Heucourt-Croquoison 80 7 Bf 49
Heudebouville 27 32 Bb 53
Heudicourt 27 16 Bd 52
Heudicourt 80 8 Da 48
Heudicourt-sous-les-Côtes 55 37 Fe 55
Heudreville-en-Lieuvin 27 15 Ad 53
Heudreville-sur-Eure 27 31 Bb 54
Heugas 40 123 Yf 87
Heugleville-sur-Scie 76 15 Ba 50
Heugnes 36 78 Bc 66
Heugon 61 30 Ac 55
Heugueville-sur-Sienne 50 28 Yc 54
Heuilley-Cotton 52 69 Fc 62
Heuilley-sur-Saône 21 69 Fc 65
Heuland 14 14 Aa 53
Heume-l'Eglise 63 91 Ce 74
Heunière, La 27 32 Bc 54
Heuqueville 27 16 Bc 53
Heuqueville 76 14 Aa 51
Heuringhem 62 3 Cb 44
Heurtevent 14 30 Aa 55
Heussé 50 29 Za 57
Heutrégiville 51 19 Eb 53
Heuzecourt 80 7 Ca 47
Hévilliers 55 37 Fb 57
Heyrieux 38 106 Fa 75
Hézecques 62 7 Cb 45
Hézo, Le 56 58 Xb 63
Hibarette 65 138 Aa 90
Hières-sur-Amby 38 95 Fb 74
Hiermont 80 7 Ca 47
Hiersac 16 88 Aa 74
Hiers-Brouage 17 86 Yf 73
Hiesse 16 88 Ad 72
Hiesville 50 12 Ye 52
Higuères-Souye 64 138 Ze 88
Hilbesheim 57 39 Ha 56
Hillion 22 26 Xc 57
Hils 65 138 Aa 90
Hilsenheim 67 57 Hd 59
Hilsprich 57 39 Gf 54
Hinacourt 02 18 Db 50
Hinckange 57 38 Gc 53
Hindisheim 67 57 Hd 58
Hindlingen 68 71 Ha 63
Hinges 62 8 Cd 45
Hinglé, Le 22 27 Xf 58
Hinsbourg 67 39 Hb 55
Hinsingen 67 39 Ha 55
Hinx 40 123 Za 86
Hipsheim 67 57 He 58
Hirschland 67 39 Ha 55
Hirsingue 68 71 Hb 63
Hirson 02 19 Ea 49
Hirtzbach 68 71 Hb 63
Hirtzfelden 68 57 Hc 61
His 31 140 Af 90
Hitte 65 139 Aa 90
Hochfelden 67 40 Hd 56
Hochstatt 68 71 Hb 62
Hochstett 67 40 He 56
Hocquigny 50 28 Yd 56
Hocquinghen 62 3 Bf 44
Hodenc-en-Bray 60 16 Bf 52
Hodenc-l'Évêque 60 17 Ca 52
Hodeng-au-Bosc 76 16 Be 49
Hodeng-Hodenger 76 16 Bd 51
Hodent 95 32 Be 54
Hœdic 56 58 Xa 65
Hœnheim 67 40 He 57
Hœrdt 67 40 He 56
Hoéville 54 38 Gc 56
Hoffen 67 40 Hf 55
Hogues, Les 27 16 Be 52
Hoguette, La 14 30 Zf 55
Hohatzenheim 67 40 Hd 56
Hohfrankenheim 67 40 Hd 56
Hohrod 68 56 Ha 60
Hohwald, le 67 56 Hb 58
Holacourt 57 38 Gd 55
Holling 57 22 Gc 53
Holnon 02 18 Db 49
Holque 59 3 Cb 43
Holtzheim 67 40 Hd 57
Holtzwihr 68 57 Hc 60
Holving 57 39 Gf 54
Hombleux 80 18 Cf 50
Homblières 02 18 Dc 49
Hombourg 68 72 Hc 62
Hombourg-Budange 57 22 Gc 53
Hombourg-Haut 57 39 Ge 54
Hôme-Chamondot, L' 61 31 Ae 57
Homécourt 54 22 Ff 53
Hommarting 57 39 Ha 56
Hommert 57 39 Hb 56
Hommes 37 62 Ab 64
Hommet-d'Arthenay, Le 50 12 Ye 53
Homps 11 142 Ce 89
Homps 32 126 Af 86
Hondeghem 59 4 Cd 44
Hondevilliers 77 34 Db 55
Hondouville 27 31 Ba 54
Hondschoote 59 4 Cd 43
Honfleur 14 14 Ab 52
Honguemare-Guenouville 27 15 Ae 52
Hon-Hergies 59 9 De 46
Honnechy 59 9 Dc 48
Honnecourt-sur-Escaut 59 8 Db 48
Honor-de-Cos, l' 82 126 Bc 84
Honskirch 57 39 Gf 55
Hontanx 40 124 Ze 86
Hôpital, L' 57 39 Ge 53
Hôpital-Camfrout 29 24 Ve 58
Hôpital-d'Orion, L' 64 137 Za 88
Hôpital-du-Grosbois, l' 25 70 Gb 65
Hôpital-le-Grand, L' 42 105 Eb 75
Hôpital-le-Mercier, L' 71 93 Ea 70
Hôpital-Saint-Blaise, L' 64 137 Zb 89
Hôpital-Saint-Lieffroy, L' 25 70 Gc 64
Hôpital-sous-Rochefort, L' 42 93 Df 74
Hôpitaux-Neufs, les 25 84 Gc 68
Hôpitaux-Vieux, les 25 84 Gc 68
Horbourg-Wihr 68 56 Hc 60
Hordain 59 9 Db 47
Horgne, La 08 20 Ed 51
Horgues 65 138 Aa 89
Horme 42 106 Ed 76
Hornaing 59 9 Dc 46
Hornoy-le-Bourg 80 16 Bf 49
Horps, Le 53 46 Zd 58
Horsarrieu 40 124 Zc 86
Hosmes, L' 27 31 Ba 56
Hospitalet, L' 04 132 Fe 84
Hospitalet-du-Larzac, L' 12 129 Db 85
Hospitalet-près-l'Andorre, l' 09 152 Be 93
Hossegor, Soorts- 40 122 Yd 86
Hosta 64 137 Yf 90
Hoste 57 39 Gf 54
Hostens 33 111 Zc 82
Hostias 01 95 Fd 73
Hostun 26 107 Fb 78
Hôtellerie, L' 14 30 Ac 54
Hôtellerie-de-Flée, L' 49 46 Za 62
Hotonnes 01 95 Fe 73
Hotot-en-Auge 14 30 Zf 54
Hottviller 57 39 Hc 54
Hoube, La 57 39 Hb 57
Houblonnière, La 14 30 Aa 54
Houches, Les 74 97 Ge 73
Houchin 62 8 Cd 46
Houdain 59 9 De 47
Houdain 62 8 Cd 46
Houdan 78 32 Bd 56
Houdancourt 60 17 Cd 52
Houdelaincourt 55 37 Fc 57
Houdelmont 54 38 Ga 57
Houdemont 54 38 Gb 57
Houdetot 76 15 Ae 50
Houdilcourt 08 19 Ea 52
Houdreville 54 55 Ga 57
Houécourt 88 55 Ff 59
Houeillès 47 124 Aa 83
Houesville 50 12 Ye 52
Houetteville 27 31 Ba 54
Houéville 88 54 Fe 58
Houeydets 65 139 Ac 90
Houga, Le 32 124 Ze 86
Houilles 78 33 Cb 55
Houlbec-Cocherel 27 32 Bc 54
Houlbec-près-le-Gros-Theil 27 15 Ae 53
Houldizy 08 20 Ee 50
Houlette 16 87 Ze 74
Houlgate 14 14 Zf 53
Houlle 62 3 Cb 44
Houlme, Le 76 15 Ba 51
Houmeau, L' 17 86 Ye 71
Hounoux 11 141 Ca 90
Houplin 59 8 Da 45
Houplines 59 4 Cf 44
Houppeville 76 15 Ba 51
Houquetot 76 14 Ac 51
Hourc 65 139 Ab 89
Hourges 51 19 De 53
Hours 64 138 Ze 89
Hourtin 33 98 Yf 77
Houry 02 19 Df 50
Hous 31 139 Ad 90
Houssay 41 63 Af 62
Houssay 53 46 Zb 61
Houssaye, La 27 31 Ae 55
Houssaye, La 27 32 Bc 55
Houssaye-Béranger, La 76 15 Ba 51
Houssaye-en-Brie, La 77 34 Cf 56
Housseau-Bretignolles, Le 53 29 Zc 58
Houssen 68 56 Hc 60
Housseras 88 56 Ge 59
Housset 02 19 De 50
Housséville 54 55 Ga 58
Houssière, La 88 55 Gc 60
Houssière, La 88 56 Gf 59
Houssoye, La 60 16 Bf 52
Houtaud 25 84 Gb 67
Houtkerque 59 4 Cd 43
Houtteville 50 12 Yd 52
Houville-en-Vexin 27 16 Bc 53
Houville-la-Branche 28 49 Bd 58
Houvin-Houvigneul 62 8 Cc 46
Houx 28 32 Bd 57
Hoymille 59 4 Cc 43
Huanne-Montmartin 25 70 Gc 64
Hubersent 62 7 Be 45
Hubert-Folie 14 30 Ze 54
Huberville 50 12 Yd 51
Huby-Saint-Leu 62 7 Ca 46
Hucaloup 12 128 Cd 86
Huchenneville 80 7 Be 48
Huclier 62 7 Cb 46
Hucqueliers 62 7 Bf 45
Hudimesnil 50 28 Yd 55
Hudiviller 54 38 Gc 57
Huelgoat 29 25 Wb 58
Huest 27 31 Bb 54
Huêtre 45 49 Be 60
Hugier 70 69 Fe 65
Hugleville-en-Caux 76 15 Af 51
Huillé 49 62 Ze 63
Huilliécourt 52 54 Fd 60
Huilly-sur-Seille 71 83 Fa 69
Huiron 51 36 Ed 56
Huismes 37 62 Ab 65
Huisnes-sur-Mer 50 28 Yd 57
Huisseau-en-Beauce 41 63 Ba 62
Huisseau-sur-Cosson 41 64 Bc 63
Huisseau-sur-Mauves 45 49 Be 61
Huisserie, L' 53 46 Zb 60
Hulluch 62 8 Ce 46
Hultehouse 57 39 Hb 56
Humbauville 51 36 Ec 57
Humbécourt 52 36 Ef 57
Humbercamps 62 8 Cd 47
Humbercourt 80 7 Cc 47
Humbert 62 7 Bf 45
Humberville 52 54 Fc 59
Humbligny 18 65 Cd 65
Humerœuille 62 7 Cb 46
Humes-Jorquenay 52 54 Fb 61
Humières 62 7 Cb 46
Hunawihr 68 56 Hb 59
Hundling 57 39 Gf 54
Hundsbach 68 72 Hb 63
Huningue 68 72 Hd 63
Hunspach 67 40 Hf 55
Hunting 57 22 Gc 52
Huppain, Port-en-Bessin- 14 13 Zb 52
Huppy 80 7 Be 48
Hurbache 88 56 Gf 58
Hure 33 111 Zf 81
Hurecourt 70 55 Ga 61
Hures-la-Parade 48 129 Dc 83
Huriel 03 91 Cc 70
Hurigny 71 94 Ee 70
Hurtigheim 67 40 Hd 57
Husseau 37 63 Af 64
Husseren-les-Châteaux 68 56 Hb 60
Husseren-Wesserling 68 56 Gf 61
Hussigny-Godbrange 54 21 Ff 52
Husson 50 29 Za 57
Huttendorf 67 40 Hd 56
Huttenheim 67 57 Hd 58
Hyds 03 91 Cf 71
Hyémondans 25 71 Gd 64
Hyencourt-le-Grand 80 18 Cf 50
Hyenville 50 28 Yd 55
Hyères 83 147 Ga 90
Hyet 70 70 Ga 64
Hyèvre-Paroisse 25 70 Gc 64
Hymont 88 55 Ga 59

I

Ibarrolle 64 137 Yf 89
Ibigny 57 39 Gf 57
Ibos 65 138 Aa 89
Ichtratzheim 67 57 He 58
Ichy 77 50 Cd 59
Idaux-Mendy 64 137 Za 89
Idrac-Respaillès 32 139 Ac 87
Idron-Lée-Ousse-Sendets 64 138 Ze 89
Ids-Saint-Roch 18 79 Cb 68
Iffendic 35 44 Xf 60
Iffs, les 35 44 Ya 59
Ifs 14 29 Zd 54
Ifs-sur-Laizon 14 30 Zf 54
Igé 61 48 Ad 59
Igé 71 94 Ee 70
Ignaucourt 80 17 Cd 50
Ignaux 09 153 Bf 92
Igney 54 39 Ge 57
Igney 88 55 Gc 59
Ignol 18 80 Cf 67
Igny 70 70 Fe 64
Igny 91 33 Cb 56
Igny-Comblizy 51 35 De 54
Igon 64 138 Ze 90
Igoville 27 15 Ba 53
Iguerande 71 93 Ea 71
Iholdy 64 137 Ye 89
Île-Bouchard, L' 37 62 Ac 66
Île-d'Aix 17 86 Ye 72
Ile-de-Batz 29 25 Vf 56
Ile-d'Elle, l' 85 75 Za 70
Île-de-Sein 29 41 Va 60
Ile-d'Olonne, l' 85 73 Yb 69
Île-d'Yeu, L' 85 73 Xd 68
Ile-Molène 29 24 Va 58
Île-Rousse, L' 2B 156 If 93
Ilharre 64 137 Yf 88
Ilhes, Les 11 142 Cc 88
Ilhet 65 139 Ac 91
Ilheu 65 139 Ad 91
Illange 57 22 Gb 53
Illats 09 152 Be 91
Illats 33 111 Zd 81
Ille-sur-Têt 66 154 Cd 92
Illeville-sur-Montfort 27 15 Ae 53
Illfurth 68 71 Hb 62
Illhaeusern 68 57 Hc 59
Illiat 01 94 Ef 71
Illier-et-Laramade 09 152 Bd 92
Illiers-Combray 28 48 Bb 59
Illiers-l'Évêque 27 32 Bb 56
Illies 59 8 Ce 45
Illifaut 22 44 Xd 60
Illkirch-Graffenstaden 67 40 He 57
Illois 76 16 Bd 50
Illoud 52 54 Fd 59
Illy 08 20 Ef 50
Illzach 68 56 Hc 62
Ilonse 06 134 Ha 84
Imling 57 39 Ha 56
Immaculée, L' 44 59 Xe 65
Imphy 58 80 Db 67
Inaumont 08 19 Eb 51
Incarville 27 15 Bb 53
Inchy 59 9 Dc 48
Inchy-en-Artois 62 8 Da 47
Incourt 62 7 Ca 46
Indevillers 25 71 Gf 65
Ineuil 18 79 Cb 68
Infournas, les 05 120 Ga 80
Ingenheim 67 40 Hd 56
Ingersheim 68 56 Hb 60
Inghem 62 3 Cb 44
Inglange 57 22 Gb 52
Ingolsheim 67 40 Hf 55
Ingouville 76 15 Ae 49
Ingrandes 36 77 Af 69
Ingrandes 49 61 Za 64
Ingrandes 86 77 Ad 67
Ingrandes-de-Touraine 37 62 Ab 65
Ingrannes 45 50 Cb 61
Ingré 45 49 Be 61
Inguiniel 56 43 We 61
Ingwiller 67 40 Hc 55
Injoux-Génissiat 01 95 Fe 72
Innenheim 67 40 Hd 57
Innimond 01 95 Fd 74
Inor 55 21 Fa 51
Insming 57 39 Gf 55
Insviller 57 39 Gf 55
Intraville 76 6 Bb 49
Intres 07 118 Ec 79
Intréville 28 49 Bf 59
Intville-la-Guétard 45 50 Cb 59
Inval-Boiron 80 16 Be 49
Inxent 62 7 Be 45
Inzinzac-Lochrist 56 43 We 61
Ippécourt 55 37 Fb 54
Ippling 57 39 Ha 54
Irai 61 31 Ae 56
Irais 79 76 Zf 67
Irancy 89 67 De 62
Iré-le-Sec 55 21 Fd 52
Irigny 69 106 Ee 75
Irissarry 64 137 Ye 89
Irles 80 8 Ce 48
Irmstett, Scharrachbergheim- 67 40 Hc 57
Irodouër 35 44 Ya 59
Iron 02 9 Dd 49
Irouléguy 64 136 Ye 89
Irreville 27 31 Bb 54
Irvillac 29 24 Ve 58
Isbergues 62 8 Cc 45
Isches 88 54 Ff 60
Isdes 45 65 Cb 62
Isenay 58 81 De 67
Is-en-Bassigny 52 54 Fc 60
Isigny-le-Buat 50 28 Yf 57
Isigny-sur-Mer 14 13 Yf 53
Island 89 67 Df 64
Isle 87 89 Bb 74
Isle-Adam, L' 95 33 Cb 54
Isle-Arné, L' 32 125 Ae 87
Isle-Aubigny 10 52 Eb 57
Isle-Aumont 10 52 Ea 59
Isle-Bouzon, L' 32 125 Ae 85
Isle-d'Abeau, L' 38 107 Fb 75
Isle-de-Noé, L' 32 125 Ac 87
Isle-en-Dodon, L' 31 140 Af 88
Isle-et-Bardais 03 80 Ce 68
Isle-Jourdain, L' 32 126 Ba 87
Isle-Jourdain, L' 86 89 Ae 71
Isle-Saint-Georges 33 111 Zd 80
Isles-Bardel, les 14 29 Ze 55
Isles-les-Meldeuses 77 34 Da 54
Isles-sur-Suippe 51 19 Eb 52
Isle-sur-la-Sorgue, L' 84 132 Fa 85
Isle-sur-le-Doubs, l' 25 71 Gd 64
Isle-sur-Serein, L' 89 67 Ea 63
Islettes, Les 55 36 Fa 54
Isneauville 76 15 Ba 51
Isola 06 134 Ha 83
Isolaccio-di-Fiumorbo 2B 159 Kb 96
Isômes 52 69 Fb 63
Ispagnac 48 116 Dd 82
Isques 62 2 Bd 44
Issac 24 100 Ac 78
Issancourt-et-Rumel 08 20 Ee 50
Issards, Les 09 141 Be 90
Issé 44 60 Yd 63
Issel 11 141 Bf 88
Issendolus 46 114 Be 80
Issenhausen 67 40 Hd 56
Issenheim 68 56 Hb 61
Issepts 46 114 Bf 81
Isserpent 03 93 Dd 72
Isserteaux 63 104 Dc 75
Issirac 30 131 Ec 83
Issoire 63 104 Db 75
Issor 64 137 Zb 90
Issou 78 32 Be 55
Issoudun 36 79 Bf 67
Issoudun-Letrieix 23 91 Ca 72
Is-sur-Tille 21 69 Fa 63
Issus 31 141 Bd 88
Issy-les-Moulineaux 92 33 Cb 56
Issy-l'Evêque 71 81 Df 68
Istres 13 145 Ef 87
Istres-et-Bury, Les 51 35 Ea 55
Isturits 64 137 Ye 88
Isula, L' = Île-Rousse, L' 2B 156 If 93
Itancourt 02 18 Dc 50
Iteuil 86 76 Ab 70
Ittenheim 67 40 Hd 57
Itterswiller 67 56 Hc 58
Itteville 91 50 Cc 57
Itxassou 64 136 Yd 89
Itzac 81 127 Bf 84
Ivergny 62 7 Cc 47
Iverny 77 33 Ce 54
Iviers 02 19 Ea 50
Iville 27 31 Af 53
Ivors 60 34 Da 53
Ivory 39 84 Ff 67
Ivoy-le-Pré 18 65 Cc 64
Ivrey 39 84 Ff 67
Ivry-en-Montagne 21 82 Ed 66
Ivry-la-Bataille 27 32 Bc 55
Ivry-le-Temple 60 17 Ca 53
Ivry-sur-Seine 94 33 Cc 56
Iwuy 59 9 Db 47
Izaourt 65 139 Ad 90
Izaut-de-l'Hôtel 31 139 Ae 90
Izaux 65 139 Ac 90
Izé 53 46 Zf 56
Izeaux 38 107 Fc 77
Izel-lès-Équerchin 62 8 Cf 46
Izel-les-Hameaux 62 8 Cd 47
Izenave 01 95 Fd 72
Izernore 01 95 Fd 71
Izeron 38 107 Fc 78
Izeste 64 138 Zd 90
Izeure 21 69 Fa 65
Izier 21 69 Fa 65
Izieu 01 107 Fd 75
Izon 33 111 Zd 79
Izotges 32 124 Zf 87

J

Jablines 77 33 Ce 55
Jabreilles-les-Bordes 87 90 Bd 72
Jabrun 15 116 Cf 80
Jacou 34 130 Cf 87
Jagny-sous-Bois 95 33 Cc 54
Jaignes 77 34 Da 55
Jaillans 26 107 Fb 78
Jailleu, Bourgoin- 38 107 Fb 75
Jaille-Yvon, La 49 61 Zb 62
Jaillon 54 38 Ff 56
Jailly 58 67 Dd 66
Jailly-les-Moulins 21 68 Ed 64
Jainvillotte 88 54 Fe 59
Jalesches 23 90 Ca 71
Jaligny-sur-Besbre 03 93 Dd 70
Jallais 49 61 Za 65
Jallanges 21 83 Fa 67
Jallans 28 49 Bc 60
Jallaucourt 57 38 Gc 55
Jallerange 25 69 Fe 65
Jalognes 18 66 Ce 65
Jalogny 71 94 Ed 70
Jâlons 51 35 Eb 54
Jambles 71 82 Ee 68

180 (F) Haut-Corlay, Le — Jambles

Lucenay-le-Duc 21 68 Ed 63
Lucenay-lès-Aix 58 80 Dc 68
Lucenay-l'Évêque 71 82 Eb 66
Luc-en-Diois 26 119 Fc 81
Lucéram 06 135 Hc 85
Lucerne-d'Outremer, La 50 28 Yd 56
Lucé-sous-Ballon 72 47 Ab 59
Lucey 21 53 Ef 61
Lucey 54 37 Ff 56
Lucey 73 95 Fe 74
Lucgarier 64 138 Ze 89
Luchapt 86 89 Ae 71
Luchat 17 87 Zb 74
Luché-Pringé 72 62 Aa 62
Luché-sur-Brioux 79 87 Zf 72
Luché-Thouarsais 79 75 Ze 67
Lucheux 80 7 Cc 47
Luchy 60 17 Ca 51
Lucinges 74 96 Gb 71
Lucmau 33 111 Ze 82
Luçon 85 74 Ye 70
Lucq-de-Béarn 64 137 Zc 89
Lucquy 08 20 Ec 51
Lucs-sur-Boulogne, Les 85 74 Yd 67
Luc-sur-Aude 11 153 Cb 91
Luc-sur-Mer 14 14 Zd 53
Luc-sur-Orbieu 11 142 Ce 89
Lucu di Nazza, U = Lugo-di-Nazza 2B 159 Kb 96
Lucy 57 38 Gc 55
Lucy 76 16 Bc 50
Lucy-le-Bocage 02 34 Db 54
Lucy-le-Bois 89 67 Df 63
Lucy-sur-Cure 89 67 De 63
Lucy-sur-Yonne 89 67 Dd 63
Lude, Le 72 62 Aa 63
Ludes 51 35 Ea 54
Ludesse 63 104 Da 75
Ludiès 09 141 Be 90
Ludon-Médoc 33 99 Zc 79
Ludres 54 38 Gb 57
Lüe 40 110 Za 83
Luemschwiller 68 72 Hb 63
Lugagnac 46 114 Be 82
Lugagnan 65 138 Zf 90
Lugaignac 33 111 Ze 80
Lugan 12 115 Cb 82
Lugan 12 128 Cc 83
Lugan 81 127 Be 86
Lugarde 15 103 Ce 77
Lugasson 33 111 Zf 80
Luglon 40 123 Zb 84
Lugny 02 19 De 50
Lugny 71 82 Ee 70
Lugny-Bourbonnais 18 79 Ce 67
Lugny-Champagne 18 66 Ce 65
Lugny-lès-Charolles 71 93 Eb 70
Lugo-di-Nazza 2B 159 Kb 96
Lugon-et-l'Île-du-Carney 33 99 Zd 79
Lugos 33 110 Za 82
Lugrin 74 97 Ge 70
Lugy 62 7 Cb 45
Luhier, le 25 71 Ge 65
Luigné 49 61 Zd 65
Luigny 28 48 Ba 59
Luisant 28 49 Bc 58
Luisetaines 77 51 Db 58
Luitré 35 45 Yf 60
Lullin 74 96 Gd 71
Lully 74 96 Gc 71
Lumbin 38 108 Ff 77
Lumbres 62 3 Ca 44
Lumeau 28 49 Be 60
Lumes 08 20 Ee 50
Lumigny-Nesles-Ormeaux 77 34 Cf 56
Lumio 2B 156 If 93
Lunac 12 127 Ca 83
Lunas 24 112 Ac 79
Lunas 34 129 Db 86
Lunax 31 139 Ae 88
Lunay 41 48 Af 62
Luneau 03 93 Df 70
Lunegarde 46 114 Be 80
Lunel 34 130 Ea 86
Lunel-Viel 34 130 Ea 86
Luneray 76 15 Af 49
Lunery 18 79 Cb 67
Lunéville 54 38 Gc 57
Luot, le 50 28 Ye 56
Lupcourt 54 38 Gb 57
Lupé 42 106 Ee 76
Lupersat 23 91 Cc 73
Lupiac 32 125 Ab 86
Luplanté 28 49 Bc 59
Luppé-Violles 32 124 Zf 86
Luppy 57 38 Gc 55
Lupsault 16 88 Zf 73
Lupstein 67 40 Hc 56
Luquet 65 138 Zf 89
Lurais 36 77 Af 68
Luray 28 32 Bc 56
Lurbe-Saint-Christau 64 137 Zc 90
Lurcy 01 94 Ee 72
Lurcy-Lévis 03 80 Cf 68
Luré 42 93 Df 73
Lure 70 70 Gc 62
Lureuil 36 77 Ba 68
Luri 2B 157 Kc 91
Luriecq 42 105 Ea 76
Lurs 04 133 Ff 85
Lury-sur-Arnon 18 65 Ca 66
Lusanger 44 60 Yc 62
Luscan 31 139 Ad 90
Lusignac 24 100 Ab 77
Lusignan 86 76 Aa 70
Lusignan-Grand 47 125 Ad 83
Lusigny 03 80 Dc 69
Lusigny-sur-Barse 10 52 Eb 59
Lusigny-sur-Ouche 21 82 Ee 66
Lus-la-Croix-Haute 26 119 Fe 80
Lussa 17 99 Zd 76
Lussac 16 88 Ac 73
Lussac 33 99 Zf 79
Lussac-et-Nontronneau 24 100 Ad 75
Lussac-les-Châteaux 86 77 Ae 70
Lussac-les-Eglises 87 89 Bb 70
Lussagnet 40 124 Ze 86
Lussagnet-Lusson 64 138 Ze 88
Lussan 30 131 Ec 84
Lussan 32 125 Ae 87
Lussan-Adeilhac 31 140 Af 89
Lussant 17 87 Zb 73
Lussas 07 118 Ec 81
Lussat 23 91 Cc 71
Lussat 63 92 Db 73
Lussault-sur-Loire 37 63 Af 64
Lusse 88 56 Ha 59
Lusseray 79 87 Ze 72
Lustar 65 139 Ac 89
Lutilhous 65 139 Ab 90
Luttange 57 22 Gb 53
Luttenbach-près-Munster 68 56 Ha 60
Lutter 68 72 Hc 64
Lutterbach 68 71 Hb 62
Lutzelbourg 57 39 Hb 56
Lutzelhouse 67 39 Hb 57
Lutz-en-Dunois 28 49 Bc 60
Luvigny 88 39 Ha 57
Lux 21 69 Fb 64
Lux 31 141 Be 88
Lux 71 82 Ef 68
Luxé 16 88 Aa 73
Luxémont-et-Villotte 51 36 Ed 56
Luxe-Sumberraute 64 137 Yf 88
Luxeuil-les-Bains 70 55 Gc 62
Luxey 40 111 Zc 83
Luxiol 25 70 Gc 64
Luynes 13 146 Fc 88
Luynes 37 63 Ad 64
Luzancy 77 34 Db 55
Luzarches 95 33 Cc 54
Luzay 79 76 Ze 67
Luzé 37 76 Ac 66
Luze 70 71 Ge 63
Luzech 46 113 Bb 82
Luzenac 09 152 Be 92
Luzeret 36 78 Bc 69
Luzerne, La 50 13 Yf 54
Luzillat 63 92 Dc 73
Luzillé 37 63 Ba 65
Luzinay 38 106 Ef 75
Luzoir 02 19 Df 49
Luz-Saint-Sauveur 65 150 Aa 91
Luzy 58 81 Df 68
Luzy-Saint-Martin 55 21 Fa 51
Luzy-sur-Marne 52 54 Fb 60
Lyas 07 118 Ed 80
Lyaud 74 96 Gd 71
Lye 36 64 Bc 65
Ly-Fontaine 02 18 Db 50
Lynde 59 3 Cc 44
Lyoffans 70 71 Gd 63
Lyon 69 94 Ef 74
Lyons-la-Forêt 27 16 Bc 52
Lys 58 67 Dd 64
Lys 59 4 Db 44
Lys 64 138 Zd 90
Lys-Chantilly 60 33 Cc 53
Lys-Saint-Georges 36 78 Be 69

M

Maast-et-Violaine 02 18 Dc 53
Maâtz 52 69 Fc 62
Mably 42 93 Ea 72
Maçana, La (AND) 152 Bd 93
Macau 33 99 Zc 78
Macaye 64 136 Ye 88
Macé 61 30 Aa 57
Macey 10 52 Df 59
Macey 50 28 Yd 57
Machault 08 20 Ed 52
Machault 77 51 Cf 58
Maché 85 74 Yb 68
Machecoul 44 59 Yb 67
Mâchecourt 02 19 Df 51
Machemont 60 18 Cf 51
Macheren 57 39 Ge 54
Machiel 80 7 Be 47
Machilly 74 96 Gc 71
Machine, La 58 80 Dc 67
Machy 10 52 Ea 60
Machy 80 7 Be 47
Mackenheim 67 57 Hd 59
Mackwiller 67 39 Hb 55
Maclas 42 106 Ee 76
Macogny 02 34 Db 53
Mâcon 71 94 Ee 71
Maconcourt 88 55 Ff 58
Maconge 21 68 Ed 65
Macornay 39 83 Fd 69
Mâcot-la-Plagne 73 109 Ge 75
Macqueville 17 87 Ze 74
Macquigny 02 18 Dd 49
Madaillan 47 112 Ad 83
Madecourt 88 55 Ga 59
Madegney 88 55 Gb 59
Madeleine, La 59 4 Da 45
Madeleine-Bouvet, La 61 48 Af 58
Madeleine-de-Nonancourt, La 27 31 Bb 56
Madeleine-sous-Montreuil, La 62 7 Be 46
Madeleine-sur-Loing, La 77 50 Ce 59
Madeleine-Villefrouin, La 41 64 Bc 62
Madic 15 103 Cc 76
Madirac 33 111 Zd 80
Madiran 65 124 Zf 87
Madonne-et-Lamerey 88 55 Gb 59
Madranges 19 102 Be 76
Madré 53 29 Zd 58
Madriat 63 104 Db 76
Maël-Carhaix 22 42 Wd 59
Maël-Pestivien 22 26 We 58
Maennolsheim 67 40 Hc 56
Maffliers 95 33 Cb 54
Maffrécourt 51 36 Ee 54
Magalas 34 143 Db 88
Magdeleine-sur-Tarn, la 31 127 Bd 86
Mage, le 61 31 Ae 57
Magenta 51 35 Df 54
Mages, Les 30 130 Eb 83
Magescq 40 123 Ye 86
Magland 74 97 Gd 72
Magnac-Bourg 87 102 Bc 75
Magnac-Laval 87 89 Ba 71
Magnac-Lavalette-Villars 16 100 Ab 75
Magnac-sur-Touvre 16 88 Ab 74
Magnan 32 124 Zf 86
Magnant 10 53 Ec 59
Magnanville 78 32 Be 55
Magnas 32 125 Ae 85
Magnat-l'Etrange 23 91 Cb 74
Magné 79 87 Zc 71
Magné 86 88 Ac 70
Magnet 03 92 Dc 71
Magneux 51 19 De 53
Magneux 52 53 Fa 57
Magneux-Haute-Rive 42 105 Eb 75
Magneville 50 12 Yc 52
Magnicourt 10 53 Ec 58
Magnicourt-en-Comte 62 8 Cc 46
Magnicourt-sur-Canche 62 7 Cc 47
Magnien 21 81 Ec 66
Magnières 54 55 Gd 58
Magnils-Reigniers, Les 85 74 Ye 70
Magnivray 70 70 Gc 62
Magnoncourt 70 55 Gb 61
Magnoray, le 70 70 Ga 63
Magny 28 31 Ba 57
Magny 28 49 Bb 58
Magny 68 71 Ha 63
Magny 89 67 Df 64
Magny, le 36 78 Bf 69
Magny, le 88 55 Gb 61
Magny, les 70 70 Gc 63
Magny-Cours 58 80 Da 67
Magny-Danigon 70 71 Gd 61
Magny-en-Bessin 14 13 Zc 53
Magny-en-Vexin 95 32 Be 54
Magny-Fouchard 10 53 Ed 59
Magny-la-Campagne 14 30 Zf 54
Magny-la-Fosse 02 18 Db 49
Magny-Lambert 21 68 Ed 62
Magny-la-Ville 21 68 Ec 64
Magny-le-Désert 61 29 Ze 57
Magny-le-Freule 14 30 Zf 54
Magny-le-Hongre 77 34 Ce 55
Magny-lès-Aubigny 21 83 Fb 66
Magny-les-Hameaux 78 33 Ca 56
Magny-lès-Jussey 70 55 Ff 61
Magny-lès-Villers 21 82 Ef 66
Magny-Lormes 58 67 De 65
Magny-Montarlot 21 69 Fc 65
Magny-Saint-Médard 21 69 Fb 64
Magny-sur-Tille 21 69 Fb 65
Magny-Vernois 70 70 Gc 62
Magoar 22 26 We 58
Magrie 11 141 Cb 90
Magrin 81 127 Bf 87
Magstatt-le-Bas 68 72 Hc 63
Magstatt-le-Haut 68 72 Hc 63
Mahalon 29 41 Vd 60
Mahéru 61 31 Ac 57
Maîche 25 71 Ge 65
Maidières 54 38 Ga 55
Maignaut-Tauzia 32 125 Ac 85
Maigné 72 47 Zf 61
Maignelay-Montigny 60 17 Cd 51
Mailhac 11 142 Ce 89
Mailhac-sur-Benaize 87 89 Bb 71
Mailhoc 81 127 Ca 84
Mailholas 31 140 Bb 89
Maillane 13 131 Ee 85
Maillas 40 111 Ze 83
Maillat 01 95 Fd 72
Maillé 37 77 Ad 66
Maillé 85 75 Zb 70
Maillé 86 76 Ab 68
Maillebois 28 31 Ba 57
Mailleraye-sur-Seine, La 76 15 Ae 52
Maillères 40 124 Zd 84
Mailleroncourt-Charette 70 70 Gb 62
Mailleroncourt-Saint-Pancras 70 55 Ga 61
Maillet 03 79 Cd 70
Maillet 36 78 Be 69
Mailley-et-Chazelot 70 70 Ga 63
Maillezais 85 75 Zb 70
Maillot 89 51 Db 59
Mailly 71 93 Ea 71
Mailly-Champagne 51 35 Ea 54
Mailly-la-Ville 89 67 De 63
Mailly-le-Camp 10 36 Eb 56
Mailly-le-Château 89 67 Dd 63
Mailly-Maillet 80 8 Cd 48
Mailly-Raineval 80 17 Cc 50
Maillys, Les 21 69 Fc 66
Mailly-sur-Seille 54 38 Gb 55
Maimbeville 60 17 Cd 52
Maincourt 78 32 Bf 56
Maincy 77 33 Ce 57
Maine-de-Boixe 16 88 Ab 73
Mainfonds 16 100 Aa 75
Maing 59 9 Dc 47
Mainneville 27 16 Be 52
Mainsat 23 91 Cc 72
Maintenay 62 7 Be 46
Maintenon 28 32 Bd 57
Mainvillers 28 49 Bc 58
Mainvilliers 57 38 Gd 54
Mainvilliers 45 50 Cb 59
Mainxe 16 87 Ze 75
Mainzac 16 100 Ac 75
Mairé 79 88 Aa 72
Mairy 08 20 Fa 51
Mairy-Mainville 54 21 Ff 53
Mairy-sur-Marne 51 36 Ec 55
Maisdon-sur-Sèvre 44 60 Yd 66
Maisey-le-Duc 21 53 Ee 61
Maisnières 80 6 Bd 48
Maisnil 62 7 Ca 44
Maisnil 62 7 Cb 46
Maisnil, Le 59 8 Cf 45
Maisnil-Boutry, Le 62 3 Bf 45
Maisnil-lès-Ruitz 62 8 Cd 46
Maisod 39 83 Fe 70
Maisoncelle 62 7 Ca 46
Maisoncelle-et-Villers 08 20 Ef 51
Maisoncelles 52 54 Fd 60
Maisoncelles 72 48 Ad 61
Maisoncelle-Saint-Pierre 60 17 Ca 51
Maisoncelles-du-Maine 53 46 Zc 61
Maisoncelles-en-Gâtinais 77 50 Cd 59
Maisoncelles-la-Jordan 14 29 Za 56
Maisoncelles-Pelvey 14 29 Zb 54
Maisoncelle-Tuilerie 60 17 Cb 51
Maison-des-Champs 10 53 Ed 59
Maison-Dieu, la 58 67 Dd 64
Maison-Feyne 23 90 Be 70
Maison-Maugis 61 48 Ae 58
Maisonnais 18 79 Cb 69
Maisonnais-sur-Tardoire 87 89 Ae 74
Maisonnay 79 88 Zf 71
Maisonneuve 86 76 Aa 68
Maisonnisses 23 90 Bf 72
Maison-Ponthieu 80 7 Ca 47
Maison-Roland 80 7 Ca 48
Maison-Rouge 77 34 Da 57
Maisons 11 154 Cd 91
Maisons 14 13 Zb 53
Maisons 28 49 Bf 58
Maisons-Alfort 94 33 Cc 56
Maisons-du-Bois 25 84 Gc 67
Maisons-en-Champagne 51 36 Ec 56
Maisonsgoutte 67 56 Hb 58
Maisons-Laffitte 78 33 Ca 55
Maisons-lès-Chaource 10 52 Eb 60
Maisons-lès-Soulaines 10 53 Ee 59
Maisontiers 79 76 Ze 68
Maisse 91 50 Cc 58
Maissemy 02 18 Db 49
Maixe 54 38 Gc 57
Maizeray 55 37 Fe 54
Maizeroy 57 38 Gc 54
Maizery 57 38 Gc 54
Maizet 14 29 Zd 54
Maizey 55 37 Fd 55
Maizières 14 30 Zf 54
Maizières 52 53 Fa 58
Maizières 54 38 Ga 57
Maizières 62 8 Cc 46
Maizières 70 70 Ga 64
Maizières-la-Grande-Paroisse 10 52 De 57
Maizières-lès-Brienne 10 53 Ed 58
Maizières-lès-Metz 57 38 Ga 53
Maizières-lès-Vic 57 39 Ge 56
Maizières-sur-Amance 52 54 Fd 62
Maizy 02 19 De 52
Majastres 04 133 Gb 85
Malabat 32 139 Ab 88
Malachère, La 70 70 Ga 64
Malafretaz 01 95 Fa 71
Mâlain 21 68 Ee 65
Malaincourt 88 54 Fe 59
Malaincourt-sur-Meuse 52 54 Fd 60
Malancourt 55 21 Fb 53
Malandry 08 21 Fb 51
Malange 39 69 Fd 65
Malans 25 84 Ga 66
Malans 70 69 Fd 65
Malansac 56 44 Xe 62
Malarce-sur-la-Thines 07 117 Ea 82
Malastred = Malestroit 56 44 Xd 62
Malataverne 26 118 Ee 82
Malaucène 84 132 Fa 83
Malaucourt-sur-Seille 57 38 Gc 55
Malaunay 76 15 Ba 51
Malause 82 126 Af 84
Malaussanne 64 124 Zd 87
Malaussène 06 134 Ha 85
Malauzat 63 92 Da 73
Malavillers 54 21 Ff 52
Malay 71 82 Ee 69
Malay-le-Grand 89 51 Dc 59
Malay-le-Petit 89 51 Dc 59
Malbo 15 115 Ce 79
Malbosc 07 117 Ea 82
Malbouhans 70 71 Gd 61
Malbouzon 48 116 Da 80
Malbrans 25 70 Ga 66
Malbuisson 25 84 Gb 68
Mâle 61 48 Ae 59
Malegoude 09 141 Bf 90
Malemort-du-Comtat 84 132 Fa 84
Malemort-sur-Corrèze 19 102 Bd 78
Malène, La 48 129 Db 83
Malesherbes 45 50 Cc 59
Malestroit 56 44 Xd 62
Malétable 61 31 Ae 57
Maleville 12 114 Ca 82
Malguénac 56 43 Wf 60
Malhourne, La 22 27 Xd 58
Malicornay 36 78 Bd 69
Malicorne 03 91 Ce 71
Malicorne 89 66 Da 62
Malicorne-sur-Sarthe 72 47 Zf 62
Maligny 89 52 De 61
Malijai 04 133 Ga 84
Malintrat 63 92 Db 74
Malissard 26 118 Ef 79
Mallaville 16 99 Zf 75
Mallefougasse 04 133 Ff 84
Malleloy 54 38 Ga 56
Mallemoisson 04 133 Ga 84
Mallemort 13 132 Fb 86
Malléon 09 141 Be 90
Malleret 23 91 Cb 74
Malleret-Boussac 23 91 Ca 70
Mallerey 39 83 Fc 69
Malleval 38 107 Fc 78
Malleval 42 106 Ee 76
Malleville-les-Grès 76 15 Ad 49
Malleville-sur-le-Bec 27 15 Ae 53
Mallièvre 85 75 Za 67
Malling 57 22 Gb 52
Malloué 14 29 Za 55
Malmaison, la 02 19 Df 51
Malmerspach 68 56 Ha 61
Malmy 51 36 Ee 53
Malons-et-Elze 30 117 Ea 82
Malouy 27 31 Ad 54
Malpart 80 17 Cd 50
Malplaquet 59 9 Df 47
Malras 11 141 Cb 90
Malrevers 43 105 Df 78
Malroy 57 38 Gb 53
Maltat 71 81 De 68
Maltot 14 29 Zd 54
Malval 23 90 Bf 70
Malvalette 43 105 Ea 76
Malves-en-Minervois 11 142 Cc 89
Malvezie 31 139 Ae 90
Malvières 43 105 De 77
Malviès 11 141 Cb 90
Malville 44 59 Ya 64
Malvillers 70 70 Fe 62
Malzéville 54 38 Gb 56
Malzieu-Forain, Le 48 116 Dc 79
Malzieu-Ville, Le 48 116 Dc 79
Malzy 02 19 De 49
Mamers 72 47 Ac 58
Mametz 62 3 Cb 45
Mametz 80 8 Ce 49
Mamey 54 38 Ff 55
Mamirolle 25 70 Gb 65
Manas 26 118 Ef 81
Manas-Bastanous 32 139 Ac 88
Manaurie 24 113 Af 79
Mance 54 21 Ff 53
Mancellière-sur-Vire, La 50 29 Yf 54
Mancenans 25 71 Gd 64
Mancey 71 82 Ef 69
Manchecourt 45 50 Cc 59
Manciet 32 124 Aa 86
Mancieulles 54 21 Ff 53
Mancioux 31 140 Af 90
Mancy 51 35 Df 55
Mandagout 30 130 Dd 84
Mandelieu-la-Napoule 06 148 Gf 87
Manderen 57 22 Gc 52
Mandeure 25 71 Ge 64
Mandeville 27 15 Ba 53
Mandeville-en-Bessin 14 13 Za 53
Mandray 88 56 Gf 59
Mandres 27 31 Af 56
Mandres-aux-Quatres-Tours 54 37 Fe 55
Mandres-en-Barrois 55 54 Fc 58
Mandres-la-Côte 52 54 Fc 60
Mandres-les-Roses 94 33 Cd 56
Manduel 30 131 Ec 86
Mane 04 133 Fe 85
Mane 31 140 Af 90
Manéglise 76 14 Ab 51
Manéhouville 76 15 Ba 49
Manent-Montané 32 139 Ad 89
Manerbe 14 14 Ab 53
Mangiennes 55 21 Fd 52
Manglieu 63 104 Dc 75
Mangonville 54 55 Gb 58
Manhac 12 128 Cc 83
Manheulles 55 37 Fd 54
Manhoué 57 38 Gc 56
Manicamp 02 18 Db 51
Manin 62 8 Cd 47
Maninghem 62 7 Bf 45
Maninghen-Henne 62 3 Bd 44
Manlay 21 68 Ec 66
Mannevil-la-Goupil 76 14 Ac 51
Manneville-ès-Plains 76 15 Ae 49
Manneville-la-Pipard 14 14 Ab 53
Manneville-sur-Raoult 27 14 Ab 52
Manneville-sur-Risle 27 15 Ad 52
Mannevillette 76 14 Ab 51
Mano 40 111 Zb 82
Manoir, le 14 13 Zc 53
Manoir, le 27 15 Bb 53
Manois 52 54 Fc 59
Manom 57 22 Gb 52
Manoncourt-en-Vermois 54 38 Gb 57
Manoncourt-en-Woëvre 54 38 Ff 56
Manonville 54 38 Ff 55
Manonviller 54 38 Gd 57
Manosque 04 133 Fe 85
Manot 16 88 Ad 73
Manou 28 31 Af 57
Manre 08 20 Ee 53
Mans, Le 72 47 Ab 61
Mansac 19 101 Bc 77
Mansan 65 139 Ab 88
Mansempuy 32 126 Ae 86
Mansencôme 32 125 Ac 85
Manses 09 141 Be 90
Mansigné 72 62 Aa 62
Mansle 16 88 Ab 73
Manso 2B 158 Ie 94
Mansonville 82 126 Af 84
Manspach 68 71 Ha 63
Mant 40 124 Zc 87
Mantallot 22 26 We 56
Mantenay-Montlin 01 95 Fa 70
Mantes-la-Jolie 78 32 Be 55
Mantes-la-Ville 78 32 Be 55
Mantet 66 153 Cb 94
Manteyer 05 120 Ff 81
Manthelan 37 63 Ae 66
Manthelon 27 31 Ba 55
Mantilly 61 29 Zb 57
Mantoche 70 69 Fd 64
Mantry 39 83 Fd 68
Manvieux 14 13 Zc 52
Many 57 38 Gd 54
Manzac-sur-Vern 24 100 Ad 78
Manzat 63 92 Cf 73
Manziat 01 94 Ef 70
Maoron = Mauron 56 44 Xe 60
Marac 52 54 Fb 61
Marainviller 54 38 Gd 57
Marainville-sur-Madon 88 55 Gb 58
Marais-la-Chapelle, Le 14 30 Zf 55
Marais-Vernier 27 15 Ac 52
Marambat 32 125 Ab 86
Marangea 39 83 Fd 70
Marange-Silvange 57 38 Ga 53
Marange-Zondrage 57 38 Gd 54
Marans 17 86 Ye 71
Marans 49 61 Za 63
Maransin 33 99 Ze 78
Marant 62 7 Be 46
Maranville 52 53 Ef 60
Maranwez 08 19 Ec 50
Marast 70 70 Gc 63
Marat 63 105 De 75
Maraussan 34 143 Da 88
Maravat 32 125 Ae 86
Maray 41 64 Bf 65
Maraye-en-Othe 10 52 Df 60
Marbache 54 38 Ga 56
Marbeuf 27 31 Af 54
Marbéville 52 53 Fa 59
Marboué 28 49 Bc 60
Marboz 01 95 Fb 70
Marby 08 20 Ec 49
Marçais 18 79 Cc 68
Marçay 37 62 Ab 66
Marçay 86 76 Ab 70
Marcé 49 61 Ze 63
Marcei 61 30 Aa 57
Marcelcave 80 17 Cd 49
Marcellaz 74 96 Gc 72
Marcellaz-Albanais 74 96 Ga 73
Marcellois 21 68 Ed 64
Marcellus 47 112 Aa 82
Marcenais 33 99 Zd 78
Marcenat 03 92 Dc 71
Marcenat 15 103 Ce 77
Marcenay 21 53 Ec 61
Marcenod 42 106 Ec 75
Marcé-sur-Esves 37 77 Ad 66
Marcey-les-Grèves 50 28 Yd 56
Marchainville 61 31 Ae 57
Marchais 02 19 De 51
Marchais-Beton 89 51 Da 61
Marchais-en-Brie 02 34 Dc 55
Marchamp 01 95 Fd 74
Marchampt 69 94 Ed 72
Marchastel 15 103 Ce 77
Marchastel 48 116 Da 81
Marchaux 25 70 Ga 65
Marche, la 58 66 Da 66
Marchélepot 80 18 Cf 49
Marchemaisons 61 31 Ab 57
Marchémoret 77 33 Ce 54
Marchenoir 41 49 Bc 62
Marcheprime 33 110 Za 80
Marches 26 119 Fa 79
Marches, Les 73 108 Ga 76
Marcheseuil 21 68 Ec 66
Marchésieux 50 12 Ye 53
Marchéville 28 48 Bb 58
Marchéville-en-Woëvre 55 37 Fe 54
Marchezais 28 32 Bd 56
Marchiennes 59 9 Db 46
Marciac 32 139 Aa 87
Marcieu 38 119 Fe 79
Marcigny 71 93 Ea 71
Marcigny-sous-Thil 21 68 Ec 64
Marcilhac-sur-Célé 46 114 Be 81
Marcillac 33 99 Zc 77
Marcillac-la-Croisille 19 102 Ca 77
Marcillac-la-Croze 19 102 Be 78
Marcillac-Lanville 16 88 Aa 73
Marcillac-Saint-Quentin 24 113 Bb 79
Marcillac-Vallon 12 115 Cc 82
Marcillat 63 92 Da 72
Marcillat-en-Combraille 03 91 Cd 71
Marcillé-la-Ville 53 46 Zd 59
Marcillé-Raoul 35 45 Yc 58
Marcillé-Robert 35 45 Yd 61
Marcilloles 38 107 Fb 76
Marcilly 50 28 Ye 57
Marcilly 77 34 Cf 54
Marcilly-d'Azergues 69 94 Ee 73
Marcilly-en-Beauce 41 63 Ba 62
Marcilly-en-Gault 41 64 Bf 64
Marcilly-en-Villette 45 65 Ca 62
Marcilly-la-Campagne 27 31 Bb 56
Marcilly-la-Gueurce 71 93 Eb 70
Marcilly-le-Châtel 42 105 Ea 74
Marcilly-le-Hayer 10 52 Dd 58
Marcilly-lès-Buxy 71 82 Ed 68
Marcilly-lès-Vitteaux 21 68 Ec 64
Marcilly-Ogny 21 68 Ec 65
Marcilly-Plesnoy 52 54 Fd 61
Marcilly-sur-Eure 27 32 Bc 56
Marcilly-sur-Maulne 37 62 Ab 63
Marcilly-sur-Seine 51 35 De 57
Marcilly-sur-Tille 21 69 Fa 63
Marcilly-sur-Vienne 37 77 Ad 66
Marck 62 3 Bf 43
Marckolsheim 67 57 Hd 59
Marc-la-Tour 19 102 Bf 77
Marclopt 42 105 Eb 75
Marcoing 59 8 Db 48
Marcolès 15 115 Cc 80
Marcollin 38 107 Fa 77
Marcols-les-Eaux 07 118 Ec 80
Marconne 62 7 Ca 46
Marconnelle 62 7 Ca 46
Marcorignan 11 143 Cf 89
Marcoussis 91 33 Cb 57
Marcoux 04 133 Gb 84
Marcoux 42 105 Ea 74
Marcq 08 20 Ef 53
Marcq 78 32 Be 55
Marcq-en-Barœul 59 4 Da 44
Marcq-en-Ostrevent 59 8 Db 47
Marcy 02 18 Dc 49
Marcy 58 66 Dc 65
Marcy 69 94 Ee 73
Marcy-l'Etoile 69 94 Ee 74
Marcy-sous-Marle 02 19 De 50
Mardeuil 51 35 Df 54
Mardié 45 50 Ca 61
Mardilly 61 30 Ab 56
Mardor 52 54 Fb 61
Mardore 69 94 Ec 72
Mardyck 59 3 Cb 42
Mareau-aux-Bois 45 50 Cb 60
Mareau-aux-Prés 45 49 Be 61
Mareil-en-Champagne 72 47 Zf 61
Mareil-en-France 95 33 Cc 54
Mareil-le-Guyon 78 32 Bf 56
Mareilles 52 54 Fb 59
Mareil-Marly 78 33 Ca 55
Mareil-sur-Loir 72 62 Aa 62
Mareil-sur-Mauldre 78 32 Bf 55
Marenla 62 7 Be 46
Marennes 17 86 Yf 74
Marennes 69 106 Ef 75
Maresches 59 9 Dd 47
Maresquel-Ecquemicourt 62 7 Bf 46
Marest 62 7 Cb 46
Marestaing 32 126 Ba 87
Marest-Dampcourt 02 18 Da 51
Marestmontiers 80 17 Cd 50
Marest-sur-Matz 60 18 Ce 51
Maresville 62 7 Be 45
Marêts, Les 77 34 Db 56
Maretz 59 9 Dc 48
Mareugheol 63 103 Db 76
Mareuil 16 87 Zf 74
Mareuil 24 100 Ac 76
Mareuil-Caubert 80 7 Be 48
Mareuil-en-Brie 51 35 De 55
Mareuil-en-Dôle 02 18 Dd 53
Mareuil-la-Motte 60 18 Ce 51
Mareuil-le-Port 51 35 De 54
Mareuil-lès-Meaux 77 34 Cf 55
Mareuil-sur-Ay 51 35 Ea 54
Mareuil-sur-Cher 41 64 Bb 65
Mareuil-sur-Lay-Dissais 85 71 Ye 69
Mareuil-sur-Ourcq 60 34 Da 54
Marey 88 55 Ff 60
Marey-lès-Fussey 21 82 Ef 66
Marey-sur-Tille 21 69 Fa 63
Marfaux 51 35 Df 54
Marfontaine 02 19 De 50
Margaux 33 99 Zb 78
Margency 95 33 Cb 55
Margerides 19 103 Cc 76
Margerie-Chantagret 42 105 Ea 75
Margerie-Hancourt 51 52 Ed 57
Margès 26 106 Fa 78
Margival 02 18 Dc 52
Margnès, le 81 128 Cd 87

184 (F) Lucenay-le-Duc — Margnès, le

Margny 08 21 Fc 51
Margny 51 35 Dd 55
Margny-aux-Cerises 60 18 Cf 50
Margny-lès-Compiègne 60 18 Ce 52
Margny-sur-Matz 60 18 Ce 51
Margon 28 48 Ae 58
Margouët-Meymes 32 125 Aa 86
Margueray 50 28 Yf 55
Marguerittes 30 131 Ec 85
Margueron 33 112 Ab 80
Marguestau 32 124 Zf 85
Margut 08 21 Fb 51
Mariac 07 118 Ec 79
Maricourt 80 8 Ce 49
Marie 06 134 Ha 84
Marieulles 57 38 Ga 54
Marieux 80 7 Cc 48
Marignac 17 99 Zd 75
Marignac 31 151 Ad 91
Marignac 82 126 Af 85
Marignac-en-Diois 26 119 Fc 80
Marignac-Lasclares 31 140 Ba 89
Marignac-Laspeyres 31 140 Af 89
Marignana 2A 158 Ie 95
Marignane 13 146 Fb 88
Marigna-sur-Valouse 39 83 Fd 70
Marigné 49 61 Za 65
Marigné 49 61 Zc 62
Marigné-Laillé 72 47 Ac 62
Marigné-Peuton 53 46 Zb 61
Marignier 74 96 Gd 72
Marignieu 01 95 Fe 74
Marigny 03 80 Db 69
Marigny 39 84 Fe 68
Marigny 50 28 Ye 54
Marigny 51 35 Df 57
Marigny 71 82 Ec 68
Marigny 79 87 Zd 71
Marigny-Brizay 86 76 Ab 68
Marigny-Chémereau 86 76 Ab 70
Marigny-en-Orxois 02 34 Db 54
Marigny-la-Cahouët 21 68 Ec 64
Marigny-le-Châtel 10 52 De 58
Marigny-l'Eglise 58 67 Df 64
Marigny-lès-Reullée 21 82 Ef 66
Marigny-les-Usages 45 49 Ca 61
Marigny-Marmande 37 77 Ac 67
Marigny-Saint-Marcel 74 96 Ff 74
Marigny-sur-Yonne 58 67 Dd 65
Marillac-le-Franc 16 88 Ac 74
Marillais, le 49 61 Yf 64
Marillet 85 75 Zc 69
Marimbault 33 111 Ze 82
Marimont-lès-Bénestroff 57 39 Ge 55
Marines 95 32 Bf 54
Maringes 42 106 Ec 75
Maringues 63 92 Db 73
Mariol 03 92 Dc 72
Marions 33 111 Zf 82
Marizy 71 82 Ec 69
Marizy-Sainte-Geneviève 02 34 Db 53
Marizy-Saint-Mard 02 34 Db 53
Marle 02 19 De 50
Marlemont 08 20 Ec 50
Marlenheim 67 40 Hc 57
Marlens 74 96 Gc 74
Marlers 80 16 Bf 50
Marles-en-Brie 77 34 Cf 56
Marles-sur-Canche 62 7 Be 46
Marlhes 42 106 Ec 77
Marliac 31 140 Bc 89
Marliens 21 69 Fa 65
Marlieux 01 94 Fa 72
Marlioz 74 96 Ga 72
Marlotte, Bourron- 77 50 Ce 58
Marly 57 36 Ga 54
Marly 59 9 Dd 46
Marly-Gomont 02 19 De 49
Marly-la-Ville 95 33 Cd 54
Marly-le-Roi 78 33 Ca 55
Marly-sous-Issy 71 81 Df 68
Marly-sur-Arroux 71 81 Ea 69
Marmagne 18 79 Cb 66
Marmagne 21 68 Ec 63
Marmagne 71 82 Ec 67
Marmande 47 112 Aa 81
Marmanhac 15 115 Cc 78
Marmeaux 89 67 Ea 63
Marminiac 46 113 Bb 81
Marmont-Pachas 47 125 Ad 84
Marmouillé 61 30 Ab 56
Marmoutier 67 39 Hc 56
Marnac 24 113 Ba 79
Marnand 69 93 Eb 72
Marnans 38 107 Fb 77
Marnaves 81 127 Bf 84
Marnay 70 70 Fe 65
Marnay 71 82 Ef 68
Marnay 86 76 Ac 70
Marnay-sur-Marne 52 54 Fb 60
Marnay-sur-Seine 10 34 Dd 57
Marnaz 74 96 Gd 72
Marne, la 44 60 Yb 67
Marnefer 61 31 Ad 55
Marnes 79 76 Zf 67
Marnézia 39 83 Fd 69
Marnhagues-et-Latour 12 129 Da 85
Marnoz 39 84 Ff 67
Marœuil 62 8 Ce 47
Maroilles 59 9 De 48
Marolle-en-Sologne, La 41 64 Be 63
Marolles 14 30 Ac 54
Marolles 41 64 Bb 63
Marolles 51 36 Ed 56
Marolles 60 34 Da 53
Marolles-en-Beauce 91 50 Cb 58
Marolles-en-Brie 77 34 Da 56
Marolles-en-Brie 94 33 Cd 56
Marolles-en-Hurepoix 91 33 Cb 57
Marolles-lès-Bailly 10 53 Ec 59
Marolles-les-Braults 72 47 Ab 59
Marolles-les-Buis 28 48 Af 58
Marolles-lès-Saint-Calais 72 48 Ae 61
Marolles-sous-Lignières 10 52 Df 61
Marolles-sur-Seine 77 51 Da 58
Marollette 72 47 Ac 58
Marols 42 105 Ea 76
Maromme 76 15 Ba 52
Mâron 36 78 Bf 68
Maron 54 38 Ga 57
Maroncourt 88 55 Ga 59
Marpaps 40 123 Zb 87
Marpent 59 10 Ea 47
Marpiré 35 45 Yd 60
Marquaix 80 8 Da 49
Marquay 24 113 Ba 79
Marquefave 31 140 Bb 89
Marqueglise 60 17 Ce 51
Marquein 11 141 Be 89
Marquerie 65 139 Ab 89
Marques 76 16 Be 50
Marquette-en-Ostrevent 59 8 Db 47
Marquigny 08 20 Ee 51
Marquillies 59 8 Cf 45
Marquion 62 8 Da 47
Marquise 62 3 Be 44
Marquivillers 80 17 Ce 50
Marquixanes 66 153 Cc 93
Marray 37 63 Ae 63
Marre 55 37 Fb 53
Marre, La 39 83 Fe 68
Mars 07 117 Eb 78
Mars 30 129 Dd 85
Mars 42 93 Eb 72
Mars, Les 23 91 Cc 73
Marsa 11 153 Ca 92
Marsac 23 90 Bd 72
Marsac 65 138 Aa 89
Marsac 82 126 Ae 85
Marsac-en-Livradois 63 105 De 76
Marsac-sur-Don 44 60 Yb 63
Marsac-sur-l'Isle 24 100 Ad 77
Marsainvilliers 45 50 Cb 59
Marsais 17 87 Zc 72
Marsais-Sainte-Radégonde 85 75 Za 69
Marsal 57 38 Gd 56
Marsal 81 128 Cb 85
Marsalès 24 113 Af 80
Marsan 32 125 Ae 87
Marsaneix 24 101 Ae 78
Marsangis 51 35 Df 57
Marsangy 89 51 Db 60
Marsannay-la-Côte 21 68 Ef 65
Marsannay-le-Bois 21 69 Fa 64
Marsanne 26 118 Ef 81
Marsas 33 99 Zd 78
Marsas 65 139 Ab 90
Marsat 63 92 Da 73
Marsaz 26 106 Ef 78
Marseillan 32 139 Ab 88
Marseillan 34 143 Dd 88
Marseillan 65 139 Ab 89
Marseille 13 146 Fc 89
Marseille-en-Beauvaisis 60 16 Bf 51
Marseilles-lès-Aubigny 18 80 Da 66
Marseillette 11 142 Cd 89
Marsillargues 34 130 Ea 87
Marsilly 17 86 Yf 71
Marsilly 57 38 Gb 54
Mars-la-Tour 54 37 Ff 54
Marsolan 32 125 Ad 85
Marson 51 36 Ed 55
Marsonnas 01 94 Fa 70
Marson-sur-Barboure 55 37 Fc 57
Marspich 57 22 Ga 52
Marssac-sur-Tarn 81 127 Ca 85
Mars-sous-Bourcq 08 20 Ed 52
Mars-sur-Allier 58 80 Da 67
Martagny 27 16 Bd 52
Martailly-lès-Brancion 71 82 Ee 69
Martainneville 80 6 Bc 48
Martainneville 80 7 Be 48
Martainville 14 29 Zd 55
Martainville 27 14 Ac 53
Martainville-Epreville 76 16 Bb 52
Martaizé 86 76 Aa 67
Martel 46 114 Bd 79
Marthemont 54 38 Ga 57
Marthille 57 38 Gd 55
Marthomis 34 142 Ce 88
Marthon 16 100 Ac 75
Martiel 12 114 Bf 82
Martigargues 30 130 Eb 84
Martigna 39 95 Fe 70
Martignas-sur-Jalle 33 110 Zb 79
Martignat 01 95 Fd 71
Martigné-Briand 49 61 Zd 65
Martigné-Ferchaud 35 45 Ye 62
Martigné-sur-Mayenne 53 46 Zc 59
Martigny 02 19 Ea 49
Martigny 50 28 Yf 57
Martigny 76 15 Ba 49
Martigny-Courpierre 02 19 De 52
Martigny-le-Comte 71 82 Eb 69
Martigny-les-Bains 88 54 Fe 60
Martigny-lès-Gerbonvaux 88 54 Fe 58
Martigny-sur-l'Ante 14 30 Ze 55
Martigues 13 146 Fa 88
Martillac 33 111 Zc 80
Martincamp 76 16 Bc 50
Martincourt 54 38 Ff 55
Martincourt 60 16 Bf 51
Martincourt-sur-Meuse 55 21 Fb 51
Martin-Église 76 16 Ba 49
Martinet 85 74 Yb 68
Martinet, Le 30 130 Ea 83
Martinet, Le 85 75 Zb 68
Martinpuich 62 8 Ce 48
Martinvast 50 12 Yc 51
Martinvelle 88 55 Ga 61
Martizay 36 77 Ba 68
Martot 27 15 Ba 53
Martragny 14 13 Zc 53
Martre, La 83 134 Gc 86
Martres 33 111 Ze 80
Martres-de-Rivière 31 139 Ad 90
Martres-sur-Morge 63 92 Db 73
Martres-Tolosane 31 140 Ba 89
Martrin 12 128 Cd 85
Martrois 21 68 Ed 65
Martyre, La 29 25 Vf 58
Martys, Les 11 142 Cb 88
Maruéjols-lès-Gardon 30 130 Ea 84
Marval 87 101 Ae 75
Marvaux-Vieux 08 20 Ee 53
Marvejols 48 116 Db 81
Marvelise 25 71 Gd 63
Marville 55 21 Fd 52
Marville-Moutiers-Brûlé 28 32 Bc 56
Mary 71 82 Ec 69
Mary-sur-Marne 77 34 Da 54
Marzan 56 59 Xe 63
Marzens 81 127 Bf 87
Marzhinieg = Martigné-Ferchaud 35 45 Ye 62
Marzy 58 80 Da 67
Mas, Le 06 134 Gf 85
Mas, Le 48 117 Df 81
Mas-Blanc-des-Alpilles 13 131 Ee 86
Mas-Cabardès 11 142 Cc 88
Mascaraàs-Haron 64 124 Ze 87
Mascaras 32 139 Ab 87
Mascaras 65 139 Ab 89
Mascarville 31 141 Be 87
Masclat 46 113 Bc 79
Mas-d'Artige, Le 23 91 Cb 74
Mas-d'Avignon 32 125 Ad 85
Mas-d'Azil, Le 09 140 Bc 90
Mas-de-Cours 11 142 Cc 90
Mas-de-Londres 34 130 De 86
Mas-de-Tence, Le 43 106 Ec 78
Masevaux 68 71 Gf 62
Mas-Grenier 82 126 Bb 85
Maslacq 64 137 Zb 88
Masléon 87 90 Bd 74
Maslives 41 64 Bc 63
Masnau-Massuguiès, Le 81 128 Cd 86
Masnières 59 8 Db 48
Masny 59 8 Db 46
Masos, Los 66 153 Cc 93
Masparraute 64 137 Yf 88
Maspie-Lalonquère-Iuillacq 64 138 Zf 88
Masquières 47 113 Ba 82
Massac 11 154 Cd 91
Massac 17 87 Ze 73
Massac-Séran 81 127 Bf 87
Massaguel 81 141 Ca 88
Mas-Saint-Chély 48 129 Dc 83
Mas-Saintes-Puelles 11 141 Bf 89
Massais 79 75 Zd 66
Massals 81 128 Cd 85
Massanes 30 130 Ea 84
Massangis 89 67 Df 63
Massat 09 152 Bc 91
Massay 18 65 Bf 66
Massegros, Le 48 129 Db 83
Masseilles 33 111 Zf 82
Massels 47 113 Af 83
Masséras 44 59 Ya 62
Masseret 19 102 Bd 75
Massiac 15 104 Db 77
Massieu 38 107 Fd 76
Massiges 51 36 Ee 53
Massignac 16 88 Ad 74
Massignieu-de-Rives 01 95 Fe 74
Massigny 74 96 Ff 74
Massigny-lès-Semur 21 68 Ec 63
Massigny-lès-Vitteaux 21 68 Ed 64
Massillargues 30 130 Ea 84
Massilly 71 82 Ee 70
Massingy 21 53 Ed 61
Massognes 86 76 Aa 68
Massoins 06 134 Ha 85
Massoulès 47 113 Af 82
Massugas 33 112 Aa 80
Massy 71 82 Ed 70
Massy 76 16 Bc 50
Massy 91 33 Cb 56
Mastaing 59 9 Db 47
Matafelon-Granges 01 95 Fd 71
Matelles, Les 34 130 De 86
Matemale 66 153 Ca 93
Matha 17 87 Ze 73
Mathaux 10 53 Ec 58
Mathay 25 71 Ge 64
Mathenay 39 83 Fe 67
Mathes, Les 17 86 Yf 74
Mathey 25 71 Ge 64
Mathieu 14 13 Zd 53
Mathons 52 53 Fa 58
Mathonville 76 16 Bb 50
Matignicourt-Goncourt 51 36 Ee 56
Matignon 22 27 Xe 57
Matigny 80 18 Da 50
Matougues 51 35 Eb 55
Matour 71 94 Ec 71
Matra 2B 159 Kc 95
Matringhem 62 7 Ca 45
Mattaincourt 88 55 Ga 59
Mattexey 54 55 Gd 58
Matton-et-Clémency 08 21 Fb 51
Matzenheim 67 57 Hd 58
Maubec 82 126 Af 86
Maubec 84 132 Fa 85
Maubert-Fontaine 08 20 Ec 49
Maubeuge 59 9 Df 47
Maubourguet 65 138 Aa 88
Mauchamps 91 33 Cb 57
Maucomble 76 16 Bb 50
Maucor 64 138 Ze 88
Maucourt 80 17 Ce 50
Maucourt-sur-Orne 55 21 Fd 53
Maudétour-en-Vexin 95 32 Be 54
Mauguio 34 144 Ea 87
Maulan 55 37 Fb 56
Maulay 86 76 Ab 67
Maulde 59 9 Dc 45
Maule 78 32 Bf 55
Mauléon 79 75 Zb 67
Mauléon-Barousse 65 139 Ad 91
Mauléon-d'Armagnac 32 124 Zf 85
Mauléon-Licharre 64 137 Za 89
Maulers 60 17 Ca 51
Maulette 78 32 Bd 56
Maulévrier 49 75 Zb 66
Maulévrier-Sainte-Gertrude 76 15 Ae 51
Maulichères 32 124 Zf 86
Maumusson 44 60 Yf 64
Maumusson 82 126 Af 85
Maumusson-Laguian 32 126 Zf 87
Maupas 10 52 Ea 60
Maupas 32 124 Zf 85
Mauperthuis 77 34 Da 56
Maupertuis 50 28 Ye 55
Maupertus-sur-Mer 50 12 Yd 50
Mauprévoir 86 88 Ad 71
Mauquenchy 76 16 Bc 51
Mauran 31 140 Ba 89
Maurecourt 78 33 Ca 55
Maure-de-Bretagne 35 44 Ya 61
Mauregard 77 33 Cd 54
Mauregny-en-Haye 02 19 De 51
Maureilhan 34 143 Da 88
Maureillas-las-Illas 66 154 Ce 94
Mauremont 31 141 Be 88
Maurens 24 112 Ac 79
Maurens 31 141 Be 88
Maurens 32 126 Af 87
Maurepas 78 32 Bf 56
Maurepas 80 8 Cf 49
Mauressac 31 140 Bc 89
Mauressargues 30 130 Ea 85
Maureville 31 141 Be 87
Mauriac 15 103 Cc 77
Mauriac 33 111 Zf 80
Mauries 40 124 Ze 87
Maurines 15 116 Da 79
Maurois 59 9 Dc 48
Mauron 56 44 Xe 60
Mauroux 32 126 Ae 85
Mauroux 46 113 Ba 82
Maurrin 40 124 Zd 86
Maurs 15 115 Cb 80
Maurupt-le-Montois 51 36 Ef 56
Maury 66 154 Cd 92
Mausoléo 2B 156 Ka 93
Maussac 19 103 Ca 76
Maussane-les-Alpilles 13 131 Ee 86
Maussans 70 70 Gb 64
Mauvages 55 37 Fd 57
Mauvaisin 31 141 Bd 88
Mauves 07 106 Ee 78
Mauves-sur-Huisne 61 48 Ad 58
Mauves-sur-Loire 44 60 Yd 65
Mauvezin 31 140 Af 88
Mauvezin 32 126 Af 86
Mauvezin 65 139 Ab 90
Mauvezin-d'Armagnac 40 124 Zf 85
Mauvezin-de-Prat 09 140 Af 90
Mauvezin-de-Sainte-Croix 09 140 Bb 90
Mauvières 36 77 Ba 69
Mauvilly 21 68 Ee 62
Maux 58 81 De 66
Mauzac 31 140 Bb 88
Mauzac-et-Grand-Castang 24 113 Ae 79
Mauzens-et-Miremont 24 101 Af 79
Mauzé-sur-le-Mignon 79 87 Zb 71
Mauzé-Thouarsais 79 75 Ze 67
Mauzun 63 104 Dc 74
Maves 41 64 Bc 62
Mavilly-Mandelot 21 82 Ee 66
Maxe, La 57 38 Gb 53
Maxent 35 44 Xf 61
Maxéville 54 38 Ga 56
Maxey-sur-Meuse 88 54 Fe 58
Maxey-sur-Vaise 55 37 Fe 57
Maxilly-Petite-Rive 74 97 Gd 70
Maxilly-sur-Lac 74 97 Gd 70
Maxilly-sur-Saône 21 69 Fc 65
Maxou 46 113 Bc 81
Maxstadt 57 39 Ge 54
Mayac 24 101 Af 77
May-en-Multien 77 34 Da 54
Mayenne 53 46 Zc 59
Mayet 72 62 Ab 62
Mayet-d'École, Le 03 92 Db 72
Mayet-de-Montagne, Le 03 92 De 72
Maylis 40 123 Zb 86
Maynal 39 83 Fc 69
Mayons, Les 83 147 Gc 89
Mayot 02 18 Dc 50
Mayran 12 115 Cc 82
Mayrègne 31 151 Ad 91
Mayres 07 118 Ee 79
Mayres 63 105 De 76
Mayres-Savel 38 119 Fe 79
Mayreville 11 141 Bf 89
Mayrinhac-Lentour 46 114 Be 80
Mayronnes 11 142 Cd 90
May-sur-Evre, Le 49 61 Za 66
May-sur-Orne 14 29 Zd 54
Mazamet 81 142 Cc 88
Mazan 84 132 Fa 84
Mazangé 41 48 Af 62
Mazauges 83 147 Ff 88
Mazaye 63 91 Cf 74
Mazé 49 62 Ze 64
Mazeau, Le 85 75 Zb 70
Mazeirat 23 90 Bf 72
Mazeley 88 55 Gc 59
Mazères 09 141 Be 89
Mazères 33 111 Ze 82
Mazères 47 113 Ba 82
Mazeres 65 124 Zf 87
Mazères-de-Neste 65 139 Ad 90
Mazères-Lezons 64 138 Zd 89
Mazères-sur-Salat 31 140 Af 90
Mazerier 03 92 Db 72
Mazerny 08 20 Ed 51
Mazerolles 16 88 Ad 74
Mazerolles 17 99 Zc 75
Mazerolles 40 124 Zd 85
Mazerolles 64 138 Zd 88
Mazerolles 65 139 Ab 88
Mazerolles 86 77 Ae 70
Mazerolles-du-Razès 11 141 Ca 90
Mazerolles-le-Salin 25 70 Ff 65
Mazerulles 54 38 Gc 56
Mazet-Saint-Voy 43 105 Eb 78
Mazeuil 86 76 Aa 68
Mazeyrat-Aurouze 43 104 Dd 77
Mazeyrolles 24 113 Ba 80
Mazière-aux-Bons-Hommes, La 23 91 Cc 73
Mazières 16 88 Ad 73
Mazières-de-Touraine 37 62 Ac 64
Mazières-en-Gâtine 79 75 Ze 69
Mazières-en-Mauges 49 61 Zb 66
Mazille 71 94 Ed 70
Mazingarbe 62 8 Ce 46
Mazinghem 62 7 Cc 45
Mazinghien 59 9 Dd 48
Mazion 33 99 Zc 78
Mazirat 03 91 Cd 71
Mazirot 88 55 Ga 59
Mazis, Le 80 16 Be 49
Mazoires 63 104 Da 76
Mazouau 65 139 Ac 90
Mazuby 11 153 Ca 92
Mazures, Les 08 20 Ed 49
Mazzola 2B 159 Kb 95
Méasnes 23 78 Be 70
Meaucé 28 48 Ba 58
Méaudre 38 107 Fd 78
Méaugon, La 22 26 Xb 57
Meaulne 03 79 Cd 69
Méaulte 80 8 Cd 49
Méautis 50 12 Ye 53
Meaux 77 34 Cf 55
Meaux-la-Montagne 69 94 Ec 72
Meauzac 82 126 Bb 84
Mecé 35 45 Ye 59
Mechmont 46 113 Bc 81
Mécleuves 57 38 Gb 54
Mecquignies 59 9 De 47
Mécrin 55 37 Fd 56
Médan 78 32 Bf 55
Medavy 61 30 Aa 56
Medeyrolles 63 105 De 76
Médière 25 71 Gd 64
Médillac 16 100 Aa 77
Médis 17 86 Za 75
Médonville 88 54 Fe 59
Médréac 35 44 Xf 59
Medrigneg = Médrignac 22 44 Xd 59
Mée 53 46 Za 62
Mée, le 28 49 Bc 61
Mée-sur-Seine, le 77 33 Cd 57
Mégange 57 22 Gc 53
Megève 74 97 Gd 73
Mégevette 74 96 Gd 71
Megrit 22 27 Xe 58
Méharicourt 80 17 Ce 50
Méharin 64 137 Yf 89
Méhers 41 64 Bc 65
Méhoncourt 54 38 Gc 57
Méhoudin 61 29 Zd 57
Mehun-sur-Yèvre 18 79 Cb 66
Meignanne, La 49 61 Zc 63
Meigné 49 62 Ze 65
Meigné-le-Vicomte 49 62 Ab 63
Meigneux 77 51 Da 57
Meigneux 80 16 Bf 50
Meilars 29 41 Vd 60
Meilhac 87 89 Ba 74
Meilhan 32 139 Ae 88
Meilhan-sur-Garonne 47 112 Aa 81
Meilhards 19 102 Bd 75
Meilhaud 63 104 Da 75
Meillac 35 28 Yb 58
Meillant 18 79 Cd 68
Meillard 03 92 Db 70
Meillard, Le 80 7 Cb 47
Meilleraie-Tillay 85 75 Za 68
Meilleray 77 34 Dc 56
Meilleraye-de-Bretagne, La 44 60 Yd 63
Meillers 03 80 Da 69
Meillon 64 138 Ze 89
Meillonas 01 95 Fc 71
Meilly-sur-Rouvres 21 68 Ed 65
Meisenthal 57 39 Hc 55
Meistratzheim 67 57 Hd 58
Meix, Le 21 68 Ef 63
Meix, Le 21 83 Fb 66
Meix-Saint-Epoing, Le 51 35 Dd 56
Meix-Tiercelin, Le 51 36 Ec 57
Méjanel, le 12 116 Cf 83
Méjannes-le-Clap 30 131 Ec 83
Méjannes-lès-Alès 30 130 Ea 84
Mela 2A 159 Ka 98
Mela 2A 160 Kb 99
Mélamare 76 15 Ac 51
Melay 49 61 Zb 65
Melay 52 54 Fe 61
Melay 71 93 Ea 71
Mélecey 70 70 Gc 63
Melesse 35 45 Yb 59
Mêle-sur-Sarthe, Le 61 30 Ac 57
Melgven 29 42 Wa 61
Mélicocq 60 18 Cf 52
Mélicourt 27 31 Ad 55
Méligny-le-Grand 55 37 Fc 56
Méligny-le-Petit 55 37 Fc 57
Melin 70 70 Fe 62
Melincourt 70 55 Ga 61
Mélisey 70 71 Gd 62
Mélisey 89 52 Ea 61
Meljac 12 128 Cc 84
Mellac 29 42 Wc 61
Mellé 35 28 Ye 58
Melle 79 87 Zf 71
Mellecey 71 82 Ee 68
Melleran 79 88 Aa 72
Melleray 72 48 Ae 60
Melleroy 45 51 Cf 61
Melles 31 151 Ae 91
Melleville 76 6 Bc 49
Mellionnec 22 43 We 59
Mello 60 17 Cc 53
Meloisey 21 82 Ee 66
Melrand 56 43 Wf 61
Melsheim 67 40 Hd 56
Melun 77 33 Cd 57
Membrey 70 69 Fe 63
Membrolles 41 49 Bc 61
Membrolle-sur-Choisille, La 37 63 Ad 64
Membrolle-sur-Longuenée, La 49 61 Zb 63
Méménil 88 55 Gd 59
Memmelshoffen 67 40 Hf 55
Mémont, le 25 71 Ge 66
Menades 89 67 De 64
Ménarmont 88 55 Gd 58
Ménars 41 64 Bc 63
Menat 63 92 Cf 72
Menaucourt 55 37 Fc 57
Mencas 62 7 Ca 45
Menchhoffen 67 40 Hc 55
Mende 48 116 Dd 81
Mendionde 64 137 Ye 88
Menditte 64 137 Za 90
Mendive 64 137 Yf 90
Ménéac 56 44 Xd 60
Ménebres 84 132 Fb 85
Ménerval 76 16 Bd 51
Menesble 21 68 Ef 62
Ménesles 80 6 Bd 48
Ménesplet 24 100 Aa 78
Menesqueville 27 16 Bc 52
Ménestérol, Montpon- 24 100 Aa 78
Menestreau 58 66 Db 64
Ménestreau-en-Villette 45 65 Ca 62
Menet 15 103 Cd 77
Menetou-Couture 18 80 Cf 66
Menetou-Râtel 18 66 Ce 64
Menetou-Salon 18 65 Cc 65
Menetou-sur-Nahon 36 64 Bd 65
Ménétréol-sous-Sancerre 18 66 Cf 65
Ménétréols-sous-Vatan 36 78 Bf 66
Ménétréol-sur-Sauldre 18 65 Cb 64
Ménetreuil 71 83 Fa 69
Ménétreux-le-Pitois 21 68 Ec 63
Ménétrol 63 92 Da 73
Ménétru-le-Vignoble 39 83 Fd 68
Ménétrux-en-Joux 39 84 Ff 69
Ménévillers 60 17 Cd 51
Menglon 26 119 Fc 81
Ménière, La 61 30 Ac 57
Ménigoute 79 76 Zf 70
Ménil 53 46 Zb 62
Ménil, le 88 55 Gb 60
Ménil, le 88 55 Gc 60
Ménil, Le 88 56 Ge 61
Ménil, le 88 56 Gf 58
Ménil-Annelles 08 20 Ec 52
Ménil-aux-Bois 55 37 Fc 56
Ménil-Bérard, Le 61 31 Ad 56
Ménil-Broût, Le 61 30 Ab 58
Ménil-Ciboult, Le 61 29 Zb 56
Ménil-de-Briouze, Le 61 29 Zd 56
Ménil-de-Senones 88 56 Gf 58
Ménil-en-Xaintois 88 55 Ff 59
Ménil-Erreux 61 30 Ab 57
Ménil-Froger 61 30 Ab 56
Ménil-Gondouin 61 30 Ze 56
Ménil-Guyon, Le 61 31 Ab 57
Ménil-Hermei 61 30 Ze 56
Ménil-Hubert-en-Exmes 61 30 Ab 56
Ménil-Hubert-sur-Orne 61 29 Zd 55
Ménil-Jean 61 30 Ze 56
Ménil-la-Horgne 55 37 Fd 56
Ménil-la-Tour 54 37 Ff 56
Ménil-Lépinois 08 19 Eb 52
Menilles 27 32 Bc 54
Ménil-Scelleur, Le 61 30 Zf 57
Ménil-sur-Belvitte 88 56 Ge 58
Ménil-sur-Saulx 55 37 Fb 57
Ménil-Vicomte, Le 61 30 Ab 56
Ménil-Vin 61 30 Ze 55
Ménitré, La 49 62 Ze 64
Mennecy 91 33 Cc 57
Mennessis 02 18 Db 50
Mennetou-sur-Cher 41 64 Bf 65
Menneval 27 31 Ad 54
Menneville 02 19 Ea 52
Menneville 62 3 Bf 44
Mennevret 02 9 Dd 49
Mennouveaux 52 54 Fc 60
Ménoire 19 102 Be 78
Menomblet 85 75 Zb 68
Menoncourt 90 71 Gf 62
Ménonval 76 16 Bc 50
Menotey 39 69 Fd 66
Menou 58 66 Db 64
Ménouville 95 33 Ca 54
Menoux 70 70 Ga 62
Menoux, Le 36 78 Bd 69
Mensignac 24 100 Ad 77
Menskirch 57 22 Gc 53
Mentheville 76 15 Ac 50
Menthonnex-en-Bornes 74 96 Gb 72
Menthonnex-sous-Clermont 74 96 Ff 73
Menthon-Saint-Bernard 74 96 Gb 73
Mentières 15 104 Da 78
Menton 06 135 Hc 86
Mentque 62 3 Ca 44
Menucourt 95 32 Bf 54
Menus, les 61 31 Af 57
Menville 31 126 Bb 86
Menzealban = Montauban-de-Bretagne 35 44 Xf 59
Méobecq 36 78 Bc 68
Méon 49 62 Aa 64
Méounes-lès-Montrieux 83 147 Ff 89
Mépieu 38 95 Fc 74
Mer 41 64 Bd 62
Méracq 64 138 Zd 87
Méral 53 46 Za 61
Méras 09 140 Bb 89
Mercatel 62 8 Ce 47
Mercenac 09 140 Ba 90
Merceuil 21 82 Ef 67
Mercey 27 32 Bc 54
Mercey-le-Grand 25 69 Fe 65
Mercey-sur-Saône 70 69 Fe 63
Mercin-et-Vaux 02 18 Db 52
Merckeghem 59 3 Cb 43
Merck-Saint-Liévin 62 7 Ca 45
Mercœur 19 102 Bf 78
Mercœur 43 104 Db 77
Mercuer 07 118 Ec 81
Mercuès 46 114 Bc 82
Mercurey 71 82 Ee 67
Mercurol 26 106 Ef 78
Mercury 73 108 Gc 74
Mercus-Garrabet 09 152 Bd 91
Mercy 03 81 Dd 70
Mercy 89 52 Dd 60
Mercy-le-Bas 54 21 Fe 52
Mercy-le-Haut 54 21 Fe 52
Merdrignac 22 44 Xd 59
Méré 78 32 Be 56
Méré 89 52 De 61
Méreau 18 65 Ca 66
Méréaucourt 80 16 Bf 50
Méréglise 28 48 Bb 59
Mérélessart 80 7 Bf 49
Mérens 32 125 Ad 86
Mérens-les-Vals 09 153 Bf 93
Mérenvielle 31 126 Ba 87
Mereuil 05 119 Fe 82
Méréville 54 38 Ga 57
Méréville 91 50 Ca 59
Merey 27 31 Bc 55
Mérey-sous-Montrond 25 70 Ga 66
Merey-Vieilley 25 70 Ga 65
Merfy 51 19 Df 53
Mergey 10 52 Ea 58
Meria 2B 157 Kc 91
Mérial 11 153 Bf 92
Méricourt 62 8 Cf 46
Méricourt 78 32 Bd 54
Méricourt-en-Vimeu 80 16 Bf 49
Méricourt-l'Abbé 80 8 Cd 49
Méricourt-sur-Somme 80 17 Ce 49
Mériel 95 33 Cb 54
Mérifons 34 129 Db 87
Mérignac 16 87 Zf 74
Mérignac 17 99 Ze 77
Mérignac 33 111 Zc 80
Mérignas 33 111 Zf 80
Mérignat 01 95 Fc 72
Mérignies 59 8 Da 45

Margny — Mérignies (F) 185

Mérigny 36 77 Af 69
Mérilheu 65 139 Ab 90
Mérillac 22 44 Xd 59
Mérinchal 23 91 Cc 73
Mérindol 84 132 Fb 86
Mérindol-les-Oliviers 26 132 Fa 83
Mérinville 45 51 Cf 60
Méritein 64 137 Zb 89
Merkwiller-Pechelbronn 67 40 He 55
Merlatière, La 85 74 Ye 68
Merlaut 51 36 Ee 56
Merle 42 105 Ea 76
Merléac 22 43 Xa 59
Merlebach, Freyming- 57 39 Ge 54
Merlerault, Le 61 30 Ab 56
Merles 82 126 Af 84
Merles-sur-Loison 55 21 Fc 52
Merlevenez 56 43 We 62
Merlieux-et-Fouquerolles 02 18 Dd 51
Merlimont 62 6 Bd 46
Merlines 19 103 Cc 75
Mernel 35 44 Ya 61
Mérobert 91 49 Ca 58
Mérona 39 83 Fd 69
Mérouville 28 49 Bf 59
Meroux-Moval 90 71 Gf 63
Merpins 16 87 Zd 74
Merrey 52 54 Fd 60
Merrey-sur-Arce 10 53 Ec 60
Merri 61 30 Zf 55
Merris 59 4 Cd 44
Merry-la-Vallée 89 66 Db 62
Merry-Sec 89 67 Dc 63
Merry-sur-Yonne 89 67 Dd 63
Merschweiler 57 22 Gc 52
Mers-les-Bains 80 6 Bc 48
Mers-sur-Indre 36 78 Bf 69
Mersuay 70 70 Ga 62
Merten 57 22 Ge 53
Mertrud 52 53 Ef 58
Mertzen 68 71 Ha 63
Mertzwiller 67 40 He 55
Méru 60 17 Ca 53
Merusaglia = Morosaglia 2B 157 Kb 94
Merval 02 19 De 52
Mervans 71 83 Fb 68
Mervent 85 75 Zb 69
Mervilla 31 140 Bc 87
Merville 31 126 Bb 86
Merville 59 4 Cd 45
Merville-Franceville-Plage 14 14 Ze 53
Merviller 54 56 Ge 58
Mervilliers, Allaines- 28 49 Be 59
Merxheim 68 56 Hb 61
Méry 73 108 Ff 75
Méry-Corbon 14 30 Zf 54
Méry-ès-Bois 18 65 Cc 65
Méry-la-Bataille 60 17 Cd 51
Méry-Premecy 51 35 Df 53
Méry-sur-Cher 18 65 Bf 65
Méry-sur-Oise 95 33 Cb 54
Méry-sur-Seine 10 52 Df 57
Merzer, Le 22 26 Wf 57
Mésandans 25 70 Gc 64
Mésanger 44 60 Ye 64
Mésangueville 76 16 Bd 51
Mesbrecourt-Richecourt 02 18 Dd 50
Meschers-sur-Gironde 17 98 Za 75
Mescoules 24 112 Ac 80
Mesge, Le 80 7 Ca 49
Mesgrigny 10 52 Df 58
Mésigny 74 96 Ga 73
Meslan 56 42 Wd 61
Mesland 41 63 Ba 63
Meslay 14 29 Zd 55
Meslay 41 48 Ba 62
Meslay-du-Maine 53 46 Zc 61
Meslay-le-Grenet 28 49 Bc 58
Meslay-le-Vidame 28 49 Bc 59
Meslières 25 71 Gf 64
Meslin 22 27 Xc 58
Mesmay 25 84 Ff 66
Mesmont 08 20 Ec 51
Mesmont 21 68 Ee 65
Mesnac 16 87 Zd 74
Mesnard-la-Barotière 85 74 Yf 67
Mesnay 39 84 Fe 67
Mesneux, Les 51 35 Df 53
Mesnières-en-Bray 76 16 Bc 50
Mesnil 80 8 Cd 48
Mesnil, Le 50 12 Yb 52
Mesnil-Adelée, Le 50 29 Yf 56
Mesnil-Amand, Le 50 28 Yd 55
Mesnil-Amelot, Le 77 33 Cd 54
Mesnil-Amey, Le 50 28 Ye 54
Mesnil-Angot, Le 50 12 Ye 53
Mesnil-Aubert, Le 50 28 Yd 55
Mesnil-Aubry, Le 95 33 Cc 54
Mesnil-au-Grain, Le 14 29 Zc 54
Mesnil-au-Val, Le 50 12 Yc 51
Mesnil-Auzouf, Le 14 29 Zb 55
Mesnil-Benoist, Le 14 29 Za 55
Mesnil-Bœufs, Le 50 28 Yf 57
Mesnil-Bruntel 80 18 Cf 49
Mesnil-Caussois, Le 14 29 Yf 55
Mesnil-Clinchamps 14 29 Za 55
Mesnil-Conteville, Le 60 17 Ca 50
Mesnil-Domqueur 80 7 Ca 48
Mesnil-Durand, le 14 30 Aa 54
Mesnil-Durdent, Le 76 15 Ae 50
Mesnil-en-Arrouaise 80 8 Cf 48
Mesnil-en-Thelle, Le 60 33 Cb 53
Mesnil-en-Vallée, Le 49 61 Za 64
Mesnil-Esnard, Le 76 15 Ba 52
Mesnil-Eudes, Le 14 30 Ab 54
Mesnil-Eury, Le 50 12 Ye 54
Mesnil-Follemprise 76 16 Bb 50
Mesnil-Fuguet, Le 27 31 Ba 54
Mesnil-Garnier, Le 50 28 Ye 55
Mesnil-Germain, Le 14 30 Ab 54
Mesnil-Gilbert, Le 50 29 Yf 56
Mesnil-Guillaume, Le 14 30 Ab 54
Mesnil-Hardray, Le 27 31 Af 55
Mesnil-Hermann, Le 50 28 Yf 54
Mesnil-Jourdain, Les 27 31 Ba 53
Mesnil-la-Comtesse 10 52 Eb 57
Mesnillard, Le 50 29 Yf 57
Mesnil-le-Petit 80 18 Cf 50
Mesnil-le-Roi, Le 78 33 Ca 55
Mesnil-Lettre 10 52 Eb 58
Mesnil-Lieubray, Le 76 16 Bd 51
Mesnil-Mauger 76 16 Bd 50
Mesnil-Mauger, le 14 30 Aa 54
Mesnil-Opac, Le 50 29 Yf 54
Mesnil-Ozenne, Le 50 28 Ye 57
Mesnil-Panneville 76 15 Af 51
Mesnil-Patry, Le 14 13 Zc 53
Mesnil-Rainfray, Le 50 29 Yf 56
Mesnil-Raoul 76 16 Bb 52
Mesnil-Raoult, Le 50 29 Yf 54
Mesnil-Réaume, le 76 6 Bc 49
Mesnil-Robert, Le 14 29 Za 55
Mesnil-Rogues 50 28 Yd 55
Mesnil-Rousset 27 31 Ad 55
Mesnil-Rouxelin, Le 50 13 Yf 54
Mesnil-Saint-Denis, Le 78 32 Bf 56
Mesnil-Saint-Firmin, Le 60 17 Cc 51
Mesnil-Saint-Georges 80 17 Cd 51
Mesnil-Saint-Laurent 02 18 Dc 50
Mesnil-Saint-Loup 10 52 De 59
Mesnil-Sellières 10 52 Eb 58
Mesnil-Simon, Le 14 30 Aa 54
Mesnil-Simon, Le 28 32 Bd 55
Mesnil-sous-Jumièges, Le 76 15 Af 52
Mesnil-sous-Vienne 27 16 Bd 52
Mesnils-sur-Madon 54 55 Gb 58
Mesnil-sur-Blangy, Le 14 14 Ab 53
Mesnil-sur-Bulles, Le 60 17 Cc 52
Mesnil-sur-l'Estrée 27 32 Bb 56
Mesnil-sur-Oger, Le 51 35 Ea 55
Mesnil-Thébault, Le 50 28 Ye 57
Mesnil-Theribus, Le 60 16 Bf 53
Mesnil-Thomas, Le 28 31 Ba 57
Mesnil-Tôve, Le 50 29 Yf 56
Mesnil-Véneron, Le 50 12 Yf 53
Mesnil-Verclives 27 16 Bc 53
Mesnil-Vigot, Le 50 12 Ye 54
Mesnil-Villeman, Le 50 28 Ye 55
Mesnil-Villement, Le 14 29 Zd 55
Mesnois 39 83 Fe 69
Mesnuls, Les 78 32 Bf 56
Mespaul 29 25 Vf 57
Mesplede 64 137 Zc 88
Mesples 03 79 Cc 70
Mespuits 91 50 Cb 58
Mesquer 44 59 Xd 64
Messac 17 99 Ze 76
Messac 35 44 Yb 62
Messanges 21 68 Ef 66
Messanges 40 122 Yd 86
Messas 45 49 Bd 62
Messé 79 88 Aa 71
Messei 61 29 Zc 56
Messein 54 38 Ga 57
Messeix 63 103 Cd 75
Messemé 86 76 Ab 66
Messery 74 96 Gb 70
Messey-sur-Grosne 71 82 Ee 69
Messia-sur-Sorne 39 83 Fd 69
Messigny-et-Vantoux 21 69 Fa 64
Messimy 69 94 Ee 74
Messimy-sur-Saône 01 94 Ee 72
Messincourt 08 20 Fa 50
Messon 10 52 Df 59
Messy 77 33 Ce 55
Mesterrieux 33 111 Zf 81
Mestes 19 103 Cb 75
Mesves-sur-Loire 58 66 Cf 65
Mesvres 71 82 Eb 67
Métabief 25 84 Gc 68
Métairies, Les 16 87 Zf 74
Météren 59 4 Ce 44
Méthamis 84 132 Fb 84
Métigny 80 7 Bf 49
Metting 57 39 Hb 56
Mettray 37 63 Ad 64
Metz 57 38 Gb 54
Metz-en-Couture 62 8 Da 48
Metzeral 68 56 Ha 60
Metzeresche 57 22 Gb 53
Metzervisse 57 22 Gb 53
Metzing 57 39 Gf 54
Metz-le-Comte 58 67 Dd 64
Metz-Robert 10 52 Ea 60
Metz-Tessy 74 96 Ga 73
Meucon 56 43 Xb 62
Meudon 92 33 Cb 56
Meuilley 21 68 Ef 66
Meulan 78 32 Bf 54
Meulers 76 16 Bb 49
Meulles 14 30 Ac 55
Meulson 21 68 Ee 62
Meunet-Planches 36 78 Bf 67
Meunet-sur-Vatan 36 78 Bf 66
Meung-sur-Loire 45 49 Be 62
Meurcé 72 47 Ab 59
Meurchin 62 8 Df 45
Meurcourt 70 70 Gb 62
Meurdraquière, La 50 28 Yd 55
Meures 52 53 Fa 59
Meurival 02 19 De 52
Meursanges 21 82 Ef 67
Meursault 21 82 Ee 67
Meurville 10 53 Ed 59
Meusnes 41 64 Bd 65
Meussia 39 84 Fe 70
Meuvaines 14 13 Zc 53
Meux 17 99 Zd 76
Meux, Le 60 17 Ce 52
Meuzac 87 102 Bc 75
Mévoisins 28 32 Bd 57
Mévouillon 26 132 Fc 83
Meximieux 01 95 Fb 73
Mexy 54 21 Fe 52
Mey 57 38 Gb 54
Meyenheim 68 56 Hc 61
Meylan 38 107 Fe 77
Meymac 19 103 Ca 75
Meynes 30 131 Ed 85
Meyragues 13 146 Fd 87
Meyrals 24 113 Ba 79
Meyrannes 30 130 Eb 83
Meyras 07 117 Eb 80
Meyreuil 13 146 Fc 87
Meyrié 38 107 Fb 75
Meyrieu-les-Étangs 38 107 Fb 75
Meyrieux-Trouet 73 107 Fe 75
Meyrignac-l'Eglise 19 102 Bf 76
Meyronne 46 114 Bd 79
Meyronnes 04 121 Ge 82
Meyrueis 48 129 Dc 83
Meys 69 106 Ec 74
Meyssac 19 102 Be 78
Meyssiès 38 106 Fa 76
Meyze, La 87 101 Bb 75
Meyzieu 69 94 Fa 74
Mézangers 53 46 Zd 59
Mèze 34 143 Dd 88
Mézel 04 133 Gb 84
Mezel 63 92 Db 74
Mézens 81 127 Bd 86
Mézeray 72 47 Zf 62
Mézères 43 105 Ea 78
Mézériat 01 94 Fa 71
Mézerolles 80 7 Cb 47
Mézerville 11 141 Be 89
Mézidon-Canon 14 30 Zf 54
Mézière, La 35 45 Yb 59
Mézières 45 49 Bf 60
Mézières 72 47 Ab 59
Mézières, Charleville- 08 20 Ee 50
Mézières-au-Perche 28 49 Bb 59
Mézières-en-Brenne 36 77 Bb 68
Mézières-en-Drouais 28 32 Bc 56
Mézières-en-Santerre 80 17 Cd 50
Mézières-en-Vexin 27 32 Bd 53
Mézières-lez-Clery 45 49 Be 62
Mézières-sous-Lavardin 72 47 Aa 60
Mézières-sur-Couesnon 35 45 Yd 59
Mézières-sur-Issoire 87 89 Af 72
Mézières-sur-Oise 02 18 Dc 50
Mézières-sur-Seine 78 32 Be 55
Mézilhac 07 118 Ec 80
Mézilles 89 66 Db 62
Méziré 90 71 Gf 63
Mézos 40 123 Ye 84
Mézy 02 34 Dd 54
Mézy-sur-Seine 78 32 Bf 54
Mhère 58 67 Df 65
Mialet 24 101 Af 75
Mialet 30 130 Df 84
Mialos 64 138 Zd 88
Miannay 80 7 Be 48
Michaugues 58 67 Dd 65
Michelbach 68 71 Ha 62
Michelbach-le-Bas 68 72 Hc 63
Michelbach-le-Haut 68 72 Hc 63
Michery 89 51 Db 59
Midrevaux 88 54 Fd 58
Mièges 39 84 Ga 68
Miélan 32 139 Ab 88
Miellin 70 56 Ge 62
Miermaigne 28 48 Af 59
Miers 46 114 Be 79
Miéry 39 83 Fe 68
Mietesheim 67 40 Hd 55
Mieussy 74 96 Gd 72
Mieuxcé 61 47 Aa 58
Migé 89 67 Dd 62
Migennes 89 51 Dd 61
Miginiac 19 102 Bf 77
Miglos 09 152 Bd 92
Mignafans, Sénargent- 70 71 Gd 63
Mignaloux-Beauvoir 86 76 Ac 69
Mignavillers 70 71 Gd 63
Migné 36 78 Bb 68
Migné-Auxances 86 76 Ab 69
Mignères 45 50 Cd 60
Mignerette 45 50 Cd 60
Mignéville 54 39 Ge 57
Mignières 28 49 Bc 58
Mignovillard 39 84 Ga 68
Migny 36 79 Ca 66
Migré 17 87 Zc 72
Migron 17 87 Zd 74
Mijanès 09 153 Ca 92
Milesse, La 72 47 Aa 60
Milhac 46 113 Bc 80
Milhac-d'Auberoche 24 101 Af 78
Milhac-de-Nontron 24 101 Ae 76
Milhars 81 127 Bf 84
Milhas 31 139 Ae 91
Milhaud 30 130 Eb 86
Milhavet 81 127 Ca 84
Milizac 29 24 Vc 58
Millac 86 89 Ae 71
Millam 59 3 Cb 43
Millançay 41 64 Be 64
Millas 66 154 Ce 92
Millau 12 129 Da 84
Millay 58 81 Ea 67
Millebosc 76 6 Bc 49
Millemont 78 32 Be 56
Millencourt 80 8 Cd 48
Millencourt-en-Ponthieu 80 7 Bf 48
Millery 21 68 Eb 63
Millery 54 38 Ga 56
Millery 69 106 Ee 75
Millevaches 19 102 Ca 75
Millières 50 12 Yd 53
Millières 52 54 Fc 60
Milly 50 29 Yf 57
Milly-la-Forêt 91 50 Cc 58
Milly-Lamartine 71 94 Ee 70
Milly-sur-Bradon 55 21 Fb 52
Milly-sur-Thérain 60 17 Bf 51
Milon-la-Chapelle 78 33 Ca 56
Mimbaste 40 123 Za 87
Mimet 13 146 Fd 88
Mimeure 21 68 Ec 66
Mimizan 40 110 Ye 83
Minaucourt-le-Mesnil-lès-Hurlus 51 36 Ee 53
Minerve 34 142 Ce 88
Mingot 65 139 Ab 88
Mingoval 62 8 Cd 46
Miniac-Morvan 35 27 Ya 57
Miniac-sous-Bécherel 35 44 Ya 59
Minihic-sur-Rance, Le 35 27 Xf 57
Minihy-Tréguier 22 26 We 56
Minorville 54 37 Ff 56
Minot 21 68 Ef 62
Minversheim 67 40 Hd 56
Minzac 24 100 Aa 79
Minzier 74 96 Ff 72
Miolles 81 128 Cd 85
Mionnay 01 94 Ef 73
Mions 69 106 Ef 75
Mios 33 110 Za 81
Miossens-Lanusse 64 138 Ze 88
Mirabeau 04 133 Ga 84
Mirabeau 84 132 Fd 86
Mirabel 07 118 Ec 81
Mirabel 82 126 Bc 84
Mirabel-aux-Baronnies 26 132 Fa 83
Mirabel-et-Blacons 26 119 Fa 80
Miradoux 32 125 Ae 85
Miramas 13 145 Fa 87
Mirambeau 17 99 Zc 76
Mirambeau 31 140 Af 88
Miramont-d'Astarac 32 139 Ac 87
Miramont-de-Comminges 31 139 Ae 90
Miramont-de-Guyenne 47 112 Ac 81
Miramont-de-Quercy 82 126 Ba 83
Miramont-Latour 32 125 Ae 86
Miramont-Sensacq 40 124 Ze 87
Mirande 32 139 Ac 87
Mirandol-Bourgnounac 81 127 Ca 84
Mirannes 32 125 Ac 87
Miraumont 80 8 Ce 48
Miraval-Cabardès 11 142 Cc 88
Mirbel 52 53 Fa 59
Miré 49 46 Zd 62
Mirebeau 21 69 Fb 64
Mirebeau 86 76 Ab 68
Mirebel 39 84 Fe 68
Mirecourt 88 55 Ga 59
Mirefleurs 63 104 Db 74
Miremont 31 140 Bc 88
Miremont 63 91 Ce 73
Mirepeisset 11 142 Cf 89
Mirepeix 64 138 Ze 89
Mirepoix 09 141 Bf 90
Mirepoix 32 125 Ae 86
Mirepoix-sur-Tarn 31 127 Bd 86
Mireval 34 144 De 87
Miribel 01 94 Ef 74
Miribel 26 107 Fa 77
Miribel-Lanchâtre 38 119 Fd 79
Miribel-les-Echelles 38 107 Fe 76
Mirmande 26 118 Ef 80
Miroir, Le 71 83 Fc 69
Mirvaux 80 7 Cc 48
Mirville 76 15 Ac 51
Miscon 26 119 Fd 81
Miserey 27 32 Bb 54
Miserey-Salines 25 70 Ff 65
Misérieux 01 94 Ee 73
Misery 80 18 Cf 49
Missé 79 76 Ze 67
Missècle 81 127 Bf 86
Missègre 11 142 Cc 91
Missery 21 68 Ec 65
Missillac 44 59 Xf 64
Missiriac 56 44 Xd 61
Misson 40 123 Za 87
Missy 14 29 Zc 54
Missy-aux-Bois 02 18 Db 52
Missy-lès-Pierrepont 02 19 De 51
Missy-sur-Aisne 02 18 Dc 52
Misy-sur-Yonne 77 51 Da 58
Mitry-Mory 77 33 Cd 55
Mittainville 78 32 Bd 56
Mittainvilliers 28 49 Bb 58
Mittelbergheim 67 57 Hc 58
Mittelbronn 57 39 Hb 56
Mittelhausbergen 67 40 He 57
Mittelhausen 67 40 Hd 56
Mittelschaeffolsheim 67 40 Hd 56
Mittelwihr 68 56 Hb 60
Mittersheim 57 39 Gf 55
Mittlach 68 56 Ha 61
Mittois 14 30 Aa 54
Mitzach 68 56 Ha 61
Mizérieux 42 93 Eb 74
Mizoën 38 108 Ga 78
Mobecq 50 12 Yc 53
Moca-Croce 2A 159 Ka 98
Moca Croci = Maca-Croce 2A 159 Ka 98
Modane 73 109 Gd 77
Modène 84 132 Fa 84
Moëlan-sur-Mer 29 42 Wc 62
Moëres, Les 59 4 Cd 42
Mœrnach 68 71 Hb 63
Moëslains 52 36 Ef 57
Mœurs-Verdey 51 35 De 56
Mœuvres 59 8 Da 48
Moëze 17 86 Yf 73
Moffans-et-Vacheresse 70 71 Gd 63
Mogeville 55 21 Fd 53
Mogneneins 01 94 Ee 72
Mognéville 55 36 Fa 56
Mogneville 60 17 Cc 53
Mogues 08 21 Fb 51
Mohon 56 44 Xc 60
Moidieu-Détourbe 38 106 Fa 75
Moigné 35 45 Yb 60
Moigny-sur-École 91 50 Cc 58
Moimay 70 70 Gc 63
Moineville 54 38 Ff 53
Moings 17 99 Zd 76
Moinville-la-Jeulin 28 49 Be 58
Moirans 38 107 Fd 77
Moirans-en-Montagne 39 84 Fe 70
Moirax 47 112 Ac 81
Moiré 47 125 Ad 84
Moiremont 51 36 Ef 54
Moirey-Flabas-Crépion 55 21 Fc 53
Moiron 39 83 Fd 69
Moiry 08 21 Fb 51
Moisdon-la-Rivière 44 60 Yd 63
Moisenay 77 33 Ce 57
Moislains 80 8 Cf 49
Moissac 82 126 Ba 84
Moissac-Bellevue 83 147 Ga 87
Moissac-Vallée-Française 48 130 De 84
Moissat 63 92 Dc 74
Moisselles 95 33 Cc 54
Moissey 39 69 Fd 65
Moissieu-sur-Dolon 38 106 Ef 76
Moisson 78 32 Bd 54
Moissy-Cramayel 77 33 Cd 57
Moissy-Moulinot 58 67 De 65
Moisville 27 31 Ba 55
Moisy 41 49 Bb 61
Moita 2B 159 Kc 95
Moitiers-d'Allonne, Les 50 12 Yb 52
Moitiers-en-Bauptois 50 12 Yd 52
Moitron 21 68 Ee 62
Moitron-sur-Sarthe 72 47 Aa 59
Moivre 51 36 Ed 55
Molac 56 44 Xd 62
Molagnies 76 16 Be 51
Molain 02 9 Dd 48
Molain 39 84 Fe 68
Molamboz 39 83 Fe 67
Molandier 11 141 Be 89
Molas 31 139 Ae 88
Molay 39 83 Fc 66
Molay 70 69 Fe 62
Môlay 89 67 Df 62
Molay-Littry, Le 14 13 Za 53
Môle, La 83 148 Gc 89
Moléans 28 49 Bc 60
Molèdes 15 104 Da 77
Molère 65 139 Ab 90
Molesmes 21 53 Ec 61
Molesmes 89 66 Dc 63
Molezon 48 130 De 83
Moliens 60 16 Be 50
Molières 24 113 Ae 80
Molières 46 114 Bf 80
Molières 82 126 Bc 83
Molières, Les 91 33 Ca 56
Molières-sur-Ceze 30 130 Ea 83
Moliets-et-Maa 40 122 Yd 85
Molinchart 02 18 Dd 51
Molinet 03 81 Df 70
Molineuf 41 64 Bb 63
Molinges 39 95 Fe 70
Molinghem 62 7 Cc 45
Molinons 89 51 Dd 59
Molinot 21 82 Ed 66
Molins-sur-Aube 10 53 Ec 58
Mollans 70 70 Gc 63
Mollans-sur-Ouvèze 26 132 Fb 83
Mollau 68 56 Gf 61
Mollegès 13 131 Ef 86
Molles 03 92 Dd 72
Molleville 11 141 Bf 89
Molliens-au-Bois 80 7 Cc 49
Molliens-Dreuil 80 17 Ca 49
Mollkirch 67 39 Hc 57
Molompize 15 104 Da 77
Molosmes 89 52 Ea 61
Moloy 21 68 Ef 63
Molphey 21 67 Eb 64
Molpré 39 84 Ga 68
Molring 57 39 Ge 55
Molsheim 67 40 Hc 57
Moltifao 2B 157 Ka 94
Moltifau = Moltifao 2B 157 Ka 94
Molunes, Les 39 96 Ff 70
Momas 64 138 Zd 88
Mombrier 33 99 Zc 78
Momères 65 138 Aa 89
Momerstroff 57 38 Gd 53
Mommenheim 67 40 Hd 56
Momuy 40 123 Zc 87
Momy 64 138 Zf 88
Monacia-d'Aullène 2A 160 Ka 99
Monacia-d'Orezza 2B 157 Kc 94
Monaco (MC) 135 Hc 86
Monampteuil 02 19 Dd 52
Monassut-Audiracq 64 138 Ze 88
Monastère, Le 12 115 Cd 82
Monastier-Pin-Moriès, Le 48 116 Db 81
Monastier-sur-Gazeille, Le 43 117 Df 79
Monay 39 83 Fd 67
Monbahus 47 112 Ad 81
Monbalen 47 112 Ae 83
Monbardon 32 139 Ae 88
Monbazillac 24 112 Ac 80
Monbéqui 82 126 Bb 85
Monblanc 32 140 Af 88
Monbrun 32 126 Ba 87
Moncale 2B 156 If 93
Moncassin 32 139 Ac 88
Moncaup 31 139 Ae 91
Moncaup 64 138 Zf 88
Moncaut 47 125 Ac 84
Moncayolle-Larrory-Mendibieu 64 137 Za 89
Monceau-le-Neuf 02 19 Dd 50
Monceau-lès-Leups 02 18 Dc 50
Monceau-le-Waast 02 19 De 51
Monceau-Saint-Waast 59 9 Df 47
Monceau-sur-Oise 02 19 De 49
Monceaux 19 102 Bf 75
Monceaux 60 17 Cd 53
Monceaux 61 31 Ae 58
Monceaux, les 14 30 Aa 54
Monceaux-en-Bessin 14 13 Zb 53
Monceaux-l'Abbaye 60 16 Be 51
Monceaux-le-Comte 58 67 Dd 65
Monceaux-sur-Dordogne 19 102 Bf 78
Moncé-en-Belin 72 47 Ab 61
Moncé-en-Sacsnois 72 47 Ac 59
Moncelle, La 08 20 Ef 50
Moncel-lès-Lunéville 54 38 Gd 57
Moncel-sur-Seille 54 38 Gc 56
Moncel-sur-Vair 88 54 Fe 58
Moncetz-l'Abbaye 51 52 Ed 57
Moncetz-Longevas 51 36 Ec 55
Moncey 25 70 Ga 64
Monchaux-Soreng 76 6 Bd 49
Monchaux-sur-Écaillon 59 9 Dc 47
Moncheaux 59 8 Da 46
Moncheaux-lès-Frévent 62 7 Cc 47
Monchecourt 59 8 Db 47
Monchel-sur-Canche 62 7 Cb 47
Moncheux 57 38 Gc 55
Monchiet 62 8 Cd 47
Monchy-au-Bois 62 8 Cd 47
Monchy-Breton 62 7 Cb 46
Monchy-Cayeux 62 7 Cb 46
Monchy-Humières 60 17 Ce 52
Monchy-le-Preux 62 8 Cf 47
Monchy-Saint-Eloy 60 17 Cc 53
Monchy-sur-Eu 76 6 Bc 48
Moncla 64 124 Ze 87
Monclar 32 124 Zf 85
Monclar 47 112 Ad 82
Monclar-de-Quercy 82 127 Bd 85
Monclar-sur-Losse 32 139 Ab 87
Moncley 25 70 Ff 64
Moncontour 22 26 Xc 58
Moncontour 86 76 Zf 67
Moncourt 57 38 Gd 56
Moncoutant 79 75 Zc 68
Moncrabeau 47 125 Ac 84
Moncy 61 29 Zb 56
Mondavezan 31 140 Ba 89
Mondelange 57 22 Gb 53
Mondement-Montgivroux 51 35 De 56
Mondescourt 60 18 Da 51
Mondevert 35 45 Yf 60
Mondeville 14 14 Ze 53
Mondeville 91 50 Cc 58
Mondicourt 62 7 Cc 47
Mondigny 08 20 Ed 50
Mondilhan 31 139 Ae 89
Mondion 86 76 Ac 67
Mondon 25 70 Gb 64
Mondonville 31 126 Bb 86
Mondonville-Saint-Jean 28 49 Be 58
Mondoubleau 41 48 Af 61
Mondouzil 31 127 Bd 87
Mondragon 84 131 Ee 83
Mondrainville 14 29 Zc 54
Mondrepuis 02 9 Ea 49
Mondreville 77 50 Cd 60
Mondreville 78 32 Bd 55
Monein 64 138 Zc 89
Monès 31 140 Ba 88
Monesple 09 140 Bc 90
Monestier 03 92 Da 71
Monestier 07 106 Ed 77
Monestier 24 112 Ab 80
Monestier, Le 63 105 De 75
Monestier-d'Ambel 38 120 Ff 80
Monestier-de-Clermont 38 119 Fd 79
Monestier-du-Percy, Le 38 119 Fd 80
Monestier-Merlines 19 103 Cc 75
Monestier-Port-Dieu 19 103 Cc 76
Monestiés 81 127 Ca 84
Monestrol 31 141 Be 89
Monétay-sur-Allier 03 92 Db 70
Monétay-sur-Loire 03 81 De 70
Monéteau 89 51 Dd 61
Monêtier-les-Bains, Le 05 120 Gd 79
Monfaucon 24 100 Ad 78
Monfaucon 24 112 Ab 79
Monfaucon 65 139 Aa 88
Monferran-Plavès 32 139 Ad 88
Monferran-Savès 32 126 Af 87
Monflanquin 47 113 Ae 81
Monfort 32 126 Ae 86
Moñforzh = Monfort 35 44 Ya 60
Mongaillard 47 125 Ab 83
Mongausy 32 140 Ae 87
Monget 40 124 Zc 87
Monguilhem 32 124 Ze 85
Monheurt 47 112 Ab 82
Monhoudou 72 47 Ab 59
Monistrol-d'Allier 43 117 Dd 79
Monistrol-sur-Loire 43 105 Eb 77
Monkontour = Moncontour 22 26 Xc 58
Monlaur-Bernet 32 139 Ad 88
Monléon-Magnoac 65 139 Ad 89
Monlet 43 105 De 77
Monlezun 32 139 Ab 87
Monlezun-d'Armagnac 32 124 Zf 86
Monmadalès 24 112 Ad 80
Monmarvès 24 112 Ad 80
Monnai 61 30 Ac 55
Monnaie 37 63 Ae 64
Monneren 57 22 Gc 52
Monnerie-le-Montel, La 63 93 Dd 73
Monnerville 91 50 Ca 58
Monnes 02 34 Db 54
Monnetay 39 83 Fd 70
Monnetier-Mornex 74 96 Gb 72
Monnet-la-Ville 39 84 Fe 68
Monneville 60 32 Bf 53
Monnières 39 83 Fc 66
Monnières 44 60 Yd 66
Monoblet 30 130 Df 85
Monpardiac 32 139 Ab 88
Monpazier 24 113 Af 80
Monpezat 64 138 Zf 87
Monprimblanc 33 111 Ze 81
Mons 16 88 Zf 73
Mons 17 87 Zd 74
Mons 30 130 Eb 84
Mons 31 127 Bd 87
Mons 34 143 Cf 87
Mons 63 92 Dc 72
Mons 83 134 Ge 86
Mons, Le 63 105 De 75
Monsac 24 112 Ae 80
Monsaguel 24 112 Ad 80
Mons-Boubert 80 7 Be 48
Monsec 24 100 Ad 76
Monségur 33 112 Aa 81
Monségur 40 124 Zc 87
Monségur 47 113 Af 82
Monségur 64 138 Zf 88
Monselie, Le 15 103 Cd 77
Monsempron-Libos 47 113 Af 82
Mons-en-Barœul 59 4 Da 45
Mons-en-Laonnais 02 18 Dd 51
Mons-en-Montois 77 51 Da 58
Mons-en-Pévèle 59 8 Da 46
Monsireigne 85 75 Za 68
Monsols 69 94 Ed 71
Monsteroux-Milieu 38 106 Ef 76
Monsures 80 17 Cb 50
Monswiller 67 39 Hc 56
Mont 64 137 Zc 88
Mont, le 63 104 Cf 75
Mont, le 70 71 Ge 62
Mont, le 88 56 Ha 58
Montabard 61 30 Zf 56
Montabon 72 62 Ac 62
Montabots 50 28 Yf 55
Montacher-Villegardin 89 51 Da 59
Montadet 32 140 Af 88
Montady 34 143 Da 89
Montagagne 09 140 Bc 91
Montagnac 04 133 Ga 86
Montagnac 30 130 Ea 85
Montagnac 34 143 Dc 88
Montagnac-d'Auberoche 24 101 Af 77
Montagnac-la-Crempse 24 100 Ad 79
Montagnac-sur-Auvignon 47 125 Ac 84
Montagnac-sur-Lède 47 113 Af 81
Montagna-le-Reconduit 39 83 Fc 70
Montagna-le-Templier 39 95 Fc 70
Montagnat 01 95 Fb 72
Montagne 33 111 Zf 79
Montagne 38 107 Fb 78
Montagne, La 44 60 Yb 65
Montagne-Fayel 80 17 Bf 49
Montagney 70 69 Fe 65
Montagnieu 01 95 Fc 74
Montagnieu 38 107 Fc 75
Montagnol 12 129 Da 85
Montagnole 73 108 Ff 75
Montagny 42 93 Eb 72
Montagny 69 106 Ee 75
Montagny 73 109 Gd 76
Montagny-en-Vexin 60 32 Be 53
Montagny-lès-Beaume 21 82 Ef 67
Montagny-lès-Buxy 71 82 Ee 68

186 (F) Mérigny — Montagny-lès-Buxy

Moragne 17 87 Zb 73
Moraianville-Jouveaux 27 15 Ac 53
Morains 51 35 Df 56
Morainvilliers 78 32 Bf 55
Morancé 69 94 Ee 73
Morancez 28 49 Bc 58
Morancourt 52 53 Fa 58
Morand 37 63 Ba 63
Morangis 51 35 Df 55
Morangles 60 33 Cb 53
Morannes 49 61 Zd 62
Moranville 55 37 Fd 53
Moras 38 107 Fb 74
Moras-en-Valloire 26 106 Ef 77
Morbecque 59 4 Cd 44
Morbier 39 84 Ga 69
Morcenx 40 123 Za 84
Morchain 80 18 Cf 50
Morchies 62 8 Cf 48
Morcourt 02 18 Dc 49
Morcourt 80 17 Cd 49
Mordelles 35 44 Ya 60
Moré 69 94 Ed 73
Moréac 56 43 Xb 61
Morée 41 48 Bb 61
Moreilles 85 74 Yf 70
Morelmaison 88 55 Ff 59
Morembert 10 52 Ec 57
Morestel 38 107 Fc 74
Morêtel-de-Mailles 38 108 Ga 76
Moret-sur-Loing 77 51 Ce 58
Morette 38 107 Fc 77
Moreuil 80 17 Cc 50
Morey 71 82 Ed 68
Morey-Saint-Denis 21 68 Ef 65
Morez 39 84 Ga 69
Morfontaine 54 21 Fe 52
Morganx 40 124 Zc 87
Morgny 27 16 Bd 52
Morgny-en-Thiérache 02 19 Ea 50
Morgny-la-Pommeraye 76 16 Bb 51
Morgon, Villié- 69 94 Ee 72
Morhange 57 38 Gd 55
Moriat 63 104 Db 76
Morienne 76 16 Be 50
Morienval 60 18 Cf 53
Morières-lès-Avignon 84 131 Ef 85
Moriers 28 49 Bc 59
Morieux 22 27 Xc 57
Morigny 50 29 Yf 55
Morigny-Champigny 91 50 Cb 58
Morillon 74 97 Ge 72
Moringhem 62 3 Ca 44
Morionvilliers 52 54 Fc 58
Morisel 80 17 Cc 50
Moriville 88 55 Gc 58
Moriviller 54 55 Gc 58
Morizécourt 88 54 Ff 60
Morizès 33 111 Zf 81
Morlaàs 64 138 Ze 88
Morlac 18 79 Cb 68
Morlaix 29 25 Wb 57
Morlancourt 80 8 Cd 49
Morlanne 64 138 Zc 87
Morlet 71 82 Ed 67
Morley 55 37 Fb 57
Morlhon-le-Haut 12 114 Ca 83
Morlincourt 60 18 Da 51
Mormaison 85 74 Yd 67
Mormant 77 34 Cf 57
Mormant-sur-Vernisson 45 50 Ce 61
Mormès 32 124 Zf 86
Mormoiron 84 132 Fb 84
Mornac 16 88 Ab 74
Mornac-sur-Seudre 17 86 Yf 74
Mornand 42 105 Ea 74
Mornans 26 119 Fa 81
Mornant 69 106 Ee 75
Mornas 84 131 Ee 83
Mornay 71 82 Ec 69
Mornay-Berry 18 80 Cf 66
Mornay-sur-Allier 18 80 Da 68
Mornex 74 96 Gb 72
Moroges 71 82 Ee 68
Morosaglia 2B 157 Kb 94
Morre 25 70 Ga 65
Morsain 02 18 Db 52
Morsains 51 34 Dd 56
Morsalines 50 12 Ye 51
Morsan 27 14 Ad 53
Morsang-sur-Orge 91 33 Cc 57
Morsang-sur-Seine 91 33 Cd 57
Morsbach 57 39 Gf 53
Morsbronn-les-Bains 67 40 He 55
Morschwiller 67 40 Hd 56
Morschwiller-le-Bas 68 71 Hb 62
Morsiglia 2B 157 Kc 91
Mortagne 88 56 Ge 59
Mortagne-au-Perche 61 31 Ad 57
Mortagne-du-Nord 59 9 Dc 45
Mortagne-sur-Gironde 17 98 Zb 76
Mortagne-sur-Sèvre 85 75 Za 67
Mortain 50 29 Za 57
Mortcerf 77 34 Cf 56
Morte, La 38 108 Ff 78
Morteau 25 85 Gd 66
Morteaux-Coulibœuf 14 30 Zf 55
Mortefontaine 02 18 Da 52
Mortefontaine 60 33 Cd 54
Mortefontaine-en-Thelle 60 17 Cb 53
Mortemart 87 89 Af 72
Mortemer 60 17 Ce 51
Mortemer 76 16 Bd 50
Mortery 77 34 Db 57
Morthomiers 18 79 Cb 66
Mortiers 02 19 De 50
Mortiers 17 99 Ze 76
Morton 86 62 Zf 66
Mortrée 61 30 Aa 57
Mortroux 23 90 Bf 70
Mortzwiller 68 71 Ha 62
Morval 62 8 Cf 48
Morvillars 90 71 Gf 63
Morville 50 12 Yd 52
Morville 88 54 Fe 59
Morville-en-Beauce 45 50 Cb 59
Morville-lès-Vic 57 38 Gd 56
Morvillers 60 16 Bf 51
Morvillers-Saint-Saturnin 80 16 Be 50
Morville-sur-Andelle 76 16 Bc 52
Morville-sur-Nied 57 38 Gc 55
Morville-sur-Seille 54 38 Ga 55
Morvilliers 10 53 Ed 58
Morvilliers 28 31 Af 57
Mory 62 8 Cf 48
Mory-Montcrux 60 17 Cc 51
Morzhell = Mordelles 35 44 Ya 60
Morzine 74 97 Ge 71
Mosles 14 13 Zb 53
Moslins 51 35 Df 55
Mosnac 16 100 Zf 75
Mosnac 17 99 Zc 75
Mosnay 36 78 Bd 69
Mosnes 37 63 Ba 64
Mosset 66 153 Cc 92
Mosson 21 53 Ed 61
Mostuéjouls 12 129 Db 83
Mothe-Achard, La 85 74 Yc 69
Mothern 67 40 Ia 55
Mothe-Saint-Héray, La 79 76 Zf 70
Motreff 29 42 Wc 59
Motte, la 22 27 Xe 57
Motte, la 22 43 Xb 59
Motte, La 83 148 Gd 87
Motte-Chalancon, La 26 119 Fc 82
Motte-d'Aigues, La 84 132 Fd 86
Motte-d'Aveillans, La 38 119 Fe 79
Motte-de-Galaure, La 26 106 Ef 77
Motte-du-Caire, La 04 120 Ga 82
Motte-en-Bauges, La 73 96 Ga 74
Motte-en-Champsaur, la 05 120 Ga 80
Motte-Fanjas, La 26 107 Fb 78
Motte-Feuilly, La 36 79 Ca 69
Motte-Fouquet, La 61 30 Ze 57
Mottereau 28 48 Bb 59
Motte-Saint-Jean, La 71 81 Df 70
Motte-Saint-Martin, La 38 119 Fe 79
Motte-Servolex, La 73 108 Ff 75
Motte-Ternant, La 21 68 Eb 65
Motte-Tilly, La 10 51 Dc 58
Motteville 76 15 Af 51
Mottier 38 107 Fb 76
Motz 73 96 Ff 73
Mouais 44 45 Yc 62
Mouans-Sartoux 06 134 Gf 87
Mouaville 54 37 Fe 53
Mouazé 35 45 Yc 59
Mouchamps 85 74 Yf 68
Mouchan 32 125 Ab 85
Mouchard 39 84 Fe 67
Mouche, La 50 28 Yd 56
Mouches 32 125 Ac 87
Mouchin 59 9 Dc 46
Mouchy-le-Châtel 60 17 Cb 53
Moudeyres 43 117 Ea 79
Mouen 14 29 Zd 54
Mouettes 27 32 Bc 55
Mouffy 89 67 Dd 63
Mouflaines 27 16 Bd 53
Mouflers 80 7 Ca 48
Mouflières 80 7 Be 49
Mougins 06 134 Gf 87
Mougon 79 87 Ze 71
Mouguerre 64 136 Yd 88
Mouhers 36 78 Be 69
Mouhet 36 90 Bc 70
Mouhous 64 138 Ze 88
Mouillac 33 99 Zd 78
Mouillac 82 127 Bd 83
Mouille, La 39 84 Ff 69
Mouilleron-en-Pareds 85 75 Za 68
Mouilleron-le-Captif 85 74 Yd 68
Mouilly 55 37 Fd 54
Moulainville 55 37 Fc 54
Moularès 81 128 Cb 84
Moulay 53 46 Zc 59
Moulayrès 81 127 Ca 86
Moulédous 65 139 Ab 89
Moulès-et-Baucels 34 130 De 85
Mouleydier 24 112 Ad 79
Moulézan 30 130 Ea 85
Moulhard 28 48 Ba 59
Moulicent 61 31 Ae 57
Mouliets-et-Villemartin 33 111 Zf 79
Mouliherne 49 62 Aa 64
Moulin-de-la-Croisée 17 86 Za 72
Moulineaux 76 15 Af 52
Moulines 14 30 Ze 55
Moulines 50 29 Yf 57
Moulines-en-Queyras 05 121 Gf 80
Moulinet 06 135 Hc 85
Moulinet 47 112 Ad 81
Moulinet-sur-Solin, Le 45 50 Cd 61
Moulin-Mage 81 128 Ce 86
Moulin-Neuf 09 141 Bf 90
Moulin-Neuf 24 100 Aa 78
Moulins 02 19 De 52
Moulins 02 34 Dd 54
Moulins 03 80 Dc 69
Moulins 35 45 Yd 61
Moulins-Engilbert 58 81 De 67
Moulins-en-Tonnerrois 89 67 Ea 62
Moulins-la-Marche 61 31 Ac 57
Moulins-le-Carbonnel 72 47 Zf 58
Moulins-lès-Metz 57 38 Ga 54
Moulins-sous-Touvent 60 18 Da 52
Moulins-Saint-Hubert 55 20 Fa 51
Moulins-sur-Céphons 36 78 Bd 66
Moulins-sur-Orne 61 30 Zf 56
Moulins-sur-Ouanne 89 66 Dc 62
Moulins-sur-Yèvre 18 79 Cd 66
Moulin-Vieux 38 108 Ff 78
Moulis 09 140 Ba 91
Moulis-en-Médoc 33 98 Zb 78
Moulismes 86 89 Ae 71
Moulle 62 3 Cb 44
Moulon 33 111 Ze 79
Moulon 45 50 Cd 60
Moulotte 55 37 Fe 54
Moult 14 30 Zf 54
Moumoulous 65 139 Ab 88
Moumour 64 137 Zc 89
Mounes-Prohencoux 12 128 Cf 86
Mourède 32 125 Ab 86
Mourens 33 111 Ze 81
Mourenx 64 137 Zc 88
Moureuille 63 92 Cf 72
Mourèze 34 143 Dc 87
Mouriès 13 131 Ef 86
Mouriez 62 7 Be 46
Mourioux 23 90 Bd 72
Mourjou 15 115 Cb 80
Mourmelon-le-Grand 51 36 Ec 54
Mourmelon-le-Petit 51 35 Eb 54
Mournans-Charbonny 39 84 Ff 68
Mournède, Aujan- 32 139 Ac 88
Mouron 08 20 Ee 53
Mouron-sur-Yonne 58 67 De 65
Mouroux 77 34 Da 56
Mours 95 33 Cb 54
Mours-Saint-Eusèbe 26 106 Fa 78
Mouscardès 40 123 Za 87
Moussac 30 130 Eb 84
Moussac 86 77 Af 70
Moussac 86 89 Ae 71
Moussages 15 103 Cc 77
Moussan 11 143 Cf 89
Moussé 35 45 Ye 61
Mousseaux-lès-Bray 77 51 Db 58
Mousseaux-Neuville 27 32 Bc 55
Mousseaux-sur-Seine 78 32 Bd 54
Moussey 10 52 Ea 59
Moussey 57 39 Ge 56
Moussey 88 56 Ha 58
Moussières, Les 39 96 Ff 70
Mousson 54 38 Ga 55
Moussonvilliers 61 31 Ae 57
Moussoulens 11 142 Cb 89
Moussy 51 35 Df 54
Moussy 58 66 Dc 65
Moussy 95 32 Bf 54
Moussy-le-Neuf 77 33 Cd 54
Moussy-le-Vieux 77 33 Cd 54
Moussy-Verneuil 02 19 Dd 52
Moustajon 31 151 Ad 92
Moustéru 22 26 We 57
Moustey 40 110 Zb 82
Moustier 47 112 Ab 81
Moustier-en-Fagne 59 10 Eb 48
Moustiers-Sainte-Marie 04 133 Gb 85
Moustier-Ventadour 19 102 Ca 76
Moustoir, Le 22 42 Wc 59
Moustoir-Ac 56 43 Xb 61
Moustoir-Remungol 56 43 Xa 61
Moutade, La 63 92 Db 73
Moutardon 16 88 Ab 72
Moutaret, Le 38 108 Ga 76
Mouterhouse 57 39 Hc 55
Mouterre-Silly 86 76 Aa 67
Mouterre-sur-Blourde 86 89 Ae 71
Mouthe 25 84 Gb 68
Mouthier-en-Bresse 71 83 Fc 67
Mouthier-Haute-Pierre 25 84 Gb 66
Mouthiers-sur-Boëme 16 100 Aa 75
Mouthoumet 11 154 Cd 91
Moutier-d'Ahun 23 90 Ca 72
Moutier-en-Ginglais, Le 14 29 Zd 54
Moutier-Malcard 23 90 Bf 70
Moutier-Rozeille 23 91 Cb 73
Moutiers 28 49 Be 59
Moutiers 35 45 Ye 61
Moutiers 54 22 Ff 53
Moûtiers 73 109 Gd 76
Moutiers 89 66 Db 63
Moutiers, Les 44 59 Xf 66
Moutiers-au-Perche 61 48 Af 58
Moutiers-Hubert, Les 14 30 Ab 55
Moutiers-les-Mauxfaits 85 74 Yd 70
Moutiers-Saint-Jean 21 67 Eb 63
Moutiers-sous-Argenton 79 75 Zd 67
Moutiers-sous-Chantemerle 79 75 Zc 68
Moutiers-sur-le-Lay 85 74 Yf 69
Mouton 16 88 Ab 73
Moutonne 39 83 Fc 69
Moutonneau 16 88 Ab 73
Moutoux 39 84 Ff 68
Moutrot 54 37 Ff 57
Mouvaux 59 4 Da 44
Moux 11 142 Cd 89
Moux-en-Morvan 58 67 Ea 65
Mouxy 73 108 Ff 74
Mouy 60 17 Cb 53
Mouy-sur-Seine 77 51 Db 58
Mouzay 37 63 Af 66
Mouzay 55 21 Fb 52
Mouzeil 44 60 Yd 64
Mouzens 24 113 Ba 79
Mouzens 81 141 Bf 87
Mouzeuil-Saint-Martin 85 74 Za 70
Mouzieys-Panens 81 127 Bf 84
Mouzieys-Teulet 81 128 Cb 85
Mouzillon 44 60 Ye 66
Mouzon 08 20 Fa 51
Mouzon 16 88 Ad 74
Moyaux 14 14 Ac 53
Moydans 05 119 Fd 82
Moy-de-l'Aisne 02 18 Dc 50
Moye 74 96 Ff 73
Moyemont 88 55 Gd 58
Moyen 54 55 Gd 58
Moyencourt 80 18 Cf 50
Moyencourt-lès-Poix 80 17 Ca 50
Moyenmoutier 88 56 Gf 58
Moyenneville 60 17 Cd 52
Moyenneville 62 8 Ce 47
Moyenneville 80 7 Be 48
Moyenvic 57 38 Gd 56
Moyeuvre-Grande 57 22 Ga 53
Moyeuvre-Petite 57 22 Ga 53
Moyon 50 29 Yf 55
Moyrazès 12 115 Cc 82
Moyvillers 60 17 Cd 52
Mozac 63 92 Da 73
Mozé-sur-Louet 49 61 Zc 64
Mucale, U = Moncale 2B 156 If 93
Muchedent 76 15 Bb 50
Muel 35 44 Xf 60
Muespach 68 72 Hc 63
Muespach-le-Haut 68 72 Hc 63
Mugron 40 123 Zb 86
Muhlbach-sur-Bruche 67 39 Hb 57
Muhlbach-sur-Munster 68 56 Ha 60
Muides-sur-Loire 41 64 Bd 63
Muidorge 60 17 Ca 51
Muids 27 16 Bb 53
Muille 80 18 Da 50
Muirancourt 60 18 Da 51
Muizon 51 19 Df 53
Mujouls, Les 06 134 Gf 85
Mulcent 78 32 Bd 55
Mulcey 57 38 Ge 56
Mulhausen 67 40 Hd 55
Mulhouse 68 72 Hb 62
Mulsanne 72 47 Ab 61
Mulsans 41 64 Bc 62
Mun 65 139 Ab 89
Munacia d'Auddè, A = Monacia-d'Aullène 2A 160 Ka 99
Munchhausen 67 40 Ia 55
Munchhouse 68 57 Hd 61
Muncq-Nieurlet 62 3 Ca 43
Mundolsheim 67 40 He 57
Muneville-le-Bingard 50 12 Yd 54
Muneville-sur-Mer 50 28 Yd 55
Mung, Le 17 87 Zb 73
Munster 68 56 Ha 60
Munticellu,U = Monticello 2B 156 If 93
Muntzenheim 68 57 Hc 60
Munwiller 68 56 Hc 61
Muracciole 2B 159 Kb 95
Murasson 12 128 Ce 86
Murat 03 92 Cf 70
Murat 15 103 Cf 78
Murat-le-Quaire 63 103 Ce 75
Murato 2B 157 Kc 93
Murat-sur-Vèbre 81 128 Cf 86
Muratu = Murato 2B 157 Kc 93
Muraz, La 74 96 Gb 72
Murbach 68 56 Ha 61
Mur-de-Barrez 12 115 Cd 79
Mûr-de-Bretagne 22 43 Xa 59
Mur-de-Sologne 41 64 Bd 64
Mure, La 04 134 Gd 85
Mure, La 38 120 Fe 79
Mureaumont 60 16 Be 51
Mureaux, Les 78 32 Bf 55
Mureils 26 106 Ef 77
Mûres 74 96 Ga 74
Muret 31 140 Bb 88
Muret-et-Crouttes 02 18 Dc 53
Muret-le-Château 12 115 Cd 82
Murette, la 38 107 Fd 76
Muriannette 38 108 Fe 77
Murinais 38 107 Fb 77
Murles 34 130 De 86
Murlin 58 66 Db 65
Muro 2B 156 If 93
Murol 63 104 Cf 75
Murols 12 115 Cd 80
Muron 17 87 Zb 72
Murs 36 77 Ba 67
Murs 84 132 Fb 85
Mûrs-Erigné 49 61 Zc 64
Murs-et-Gélignieux 01 107 Fd 75
Mursiglia = Morsiglia 2B 157 Kc 91
Murtin-et-Bogny 08 20 Ed 50
Murvaux 55 21 Fb 52
Murviel-lès-Béziers 34 143 Da 88
Murviel-lès-Montpellier 34 144 De 87
Murville 54 21 Fe 52
Murzo 2A 158 Ie 96
Murzu = Murzo 2A 158 Ie 96
Mus 30 130 Eb 86
Musculdy 64 137 Za 89
Mussey-sur-Marne 52 54 Fa 58
Mussidan 24 100 Ac 78
Mussig 67 57 Hd 59
Mussy-la-Fosse 21 68 Ec 63
Mussy-sous-Dun 71 93 Eb 71
Mussy-sur-Seine 10 53 Ec 61
Musuleu = Mausoléo 2B 156 Ka 93
Mutigney 39 69 Fd 65
Mutigny 51 35 Ea 54
Mutrécy 14 29 Zd 54
Muttersholtz 67 57 Hd 59
Mutzenhouse 67 40 Hd 56
Mutzig 67 40 Hc 57
Muy, Le 83 148 Gd 88
Muzeray 55 21 Fd 52
Muzilheg = Muzillac 56 59 Xd 63
Muzillac 56 59 Xd 63
Muzy 27 32 Bc 56
Myans 73 108 Ff 75
Myennes 58 66 Cf 64
Myon 25 84 Ff 66

N

Nabas 64 137 Zb 89
Nabinaud 16 100 Ab 77
Nabirat 24 113 Bb 80
Nabringhen 62 3 Bf 44
Nachamps 17 87 Zc 72
Nadaillac 24 101 Bc 78
Nadaillac-de-Rouge 46 113 Bc 79
Nades 03 92 Cf 72
Nadillac 46 114 Bd 81
Nagel-Séez-Mesnil 27 31 Af 55
Nages 81 128 Ce 86
Nages-et-Solorgues 30 130 Eb 86
Nahuja 66 153 Bf 94
Nailhac 24 101 Ba 77
Naillat 23 90 Bd 71
Nailloux 31 141 Bd 88
Nailly 89 51 Db 59
Nailly 89 67 De 63
Naintré 86 76 Ac 68
Nainville-les-Roches 91 50 Cd 57
Naisey-les-Granges 25 70 Gb 65
Naives-Rosières 55 37 Fb 56
Naix-aux-Forges 55 37 Fc 57
Naizin 56 43 Xb 61
Najac 12 127 Bf 83
Nalliers 85 74 Yf 70
Nalliers 86 77 Af 69
Nalzen 09 152 Be 91
Nambsheim 68 57 Hd 61
Nampcel 60 18 Da 52
Nampcelles-la-Cour 02 19 Ea 50
Nampont-Saint-Martin 80 7 Be 46
Namps-Maisnil 80 17 Ca 50
Nampteuil-sous-Muret 02 18 Dc 53
Nampty 80 17 Cb 50
Nançay 18 65 Cb 64
Nance 39 83 Fc 68
Nances 73 107 Fe 75
Nanclars 16 88 Ab 73
Nanc-lès-Saint-Amour 39 83 Fc 70
Nançois-le-Grand 55 37 Fc 56
Nançois-sur-Ornain 55 37 Fb 56
Nancras 17 86 Za 74
Nancray 25 70 Gb 65
Nancray-sur-Rimarde 45 50 Cb 60
Nancy 54 38 Ga 56
Nancy-sur-Cluses 74 97 Gd 72
Nandax 42 93 Eb 72
Nandy 77 33 Cd 57
Nangeville 45 50 Cb 59
Nangis 77 34 Da 57
Nangy 74 96 Gb 72
Nannay 58 66 Db 65
Nans 25 70 Gc 64
Nans, Les 39 84 Ff 68
Nans-les-Pins 83 147 Fe 88
Nan-sous-Thil 21 68 Ec 64
Nans-sous-Sainte-Anne 25 84 Ga 67
Nant 12 129 Db 84
Nanteau-sur-Essonne 77 51 Cc 59
Nanteau-sur-Lunain 77 51 Ce 59
Nanterre 92 33 Cb 55
Nantes 44 60 Yc 65
Nantes-en-Ratier 38 120 Fe 79
Nanteuil 79 76 Ze 70
Nanteuil-Auriac-de-Bourzac 24 100 Ab 76
Nanteuil-en-Vallée 16 88 Ab 73
Nanteuil-la-Forêt 51 35 Df 54
Nanteuil-la-Fosse 02 18 Dc 52
Nanteuil-le-Haudouin 60 34 Ce 54
Nanteuil-lès-Meaux 77 34 Cf 55
Nanteuil-Notre-Dame 02 34 Dc 53
Nanteuil-sur-Aisne 08 19 Eb 51
Nanteuil-sur-Marne 77 34 Db 55
Nantey 39 95 Fc 70
Nantheuil 24 101 Af 76
Nanthiat 24 101 Af 76
Nantiat 87 89 Bb 72
Nantillé 17 87 Zd 73
Nantilly 70 69 Fd 64
Nant-le-Grand 55 37 Fb 56
Nant-le-Petit 55 37 Fb 57
Nantoin 38 107 Fb 76
Nantois 55 37 Fc 57
Nanton 71 82 Ee 69
Nantouillet 77 33 Ce 54
Nantoux 21 82 Ee 66
Nantua 01 95 Fd 72
Naours 80 7 Cb 48
Narbéfontaine 57 38 Gd 54
Narbief 25 71 Ge 66
Narbonne 11 143 Cf 89
Narcastet 64 138 Ze 89
Narcy 52 36 Fa 57
Narcy 58 66 Da 65
Nargis 45 50 Ce 60
Narnhac 15 115 Ce 79
Narp 64 137 Zb 88
Narrosse 40 123 Yf 86
Nasbinals 48 116 Da 81
Nassandres 27 31 Ae 54
Nassiet 40 123 Zb 87
Nassigny 03 91 Cd 70
Nastringues 24 112 Aa 79
Nattages 01 95 Fe 74
Natzwiller 67 56 Hb 58
Naucelle 12 128 Cc 83
Naucelles 15 115 Cc 79
Naujac-sur-Mer 33 98 Yf 77
Naujan-et-Postiac 33 111 Ze 80
Nauroy 02 8 Db 49
Naussac 12 114 Ca 81
Naussac 48 117 Df 80
Naussannes 24 112 Ae 80
Nauviale 12 115 Cc 81
Navacelles 30 130 Eb 84
Navailles-Angos 64 138 Zd 88
Navarrenx 64 137 Zb 89
Naveil 41 63 Ba 62
Navenne 70 70 Ga 63
Naves 03 92 Da 71
Naves 19 102 Be 77
Naves 59 9 Db 47
Nâves-Parmelan 74 96 Gb 73
Navilly 71 83 Fa 67
Nay 50 12 Yd 53
Nay-Bourdettes 64 138 Ze 89
Nayemont-les-Fosses 88 56 Ha 59
Nayrac, Le 12 115 Cd 81
Néac 33 111 Ze 79
Néant-sur-Yvel 56 44 Xe 60
Neau 53 46 Zd 60
Neaufles-Auvergny 27 31 Ae 55
Neaufles-Saint-Martin 27 16 Be 53
Neauphe-sous-Essai 61 30 Ab 57
Neauphe-sur-Dive 61 30 Aa 55
Neauphle-le-Château 78 32 Bf 56
Neauphle-le-Vieux 78 32 Bf 56
Neauphlette 78 32 Bd 55
Neaux 42 93 Eb 73
Nébian 34 143 Dc 87
Nébias 11 153 Ca 91
Nébing 57 39 Ge 55
Nébouzat 63 103 Cf 74
Nécy 61 30 Zf 56
Nedde 87 90 Be 74
Nédon 62 7 Cc 45
Nédonchel 62 7 Cc 45
Neewiller-près-Lauterbourg 67 40 Ia 55
Neffes 05 120 Ga 81
Neffiès 34 143 Dc 87
Négrepelisse 82 127 Bd 84
Négreville 50 12 Yc 51
Négrondes 24 101 Af 76
Néhou 50 12 Yc 52
Nehwiller-près-Wœrth 67 40 He 55
Nelling 57 39 Gf 55
Nemours 77 50 Ce 59
Nempont-Saint-Firmin 62 7 Be 46
Nénigan 31 139 Ae 88
Néons-sur-Creuse 36 77 Af 68
Néoules 83 147 Ga 89
Néoux 23 91 Cb 73
Nepvant 55 21 Fb 51
Nérac 47 125 Ac 84
Nerbis 40 123 Zb 86
Nercillac 16 87 Ze 74
Néré 17 87 Ze 73
Néret 36 79 Ca 69
Nérignac 86 89 Ae 71
Néris-les-Bains 03 91 Cd 71
Nernier 74 96 Gb 70
Néron 28 32 Bd 57
Néronde 42 93 Eb 74
Nérondes 18 80 Ce 67
Néronde-sur-Dore 63 92 Dd 74
Nerpol-et-Serres 38 107 Fc 77
Ners 30 130 Ea 84
Nersac 16 100 Aa 75
Nervieux 42 93 Ea 74
Nerville-la-Forêt 95 33 Cb 54
Néry 60 17 Ce 53
Nesce = Nessa 2B 156 If 93
Neschers 63 104 Db 75
Nescus 09 140 Bc 91
Nesle 80 18 Cf 50
Nesle-et-Massoult 21 68 Ec 62
Nesle-Hodeng 76 16 Bd 50
Nesle-la-Reposte 51 34 Dd 57
Nesle-le-Repons 51 35 De 54
Nesle-l'Hôpital 80 16 Be 49
Nesle-Normandeuse 76 16 Be 49
Nesles 62 3 Bd 45
Nesles-la-Montagne 02 34 Dc 54
Nesles-la-Vallée 95 33 Cb 54
Neslette 80 6 Bd 49
Nesmy 85 74 Yd 69
Nesploy 45 50 Cc 61
Nespouls 19 102 Bc 78
Nessa 2B 156 If 93
Nestier 65 139 Ac 90
Nettancourt 55 36 Ef 55
Neublans-Abergement 39 83 Fb 67
Neubois 67 56 Hc 59
Neubourg, Le 27 31 Af 54
Neuf-Berquin 59 4 Ce 44
Neufbosc 76 16 Bc 51
Neufbourg, Le 50 29 Za 57
Neuf-Brisach 68 57 Hd 60
Neufchâteau 88 54 Fe 58
Neufchâtel-en-Bray 76 16 Bc 50
Neufchâtel-Hardelot 62 6 Bd 45
Neufchâtel-sur-Aisne 02 19 Ea 52
Neufchef 57 22 Ga 53
Neufchelles 60 34 Da 54
Neuf-Église 63 92 Cf 72
Neuffons 33 111 Aa 81
Neuffontaines 58 67 De 64
Neufgrange 57 39 Ha 54
Neuflieux 02 18 Db 51
Neuflize 08 19 Eb 52
Neufmaison 08 20 Ed 50
Neufmaisons 54 56 Gf 58
Neufmanil 08 20 Ee 50
Neufmesnil 50 12 Yc 53
Neufmoulin 80 7 Bf 48
Neufmoulins 57 39 Gf 56
Neufmoutiers-en-Brie 77 34 Cf 56
Neufour, le 55 36 Ef 54
Neufvillage 57 39 Ge 55
Neufvy-sur-Aronde 60 17 Ce 52
Neugartheim-Ittlenheim 67 40 Hd 56
Neugatheim-Ittlenheim 67 40 Hd 57
Neuhaeusel 67 40 Ia 56
Neuil 37 63 Ad 66
Neuillac 17 99 Zd 75
Neuillay-les-Bois 36 78 Bc 68
Neuillé 49 62 Zf 65
Neuillé-le-Lierre 37 63 Af 63
Neuillé-Pont-Pierre 37 63 Ad 63
Neuilly 27 32 Bc 55
Neuilly 58 67 Dd 65
Neuilly 89 51 Dc 61
Neuilly-en-Donjon 03 93 Df 70
Neuilly-en-Dun 18 80 Ce 68
Neuilly-en-Sancerre 18 65 Ce 65
Neuilly-en-Thelle 60 17 Cb 53
Neuilly-en-Vexin 95 32 Bf 53
Neuilly-la-Forêt 14 13 Yf 53
Neuilly-le-Bisson 61 30 Ab 58
Neuilly-le-Brignon 37 77 Ae 67
Neuilly-le-Dien 80 7 Ca 47
Neuilly-le-Réal 03 80 Dc 70
Neuilly-lès-Dijon 21 69 Ef 65
Neuilly-le-Vendin 53 29 Zd 58
Neuilly-l'Évêque 52 54 Fc 61
Neuilly-l'Hôpital 80 7 Bf 47
Neuilly-Plaisance 93 33 Cd 55
Neuilly-Saint-Front 02 34 Db 53
Neuilly-sous-Clermont 60 17 Cc 52
Neuilly-sur-Eure 61 31 Af 57
Neuilly-sur-Marne 93 33 Cd 55
Neuilly-sur-Seine 92 33 Cb 55
Neuilly-sur-Suize 52 54 Fa 60
Neulette 62 7 Ca 46
Neulise 42 93 Eb 73
Neulles 17 99 Zd 75
Neulliac 56 43 Xa 60
Neung-sur-Beuvron 41 64 Be 63
Neunkirchen-lès-Bouzonville 57 22 Gd 52
Neure 03 80 Cf 68
Neurey-en-Vaux 70 70 Gb 62
Neurey-lès-la-Demie 70 70 Gb 63
Neussargues-Moissac 15 104 Cf 77
Neuvecelle 74 97 Gd 70
Neuve-Chapelle 62 8 Ce 45
Neuve-Eglise 67 56 Hb 58
Neuvéglise 15 116 Cf 79
Neuve-Grange, la 27 16 Bd 52
Neuvelle-lès-Cromary 70 70 Ga 64
Neuvelle-lès-la-Charité 70 70 Ff 63
Neuvelle-lès-Lure, La 70 71 Gd 62
Neuvelle-lès-Scey, La 70 70 Ff 62
Neuvelle-lès-Voisey 52 54 Fe 61
Neuve-Lyre, la 27 31 Ae 55
Neuve-Maison 02 19 Ea 49
Neuves-Maisons 54 38 Ga 57
Neuveville-devant-Lépanges, La 88 56 Ge 60
Neuveville-sous-Châtenois, La 88 54 Ff 59
Neuveville-sous-Montfort, La 88 55 Ga 59
Neuvic 19 103 Cb 76
Neuvic 24 100 Ac 78
Neuvic-Entier 87 90 Bd 74
Neuvicq 17 99 Ze 77
Neuvicq-le-Château 17 87 Zf 74
Neuvillalais 72 47 Aa 60
Neuville 19 102 Be 78
Neuville 63 92 Dc 74
Neuville 63 104 Cf 74
Neuville 63 104 Dd 75
Neuville 80 7 Bf 48
Neuville, La 59 8 Da 46
Neuville, La 60 16 Be 50
Neuville-à-Maire, La 08 20 Ef 51
Neuville-au-Bois 80 7 Be 49
Neuville-au-Cornet 62 7 Cc 46
Neuville-au-Plain 50 12 Ye 52
Neuville-au-Pont, La 51 36 Ef 54
Neuville-aux-Bois 45 50 Ca 60
Neuville-aux-Bois, La 51 36 Ef 55
Neuville-aux-Joûtes, la 08 19 Eb 49
Neuville-aux-Larris, La 51 35 Df 54

188 (F) Moragne — Neuville-aux-Larris, La

Neuville-Bosc **60** 33 Ca 53
Neuville-Bosmont, La **02** 19 Df 50
Neuville-Bourjonval **62** 8 Da 48
Neuville-Chant-d'Oisel, La **76** 16 Bb 52
Neuville-d'Aumont, La **60** 17 Ca 52
Neuville-Day **08** 20 Ee 52
Neuville-de-Poitou **86** 76 Ab 68
Neuville-du-Bosc, La **27** 15 Ae 53
Neuville-en-Avesnois **59** 9 Dd 47
Neuville-en-Beaumont **50** 12 Yc 52
Neuville-en-Beine, La **02** 18 Da 50
Neuville-en-Ferrain **59** 4 Da 44
Neuville-en-Hez, La **60** 17 Cb 52
Neuville-en-Tourne-à-Fuy, La **08** 20 Ec 52
Neuville-en-Verdunois **55** 37 Fb 55
Neuville-Ferrières **76** 16 Bc 50
Neuville-Garnier, la **60** 17 Ca 52
Neuville-Housset, La **02** 19 De 50
Neuville-les-Dames **01** 94 Fa 72
Neuville-lès-Decize **58** 80 Db 68
Neuville-lès-Dieppe **76** 6 Ba 49
Neuville-lès-Dorengt, La **02** 9 De 49
Neuville-lès-Lœuilly **80** 17 Cb 50
Neuville-lès-This **08** 20 Ed 50
Neuville-lès-Vaucouleurs **55** 37 Fe 57
Neuville-lès-Wasigny, La **08** 20 Ec 51
Neuville-Marais **80** 7 Be 47
Neuville-près-Sées **61** 30 Ab 57
Neuviller-la-Roche **67** 56 Hb 58
Neuviller-lès-Badonviller **54** 39 Gf 57
Neuvillers-sur-Fave **88** 56 Ha 59
Neuviller-sur-Moselle **54** 55 Gb 58
Neuville-Saint-Amand **02** 18 Dc 50
Neuville-Saint-Pierre, La **60** 17 Cb 51
Neuville-Saint-Rémy **59** 8 Db 47
Neuville-Saint-Vaast **62** 8 Ce 46
Neuville-sire-Bernard, La **80** 17 Cd 50
Neuville-sous-Montreuil **62** 7 Be 46
Neuville-sur-Ailette **02** 19 De 52
Neuville-sur-Ain **01** 95 Fc 72
Neuville-sur-Authou **27** 15 Ad 53
Neuville-sur-Brenne **37** 63 Af 63
Neuville-sur-Essonne, La **45** 50 Cc 59
Neuville-sur-Margival **02** 18 Dc 52
Neuville-sur-Ornain **55** 36 Fa 56
Neuville-sur-Oudeuil, La **60** 17 Ca 51
Neuville-sur-Saône **69** 94 Ef 73
Neuville-sur-Sarthe **72** 47 Ab 60
Neuville-sur-Seine **10** 53 Ec 60
Neuville-sur-Touques **61** 30 Ab 55
Neuville-sur-Vannes **10** 52 De 59
Neuvillette **02** 18 Dc 49
Neuvillette **80** 7 Cb 47
Neuvillette-en-Charnie **72** 47 Ze 60
Neuville-Vault, La **60** 16 Bf 52
Neuville-Vitasse **62** 8 Ce 47
Neuvilley **39** 83 Fd 67
Neuvilly **59** 9 Dd 48
Neuvilly-en-Argonne **55** 36 Fa 54
Neuvireuil **62** 8 Cf 46
Neuvizy **08** 20 Ed 51
Neuvy **03** 80 Db 69
Neuvy **41** 64 Bd 63
Neuvy **51** 34 Dd 56
Neuvy-au-Houlme **61** 30 Ze 56
Neuvy-Bouin **79** 75 Zd 68
Neuvy-Deux-Clochers **18** 65 Ce 65
Neuvy-en-Beauce **28** 49 Bf 59
Neuvy-en-Champagne **72** 47 Zf 60
Neuvy-en-Dunois **28** 49 Bd 59
Neuvy-en-Mauges **49** 61 Zb 65
Neuvy-en-Sullias **45** 65 Cb 62
Neuvy-Grandchamp **71** 81 Df 69
Neuvy-le-Barrois **18** 80 Da 67
Neuvy-le-Roi **37** 63 Ad 63
Neuvy-Pailloux **36** 78 Bf 67
Neuvy-Saint-Sépulchre **36** 78 Be 69
Neuvy-Sautour **89** 52 De 60
Neuvy-sur-Barangeon **18** 65 Cb 65
Neuvy-sur-Loire **58** 66 Cf 63
Neuwiller **68** 72 Hd 63
Neuwiller-lès-Saverne **67** 39 Hc 55
Nevers **58** 80 Db 67
Névez **29** 42 Wb 62
Névian **11** 142 Cf 89
Néville **76** 15 Ae 50
Néville-sur-Mer **50** 12 Ye 50
Nevoy **45** 65 Cd 62
Nevy-lès-Dole **39** 83 Fd 66
Nevy-sur-Seille **39** 83 Fd 68
Nexon **87** 101 Bb 74
Ney **39** 84 Ff 68
Neydens **74** 96 Ga 72
Neyrolles, Les **01** 95 Fd 72
Nézel **78** 32 Bf 55
Nézignan-l'Évêque **34** 143 Dc 88
Niafles **53** 46 Za 61
Niaux **09** 152 Bd 92
Nibas **80** 6 Bd 48
Nibelle **45** 50 Cb 60
Nice **06** 135 Hb 86
Nicey **21** 52 Eb 61
Nicey-sur-Aire **55** 37 Fc 55
Nicole **47** 112 Ac 83
Nicorps **50** 28 Yd 54
Niderhoff **57** 39 Ha 57
Niderviller **57** 39 Ha 56
Niederbronn-les-Bains **67** 40 Hd 55
Niederbruck **68** 71 Gf 62
Niederentzen **68** 56 Hc 61
Niederhaslach **67** 39 Hc 57
Niederhausbergen **67** 40 He 57
Niederhergheim **68** 56 Hc 61
Niederlarg **68** 71 Hb 63
Niederlauterbach **67** 40 Ia 55
Niedermodern **67** 40 Hd 55
Niedermorschwihr **68** 56 Hb 60
Niedernai **67** 57 Hd 58
Niederrœdern **67** 40 Ia 55
Niederschaeffolsheim **67** 40 He 56
Niedersoultzbach **67** 40 Hc 55
Niedersteinbach **67** 40 He 54
Niederstinzel **57** 39 Ha 55
Niedervisse **57** 38 Gd 53
Nielles-lès-Ardres **62** 3 Ca 43
Nielles-lès-Bléquin **62** 3 Ca 43
Nielles-lès-Calais **62** 3 Be 43
Nieppe **59** 4 Ce 44
Niergnies **59** 8 Db 48
Nieudan **15** 115 Cb 79
Nieuil **16** 88 Ad 73
Nieuil-l'Espoir **86** 76 Ac 70
Nieul **87** 89 Bb 73
Nieul-le-Dolent **85** 74 Yc 69
Nieul-lès-Saintes **17** 87 Zb 74
Nieulle-sur-Seudre **17** 86 Yf 74
Nieul-le-Virouil **17** 99 Zc 76
Nieul-sur-l'Autise **85** 75 Zb 70
Nieurlet **59** 3 Cb 44
Niévroz **01** 94 Fa 74
Niffer **68** 71 Hd 62
Niherne **36** 78 Bd 68
Nijon **52** 54 Fd 59
Nilvange **57** 22 Ga 52
Nîmes **30** 131 Ec 85
Ninville **52** 54 Fc 60
Niort **79** 87 Zd 71
Niort-de-Sault **11** 153 Ca 92
Niozelles **04** 133 Ff 85
Nissan-lez-Enserune **34** 143 Da 89
Nistos **65** 139 Ac 90
Nitry **89** 67 Df 62
Nitting **57** 39 Ha 56
Nivelle **59** 9 Dc 46
Nivillac **56** 59 Xe 63
Nivillers **60** 17 Ca 52
Nivolas-Vermelle **38** 107 Fb 75
Nivollet-Montgriffon **01** 94 Fc 73
Nixéville-Blercourt **55** 37 Fb 54
Nizan, Le **33** 111 Ze 82
Nizan-Gesse **31** 139 Ad 89
Nizas **32** 140 Af 88
Nizas **34** 143 Dc 87
Nizerolles **03** 93 Dd 72
Nizy-le-Comte **02** 19 Ea 51
Noailhac **12** 115 Cc 81
Noailhac **19** 102 Bd 78
Noailhac **81** 142 Cc 87
Noaillac **33** 111 Zf 81
Noaillan **33** 111 Zd 82
Noailles **19** 102 Bd 78
Noailles **60** 17 Cb 53
Noailles **81** 127 Bf 84
Noailly **42** 93 Ea 72
Noalhac **48** 116 Da 80
Noalhat **63** 92 Dc 73
Noards **27** 15 Ad 53
Nocario **2B** 157 Kc 94
Nocé **61** 48 Ae 58
Noceta **2B** 159 Kb 95
Nochize **71** 93 Eb 70
Nocle-Maulaix, La **58** 81 De 68
Nod-sur-Seine **21** 68 Ed 62
Noé **31** 140 Bb 88
Noé **89** 51 Dc 60
Noë-Blanche, La **35** 45 Yb 62
Noël-Cerneux **25** 71 Ge 66
Noë-les-Mallets **10** 53 Ed 60
Noëllet **49** 61 Yf 62
Noë-Poulain, La **27** 15 Ad 53
Noërs **54** 21 Fd 52
Noës, Les **42** 93 Df 72
Noës-près-Troyes, Les **10** 52 Ea 59
Nœux-lès-Auxi **62** 7 Cb 47
Nœux-les-Mines **62** 8 Cd 46
Nogaro **32** 124 Zf 86
Nogent **52** 54 Fc 60
Nogentel **02** 34 Dc 54
Nogent-en-Othe **10** 52 De 60
Nogent-l'Abbesse **51** 19 Ea 53
Nogent-l'Artaud **02** 34 Db 55
Nogent-le-Bernard **72** 47 Ac 59
Nogent-le-Phaye **28** 49 Bd 58
Nogent-le-Roi **28** 32 Bd 57
Nogent-le-Rotrou **28** 48 Ae 59
Nogent-le-Sec **27** 31 Ba 55
Nogent-lès-Montbard **21** 68 Ec 63
Nogent-sur-Aube **10** 52 Eb 58
Nogent-sur-Eure **28** 49 Bc 58
Nogent-sur-Loir **72** 62 Ac 63
Nogent-sur-Marne **94** 33 Cc 55
Nogent-sur-Oise **60** 17 Cc 53
Nogent-sur-Seine **10** 51 Dd 58
Nogent-sur-Vernisson **45** 50 Ce 61
Nogna **39** 83 Fd 69
Noguères **64** 138 Zc 88
Nohanent **63** 92 Da 74
Nohant-en-Goût **18** 79 Cd 66
Nohant-Vic **36** 78 Bf 69
Nohèdes **66** 153 Cb 93
Nohic **82** 126 Bc 85
Nohant-en-Graçay **18** 64 Bf 66
Noidan **21** 68 Ec 64
Noidans-le-Ferroux **70** 70 Ff 63
Noidans-lès-Vesoul **70** 70 Ga 63
Noidant-Chatenoy **52** 69 Fc 62
Noidant-le-Rocheux **52** 54 Fb 62
Noilhan **32** 140 Af 87
Nointel **60** 17 Cc 52
Nointel **95** 33 Cb 54
Nointot **76** 15 Ac 51
Noircourt **02** 19 Ea 50
Noirefontaine **25** 71 Ge 64
Noirémont **60** 17 Cb 51
Noirétable **42** 93 De 74
Noirlieu **51** 36 Ee 55
Noirmoutier-en-l'Île **85** 59 Xe 66
Noiron **70** 69 Fd 64
Noiron-sous-Gevrey **21** 69 Fa 65
Noiron-sur-Bèze **21** 69 Fb 64
Noiron-sur-Seine **21** 53 Ec 61
Noironte **25** 70 Ff 65
Noirpalu **50** 28 Ye 56
Noirval **08** 20 Ee 52
Noiseau **94** 33 Cd 56
Noisiel **77** 33 Cd 55
Noisseville **57** 38 Gb 54
Noisy-le-Grand **93** 33 Cd 55
Noisy-le-Roi **78** 33 Ca 55
Noisy-Rudignon **77** 51 Cf 58
Noisy-sur-École **77** 50 Cd 58
Noisy-sur-Oise **95** 33 Cb 54
Noizay **37** 63 Af 64
Nojals-et-Clottes **24** 113 Ae 80
Nojean-en-Vexin **27** 16 Bd 52
Nolay **21** 82 Ed 67
Nolay **58** 80 Db 66
Nolléval **76** 16 Bc 51
Nollieux **42** 93 Ea 74
Nomain **59** 8 Db 45
Nomdieu **47** 125 Ac 84
Nomécourt **52** 53 Fa 58
Nomeny **54** 38 Gb 55
Nomexy **88** 55 Gc 59
Nommay **25** 71 Gf 63
Nompatelize **88** 56 Gf 59
Nonac **16** 100 Aa 76
Nonancourt **27** 31 Bb 56
Nonant **14** 13 Zc 53
Nonant-le-Pin **61** 30 Ab 56
Nonards **19** 102 Be 78
Nonaville **16** 99 Zf 75
Noncourt-sur-le-Rongeant **52** 54 Fb 58
Nonette **63** 103 Db 76
Nonglard **74** 96 Ga 73
Nonhigny **54** 39 Gf 57
Nonières **07** 118 Ec 79
Nonsard **55** 37 Fe 55
Nontron **24** 100 Ad 75
Nonville **77** 50 Ce 59
Nonville **88** 55 Ff 60
Nonvilliers-Grandhoux **28** 48 Bb 58
Nonza **2B** 157 Kc 92
Nonzeville **88** 55 Gd 59
Noordpeene **59** 3 Cc 44
Nordausques **62** 3 Ca 44
Nordheim **67** 40 Hd 57
Nordhouse **67** 57 He 58
Noreuil **62** 8 Cf 47
Norge-la-Ville **21** 69 Fa 64
Normandel **61** 31 Ae 57
Normanville **27** 31 Ba 54
Normanville **76** 15 Ad 50
Normier **21** 68 Ec 64
Norolles **14** 14 Ab 53
Noron-l'Abbaye **14** 30 Ze 55
Noron-la-Poterie **14** 13 Zb 53
Noroy **60** 17 Cd 52
Noroy-le-Bourg **70** 70 Gb 63
Noroy-sur-Ourcq **02** 34 Db 53
Norrent-Fontes **62** 7 Cc 45
Norrey-en-Auge **14** 30 Zf 55
Norrey-en-Bessin **14** 13 Zc 53
Norrois **51** 36 Ed 56
Norroy **88** 55 Ff 59
Norroy-le-Sec **54** 21 Fe 53
Norroy-lès-Pont-à-Mousson **54** 38 Ga 55
Norroy-le-Veneur **57** 38 Ga 53
Nortkerque **62** 3 Ca 43
Nort-Leulinghem **62** 3 Ca 44
Nort-sur-Erdre **44** 60 Yd 64
Norville **76** 15 Ad 52
Norville, La **91** 33 Cb 57
Nossage-et-Bénévent **05** 119 Fe 83
Nossoncourt **88** 56 Ge 58
Nostang **56** 43 We 62
Noth **23** 90 Bd 71
Nothalten **67** 56 Hc 58
Notre-Dame **73** 108 Gb 77
Notre-Dame-d'Aliermont **76** 16 Bb 49
Notre-Dame-d'Allençon **49** 61 Zd 65
Notre-Dame-de-Bellecombe **73** 96 Gd 74
Notre-Dame-de-Bliquetuit **76** 15 Ae 51
Notre-Dame-de-Boisset **42** 93 Ea 73
Notre-Dame-de-Bondeville **76** 15 Ba 52
Notre-Dame-de-Cenilly **50** 28 Ye 55
Notre-Dame-de-Commiers **38** 119 Fe 78
Notre-Dame-de-Courson **14** 30 Ab 55
Notre-Dame-de-Gravenchon **76** 15 Ad 51
Notre-Dame-de-la-Rouvière **30** 130 De 84
Notre-Dame-de-l'Isle **27** 32 Bc 54
Notre-Dame-de-Livaye **14** 30 Aa 54
Notre-Dame-de-Livoye **50** 28 Ye 56
Notre-Dame-de-Londres **34** 130 De 86
Notre-Dame-de-l'Osier **38** 107 Fc 77
Notre-Dame-de-Mésage **38** 107 Fe 78
Notre-Dame-de-Monts **85** 73 Xf 68
Notre-Dame-d'Epine **27** 15 Ad 53
Notre-Dame-de-Riez **85** 73 Ya 68
Notre-Dame-de-Sanilhac **24** 101 Ae 78
Notre-Dame-des-Landes **44** 60 Yb 64
Notre-Dame-des-Millières **73** 108 Gc 75
Notre-Dame-d'Estrées **14** 30 Aa 54
Notre-Dame-de-Vaulx **38** 119 Fe 79
Notre-Dame-d'Oé **37** 63 Ae 64
Notre-Dame-du-Bec **76** 14 Ab 51
Notre-Dame-du-Hamel **27** 31 Ad 55
Notre-Dame-du-Parc **76** 15 Ba 50
Notre-Dame-du-Pé **72** 62 Ze 62
Notre-Dame-du-Pré **73** 109 Gd 75
Notre-Dame-du-Rocher **61** 29 Zd 56
Notre-Dame-du-Touchet **50** 29 Za 57
Nottonville **28** 49 Bd 60
Nouaille, La **23** 90 Ca 73
Nouaillé-Maupertuis **86** 76 Ac 69
Nouainville **50** 12 Yb 51
Nouan-le-Fuzelier **41** 65 Ca 63
Nouans **72** 47 Ab 59
Nouans-les-Fontaines **37** 64 Bb 66
Nouart **08** 20 Fa 52
Nouâtre **37** 77 Ad 66
Nouaye, La **35** 44 Ya 60
Noue, La **51** 35 Dd 56
Noueilles **31** 141 Bd 88
Nougaroulet **32** 125 Ae 86
Nouhant **23** 91 Cc 71
Nouic **87** 89 Af 72
Nouilhan **65** 138 Aa 88
Nouillers, Les **17** 87 Zb 73
Nouillonpont **55** 21 Fd 52
Nouilly **57** 38 Gb 54
Noulens **32** 125 Aa 86
Nourard-le-Franc **60** 17 Cc 51
Nourray **41** 63 Ba 62
Nousse **40** 123 Zb 86
Nousseviller-lès-Bitche **57** 39 Hc 54
Nousseviller-Saint-Nabor **57** 39 Gf 54
Nousty **64** 138 Ze 89
Nouvelle-Église **62** 3 Ca 43
Nouvion **80** 7 Be 47
Nouvion-en-Thiérache, le **02** 9 De 48
Nouvion-et-Catillon **02** 18 Dc 50
Nouvion-le-Comte **02** 18 Dc 50
Nouvion-le-Vineux **02** 19 Dd 51
Nouvion-sur-Meuse **08** 20 Ee 50
Nouvoitou **35** 45 Yc 60
Nouvron-le-Vineux **02** 18 Db 52
Nouzerines **23** 91 Ca 70
Nouzerolles **23** 90 Be 70
Nouziers **23** 78 Bf 70
Nouzilly **37** 63 Ae 63
Nouzonville **08** 20 Ee 50
Novacelles **63** 105 Dd 76
Novalaise **73** 107 Fe 75
Novale **2B** 159 Kc 95
Novéant-sur-Moselle **57** 38 Ga 54
Novella **2B** 157 Ka 93
Noves **13** 131 Ef 85
Noviant-aux-Près **54** 37 Ff 55
Novillars **25** 70 Ga 65
Novillers **60** 17 Cb 53
Novion-Porcien **08** 20 Ec 51
Novy-Chevrières **08** 20 Ec 51
Noyal **22** 27 Xd 58
Noyal **35** 44 Xf 62
Noyales **02** 18 Dd 49
Noyal-Muzillac **56** 59 Xd 63
Noyalo **56** 58 Xb 63
Noyal-Pontivy **56** 43 Xa 60
Noyal-sous-Bazouges **35** 28 Yc 58
Noyal-sur-Brutz **44** 45 Yd 62
Noyal-sur-Seiche **35** 45 Yc 60
Noyal-sur-Vilaine **35** 45 Yc 60
Noyant **49** 61 Zc 63
Noyant **49** 62 Aa 63
Noyant-d'Allier **03** 80 Da 70
Noyant-de-Touraine **37** 63 Ad 66
Noyant-et-Aconin **02** 18 Dc 52
Noyant-la-Gravoyère **49** 61 Za 62
Noyant-la-Plaine **49** 61 Zd 65
Noyarey **38** 107 Fd 77
Noyelles **59** 8 Da 45
Noyelles **62** 8 Ce 46
Noyelles **62** 8 Cf 46
Noyelles-en-Chaussée **80** 7 Bf 47
Noyelles-Godault **62** 8 Cf 46
Noyelles-lès-Humières **62** 7 Cb 46
Noyelles-sous-Bellonne **62** 8 Da 47
Noyelles-sur-Escaut **59** 8 Db 48
Noyelles-sur-Mer **80** 7 Be 47
Noyelles-sur-Sambre **59** 9 De 47
Noyelles-sur-Selle **59** 9 Dc 47
Noyelle-Vion **62** 8 Cd 47
Noyen-sur-Sarthe **72** 47 Zf 61
Noyen-sur-Seine **77** 51 Dc 58
Noyer, Le **18** 65 Ce 64
Noyer-en-Ouche, Le **27** 31 Ae 54
Noyers **27** 16 Bc 53
Noyers **45** 50 Cd 61
Noyers **52** 54 Fc 60
Noyers **89** 67 Df 62
Noyers, Les **27** 16 Be 53
Noyers-Auzécourt **55** 36 Ef 55
Noyers-Bocage **14** 29 Zc 54
Noyers-Pont-Maugis **08** 20 Ef 51
Noyers-Saint-Martin **60** 17 Cb 51
Noyers-sur-Cher **41** 64 Bc 65
Noyers-sur-Jabron **04** 133 Fe 83
Noyon **60** 18 Da 51
Nozay **10** 52 Ea 57
Nozay **44** 60 Yc 63
Nozay **91** 33 Cb 57
Nozeroy **39** 84 Ga 68
Nozières **07** 106 Ed 78
Nozières **18** 79 Cc 68
Nuaillé **49** 61 Zb 66
Nuaillé-d'Aunis **17** 86 Za 71
Nuaillé-sur-Boutonne **17** 87 Zd 72
Nuars **58** 67 De 64
Nubécourt **55** 37 Fb 54
Nucourt **95** 32 Bf 54
Nueil-sur-Argent **79** 75 Zc 67
Nueil-sur-Layon **49** 61 Zd 66
Nuillé-le-Jalais **72** 47 Ab 70
Nuillé-sur-Ouette **53** 46 Zc 60
Nuillé-sur-Vicoin **53** 46 Zb 61
Nuisement **10** 53 Ed 59
Nuisement-sur-Coole **51** 35 Eb 55
Nuits **89** 67 Eb 62
Nuits-Saint-Georges **21** 68 Ef 66
Nullemont **76** 16 Bd 50
Nully-Trémilly **52** 53 Ee 58
Nuncq-Hautecôte **62** 7 Cb 47
Nuret-le-Ferron **36** 78 Bc 68
Nurieux-Volognat **01** 95 Fd 72
Nurlu **80** 8 Da 48
Nuvella = Novella **2B** 157 Ka 93
Nuzéjouls **46** 113 Bc 81
Nyoiseau **49** 61 Za 62
Nyons **26** 119 Fa 82

O

Obenheim **67** 57 He 58
Oberbronn-Zinswiller **67** 40 Hd 55
Oberbruck **68** 56 Gf 62
Oberdorff **57** 22 Gd 53
Oberdorf-Spachbach **67** 40 He 55
Oberentzen **68** 56 Hc 61
Obergailbach **57** 39 Hb 54
Oberhaslach **67** 39 Hb 57
Oberhausbergen **67** 40 He 57
Oberhergheim **68** 56 Hc 61
Oberhoffen-lès-Wissembourg **67** 40 Hf 54
Oberhoffen-sur-Moder **67** 40 Hf 56
Oberlarg **68** 71 Hb 64
Oberlauterbach **67** 40 Ia 55
Obermodern-Zutzendorf **67** 40 Hd 55
Obermorschwihr **68** 56 Hb 60
Obermorschwiller **68** 72 Hb 63
Obernai **67** 57 Hc 58
Obersaasheim **68** 57 Hd 61
Oberschaeffolsheim **67** 40 Hd 57
Obersoultzbach **67** 39 Hc 55
Obersteinbach **67** 40 He 54
Oberstinzel **57** 39 Ha 56
Obervisse **57** 38 Gd 54
Obies **59** 9 De 47
Objat **19** 101 Bc 77
Oblinghem **62** 8 Cd 45
Obrechies **59** 9 Ea 47
Obreck **57** 38 Gd 55
Obsonville **77** 50 Cd 59
Obterre **36** 77 Ba 67
Obtevoz **38** 95 Fb 74
Obtrée **21** 53 Ed 61
Ocana **2A** 158 If 97
Occagnes **61** 30 Zf 56
Occey **52** 69 Fb 63
Occhiatana **2B** 156 Ka 93
Occoches **80** 7 Cb 47
Ochancourt **80** 6 Bd 48
Oches **08** 20 Ef 51
Ochey-Thuilley **54** 38 Ff 56
Ochjatana = Occhiatana **2B** 156 Ka 93
Ochtezeele **59** 3 Cc 44
Ocquerre **77** 34 Da 54
Ocqueville **76** 15 Ae 50
Octeville **50** 12 Yc 51
Octeville-l'Avenel **50** 12 Yd 51
Octeville-sur-Mer **76** 14 Aa 51
Octon **34** 129 Db 87
Odars **31** 141 Bd 87
Odeillo **66** 153 Ca 93
Odenas **69** 94 Ed 72
Oderen **68** 56 Gf 61
Odomez **59** 9 Dd 46
Odos **65** 138 Aa 89
Odratzheim **67** 40 Hc 57
Oëlleville **88** 55 Ga 58
Oermingen **67** 39 Ha 54
Œting **57** 39 Gf 53
Œuf-en-Ternois **62** 7 Cb 46
Œuilly **02** 19 De 52
Œuilly **51** 35 De 54
Œyregave **40** 123 Yf 87
Œyreluy **40** 123 Yf 86
Offekerque **62** 3 Ca 43
Offemont **90** 71 Gf 62
Offendorf **67** 40 Hf 56
Offignies **80** 16 Bf 50
Offin **62** 7 Be 46
Offlanges **39** 69 Fd 65
Offoy **60** 17 Ca 50
Offoy **80** 18 Da 50
Offranville **76** 16 Ba 49
Offrethun **62** 3 Be 44
Offroicourt **88** 55 Ga 59
Offwiller **67** 40 Hd 55
Ogenne-Camptort **64** 137 Zb 89
Oger **51** 35 Ea 55
Ogeu-les-Bains **64** 138 Zc 90
Ogéviller **54** 39 Ge 57
Ogliastro **2B** 157 Kc 92
Ogliastru = Ogliastro **2B** 157 Kc 92
Ognes **02** 18 Db 51
Ognes **51** 35 Df 56
Ognes **60** 34 Ce 54
Ognéville **54** 55 Ga 58
Ognolles **60** 18 Cf 50
Ognon **60** 17 Cd 53
Ogy **57** 38 Gb 54
Ohain **59** 10 Ea 48
Oherville **76** 15 Ae 50
Ohis **02** 19 Ea 49
Ohlungen **67** 40 He 56
Ohnenheim **67** 57 Hd 59
Oie, L' **85** 74 Yf 68
Oigney **70** 70 Ff 62
Oignies **62** 8 Cf 46
Oigny **21** 68 Ee 63
Oigny **41** 48 Af 60
Oigny-en-Valois **02** 34 Da 53
Oingt **69** 94 Ed 73
Oinville-Saint-Liphard **28** 49 Bf 59
Oinville-sous-Auneau **28** 49 Be 58
Oiron **79** 76 Zf 67
Oiry **51** 35 Ea 54
Oiselay-et-Grachaux **70** 70 Ff 64
Oisemont **80** 7 Be 49
Oisilly **21** 69 Fc 64
Oisly **41** 64 Bc 64
Oison **45** 49 Bf 60
Oisseau **53** 46 Zb 58
Oisseau-le-Petit **72** 47 Aa 58
Oissel **76** 15 Ba 52
Oissery **77** 34 Ce 54
Oissy **80** 17 Ca 49
Oisy **02** 9 De 48
Oisy **58** 66 Dc 64
Oisy-le-Verger **62** 8 Da 47
Oizé **72** 47 Aa 62
Oizon **18** 65 Cd 64
Olargues **34** 143 Cf 87
Olby **63** 92 Cf 74
Olcani **2B** 157 Kc 92
Oléac-Deblat **65** 139 Aa 89
Oléac-Dessus **65** 139 Ab 90
Olemps **12** 115 Cd 82
Olendon **14** 30 Zf 55
Oletta **2B** 157 Kc 93
Olette **66** 153 Cb 93
Olivese **2A** 159 Ka 97
Olivet **45** 49 Bf 61
Olivet **53** 46 Za 60
Olizy **51** 35 De 54
Olizy-Primat **08** 20 Ee 52
Olizy-sur-Chiers **55** 21 Fb 51
Ollainville **88** 54 Fe 59
Ollainville **91** 33 Cb 57
Ollans **25** 70 Gb 64
Ollé **28** 49 Bb 58
Olley **54** 37 Fe 54
Ollezy **02** 18 Da 50
Ollières **83** 147 Fe 88
Ollières, Les **74** 96 Gb 73
Ollières-sur-Eyrieux, Les **07** 118 Ed 80
Olliergues **63** 105 Dd 74
Ollioules **83** 147 Ff 90
Olliviers, Les **05** 120 Gb 81
Olloix **63** 104 Da 75
Olmes, Les **69** 94 Ed 73
Olmet **63** 105 Dd 74
Olmeta di Capicorsu = Olmeta-di-Capocorso **2B** 157 Kc 92
Olmeta-di-Capocorso **2B** 157 Kc 92
Olmeta di Tuda **2B** 157 Kc 93
Olmet-et-Villecun **34** 129 Db 86
Olmeto **2A** 158 If 98
Olmi-Cappella **2B** 156 Ka 93
Olmiccia **2A** 159 Ka 98
Olmi è Cappella = Olmi-Cappella **2b** 156 Ka 93
Olmo **2B** 157 Kc 94
Olmu, L' = Olmo **2B** 157 Kc 94
Olonne-sur-Mer **85** 73 Yb 69
Olonzac **34** 142 Ce 89
Oloron-Sainte-Marie **64** 137 Zc 89
Ols-et-Rinhodes **12** 114 Bf 82
Olwisheim **67** 40 Hd 56
Omblèze **26** 119 Fb 79
Omécourt **60** 16 Bf 51
Omelmont **54** 55 Ga 57
Omergues, Les **04** 132 Fd 83
Omerville **95** 32 Be 54
Omessa **2B** 157 Kb 94
Omet **33** 111 Ze 81
Omex **65** 138 Zf 90
Omey **51** 36 Ec 55
Omicourt **08** 20 Ee 51
Omiécourt **80** 18 Cf 50
Omissy **02** 18 Db 49
Omméel **61** 30 Aa 56
Ommeray **57** 39 Ge 56
Ommoy **61** 30 Zf 55
Omont **08** 20 Ee 51
Omonville **76** 15 Ba 50
Omonville-la-Petite **50** 12 Ya 50
Omonville-la-Rogue **50** 12 Ya 50
Omps **15** 115 Cb 79
Oms **66** 154 Ce 93
Onans **25** 71 Gd 63
Onard **40** 123 Za 86
Onay **70** 69 Fe 64
Oncieu **01** 95 Fc 73
Oncourt **88** 55 Gc 59
Oncy-sur-Ecole **91** 50 Cc 58
Ondefontaine **14** 29 Zb 55
Ondes **31** 126 Bb 86
Ondres **40** 122 Yd 87
Ondreville-sur-Essonne **45** 50 Cc 59
Onesse-et-Laharie **40** 123 Yf 84
Onet-le-Château **12** 115 Cd 82
Oneux **80** 7 Bf 48
Ongles **04** 132 Fe 84
Onglières **39** 84 Ga 68
Onjon **10** 52 Eb 58
Onlay **58** 81 Df 67
Onnaing **59** 9 Dd 46
Onnion **74** 96 Gc 72
Onoz **39** 83 Fd 70
Ons-en-Bray **60** 16 Bf 52
Onville **54** 38 Ff 54
Onzain **41** 63 Bb 64
Oô **31** 151 Ad 92
Oost-Cappel **59** 4 Cd 43
Opio **06** 134 Gf 86
Opoul-Périllos **66** 154 Cf 91
Oppède-le-Vieux **84** 132 Fa 85
Oppedette **04** 132 Fd 85
Oppenans **70** 70 Gc 63
Oppy **62** 8 Cf 46
Oraàs **64** 137 Za 88
Oradour **15** 116 Cf 79
Oradour **16** 88 Zf 73
Oradour-Fanais **16** 89 Ae 72
Oradour-Saint-Genest **87** 89 Ba 71
Oradour-sur-Glane **87** 89 Ba 73
Oradour-sur-Vayres **87** 89 Af 74
Orain **21** 69 Fc 63
Orainville **02** 19 Ea 52
Oraison **04** 133 Ff 85
Orange **84** 131 Ee 84
Orbagna **39** 83 Fc 69
Orbais **51** 35 De 55
Orban **81** 127 Ca 85
Orbec **14** 30 Ac 54
Orbeil **63** 104 Db 75
Orbessan **32** 139 Ad 87
Orbey **68** 56 Ha 60
Orbigny **37** 64 Bb 65
Orbigny-au-Mont **52** 54 Fc 61
Orbigny-au-Val **52** 54 Fc 61
Orbrie, L' **85** 75 Zb 70
Orçay **41** 65 Ca 65
Orcemont **78** 32 Be 57
Orcet **63** 104 Da 74
Orcevaux **52** 69 Fb 62
Orchaise **41** 63 Bb 63
Orchamps **39** 69 Fd 66
Orchamps-Vennes **25** 71 Gd 66
Orches **86** 76 Ab 67
Orchies **59** 8 Db 46
Orcier **74** 96 Gc 71
Orcières **05** 120 Gb 80
Orcinas **26** 119 Fa 81
Orcines **63** 92 Da 74
Orcival **63** 103 Cf 74
Orconte **51** 36 Ee 56
Ordan-Larroque **32** 125 Ac 86
Ordiarp **64** 137 Za 89
Ordino **(AND)** 152 Bd 93
Ordizan **65** 139 Aa 90
Ordonnac **33** 98 Za 77
Ordonnaz **01** 95 Fd 74
Ore **31** 139 Ad 91
Orègue **64** 137 Yf 88
Oreilla **66** 153 Cb 93
Orelle **73** 109 Gd 77
Oresmaux **80** 17 Cb 50
Organ **65** 139 Ac 89
Orgedeuil **16** 88 Ac 74
Orgeix **09** 153 Bf 92
Orgelet **39** 83 Fd 69
Orgères **35** 45 Yb 61
Orgères **61** 30 Ac 56
Orgères-en-Beauce **28** 49 Be 60
Orgerus **78** 32 Be 55
Orges **52** 53 Ef 60
Orgeux **21** 69 Fa 64
Orgeval **02** 19 De 51
Orgeval **78** 32 Bf 55
Orgibet **09** 151 Af 91
Orgnac-l'Aven **07** 131 Ec 83
Orgnac-sur-Vézère **19** 102 Bc 77
Orgueil **82** 126 Bc 85
Orieux **65** 139 Ab 89
Orignac **65** 139 Ab 90
Origne **33** 111 Zc 82
Origné **53** 46 Zb 61
Orignolles **17** 99 Ze 77

Neuville-Bosc — Orignolles (F) **189**

Petit-Quevilly, Le 76 15 Ba 52
Petit-Réderching 57 39 Hb 54
Petit-Tenquin 57 39 Gf 55
Petit-Verly 02 9 Dd 49
Petiville 14 14 Zc 53
Petiville 76 15 Ad 52
Petosse 85 75 Za 70
Petracurbara, A = Pietracorbara 2B 157 Kc 91
Petra di Verde, A = Pietra-di-Verde 2B 159 Kc 95
Petralba = Pietralba 2B 157 Kb 93
Petreto-Bicchisano 2A 159 If 98
Petricaghju, U = Pietrocaggio 2B 159 Kc 95
Petrosu, U = Pietroso 2B 159 Kb 96
Pettoncourt 57 38 Gc 56
Pettonville 54 39 Ge 57
Peujard 33 99 Zd 78
Peumérit 29 41 Ve 61
Peumerit-Quintin 22 26 We 58
Peuplingues 62 3 Be 43
Peuton 53 46 Zb 61
Peuvillers 55 21 Fc 52
Peux-et-Couffouleux 12 128 Cf 86
Pévange 57 38 Gd 55
Pévy 51 19 Df 53
Pexiora 11 141 Ca 89
Pexonne 54 56 Gf 58
Pey 40 123 Ye 87
Peymeinade 06 134 Gf 87
Peynier 13 146 Fd 88
Peypin 13 146 Fd 88
Peypin-d'Aigues 84 132 Fd 86
Peyrabout 23 90 Bf 72
Peyrat, Le 09 153 Bf 91
Peyrat-de-Bellac 87 89 Ba 72
Peyrat-la-Nonière 23 91 Cb 72
Peyrat-le-Château 87 90 Be 74
Peyratte, La 79 76 Zf 68
Peyraube 65 139 Ab 89
Peyre 40 124 Zc 87
Peyrecave 32 126 Ae 85
Peyrefitte-du-Razès 11 141 Ca 90
Peyrefitte-sur-l'Hers 11 141 Be 89
Peyregoux 81 128 Cb 86
Peyrehorade 40 123 Yf 87
Peyreleau 12 129 Db 83
Peyrelevade 19 90 Ca 75
Peyrelongue-Abos 64 138 Zf 88
Peyrens 11 141 Bf 88
Peyrestortes 66 154 Cf 92
Peyret-Saint-André 65 139 Ad 89
Peyriac-de-Mer 11 143 Cf 90
Peyriac-Minervois 11 142 Cd 89
Peyriat 01 95 Fd 72
Peyrière 47 112 Ab 81
Peyrieu 01 107 Fe 74
Peyrilhac 87 89 Ba 73
Peyrillac-et-Millac 24 113 Bc 79
Peyrilles 46 113 Bc 81
Peyrins 26 106 Fa 78
Peyrissac 19 102 Be 75
Peyrissas 31 140 Af 89
Peyrole 81 127 Bf 86
Peyroles 30 130 Df 84
Peyrolles 11 153 Cb 91
Peyrolles-en-Provence 13 132 Fd 87
Peyroud 07 106 Ee 77
Peyroules 04 134 Gd 86
Peyrouse 65 138 Zf 90
Peyrouzet 31 140 Af 89
Peyruis 04 133 Ff 84
Peyrun 65 139 Ab 89
Peyrus 26 119 Fa 79
Peyrusse 15 104 Da 77
Peyrusse-Grande 32 125 Ab 87
Peyrusse-le-Roc 12 114 Ca 82
Peyrusse-Massas 32 125 Ad 86
Peyrusse-Vieille 32 125 Ab 87
Peyssies 31 140 Bb 89
Peyzac-le-Moustier 24 101 Ba 79
Peyzieux-sur-Saône 01 94 Ee 72
Pézarches 77 34 Cf 56
Pezé-le-Robert 72 47 Zf 59
Pézenas 34 143 Dc 88
Pézènes-les-Mines 34 143 Db 87
Pezens 11 142 Cb 89
Pezou 41 48 Ba 61
Pezuls 24 113 Ae 79
Pézy 28 49 Bd 59
Pfaffenheim 68 56 Hb 61
Pfaffenhoffen 67 40 Hd 55
Pfalzweyer 67 39 Hb 56
Pfastatt 68 71 Hb 62
Pfettisheim 67 40 Hd 56
Pfirt = Ferrette 68 72 Hb 63
Pfulgriesheim 67 40 Hd 57
Phaffans 90 71 Gf 63
Phalempin 59 8 Da 45
Phalsbourg 57 39 Hb 56
Philippsbourg 57 40 Hd 55
Philondenx 40 124 Zd 87
Phlin 54 38 Gb 55
Pia 66 154 Cf 92
Piacé 72 47 Aa 59
Piana 2A 158 Id 95
Piana, A = Piana 2B 158 Id 95
Pianello 2B 157 Kb 93
Pianello 2B 159 Kc 95
Pian-Médoc, Le 33 99 Zc 79
Piano 2B 157 Kc 94
Pianotolli-Caldarello 2A 160 Ka 100
Pianotolli Caldarellu = Pianotolli-Caldarello 2A 160 Ka 100
Pianu, U = Piano 2B 157 Kc 94
Piards, Les 39 84 Ff 70
Piazzali 2B 159 Kc 95
Piazzole 2B 157 Kc 94
Piblange 57 22 Gc 53
Pibrac 31 126 Bb 87
Picarreau 39 84 Fe 68
Picauville 50 12 Yd 52
Pichanges 21 69 Fa 64
Picherande 63 103 Ce 76
Picquigny 80 7 Ca 49
Pied-de-Borne 48 117 Df 82
Piedicorte-di-Gaggio 2B 159 Kc 95
Piedicroce 2B 157 Kc 94
Piedigriggio 2B 157 Kb 94
Piedipartino 2B 157 Kc 94
Pie-d'Orezza 2B 157 Kc 94
Piégon 26 132 Fa 83
Piégros-la-Clastre 26 119 Fa 80
Piégut 04 120 Ga 82
Piégut-Pluviers 24 101 Ae 75
Piencourt 27 30 Ac 54
Piennes 54 21 Fe 53
Piennes 80 17 Cd 51
Pierlas 06 134 Ha 84
Pierre-Bénite 69 94 Ee 74
Pierre-Buffière 87 89 Bc 74
Pierre-Châtel 38 119 Fe 79
Pierreclos 71 94 Ee 71
Pierrecourt 70 69 Fd 63
Pierrecourt 76 16 Bd 49
Pierre-de-Bresse 71 83 Fb 67
Pierrefeu 06 134 Ha 85
Pierrefeu-du-Var 83 147 Ga 89
Pierrefiche 12 115 Cd 80
Pierrefiche 12 116 Cf 82
Pierrefiche 12 129 Db 84
Pierrefiche 48 117 De 80
Pierrefitte 19 102 Bd 76
Pierrefitte 23 90 Bf 72
Pierrefitte 23 91 Cb 72
Pierrefitte 79 75 Ze 67
Pierrefitte 88 55 Gb 59
Pierrefitte-en-Auge 14 14 Ab 53
Pierrefitte-en-Beauvaisis 60 16 Bf 52
Pierrefitte-en-Cinglais 14 29 Zd 55
Pierrefitte-lès-Bois 45 65 Ce 63
Pierrefitte-Nestalas 65 138 Zf 91
Pierrefitte-sur-Aire 55 37 Fb 55
Pierrefitte-sur-Loire 03 81 De 69
Pierrefitte-sur-Sauldre 41 65 Ca 63
Pierrefitte-sur-Seine 93 33 Cc 55
Pierrefonds 60 18 Cf 52
Pierrefontaine-lès-Blamont 25 71 Gf 64
Pierrefontaine-les-Varans 25 71 Gd 65
Pierrefort 15 115 Cf 79
Pierregot 80 7 Cc 48
Pierre-la-Treiche 54 38 Ff 57
Pierrelatte 26 118 Ee 82
Pierrelaye 95 33 Ca 54
Pierre-Levée 77 34 Da 55
Pierrelongue 26 132 Fb 83
Pierremande 02 18 Db 51
Pierremont 62 7 Cb 46
Pierre-Morains 51 35 Ea 55
Pierre-Percée 54 56 Gf 58
Pierre-Perthuis 89 67 De 64
Pierrepont 02 19 De 51
Pierrepont 14 30 Ze 55
Pierrepont 54 21 Fe 52
Pierrepont-sur-Avre 80 17 Cd 50
Pierrepont-sur-l'Arentèle 88 55 Gd 59
Pierrerue 04 133 Ff 85
Pierrerue 34 143 Cf 88
Pierres 14 29 Zb 55
Pierres 28 32 Bd 57
Pierreval 76 16 Bb 51
Pierrevert 04 133 Fe 86
Pierreville 50 12 Yb 52
Pierreville 54 38 Ga 57
Pierrevillers 57 22 Ga 53
Pierric 44 60 Yb 62
Pierroton 33 110 Zb 80
Pierry 51 35 Df 54
Pietracorbara 2B 157 Kc 91
Pietra-di-Verde 2B 159 Kc 95
Pietralba 2B 157 Kb 93
Pietraserena 2B 159 Kc 95
Pietricaggio 2B 159 Kc 95
Pietrosella 2A 158 If 97
Pietroso 2B 159 Kb 96
Piets-Plasence-Moustrou 64 124 Zc 87
Pieusse 11 142 Cb 90
Pieux, Les 50 12 Yb 51
Pieve 2B 156 Ie 94
Pieve 2B 157 Kb 93
Piffonds 89 51 Da 60
Pigna 2B 156 If 93
Pignan 34 144 De 87
Pignans 83 147 Gb 89
Pignicourt 02 19 Ea 52
Pignols 63 104 Db 75
Pigny 18 65 Cc 65
Pihem 62 3 Cb 44
Pihen-lès-Guînes 62 3 Be 43
Pila-Canale 2A 158 If 98
Pillac 16 100 Ab 77
Pillemoine 39 84 Ff 68
Pilles, Les 26 119 Fb 82
Pillon 55 21 Fd 52
Pimbo 40 124 Zd 87
Pimelles 89 52 Eb 61
Pimprez 60 18 Cf 51
Pin 70 70 Ff 65
Pin, Le 03 93 Df 70
Pin, Le 14 14 Ac 53
Pin, Le 17 99 Ze 77
Pin, Le 30 131 Ed 84
Pin, Le 36 78 Bd 69
Pin, Le 38 107 Fc 76
Pin, Le 39 83 Fd 68
Pin, Le 44 59 Xe 64
Pin, Le 44 60 Yf 63
Pin, Le 77 33 Cd 55
Pin, Le 79 75 Zc 67
Pin, Le 82 126 Af 84
Pinas 65 139 Ac 90
Pin-au-Haras, Le 61 30 Aa 56
Pinay 42 93 Ea 73
Pin-Balma 31 127 Bd 87
Pincé 72 46 Zd 62
Pindères 47 111 Aa 83
Pindray 86 77 Ae 70
Pineaux, Les 85 74 Ye 69
Pinel-Hauterive 47 112 Ad 82
Pin-en-Mauges, Le 49 61 Za 65
Pinet 34 143 Dd 88
Pineuilh 33 112 Ab 80
Piney 10 52 Ec 58
Pin-la-Garenne, Le 61 48 Ad 58
Pin-Murelet, Le 31 140 Ba 88
Pino 2B 157 Kc 91
Pinols 43 104 Dc 78
Pinon 02 18 Dc 52
Pinsac 46 114 Bd 79
Pinsaguel 31 140 Bc 87
Pins-Justaret 31 140 Bc 88
Pinsot 38 108 Ga 76
Pintac 65 138 Zf 89
Pinterville 27 31 Bb 53
Pintheville 55 37 Fd 54
Pinthières, les 28 32 Bd 56
Pinu, U = Pino 2B 157 Kc 91
Piobetta 2B 157 Kc 94
Pioggiola 2B 156 Ka 93
Piolenc 84 118 Ee 83
Pionnat 23 90 Ca 71
Pionsat 63 91 Ce 72
Pioussay 79 88 Aa 72
Pipriac 35 44 Ya 62
Piquecos 82 126 Bb 84
Pirajoux 01 95 Fb 70
Piré-sur-Seiche 35 45 Yd 60
Pirey 25 70 Ff 65
Piriac-sur-Mer 44 59 Xc 64
Pirmil 72 47 Zf 61
Pirou 50 12 Yc 53
Pis 32 125 Ae 86
Pis 32 139 Ac 87
Pisany 17 87 Zb 74
Piseux 27 31 Af 56
Pisieu 38 106 Fa 76
Pisseleu 60 17 Ca 51
Pisseloup 52 54 Fe 62
Pisseure, La 70 55 Gb 61
Pissos 40 110 Zb 83
Pissotte 85 75 Zb 70
Pissy 80 17 Ca 49
Pissy-Pôville 76 15 Af 51
Pisy 89 67 Ea 63
Pithiviers 45 50 Cb 59
Pithiviers-le-Vieil 45 50 Cb 60
Pithon 02 18 Da 50
Pîtres 27 16 Bb 53
Pitretu Bicchisgià = Petreto-Bicchisano 2A 159 If 98
Pitrusedda = Pietrosella 2A 158 If 97
Pittefaux 62 3 Be 44
Pizay 01 95 Fa 73
Pizieux 72 47 Ac 59
Pizou, Le 24 100 Aa 78
Pla, Le 09 153 Ca 92
Plabennec 29 24 Vd 57
Plabenneg = Plabennec 29 24 Vd 57
Placé 53 46 Zb 59
Places, les 27 30 Ac 54
Placey 25 70 Ff 65
Plachy-Buyon 80 17 Cb 50
Placy 14 29 Zd 55
Placy-Montaigu 50 29 Za 54
Plagad = Plouagat 22 26 Xa 57
Plagne 01 95 Fe 71
Plagne 31 140 Ba 90
Plagne, La 73 109 Ge 75
Plagnole 31 140 Ba 88
Plaigne 11 141 Be 89
Plailly 60 33 Cd 54
Plaimbois-du-Miroir 25 71 Gd 65
Plaimbois-Vennes 25 71 Gd 65
Plaine 67 56 Ha 58
Plaine, La 49 61 Zc 66
Plaine-de-Walsch 57 39 Ha 56
Plaine Haute 22 26 Xa 58
Plaines-Saint-Lange 10 53 Ec 61
Plaine-sur-Mer, La 44 59 Xe 66
Plainfaing 88 56 Ha 59
Plainfaing, Le 88 56 Gf 60
Plainoiseau 39 83 Fd 68
Plainpalais, La 73 108 Ga 75
Plains-et-Grands-Essarts, Les 25 71 Gf 65
Plaintel 22 26 Xb 58
Plainval 60 17 Cc 51
Plainville 27 31 Ad 54
Plainville 60 17 Cc 51
Plaisance 12 128 Cd 85
Plaisance 32 124 Aa 87
Plaisance 86 89 Af 71
Plaisance-du-Touch 31 140 Bb 87
Plaisia 39 83 Fd 69
Plaisians 26 132 Fb 83
Plaisir 78 32 Bf 56
Plaissan 34 143 Dd 87
Plaizac 16 87 Zf 74
Plan 38 107 Fc 77
Plan, Le 31 140 Ba 90
Plan, Le 83 134 Gd 87
Planay 21 68 Ec 62
Planay 73 109 Ge 76
Planche, La 44 60 Yd 66
Plancher-Bas 70 71 Ge 62
Plancher-les-Mines 70 71 Ge 62
Planches 61 30 Ac 56
Planches-en-Montagne, les 39 84 Gb 69
Planches-près-Arbois, Les 39 84 Fe 67
Plancoët 22 27 Xe 57
Plancy-l'Abbaye 10 35 Df 57
Plan-d'Aups 83 146 Fe 88
Plan-de-Baix 26 119 Fa 80
Plan-de-Cuques 13 146 Fc 88
Plan-d'Orgon 13 131 Ef 86
Planès 66 153 Ca 94
Planèzes 66 154 Cd 92
Planfili = Pleine-Fougères 35 28 Yc 57
Planfoy 42 106 Ec 76
Plangoed = Plancoët 22 27 Xe 57
Planguenoual 22 27 Xc 57
Planioles 46 114 Ca 81
Planois, Le 71 83 Fc 68
Planquay, le 27 30 Ac 54
Planquery 14 13 Za 54
Planques 62 7 Ca 46
Planrupt 52 53 Ee 57
Plans, Les 30 130 Eb 84
Plans, Les 34 129 Db 86
Plantay, Le 01 95 Fa 72
Plantiers, les 30 130 De 84
Plantis, le 61 31 Ac 57
Planty 10 52 Dd 59
Planvour = Plœmeur 56 42 Wd 62
Planzolles 07 117 Ea 82
Plasne 39 83 Fe 68
Plasnes 27 31 Ad 54
Plassac 17 99 Zc 76
Plassac 33 99 Zc 78
Plassac-Rouffiac 16 100 Aa 75
Plassay 17 87 Zb 74
Plateau-d'Assy 74 97 Ge 73
Plats 07 118 Ee 78
Plaudren 56 43 Xb 62
Plauzat 63 104 Db 75
Plavilla 11 141 Bf 90
Plazac 24 101 Ba 78
Pleaux 15 103 Cb 78
Pléboulle 22 27 Xe 57
Pléchâtel 35 45 Yb 61
Plédéliac 22 27 Xd 58
Plédran 22 26 Xb 58
Pléguien 22 26 Xa 57
Pléhédel 22 26 Xa 56
Pleiben = Pleyeben 29 42 Wa 59
Pleine-Fougères 35 28 Yc 57
Pleine-Selve 02 18 Dd 50
Pleine-Selve 33 99 Zc 77
Pleine-Sève 76 15 Ae 50
Pleines-Œuvres 14 29 Za 55
Plélan-le-Grand 35 44 Xf 61
Plélan-le-Petit 22 27 Xe 58
Plelann-Veur = Plélan-le-Grand 35 44 Xf 61
Plelann-Vihan = Plélan-le-Petit 22 27 Xe 58
Plélauff 22 43 We 59
Plélo 22 26 Xa 57
Plémet 22 43 Xc 59
Plémy 22 43 Xb 58
Plénée-Jugon 22 27 Xd 58
Pleneg-Nanatraezh = Pléneuf-Val-André 22 27 Xc 57
Pléneuf-Val-André 22 27 Xc 57
Plénise 39 84 Ga 68
Plerguer 35 28 Ya 57
Plérin 22 26 Xb 57
Plerin = Plérin 22 26 Xb 57
Plerneuf 22 26 Xa 57
Plescop 56 43 Xa 62
Plesder 35 27 Ya 58
Plesidy 22 26 Wf 58
Pleslin-Trigavou 22 27 Xf 57
Plessala 22 43 Xc 59
Plessé 44 59 Ya 63
Plessier, Le 80 17 Cc 50
Plessier-Huleu, Le 02 18 Dc 53
Plessier-sur-Bulles, Le 60 17 Cb 51
Plessier-sur-Saint-Just, Le 60 17 Cc 51
Plessis-Balisson 22 27 Xf 57
Plessis-Barbuise 10 35 Dd 57
Plessis-Belleville, Le 60 33 Ce 54
Plessis-Brion, Le 60 18 Cf 52
Plessis-Cornefroy, Le 60 18 Ce 53
Plessis-de-Roye 60 18 Cf 51
Plessis-Dorin, Le 41 48 Af 60
Plessis-Feu-Aussoux, Le 77 34 Da 56
Plessis-Gassot, Le 95 33 Cc 54
Plessis-Grammoire, Les 49 61 Zd 64
Plessis-Grimoult, Le 14 29 Zc 55
Plessis-Grohan, Le 27 31 Ba 55
Plessis-Hébert, Le 27 32 Bc 55
Plessis-Lastelle, Le 50 12 Yd 53
Plessis-l'Echelle, Le 41 49 Bc 62
Plessis-l'Evêque, Le 77 34 Ce 54
Plessis-Luzarches, Le 95 33 Cc 54
Plessis-Macé, Le 49 61 Zb 63
Plessis-Pâté, Le 91 33 Cb 57
Plessis-Placy, Le 77 34 Cf 54
Plessis-Robinson, Le 92 33 Cb 56
Plessis-Saint-Benoist 91 49 Ca 58
Plessis-Sainte-Opportune, Le 27 31 Af 54
Plessis-Saint-Jean 89 51 Db 58
Plestan 22 27 Xd 58
Plestin-les-Grèves 22 25 Wc 57
Pleubian 22 26 Wf 55
Pleucadeuc 56 44 Xd 62
Pleudaniel 22 26 Wf 56
Pleudihen-sur-Rance 22 27 Ya 57
Pleugriffet 56 43 Xb 61
Pleugueneuc 35 27 Ya 58
Pleumartin 86 77 Ae 68
Pleumeleuc 35 44 Ya 59
Pleumeur-Bodou 22 25 Wc 56
Pleumeur-Gautier 22 26 Wf 56
Pleure 39 83 Fc 67
Pleurs 51 35 Df 56
Pleurtuit 35 27 Xf 57
Pleuven 29 42 Vf 61
Pleuvezain 88 55 Ff 58
Pleuville 16 88 Ac 72
Pléven 22 27 Xe 58
Plévin 22 42 Wc 59
Pleyben 29 42 Wa 59
Pleyber-Christ 29 25 Wa 57
Pliboux 79 88 Aa 71
Plichancourt 51 36 Ee 56
Plieux 32 125 Ae 85
Plistin = Plestin-les-Grèves 29 25 Wc 57
Plivot 51 35 Ea 54
Plobannalec 29 41 Ve 62
Plobsheim 67 57 He 58
Ploemel 56 43 Wf 63
Plœmeur 56 42 Wd 62
Ploërdut 56 43 We 60
Ploeren 56 43 Xa 63
Ploermael = Ploërmel 56 44 Xd 61
Ploërmel 56 44 Xd 61
Plœuc-sur-Lié 22 26 Xb 58
Ploëven 29 41 Ve 60
Ploëzal 22 26 We 56
Plogastel-Saint-Germain 29 41 Ve 61
Plogoff 29 41 Vc 60
Plogonnec 29 41 Ve 60
Ploheg = Plœuc-sur-Lié 22 26 Xb 58
Plomb 50 28 Ye 56
Plombières-les-Bains 88 55 Gc 61
Plombières-lès-Dijon 21 68 Ef 64
Plomelin 29 41 Vf 61
Plomeur 29 41 Ve 61
Plomion 02 19 Ea 50
Plomodiern 29 41 Ve 59
Ploneis 29 41 Ve 60
Plonéour-Lanvern 29 41 Ve 61
Plonévez-Porzay 29 41 Ve 60
Plorec-sur-Arguenon 22 27 Xe 58
Plouagat 22 26 Xa 57
Plouared = Plouaret 22 25 Wd 57
Plouaret 22 25 Wd 57
Plouarzel 29 24 Vb 58
Plouasne 22 44 Xf 59
Plouay 56 42 We 61
Ploubalay 22 27 Xf 57
Ploubazlanec 22 26 Wf 56
Ploubezre 22 25 Wd 56
Ploudalmézeau 29 24 Vc 57
Ploudaniel 29 24 Ve 57
Ploudiry 29 25 Vf 58
Ploue = Plouay 56 42 We 61
Plouëc-du-Trieux 22 26 We 56
Plouédern 29 24 Ve 58
Plouégat-Guérand 29 25 Wb 57
Plouégat-Moysan 29 25 Wc 57
Plouénan 29 25 Wa 57
Plouër-sur-Rance 22 27 Ya 57
Plouescat 29 25 Vf 57
Ploueskad = Plouescat 29 25 Vf 57
Plouézec 22 26 Xa 56
Plouézoch 29 25 Wb 57
Ploufragan 22 26 Xb 58
Plougar 29 25 Vf 57
Plougasnou 29 25 Wb 56
Plougastel-Daoulas 29 24 Vd 58
Plougêr, Karaez- = Plouguer, Carhaix- 29 24 Wc 59
Plougonvelin 29 24 Vb 58
Plougonven 29 25 Wb 57
Plougonver 22 26 Wd 58
Plougonwaz = Plouguenast 22 43 Xb 59
Plougoulm 29 25 Vf 56
Plougoumelen 56 43 Xa 63
Plougourvest 29 25 Vf 57
Plougras 22 25 Wc 57
Plougrescant 22 26 We 55
Plouguenast 22 43 Xb 59
Plouguer, Carhaix- 29 42 Wc 59
Plouguerneau 29 24 Vd 57
Plouguernével 22 43 We 59
Plouguiel 22 26 We 56
Plouguin 29 24 Vc 57
Plouha 22 26 Xa 56
Plouharnel 56 58 Wf 63
Plouhinec 29 41 Vc 60
Plouhinec 56 43 We 62
Plouider 29 24 Ve 57
Plouigneau 29 25 Wb 57
Plouigno = Plouigneau 29 25 Wb 57
Plouisy 22 26 We 57
Ploulec'h 22 25 Wd 56
Ploumagoar 22 26 We 57
Ploumanac'h 22 25 Wd 56
Ploumilliau 22 25 Wc 56
Ploumoguer 29 24 Vb 58
Plounéour-Menez 29 25 Wa 58
Plounéour-Trez 29 24 Ve 57
Plounérin 22 25 Wc 57
Plounéventer 29 24 Ve 57
Plounévez-du-Faou 29 42 Wb 59
Plounévézel 29 25 Wc 59
Plounevez-Lochrist 29 24 Ve 57
Plounévez-Moëdec 22 25 Wd 57
Plounévez-Quintin 22 43 We 59
Plourac'h 22 25 Wc 58
Plouray 56 42 Wd 60
Plourhan 22 26 Xa 57
Plourin 29 24 Vb 57
Plourin-lès-Morlaix 29 25 Wb 57
Plourivo 22 26 Wf 56
Plouvain 62 8 Cf 47
Plouvalae = Ploubalay 22 27 Xf 57
Plouvara 22 26 Xa 57
Plouvien 29 24 Vd 57
Plouvorn 29 25 Vf 57
Plouyé 29 25 Wb 59
Plouzané 29 24 Vc 58
Plouzélambre 22 25 Wc 57
Plouzévédé 29 25 Vf 57
Plouziri = Ploudiry 29 25 Vf 58
Plovan 29 41 Vd 61
Ployart-et-Vaurseine 02 19 De 52
Ployron, Le 60 17 Cd 51
Plozévet 29 41 Vd 61
Pluduno 22 27 Xe 57
Plufur 22 25 Wc 57
Pluguffan 29 41 Ve 61
Pluherlin 56 44 Xd 62
Plumaudan 22 44 Xf 58
Plumaugat 22 44 Xe 59
Plumelec 56 43 Xc 61
Pluméliau 56 43 Xa 61
Plumelin 56 43 Xa 61
Plumergat 56 43 Xa 62
Plumetot 14 14 Zd 53
Plumieux 22 43 Xc 60
Plumont 39 69 Fe 66
Plurien 22 27 Xd 57
Plusquellec 22 25 Wd 58
Plussulien 22 43 Wf 59
Pluvault 21 69 Fa 65
Pluvet 21 69 Fa 65
Pluvigner 56 43 Wf 62
Pluzunet 22 26 Wd 57
Pocancy 51 35 Ea 55
Pocé-les-Bois 35 45 Ye 60
Pocé-sur-Cisse 37 63 Ba 64
Podensac 33 111 Zd 81
Poë-Sigillat, Le 26 119 Fb 82
Poët, Le 05 120 Gc 81
Poët, Le 05 133 Ff 83
Poët-Célard, Le 26 119 Fa 81
Poët-Laval, Le 26 118 Fa 81
Pœuilly 80 18 Da 49
Poey-de-Lescar 64 138 Zd 88
Poey-d'Oloron 64 137 Zb 89
Poëzat 03 92 Db 72
Poggio-di-Nazza 2B 159 Kb 96
Poggio-di-Venaco 2B 159 Kb 95
Poggio-d'Oletta 2B 157 Kc 93
Poggiolo 2A 158 If 95
Poggio-Marinaccio 2B 157 Kc 94
Poggio-Mezzana 2B 157 Kd 94
Poghju di Nazza, U = Poggio-di-Nazza 2B 159 Kb 96
Poghju di Vaenacu, U = Poggio-di-Venaco 2B 159 Kb 95
Poghju d'Oletta, U = Poggio-d'Oletta 2B 157 Kc 93
Poghju Marinacce = Poggio-Marinaccio 2B 157 Kc 94
Poghju Mezana, U = Poggio-Mezzana 2B 157 Kd 94
Pogny 51 36 Ec 55
Poids-de-Fiole 39 83 Fd 69
Poigny 77 34 Db 57
Poigny-la-Forêt 78 32 Be 56
Poil 58 81 Ea 67
Poilcourt-Sydney 08 19 Ea 52
Poilhes 34 143 Da 89
Poillé-sur-Vègre 72 46 Ze 61
Poilley 35 28 Ye 58
Poilley 50 28 Ye 57
Poilly 51 35 De 53
Poilly-lez-Gien 45 65 Cd 62
Poilly-sur-Serein 89 67 Df 62
Poilly-sur-Tholon 89 51 Dc 61
Poinçon-lès-Larrey 21 53 Ec 61
Poinçonnet, Le 36 78 Be 68
Poincy 77 34 Cf 55
Poinsenot 52 69 Fa 62
Poinson-lès-Fayl 52 69 Fd 62
Poinson-lès-Grancey 52 68 Ef 62
Poinson-lès-Nogent 52 54 Fc 61
Pointel 61 29 Zd 56
Pointis-de-Rivière 31 139 Ad 90
Pointis-Inard 31 139 Ae 90
Pointre 39 69 Fd 65
Pointvillers 25 84 Ff 66
Poinville 28 49 Bf 59
Poiré-sur-Velluire, Le 85 75 Za 70
Poiré-sur-Vie, Le 85 74 Yc 68
Poiseul 52 54 Fc 61
Poiseul-la-Grange 21 68 Ee 63
Poiseul-la-Ville-et-Laperrière 21 68 Ee 63
Poiseul-lès-Saulx 21 68 Ef 63
Poiseux 58 80 Db 66
Poiseux 58 81 Df 67
Poislay, Le 41 48 Ba 60
Poisoux 39 95 Fc 70
Poisson 71 93 Ea 70
Poissons 52 54 Fb 58
Poissy 78 33 Ca 55
Poisvilliers 28 32 Bc 57
Poitevinière, La 49 61 Za 65
Poitiers 86 76 Ac 69
Poivres 10 35 Eb 56
Poix 51 36 Ed 55
Poix-de-Picardie 80 17 Bf 50
Poix-du-Nord 59 9 Dd 47
Poix-Terron 08 20 Ed 51
Poizat, Le 01 95 Fe 72
Polaincourt-et-Clairefontaine 70 55 Ga 61
Polastron 31 140 Af 89
Polastron 32 140 Af 87
Poléon 17 87 Zb 72
Polhay 60 16 Bf 51
Poliénas 38 107 Fc 77
Polignac 17 99 Ze 77
Polignac 43 105 Df 78
Poligné 35 45 Yb 61
Poligny 05 120 Ga 80
Poligny 10 53 Ec 59
Poligny 39 83 Fe 67
Poligny 77 50 Ce 59
Polincove 62 3 Ca 43
Polisot 10 53 Ec 60
Polisy 10 53 Ec 60
Pollestres 66 154 Cf 93
Polliat 01 95 Fa 71
Pollieu 01 95 Fe 74
Pollionnay 69 94 Ed 74
Polminhac 15 115 Cd 79
Polveroso 2B 157 Kc 94
Pomacle 51 19 Ea 52
Pomarède 46 113 Bb 81
Pomarez 40 123 Za 87
Pomas 11 142 Cb 90
Pomayrols 12 116 Da 82
Pomerol 33 111 Ze 79
Pomérols 34 143 Dd 88
Pomeys 69 106 Ec 75
Pommard 21 82 Ee 66
Pommera 62 7 Cc 47
Pommeraie-sur-Sèvre, La 85 75 Zb 67
Pommeraye, La 49 61 Za 64
Pommeret 22 26 Xc 58
Pommereuil 59 9 Dd 48
Pommereux 76 16 Bd 51
Pommeréval 76 16 Bb 50
Pommerieux 53 46 Za 62
Pommérieux 57 38 Gb 55
Pommerit-Jaudy 22 26 We 56
Pommerit-le-Vicomte 22 26 Wf 57
Pommerol 26 119 Fc 82
Pommeuse 77 34 Da 56
Pommevic 82 126 Af 84
Pommier 62 8 Cd 47
Pommiers 02 18 Db 52
Pommiers 30 129 Dd 85
Pommiers 36 78 Bd 69
Pommiers 42 93 Ea 74
Pommiers 69 94 Ee 73
Pommiers-la-Placette 38 107 Fd 77
Pommiers-Moulons 17 99 Zd 77
Pommier-de-Beaurepaire 38 107 Fa 76
Pomoy 70 70 Gc 63
Pompaire 79 76 Ze 69
Pompéjac 33 111 Ze 82
Pompertuzat 31 141 Bd 88
Pompey 54 38 Ga 56
Pompiac 32 140 Ba 87
Pompidou, Le 48 130 Dd 83
Pompierre 88 54 Fe 59
Pompierre-sur-Doubs 25 71 Gd 64
Pompiey 47 125 Ab 83
Pompignan 30 130 Df 85
Pompignan 82 126 Bb 86
Pompogne 47 112 Aa 83
Pomponne 77 33 Ce 55
Pomport 24 112 Ac 80
Pomps 64 138 Zc 88
Poncé-sur-le-Loir 72 63 Ad 62
Poncey-lès-Athée 21 69 Fc 65
Ponchel, Le 62 7 Ca 47
Ponches-Estruval 80 7 Bf 47
Ponchon 60 17 Cb 52
Poncin 01 95 Fc 72
Poncins 42 93 Ea 74
Pondaurat 33 111 Zf 81
Pondivi = Pontivy 56 43 Xa 60
Pondy, Le 18 79 Cd 68
Ponlat-Taillebourg 31 139 Ad 90
Pons 17 99 Zc 75
Ponsan-Soubiran 32 139 Ac 88
Ponsas 26 106 Ef 78
Ponson-Debat-Pouts 64 138 Zf 89
Ponson-Dessus 64 138 Zf 89
Ponsonnas 38 120 Fe 79
Pont, Le 21 69 Fa 65
Pontacq 64 138 Zf 89
Pontailler-sur-Saône 21 69 Fc 65
Pontaix 26 119 Fb 80
Pont-à-Marcq 59 8 Da 45
Pont-à-Mousson 54 38 Ga 55
Pont-Arcy 02 19 Dd 52
Pontarion 23 90 Bf 73
Pontarlier 25 84 Gc 67
Pontarmé 60 33 Cd 54
Pontaubert 89 67 Df 64
Pont-Audemer 27 15 Ad 52
Pontault-Combault 77 33 Cd 56
Pontaumur 63 91 Ce 73
Pont-Authou 27 15 Ae 53
Pont-Aven 29 42 Wb 61
Pont-à-Vendin 62 8 Cf 46
Pontavert 02 19 De 52
Pont-Bellanger 14 29 Za 55
Pontcarré 77 33 Ce 56
Pontcey 70 70 Ga 63

Petit-Quevilly, Le — Pontcey (F) 191

Rocourt-Saint-Martin 02 34 Dc 54
Rocquancourt 14 30 Ze 54
Rocque, La 14 29 Zb 55
Rocquefort 76 15 Ae 50
Rocquemont 60 18 Ce 53
Rocquemont 76 16 Bb 51
Rocquencourt 60 17 Cc 51
Rocques 14 30 Ab 53
Rocquigny 02 9 Df 48
Rocquigny 08 19 Eb 50
Rocquigny 62 8 Cf 48
Rocroi 08 20 Ed 49
Roc-Saint-André, Le 56 44 Xd 61
Rodalbe 57 39 Ge 55
Rodelinghem 62 3 Bf 43
Rodelle 12 115 Cd 82
Rodemack 57 22 Gb 52
Roderen 68 71 Ha 62
Rodern 68 56 Hc 59
Rodès 66 154 Cd 93
Rodez 12 115 Cd 82
Rodilhan 30 131 Ec 86
Rodome 11 153 Ca 92
Roë, La 53 45 Yf 61
Roëllecourt 62 7 Cb 46
Rœschwoog 67 40 Ia 55
Rœulx 59 9 Db 47
Rœux 62 8 Cf 47
Roézé-sur-Sarthe 72 47 Aa 61
Roffey 89 52 Df 61
Roffiac 15 104 Da 78
Rogécourt 02 18 Dc 51
Rogerville 76 14 Ab 51
Rogéville 54 38 Ff 56
Roggenhouse 68 57 Hc 61
Rogliano 2B 157 Kc 91
Rogna 39 95 Fe 71
Rognac 13 146 Fb 88
Rognaix 73 108 Gc 75
Rognes 13 132 Fc 86
Rognonas 13 131 Ee 85
Rogny 02 19 De 50
Rogny-les-Sept-Écluses 89 66 Cf 62
Rogues 30 129 Dd 85
Rogy 80 17 Cb 50
Rohaire 28 31 Af 56
Rohan 56 43 Xb 60
Rohrbach-lès-Bitche 57 39 Hb 54
Rohrwiller 67 40 Hf 56
Roiffé 86 62 Aa 66
Roiffieux 07 106 Ed 77
Roiglise 80 18 Cf 50
Roilly 21 68 Ec 64
Roinville 28 49 Be 58
Roinville 91 33 Ca 57
Roinvilliers 91 50 Cb 58
Roisel 80 8 Da 49
Roises, Les 55 54 Fd 58
Roissard 38 119 Fd 79
Roissy-en-Brie 77 33 Cd 56
Roissy-en-France 95 33 Cd 54
Roiville 61 30 Ab 55
Roizy 08 19 Eb 52
Rolampont 52 54 Fb 61
Rolbing 57 39 Hc 53
Rollainville 88 54 Fe 58
Rollancourt 62 7 Ca 46
Rolleboise 78 32 Bd 54
Rolleville 76 14 Ab 51
Rollot 80 17 Cd 51
Rom 79 88 Aa 71
Romagnat 63 92 Da 74
Romagne 33 111 Ze 80
Romagné 35 45 Ye 58
Romagne 86 88 Ab 71
Romagne, La 08 19 Eb 50
Romagne, La 49 61 Yf 66
Romagne-Gesnes 55 20 Fa 53
Romagne-sous-les-Côtes 55 21 Fc 53
Romagnieu 38 107 Fd 75
Romagny 50 29 Za 57
Romagny 68 71 Ha 63
Romain 25 70 Gc 64
Romain 39 69 Fe 65
Romain 51 19 De 52
Romain 54 38 Gc 57
Romain-aux-Bois 88 54 Fe 60
Romain-sur-Meuse 52 54 Fd 59
Romainville 93 33 Cc 55
Roman 27 31 Ba 55
Romange 39 69 Fd 66
Romans 01 94 Fa 72
Romans 79 75 Ze 70
Romans-sur-Isère 26 106 Fa 78
Romanswiller 67 39 Hc 57
Romazières 17 87 Ze 73
Romazy 35 45 Yd 58
Rombach-le-Franc 68 56 Hb 59
Rombas 57 22 Ga 53
Rombies-et-Marchipont 59 9 Dd 46
Romegoux 17 87 Zb 73
Romelfing 57 39 Ha 55
Romenay 71 83 Fa 69
Romeny-sur-Marne 02 34 Dc 55
Romeries 59 9 Dd 47
Romery 51 35 Df 54
Romescamps 60 16 Be 50
Romestaing 47 111 Aa 82
Romeyer 26 119 Fc 80
Romigny 51 35 De 53
Romiguières 34 129 Db 86
Romillé 35 44 Ya 59
Romilly 41 48 Ba 61
Romilly-la-Puthenaye 27 31 Af 54
Romilly-sur-Aigre 28 49 Bb 61
Romilly-sur-Andelle 27 16 Bb 52
Romilly-sur-Seine 10 52 De 57
Romont 88 55 Gd 58
Romorantin-Lanthenay 41 64 Be 64
Rompon 07 118 Ee 80
Rônai 61 30 Zf 56
Ronce-les-Bains 17 86 Yf 74
Roncenay-Authenay, Le 27 31 Ba 55
Roncey 50 28 Ye 55
Ronchamp 70 71 Gd 62
Ronchaux 25 84 Ff 66
Ronchères 02 35 Dd 54
Roncherolles-en-Bray 76 16 Bc 51
Roncherolles-sur-le-Vivier 76 15 Bb 52
Ronchin 59 8 Da 45
Ronchois 76 16 Bd 50
Roncourt 57 38 Ga 53
Roncq 59 4 Da 44
Ronde, La 17 87 Zb 71
Rondefontaine 25 84 Gb 68
Ronde-Haye, La 50 12 Yd 54
Ronel 81 128 Cb 86
Ronfeugerai 61 29 Zd 56
Rongères 03 92 Dc 71
Ronnet 03 91 Ce 71
Ronquerolles 95 33 Cb 53
Ronsenac 16 100 Ab 76
Ronssoy 80 8 Da 49
Rontalon 69 106 Ed 75
Rontignon 64 138 Zd 89
Ronvaux 55 37 Fd 54
Roost-Warendin 59 8 Da 46
Roppe 90 71 Gf 62
Roppenheim 67 40 Ia 55
Roppentzwiller 68 72 Hb 63
Roppeviller 57 40 Hd 54
Roque-Alrice, la 84 132 Fa 84
Roque-Baignard, la 14 14 Aa 53
Roquebillière 06 135 Hb 84
Roquebrun 34 143 Da 88
Roquebrune 06 135 Hc 86
Roquebrune 32 125 Ab 86
Roquebrune 33 112 Aa 81
Roquebrune-sur-Argens 83 148 Gd 88
Roquebrussanne, La 83 147 Ff 88
Roquecor 82 113 Af 83
Roquecourbe 81 128 Cb 87
Roquecourbe-Minervois 11 142 Cd 89
Roque-d'Anthéron, La 13 132 Fb 86
Roquedur 30 130 Dd 85
Roque-Esclapon, La 83 134 Gd 86
Roquefère 11 128 Cc 88
Roquefeuil 11 153 Bf 92
Roquefixade 09 152 Be 91
Roquefort 32 125 Ad 86
Roquefort 40 124 Ze 84
Roquefort 47 125 Ad 83
Roquefort-de-Sault 11 153 Cb 92
Roquefort-des-Corbières 11 143 Cf 91
Roquefort-la-Bédoule 13 146 Fd 89
Roquefort-les-Pins 06 134 Ha 86
Roquefort-sur-Garonne 31 140 Af 90
Roquefort-sur-Soulzon 12 129 Cf 85
Roquelaure 32 125 Ad 86
Roquelaure-Saint-Aubin 32 126 Af 86
Roquemaure 30 131 Ee 84
Roquemaure 81 127 Bd 86
Roquepine 32 125 Ac 85
Roqueredonde 34 129 Db 86
Roques 31 127 Be 87
Roques 32 125 Ab 85
Roque-Sainte-Marguerite, La 12 129 Db 84
Roquesérière 31 127 Bd 86
Roquessels 34 143 Db 87
Roquesteron 06 134 Ha 85
Roque-sur-Cèze, La 30 131 Ed 83
Roque-sur-Pernes 84 132 Fa 85
Roquetaillade 11 141 Cb 91
Roquetoire 62 3 Cc 44
Roquette, La 12 115 Cd 82
Roquette, La 12 129 Dc 85
Roquette, La 27 16 Bc 53
Roquettes 31 140 Bc 88
Roquette-sur-Signane, La 06 134 Gf 87
Roquette-sur-Var, La 06 135 Hb 85
Roquevaire 13 146 Fd 88
Roquevidal 81 127 Bf 87
Roquiague 64 137 Za 89
Roquille, La 33 112 Ab 80
Rorbach-lès-Dieuze 57 39 Gf 55
Rosans 05 119 Fc 82
Rosay 39 83 Fc 69
Rosay 51 36 Ee 56
Rosay 76 16 Bb 50
Rosay 78 32 Be 55
Rosay-sur-Lieure 27 16 Bc 52
Rosazia 2A 158 If 96
Rosbruck 57 39 Gf 53
Roscanvel 29 24 Vc 59
Roschwihr 68 56 Hc 59
Roscoff 29 25 Wa 56
Rosel 14 13 Zd 53
Rosenau 68 72 Hd 63
Rosenwiller 67 39 Hc 57
Roset-Fluans 25 70 Fe 66
Rosey 70 70 Ga 63
Rosey 71 82 Ee 68
Rosheim 67 40 Hc 57
Rosière, La 70 55 Gd 61
Rosières 07 117 Eb 82
Rosières 43 105 Df 78
Rosières 60 33 Ce 53
Rosières-aux-Salines 54 38 Gc 57
Rosières-en-Haye 54 38 Ff 56
Rosières-en-Santerre 80 17 Ce 50
Rosières-près-Troyes 10 52 Ea 59
Rosières-sur-Barbèche 25 71 Gd 65
Rosières-sur-Mance 70 54 Fe 61
Rosiers, Les 49 62 Ze 64
Rosiers-d'Egletons 19 102 Ca 76
Rosiers-de-Juillac 19 101 Bb 77
Rosis 34 129 Da 87
Rosnay 36 77 Bb 68
Rosnay 85 74 Ye 69
Rosnay-l'Hôpital 10 53 Ec 58
Rosnoën 29 24 Ve 59
Rosny-sous-Bois 93 33 Cd 55
Rosny-sur-Seine 78 32 Bd 55
Rosoy 60 17 Cd 52
Rosoy-en-Multien 60 34 Cf 54
Rosoy-le-Vieil 45 51 Cf 60
Rospez 22 26 Wd 56
Rospigliani 2B 159 Kb 95
Rosporden 29 42 Wb 61
Rossay-sur-Lieure 27 16 Be 52
Rosselange 57 22 Ga 53
Rossfeld 67 57 Hd 58
Rossillon 01 95 Fd 74
Rosteig 67 39 Hc 55
Rostrenen 22 43 We 59
Rostrenenn = Rostrenen 22 43 We 59
Rosult 59 9 Dc 46
Rosureux 25 71 Ge 65
Rotalier 39 83 Fc 69
Rotangy 60 17 Ca 51
Rothau 67 56 Hb 58
Rothbach 67 40 Hd 55
Rotherens 73 108 Ga 76
Rothière, La 10 53 Ed 58
Rothois 60 17 Bf 51
Rothonay 39 83 Fd 69
Rots 14 13 Zd 53
Rott 67 40 Hf 54
Rottelsheim 67 40 He 56
Rottier 26 119 Fc 82
Rouairoux 81 142 Cd 88
Rouans 44 59 Ya 65
Rouaudière, La 53 45 Ye 62
Roubaix 59 4 Db 44
Roubia 11 142 Ce 89
Roubion 06 134 Ha 84
Roucourt 59 8 Da 46
Roucy 02 19 De 52
Rouécourt 52 53 Fa 59
Rouède 31 140 Af 90
Rouellé 61 29 Zb 57
Rouelles 52 69 Fa 62
Rouen 76 15 Ba 52
Rouessé-Fontaine 72 47 Aa 59
Rouessé-Vassé 72 47 Zd 60
Rouet 34 130 De 86
Rouez 72 47 Zf 60
Rouffach 68 56 Hb 61
Rouffange 39 69 Fe 65
Rouffiac 17 87 Zd 74
Rouffiac 81 127 Ca 85
Rouffiac-d'Aude 11 142 Cb 90
Rouffiac-des-Corbières 11 154 Cd 91
Rouffiac-Tolosan 31 127 Bd 87
Rouffignac 17 99 Zd 76
Rouffignac-de-Sigoulès 24 112 Ac 80
Rouffignac-Saint-Cernin-de-Reilhac 24 101 Af 78
Rouffigny 50 28 Ye 56
Rouffilhac 46 113 Bc 80
Rouffy 51 35 Ea 55
Rougé 44 45 Yd 62
Rouge, La 61 48 Ae 59
Rougefay 62 7 Cb 47
Rougegoutte 90 71 Gf 62
Rougemont 21 68 Eb 62
Rougemont 25 70 Gc 63
Rougemontiers 27 15 Ae 52
Rougemont-le-Château 90 71 Gf 62
Rougemontot 25 70 Gb 64
Rougeou 41 64 Bd 64
Rouge-Perriers 27 31 Af 54
Rougeries 02 19 De 50
Rouges-Eaux, Les 88 56 Ge 59
Rouget, Le 15 115 Cb 79
Rougeux 52 69 Fd 62
Rougier 83 147 Ff 88
Rougnac 16 100 Ac 75
Rougnat 23 91 Cd 72
Rougon 04 133 Gc 86
Rouhe 25 84 Ff 66
Rouhling 57 39 Ha 54
Rouillac 16 88 Zf 74
Rouillac 22 44 Xd 59
Rouillé 86 76 Aa 70
Rouillon 72 47 Aa 61
Rouilly 77 34 Db 57
Rouilly-Sacey 10 52 Eb 58
Rouilly-Saint-Loup 10 52 Ea 59
Roujan 34 143 Db 87
Roulans 25 70 Gb 65
Roulier, Le 88 55 Gc 60
Roulier, Le 88 55 Gd 59
Roullens 11 142 Cb 90
Roullet-Saint-Estèphe 16 100 Aa 75
Roullours 14 29 Za 56
Roumagne 47 112 Ac 81
Roumare 76 15 Af 51
Rou-Marson 49 62 Zf 65
Roumazières-Loubert 16 88 Ad 73
Roumégoux 15 115 Cb 79
Roumégoux 81 128 Cb 86
Roumengoux 09 141 Bf 90
Roumens 31 141 Bf 88
Roumoules 04 133 Ga 85
Rountzenheim 67 40 Hf 56
Roupeldange 57 22 Gc 53
Rouperroux 61 30 Zf 57
Rouperroux-le-Coquet 72 47 Ac 59
Roupy 02 18 Db 50
Roure 06 134 Ha 84
Rouret, Le 06 134 Ha 86
Roussac 87 89 Bb 72
Roussas 26 118 Ee 82
Roussay 49 60 Yf 66
Roussayrolles 81 127 Be 84
Rousseloy 60 17 Cc 53
Roussenac 12 115 Cb 82
Roussent 62 7 Be 46
Rousses 48 129 Dd 83
Rousses, les 39 84 Ga 70
Rousset 05 120 Gb 82
Rousset 13 146 Fd 88
Rousset, Le 71 82 Ec 69
Rousset-les-Vignes 26 119 Fa 82
Roussière, La 27 31 Ad 55
Roussieux 26 119 Fc 82
Roussillon 38 106 Ee 76
Roussillon 84 132 Fb 85
Roussillon-en-Morvan 71 81 Ea 66
Roussines 16 88 Ad 74
Roussines 36 78 Bc 70
Rousson 89 51 Db 60
Roussy-le-Village 57 22 Gb 51
Routelle 25 70 Ff 65
Routes 76 15 Ae 50
Routier 11 141 Ca 90
Routot 27 15 Ae 52
Rouvenac 11 153 Ca 91
Rouves 54 38 Gb 55
Rouville 60 34 Cf 53
Rouville 76 15 Ac 51
Rouvillers 60 17 Cd 52
Rouvray 21 67 Ea 64
Rouvray 21 82 Ed 66
Rouvray 27 32 Bb 54
Rouvray 89 52 De 61
Rouvray-Catillon 76 16 Bc 51
Rouvray-Saint-Denis 28 49 Bf 59
Rouvray-Sainte-Croix 45 49 Be 60
Rouvray-Saint-Florentin 28 49 Bd 59
Rouvre 79 75 Zd 70
Rouvrel 80 17 Cc 50
Rouvres 14 30 Ze 54
Rouvres 28 32 Bc 55
Rouvres 60 34 Da 54
Rouvres 77 33 Ce 54
Rouvres-en-Plaine 21 69 Fa 65
Rouvres-en-Woëvre 55 37 Fe 53
Rouvres-en-Xaintois 88 55 Ga 59
Rouvres-la-Chétive 88 54 Fe 59
Rouvres-les-Bois 36 78 Bc 66
Rouvres-les-Vignes 10 53 Ee 59
Rouvres-Saint-Jean 45 50 Cb 59
Rouvres-sous-Meilly 21 68 Ed 65
Rouvrois-sur-Meuse 55 37 Fd 55
Rouvrois-sur-Othain 55 21 Fd 52
Rouvroy 02 18 Db 49
Rouvroy 62 8 Cf 46
Rouvroy-en-Santerre 80 17 Ce 50
Rouvroy-les-Merles 60 17 Cc 51
Rouvroy-Ripont 51 36 Ee 53
Rouvroy-sur-Audry 08 20 Ec 50
Rouvroy-sur-Marne 52 54 Fa 58
Rouvroy-sur-Serre 02 19 Eb 50
Rouxeville 50 29 Za 54
Rouxière, La 44 60 Yf 64
Rouxmesnil-Bouteilles 76 6 Ba 49
Rouy 58 81 Dd 66
Rouy-le-Grand 80 18 Cf 50
Rouy-le-Petit 80 18 Cf 50
Rouze 09 153 Ca 92
Rouzède 16 88 Ad 74
Rouziers 15 115 Cb 80
Rouziers-de-Touraine 37 63 Ad 63
Rove, Le 13 146 Fb 88
Roville-aux-Chênes 88 55 Gd 58
Roville-devant-Bayon 54 55 Gb 58
Rovon 38 107 Fc 77
Royan 17 86 Yf 75
Royas 38 107 Fa 75
Royat 63 92 Da 74
Royaucourt 60 17 Cd 51
Royaucourt-et-Chailvet 02 18 Dd 51
Royaumeix 54 37 Ff 56
Roy-Boissy 60 16 Bf 51
Roybon 38 107 Fb 77
Roye 70 71 Gd 61
Roye 80 18 Ce 50
Royer 71 82 Ee 69
Royère-de-Vassivière 23 90 Bf 73
Roye-sur-Matz 60 17 Ce 51
Roynac 26 118 Ef 81
Royon 62 7 Be 46
Royville 76 15 Af 50
Rozay-en-Brie 77 34 Cf 56
Rozel, Le 50 12 Yb 52
Rozelay 71 82 Eb 69
Rozelieures 54 55 Gc 58
Rozérieulles 57 38 Ga 54
Rozerotte 88 55 Ga 59
Rozès 32 125 Ac 86
Rozet-Saint-Albin 02 34 Db 53
Rozier-Côtes-d'Aurec 42 105 Ea 76
Rozier-en-Donzy 42 93 Eb 74
Rozières-en-Beauce 45 49 Be 61
Rozières-sur-Crise 02 18 Dc 53
Rozières-sur-Mouzon 88 54 Fe 60
Roziers-Saint-Georges 87 90 Bd 74
Roz-Landrieux 35 28 Yb 57
Rozoy-Bellevalle 02 34 Dc 55
Rozoy-sur-Serre 02 19 Ea 50
Roz-sur-Couesnon 35 28 Yc 57
Ruages 58 67 De 65
Ruan 45 49 Bf 60
Ruan-sur-Egvonne 41 48 Ba 60
Ruaudin 72 47 Ab 61
Rubecourt 08 20 Fa 50
Rubelles 77 33 Ce 57
Rubempré 80 7 Cc 48
Rubercy 14 13 Za 53
Rubescourt 80 17 Cd 51
Rubigny 08 19 Eb 50
Rubrouck 59 3 Cc 43
Ruca 22 27 Xe 57
Ruch 33 111 Zf 80
Ruchère, La 38 108 Fe 76
Rucqueville 14 13 Zc 53
Rudeau-Ladosse 24 100 Ad 76
Rudelle 46 114 Bf 80
Rue 80 6 Bd 47
Ruederbach 68 71 Hb 63
Rueil-la-Gadelière 28 31 Af 56
Rueil-Malmaison 92 33 Cb 55
Ruelisheim 68 56 Hc 62
Ruelle-sur-Touvre 16 88 Ab 74
Rue-Saint-Pierre, la 60 17 Cb 52
Rue-Saint-Pierre, la 76 16 Bb 51
Rues-des-Vignes, Les 59 8 Db 48
Ruesnes 59 9 Dd 47
Rueyres 46 114 Bf 80
Ruffec 16 88 Ab 72
Ruffec 36 77 Bb 69
Ruffey-le-Château 25 70 Fe 65
Ruffey-lès-Beaune 21 82 Ef 66
Ruffey-lès-Echirey 21 69 Fa 64
Ruffey-sur-Seille 39 83 Fc 68
Ruffiac 56 44 Xe 62
Ruffieu 01 95 Fd 73
Ruffieux 73 96 Ff 73
Ruffigne 44 45 Yd 62
Rugles 27 31 Ae 56
Ruglianu = Rogliano 2B 157 Kc 91
Rugney 88 55 Gb 58
Rugny 89 52 Ea 61
Ruhans 70 70 Ga 64
Ruillé-en-Champagne 72 47 Zf 60
Ruillé-Froid-Fonds 53 46 Zc 61
Ruillé-le-Gravelais 53 46 Za 60
Ruillé-sur-Loir 72 63 Ad 62
Ruisseauville 62 7 Ca 46
Ruitz 62 8 Cd 46
Rullac-Saint-Circ 12 128 Cc 84
Rully 60 17 Ce 53
Rully 71 82 Ee 67
Rumaucourt 62 8 Da 47
Rumegies 59 9 Dc 46
Rumersheim-le-Haut 68 57 Hd 61
Rumesnil 14 14 Aa 53
Rumigny 08 19 Eb 50
Rumigny 80 17 Cb 50
Rumilly 62 7 Ca 45
Rumilly 74 96 Ff 73
Rumilly-en-Cambrésis 59 8 Db 48
Rumilly-lès-Vaudes 10 52 Eb 60
Ruminghem 62 3 Ca 43
Rumont 55 37 Fb 56
Rumont 77 50 Cd 59
Rungis 94 33 Cc 56
Ruoms 07 118 Ec 82
Rupéreux 77 34 Dc 57
Ruppes 88 54 Fe 58
Rupt 52 54 Fa 58
Rupt-aux-Nonains 55 36 Fa 56
Rupt-en-Woëvre 55 37 Fc 54
Rupt-sur-Moselle 88 56 Gd 61
Rupt-sur-Othain 55 21 Fd 52
Rupt-sur-Saône 70 70 Ff 63
Rurange-lès-Thionville 57 22 Gb 53
Rurey 25 84 Ga 66
Rusazia = Rosazia 2A 158 If 96
Rusio 2B 157 Kb 94
Rusiu = Rusio 2B 157 Kb 94
Russ 67 39 Hb 57
Russey, Le 25 71 Ge 65
Russy 14 13 Zb 52
Rustenhart 68 57 Hc 61
Rustiques 11 142 Cc 89
Rustrel 84 132 Fc 85
Rutali 2B 157 Kc 93
Ruvigny 10 52 Eb 59
Ruy 38 107 Fb 75
Ruyaulcourt 62 8 Da 48
Ry 76 16 Bc 52
Rye 39 83 Fc 67
Ryes 14 13 Zc 53

S

Saâcy-sur-Marne 77 34 Db 55
Saales 67 56 Ha 58
Saâne-Saint-Just 76 15 Af 50
Saasenheim 67 57 Hd 59
Sabadel-Latronquière 46 114 Ca 80
Sabadel-Lauzès 46 114 Bd 81
Sabaillan 32 140 Ae 88
Sabalos 65 139 Aa 89
Sabarat 09 140 Bc 90
Sabarros 65 139 Ac 89
Sabazan 32 124 Aa 86
Sableau, le 85 74 Za 70
Sables-d'Olonne, Les 85 73 Yb 70
Sablé-sur-Sarthe 72 46 Zd 61
Sablet 84 131 Fa 83
Sablières 07 117 Ea 81
Sablon 33 99 Zf 78
Sablonceaux 17 86 Za 74
Sablonnières 77 34 Db 55
Sabonnères 31 140 Ba 88
Sabotterie, La 08 20 Ee 51
Sabres 40 123 Zb 84
Saccourvielle 31 151 Ad 92
Sacé 53 46 Zb 59
Sacey 50 28 Yd 57
Saché 37 63 Ad 65
Sachin 62 7 Cb 46
Sachy 08 20 Fa 50
Sacierges-Saint-Martin 36 78 Bc 70
Saclas 91 50 Ca 58
Saclay 91 33 Cb 56
Saconin-et-Breuil 02 18 Db 52
Sacoué 65 139 Ad 91
Sacq, Le 27 31 Ba 55
Sacquenay 21 69 Fb 63
Sacquenville 27 31 Ba 54
Sacy 51 35 Df 53
Sacy 89 67 De 63
Sacy-le-Grand 60 17 Cd 52
Sacy-le-Petit 60 17 Cd 52
Sadeillan 32 139 Ac 88
Sadillac 24 112 Ac 80
Sadirac 33 111 Zd 80
Sadournin 65 139 Ac 89
Sadroc 19 102 Bd 78
Saessolsheim 67 40 Hd 56
Saffais 54 38 Gb 57
Saffloz 39 84 Ff 68
Saffré 44 60 Yc 63
Saffres 21 68 Ed 64
Sagelat 24 113 Ba 80
Sagnat 23 90 Bd 71
Sagnes-et-Gaudoulet 07 117 Eb 80
Sagonne 18 80 Ce 67
Sagy 71 83 Fb 69
Sagy 95 32 Bf 54
Sahorre 66 153 Cc 93
Sahune 26 119 Fb 82
Sahurs 76 15 Af 52
Sai 61 30 Aa 56
Saignes 15 103 Cc 77
Saignes 46 114 Be 80
Saigneville 80 7 Be 48
Saignon 84 132 Fc 85
Saiguède 31 140 Ba 87
Sailhan 65 150 Ac 92
Saillac 19 102 Bd 78
Saillac 46 114 Be 83
Saillagouse 66 153 Ca 94
Saillans 26 119 Fb 80
Saillans 33 99 Ze 79
Saillant 63 104 Da 75
Saillat 63 105 Df 76
Saillenard 71 83 Fc 68
Sailly 08 21 Fb 51
Sailly 52 54 Fb 58
Sailly 59 4 Db 45
Sailly 59 8 Cb 47
Sailly 62 8 Ce 45
Sailly 71 82 Ed 69
Sailly-Achâtel 57 38 Gb 55
Sailly-au-Bois 62 8 Cd 48
Sailly-en-Ostrevent 62 8 Cf 47
Sailly-Flibeaucourt 80 7 Be 47
Sailly-Laurette 80 17 Cd 49
Sailly-le-Sec 80 17 Cd 49
Sailly-Saillisel 80 8 Cf 48
Sailly-sur-la-Lys 62 4 Ce 45
Sail-sous-Couzan 42 93 Df 74
Sain-Bel 69 94 Ed 74
Saincaize-Meauce 58 80 Da 67
Sainghin-en-Mélantois 59 8 Da 45
Sainghin-en-Weppes 59 8 Cf 45
Sainneville 76 14 Ab 51
Sainpuits 89 66 Db 63
Sains 35 28 Yc 57
Sains 62 7 Cb 46
Sains-du-Nord 59 9 Ea 48
Sains-en-Amiénois 80 17 Cb 50
Sains-en-Gohelle 62 8 Cd 46
Sains-lès-Fressin 62 7 Ca 46
Sains-lès-Marquion 62 8 Da 47
Sains-lès-Pernes 62 7 Cb 46
Sains-Morainvillers 60 17 Cc 51
Sains-Richaumont 02 19 De 49
Saint, Le 56 42 Wc 60
Saint-Abit 64 138 Ze 89
Saint-Acheul 80 7 Ca 47
Saint-Adjutory 16 88 Ac 74
Saint-Adrien 22 26 Wf 56
Saint-Adrien 22 26 Wf 58
Saint-Affrique 12 128 Cf 85
Saint-Affrique-les-Montagnes 81 141 Cb 87
Saint-Agathon 22 26 Wf 57
Saint-Agil 41 48 Af 60
Saint-Agnan 02 35 Dd 54
Saint-Agnan 58 67 Ea 65
Saint-Agnan 71 81 Df 69
Saint-Agnan 81 127 Be 86
Saint-Agnan 89 51 Da 59
Saint-Agnan-de-Cernières 27 31 Ad 55
Saint-Agnan-en-Vercors 26 119 Fc 79
Saint-Agnan-le-Malherbe 14 29 Zc 54
Saint-Agnan-sur-Erre 61 48 Ae 59
Saint-Agnan-sur-Sarthe 61 30 Ac 57
Saint-Agnant 17 86 Za 73
Saint-Agnant-de-Versillat 23 90 Bd 71
Saint-Agnant-près-Crocq 23 91 Cc 74
Saint-Agnant-sous-les-Côtes 55 37 Fd 55
Saint-Agnet 40 124 Ze 87
Saint-Agnin-sur-Bion 38 107 Fb 75
Saint-Agoulin 63 92 Da 72
Saint-Agrève 07 118 Ec 78
Saint-Aignan 08 20 Ef 51
Saint-Aignan 33 99 Ze 79
Saint-Aignan 41 64 Bc 65
Saint-Aignan 82 126 Ba 84
Saint-Aignan-de-Couptrain 53 29 Ze 58
Saint-Aignan-de-Cramesnil 14 30 Ze 54
Saint-Aignan-des-Gués 45 50 Cb 61
Saint-Aignan-des-Noyers 18 80 Ce 68
Saint-Aignan-Grandlieu 44 60 Yc 66
Saint-Aignan-le-Jaillard 45 65 Cc 62
Saint-Aignan-sur-Roë 53 45 Yf 61
Saint-Aignan-sur-Ry 76 16 Bc 51
Saint-Aigny 36 77 Ba 69
Saint-Aigulin 17 100 Zf 78
Saint-Ail 54 38 Ff 53
Saint-Albain 71 82 Ee 70
Saint-Alban 01 95 Fc 72
Saint-Alban 22 27 Xc 57
Saint-Alban 31 126 Bc 86
Saint-Alban-d'Ay 07 106 Ed 77
Saint-Alban-de-Montbel 73 107 Fe 75
Saint-Alban-de-Roche 38 107 Fb 75
Saint-Alban-des-Hurtières 73 108 Gb 76
Saint-Alban-des-Villards 73 108 Gb 77
Saint-Alban-du-Rhône 38 106 Ee 76
Saint-Alban-les-Eaux 42 93 Df 72
Saint-Alban-Leysse 73 108 Ff 75
Saint-Alban-sur-Limagnole 48 116 Dc 80
Saint-Albin-de-Vaulserre 38 107 Fe 75
Saint-Alexandre 30 131 Ed 83
Saint-Algis 02 19 De 49
Saint-Alpinien 23 91 Cb 73
Saint-Alyre-d'Arlanc 63 105 Dd 76
Saint-Alyre-ès-Montagne 63 104 Cf 76
Saint-Amadou 09 141 Be 90
Saint-Amancet 81 141 Ca 88
Saint-Amand 23 91 Cb 73
Saint-Amand 50 29 Za 54
Saint-Amand 62 8 Cd 48
Saint-Amand-de-Belvès 24 113 Ba 80
Saint-Amand-de-Coly 24 101 Bb 78
Saint-Amand-des-Hautes-Terres 27 15 Af 53
Saint-Amand-de-Vergt 24 100 Ae 79
Saint-Amand-en-Puisaye 58 66 Da 63
Saint-Amandin 15 103 Ce 76
Saint-Amand-le-Petit 87 90 Be 74
Saint-Amand-les-Eaux 59 9 Dc 46
Saint-Amand-Longpré 41 63 Ba 62
Saint-Amand-Magnazeix 87 89 Bc 71
Saint-Amand-Montrond 18 79 Cd 68
Saint-Amand-sur-Fion 51 36 Ed 56
Saint-Amand-sur-Ornain 55 37 Fc 57
Saint-Amans 09 141 Bd 90
Saint-Amans 11 141 Bf 89
Saint-Amans 48 116 Dc 81
Saint-Amans 82 126 Bb 84
Saint-Amans 82 126 Bc 83
Saint-Amans-de-Pellagal 82 126 Ba 83
Saint-Amans-des-Cots 12 115 Cd 80
Saint-Amans-du-Pech 82 113 Af 83
Saint-Amans-Soult 81 142 Cc 88
Saint-Amans-Valtoret 81 142 Cc 88
Saint-Amant 16 100 Aa 76
Saint-Amant-de-Boixe 16 88 Aa 74
Saint-Amant-de-Bonnieure 16 88 Ab 73
Saint-Amant-de-Graves 16 99 Zf 75
Saint-Amant-de-Nouère 16 88 Aa 74
Saint-Amant-Roche-Savine 63 105 Dd 75
Saint-Amant-Tallende 63 104 Da 74
Saint-Amarin 68 56 Ha 61
Saint-Ambreuil 71 82 Ef 68

194 (F) Rocourt-Saint-Martin — Saint-Ambreuil

Saint-Ambroix **18** 79 Ca 67
Saint-Ambroix **30** 130 Eb 83
Saint-Amé **88** 56 Ge 60
Saint-Amour **39** 83 Fc 70
Saint-Andelain **58** 66 Cf 65
Saint-Andéol **26** 106 Ef 78
Saint-Andéol **26** 119 Fb 80
Saint-Andéol **38** 119 Fd 79
Saint-Andéol-de-Berg **07** 118 Ed 81
Saint-Andéol-de-Clerguemort **48** 130 Df 83
Saint-Andéol-de-Fourchades **07** 117 Eb 79
Saint-Andéol-de-Vals **07** 118 Ec 80
Saint-Andeux **21** 67 Ea 64
Saint-Andiol **13** 131 Ef 85
Saint-André **31** 140 Af 89
Saint-André **32** 125 Ab 85
Saint-André **32** 140 Af 87
Saint-André **38** 107 Fc 78
Saint-André **59** 4 Da 44
Saint-André **66** 154 Cf 93
Saint-André **73** 109 Gd 77
Saint-André **81** 127 Bf 87
Saint-André **81** 128 Cc 85
Saint-André-d'Allas **24** 113 Bb 79
Saint-André-d'Apchon **42** 93 Df 72
Saint-André-de-Bâgé **01** 94 Ef 71
Saint-André-de-Boëge **74** 96 Gc 71
Saint-André-de-Bohon **50** 12 Ye 53
Saint-André-de-Briouze **61** 29 Ze 56
Saint-André-de-Buèges **34** 130 Dd 85
Saint-André-de-Chalençon **43** 105 Df 77
Saint-André-de-Corcy **01** 94 Ef 73
Saint-André-de-Cruzières **07** 130 Eb 83
Saint-André-de-Cubzac **33** 99 Zd 79
Saint-André-de-Double **24** 100 Ab 78
Saint-André-de-la-Marche **49** 61 Za 66
Saint-André-de-Lancize **48** 130 De 83
Saint-André-de-l'Eure **27** 32 Bb 55
Saint-André-de-Lidon **17** 99 Zb 75
Saint-André-de-Majencoules **30** 130 De 84
Saint-André-d'Embrun **05** 121 Gd 81
Saint-André-de-Messei **61** 29 Zc 56
Saint-André-de-Najac **12** 127 Ca 83
Saint-André-de-Roquelongue **11** 142 Cf 90
Saint-André-de-Roquepertuis **30** 131 Ec 83
Saint-André-de-Sangonis **34** 129 Dd 87
Saint-André-des-Eaux **22** 44 Xf 58
Saint-André-des-Eaux **44** 59 Xe 65
Saint-André-de-Seignanx **40** 122 Yd 87
Saint-André-de-Valborgne **30** 130 De 84
Saint-André-de-Vézines **12** 129 Db 84
Saint-André-d'Hébertot **14** 14 Ab 53
Saint-André-d'Huiriat **01** 94 Ef 71
Saint-André-d'Olérargues **30** 131 Ec 84
Saint-André-du-Bois **33** 111 Ze 81
Saint-André-en-Barrois **55** 37 Fb 54
Saint-André-en-Bresse **71** 83 Fa 69
Saint-André-en-Morvan **58** 67 Df 64
Saint-André-en-Terre-Plaine **89** 67 Ea 64
Saint-André-en-Vivarais **07** 106 Ec 78
Saint-André-Farivillers **60** 17 Cb 51
Saint-André-Goule-d'Oie **85** 74 Ye 68
Saint-André-Lachamp **07** 117 Ea 81
Saint-André-la-Côte **69** 106 Ed 75
Saint-André-le-Bouchoux **01** 94 Fa 72
Saint-André-le-Coq **63** 92 Db 73
Saint-André-le-Désert **71** 82 Ed 70
Saint-André-le-Gaz **38** 107 Fd 75
Saint-André-le-Puy **42** 105 Eb 75
Saint-André-les-Alpes **04** 134 Gd 85
Saint-André-les-Vergers **10** 52 Ea 59
Saint-André-sur-Cailly **76** 16 Bb 51
Saint-André-sur-Orne **14** 29 Zd 54
Saint-André-sur-Sèvre **79** 75 Zb 68
Saint-André-sur-Vieux-Jonc **01** 94 Fa 72
Saint-André-Treize-Voies **85** 74 Yd 67
Saint-Androny **33** 99 Zc 77
Saint-Angeau **16** 88 Ab 73
Saint-Ange-et-Torçay **28** 31 Bb 57
Saint-Angel **03** 91 Ce 70
Saint-Angel **19** 103 Cb 75
Saint-Angel **63** 92 Cf 73
Saint-Ange-le-Vieil **77** 51 Cf 59
Saint-Anthème **63** 105 Df 75
Saint-Anthot **21** 68 Ed 65
Saint-Antoine **15** 115 Cc 80
Saint-Antoine **25** 84 Gc 68
Saint-Antoine **32** 126 Af 84
Saint-Antoine **33** 99 Zd 78
Saint-Antoine **38** 107 Fb 77
Saint-Antoine-Cumond **24** 100 Ab 77
Saint-Antoine-d'Auberoche **24** 101 Af 78
Saint-Antoine-de-Breuilh **24** 112 Aa 79
Saint-Antoine-de-Ficalba **47** 112 Ae 82
Saint-Antoine-du-Queyret **33** 112 Aa 80
Saint-Antoine-du-Rocher **37** 63 Ad 64
Saint-Antoine-la-Forêt **76** 15 Ac 51
Saint-Antoine-sur-l'Isle **33** 100 Aa 78
Saint-Antonin **06** 134 Gf 85
Saint-Antonin **32** 126 Ae 86
Saint-Antonin-de-Lacalm **81** 128 Cb 86
Saint-Antonin-de-Sommaire **27** 31 Ad 56
Saint-Antonin-du-Var **83** 147 Gb 87
Saint-Antonin-Noble-Val **82** 127 Be 84
Saint-Antonin-sur Bayon **13** 146 Fd 87
Saint-Aoustrille **36** 78 Bf 67
Saint-Août **36** 78 Bf 68
Saint-Apollinaire **05** 120 Gc 81
Saint-Apollinaire **21** 69 Fa 64
Saint-Apollinard **42** 106 Ed 76
Saint-Appolinaire-de-Rias **07** 118 Ed 79
Saint-Appolinard **38** 107 Fb 77
Saint-Aquilin **24** 100 Ac 77
Saint-Aquilin-de-Corbion **61** 31 Ad 57
Saint-Araille **31** 140 Af 88
Saint-Arailles **32** 125 Ac 87
Saint-Arcons-d'Allier **43** 104 Dd 78
Saint-Arcons-de-Barges **43** 117 Df 79
Saint-Armel **35** 45 Yc 60
Saint-Armel **56** 58 Xb 63
Saint-Armou **64** 138 Ze 88
Saint-Arnac **66** 154 Cd 92
Saint-Arnoult **14** 14 Aa 52
Saint-Arnoult **41** 63 Af 62
Saint-Arnoult **60** 16 Be 51
Saint-Arnoult **76** 15 Ae 51
Saint-Arnoult-des-Bois **28** 49 Bb 58
Saint-Arnoult-en-Yvelines **78** 32 Bf 57
Saint-Arroman **32** 139 Ac 88
Saint-Arroman **65** 139 Ac 90
Saint-Arroumex **82** 126 Af 85
Saint-Astier **24** 100 Ad 78
Saint-Astier **47** 112 Ab 80
Saint-Auban **06** 134 Ge 85
Saint-Auban-d'Oze **05** 120 Ff 81
Saint-Auban-sur-l'Ouvèze **26** 132 Fc 83
Saint-Aubert **59** 9 Dc 47
Saint-Aubert **61** 29 Ze 56
Saint-Aubin **02** 18 Db 51
Saint-Aubin **10** 51 Dd 58
Saint-Aubin **21** 82 Ee 67
Saint-Aubin **36** 79 Ca 67
Saint-Aubin **40** 123 Zb 86
Saint-Aubin **47** 113 Af 82
Saint-Aubin **56** 43 Xc 61
Saint-Aubin **59** 9 Df 47
Saint-Aubin **62** 7 Bd 46
Saint-Aubin **62** 8 Ce 47
Saint-Aubin **91** 33 Ca 56
Saint-Aubin-Celloville **76** 15 Ba 52
Saint-Aubin-Château-Neuf **89** 66 Db 62
Saint-Aubin-d'Appenai **61** 30 Ac 57
Saint-Aubin-d'Aubigné **35** 45 Yc 59
Saint-Aubin-de-Blaye **33** 99 Zc 77
Saint-Aubin-de-Bonneval **61** 30 Ac 55
Saint-Aubin-de-Branne **33** 111 Ze 80
Saint-Aubin-de-Cadelech **24** 112 Ac 80
Saint-Aubin-de-Courteraie **61** 30 Ac 57
Saint-Aubin-d'Ecrosville **27** 31 Af 54
Saint-Aubin-de-Lanquais **24** 112 Ad 80
Saint-Aubin-de-Locquenay **72** 47 Aa 59
Saint-Aubin-de-Luigné **49** 61 Zc 65
Saint-Aubin-de-Médoc **33** 111 Zb 79
Saint-Aubin-des-Bois **28** 49 Bc 58
Saint-Aubin-de-Scellon **27** 31 Ac 53
Saint-Aubin-des-Châteaux **44** 45 Yd 62
Saint-Aubin-des-Chaumes **58** 67 De 64
Saint-Aubin-des-Coudrais **72** 48 Ad 59
Saint-Aubin-des-Grois **61** 48 Ad 58
Saint-Aubin-des-Hayes **27** 31 Ae 54
Saint-Aubin-des-Landes **35** 45 Ye 60
Saint-Aubin-des-Ormeaux **85** 74 Yf 67
Saint-Aubin-des-Préaux **50** 28 Yc 56
Saint-Aubin-de-Terregatte **50** 28 Ye 57
Saint-Aubin-du-Cormier **35** 45 Yd 59
Saint-Aubin-du-Pavail **35** 45 Yd 60
Saint-Aubin-du-Perron **50** 12 Yd 54
Saint-Aubin-du-Plain **79** 75 Zd 67
Saint-Aubin-du-Thenney **27** 31 Ac 54
Saint-Aubin-du-Vieil-Evreux **27** 31 Bb 54
Saint-Aubin-en-Bray **60** 16 Bf 52
Saint-Aubin-en-Charollais **71** 81 Eb 70
Saint-Aubin-Epinay **76** 15 Bb 52
Saint-Aubin-Fosse-Louvain **53** 29 Zb 58
Saint-Aubin-la-Plaine **85** 74 Yf 69
Saint-Aubin-le-Cauf **76** 15 Bb 49
Saint-Aubin-le-Cloud **79** 75 Zd 69
Saint-Aubin-le-Dépeint **37** 62 Ac 63
Saint-Aubin-le-Guichard **27** 31 Ae 54
Saint-Aubin-le-Monial **03** 80 Da 69
Saint-Aubin-lès-Elbeuf **76** 15 Ba 53
Saint-Aubin-les-Forges **58** 66 Db 66
Saint-Aubin-le-Vertueux **27** 31 Ad 54
Saint-Aubin-Montenoy **80** 17 Ca 49
Saint-Aubin-Rivière **80** 16 Be 49
Saint-Aubin-Routot **76** 14 Ab 51
Saint-Aubin-sous-Erquery **60** 17 Cc 52
Saint-Aubin-sur-Aire **55** 37 Fc 56
Saint-Aubin-sur-Gaillon **27** 32 Bb 54
Saint-Aubin-sur-Loire **71** 81 De 69
Saint-Aubin-sur-Mer **14** 13 Zd 52
Saint-Aubin-sur-Mer **76** 15 Af 49
Saint-Aubin-sur-Quillebeuf **27** 15 Ad 52
Saint-Aubin-sur-Scie **76** 16 Ba 49
Saint-Aubin-sur-Yonne **89** 51 Dc 61
Saint-Augustin **17** 86 Yf 74
Saint-Augustin **19** 102 Bf 76
Saint-Augustin **77** 34 Da 56
Saint-Augustin-des-Bois **49** 61 Zb 64
Saint-Aulaire **19** 101 Bc 77
Saint-Aulais-la-Chapelle **16** 99 Zf 76
Saint-Aulaye **24** 100 Aa 77
Saint-Aunix-Lengros **32** 124 Aa 87
Saint-Aupre **38** 107 Fe 76
Saint-Austremoine **43** 104 Dc 78
Saint-Auvent **87** 89 Af 74
Saint-Avaugourd-des-Landes **85** 74 Yd 69
Saint-Avé **56** 43 Xb 62
Saint-Aventin **31** 151 Ad 92
Saint-Avertin **37** 63 Ae 64
Saint-Avit **16** 100 Aa 77
Saint-Avit **26** 106 Ef 77
Saint-Avit **40** 124 Zd 85
Saint-Avit **41** 48 Af 60
Saint-Avit **47** 112 Ab 81
Saint-Avit **63** 91 Cd 73
Saint-Avit **81** 141 Ca 87
Saint-Avit-de-Soulège **33** 112 Aa 80
Saint-Avit-de-Tardes **23** 91 Cb 73
Saint-Avit-de-Vialard **24** 113 Af 79
Saint-Avit-Frandat **32** 125 Ad 85
Saint-Avit-le-Pauvre **23** 90 Ca 73
Saint-Avit-les-Guespières **28** 49 Bb 59
Saint-Avit-Rivière **24** 113 Af 80
Saint-Avit-Saint-Nazaire **24** 112 Ab 79
Saint-Avit-Sénieur **24** 113 Ae 80
Saint-Avold **57** 39 Ge 54
Saint-Avre **73** 108 Gb 76
Saint-Ay **45** 49 Be 61
Saint-Aybert **59** 9 Dd 46
Saint-Babel **63** 104 Db 75
Saint-Baldoph **73** 108 Ff 75
Saint-Bandry **02** 18 Db 52
Saint-Baraing **39** 83 Fc 67
Saint-Barbant **87** 89 Af 71
Saint-Bard **23** 91 Cc 73
Saint-Bardoux **26** 106 Ef 78
Saint-Bardoux **26** 118 Ef 80
Saint-Barnabé **22** 26 Xa 57
Saint-Barnabé **22** 43 Xb 60
Saint-Barthélemy **38** 107 Fa 76
Saint-Barthélemy **40** 122 Ye 87
Saint-Barthélemy **50** 29 Za 56
Saint-Barthélemy **56** 43 Wf 61
Saint-Barthélemy **70** 71 Gd 61
Saint-Barthélemy **77** 34 Dc 56
Saint-Barthélemy-d'Agenais **47** 112 Ac 81
Saint-Barthélemy-d'Anjou **49** 61 Zd 64
Saint-Barthélemy-de-Bellegarde **24** 100 Ab 78
Saint-Barthélemy-de-Bussière **24** 101 Ae 75
Saint-Barthélemy-de-Vals **26** 106 Ef 78
Saint-Barthélemy-Grozon **07** 118 Ed 79
Saint-Barthélemy-Lestra **42** 106 Eb 74
Saint-Barthélmy-de-Séchilienne **38** 108 Fe 78
Saint-Barthélmy-le-Plan **07** 106 Ee 78
Saint-Basile **07** 118 Ed 79
Saint-Baslemont **88** 55 Ff 60
Saint-Baudel **18** 79 Cb 67
Saint-Baudelle **53** 46 Zc 59
Saint-Baudille-de-la-Tour **38** 95 Fc 74
Saint-Baudille-et-Pipet **38** 119 Fe 80
Saint-Bauld **37** 63 Af 65
Saint-Baussant **54** 37 Fe 55
Saint-Bauzeil **09** 141 Bd 90
Saint-Bauzély **30** 130 Eb 85
Saint-Bauzile **48** 116 Dc 82
Saint-Bauzille-de-la-Sylve **34** 143 Dd 87
Saint-Bauzille-de-Montmel **34** 130 Df 86
Saint-Bauzille-de-Putois **34** 130 De 85
Saint-Bazile **87** 89 Ae 74
Saint-Bazile-de-la-Roche **19** 102 Bf 78
Saint-Bazile-de-Meyssac **19** 102 Be 78
Saint-Béat **31** 151 Ae 91
Saint-Beaulize **12** 129 Da 85
Saint-Beauzeil **82** 113 Af 82
Saint-Beauzile **81** 127 Be 84
Saint-Beauzire **43** 104 Db 77
Saint-Beauzire **63** 92 Db 73
Saint-Bénézet **30** 130 Ea 85
Saint-Bénigne **01** 82 Ee 70
Saint-Benin **59** 9 Dd 48
Saint-Benin-d'Azy **58** 80 Dc 67
Saint-Benin-de-Bois **58** 80 Dc 66
Saint-Benoist-sur-Mer **85** 74 Yd 70
Saint-Benoist-sur-Vanne **10** 52 De 59
Saint-Benoît **01** 107 Fd 74
Saint-Benoît **04** 134 Ge 85
Saint-Benoît **11** 141 Ca 90
Saint-Benoît **81** 127 Ca 84
Saint-Benoît **86** 76 Ac 69
Saint-Benoît-de-Frédefonds **81** 127 Ca 85
Saint-Benoît-des-Ombres **27** 15 Ad 53
Saint-Benoît-des-Ondes **35** 28 Ya 57
Saint-Benoît-d'Hébertot **14** 14 Ab 53
Saint-Benoît-du-Sault **36** 78 Bc 70
Saint-Benoît-en-Diois **26** 119 Fb 81
Saint-Benoît-la-Chipotte **88** 56 Ge 58
Saint-Benoît-la-Forêt **37** 62 Ab 65
Saint-Benoît-sur-Loire **45** 65 Cb 62
Saint-Benoît-sur-Seine **10** 52 Ea 58
Saint-Berain **43** 105 Dd 78
Saint-Bérain-sous-Sanvignes **71** 82 Eb 68
Saint-Bérain-sur-Dheune **71** 82 Ed 68
Saint-Bernard **01** 94 Ee 73
Saint-Bernard **21** 69 Fa 66
Saint-Bernard **38** 108 Ff 77
Saint-Bernard **57** 22 Gc 53
Saint-Bernard **68** 71 Hb 62
Saint-Béron **73** 107 Fe 75
Saint-Berthevin **53** 46 Zb 60
Saint-Berthevin-la-Tannière **53** 46 Za 58
Saint-Bertrand-de-Comminges **31** 139 Ad 90
Saint-Biez-en-Belin **72** 47 Ab 62
Saint-Bihy **22** 26 Xa 58
Saint-Blaise **06** 135 Hb 86
Saint-Blaise **74** 96 Ga 72
Saint-Blaise-du-Buis **38** 107 Fd 76
Saint-Blaise-la-Roche **67** 56 Ha 58
Saint-Blancard **32** 139 Ad 88
Saint-Blimont **80** 6 Bd 48
Saint-Blin-Semilly **52** 54 Fc 59
Saint-Boès **64** 123 Zb 87
Saint-Bohaire **41** 64 Bb 63
Saint-Boil **71** 82 Ee 69
Saint-Boingt **54** 55 Gc 58
Saint-Bois **01** 107 Fd 74
Saint-Bomer **28** 48 Ae 59
Saint-Bômer-les-Forges **61** 29 Zc 57
Saint-Bon **51** 34 Dc 56
Saint-Bonnet **16** 99 Zf 76
Saint-Bonnet-Avalouze **19** 102 Bf 77
Saint-Bonnet-Briance **87** 90 Bc 74
Saint-Bonnet-de-Bellac **87** 89 Af 71
Saint-Bonnet-de-Chavagne **38** 107 Fb 78
Saint-Bonnet-de-Condat **15** 103 Ce 77
Saint-Bonnet-de-Cray **71** 93 Ea 71
Saint-Bonnet-de-Four **03** 92 Cf 71
Saint-Bonnet-de-Joux **71** 82 Ec 70
Saint-Bonnet-de-Montauroux **48** 117 De 80
Saint-Bonnet-de-Mure **69** 106 Fa 74
Saint-Bonnet-de-Rochefort **03** 92 Da 72
Saint-Bonnet-de-Salers **15** 103 Cc 78
Saint-Bonnet-des-Bruyères **69** 94 Ec 71
Saint-Bonnet-des-Quarts **42** 93 Df 72
Saint-Bonnet-de-Valclérieux **26** 107 Fa 77
Saint-Bonnet-de-Vieille-Vigne **71** 82 Eb 69
Saint-Bonnet-du-Gard **30** 131 Ed 85
Saint-Bonnet-Elvert **19** 102 Bf 78
Saint-Bonnet-en-Bresse **71** 83 Fb 67
Saint-Bonnet-en-Champsaur **05** 120 Ga 80
Saint-Bonnet-la-Rivière **19** 101 Bc 77
Saint-Bonnet-le-Bourg **63** 105 Dd 76
Saint-Bonnet-le-Chastel **63** 105 Dd 76
Saint-Bonnet-le-Château **42** 105 Ea 76
Saint-Bonnet-le-Courreau **42** 105 Df 75
Saint-Bonnet-le-Froid **43** 106 Ec 78
Saint-Bonnet-l'Enfantier **19** 102 Bd 78
Saint-Bonnet-lès-Allier **63** 92 Db 74
Saint-Bonnet-les-Oules **42** 106 Ec 75
Saint-Bonnet-les-Tours-de-Merle **19** 102 Ca 78
Saint-Bonnet-le-Troncy **69** 94 Ec 72
Saint-Bonnet-près-Bort **19** 103 Cc 75
Saint-Bonnet-près-Orcival **63** 104 Cf 74
Saint-Bonnet-près-Riom **63** 92 Da 73
Saint-Bonnet-sur-Gironde **17** 99 Zc 76
Saint-Bonnet-Tison **03** 92 Da 71
Saint-Bonnet-Tronçais **03** 79 Ce 69
Saint-Bonnot **58** 66 Db 65
Saint-Bon-Tarentaise **73** 109 Gd 76
Saint-Boulze **18** 66 Cf 65
Saint-Brancher **89** 67 Df 64
Saint-Branchs **37** 63 Ae 65
Saint-Brandan **22** 26 Xa 58
Saint-Brès **30** 130 Eb 83
Saint-Brès **32** 125 Ae 86
Saint-Brès **34** 130 Ea 87
Saint-Bresson **30** 130 Dd 85
Saint-Bresson **70** 55 Gd 61
Saint-Breussou **46** 114 Bf 80
Saint-Brevin-les-Pins **44** 59 Xf 65
Saint-Briac-sur-Mer **35** 27 Xf 57
Saint-Brice **16** 87 Ze 74
Saint-Brice **33** 111 Zf 80
Saint-Brice **50** 28 Ye 56
Saint-Brice **53** 46 Zd 61
Saint-Brice **61** 29 Zc 57
Saint-Brice **77** 34 Db 57
Saint-Brice-Courcelles **51** 19 Df 53
Saint-Brice-de-Landelles **50** 28 Yf 57
Saint-Brice-en-Coglès **35** 45 Yd 58
Saint-Brice-sous-Forêt **95** 33 Cc 55
Saint-Brice-sous-Rânes **61** 30 Ze 56
Saint-Brice-sur-Vienne **87** 89 Af 73
Saint-Brieuc **22** 26 Xb 57
Saint-Brieuc-de-Hauron **56** 44 Xd 60
Saint-Brieuc-des-Iffs **35** 44 Ya 59
Saint-Bris-des-Bois **17** 87 Zd 74
Saint-Bris-le-Vineux **89** 67 Dd 62
Saint-Brisson **58** 67 Ea 65
Saint-Brisson-sur-Loire **45** 65 Ce 63
Saint-Broing **70** 69 Fe 64
Saint-Broing-les-Moines **21** 68 Ef 62
Saint-Broingt-le-Bois **52** 69 Fc 62
Saint-Broingt-les-Fosses **52** 69 Fb 62
Saint-Broladre **35** 28 Yc 57
Saint-Bueil **38** 107 Fe 76
Saint-Calais **72** 48 Ae 61
Saint-Calais-du-Désert **53** 30 Ze 58
Saint-Calez-en-Saosnois **72** 47 Ab 59
Saint-Cannat **13** 132 Fb 87
Saint-Caprais **03** 79 Ce 69
Saint-Caprais **18** 79 Cb 67
Saint-Caprais **32** 125 Ae 87
Saint-Caprais **46** 113 Ba 81
Saint-Caprais-de-Blaye **33** 99 Zc 77
Saint-Caprais-de-Bordeaux **33** 111 Zd 80
Saint-Caprais-de-Lerm **47** 125 Ae 83
Saint-Capraise-de-Lalinde **24** 112 Ad 79
Saint-Capraise-d'Eymet **24** 112 Ad 80
Saint-Caradec **22** 43 Xa 59
Saint-Caradec-Trégomel **56** 42 Wd 60
Saint-Carné **22** 27 Xf 58
Saint-Carreuc **22** 26 Xb 58
Saint-Cassien **24** 113 Af 80
Saint-Cassien **38** 107 Fd 76
Saint-Cassien **86** 76 Aa 67
Saint-Cassin **73** 108 Ff 75
Saint-Castin **64** 138 Ze 88
Saint-Cast-le-Guildo **22** 27 Xe 57
Saint-Célerin **72** 47 Ab 70
Saint-Céneré **53** 46 Zc 60
Saint-Céols **18** 65 Cd 65
Saint-Céré **46** 114 Bf 79
Saint-Cernin **15** 103 Cc 78
Saint-Cernin **46** 114 Bd 81
Saint-Cernin-de-Labarde **24** 112 Ad 80
Saint-Cernin-de-Larche **19** 101 Bc 78
Saint-Cernin-de-l'Herm **24** 113 Ba 81
Saint-Cerques **74** 96 Gb 71
Saint-Césaire **17** 87 Zd 74
Saint-Césaire-de-Gauzignan **30** 130 Eb 84
Saint-Cézaire-sur-Siagne **06** 134 Ge 87
Saint-Cézert **31** 126 Bb 86
Saint-Chabrais **23** 91 Cb 72
Saint-Chaffrey **05** 120 Gd 79
Saint-Chamant **15** 103 Cc 78
Saint-Chamant **19** 102 Bf 78
Saint-Chamarand **46** 114 Bc 80
Saint-Chamas **13** 146 Fa 87
Saint-Chamassy **24** 113 Af 79
Saint-Chamond **42** 106 Ed 76
Saint-Chaptes **30** 130 Eb 85
Saint-Charles-la-Forêt **53** 46 Zc 61
Saint-Chartier **36** 78 Bf 69
Saint-Chef **38** 107 Fc 75
Saint-Chels **46** 114 Be 81
Saint-Chély-d'Apcher **48** 116 Db 80
Saint-Chély-d'Aubrac **12** 116 Cf 81
Saint-Chéron **91** 33 Ca 57
Saint-Chinian **34** 143 Cf 88
Saint-Christaud **31** 140 Ba 89
Saint-Christaud **32** 139 Ab 87
Saint-Christ-Briost **80** 18 Cf 49
Saint-Christo-en-Jarez **42** 106 Ec 75
Saint-Christol **07** 118 Ec 79
Saint-Christol **34** 130 Ea 86
Saint-Christol **84** 132 Fc 84
Saint-Christol-de-Rodières **30** 131 Ed 83
Saint-Christol-lès-Alès **30** 130 Ea 84
Saint-Christoly-de-Blaye **33** 99 Zc 78
Saint-Christoly-Médoc **33** 98 Zb 76
Saint-Christophe **03** 92 Dd 72
Saint-Christophe **16** 89 Af 72
Saint-Christophe **17** 86 Za 72
Saint-Christophe **23** 90 Be 72
Saint-Christophe **28** 49 Bc 60
Saint-Christophe **69** 94 Ed 71
Saint-Christophe **81** 127 Ca 84
Saint-Christophe **86** 76 Ac 67
Saint-Christophe-à-Berry **02** 18 Da 52
Saint-Christophe-d'Allier **43** 117 De 79
Saint-Christophe-de-Chaulieu **61** 29 Zb 56
Saint-Christophe-de-Double **33** 100 Aa 78
Saint-Christophe-des-Bardes **33** 111 Zf 79
Saint-Christophe-des-Bois **35** 45 Ye 59
Saint-Christophe-de-Valains **35** 45 Yd 58
Saint-Christophe-du-Bois **49** 61 Za 66
Saint-Christophe-du-Foc **50** 12 Yb 51
Saint-Christophe-du-Jambet **72** 47 Aa 59
Saint-Christophe-du-Ligneron **85** 73 Yb 68
Saint-Christophe-du-Luat **53** 46 Zd 60
Saint-Christophe-en-Bazelle **36** 64 Be 65
Saint-Christophe-en-Boucherie **36** 79 Ca 68
Saint-Christophe-en-Bresse **71** 83 Ef 68
Saint-Christophe-en-Brionnais **71** 93 Eb 71
Saint-Christophe-en-Champagne **72** 47 Zf 61
Saint-Christophe-en-Oisans **38** 120 Gb 79
Saint-Christophe-et-le-Laris **26** 107 Fa 77
Saint-Christophe-la-Couperie **49** 60 Ye 65
Saint-Christophe-la-Grotte **73** 107 Fe 76
Saint-Christophe-le-Chaudry **18** 79 Cc 69
Saint-Christophe-le-Jajolet **61** 30 Aa 57
Saint-Christophe-sur-Avre **27** 31 Ae 56
Saint-Christophe-sur-Condé **27** 15 Ad 53
Saint-Christophe-sur-Dolaison **43** 117 De 79
Saint-Christophe-sur-Giers **38** 107 Fe 76
Saint-Christophe-sur-le-Nais **37** 63 Ac 63
Saint-Christophe-sur-Roc **79** 75 Zd 70
Saint-Christophe-Vallon **12** 115 Cc 82
Saint-Cibard **33** 111 Zf 79
Saint-Cierge-sous-le-Cheylard **07** 118 Ec 79
Saint-Ciergues **52** 54 Fb 61
Saint-Ciers-Champagne **17** 99 Ze 76
Saint-Ciers-d'Abzac **33** 99 Ze 78
Saint-Ciers-de-Canesse **33** 99 Zc 78
Saint-Ciers-du-Taillon **17** 99 Zc 76
Saint-Ciers-sur-Bonnieure **16** 88 Ab 73
Saint-Ciers-sur-Gironde **33** 99 Zc 77
Saint-Cirgue **81** 128 Cc 85
Saint-Cirgues **43** 104 Dc 78
Saint-Cirgues **46** 114 Ca 80
Saint-Cirgues-de-Jordanne **15** 103 Cd 78
Saint-Cirgues-de-Malbert **15** 103 Cc 78
Saint-Cirgues-de-Prades **07** 117 Eb 81
Saint-Cirgues-la-Loutre **19** 102 Ca 78
Saint-Cirgues-sur-Couze **63** 104 Da 75
Saint-Cirice **82** 126 Af 84
Saint-Cirq **24** 113 Af 79
Saint-Cirq **82** 127 Bd 84
Saint-Cirq-Lapopie **46** 114 Be 82
Saint-Cirq-Madelon **46** 113 Bb 80
Saint-Cirq-Souillaguet **46** 114 Bc 80
Saint-Civran **36** 78 Bc 70
Saint-Clair **07** 106 Ee 77
Saint-Clair **46** 113 Bc 80
Saint-Clair **46** 114 Be 82
Saint-Clair **82** 126 Af 84
Saint-Clair **86** 76 Aa 67
Saint-Clair-d'Arcey **27** 31 Ae 54
Saint-Clair-de-Halouze **61** 29 Zc 56
Saint-Clair-de-la-Tour **38** 107 Fc 75
Saint-Clair-du-Rhône **38** 106 Ee 76
Saint-Clair-sur-Epte **95** 32 Be 53
Saint-Clair-sur-Galaure **38** 107 Fa 77
Saint-Clair-sur-l'Elle **50** 13 Yf 53
Saint-Clair-sur-les-Monts **76** 15 Ae 51
Saint-Clamens **32** 139 Ac 88
Saint-Clar **32** 125 Ae 85
Saint-Clar-de-Rivière **31** 140 Bb 88
Saint-Claud **16** 88 Ac 73
Saint-Claude **39** 96 Ff 70
Saint-Claude-de-Diray **41** 64 Bc 63
Saint-Clément **02** 19 Ea 50
Saint-Clément **03** 93 De 72
Saint-Clément **05** 121 Gd 81
Saint-Clément **07** 117 Eb 79
Saint-Clément **19** 102 Be 76
Saint-Clément **30** 130 Ea 86
Saint-Clément **54** 38 Gd 57
Saint-Clément **89** 51 Db 59
Saint-Clément-à-Arnes **08** 20 Ec 53
Saint-Clément-de-la-Place **49** 61 Zb 63
Saint-Clément-de-Régnat **63** 92 Db 73
Saint-Clément-de-Rivière **34** 130 Df 86
Saint-Clément-des-Baleines **17** 86 Yc 71
Saint-Clément-des-Levées **49** 62 Ze 65
Saint-Clément-de-Valorgue **63** 105 Df 76
Saint-Clément-de-Vers **69** 94 Ec 71
Saint-Clémentin **79** 75 Zc 67
Saint-Clément-les-Place **69** 94 Ec 74
Saint-Clément-Rancourdray **50** 29 Za 56
Saint-Clément-sur-Guye **71** 82 Ed 69
Saint-Clément-sur-Valsonne **69** 94 Ec 73
Saint-Clet **22** 26 Wf 57
Saint-Cloud **92** 33 Cb 55

Saint-Ambroix — Saint-Cloud (F) **195**

Sainte-Valière 11 142 Cf 89
Saint-Evarzec 29 42 Vf 61
Sainte-Vaubourg 08 20 Ed 52
Sainte-Verge 79 76 Ze 66
Sainte-Vertu 89 67 Df 62
Saint-Evroult-de-Montfort 61 30 Ab 56
Saint-Evroult-Notre-Dame-du-Bois 61 31 Ac 56
Saint-Exupéry 33 111 Zf 81
Saint-Exupéry-les-Roches 19 103 Cc 75
Saint-Fargeau 89 66 Da 63
Saint-Fargeau-Ponthierry 77 33 Cd 57
Saint-Fargeol 03 91 Cd 72
Saint-Faust 64 138 Zd 89
Saint-Félicien 07 106 Ed 78
Saint-Féliu-d'Amont 66 154 Ce 92
Saint-Féliu-d'Avail 66 154 Cf 92
Saint-Félix 03 92 Dc 71
Saint-Félix 16 100 Aa 76
Saint-Félix 17 87 Zc 72
Saint-Félix 46 113 Ba 82
Saint-Félix 46 114 Ca 81
Saint-Félix 60 17 Cb 52
Saint-Félix 74 96 Ff 74
Saint-Félix-de-Bourdoilles 24 100 Ad 76
Saint-Félix-de-Foncaude 33 111 Zf 81
Saint-Félix-de-Lodez 34 129 Dc 87
Saint-Félix-de-Lunel 12 115 Cd 81
Saint-Félix-de-Pallières 30 130 Df 84
Saint-Félix-de-Reillac-et-Mortemart 24 101 Af 78
Saint-Félix-de-Rieutord 09 141 Be 90
Saint-Félix-de-Sorgues 12 129 Cf 85
Saint-Félix-de-Tournegat 09 141 Be 90
Saint-Félix-de-Villadeix 24 112 Ae 79
Saint-Félix-Lauragais 31 141 Bf 88
Saint-Fergeux 08 19 Eb 51
Saint-Ferme 33 112 Aa 80
Saint-Ferréol 31 139 Ae 88
Saint-Ferréol 31 141 Ca 88
Saint-Ferréol 74 96 Gb 74
Saint-Ferréol-d'Aurore 43 105 Eb 76
Saint-Ferréol-des-Côtes 63 105 De 75
Saint-Ferréol-Trente-Pas 26 119 Fb 82
Saint-Ferriol 11 153 Cb 91
Saint-Fiacre 22 26 Wf 58
Saint-Fiacre 77 34 Cf 55
Saint-Fiacre-sur-Maine 44 60 Yd 66
Saint-Fiel 23 90 Bf 71
Saint-Firmin 05 120 Ga 80
Saint-Firmin 54 55 Ga 58
Saint-Firmin 58 80 Dc 66
Saint-Firmin 71 82 Ec 67
Saint-Firmin-des-Bois 45 51 Cf 61
Saint-Firmin-des-Prés 41 48 Ba 61
Saint-Firmin-sur-Loire 45 66 Ce 63
Saint-Flavy 10 52 De 58
Saint-Florent 2B 157 Kb 92
Saint-Florent 45 65 Cc 62
Saint-Florent-des-Bois 85 74 Ye 69
Saint-Florentin 89 52 De 61
Saint-Florent-le-Vieil 49 61 Yf 64
Saint-Florent-sur-Auzonnet 30 130 Ea 83
Saint-Florent-sur-Cher 18 79 Cb 67
Saint-Floret 63 104 Da 75
Saint-Floris 62 8 Cd 45
Saint-Flour 15 104 Da 78
Saint-Flour 63 104 Dd 74
Saint-Flour 63 105 Df 76
Saint-Flour-de-Mercoire 48 117 De 80
Saint-Flovier 37 77 Ba 67
Saint-Floxel 50 12 Yd 51
Saint-Folquin 62 3 Ca 43
Saint-Fons 69 106 Ef 74
Saint-Forgeot 71 82 Eb 66
Saint-Forgeux-Lespinasse 42 93 Df 72
Saint-Fort 53 46 Zb 62
Saint-Fort-sur-Gironde 17 99 Zb 76
Saint-Fort-sur-le-Né 16 99 Ze 75
Saint-Fortunat-sur-Eyrieux 07 118 Ee 80
Saint-Fraigne 16 88 Zf 73
Saint-Fraimbault 61 29 Zb 58
Saint-Fraimbault-de-Prières 53 46 Zc 58
Saint-Frajou 31 140 Af 88
Saint-Franchy 58 66 Dc 66
Saint-François-de-Sales 73 108 Ga 74
Saint-François-Lacroix 57 22 Gc 52
Saint-Frégant 29 24 Vd 57
Saint-Fréjoux 19 103 Cc 75
Saint-Frézal-d'Albuges 48 117 De 81
Saint-Frézal-de-Ventalon 48 130 Df 83
Saint-Frichoux 11 142 Cd 89
Saint-Frion 23 91 Cb 73
Saint-Fromond 50 13 Yf 53
Saint-Front 16 88 Ab 73
Saint-Front 43 117 Ea 79
Saint-Front-d'Alemps 24 101 Ae 77
Saint-Front-de-Pradoux 24 100 Ac 78
Saint-Front-la-Rivière 24 101 Ae 76
Saint-Front-sur-Lémance 47 113 Af 81
Saint-Front-sur-Nizonne 24 100 Ad 76
Saint-Froult 17 86 Yf 73
Saint-Fulgent 85 74 Ye 67
Saint-Fulgent-des-Ormes 61 47 Ac 59
Saint-Fuscien 80 17 Cb 49
Saint-Gabriel-Brécy 14 13 Zc 53
Saint-Gal 48 116 Dc 81
Saint-Galmier 42 105 Eb 75
Saint-Gal-sur-Sioule 63 92 Da 72
Saint-Gand 70 70 Ff 64
Saint-Ganton 35 44 Ya 62
Saint-Gatien-des-Bois 14 14 Ab 52
Saint-Gaudens 31 139 Ae 90
Saint-Gaudent 86 88 Ab 72
Saint-Gaudéric 11 141 Bf 90
Saint-Gaultier 36 78 Bc 69
Saint-Gauzens 81 127 Bf 86
Saint-Gein 40 124 Ze 85
Saint-Gelven 22 43 Wf 59
Saint-Gély-du-Fesc 34 130 De 86
Saint-Gemmes-d'Andigné 49 61 Za 62
Saint-Génard 79 87 Zf 71
Saint-Gence 87 89 Ba 73
Saint-Généroux 79 76 Zf 67
Saint-Genès-Champanelle 63 92 Da 74
Saint-Genès-Champespe 63 103 Ce 76
Saint-Genès-de-Blaye 33 99 Zc 78
Saint-Genès-de-Castillon 33 111 Zf 79
Saint-Genès-de-Fronsac 33 99 Zd 78
Saint-Genès-de-Lombaud 33 111 Zd 80
Saint-Genès-du-Retz 63 92 Db 72
Saint-Genès-la-Tourette 63 104 Dc 75
Saint-Genest 03 91 Cd 71
Saint-Genest 88 55 Gd 58
Saint-Genest-d'Ambière 86 76 Ab 68
Saint-Genest-de-Beauzon 07 117 Eb 82
Saint-Genest-de-Contest 81 127 Ca 86
Saint-Genest-Lerpt 42 106 Eb 76
Saint-Genest-Malifaux 42 106 Ec 77
Saint-Genest-sur-Roselle 87 90 Bc 74
Saint-Geneys-près-Saint-Paulien 43 105 De 78
Saint-Gengoulph 02 34 Db 54
Saint-Gengoux-de-Scissé 71 82 Ee 70
Saint-Gengoux-le-National 71 82 Ee 69
Saint-Geniès 24 101 Bb 79
Saint-Geniès-Bellevue 31 126 Bc 86
Saint-Geniès-de-Comolas 30 131 Ee 84
Saint-Geniès-de-Malgoire 30 130 Eb 85
Saint-Geniès-des-Mourgues 34 130 Ea 86
Saint-Geniès-de-Varensal 34 129 Da 86
Saint-Geniès-le-Bas 34 143 Db 88
Saint-Geniez 04 133 Ga 83
Saint-Geniez-d'Olt 12 116 Cf 82
Saint-Geniez-ô-Merle 19 102 Ca 78
Saint-Genis 05 120 Fe 82
Saint-Genis-de-Saintonge 17 99 Zc 76
Saint-Génis-des-Fontaines 66 154 Cf 93
Saint-Genis-d'Hiersac 16 88 Aa 74
Saint-Genis-du-Bois 33 111 Ze 80
Saint-Genis-l'Argentière 69 106 Ec 74
Saint-Genis-Laval 69 94 Ee 74
Saint-Genis-les-Ollières 69 94 Ee 74
Saint-Genis-Pouilly 01 96 Ga 71
Saint-Genis-sur-Menthon 01 94 Fa 71
Saint-Genou 36 78 Bc 67
Saint-Genouph 37 63 Ad 64
Saint-Geoire-en-Valdaine 38 107 Fd 76
Saint-Geoirs 38 107 Fc 77
Saint-Georges 15 103 Cd 78
Saint-Georges 16 88 Ab 73
Saint-Georges 32 126 Af 86
Saint-Georges 47 113 Af 82
Saint-Georges 57 38 Gf 56
Saint-Georges 62 7 Ca 46
Saint-Georges 82 127 Bd 83
Saint-Georges-Armont 25 71 Gd 64
Saint-Georges-Blancaneix 24 112 Ac 79
Saint-Georges-Buttavent 53 46 Zb 59
Saint-Georges-d'Annebecq 61 30 Ze 57
Saint-Georges-d'Antignac 17 99 Zc 76
Saint-Georges-d'Aunay 14 29 Zb 54
Saint-Georges-d'Aurac 43 104 Dd 78
Saint-Georges-de-Baroille 42 93 Ea 73
Saint-Georges-de-Bohon 50 12 Ye 53
Saint-Georges-de-Chesné 35 45 Ye 59
Saint-Georges-de-Commiers 38 107 Fe 78
Saint-Georges-de-Didonne 17 98 Yf 75
Saint-Georges-de-Gréhaigne 35 28 Yc 57
Saint-Georges-de-la-Couée 72 48 Ad 61
Saint-Georges-de-la-Rivière 50 12 Yb 52
Saint-Georges-de-Lévéjac 48 129 Db 83
Saint-Georges-de-Livoye 50 28 Ye 56
Saint-Georges-d'Elle 50 13 Za 54
Saint-Georges-de-Longuepierre 17 87 Zd 72
Saint-Georges-de-Luzençon 12 129 Cf 84
Saint-Georges-de-Mons 63 91 Cf 73
Saint-Georges-de-Montaigu 85 74 Ye 67
Saint-Georges-de-Montclard 24 112 Ad 79
Saint-Georges-de-Noisné 79 75 Ze 70
Saint-Georges-de-Pointindoux 85 74 Yc 69
Saint-Georges-de-Poisieux 18 79 Cc 68
Saint-Georges-de-Reintembault 35 28 Ye 57
Saint-Georges-de-Reneins 69 94 Ee 72
Saint-Georges-de-Rex 79 87 Zc 71
Saint-Georges-de-Rouelley 50 29 Zb 57
Saint-Georges-des-Agoûts 17 99 Zc 76
Saint-Georges-des-Côteaux 17 87 Zb 74
Saint-Georges-des-Gardes 49 61 Zb 66
Saint-Georges-des-Groseillers 61 29 Zc 56
Saint-Georges-des-Hurtières 73 108 Gb 75
Saint-Georges-d'Espérance 38 107 Fa 75
Saint-Georges-d'Oléron 17 86 Ye 73
Saint-Georges-d'Orques 34 144 De 87
Saint-Georges-du-Bois 17 87 Zb 72
Saint-Georges-du-Bois 49 62 Ze 64
Saint-Georges-du-Bois 72 47 Aa 61
Saint-Georges-du-Mesnil 27 15 Ad 53
Saint-Georges-du-Rosay 72 48 Ad 59
Saint-Georges-du-Vièvre 27 15 Ad 53
Saint-Georges-en-Auge 14 30 Aa 55
Saint-Georges-en-Couzan 42 105 Df 74
Saint-Georges-Haute-Ville 42 105 Ea 75
Saint-Georges-Lagricol 43 105 Df 77
Saint-Georges-la-Pouge 23 90 Bf 73
Saint-Georges-le-Fléchard 53 46 Zc 60
Saint-Georges-le-Gaultier 72 47 Zf 59
Saint-Georges-lès-Baillargeaux 86 76 Ac 69
Saint-Georges-les-Bains 07 118 Ee 79
Saint-Georges-les-Landes 87 89 Bc 70
Saint-Georges-Montcocq 50 13 Yf 54
Saint-Georges-Motel 27 32 Bb 56
Saint-Georges-Nigremont 23 91 Cb 74
Saint-Georges-sur-Allier 63 104 Db 74
Saint-Georges-sur-Arnon 36 79 Ca 67
Saint-Georges-sur-Baulche 89 67 Dd 62
Saint-Georges-sur-Cher 41 63 Ba 65
Saint-Georges-sur-Erve 53 46 Ze 60
Saint-Georges-sur-Eure 28 49 Bc 58
Saint-Georges-sur-Fontaine 76 15 Bb 51
Saint-Georges-sur-l'Aa 59 3 Cb 43
Saint-Georges-sur-la-Prée 18 64 Bf 65
Saint-Georges-sur-Layon 49 61 Zd 65
Saint-Georges-sur-Loire 49 61 Zb 64
Saint-Georges-sur-Moulon 18 65 Cc 65
Saint-Georges-sur-Renon 01 94 Fa 72
Saint-Geours-d'Auribat 40 123 Za 86
Saint-Geours-de-Maremne 40 123 Ye 86
Saint-Gérand-de-Vaux 03 92 Dc 70
Saint-Gérand-le-Puy 03 92 Dd 71
Saint-Géraud 47 112 Aa 81
Saint-Géraud-de-Corps 24 112 Ab 79
Saint-Germain 07 118 Ec 81
Saint-Germain 10 52 Ea 59
Saint-Germain 54 55 Gc 58
Saint-Germain 70 71 Gd 61
Saint-Germain-au-Mont-d'Or 69 94 Ee 73
Saint-Germain-Beaupré 23 90 Bd 71
Saint-Germain-Chassenay 58 80 Dc 68
Saint-Germain-d'Anxure 53 46 Zb 59
Saint-Germain-d'Arcé 72 62 Ab 63
Saint-Germain-d'Aunay 61 30 Ac 55
Saint-Germain-de-Belvès 24 113 Ba 80
Saint-Germain-de-Bois 18 79 Cc 67
Saint-Germain-de-Calberte 48 130 De 83
Saint-Germain-de-Clairefeuille 61 30 Ab 56
Saint-Germain-de-Confolens 16 89 Ae 72
Saint-Germain-de-Coulamer 53 47 Zf 59
Saint-Germain-d'Ectot 14 29 Zb 54
Saint-Germain-de-Fresney 27 32 Bb 55
Saint-Germain-de-Grave 33 111 Ze 81
Saint-Germain-de-la-Coudre 61 48 Ad 59
Saint-Germain-de-la-Grange 78 32 Bf 56
Saint-Germain-de-la-Rivière 33 99 Zd 79
Saint-Germain-de-Livet 14 30 Ab 54
Saint-Germain-d'Elle 50 29 Za 54
Saint-Germain-de-Longue-Chaume 79 75 Zd 68
Saint-Germain-de-Lusignan 17 99 Zd 76
Saint-Germain-de-Marencennes 17 87 Zb 72
Saint-Germain-de-Martigny 61 30 Ac 57
Saint-Germain-de-Modéon 21 67 Ea 64
Saint-Germain-de-Montbron 16 100 Ac 75
Saint-Germain-de-Montgommery 14 30 Ab 55
Saint-Germain-de-Pasquier 27 15 Ba 53
Saint-Germain-de-Prinçay 85 74 Yf 68
Saint-Germain-de-Salles 03 92 Db 71
Saint-Germain-des-Angles 27 31 Ba 54
Saint-Germain-des-Bois 58 67 Dd 64
Saint-Germain-des-Champs 89 67 Df 64
Saint-Germain-des-Essourts 76 16 Bb 51
Saint-Germain-des-Fossés 03 92 Dc 71
Saint-Germain-des-Grois 61 48 Ae 58
Saint-Germain-des-Prés 24 101 Af 76
Saint-Germain-des-Prés 45 51 Cf 61
Saint-Germain-des-Prés 49 61 Zb 64
Saint-Germain-des-Prés 81 141 Ca 87
Saint-Germain-d'Esteuil 33 98 Za 77
Saint-Germain-des-Vaux 50 12 Ya 50
Saint-Germain-d'Etables 76 16 Bb 49
Saint-Germain-de-Tallevende-la-Lande-Vaumont 14 29 Za 56
Saint-Germain-de-Tournebut 50 12 Yd 51
Saint-Germain-de-Varreville 50 12 Ye 52
Saint-Germain-de-Vibrac 17 99 Ze 76
Saint-Germain-du-Bel-Air 46 113 Bc 81
Saint-Germain-du-Bois 71 83 Fb 68
Saint-Germain-du-Corbéis 61 47 Aa 58
Saint-Germain-du-Grioult 14 29 Zc 55
Saint-Germain-du-Pert 14 13 Yf 52
Saint-Germain-du-Pinel 35 45 Yf 60
Saint-Germain-du-Plain 71 83 Ef 68
Saint-Germain-du-Puch 33 111 Ze 79
Saint-Germain-du-Puy 18 79 Cc 66
Saint-Germain-du-Salembre 24 100 Ac 78
Saint-Germain-du-Seudre 17 99 Zb 75
Saint-Germain-du-Teil 48 116 Db 82
Saint-Germain-en-Brionnais 71 93 Eb 70
Saint-Germain-en-Coglès 35 45 Ye 58
Saint-Germain-en-Laye 78 33 Ca 55
Saint-Germain-en-Montagne 39 84 Ff 68
Saint-Germain-et-Mons 24 112 Ad 79
Saint-Germain-la-Blanche-Herbe 14 13 Zd 53
Saint-Germain-la-Campagne 27 30 Ac 54
Saint-Germain-la-Chambotte 73 96 Ff 74
Saint-Germain-l'Aiguiller 85 75 Za 68
Saint-Germain-la-Montagne 42 94 Ec 71
Saint-Germain-la-Poterie 60 16 Bf 52
Saint-Germain-Laprade 43 105 Df 78
Saint-Germain-Laval 42 93 Ea 74
Saint-Germain-Laval 77 51 Cf 58
Saint-Germain-la-Ville 51 36 Ec 55
Saint-Germain-Lavolps 19 103 Cb 75
Saint-Germain-Laxis 77 33 Ce 57
Saint-Germain-le-Châtelet 90 71 Gf 62
Saint-Germain-le-Fouilloux 53 46 Zb 60
Saint-Germain-le-Gaillard 28 49 Bb 58
Saint-Germain-le-Gaillard 50 12 Yb 52
Saint-Germain-le-Guillaume 53 46 Zb 59
Saint-Germain-Lembron 63 104 Db 76
Saint-Germain-le-Rocheux 21 68 Ee 62
Saint-Germain-lès-Arlay 39 83 Fd 68
Saint-Germain-lès-Arpajon 91 33 Cb 57
Saint-Germain-les-Belles 87 102 Bc 75
Saint-Germain-lès-Buxy 71 82 Ee 68
Saint-Germain-lès-Corbeil 91 33 Cd 57
Saint-Germain-les-Paroisses 01 95 Fd 74
Saint-Germain-Lespinasse 42 93 Df 72
Saint-Germain-lès-Senailly 21 68 Eb 63
Saint-Germain-les-Vergnes 19 102 Bd 78
Saint-Germain-le-Vasson 14 30 Ze 55
Saint-Germain-le-Vieux 61 31 Ab 57
Saint-Germain-l'Herm 63 104 Dd 76
Saint-Germainmont 08 19 Ea 51
Saint-Germain-près-Herment (Chadeaux) 63 91 Cd 74
Saint-Germain-Source-Seine 21 68 Ee 64
Saint-Germain-sous-Cailly 76 15 Bb 51
Saint-Germain-sous-Doue 77 34 Da 55
Saint-Germains-sur-Sèves 50 12 Yd 53
Saint-Germain-sur-Avre 27 32 Bb 56
Saint-Germain-sur-Ay 50 12 Yc 53
Saint-Germain-sur-Bresle 80 16 Be 49
Saint-Germain-sur-Eaulne 76 16 Bd 50
Saint-Germain-sur-École 77 50 Cd 58
Saint-Germain-sur-Ille 35 45 Yc 59
Saint-Germain-sur-l'Arbresle 69 94 Ed 73
Saint-Germain-sur-Meuse 55 37 Fe 57
Saint-Germain-sur-Moine 49 60 Yf 66
Saint-Germain-sur-Morin 77 34 Cf 55
Saint-Germain-sur-Renon 01 94 Fa 72
Saint-Germain-sur-Sarthe 72 47 Aa 59
Saint-Germain-sur-Vienne 37 62 Aa 65
Saint-Germain-Village 27 15 Ad 52
Saint-Germé 32 124 Zf 86
Saint-Germer-de-Fly 60 16 Be 52
Saint-Germier 31 141 Be 88
Saint-Germier 32 126 Af 86
Saint-Germier 79 76 Zf 70
Saint-Germier 81 127 Bf 87
Saint-Germier 81 128 Cb 86
Saint-Géron 43 104 Db 76
Saint-Gérons 15 115 Cb 79
Saint-Gervais 33 99 Zd 78
Saint-Gervais 38 107 Fc 77
Saint-Gervais 85 73 Xf 67
Saint-Gervais 95 32 Be 53
Saint-Gervais-d'Auvergne 63 91 Ce 72
Saint-Gervais-des-Sablons 61 30 Aa 55
Saint-Gervais-de-Vic 72 48 Ae 61
Saint-Gervais-du-Perron 61 30 Aa 57
Saint-Gervais-en-Belin 72 47 Ab 61
Saint-Gervais-en-Vallière 71 82 Ef 67
Saint-Gervais-la-Forêt 41 64 Bc 63
Saint-Gervais-les-Bains 74 97 Ge 73
Saint-Gervais-les-Trois-Clochers 86 76 Ac 67
Saint-Gervais-sous-Meymont 63 105 Dd 74
Saint-Gervais-sur-Couches 71 82 Ed 67
Saint-Gervais-sur-Mare 34 129 Da 87
Saint-Gervais-sur-Roubion 26 118 Ef 81
Saint-Gervasy 30 131 Ec 85
Saint-Gervazy 63 104 Db 76
Saint-Géry 24 100 Ab 79
Saint-Géry 46 114 Bd 82
Saint-Geyrac 24 101 Af 78
Saint-Gibrien 51 35 Eb 55
Saint-Gildas 22 26 Xa 58
Saint-Gildas-de-Rhuys 56 58 Xa 63
Saint-Gildas-des-Bois 44 59 Xf 63
Saint-Gilles 30 131 Ec 86
Saint-Gilles 35 44 Yb 60
Saint-Gilles 36 78 Bc 70
Saint-Gilles 51 19 De 53
Saint-Gilles 71 82 Ed 67
Saint-Gilles-Croix-de-Vie 85 73 Ya 68
Saint-Gilles-de-Crétot 76 15 Ad 51
Saint-Gilles-de-la-Neuville 76 14 Ac 51
Saint-Gilles-des-Marais 61 29 Zb 57
Saint-Gilles-du-Mené 22 44 Xc 59
Saint-Gilles-les-Bois 22 26 Wf 57
Saint-Gilles-les-Forêts 87 102 Bd 75
Saint-Gilles-Pligeaux 22 26 Wf 58
Saint-Gilles-Vieux-Marché 22 43 Xa 59
Saint-Gineis-en-Coiron 07 118 Ed 81
Saint-Gingolph 74 97 Ge 70
Saint-Girod 73 96 Ff 74
Saint-Girons 09 140 Ba 91
Saint-Girons 64 123 Za 87
Saint-Girons-d'Aiguevives 33 99 Zc 78
Saint-Gladie-Arrive-Munein 64 137 Za 88
Saint-Glen 22 27 Xc 58
Saint-Goazec 29 42 Wb 60
Saint-Gobain 02 18 Dc 51
Saint-Gobert 02 19 De 50
Saint-Goin 64 137 Zb 89
Saint-Gondon 45 65 Cd 62
Saint-Gondran 35 44 Yb 59
Saint-Gonlay 35 44 Xf 60
Saint-Gonnery 56 43 Xb 60
Saint-Gor 40 124 Ze 84
Saint-Gorgon 56 59 Xe 63
Saint-Gorgon 88 55 Gd 59
Saint-Gorgon-Main 25 84 Gc 66
Saint-Gouéno 22 44 Xc 59
Saint-Gourgon 41 63 Ba 63
Saint-Gourson 16 88 Ab 73
Saint-Goussaud 23 90 Bd 72
Saint-Gratien 80 7 Cc 49
Saint-Gratien 95 33 Cb 55
Saint-Gratien-Savigny 58 81 De 67
Saint-Gravé 56 44 Xe 62
Saint-Grégoire 35 45 Yb 60
Saint-Grégoire 81 128 Cb 85
Saint-Grégoire-d'Ardennes 17 99 Zd 75
Saint-Grégoire-du-Vièvre 27 15 Ad 53
Saint-Griède 32 124 Zf 86
Saint-Groux 16 88 Aa 73
Saint-Guen 22 43 Xa 59
Saint-Guilhem-le-Désert 34 129 Dd 86
Saint-Guillaume 38 119 Fd 79
Saint-Guinoux 35 27 Ya 57
Saint-Guiraud 34 129 Dc 86
Saint-Guyomard 56 44 Xc 62
Saint-Haon 43 117 De 79
Saint-Haon-le-Châtel 42 93 Df 72
Saint-Haon-le-Vieux 42 93 Df 72
Saint-Helen 22 27 Ya 58
Saint-Hélier 21 68 Ee 64
Saint-Hellier 76 16 Bb 50
Saint-Hénand 42 106 Ec 75
Saint-Herblain 44 60 Yc 65
Saint-Herblon 44 60 Yf 64
Saint-Hérent 63 104 Da 76
Saint-Hernin 29 42 Wc 59
Saint-Hervé 22 26 Xb 57
Saint-Hilaire 03 80 Da 70
Saint-Hilaire 11 142 Cb 90
Saint-Hilaire 25 70 Gb 65
Saint-Hilaire 31 140 Bb 88
Saint-Hilaire 43 104 Dc 76
Saint-Hilaire 46 114 Bd 83
Saint-Hilaire 63 91 Cd 72
Saint-Hilaire 91 50 Ca 58
Saint-Hilaire, Talmont- 85 74 Yc 70
Saint-Hilaire-au-Temple 51 36 Ec 54
Saint-Hilaire-Bonneval 87 89 Bc 74
Saint-Hilaire-Cottes 62 7 Cc 45
Saint-Hilaire-Cusson-la-Valmitte 42 105 Ea 76
Saint-Hilaire-de-Beauvoir 34 130 Ea 86
Saint-Hilaire-de-Brens 38 107 Fb 74
Saint-Hilaire-de-Brethmas 30 130 Ea 84
Saint-Hilaire-de-Briouze 61 29 Ze 56
Saint-Hilaire-de-Chaléons 44 59 Ya 66
Saint-Hilaire-de-Clisson 44 60 Ye 66
Saint-Hilaire-de-Court 18 65 Ca 65
Saint-Hilaire-de-Gondilly 18 80 Cf 66
Saint-Hilaire-de-la-Côte 38 107 Fb 76
Saint-Hilaire-de-la-Noaille 33 111 Aa 81
Saint-Hilaire-de-Lavit 48 130 Df 83
Saint-Hilaire-de-Loulay 85 60 Ye 66
Saint-Hilaire-de-Lusignan 47 125 Ad 83
Saint-Hilaire-de-Riez 85 73 Ya 68
Saint-Hilaire-des-Landes 35 45 Yd 58
Saint-Hilaire-des-Loges 85 75 Zc 70
Saint-Hilaire-d'Estissac 24 100 Ad 78
Saint-Hilaire-de-Villefranche 17 87 Zc 73
Saint-Hilaire-de-Voust 85 75 Zc 69
Saint-Hilaire-d'Ozilhan 30 131 Ed 85
Saint-Hilaire-du-Bois 17 99 Zc 76
Saint-Hilaire-du-Bois 33 111 Zf 80
Saint-Hilaire-du-Harcouët 50 28 Yf 57
Saint-Hilaire-du-Maine 53 46 Za 59
Saint-Hilaire-du-Rosier 38 107 Fb 78
Saint-Hilaire-en-Lignières 18 79 Cb 68
Saint-Hilaire-en-Morvan 58 81 Df 66
Saint-Hilaire-en-Woëvre 55 37 Fe 54
Saint-Hilaire-Foissac 19 102 Ca 77
Saint-Hilaire-Fontaine 58 81 Dd 68
Saint-Hilaire-la-Croix 63 92 Da 72
Saint-Hilaire-la-Forêt 85 74 Yc 70
Saint-Hilaire-la-Gérard 61 30 Aa 57
Saint-Hilaire-la-Gravelle 41 48 Bb 61
Saint-Hilaire-la-Palud 79 87 Zb 71
Saint-Hilaire-la-Plaine 23 90 Bf 72
Saint-Hilaire-la-Treille 87 89 Bb 71
Saint-Hilaire-le-Château 23 90 Bf 73
Saint-Hilaire-le-Châtel 61 31 Ad 57
Saint-Hilaire-le-Grand 51 36 Ec 53
Saint-Hilaire-le-Lierru 72 47 Ac 60
Saint-Hilaire-le-Petit 51 20 Ec 53
Saint-Hilaire-les-Andrésis 45 51 Da 60
Saint-Hilaire-les-Courbes 19 102 Be 75
Saint-Hilaire-les-Monges 63 91 Cd 74
Saint-Hilaire-les-Places 87 101 Ba 75
Saint-Hilaire-le-Vouhis 85 74 Yf 68
Saint-Hilaire-lez-Cambrai 59 9 Dc 47
Saint-Hilaire-Luc 19 103 Cb 76
Saint-Hilaire-Peyroux 19 102 Bd 78
Saint-Hilaire-Saint-Mesmin 45 49 Be 61
Saint-Hilaire-sous-Charlieu 42 93 Eb 72
Saint-Hilaire-sous-Romilly 10 52 Dd 57
Saint-Hilaire-sur-Benaize 36 77 Ba 69
Saint-Hilaire-sur-Erre 61 48 Ae 59

Sainte-Valière — Saint-Hilaire-sur-Erre (F) 197

Saint-Lizier-du-Planté **32** 140 Af 88
Saint-Lô **50** 29 Yf 54
Saint-Lô-d'Ourville **50** 12 Yc 52
Saint-Lon-les-Mines **40** 123 Yf 87
Saint-Lormel **22** 27 Xe 57
Saint-Lothain **39** 83 Fd 68
Saint-Loubauer **40** 124 Zd 86
Saint-Loube **32** 140 Af 88
Saint-Loubert **33** 111 Zf 82
Saint-Loubès **33** 111 Zd 79
Saint-Louet-sur-Seulles **14** 29 Zc 54
Saint-Louis **57** 39 Hb 56
Saint-Louis **68** 72 Hd 63
Saint-Louis-de-Montferrand **33** 99 Zc 79
Saint-Louis-et-Parahou **11** 153 Cb 91
Saint-Louis-la-Chaussée **68** 72 Hd 63
Saint-Louis-lès-Bitche **57** 39 Hc 54
Saint-Loup **03** 92 Dc 70
Saint-Loup **17** 87 Zb 73
Saint-Loup **23** 91 Cb 72
Saint-Loup **39** 83 Fb 66
Saint-Loup **41** 64 Bf 65
Saint-Loup **50** 28 Ye 57
Saint-Loup **51** 35 De 56
Saint-Loup **58** 66 Da 64
Saint-Loup **69** 94 Ec 73
Saint-Loup **82** 126 Af 84
Saint-Loup-Cammas **31** 126 Bc 86
Saint-Loup-Champagne **08** 19 Eb 52
Saint-Loup-de-Buffigny **10** 52 Dd 58
Saint-Loup-de-Fribois **14** 30 Aa 54
Saint-Loup-de-la-Salle **71** 82 Ef 67
Saint-Loup-des-Chaumes **18** 79 Cc 68
Saint-Loup-des-Vignes **45** 50 Cc 60
Saint-Loup-d'Ordon **89** 51 Db 60
Saint-Loup-du-Dorat **53** 46 Zd 61
Saint-Loup-du-Gast **53** 46 Zc 58
Saint-Loup-en-Comminges **31** 139 Ad 89
Saint-Loup-Hors **14** 13 Zb 53
Saint-Loup-Lamaire **79** 76 Zf 68
Saint-Loup-Nantouard **70** 69 Fe 64
Saint-Loup-sur-Aujon **52** 53 Fa 61
Saint-Loup-sur-Semouse **70** 55 Gb 61
Saint-Loup-Terrier **08** 20 Ed 51
Saint-Loyer-des-Champs **61** 30 Aa 56
Saint-Lubin-de-Cravant **28** 31 Ba 56
Saint-Lubin-de-la-Haye **28** 32 Bd 56
Saint-Lubin-des-Joncherets **28** 31 Bb 56
Saint-Lubin-en-Vergonnois **41** 64 Bb 63
Saint-Luc **27** 32 Bb 55
Saint-Lucien **28** 32 Bd 57
Saint-Lumier-en-Champagne **51** 36 Ed 56
Saint-Lumier-la-Populeuse **51** 36 Ee 56
Saint-Lumine-de-Clisson **44** 60 Yd 66
Saint-Lumine-de-Coutais **44** 60 Yb 66
Saint-Lunaire **35** 27 Xf 57
Saint-Luperce **28** 49 Bb 58
Saint-Lupicin **39** 95 Fe 70
Saint-Lupien **10** 52 De 58
Saint-Lyé **10** 52 Ea 58
Saint-Lyé-la-Forêt **45** 49 Bf 60
Saint-Lyphard **44** 59 Xe 64
Saint-Lys **31** 140 Bb 87
Saint-Macaire **33** 111 Ze 81
Saint-Macaire-du-Bois **49** 62 Ze 66
Saint-Macaire-en-Mauges **49** 61 Za 66
Saint-Maclou **27** 14 Ac 52
Saint-Maclou-de-Folleville **76** 15 Ba 50
Saint-Maclou-la-Brière **76** 15 Ac 51
Saint-Macoux **86** 88 Ab 72
Saint-Maden **22** 44 Xf 59
Saint-Magne **33** 111 Zc 81
Saint-Magne-de-Castillon **33** 111 Zf 79
Saint-Maigner **63** 91 Ce 72
Saint-Maigrin **17** 99 Ze 76
Saint-Maime **04** 133 Fe 85
Saint-Maixant **23** 91 Cb 73
Saint-Maixant **33** 111 Ze 81
Saint-Maixent **72** 48 Ad 60
Saint-Maixent-de-Beugné **79** 75 Zc 70
Saint-Maixent-l'École **79** 76 Ze 70
Saint-Maixent-sur-Vie **85** 73 Yb 68
Saint-Maixme-Hauterive **28** 31 Bb 57
Saint-Malo **35** 27 Xf 57
Saint-Malo **35** 45 Yc 62
Saint-Malo-de-Beignon **56** 44 Xf 61
Saint-Malo-de-Guersac **44** 59 Xe 64
Saint-Malo-de-la-Lande **50** 28 Yc 54
Saint-Malo-de-Phily **35** 44 Yb 61
Saint-Malo-des-Trois-Fontaines **56** 44 Xd 60
Saint-Malô-du-Bois **85** 75 Za 67
Saint-Malo-en-Donziois **58** 66 Db 65
Saint-Mamert **69** 94 Ed 71
Saint-Mamert-du-Gard **30** 130 Eb 85
Saint-Mamet **31** 151 Ad 92
Saint-Mamet-la-Salvetat **15** 115 Cb 79
Saint-Mammès **77** 51 Ce 58
Saint-Mandé-sur-Brédoire **17** 87 Ze 72
Saint-Mandrier-sur-Mer **83** 147 Ff 90
Saint-Manvieu-Bocage **14** 29 Za 56
Saint-Marc **15** 116 Db 79
Saint-Marc-à-Frongier **23** 90 Ca 73
Saint-Marcal **66** 154 Cd 93
Saint-Marc-à-Loubaud **23** 90 Bf 73
Saint-Marc-du-Cor **41** 48 Af 61
Saint-Marceau **08** 20 Ee 50
Saint-Marceau **72** 47 Aa 59
Saint-Marcel **01** 94 Ef 73
Saint-Marcel **08** 20 Ed 50
Saint-Marcel **27** 32 Bc 54
Saint-Marcel **36** 78 Bd 69
Saint-Marcel **54** 38 Ff 54
Saint-Marcel **56** 44 Xc 62
Saint-Marcel **70** 54 Ff 62
Saint-Marcel **71** 82 Ef 68
Saint-Marcel **73** 109 Gd 75
Saint-Marcel **81** 127 Ca 84
Saint-Marcel-Bel-Accueil **38** 107 Fb 75
Saint-Marcel-d'Ardèche **07** 118 Ed 83
Saint-Marcel-de-Careinet **30** 131 Ec 84
Saint-Marcel-de-Félines **42** 93 Eb 73
Saint-Marcel-du-Périgord **24** 112 Ae 79
Saint-Marcel-d'Urfé **42** 93 Df 73
Saint-Marcel-en-Marcillat **03** 91 Cd 72
Saint-Marcel-en-Murat **03** 92 Da 71
Saint-Marcelin-de-Cray **71** 82 Ed 69
Saint-Marcel l'Eclairé **69** 94 Ec 73
Saint-Marcel-lès-Annonay **07** 106 Ed 77
Saint-Marcel-lès-Sauzet **26** 118 Ee 81
Saint-Marcel-lès-Valence **26** 118 Ef 79
Saint-Marcellin **38** 107 Fb 78
Saint-Marcellin-en-Forez **42** 105 Ea 76
Saint-Marcel-Paulel **31** 127 Bd 87
Saint-Marcel-sur-Aude **11** 143 Cf 89
Saint-Marcet **31** 139 Ae 89
Saint-Marc-Jaumgarde **13** 146 Fd 87
Saint-Marc-la-Lande **79** 75 Zd 69
Saint-Marc-le-Blanc **35** 45 Yd 58
Saint-Marcory **24** 113 Af 80
Saint-Marcouf **14** 13 Za 53
Saint-Marcouf **50** 12 Ye 52
Saint-Marc-sur-Couesnon **35** 45 Yd 59
Saint-Marc-sur-Seine **21** 68 Ed 62
Saint-Mard **02** 19 Dd 52
Saint-Mard **17** 87 Zb 72
Saint-Mard **54** 38 Gb 57
Saint-Mard **77** 33 Ce 54
Saint-Mard **80** 17 Ce 50
Saint-Mard-de-Reno **61** 31 Ad 57
Saint-Mard-de-Vaux **71** 82 Ee 68
Saint-Mard-lès-Rouffy **51** 35 Ea 55
Saint-Mards **76** 15 Ba 50
Saint-Mards-de-Blacarville **27** 15 Ad 52
Saint-Mards-de-Fresne **27** 31 Ac 54
Saint-Mards-en-Othe **10** 52 De 59
Saint-Mard-sur-Auve **51** 36 Ee 54
Saint-Mard-sur-le-Mont **51** 36 Ef 55
Saint-Marie-de-Vatimesnil **27** 16 Bd 53
Saint-Marien **23** 79 Cb 70
Saint-Mariens **33** 99 Zd 78
Saint-Mars-de-Coutais **44** 60 Yb 66
Saint-Mars-de-Locquenay **72** 47 Ac 61
Saint-Mars-d'Ergenne **61** 29 Zb 57
Saint-Mars-d'Outillé **72** 47 Ac 61
Saint-Mars-du-Désert **44** 60 Yd 64
Saint-Mars-du-Désert **53** 47 Zf 59
Saint-Mars-la-Brière **72** 47 Ac 60
Saint-Mars-la-Jaille **44** 60 Ye 63
Saint-Mars-la-Réorthe **85** 75 Za 67
Saint-Mars-sur-Colmont **53** 46 Zb 58
Saint-Mars-sur-la-Futaie **53** 29 Yf 58
Saint-Mars-Vieux-Maisons **77** 34 Db 56
Saint-Martial **07** 117 Eb 79
Saint-Martial **15** 116 Da 79
Saint-Martial **16** 100 Aa 76
Saint-Martial **17** 87 Zd 72
Saint-Martial **30** 130 De 84
Saint-Martial **33** 111 Ze 81
Saint-Martial **33** 112 Ab 80
Saint-Martial-d'Albarède **24** 101 Ba 77
Saint-Martial-d'Artenset **24** 100 Ab 78
Saint-Martial-de-Gimel **19** 102 Bf 77
Saint-Martial-de-Nabirat **24** 113 Bb 80
Saint-Martial-de-Valette **24** 100 Ad 75
Saint-Martial-de-Vitaterne **17** 99 Zd 76
Saint-Martial-Entraygues **19** 102 Bf 78
Saint-Martial-le-Mont **23** 90 Ca 72
Saint-Martial-le-Vieux **23** 103 Cb 74
Saint-Martial-sur-Isop **87** 89 Af 72
Saint-Martial-sur-Né **17** 99 Zd 75
Saint-Martial-Viveyrol **24** 100 Ac 76
Saint-Martin **17** 86 Za 74
Saint-Martin **23** 90 Be 71
Saint-Martin **32** 139 Ac 87
Saint-Martin **32** 139 Ad 87
Saint-Martin **54** 39 Ge 57
Saint-Martin **56** 44 Xe 62
Saint-Martin **65** 138 Aa 90
Saint-Martin **66** 153 Cc 92
Saint-Martin **67** 56 Hb 58
Saint-Martin **81** 127 Bf 85
Saint-Martin **81** 127 Bf 86
Saint-Martin **81** 127 Ca 86
Saint-Martin **83** 147 Ff 87
Saint-Martin **83** 148 Gc 88
Saint-Martin **83** 148 Gd 88
Saint-Martin, Revest- **04** 133 Fe 84
Saint-Martin-au-Bosc **76** 16 Bd 49
Saint-Martin-au-Laërt **62** 3 Cb 44
Saint-Martin-aux-Arbres **76** 15 Af 51
Saint-Martin-aux-Bois **60** 17 Cd 51
Saint-Martin-aux-Buneaux **76** 15 Ad 49
Saint-Martin-aux-Champs **51** 36 Ec 56
Saint-Martin-aux-Chartrains **14** 14 Aa 53
Saint-Martin-Belle-Roche **71** 94 Ef 70
Saint-Martin-Bellevue **74** 96 Ga 73
Saint-Martin-Boulogne **62** 2 Bd 44
Saint-Martin-Cantalès **15** 103 Cb 78
Saint-Martin-Château **23** 90 Be 73
Saint-Martin-Chocquel **62** 3 Bf 44
Saint-Martin-Curton **47** 111 Aa 83
Saint-Martin-d'Abbat **45** 50 Cb 61
Saint-Martin-d'Ablois **51** 35 Df 54
Saint-Martin-d'Août **26** 106 Ef 77
Saint-Martin-d'Arberoue **64** 137 Ye 88
Saint-Martin-d'Arcé **49** 62 Zf 63
Saint-Martin-d'Ardèche **07** 131 Ed 83
Saint-Martin-d'Armagnac **32** 124 Zf 86
Saint-Martin-d'Arrossa **64** 136 Ye 89
Saint-Martin-d'Ary **17** 99 Ze 77
Saint-Martin-d'Aubigny **50** 12 Yd 54
Saint-Martin-d'Audouville **50** 12 Yd 51
Saint-Martin-d'Auxigny **18** 65 Cc 65
Saint-Martin-d'Auxy **71** 82 Ed 68
Saint-Martin-de-Bavel **01** 95 Fe 73
Saint-Martin-de-Beauville **47** 126 Ae 83
Saint-Martin-de-Belleville **73** 108 Gc 76
Saint-Martin-de-Bernegoue **79** 87 Zd 71
Saint-Martin-de-Bienfaite-la-Cressonnière **14** 30 Ac 54
Saint-Martin-de-Blagny **14** 13 Za 53
Saint-Martin-de-Bonfossé **50** 28 Yf 54
Saint-Martin-de-Bossenay **10** 52 De 58
Saint-Martin-de-Boubaux **48** 130 Df 83
Saint-Martin-de-Bréhal **50** 28 Yc 55
Saint-Martin-de-Bréthencourt **78** 49 Bf 57
Saint-Martin-de-Brômes **04** 133 Ff 86
Saint-Martin-de-Caralp **09** 141 Bd 91
Saint-Martin-de-Castillon **84** 132 Fd 85
Saint-Martin-de-Celles **38** 119 Fd 79
Saint-Martin-de-Cenilly **50** 28 Ye 55
Saint-Martin-de-Commune **71** 82 Ed 67
Saint-Martin-de-Connée **53** 47 Ze 59
Saint-Martin-de-Coux **17** 99 Zf 78
Saint-Martin-de-Crau **13** 131 Ee 87
Saint-Martin-d'Ecublei **61** 31 Ae 56
Saint-Martin-de-Fontenage **14** 29 Zd 54
Saint-Martin-de-Fraigneau **85** 75 Zb 70
Saint-Martin-de-Fressengeas **24** 101 Af 76
Saint-Martin-de-Fugères **43** 117 Df 79
Saint-Martin-de-Goyne **32** 125 Ad 84
Saint-Martin-de-Gurçon **24** 100 Aa 79
Saint-Martin-de-Hinx **40** 123 Ye 87
Saint-Martin-de-Juillers **17** 87 Zd 73
Saint-Martin-de-Jussac **87** 89 Af 73
Saint-Martin-de-la-Brasque **84** 132 Fd 86
Saint-Martin-de-la-Cluze **38** 119 Fd 79
Saint-Martin-de-la-Lieue **14** 30 Ab 54
Saint-Martin-de-la-Mer **21** 67 Eb 65
Saint-Martin-de-Lamps **36** 78 Bd 67
Saint-Martin-de-Landelles **50** 28 Yf 57
Saint-Martin-de-Lansuscle **48** 130 De 83
Saint-Martin-de-la-Place **49** 62 Zf 65
Saint-Martin-de-l'Arçon **34** 143 Cf 87
Saint-Martin-de-Laye **33** 99 Ze 78
Saint-Martin-de-Lenne **12** 116 Cf 82
Saint-Martin-de-Lerm **33** 111 Zf 81
Saint-Martin-de-Lixy **71** 93 Eb 71
Saint-Martin-de-Londres **34** 130 De 86
Saint-Martin-de-Mâcon **79** 76 Zf 66
Saint-Martin-de-Mailloc **14** 30 Ab 54
Saint-Martin-de-Mieux **14** 30 Ze 55
Saint-Martin-de-Nigelles **28** 32 Bd 57
Saint-Martin-d'Entraunes **06** 134 Ge 84
Saint-Martin-de-Queyrières **05** 120 Gd 79
Saint-Martin-de-Ré **17** 86 Yd 71
Saint-Martin-de-Ribérac **24** 100 Ac 77
Saint-Martin-de-Saint-Maixent **79** 76 Ze 70
Saint-Martin-de-Salencey **71** 82 Ed 69
Saint-Martin-de-Sallen **14** 29 Zc 55
Saint-Martin-de-Sanzay **79** 62 Ze 66
Saint-Martin-des-Besaces **14** 29 Za 54
Saint-Martin-des-Bois **41** 63 Ae 62
Saint-Martin-des-Bois **41** 63 Af 62
Saint-Martin-des-Champs **18** 66 Cf 66
Saint-Martin-des-Champs **29** 25 Wb 57
Saint-Martin-des-Champs **50** 28 Ye 57
Saint-Martin-des-Champs **77** 34 Dc 56
Saint-Martin-des-Champs **78** 32 Be 55
Saint-Martin-des-Champs **89** 66 Da 63
Saint-Martin-de-Seignanx **40** 122 Yd 87
Saint-Martin-des-Entrées **14** 13 Zb 53
Saint-Martin-de-Sescas **33** 111 Zf 81
Saint-Martin-des-Fontaines **85** 75 Za 69
Saint-Martin-des-Lais **03** 81 Dd 68
Saint-Martin-des-Landes **61** 30 Zf 57
Saint-Martin-des-Monts **72** 48 Ad 60
Saint-Martin-des-Noyers **85** 74 Ye 68
Saint-Martin-des-Olmes **63** 105 De 75
Saint-Martin-des-Pézerits **61** 31 Ac 57
Saint-Martin-des-Plains **63** 104 Db 76
Saint-Martin-des-Prés, L' **22** 43 Xa 59
Saint-Martin-des-Puits **11** 142 Cd 90
Saint-Martin-des-Tilleuls **85** 74 Yf 67
Saint-Martin-d'Estréaux **42** 93 De 71
Saint-Martin-de-Valgalgues **30** 130 Ea 84
Saint-Martin-de-Valmas **07** 118 Ec 79
Saint-Martin-de-Varreville **50** 12 Ye 52
Saint-Martin-de-Vers **46** 114 Bd 81
Saint-Martin-de-Villeréal **47** 113 Ae 81
Saint-Martin-de-Villereglan **11** 141 Cb 90
Saint-Martin-d'Hères **38** 107 Fe 78
Saint-Martin-d'Heuille **58** 80 Db 66
Saint-Martin-d'Ollières **63** 104 Dc 76
Saint-Martin-Don **14** 29 Za 55
Saint-Martin-d'Oney **40** 124 Zc 85
Saint-Martin-d'Ordon **89** 51 Db 60
Saint-Martin-d'Oydes **09** 140 Bc 90
Saint-Martin-du-Bec **76** 14 Ab 51
Saint-Martin-du-Bois **33** 99 Ze 78
Saint-Martin-du-Bois **49** 61 Zb 62
Saint-Martin-du-Boschet **77** 34 Dc 56
Saint-Martin-du-Clocher **16** 88 Aa 72
Saint-Martin-du-Fouilloux **49** 61 Zb 64
Saint-Martin-du-Fouilloux **79** 76 Zf 69
Saint-Martin-du-Frêne **01** 95 Fd 72
Saint-Martin-du-Lac **71** 93 Ea 71
Saint-Martin-du-Limet **53** 45 Yf 62
Saint-Martin-du-Manoir **76** 14 Ab 51
Saint-Martin-du-Mont **01** 95 Fb 72
Saint-Martin-du-Mont **21** 68 Ee 64
Saint-Martin-du-Mont **71** 83 Fb 69
Saint-Martin-du-Puy **33** 111 Zf 80
Saint-Martin-du-Puy **58** 67 Df 65
Saint-Martin-d'Uriage **38** 108 Ff 78
Saint-Martin-du-Tartre **71** 82 Ed 69
Saint-Martin-du-Tertre **89** 51 Db 59
Saint-Martin-du-Tertre **95** 33 Cc 54
Saint-Martin-du-Tilleul **27** 31 Ad 54
Saint-Martin-du-Var **06** 135 Hb 86
Saint-Martin-du-Vieux-Bellême **61** 48 Ad 58
Saint-Martin-du-Vivier **76** 15 Ba 52
Saint-Martin-en-Bière **77** 50 Cd 58
Saint-Martin-en-Bresse **71** 83 Fa 68
Saint-Martin-en-Campagne **76** 6 Bb 49
Saint-Martin-en-Gâtinois **71** 83 Fa 67
Saint-Martin-en-Haut **69** 106 Ed 75
Saint-Martin-en-Vercors **26** 107 Fc 78
Saint-Martin-Gimois **32** 140 Ae 87
Saint-Martinien **03** 91 Cc 70
Saint-Martin-Labouval **46** 114 Be 82
Saint-Martin-la-Campagne **27** 31 Ba 54
Saint-Martin-Lacaussade **33** 99 Zc 78
Saint-Martin-la-Garenne **78** 32 Be 54
Saint-Martin-l'Aiguillon **61** 30 Ze 57
Saint-Martin-Lalande **11** 141 Ca 89
Saint-Martin-la-Méanne **19** 102 Bf 77
Saint-Martin-la-Patrouille **71** 82 Ed 69
Saint-Martin-la-Plaine **42** 106 Ed 75
Saint-Martin-l'Ars **86** 88 Ad 71
Saint-Martin-Lars-en-Sainte-Hermine **85** 75 Za 69
Saint-Martin-la-Sauveté **42** 93 Df 74
Saint-Martin-l'Astier **24** 100 Ac 78
Saint-Martin-le-Châtel **01** 95 Fa 71
Saint-Martin-le-Gaillard **76** 6 Bc 49
Saint-Martin-le-Hébert **50** 12 Yc 51
Saint-Martin-le-Mault **87** 89 Bb 70
Saint-Martin-le-Nœud **60** 17 Ca 52
Saint-Martin-le-Pin **24** 100 Ad 75
Saint-Martin-le-Redon **46** 113 Ba 81
Saint-Martin-les-Eaux **04** 132 Fe 85
Saint-Martin-lès-Langres **52** 54 Fb 61
Saint-Martin-lès-Melles **79** 87 Ze 71
Saint-Martin-lès-Seyne **04** 120 Gb 82
Saint-Martin-Lestra **42** 94 Ec 74
Saint-Martin-le-Vieil **11** 141 Ca 89
Saint-Martin-le-Vieux **87** 89 Ba 74
Saint-Martin-l'Heureux **51** 20 Ec 53
Saint-Martin-l'Hortier **76** 16 Bc 50
Saint-Martin-Longueau **60** 17 Cd 52
Saint-Martin-Lys **11** 153 Cb 91
Saint-Martin-Osmonville **76** 16 Bb 51
Saint-Martin-Petit **47** 112 Aa 81
Saint-Martin-Rivière **02** 9 Dd 48
Saint-Martin-Saint-Firmin **27** 15 Ad 53
Saint-Martin-Sepert **19** 102 Bc 76
Saint-Martin-sous-Montaigu **71** 82 Ee 68
Saint-Martin-sous-Vigouroux **15** 115 Ce 79
Saint-Martin-sur-Armançon **89** 52 Ea 61
Saint-Martin-sur-Arve **74** 97 Gd 73
Saint-Martin-sur-Cojeul **62** 8 Cf 47
Saint-Martin-sur-Ecaillon **59** 9 Dd 47
Saint-Martin-sur-la-Chambre **73** 108 Gb 76
Saint-Martin-sur-le-Pré **51** 35 Ec 55
Saint-Martin-sur-Nohain **58** 66 Cf 64
Saint-Martin-sur-Ocre **45** 65 Cd 63
Saint-Martin-sur-Ouanne **89** 51 Da 61
Saint-Martin-Terressus **23** 90 Bc 73
Saint-Martin-Valmeroux **15** 103 Cc 78
Saint-Martin-Vésubie **06** 135 Hb 84
Saint-Martory **31** 140 Af 90
Saint-Mary **16** 88 Ac 73
Saint-Mary-le-Plain **15** 104 Da 77
Saint-Masmes **51** 19 Eb 53
Saint-Mathieu **87** 89 Ae 74
Saint-Mathieu-de-Tréviers **34** 130 Df 86
Saint-Mathurin **85** 74 Yb 69
Saint-Mathurin-sur-Loire **49** 61 Ze 64
Saint-Matré **46** 113 Ba 82
Saint-Maudan **22** 43 Xb 60
Saint-Maudez **22** 27 Xe 58
Saint-Maugan **35** 44 Xf 60
Saint-Maulvis **80** 16 Bf 49
Saint-Maur **18** 79 Cb 69
Saint-Maur **32** 139 Ac 88
Saint-Maur **36** 78 Bd 68
Saint-Maur **39** 83 Fd 69
Saint-Maur **60** 16 Bf 51
Saint-Maur-des-Fossés **94** 33 Cc 56
Saint-Maurice **52** 54 Fc 61
Saint-Maurice **58** 81 Dd 66
Saint-Maurice **63** 104 Db 74
Saint-Maurice **67** 56 Hc 59
Saint-Maurice-aux-Forges **54** 39 Gf 57
Saint-Maurice-aux-Riches-Hommes **89** 51 Dd 58
Saint-Maurice-Colombier **25** 71 Gd 64
Saint-Maurice-Crillat **39** 84 Ff 69
Saint-Maurice-d'Ardèche **07** 118 Ec 81
Saint-Maurice-de-Beynost **01** 94 Ef 74
Saint-Maurice-de-Cazevieille **30** 130 Eb 84
Saint-Maurice-de-Gourdans **01** 95 Fb 74
Saint-Maurice-de-Lestapel **47** 112 Ad 81
Saint-Maurice-de-Lignon **43** 105 Ea 77
Saint-Maurice-de-Rémens **01** 95 Fb 73
Saint-Maurice-de-Rotherens **73** 107 Fe 75
Saint-Maurice-de-Satonnay **71** 94 Ee 70
Saint-Maurice-des-Champs **71** 82 Ed 69
Saint-Maurice-des-Lions **16** 89 Ae 73
Saint-Maurice-des-Noues **85** 75 Zb 69
Saint-Maurice-de-Tavernole **17** 99 Zd 76
Saint-Maurice-d'Etelan **76** 15 Ad 52
Saint-Maurice-de-Ventalon **48** 130 De 83
Saint-Maurice-d'Ibie **07** 118 Ec 81
Saint-Maurice-du-Désert **61** 29 Zd 57
Saint-Maurice-en-Cotentin **50** 12 Yb 52
Saint-Maurice-en-Gourgois **42** 105 Eb 76
Saint-Maurice-en-Quercy **46** 114 Bf 80
Saint-Maurice-en-Rivière **71** 83 Fa 67
Saint-Maurice-en-Trièves **38** 119 Fd 80
Saint-Maurice-en-Valgodemard **05** 120 Ga 80
Saint-Maurice-la-Clouère **86** 76 Ac 70
Saint-Maurice-la-Souterraine **23** 90 Bc 71
Saint-Maurice-le-Girard **85** 75 Zb 69
Saint-Maurice-les-Brousses **87** 89 Bb 74
Saint-Maurice-lès-Charencey **61** 31 Ae 57
Saint-Maurice-lès-Châteauneuf **71** 93 Eb 71
Saint-Maurice-lès-Couches **71** 82 Ed 67
Saint-Maurice-le-Vieil **89** 66 Dc 62
Saint-Maurice-l'Exil **38** 106 Ee 76
Saint-Maurice-Montcouronne **91** 33 Ca 57
Saint-Maurice-Navacelles **34** 129 Dd 85
Saint-Maurice-près-Crocq **23** 91 Cb 73
Saint-Maurice-près-Pionsat **63** 91 Cd 72
Saint-Maurice-Saint-Germain **28** 48 Ba 58
Saint-Maurice-sous-les-Côtes **55** 37 Fe 54
Saint-Maurice-sur-Adur **40** 124 Zd 86
Saint-Maurice-sur-Aveyron **45** 51 Cf 61
Saint-Maurice-sur-Dargoire **69** 106 Ed 75
Saint-Maurice-sur-Eygues **26** 131 Fa 83
Saint-Maurice-sur-Fessard **45** 50 Cd 61
Saint-Maurice-sur-Huisne **61** 48 Ae 58
Saint-Maurice-sur-Mortagne **88** 55 Gd 58
Saint-Maurice-sur-Moselle **88** 56 Ge 61
Saint-Maurice-sur-Vingeanne **21** 69 Fc 63
Saint-Maurice-Thizouaille **89** 51 Dc 62
Saint-Maurin **47** 126 Af 83
Saint-Maur-sur-le-Loir **28** 49 Bc 60
Saint-Max **54** 38 Gb 56
Saint-Maxent **80** 7 Be 48
Saint-Maximin **38** 108 Ga 76
Saint-Maximin **60** 33 Cc 53
Saint-Maximin-la-Sainte-Baume **83** 147 Ff 88
Saint-Maxire **79** 75 Zd 70
Saint-May **26** 119 Fb 82
Saint-Mayeux **22** 43 Wf 59
Saint-Mayme-de-Péreyrol **24** 100 Ad 78
Saint-Méard **87** 102 Bd 74
Saint-Méard-de-Drône **24** 100 Ac 77
Saint-Méard-de-Gurçon **24** 112 Ab 79
Saint-Médard **16** 99 Zf 75
Saint-Médard **17** 99 Zd 76
Saint-Médard **31** 140 Af 90
Saint-Médard **32** 139 Ac 88
Saint-Médard **36** 78 Bb 67
Saint-Médard **46** 113 Bb 81
Saint-Médard **57** 38 Gd 56
Saint-Médard **64** 124 Zc 87
Saint-Médard **79** 87 Ze 71
Saint-Médard-d'Aunis **17** 86 Za 72
Saint-Médard-de-Guizières **33** 99 Zf 78
Saint-Médard-de-Mussidan **24** 100 Ac 78
Saint-Médard-de-Presque **46** 114 Bf 79
Saint-Médard-d'Excideuil **24** 101 Ba 76
Saint-Médard-d'Eyrans **33** 111 Zc 80
Saint-Médard-en-Jalles **33** 111 Zb 79
Saint-Médard-la-Rochette **23** 91 Ca 72
Saint-Médard-Nicourby **46** 114 Ca 80
Saint-Médard-sur-Ille **35** 45 Yc 59
Saint-Médart **16** 87 Zf 73
Saint-Méen **29** 24 Ve 57
Saint-Méen-le-Grand **35** 44 Xe 59
Saint-Melaine-sur-Aubance **49** 61 Zd 64
Saint-Mélany **07** 117 Ea 81
Saint-Méloir **22** 27 Xe 58
Saint-Méloir-des-Ondes **35** 27 Ya 57
Saint-Même-le-Tenu **44** 59 Yb 66
Saint-Memmie **51** 36 Ec 55
Saint-Menge **88** 55 Ff 59
Saint-Menges **08** 20 Ef 50
Saint-Menoux **03** 80 Da 69
Saint-Merd-la-Breuille **23** 91 Cc 74
Saint-Merd-les-Oussines **19** 102 Ca 75
Saint-Méry **77** 34 Cf 57
Saint-Meslin-du-Bosc **27** 15 Af 53
Saint-Mesmes **77** 33 Ce 55
Saint-Mesmin **10** 52 Df 58
Saint-Mesmin **21** 68 Ed 64
Saint-Mesmin **24** 101 Bb 76
Saint-Mesmin **85** 75 Zb 68
Saint-Mexant **19** 102 Bd 78
Saint-Mézard **32** 125 Ad 84
Saint-M'Hervé **35** 45 Yf 59
Saint-M'Hervon **35** 44 Xf 59
Saint-Micaud **71** 82 Ed 68
Saint-Michel **02** 19 Ea 49
Saint-Michel **09** 140 Bd 90
Saint-Michel **16** 100 Aa 75
Saint-Michel **32** 139 Ac 88
Saint-Michel **34** 129 Dc 85
Saint-Michel **40** 123 Ye 85
Saint-Michel **45** 50 Cc 60
Saint-Michel **64** 137 Ye 90
Saint-Michel **82** 126 Af 84
Saint-Michel-Chef-Chef **44** 59 Xf 65
Saint-Michel-d'Aurence **07** 118 Ec 79
Saint-Michel-de-Bannières **46** 114 Be 79
Saint-Michel-de-Chabrillanoux **07** 118 Ed 79

Saint-Lizier-du-Planté — Saint-Michel-de-Chabrillanoux (F) **199**

Salies-du-Salat 31 140 Af 90
Salignac 04 133 Ff 83
Salignac 33 99 Zd 78
Salignac-de-Mirambeau 17 99 Zd 76
Salignac-Eyvignes 24 113 Bb 79
Salignac-sur-Charente 17 87 Zd 74
Saligney 39 69 Fd 65
Saligny 85 74 Yd 68
Saligny 89 51 Dc 59
Saligny-le-Vif 18 80 Ce 66
Saligny-sur-Roudon 03 81 De 70
Saligos 65 150 Zf 91
Salindres 30 130 Ea 83
Salinelles 30 130 Ea 86
Salins 77 51 Da 58
Salins-les-Bains 39 84 Ff 67
Salins-les-Thermes 73 109 Gd 76
Salives 21 68 Ef 63
Sallagriffon 06 134 Gf 85
Sallanches 74 97 Gd 73
Sallaumines 62 8 Cf 46
Salle, La 05 120 Gd 79
Salle, La 71 94 Ef 70
Salle, La 88 56 Ge 59
Salleboeuf 33 111 Zd 79
Sallèdes 63 104 Db 75
Salle-de-Vihiers, La 49 61 Zc 66
Salle-en-Beaumont, La 38 120 Ff 79
Salle-et-Chapelle-Aubry 49 61 Za 65
Sallèles-Cabardès 11 142 Cc 89
Sallèles-d'Aude 11 143 Cf 89
Sallen 14 29 Zb 54
Sallenelles 14 14 Ze 53
Sallenôves 74 96 Ff 73
Sallertaine 85 73 Ya 67
Salles 33 110 Za 81
Salles 47 113 Af 81
Salles 65 138 Zf 90
Salles 79 76 Zf 70
Salles 81 127 Ca 84
Salles, Les 30 130 Dd 84
Salles, Les 33 112 Zf 79
Salles, Les 42 93 De 73
Salles-Adour 65 138 Aa 89
Salles-Arbuissonnas-en-Beaujolais 69 94 Ed 72
Salles-Courbatiès 12 114 Ca 82
Salles-Curan 12 128 Ce 83
Salles-d'Angles 16 99 Zd 75
Salles-d'Armagnac 32 124 Zf 86
Salles-d'Aube 11 143 Da 89
Salles-de-Barbezieux 16 99 Zf 76
Salles-de-Belvès 24 113 Af 80
Salles-de-Villefagnan 16 88 Aa 73
Salles-du-Gardon, les 30 130 Ea 83
Salles-et-Pratviel 31 151 Ad 92
Salles-la-Source 12 115 Cd 82
Salles-Lavalette 16 100 Ab 76
Salles-Lavauguyon, Les 87 89 Ae 74
Salles-Mongiscard 64 137 Za 88
Sallespisse 64 123 Zb 87
Salles-sous-Bois 26 118 Ef 82
Salles-sur-Garonne 31 140 Bb 89
Salles-sur-l'Hers 11 141 Be 89
Salles-sur-Mer 17 86 Yf 72
Salles-sur-Verdon, Les 83 133 Gb 86
Salmagne 55 37 Fb 56
Salmaise 21 68 Ed 64
Salmbach 67 40 Ia 55
Salmiech 12 128 Cd 83
Salomé 59 8 Cf 45
Salon 10 35 Ea 57
Salon 24 101 Ae 78
Salon-de-Provence 13 132 Fa 87
Salon-la-Tour 19 102 Bd 75
Salonnes 57 38 Gd 56
Salornay-sur-Guye 71 82 Ed 69
Salouël 80 17 Cb 49
Salperwick 62 3 Cb 44
Salsein 09 151 Ba 91
Salses 66 154 Cf 91
Salsigne 11 142 Cc 89
Salt-en-Donzy 42 106 Eb 74
Salvagnac 81 127 Be 85
Salvagnac-Cajarc 12 114 Bf 82
Salvetat-Belmontet, La 82 127 Bd 85
Salvetat-Lauragais, La 31 141 Be 87
Salvetat-Peyralès, La 12 128 Cb 83
Salvetat-Saint-Gilles, la 31 140 Bb 87
Salvetat-sur-Agout, La 34 142 Ce 87
Salvezines 11 153 Cb 92
Salviac 46 113 Bb 80
Salvizinet 42 93 Eb 73
Salza 11 142 Cc 91
Salzuit 43 104 Dc 77
Samadet 40 124 Zd 87
Saman 31 139 Ae 89
Samaran 32 139 Ad 88
Samatan 32 140 Af 88
Samazan 47 112 Aa 82
Sambin 41 64 Bb 64
Sambourg 89 67 Ea 62
Saméon 59 9 Db 46
Samer 62 3 Be 45
Samerey 21 83 Fc 66
Sames 64 123 Yf 87
Sammarçolles 86 76 Aa 66
Sammeron 77 34 Da 55
Samoëns 74 97 Ge 72
Samognat 01 95 Fd 71
Samogneux 55 21 Fc 53
Samois-sur-Seine 77 50 Ce 58
Samonac 33 99 Zc 78
Samoreau 77 50 Ce 58
Samouillan 31 140 Af 89
Samoussy 02 19 De 51
Sampans 39 69 Fc 66
Sampigny 55 37 Fd 56
Sampigny-lès-Maranges 71 82 Ed 67
Sampolo 2A 159 Ka 97
Sampolu = Sampolo 2A 159 Ka 97
Samson 25 84 Ff 66
Samsons-Lion 64 138 Zf 88
Sana 31 140 Ba 89
Sanary-sur-Mer 83 147 Fe 90
Sancé 71 94 Ee 71
Sancergues 18 66 Cf 66
Sancerre 18 66 Cf 65
Sancey-le-Grand 25 71 Gd 65
Sancey-le-Long 25 71 Gd 65
Sancheville 28 49 Bd 59
Sanchey 88 55 Gc 59
Sancoins 18 80 Cf 68
Sancourt 27 16 Be 52
Sancourt 59 8 Db 47
Sancourt 80 18 Da 50
Sancy 54 21 Ff 52
Sancy 77 34 Cf 55
Sancy-les-Cheminots 02 18 Dc 52
Sancy-lès-Provins 77 34 Dc 56
Sand 67 57 Hd 58
Sandarville 28 49 Bc 58
Sandaucourt 88 54 Ff 59
Sandillon 45 49 Ca 61
Sandouville 76 14 Ab 51
Sandrans 01 94 Ef 72
San Fiurenzu = Saint-Florent 2B 157 Kb 92
Sangatte 62 3 Be 43
San-Gavino-di-Tenda 2B 157 Kb 93
San Gavinu di Tenda = San-Gavino-di-Tenda 2B 157 Kb 93
Sangry-lès-Vigy 57 38 Gb 53
Sangry-sur-Nied 57 38 Gc 54
Sanguinet 40 110 Yf 82
Sanilhac 07 117 Eb 81
Sanilhac-Sagriès 30 131 Ec 85
San-Martino-di-Lota 2B 157 Kc 92
Sannat 23 91 Cc 72
Sannerville 14 14 Ze 53
Sannes 84 132 Fc 86
San-Nicolao 2B 157 Kd 94
San Niculaiu = San Nicolao 2B 157 Kd 94
San Petru di Venacu = Santo-Pietro-di-Venaco 2B 158 Kb 95
Sansa 66 153 Cb 93
Sansac-de-Marmiesse 15 115 Cc 79
Sansac-Veinazès 15 115 Cc 80
Sansan 32 139 Ad 87
Sanssac-l'Eglise 43 105 De 78
Sanssat 03 92 Dc 71
Sant-Albin-an-Hiliber = Saint-Aubin-du-Cormier 35 45 Yd 59
Sant-Albin-Elvinieg = Saint-Aubin-d'Aubigné 35 45 Yc 59
Santa-Lucia-di-Mercurio 2B 159 Kb 95
Santa Lucia di Mercuriu = Santa Lucia di Mercuriu 2B 159 Kb 95
Santa-Lucia-di-Moriani 2B 157 Kc 94
Santa Lucia di Portivechju = Sainte-Lucie-de-Porto-Vecchio 2A 159 Kc 98
Santa Lucia di Taddà = Sainte-Lucie-di-Tallano 2A 159 Ka 98
Santa Maria di Lota 2B 157 Kc 92
Santa Maria è Fica Niedda = Santa-Maria-Figaniella 2A 159 Ka 98
Santa-Maria-Figaniella 2A 159 Ka 98
Santa-Maria-Poggio 2B 157 Kd 94
Santa Maria Poghju = Santa Maria Poggio 2B 157 Kd 94
Santa-Maria-Siché 2A 159 If 97
Sant'Andréa 2A 159 Ka 98
Sant'Andrea-di-Bozio 2B 159 Kb 95
Sant'Andréa-di-Cotone 2B 159 Kc 95
Sant'Andréa-d'Orcino 2A 158 Ie 96
Sant'Andrea d'Orcinu = Sant'Andréa d'Orcino 2A 158 Ie 96
Santans 39 83 Fe 66
Sant'Antonino 2B 156 If 93
Sant'Antuninu = Sant'Antonino 2B 156 If 93
Santa-Reparata-di-Balagna 2B 156 If 93
Santa-Reparata-di-Moriani 2B 157 Kc 94
Sant-Brieg = Saint-Brieuc 22 26 Xb 57
Sant-Brizh-Gougleiz = Saint-Brice-en-Coglès 35 45 Yd 58
Santeau 45 50 Ca 60
Santec 29 25 Vf 56
Santenay 21 82 Ee 67
Santenay 41 63 Ba 63
Santeny 94 33 Cd 56
Santes 59 8 Cf 45
Santeuil 28 49 Be 58
Santeuil 95 32 Bf 54
Santigny 89 67 Ea 63
Santilly 28 49 Bf 60
Santilly 71 82 Ee 69
Santilly-le-Vieux 28 49 Bf 60
Sant Julià de Lòria (AND) 152 Bc 94
Sant-Malou = Saint-Malo 25 27 Xf 57
Santo-Pietro-di-Tenda 2B 157 Kb 93
Santo-Pietro-di-Venaco 2B 159 Kb 95
Santosse 21 82 Ed 66
Santranges 18 66 Ce 63
Sant-Tegoneg = Saint-Thégonnec 29 25 Wa 57
Sant-Teve = Saint-Avé 56 43 Xb 62
Santu Petru di Tenda = Santu Pietro-di-Tenda 2B 157 Kb 93
Sant-Yann-Brevele = Saint-Jean-Brévelay 56 43 Xb 61
Sanvensa 12 127 Ca 83
Sanvignes-les-Mines 71 82 Eb 68
Sanxay 86 76 Zf 70
Sanzay 79 75 Zd 67
Sanzey 54 37 Ff 56
Saon 14 13 Za 53
Saône 25 70 Ga 65
Saonnet 14 13 Za 53
Saorge 06 135 Hd 84
Saosnes 72 47 Ab 59
Saou 26 119 Fa 81
Sap, Le 61 30 Ac 55
Sap-André, Le 61 30 Ac 56
Sapignies 62 8 Cf 48
Sapogne-et-Feuchères 08 20 Ee 51
Sapogne-sur-Marche 08 21 Fb 51
Sapois 39 84 Ff 64
Sapois 88 56 Ge 60
Saponay 02 34 Dc 53
Saponcourt 70 55 Ga 61
Sappey, le 74 96 Ga 72
Sappey-en-Chartreuse 38 107 Fe 77
Saramon 32 139 Ae 87
Saran 45 49 Bf 61
Saraz 25 84 Ff 66
Sarbazan 40 124 Ze 84
Sarcé 72 62 Ab 62
Sarceaux 61 30 Zf 56
Sarcelles 95 33 Cc 55
Sarcenas 38 107 Fe 77
Sarcey 52 54 Fb 60
Sarcey 69 94 Ed 73
Sarcos 32 139 Ae 88
Sarcus 60 16 Bf 50
Sarcy 51 35 De 53
Sardan 30 130 Ea 85
Sardent 23 90 Bf 72
Sardieu 38 107 Fb 76
Sardon 63 92 Db 73
Sardy-lès-Epiry 58 67 De 65
Sare 64 136 Yc 89
Sargé-lès-le-Mans 72 47 Ab 60
Sargé-sur-Braye 41 48 Af 61
Sariac-Magnoac 65 139 Ad 89
Sari-d'Orcino 2A 158 If 96
Sari d'Orcinu = Sari d'Orcino 2A 158 If 96
Sarlabous 65 139 Ab 90
Sarlande 24 101 Ba 76
Sarlat-la-Canéda 24 113 Bb 79
Sarliac-sur-l'Isle 24 101 Af 77
Sarniguet 65 138 Aa 89
Sarnois 60 16 Bf 50
Saron-sur-Aube 51 35 De 57
Sarp 65 139 Ad 90
Sarpourenx 64 137 Zb 88
Sarra di Scupamena, A = Serra-di-Scupamène 2A 159 Ka 98
Sarragachies 32 124 Zf 86
Sarrageois 25 84 Gb 68
Sarraguzan 32 139 Ac 88
Sarralbe 57 39 Ha 55
Sarraltroff 57 39 Ha 56
Sarran 19 102 Bf 76
Sarrance 64 137 Zc 90
Sarrancolin 65 139 Ac 91
Sarrant 32 126 Af 86
Sarras 07 106 Ee 77
Sarrazac 46 102 Bd 78
Sarraziet 40 124 Zd 86
Sarrebourg 57 39 Ha 56
Sarrecave 31 139 Ad 89
Sarreguemines 57 39 Ha 54
Sarremezan 31 139 Ae 89
Sarre-Union 67 39 Ha 55
Sarrewerden 67 39 Ha 55
Sarrey 52 54 Fc 60
Sarriac-Bigorre 65 139 Aa 88
Sarrians 84 131 Ef 84
Sarrigné 49 61 Zd 64
Sarrogna 39 83 Fd 70
Sarrola-Carcopino 2A 158 If 96
Sarron 40 124 Ze 87
Sarrouilles 65 139 Aa 89
Sarroux 19 103 Cc 76
Sarrula Carcupinu = Sarrola-Carcopino 2A 158 If 96
Sarry 51 36 Ec 55
Sarry 71 93 Ea 71
Sarry 89 67 Ea 62
Sars, Le 62 8 Ce 48
Sars-le-Bois 62 7 Cc 47
Sars-Poteries 59 9 Ea 47
Sartè = Sartène 2A 158 If 99
Sartène 2A 160 If 99
Sartes 88 54 Fe 59
Sartilly 50 28 Yd 56
Sarton 62 7 Cc 48
Sartrouville 78 33 Cb 55
Sarzay 36 78 Bf 69
Sarzeau 56 58 Xb 63
Sarzhav = Sarzeau 56 58 Xb 63
Sasnières 41 63 Af 62
Sassangy 71 82 Ed 68
Sassay 41 64 Bc 64
Sassegnies 59 9 De 47
Sassenage 38 107 Fd 77
Sassenay 71 82 Ef 68
Sassetot-le-Malgardé 76 15 Af 50
Sassetot-le-Mauconduit 76 15 Ad 50
Sasseville 76 15 Ae 50
Sassey 27 32 Bb 54
Sassierges-Saint-Germain 36 78 Bf 88
Sassis 65 150 Zf 91
Sassy 14 30 Zf 55
Sathonay-Camp 69 94 Ef 74
Sathonay-Village 69 94 Ef 74
Satillieu 07 106 Ed 78
Satolas-et-Bonce 38 107 Fa 74
Saturargues 34 130 Ea 86
Saubion 40 122 Yd 86
Saubole 64 138 Zf 89
Saubrigues 40 123 Ye 87
Saubusse 40 123 Ye 87
Saucats 33 111 Zc 81
Saucède 64 137 Zb 89
Sauchy-Cauchy 62 8 Da 47
Sauchy-Lestrée 62 8 Da 47
Sauclières 12 129 Dc 85
Saudemont 62 8 Da 47
Saudoy 51 35 De 56
Saudron 52 54 Fb 58
Saudropt 55 36 Fa 56
Saugeot 39 84 Ff 69
Saugnacq-et-Muret 40 110 Zb 82
Saugon 33 99 Zc 77
Saugues 43 116 Dd 79
Sauguis-Saint-Etienne 64 137 Za 90
Saugy 18 79 Ca 67
Saujac 12 114 Bf 82
Saujon 17 86 Za 74
Saulce, La 05 120 Ga 82
Saulces-Champenoises 08 20 Ed 52
Saulces-Monclin 08 20 Ec 51
Saulce-sur-Rhône 26 118 Ee 80
Saulcet 03 92 Db 71
Saulchery 02 34 Db 55
Saulchoy 62 7 Be 46
Saulchoy, Le 60 17 Ca 51
Saulcy 10 53 Ef 59
Saulcy, Le 88 56 Ha 58
Saulcy-sur-Meurthe 88 56 Gf 59
Saules 25 70 Gb 66
Saules 71 82 Ee 69
Saulgé 86 89 Af 70
Saulgé-l'Hôpital 49 61 Zd 65
Saulges 53 46 Zd 61
Saulgond 16 89 Ae 73
Sauliac-sur-Célé 46 114 Be 81
Saulieu 21 67 Eb 65
Saulles 52 69 Fd 62
Saulnay 36 78 Bb 67
Saulnes 54 20 Fe 51
Saulnières 28 32 Bb 57
Saulnières 35 45 Yc 61
Saulnot 70 71 Gd 63
Saulny 57 38 Ga 54
Saulon-la-Chapelle 21 69 Ef 65
Saulon-la-Rue 21 69 Fa 65
Saulsotte, La 10 34 Dd 57
Sault 84 132 Fc 84
Saultain 59 9 Dd 46
Sault-Brénaz 01 95 Fc 73
Sault-de-Navailles 64 123 Zb 87
Sault-lès-Rethel 08 20 Ec 52
Sault-Saint-Rémy 08 19 Eb 52
Saulty 62 8 Cd 47
Saulx 70 70 Gb 62
Saulxerotte 54 55 Ff 58
Saulx-le-Duc 21 69 Fa 63
Saulx-les-Chartreux 91 33 Cb 56
Saulx-Marchais 78 32 Bf 55
Saulxures 67 56 Ha 58
Saulxures-lès-Bulgnéville 88 54 Fe 59
Saulxures-lès-Nancy 54 38 Gb 56
Saulxures-lès-Vannes 54 37 Fe 57
Saulxures-sur-Moselotte 88 56 Ge 61
Saulzais-le-Potier 18 79 Cd 69
Saulzet 03 92 Db 72
Saulzet-le-Chaud 63 104 Da 74
Saulzet-le-Froid 63 104 Cf 75
Saulzoir 59 9 Dc 47
Saumane 04 132 Fe 84
Saumane 30 130 De 84
Saumane-de-Vaucluse 84 132 Fa 85
Sauméjan 47 124 Zf 83
Saumeray 28 49 Bb 59
Saumont 47 125 Ac 84
Saumos 33 98 Za 79
Saumur 49 62 Zf 65
Saunay 37 63 Af 63
Saunière, La 23 90 Bf 72
Saunières 71 83 Fa 67
Saurat 09 152 Bd 91
Sauret-Besserve 63 91 Ce 73
Saurier 63 104 Da 75
Sausheim 68 56 Hc 62
Saussan 34 144 De 87
Saussay 28 32 Bc 55
Saussay 76 15 Af 51
Saussay, Le 28 48 Bb 59
Saussaye, La 27 15 Af 53
Saussay-la-Campagne 27 16 Bd 53
Saussemesnil 50 12 Yd 51
Saussenac 81 128 Cb 85
Saussens 31 141 Be 87
Sausses 04 134 Ge 84
Sausset-les-Pins 13 146 Fa 88
Sausseuzemare-en-Caux 76 14 Ac 50
Saussey 21 82 Ed 66
Saussey 50 28 Yd 54
Saussignac 24 112 Ab 80
Saussines 34 130 Ea 86
Saussy 21 68 Ef 64
Sautel 09 141 Be 91
Sauternes 33 111 Zd 81
Sauteyrargues 34 130 Df 86
Sautron 44 60 Yb 65
Sauvagère, La 61 19 Zd 57
Sauvages, Les 69 94 Ec 73
Sauvagnac 16 88 Ad 74
Sauvagnas 47 125 Ae 83
Sauvagnat 63 91 Cd 74
Sauvagnat-Sainte-Marthe 63 104 Db 75
Sauvagney 25 70 Ff 65
Sauvagnon 64 138 Zd 88
Sauvagny 03 80 Ce 70
Sauvain 42 105 Df 74
Sauvat 15 103 Cc 77
Sauve 30 130 Df 85
Sauve, La 33 111 Ze 80
Sauvelade 64 137 Zb 88
Sauverny 01 96 Ga 71
Sauvessanges 63 105 Df 76
Sauvetat, La 32 125 Ad 85
Sauvetat, la 63 104 Db 75
Sauvetat-de-Savères, La 47 126 Ae 83
Sauvetat-du-Dropt, La 47 112 Ac 81
Sauvetat-sur-Lède, La 47 112 Ae 82
Sauveterre 30 131 Ee 84
Sauveterre 32 140 Af 88
Sauveterre 65 139 Aa 88
Sauveterre 81 142 Cd 88
Sauveterre 82 126 Bb 83
Sauveterre-de-Béarn 64 137 Za 88
Sauveterre-de-Comminges 31 139 Ae 90
Sauveterre-de-Guyenne 33 111 Zf 80
Sauveterre-de-Rouergue 12 128 Cb 83
Sauveterre-la-Lémance 47 113 Ba 81
Sauveterre-Saint-Denis 47 125 Ae 84
Sauviac 32 139 Ac 88
Sauviac 33 111 Ze 82
Sauvian 34 143 Db 89
Sauviat 63 104 Dd 74
Sauviat-sur-Vige 87 90 Bd 73
Sauvignac 16 99 Zf 77
Sauvigney-lès-Gray 70 69 Fe 64
Sauvigney-lès-Pesmes 70 69 Fd 65
Sauvigny 55 54 Fe 57
Sauvigny-le-Beuréal 89 67 Ea 64
Sauvigny-le-Bois 89 67 Df 63
Sauvigny-les-Bois 58 80 Db 67
Sauville 08 20 Ee 51
Sauville 88 54 Fe 60
Sauvillers-Mongival 80 17 Cc 50
Sauvimont 32 140 Af 88
Sauvoy 55 37 Fd 57
Saux 46 113 Ba 82
Sauxillanges 63 104 Dc 75
Sauze 06 134 Ge 84
Sauze, Le 05 120 Gb 82
Sauzelle 17 86 Ye 73
Sauzelles 36 77 Ba 69
Sauzet 26 118 Ee 81
Sauzet 30 130 Eb 84
Sauzet 46 113 Bb 82
Sauzé-Vaussais 79 88 Aa 72
Sauzière-Saint-Jean, La 81 127 Bd 85
Sauzon 56 58 We 64
Savarthès 31 139 Ae 90
Savas 07 106 Ee 77
Savas-Mépin 38 107 Fa 76
Savasse 26 118 Ee 81
Savenay 44 59 Ya 64
Savenès 82 126 Bb 86
Savennes 23 90 Be 72
Savennes 63 103 Cc 75
Savennières 49 61 Zc 64
Saverdun 09 141 Bd 89
Savères 31 140 Ba 88
Saverne 67 39 Hc 56
Saveuse 80 17 Cb 49
Savianges 71 82 Ed 68
Savières 10 52 Df 58
Savigna 39 83 Fd 70
Savignac 12 114 Bf 82
Savignac 33 111 Zf 81
Savignac-de-Duras 47 112 Ab 80
Savignac-de-l'Isle 33 99 Ze 79
Savignac-de-Miremont 24 113 Af 79
Savignac-de-Nontron 24 101 Ae 75
Savignac-les-Églises 24 101 Af 77
Savignac-les-Ormeaux 09 152 Be 92
Savignac-Mona 32 140 Ba 88
Savignac-sur-Leyze 47 113 Ae 82
Savignargues 30 130 Ea 85
Savigné 86 88 Ab 72
Savigné-l'Evêque 72 47 Ab 60
Savigné-sous-le-Lude 72 63 Aa 63
Savigné-sur-Lathan 37 62 Ab 64
Savigneux 01 94 Ef 73
Savigneux 42 105 Ea 75
Savigneux 42 106 Ec 75
Savignies 60 16 Bf 52
Savigny 50 28 Yd 54
Savigny 69 94 Ed 74
Savigny 74 96 Ff 72
Savigny 88 55 Gb 58
Savigny-en-Revermont 71 83 Fc 69
Savigny-en-Sancerre 18 66 Ce 64
Savigny-en-Septaine 18 79 Cd 66
Savigny-en-Terre-Plaine 89 67 Ea 64
Savigny-en-Véron 37 62 Aa 65
Savigny-lès-Beaume 21 81 Ee 66
Savigny-le-Sec 21 69 Fa 64
Savigny-le-Temple 77 33 Cd 57
Savigny-Lévescault 86 76 Ac 69
Savigny-le-Vieux 50 29 Yf 57
Savigny-Poil-Fol 58 81 Df 68
Savigny-sous-Faye 86 76 Ab 67
Savigny-sous-Mâlain 21 68 Ee 65
Savigny-sur-Aisne 08 20 Ee 52
Savigny-sur-Ardres 51 19 De 53
Savigny-sur-Clairis 89 51 Da 60
Savigny-sur-Grosne 71 82 Ee 69
Savigny-sur-Orge 91 33 Cc 56
Savigny-sur-Seille 71 83 Fa 69
Savilly 21 82 Eb 66
Savines-le-Lac 05 120 Gc 81
Savins 77 51 Db 57
Savoillan 84 132 Fc 83
Savoisy 21 68 Ec 62
Savolles 21 69 Fb 64
Savonnières 37 63 Ad 64
Savonnières-devant-Bar 55 37 Fb 56
Savonnières-en-Perthois 55 37 Fa 57
Savonnières-en-Woëvre 55 37 Fd 55
Savouges 21 69 Fa 65
Savournon 05 120 Fe 82
Savoyeux 70 69 Fe 63
Savy 02 18 Db 50
Savy-Berlette 62 8 Cd 46
Saxel 74 96 Gc 71
Saxi-Bourdon 58 81 Dc 66
Saxon-Sion 54 55 Ga 58
Sayat 63 92 Da 74
Saze 30 131 Ee 85
Sazeret 03 92 Cf 70
Sazos 65 150 Zf 91
Scaër 29 42 Wb 60
Scata 2B 157 Kc 94
Sceau-Saint-Angel 24 101 Ae 76
Sceautres 07 118 Ed 81
Sceaux 89 67 Ea 63
Sceaux 92 33 Cb 56
Sceaux-d'Anjou 49 61 Zc 63
Sceaux-du-Gâtinais 45 50 Cd 60
Sceaux-sur-Huisne 72 48 Ad 60
Scey-Maisières 25 84 Ga 66
Scey-sur-Saône-et-Saint-Albin 70 70 Ff 62
Schaeffersheim 67 57 Hd 58
Schaffhouse-près-Seltz 67 40 Ia 55
Schaffhouse-sur-Zorn 67 40 Hd 56
Schalbach 57 39 Hb 56
Schalkendorf 67 40 Hd 55
Scharrachbergheim-Irmstett 67 40 Hc 57
Scheibenhard 67 40 Ia 55
Scherlenheim 67 40 Hd 56
Scherwiller 67 56 Hc 59
Schillersdorf 67 40 Hd 55
Schiltigheim 67 40 He 57
Schirmeck 67 56 Hb 58
Schirrheim 67 40 Hf 56
Schirrhoffen 67 40 Hf 56
Schleithal 67 40 Ia 55
Schlierbach 68 72 Hc 63
Schmittviller 57 39 Hb 54
Schneckenbusch 57 39 Ha 56
Schnersheim 67 40 Hd 57
Schœnau 67 57 Hd 59
Schœnbourg 67 39 Hb 55
Schœneck 57 39 Gf 53
Schœnenbourg 67 40 Hf 55
Schopperten 67 39 Ha 55
Schorbach 57 39 Hc 54
Schweighouse-sur-Moder 67 40 He 56
Schweighouse-Thann 68 71 Ha 62
Schwenheim 67 39 Hc 56
Schwerdorff 57 22 Gd 52
Schweyen 57 39 Hc 53
Schwindratzheim 67 40 Hd 56
Schwoben 68 72 Hb 63
Schwobsheim 67 57 Hd 59
Sciecq 79 75 Zd 70
Scientrier 74 96 Gb 72
Scieurac-et-Flourès 32 125 Ab 87
Sciez 74 96 Gc 71
Scillé 79 75 Zc 69
Scionzier 74 96 Gd 72
Scolca 2B 157 Kc 93
Scolca, A = Scolca 2B 157 Kc 93
Scorbé-Clairvaux 86 76 Ab 68
Scrignac 29 25 Wb 58
Scrupt 51 36 Ee 56
Scy-Chazelles 57 38 Ga 54
Scye 70 70 Ga 63
Séailles 32 125 Aa 86
Séauve-sur-Semène, La 43 105 Eb 77
Sébazac-Concourès 12 115 Cd 82
Sébécourt 27 31 Af 55
Sébeville 50 12 Ye 52
Seboncourt 02 9 Dc 49
Sébrazac 12 115 Cd 81
Séby 64 138 Zd 88
Séchault 08 20 Ee 53
Sécheras 07 106 Ee 78
Sécheval 08 20 Ed 49
Séchilienne 38 108 Fe 78
Séchin 25 70 Gb 65
Seclin 59 8 Da 45
Secondigné-sur-Belle 79 87 Ze 72
Secondigny 79 75 Zd 69
Secourt 57 38 Gb 55
Secqueville-en-Bessin 14 13 Zc 53
Sedan 08 20 Ef 50
Séderon 26 132 Fd 83
Sedze-Maubecq 64 138 Zf 88
Sedzère 64 138 Ze 88
Seebach 67 40 Hf 55
Sées 61 30 Ab 57
Séez 73 109 Ge 75
Ségalas 47 112 Ad 81
Ségalas 65 139 Aa 88
Ségalassière, La 15 115 Cb 79
Séglien 56 43 Wf 60
Ségny 01 96 Ga 71
Segonzac 16 99 Ze 75
Segonzac 19 101 Bb 77
Segonzac 24 100 Ac 77
Ségos 32 124 Ze 87
Segré 49 61 Za 62
Ségrie 72 47 Aa 59
Ségrie-Fontaine 61 29 Zd 56
Ségry 36 79 Ca 67
Séguinière, La 49 61 Za 66
Ségur 12 128 Cf 83
Ségur, Le 81 127 Ca 84
Ségura 09 141 Be 90
Séguret 84 131 Fa 83
Ségur-le-Château 19 101 Bb 76
Ségur-les-Villas 15 103 Ce 77
Seich 65 139 Ac 90
Seichamps 54 38 Gb 56
Seichebrières 45 50 Cb 61
Seicheprey 54 37 Fe 55
Seiches-sur-le-Loir 49 61 Zd 63
Seignalens 11 141 Bf 90
Seigné 17 87 Ze 73
Seignelay 89 52 Dd 61
Seigneulles 55 37 Fb 55
Seignosse 40 122 Yd 86
Seigny 21 68 Ec 63
Seigy 41 64 Bc 65
Seilh 31 126 Bc 86
Seilhac 19 102 Be 76
Seillac 41 63 Ba 63
Seillans 83 134 Gd 87
Seillonnaz 01 95 Fc 74
Seillons-Source-d'Argens 83 147 Ff 87
Seine-Port 77 33 Cd 57
Seingbouse 57 39 Ge 54
Seissan 32 139 Ad 88
Seix 09 152 Bb 91
Selaincourt 54 55 Ff 57
Sel-de-Bretagne, Le 35 45 Yc 61
Selens 02 18 Db 51
Sélestat 67 57 Hc 59
Séligné 79 87 Ze 72
Séligney 39 83 Fd 67
Selle-Craonnaise, La 53 45 Yf 61
Selle-en-Hermoy, La 45 51 Cf 60
Selle-en-Luitré, La 35 45 Yf 59
Selle-Guerchaise, La 35 45 Yf 61
Selle-la-Forge, La 61 29 Zc 56
Selles 27 15 Ad 53
Selles 62 3 Bf 44
Selles 70 55 Ga 61
Selles-Saint-Denis 41 64 Bf 64
Selles-sur-Cher 41 64 Bd 65
Selles-sur-Nahon 36 78 Bc 66
Selle-sur-le-Bied, La 45 51 Cf 60
Sellières 39 83 Fd 68
Selommes 41 64 Bb 62
Seloncourt 25 71 Gf 64
Selongey 21 69 Fb 63
Selonnet 04 120 Gb 82
Seltz 67 40 Ia 55
Selve, La 02 19 Ea 51
Selve, La 12 128 Cd 84
Selvigny, Wallincourt- 59 9 Dc 48
Sem 09 152 Bd 92
Sémalens 81 141 Ca 87
Semalle 61 30 Aa 58
Semarey 21 68 Ed 65
Sembadel 43 105 De 77
Sembas 47 112 Ad 83
Semblançay 37 63 Ad 64
Sembleçay 36 64 Be 65
Semboués 32 139 Aa 88
Séméac 65 138 Aa 89
Séméacq-Blachon 64 138 Zf 87
Semécourt 57 38 Ga 53
Sémelay 58 81 Df 67
Semens 33 111 Ze 81
Sementron 89 66 Dc 63
Sémeries 59 9 Ea 46
Semerville 41 49 Bc 61
Semezanges 21 68 Ef 65
Sémézies-Cachan 32 139 Ae 88
Semide 08 20 Ed 52

202 (F) Salies-du-Salat — Semide

Sulinzara = Solenzera 2A 159 Kc 97
Sully 60 16 Be 51
Sully 71 82 Ec 66
Sully-la-Chapelle 45 50 Cb 61
Sully-sur-Loire 45 65 Cc 62
Sulniac 56 43 Xc 62
Sumène 30 130 De 85
Sundhoffen 68 57 Hc 60
Sundhouse 67 57 Hd 59
Supt 39 84 Ff 67
Surat 63 92 Db 73
Surba 09 152 Bd 91
Surbourg 67 40 Hf 55
Surbuddà = Sorbollano 2A 159 Ka 98
Surcamps 80 7 Ca 48
Surdoux 87 102 Bd 75
Suré 61 47 Ac 58
Surfonds 72 47 Ac 61
Surfontaine 02 18 Dc 50
Surgères 17 87 Zb 72
Surgy 58 67 Dd 63
Suriauville 88 54 Ff 59
Surin 79 75 Zd 70
Surin 86 88 Ac 72
Suris 16 88 Ad 73
Surjoux 01 95 Fe 72
Surmont 25 71 Gd 65
Surques 62 3 Bf 44
Surrain 14 13 Za 53
Surtainville 50 12 Yb 52
Surtauville 27 15 Ba 53
Survie 61 30 Ab 55
Surville 14 14 Ab 53
Surville 27 15 Ba 53
Surville 50 12 Yc 53
Survilliers 95 33 Cd 54
Sury 08 20 Ed 50
Sury-aux-Bois 45 50 Cc 61
Sury-en-Vaux 18 66 Ce 64
Sury-ès-Bois 18 65 Ce 64
Sury-le-Comtal 42 105 Eb 75
Sury-près-Léré 18 66 Cf 64
Surzur 56 58 Xc 63
Sus 64 137 Zb 89
Susmiou 64 137 Zb 89
Sussac 87 102 Bd 75
Sus-Saint-Léger 62 7 Cc 47
Sussargues 34 130 Ea 86
Sussat 03 92 Da 72
Sussey 21 68 Ec 65
Sutrieu 01 95 Fe 73
Suzanne 08 20 Ed 51
Suzanne 80 8 Ce 49
Suzannecourt 52 54 Fb 58
Suzay 27 16 Bd 53
Suze 26 119 Fa 80
Suze-la-Rousse 26 118 Ef 83
Suze-sur-Sarthe, La 72 47 Aa 61
Suzette 84 132 Fa 83
Suzoy 60 18 Cf 51
Suzy 02 18 Dc 51
Sy 08 20 Ef 51
Syam 39 84 Ff 68
Sylvains-les-Moulains 27 31 Ba 55
Sylvanès 12 129 Cf 86
Syndicat, le 88 56 Ge 60

T

Tabaille-Usquain 64 137 Za 88
Tabanac 33 111 Zd 80
Table, La 73 108 Gb 76
Tablier, le 85 74 Yd 69
Tabre 09 141 Bf 91
Tâche, La 16 88 Ac 73
Tachoires 32 139 Ad 88
Tacoignières 78 32 Be 55
Taconnay 58 67 Dc 65
Taconville 54 39 Gf 57
Taden 22 27 Xf 58
Tadousse-Ussau 64 124 Ze 87
Taglio-Isolaccio 2B 157 Kc 94
Tagliu Isulacciu = Taglio-Isolaccio 2A 157 Kc 94
Tagnière, La 71 81 Eb 68
Tagnon 08 19 Eb 52
Tagolsheim 68 71 Hb 63
Tagsdorf 68 72 Hb 63
Tailhac 43 104 Dc 78
Taillades 84 132 Fa 85
Taillancourt 55 37 Fe 57
Taillan-Médoc, Le 33 111 Zb 79
Taillant 17 87 Zc 73
Taillebois 61 29 Zd 56
Taillebourg 17 87 Zc 73
Taillebourg 47 112 Ab 82
Taillecavat 33 112 Aa 81
Taillée, La 85 74 Yb 68
Taillefontaine 02 18 Da 53
Taillet 66 154 Cd 93
Taillette 08 20 Ec 49
Taillis 35 45 Ye 59
Tailly 08 20 Fa 52
Tailly 21 82 Ee 67
Tailly 80 7 Bf 49
Taingy 89 66 Dc 63
Tain-l'Hermitage 26 106 Ef 78
Taintrux 88 56 Gf 59
Taisnières-en-Thiérache 59 9 De 47
Taisnières-sur-Hon 59 9 Df 47
Taissy 51 35 Ea 53
Taïx 81 127 Ca 84
Taizé 71 82 Ee 69
Taizé 79 76 Zf 67
Taizé-Aizie 16 88 Ab 72
Taizy 08 19 Eb 51
Tajan 65 139 Ac 89
Talairan 11 142 Cd 90
Talairat 43 104 Db 77
Talange 57 22 Ga 53
Talant 21 69 Fa 65
Talasani 2B 157 Kc 94
Talau 66 153 Cb 93
Talaudière, La 42 106 Ec 76
Talazac 65 138 Aa 89
Talcy 41 64 Bc 62
Talcy 89 67 Ea 63
Talence 33 111 Zc 80
Talencieux 07 106 Ee 77
Talensac 35 44 Ya 60
Talizat 15 104 Da 78
Tallans 25 70 Gb 64
Tallard 05 120 Ga 82
Tallenay 25 70 Ga 65
Tallende 63 104 Da 74
Taller 40 123 Yf 85
Talloires 74 96 Gb 73
Tallone 2B 159 Kc 95
Tallone 2B 159 Kd 96
Tallud, Le 79 75 Ze 69
Tallud-Sainte-Gemme 85 75 Za 68
Talmas 80 7 Cb 48
Talmay 21 69 Fc 64
Talmont 17 98 Za 75
Talmontiers 60 16 Be 52
Talmont-Saint-Hilaire 85 74 Yc 70
Talon 58 67 Dd 65
Talus-Saint-Prix 51 35 De 55
Talyers 69 106 Ee 75
Tamniès 24 113 Ba 79
Tanavelle 15 104 Cf 78
Tanay 21 69 Fb 64
Tancarville 76 15 Ac 52
Tancoigné 49 61 Zd 65
Tancon 71 93 Eb 71
Tancrou 77 34 Da 54
Tancua 39 84 Ff 69
Tangry 62 7 Cb 46
Taninges 74 97 Gd 72
Tanlay 89 52 Ea 61
Tannay 08 20 Ee 51
Tannay 58 67 Dd 64
Tanneron 83 134 Gf 87
Tannerre-en-Puisaye 89 66 Da 62
Tannières 02 18 Dd 53
Tannois 55 37 Fb 56
Tanques 61 30 Zf 56
Tantonville 54 55 Ga 58
Tanu, Le 50 28 Yd 56
Tanus 81 128 Cb 84
Tanville 61 30 Aa 57
Tanzac 17 99 Zc 75
Taole = Taulé 29 25 Wa 57
Tapon 43 104 Dc 77
Taponnat-Fleurignac 16 88 Ac 74
Tarabel 31 141 Be 87
Taradeau 83 147 Gc 88
Tarare 69 94 Ec 73
Tarascon 13 131 Ed 86
Tarascon-sur-Ariège 09 152 Bd 91
Tarasteix 65 138 Zf 89
Tarbes 65 138 Aa 89
Tarcenay 25 70 Ga 66
Tardes 23 91 Cc 72
Tardets-Sorholus 64 137 Za 90
Tardinghen 62 3 Bd 43
Tarentaise 42 106 Ec 76
Tarerach 66 153 Cc 92
Targasonne 66 153 Bf 93
Target 03 92 Da 71
Targon 33 111 Ze 80
Tarnac 19 102 Bf 74
Tarnos 40 122 Yd 87
Taron-Sadirac-Viellenave 64 138 Ze 87
Tarquimpol 57 39 Ge 56
Tarrano 2B 157 Kc 94
Tarranu = Tarrano 2B 157 Kc 94
Tarsac 32 124 Zf 86
Tarsacq 64 138 Zc 88
Tarsul 21 68 Ef 63
Tartas 40 123 Zb 86
Tartécourt 70 55 Ff 61
Tartiers 02 18 Db 52
Tartigny 60 17 Cc 51
Tart-l'Abbaye 21 69 Fa 65
Tart-le-Bas 21 69 Fa 65
Tart-le-Haut 21 69 Fa 65
Tartonne 04 133 Gc 84
Tarzy 08 19 Eb 49
Tasque 32 124 Aa 87
Tassé 72 47 Zf 61
Tassenières 39 83 Fd 67
Tassillé 72 47 Zf 61
Tassin-la-Demi-Lune 69 94 Ee 74
Tasso 2A 159 Ka 97
Tassu = Tasso 2A 159 Ka 97
Tatinghem 62 3 Cb 44
Tâtre, Le 16 99 Ze 76
Taugon 17 87 Za 71
Taulé 29 25 Wa 57
Taulignan 26 118 Ef 82
Taulis 66 154 Cd 93
Taupont 56 44 Xd 61
Tauriac 33 99 Zc 78
Tauriac 46 114 Be 79
Tauriac 81 127 Bd 85
Tauriac-de-Camarès 12 129 Da 86
Tauriac-de-Naucelle 12 128 Cb 84
Taurignan-Castet 09 140 Ba 90
Taurignan-Vieux 09 140 Ba 90
Taurinya 66 153 Cc 93
Taurize 11 142 Cd 90
Taussac 12 115 Cd 80
Taussac-la-Billière 34 129 Da 87
Tautavel 66 154 Ce 92
Tauxières-Mutry 51 35 Ea 54
Tauxigny 37 63 Af 65
Tavaco 2A 158 If 96
Tavacu = Taveco 2A 158 If 96
Tavant 37 62 Ac 66
Tavaux 39 83 Fc 66
Tavaux-et-Pontséricourt 02 19 Df 50
Tavel 30 131 Ee 84
Tavera 2A 159 Ka 96
Tavernay 71 82 Eb 66
Tavernes 83 147 Ga 87
Taverny 95 33 Cb 54
Tavers 45 64 Bd 62
Tavey 70 71 Ge 63
Taxat-Senat 03 92 Da 71
Taxenne 39 69 Fe 65
Tayac 33 100 Zf 79
Taybosc 32 125 Ae 86
Tayrac 12 128 Cb 83
Tayrac 47 126 Af 83
Tazilly 58 81 Df 68
Tech, Le 66 154 Cd 94
Técou 81 127 Bf 85
Teigny 58 67 De 64
Teil, Le 07 118 Ee 81
Teilhède 63 92 Da 73
Teilhet 09 141 Be 90
Teilhet 63 91 Ce 72
Teillay 35 45 Yc 62
Teillé 44 60 Ye 64
Teillé 72 47 Ab 59
Teillet 81 128 Cb 84
Teillet-Argenty 03 91 Cd 71
Teilleul, le 50 29 Za 57
Teillots 24 101 Bb 77
Teissières-de-Cornet 15 115 Cc 79
Teissières-lès-Bouliès 15 115 Cd 80
Telgruc-sur-Mer 29 24 Vd 59
Tellancourt 54 21 Fd 51
Tellecey 21 69 Fb 65
Tellières-le-Plessis 61 30 Ac 57
Teloché 72 47 Ab 61
Temple, Le 33 110 Za 79
Temple, Le 41 48 Af 61
Temple-de-Bretagne, Le 44 60 Yb 65
Temple-Laguyon 24 101 Ba 77
Templemars 59 8 Cf 45
Temple-sur-Lot, Le 47 112 Ad 82
Templeuve 59 8 Da 45
Templeux-la-Fosse 80 8 Da 49
Templeux-le-Guérard 80 8 Da 49
Tenay 01 95 Fd 71
Tence 43 105 Eb 78
Tencin 38 108 Ff 77
Tende 06 135 Hd 84
Tendon 88 56 Ge 60
Tendron 18 80 Cf 67
Tendu 36 78 Bd 69
Teneur 62 7 Cb 46
Tennie 72 47 Zf 60
Tenteling 57 39 Gf 54
Terasanne 26 106 Fa 77
Tercé 86 77 Ad 69
Tercillat 23 90 Ca 70
Tercis-les-Bain 40 123 Yf 86
Terdeghem 59 4 Cd 44
Tergnier 02 18 Db 51
Terjat 03 91 Cd 71
Termes 08 20 Ee 53
Termes 11 142 Cd 91
Termes 48 116 Db 80
Terminiers 28 49 Be 60
Ternand 69 94 Ed 73
Ternant 21 68 Ef 65
Ternant 58 81 Df 68
Ternant-les-Eaux 63 104 Da 76
Ternas 62 7 Cb 46
Ternat 52 54 Fa 61
Ternay 41 63 Ae 62
Ternay 69 106 Ee 75
Ternay 86 76 Zf 66
Ternes, Les 15 116 Da 79
Ternuay-Melay-et-Saint-Hilaire 70 71 Gd 62
Terny-Sorny 02 18 Dc 52
Terramesnil 80 7 Cc 48
Terrans 71 83 Fb 67
Terrasse, La 38 108 Ff 77
Terrasse-sur-Dorlay, La 42 106 Ed 76
Terrasson-la-Villedieu 24 101 Bb 78
Terrats 66 154 Ce 93
Terraube 32 125 Ad 85
Terre-Clapier 81 128 Cb 85
Terrefondrée 21 68 Ef 62
Terrehault 72 47 Ac 59
Terre-Natale 52 54 Fd 61
Terres-de-Chaux 25 71 Ge 65
Terrisse, La 12 115 Ce 80
Terroles 11 142 Cc 91
Terron-sur-Aisne 08 20 Ee 52
Terrou 46 114 Bf 80
Tersannes 87 89 Ba 71
Tertre-Saint-Denis, Le 78 32 Bd 55
Tertry 80 18 Da 49
Terville 57 22 Ga 52
Tessancourt-sur-Aubette 78 32 Bf 54
Tessé-Froulay 61 29 Zd 57
Tessel 14 13 Zc 54
Tessé-la-Madeleine 61 29 Zd 57
Tessens 73 109 Gd 75
Tessonnière 79 76 Ze 68
Tessouale, La 49 75 Za 66
Tessy-sur-Vire 50 29 Yf 55
Teste, La 33 110 Ye 81
Tétaigne 08 20 Fa 51
Téteghem 59 4 Cc 42
Téterchen 57 22 Gd 53
Téthieu 40 123 Za 86
Téting-sur-Nied 57 38 Gd 54
Teuillac 33 99 Zc 78
Teulat 81 127 Be 87
Teurthéville-Bocage 50 12 Yd 51
Teurthéville-Hague 50 12 Yb 51
Teyran 34 130 Df 86
Teyssières 26 119 Fa 82
Teyssieu 46 114 Bf 79
Thaas 51 35 Df 57
Thaims 17 87 Zb 75
Thairé 17 86 Yf 72
Thaix 58 81 De 67
Thalamy 19 103 Cc 75
Thal-Drulingen 67 39 Ha 55
Thal-Marmoutier 67 39 Hc 56
Thann 68 56 Ha 62
Thannenkirch 68 56 Hb 59
Thanvillé 67 56 Hc 59
Thaon 14 13 Zd 53
Thaon-les-Vosges 88 55 Gc 59
Tharaux 30 130 Eb 83
Tharoiseau 89 67 De 64
Tharot 89 67 Df 63
Thaumiers 18 79 Cd 68
Thauvenay 18 66 Cf 65
Thèbe 65 139 Ad 91
Théding 57 39 Gf 54
Thédirac 46 113 Bb 81
Thégra 46 114 Be 80
Theil, Le 03 91 Cd 71
Theil, le 03 92 Da 70
Theil, Le 50 12 Yd 51
Theil, Le 61 48 Ae 59
Theil-Bocage, Le 14 29 Zb 55
Theil-de-Bretagne, le 35 45 Yd 61
Theil-en-Auge, le 14 14 Ab 52
Theillay 41 65 Ca 65
Theillement 27 15 Ae 53
Theil-Nolent, le 27 31 Ad 54
Theil-Rabier 16 88 Aa 72
Theil-sur-Vanne 89 51 Dc 60
Theix 56 58 Xc 63
Theizé 69 94 Ed 73
Thel 69 94 Ec 72
Thel, Le 69 94 Ed 71
Théligny 72 48 Ae 59
Thélis-la-Combe 42 106 Ed 77
Thélod 54 38 Ga 57
Thelonne 08 20 Ef 51
Thélus 62 8 Ce 46
Théméricourt 95 32 Bf 54
Thémines 46 114 Be 80
Théminettes 46 114 Bf 80
Thénac 17 87 Zc 75
Thénac 24 112 Ac 80
Thenailles 02 19 Df 50
Thenay 36 78 Bc 69
Thenay 41 64 Bb 64
Thenelles 02 18 Dc 49
Thénésol 73 96 Gc 74
Theneuil 37 62 Ac 66
Theneuille 03 80 Cf 69
Thénioux 18 64 Be 65
Thenissey 21 68 Ed 64
Thénisy 77 51 Db 58
Thennelières 10 52 Eb 59
Thennes 80 17 Cc 50
Thenon 24 101 Ba 78
Thénorgues 08 20 Ef 52
Théoule-sur-Mer 06 148 Gf 87
Therdonne 60 17 Ca 52
Thérines 60 16 Bf 51
Thermes-Magnoac 65 139 Ad 89
Thérondels 12 115 Ce 79
Thérouanne 62 3 Cb 45
Thérouldeville 76 15 Ad 50
Thervay 39 69 Fd 65
Thesée 41 64 Bb 65
Thésy 39 84 Ff 67
Theuley 70 70 Fe 63
Théus 05 120 Gb 82
Theuville 28 49 Bd 58
Theuville 76 15 Ad 50
Theuville 95 33 Ca 54
Thevet-Saint-Julien 36 79 Ca 69
Théville 50 12 Yd 51
Thevray 27 31 Ae 55
They-sous-Montfort 88 55 Ff 59
They-sous-Vaudémont 54 55 Ga 58
Théza 66 154 Cf 93
Thézac 17 87 Zb 74
Thézac 47 113 Ba 82
Thézan-lès-Béziers 34 143 Db 88
Thèze 64 138 Zd 88
Thézey-Saint-Martin 54 38 Gb 55
Théziers 30 131 Ed 85
Thézillieu 01 95 Fd 73
Thézy-Glimont 80 17 Cc 50
Thiais 94 33 Cc 56
Thiancourt 90 71 Gf 63
Thianges 58 81 Dd 67
Thiant 59 9 Dc 47
Thiat 87 89 Af 71
Thiaucourt-Regniéville 54 37 Ff 55
Thiaville-sur-Meurthe 54 56 Ge 58
Thiberville 27 31 Ac 54
Thibie 51 35 Eb 55
Thibivillers 60 16 Bf 53
Thibouville 27 31 Ae 54
Thicourt 57 38 Gd 55
Thiéblemont-Farémont 51 36 Ee 56
Thiébouhans 25 71 Gf 65
Thieffrain 10 53 Ec 59
Thieffrans 70 70 Gb 64
Thiéfosse 88 56 Ge 61
Thiel-sur-Acolin 03 81 Dd 69
Thiembronne 62 7 Ca 44
Thiénans 70 70 Gb 64
Thiennes 59 3 Cc 45
Thiepval 80 8 Ce 48
Thiergeville 76 15 Ac 50
Thiernu 02 19 De 50
Thiers 63 92 Dd 73
Thiers-sur-Thève 60 33 Cd 54
Thierville 27 15 Ae 53
Thierville-sur-Meuse 55 37 Fc 53
Thiéry 06 134 Ha 85
Thiescourt 60 18 Cf 51
Thiétreville 76 15 Ad 50
Thieulin, Le 28 48 Ba 58
Thieulloy-l'Abbaye 80 16 Bf 49
Thieulloy-la-Ville 80 16 Bf 50
Thieuloye, La 62 7 Cb 46
Thieuloy-Saint-Antoine 60 16 Bf 51
Thieux 60 17 Cb 51
Thieux 77 33 Ce 54
Thiéville 14 30 Zf 54
Thièvres 62 7 Cc 48
Thiézac 15 103 Ce 78
Thignonville 45 50 Cb 59
Thil 01 94 Fa 74
Thil 10 53 Ee 58
Thil 51 19 Df 53
Thil 54 21 Ff 52
Thil, Le 27 16 Bd 53
Thilay 08 20 Ee 49
Thillay, Le 95 33 Cc 54
Thilleux 52 53 Ee 58
Thilliers-en-Vexin, les 27 16 Bd 53
Thillois 51 19 Df 53
Thillombois 55 37 Fc 55
Thillot 55 37 Fe 54
Thillot, le 88 56 Ge 61
Thil-Manneville 76 15 Af 49
Thilouze 37 63 Ad 65
Thil-Riberpré, Le 76 16 Bd 51
Thil-sur-Arroux 71 81 Ea 68
Thimert-Gâtelles 28 32 Bb 57
Thimonville 57 38 Gc 55
Thimory 45 50 Cd 61
Thin-le-Moutier 08 20 Ec 50
Thiolières 63 105 De 75
Thionne 03 92 Dd 70
Thionville 57 22 Ga 52
Thiouville 76 15 Ad 50
Thiraucourt 88 55 Ga 59
Thiré 85 74 Yf 69
Thiron 28 48 Af 59
This 08 20 Ed 50
Thise 25 70 Ga 65
Thivars 28 49 Bc 58
Thivencelle 59 9 Dd 46
Thiverny 60 17 Cc 53
Thiverval-Grignon 78 32 Bf 55
Thivet 52 54 Fb 61
Thiviers 24 101 Af 76
Thiville 28 49 Bc 60
Thizay 36 78 Bf 67
Thizay 37 62 Aa 66
Thizy 69 93 Eb 72
Thizy 89 67 Ea 63
Thoard 04 133 Ga 84
Thoigné 72 47 Ab 59
Thoiras 30 130 Df 84
Thoires 21 53 Ee 61
Thoiré-sous-Contensor 72 47 Ab 59
Thoiré-sur-Dinan 72 63 Ac 62
Thoirette 39 95 Fd 71
Thoiria 39 84 Fe 69
Thoiry 01 96 Ff 71
Thoiry 73 108 Ga 75
Thoiry 78 32 Be 55
Thoissey 01 94 Ee 72
Thoissia 39 83 Fc 70
Thoisy-la-Berchère 21 68 Ec 65
Thoisy-le-Désert 21 68 Ed 65
Thoix 80 17 Ca 50
Thol-lès-Millières 52 54 Fc 60
Thollet 86 77 Ba 70
Thollon-les-Mémises 74 97 Ge 70
Tholonet, Le 13 146 Fd 87
Tholy, le 88 56 Ge 60
Thomer-la-Sôgne 27 31 Bb 55
Thomery 77 50 Ce 58
Thomirey 21 68 Eb 65
Thomirey 21 82 Ed 66
Thonac 24 101 Ba 78
Thônes 74 96 Gb 73
Thonnance-lès-Joinville 52 54 Fb 58
Thonnance-les-Moulins 52 54 Fb 58
Thonne-la-Long 55 21 Fc 51
Thonne-lès-Près 55 21 Fc 51
Thonne-le-Thil 55 21 Fc 51
Thonnelle 55 21 Fc 51
Thonon-les-Bains 74 96 Gc 70
Thons, Les 88 55 Ff 61
Thonville 57 38 Gd 55
Thor, Le 84 131 Ef 85
Thoraillés 45 51 Cf 60
Thoraise 25 70 Ff 65
Thorame-Basse 04 134 Gc 84
Thorame-Haute 04 134 Gd 84
Thoras 43 116 Dd 79
Thorée-les-Pins 72 62 Aa 62
Thoré-la-Rochette 41 63 Af 62
Thorens-Glières 74 96 Gb 73
Thorey 89 52 Ea 61
Thorey-en-Plaine 21 69 Fa 65
Thorey-Lyautey 54 55 Ga 58
Thorey-sous-Charny 21 68 Ec 65
Thorey-sur-Ouche 21 68 Ee 66
Thorigné 79 87 Ze 71
Thorigné-d'Anjou 49 61 Zc 63
Thorigné-en-Charnie 53 46 Zd 61
Thorigné-Fouillard 35 45 Yc 60
Thorigné-sur-Dué 72 48 Ad 60
Thorigny 79 87 Zc 72
Thorigny 85 74 Ye 69
Thorigny-sur-Marne 77 33 Ce 55
Thorigny-sur-Oreuse 89 51 Dc 59
Thoronet, Le 83 147 Gb 88
Thors 10 53 Ee 59
Thors 17 87 Ze 73
Thory 80 17 Cc 50
Thory 89 67 Df 63
Thoste 21 67 Eb 64
Thou 18 65 Ce 64
Thou 45 66 Cf 63
Thou, Le 17 86 Za 72
Thouarcé 49 61 Zc 65
Thouaré-sur-Loire 44 60 Yd 65
Thouars 79 76 Ze 67
Thouarsais-Bouildroux 85 75 Za 69
Thouars-sur-Arize 09 140 Bb 89
Thouars-sur-Garonne 47 125 Ac 83
Thoult-Trosnay, Le 51 35 De 55
Thour, le 08 19 Ea 51
Thoureil, Le 49 62 Ze 64
Thourie 35 45 Yd 61
Thouron 87 89 Bb 73
Thourotte 60 18 Cf 52
Thoury 41 64 Bd 63
Thoury-Férottes 77 51 Cf 59
Thoux 32 126 Af 86
Thubœuf 53 29 Zd 57
Thuel, Le 02 19 Ea 51
Thuès-entre-Valls 66 153 Cb 93
Thueyts 07 117 Eb 80
Thugny-Trugny 08 20 Ec 52
Thuile, la 73 108 Ga 75
Thuiles, Les 04 121 Gd 82
Thuillières 88 55 Ga 60
Thuit, Le 27 16 Bc 53
Thuit-Anger, Le 27 15 Af 53
Thuit-Hébert 27 15 Af 53
Thuit-Signol, Le 27 14 Af 53
Thuit-Simer, Le 27 15 Af 53
Thulay 25 71 Gf 64
Thumeréville 54 37 Fe 53
Thumeries 59 8 Da 46
Thun 59 9 Dc 46
Thun-l'Évêque 59 9 Db 47
Thun-Saint-Martin 59 9 Db 47
Thurageau 86 76 Ab 68
Thuré 86 76 Ab 68
Thuret 63 92 Db 73
Thurey 71 83 Fa 68
Thurey-le-Mont 25 70 Ga 64
Thurins 69 106 Ed 74
Thury 21 82 Ed 66
Thury 89 66 Db 63
Thury-en-Valois 60 34 Da 54
Thury-Harcourt 14 29 Zd 55
Thury-sous-Clermont 60 17 Cb 52
Thusy 74 96 Ff 73
Thyez 74 96 Gd 72
Tibiran-Jaunac 65 139 Ad 90
Ticheville 61 30 Ab 55
Tichey 21 83 Fb 66
Tieffenbach 67 39 Hb 55
Tiercé 49 61 Zd 63
Tiercelet 54 21 Ff 52
Tierceville 14 13 Zc 53
Tieste-Uragnoux 32 124 Aa 87
Tieule, La 48 116 Da 82
Tigeaux 77 34 Cf 56
Tigery 91 33 Cd 57
Tignac 09 152 Be 92
Tigné 49 61 Zd 65
Tignécourt 88 55 Ff 60
Tignes 73 109 Gf 76
Tignet, Le 06 134 Gf 87
Tignieu-Jameyzieu 38 94 Fb 74
Tigny-Noyelle 62 7 Be 46
Tigy 45 65 Cb 62
Til-Châtel 21 69 Fb 63
Tilh 40 123 Za 87
Tilhouse 65 139 Ab 90
Tillac 32 139 Ab 88
Tillard, Silly- 60 17 Ca 53
Tillay-le-Péneux 28 49 Be 60
Tillé 60 17 Ca 52
Tillenay 21 69 Fc 65
Tilleul, Le 76 14 Ab 50
Tilleul-Dame-Agnès 27 31 Af 54
Tilleul-Lambert, Le 27 31 Af 54
Tilleul-Othon, Le 27 31 Ae 54
Tilleux 88 54 Fe 59
Tillières 49 60 Ye 66
Tillières-sur-Avre 27 31 Ba 56
Tilloloy 80 17 Ce 51
Tillou 79 87 Zf 72
Tilloy-et-Bellay 51 36 Ed 54
Tilloy-Floriville 80 6 Bd 49
Tilloy-lès-Conty 80 17 Cb 50
Tilloy-lès-Hermaville 62 8 Cd 47
Tilloy-lès-Mofflaines 62 8 Cd 47
Tilloy-lez-Cambrai 59 8 Db 47
Tilloy-lez-Marchiennés 59 9 Db 46
Tilly 27 32 Bd 54
Tilly 36 77 Bb 70
Tilly 78 32 Bd 55
Tilly-Capelle 62 7 Cb 46
Tilly-la-Campagne 14 30 Ze 54
Tilly-sur-Meuse 55 37 Fc 54
Tilly-sur-Seulles 14 13 Zc 53
Tilques 62 3 Cb 44
Tincey-et-Pontrebeau 70 70 Fe 63
Tinchebray 61 29 Zb 56
Tincourt-Boucly 80 8 Da 49
Tincques 62 8 Cc 46
Tincry 57 38 Gc 55
Tingry 62 7 Be 45
Tinténiac 35 44 Yb 59
Tintenieg = Tinténiac 35 44 Yb 59
Tintry 71 82 Ec 67
Tintury 58 81 Dd 67
Tiranges 43 105 Df 77
Tirent-Pontéjac 32 139 Ae 87
Tirepied 50 28 Ye 56
Tissey 89 52 Df 61
Titre, Le 80 7 Be 47
Tivernon 45 49 Bf 60
Tiviers 15 104 Da 78
Tizac-de-Curton 33 111 Ze 80
Tizac-de-Lapouyade 33 99 Ze 78
Tocchisi = Tox 2B 159 Kc 95
Tocqueville 27 15 Ad 52
Tocqueville 50 12 Ye 50
Tocqueville-en-Caux 76 15 Af 50
Tocqueville-les-Murs 76 15 Ac 50
Tocqueville-sur-Eu 76 6 Bb 48
Tœufles 80 7 Be 48
Toges 08 20 Ee 52
Togny-aux-Bœufs 51 36 Ec 55
Tolla 2A 159 If 97
Tollaincourt 88 54 Fe 60
Tollent 62 7 Ca 47
Tollevast 50 12 Yc 51
Tombe, La 77 51 Da 58
Tombebœuf 47 112 Ac 81
Tomino 2B 157 Kc 91
Tonils, Les 26 119 Fb 81
Tonnac 81 127 Bf 84
Tonnay-Boutonne 17 87 Zb 73
Tonnay-Charente 17 66 Za 73
Tonneins 47 112 Ab 82
Tonnerre 89 52 Df 61
Tonneville 50 12 Yb 51
Tonnoy 54 38 Gb 57
Tonquédec 22 25 Wd 56
Torcé 35 45 Ye 60
Torcé-en-Vallée 72 47 Ac 60
Torcenay 52 69 Fc 62
Torcé-Viviers-en-Charnie 53 47 Ze 60
Torchamp 61 29 Zb 57
Torchefelon 38 107 Fc 75
Torcieu 01 95 Fc 73
Torcy 62 7 Ca 46
Torcy 77 33 Cd 55
Torcy-en-Valois 02 34 Db 54
Torcy-et-Pouligny 21 67 Eb 64
Torcy-le-Grand 10 52 Eb 57
Torcy-le-Grand 76 15 Bb 50
Torcy-le-Petit 10 35 Eb 57
Torcy-le-Petit 76 15 Bb 50
Tordouet 14 30 Ab 54
Torfou 49 60 Yf 66
Torfou 91 33 Cb 57
Torigni-sur-Vire 50 29 Za 54
Tornac 30 130 Df 84
Tornay 52 69 Fd 62
Torpes 25 70 Ff 65
Torp-Mesnil, Le 76 15 Af 50
Torpt, Le 27 14 Ac 53
Torquesne, le 14 14 Aa 53
Torreilles 66 154 Cf 92
Torsac 16 100 Ab 75
Tortebesse 63 91 Cd 74
Tortefontaine 62 7 Bf 47
Tortequesne 62 8 Da 47
Torteron 18 80 Cf 66
Torteval-Quesnay 14 13 Zb 54
Tortezais 03 80 Cf 70
Tortisambert 14 30 Aa 55
Torvilliers 10 52 Df 59
Torxé 17 87 Zb 73
Tosny 27 16 Bc 53
Tosse 40 123 Yd 86
Tossiat 01 95 Fb 72
Tostat 65 138 Aa 89
Tostes 27 15 Ba 53
Totainville 88 55 Ff 59
Tôtes 76 15 Ba 50
Touchay 18 79 Cb 68
Touche, La 26 118 Ef 81
Touches, Les 44 60 Yd 64
Touches-de-Périgny, Les 17 87 Ze 73
Toucy 89 66 Db 62
Toudon 06 134 Ha 85
Touët-de-l'Escarène 06 135 Hc 85
Touët-sur-Var 06 134 Ha 85
Touffailles 82 126 Ba 83
Toufféville 14 14 Ze 53
Touffreville 27 16 Bc 52
Touffreville 76 16 Bb 51
Touffreville-la-Cable 76 15 Ad 51
Touffreville-sur-Eu 76 6 Bb 48
Touget 32 126 Af 86
Touille 31 140 Af 90
Touillon 21 68 Ec 63
Touillon-et-Loutelet 25 84 Gc 68
Toujouse 32 124 Ze 86
Toul 54 37 Ff 56
Toulaud 07 118 Ee 79
Toule, La 71 94 Ed 71
Touligny 08 20 Ed 50
Toulis-et-Attencourt 02 19 De 50
Toulon 83 147 Ff 90
Toulon-sur-Allier 03 80 Dc 69
Toulon-sur-Arroux 71 81 Ea 68
Toulouges 66 154 Ce 92
Toulouse 31 126 Bc 87

204 (F) Sulinzara — Toulouse

Veyre-Monton **63** 104 Da 74
Veyrier-du-Lac **74** 96 Gb 73
Veyrières **15** 103 Cc 77
Veyrignac **24** 113 Bb 80
Veyrines-de-Domme **24** 113 Ba 80
Veyrines-de-Vergt **24** 101 Ae 78
Veyrins-Thuelin **38** 107 Fd 75
Veys **50** 13 Yf 53
Veyssilieu **38** 107 Fb 74
Vez **60** 18 Da 53
Vézac **15** 115 Cd 79
Vézac **24** 113 Ba 79
Vézannes **89** 52 Df 61
Vézaponin **02** 18 Db 52
Vèze **15** 104 Cf 77
Vèze, La **25** 70 Ga 65
Vézelay **89** 67 De 64
Vézelise **54** 55 Ga 58
Vézelois **90** 71 Gf 63
Vézénobres **30** 130 Ea 84
Vezet **70** 70 Ff 63
Vézézoux **43** 104 Dc 76
Vézier, Le **51** 34 Dc 56
Vézières **86** 62 Aa 66
Vézillon **27** 16 Bc 53
Vézilly **02** 35 De 53
Vezin-le-Coquet **35** 45 Yb 60
Vézinnes **89** 52 Df 61
Vezins **49** 61 Zb 66
Vézins-de-Lévézou **12** 129 Cf 83
Vezot **72** 47 Ab 58
Vezzani **2B** 159 Kb 95
Viabon **28** 49 Be 59
Viala-du-Pas-de-Jaux **12** 129 Da 85
Viala-du-Tarn, Le **12** 128 Cf 84
Vialard, Le **19** 102 Bf 78
Vialas **48** 117 Df 83
Vialer **64** 138 Ze 87
Viam **19** 102 Bf 75
Viane **81** 128 Cd 86
Vianges **21** 68 Eb 66
Vianne **47** 125 Ab 83
Viâpres-le-Petit **10** 35 Ea 57
Viarmes **95** 33 Cc 54
Vias **34** 143 Dc 89
Viazac **46** 114 Ca 81
Vibal, Le **12** 115 Ce 83
Vibersviller **57** 39 Gf 55
Vibeuf **76** 15 Af 50
Vibrac **16** 100 Zf 75
Vibrac **17** 99 Zd 76
Vibraye **72** 48 Ae 60
Vic-de-Chassenay **21** 68 Eb 64
Vic-des-Prés **21** 82 Ed 66
Vicdessos **09** 152 Bc 92
Vicel, Le **50** 12 Ye 51
Vic-en-Bigorre **65** 138 Aa 88
Vic-Fezensac **32** 125 Ab 86
Vichel-Nanteuil **02** 34 Db 53
Vichères **28** 48 Af 59
Vichy **03** 92 Dc 72
Vic-la-Gardiole **34** 144 De 88
Vic-le-Comte **63** 104 Db 75
Vic-le-Fesq **30** 130 Ea 85
Vico **2A** 158 Ie 96
Vicogne, La **80** 7 Cb 48
Vicomté, La **22** 27 Ya 58
Vicq **03** 92 Da 72
Vicq **52** 54 Fd 61
Vicq **59** 9 Dd 46
Vicq **78** 32 Be 56
Vicq-d'Auribat **40** 123 Za 86
Vicq-Exemplet **36** 79 Ca 69
Vicq-sur-Breuilh **87** 101 Bc 75
Vicq-sur-Gartempe **86** 77 Af 68
Vicq-sur-Nahon **36** 64 Bc 66
Vicques **14** 30 Zf 55
Vic-sous-Thil **21** 68 Eb 64
Vic-sur-Aisne **02** 18 Da 52
Vic-sur-Cère **15** 115 Cd 79
Vic-sur-Seille **57** 38 Gd 56
Victot-Pontfol **14** 30 Zf 54
Vicu = Vico **2A** 158 Ie 96
Vidai **61** 47 Ac 58
Vidaillac **46** 114 Be 82
Vidaillat **23** 90 Bf 73
Vidauban **83** 147 Gc 88
Videcosville **50** 12 Yd 51
Videix **87** 89 Ae 74
Videlles **91** 50 Cc 58
Vidou **65** 139 Ab 89
Vidouville **50** 29 Za 54
Vidouze **65** 138 Zf 88
Vieil-Dampierre, Le **51** 36 Ef 55
Vieil-Evreux, Le **27** 32 Bb 54
Vieil-Hesdin **62** 7 Ca 46
Vieille-Adour **65** 139 Aa 90
Vieille-Brioude **43** 104 Dc 77
Vieille-Chapelle **62** 8 Ce 45
Vieille-Église **62** 3 Ca 43
Vieille-Église-en-Yvelines **78** 32 Bf 56
Vieille-Louron **65** 150 Ac 91
Vieille-Loye, La **39** 83 Fd 66
Vieille-Lyre, La **27** 31 Ae 55
Vieille-Saint-Girons **40** 123 Yd 85
Vieilles-Maisons-sur-Joudry **45** 50 Cc 61
Vieillespesse **15** 104 Da 78
Vieille-Toulouse **31** 140 Bc 87
Vieillevie **15** 115 Cc 81
Vieillevigne **31** 141 Bd 88
Vieillevigne **44** 74 Yd 67
Vieilley **25** 70 Ga 64
Vieils-Maisons **02** 34 Dc 55
Vieil-Arcy **02** 19 Dd 52
Viella **32** 124 Zf 87
Vielle-Aure **65** 150 Ab 92
Vielle-nave-d'Arthez **64** 138 Zd 88
Viellenave-de-Navarrenx **64** 137 Zb 88
Viellenave-sur-Bidouze **64** 137 Yf 88
Vielle-Saint-Girons **40** 123 Ye 85
Vielleségure **64** 137 Zb 88
Vielle-Soubiran **40** 124 Ze 84
Vielle-Tursan **40** 124 Zd 86
Vielmanay **58** 66 Da 65
Vielmoulin **21** 68 Ee 65
Vielmur-sur-Agout **81** 127 Ca 87
Vielprat **43** 117 Df 79
Viel-Saint-Remy **08** 20 Ec 51
Vielverge **21** 69 Fc 65
Vienne **38** 106 Ef 75
Vienne-en-Arthies **95** 32 Be 54
Vienne-en-Bessin **14** 13 Zc 53
Vienne-en-Val **45** 65 Ca 62
Vienne-la-Ville **51** 36 Ef 53
Vienne-le-Château **51** 36 Ef 53
Viens **84** 132 Fd 85
Vienville **88** 56 Gf 59
Viersat **23** 91 Cc 71
Vierville **28** 49 Bf 58
Vierville **50** 12 Ye 52
Vierville-sur-Mer **14** 13 Za 52
Vierzon **18** 65 Ca 65
Vierzy **02** 18 Db 53
Viesly **59** 9 Dc 48
Viessoix **14** 29 Zb 55
Viéthorey **25** 70 Gc 64
Vieu **01** 95 Fe 73
Vieu-d'Izenave **01** 95 Fd 72
Vieugy **74** 96 Ga 73
Vieure **03** 80 Cf 70
Vieussan **34** 143 Cf 87
Vieuvicq **28** 48 Bb 59
Vieuvy **53** 29 Za 58
Vieux **14** 29 Zd 54
Vieux **81** 127 Bf 85
Vieux-Berquin **59** 4 Cd 44
Vieux-Boucau-les-Bains **40** 122 Yd 86
Vieux-Bourg, Le **14** 14 Ab 53
Vieux-Bourg, Le **22** 26 Xa 56
Vieux-Bourg, Le **22** 26 Xa 58
Vieux-Bourg, le **22** 43 Xb 59
Vieux-Cérier, Le **16** 88 Ac 73
Vieux-Cerne, Le **85** 73 Xf 67
Vieux-Champagne **77** 34 Da 57
Vieux-Charmont **25** 71 Ge 63
Vieux-Château **21** 67 Ea 64
Vieux-Condé **59** 9 Dd 46
Vieux-Ferrette **68** 72 Hb 63
Vieux-Fumé **14** 30 Zf 54
Vieux-lès-Asfeld **08** 19 Ea 52
Vieux-Lixheim **57** 39 Ha 56
Vieux-Manoir **76** 16 Bb 51
Vieux-Marché, Le **22** 25 Wd 57
Vieux-Mareuil **24** 100 Ad 76
Vieux-Mesnil **59** 9 Df 47
Vieux-Moulin **60** 18 Cf 52
Vieux-Moulin **88** 56 Ha 58
Vieux-Pont **14** 30 Aa 54
Vieux-Pont **61** 30 Zf 57
Vieux-Port **27** 15 Ad 52
Vieux-Reng **59** 10 Ea 46
Vieux-Rouen-sur-Bresle **76** 16 Be 49
Vieux-Rue, La **76** 16 Bb 51
Vieux-Ruffec **16** 88 Ac 72
Vieux-Thann **68** 56 Ha 62
Vieux-Vil **35** 28 Yc 57
Vieux-Villez **27** 32 Bb 53
Vieux-Vy-sur-Couesnon **35** 45 Yd 58
Viévigne **21** 69 Fb 64
Viéville **52** 54 Fa 59
Viéville-en-Haye **54** 38 Ff 55
Viévy **21** 82 Ec 66
Vievy-le-Rayé **41** 49 Bb 61
Viey **65** 150 Aa 91
Vif **38** 107 Fe 78
Viffort **02** 34 Dc 55
Vigan, Le **30** 129 Dd 85
Vigan, Le **46** 113 Bc 80
Vigean, Le **15** 103 Cc 77
Vigeant, Le **86** 89 Ad 71
Vigen, Le **87** 89 Bb 74
Vigeois **19** 102 Bd 76
Viger **65** 138 Zf 90
Vigeville **23** 90 Ca 72
Viggianello **2A** 159 If 98
Vighjaneddu = Viggianello **2A** 159 If 98
Viglain **45** 65 Cb 62
Vignacourt **80** 7 Cb 48
Vignale **2B** 157 Kc 93
Vignats **14** 30 Zf 55
Vignau, le **40** 124 Ze 86
Vignaux **31** 126 Ba 86
Vigneaux, Les **05** 121 Gd 80
Vignely **77** 34 Ce 55
Vignemont **60** 18 Ce 51
Vignes **64** 138 Zd 87
Vignes **89** 67 Ea 63
Vignes, Les **48** 129 Db 83
Vignes-la-Côte **52** 54 Fb 59
Vigneulles **54** 38 Gc 57
Vigneulles-lès-Hattonchâtel **55** 37 Fe 55
Vigneul-sous-Montmédy **55** 21 Fb 51
Vigneux-de-Bretagne **44** 60 Yb 65
Vigneux-Hocquet **02** 19 Df 50
Vigneux-sur-Seine **91** 33 Cc 56
Vignevieille **11** 142 Cd 91
Vignieu **38** 107 Fc 75
Vignoc **35** 45 Yb 59
Vignol **58** 67 De 64
Vignoles **21** 82 Ef 66
Vignolles **16** 99 Zf 75
Vignols **19** 101 Bc 77
Vignonet **33** 111 Zf 79
Vignory **52** 53 Fa 59
Vignot **55** 37 Fd 56
Vignoux-sous-les-Aix **18** 65 Cc 65
Vignoux-sur-Barangeon **18** 65 Cb 65
Vigny **57** 38 Gb 55
Vigny **95** 32 Bf 54
Vigoulant **36** 79 Ca 70
Vigoulet-Auzil **31** 140 Bc 87
Vigoux **36** 78 Bc 69
Vigueron **82** 126 Ba 85
Vigy **57** 38 Gb 53
Vihiers **49** 61 Zc 66
Vijon **36** 79 Ca 70
Vilcey-sur-Trey **54** 38 Ff 55
Vildé-Guingalan **22** 27 Xf 58
Vildé-la-Marine **35** 28 Ya 57
Vilette **78** 32 Be 55
Vilhain, le **03** 80 Ce 69
Vilhonneur **16** 88 Ac 74
Villabé **91** 33 Cc 57
Villabon **18** 79 Ce 66
Villac **24** 101 Bb 77
Villacerf **10** 52 Df 58
Villacourt **54** 55 Gc 58
Villadin **10** 52 De 59
Villafans **70** 70 Gc 63
Village-Neuf **68** 72 Hd 63
Villagrains **33** 111 Zc 81
Villaines-en-Duesmois **21** 68 Ed 62
Villaines-la-Gonais **72** 48 Ad 60
Villaines-la-Juhel **53** 47 Ze 58
Villaines-les-Prévôtes **21** 68 Eb 63
Villaines-les-Rochers **37** 63 Ad 65
Villaines-sous-Bois **95** 33 Cc 54
Villaines-sous-Lucé **72** 47 Ac 61
Villaines-sous-Malicorne **72** 47 Zf 62
Villainville **76** 14 Ab 50
Villalet **27** 31 Ba 55
Villalier **11** 142 Cc 89
Villamblain **45** 49 Bd 60
Villamblard **24** 100 Ad 78
Villamée **35** 28 Ye 58
Villampuy **28** 49 Bd 60
Villandraut **33** 111 Zd 82
Villandry **37** 63 Ad 65
Villanière **11** 142 Cc 88
Villanova **2A** 158 Ie 97
Villapourçon **58** 81 Df 67
Villard **23** 90 Be 71
Villard **23** 90 Be 72
Villard **74** 96 Gc 71
Villard, le **23** 90 Bf 75
Villar-d'Arène **05** 108 Gc 78
Villard-Bonnot **38** 108 Ff 77
Villard-de-Lans **38** 107 Fd 78
Villard-d'Héry **73** 108 Ga 75
Villardebelle **11** 142 Cc 90
Villard-Léger **73** 108 Gb 75
Villard-Notre-Dame **38** 108 Ga 78
Villardonnel **11** 141 Cb 89
Villard-Reculas **38** 108 Ga 78
Villard-Reymond **38** 108 Ga 78
Villards, Les **42** 105 Df 76
Villard-Saint-Christophe **38** 120 Fe 79
Villard-Saint-Sauveur **39** 96 Ff 70
Villard-Sallet **73** 108 Ga 76
Villards-d'Héria **39** 95 Fe 70
Villards-sur-Thônes, Les **74** 96 Gc 73
Villard-sur-Bienne **39** 84 Ff 70
Villard-sur-Doron **73** 96 Gd 74
Villard-sur-l'Ain **39** 84 Fe 68
Villarembert **73** 108 Gb 77
Villar-en-Val **11** 142 Cc 90
Villargent **70** 70 Gc 63
Villargoix **21** 68 Eb 65
Villariès **31** 127 Bc 86
Villar-Loubière **05** 120 Ga 80
Villarlurin **73** 109 Gd 76
Villarodin-Bourget **73** 109 Ge 77
Villaroger **73** 109 Gf 75
Villaroux **73** 108 Ga 76
Villars **24** 101 Ac 76
Villars **24** 101 Ae 76
Villars **28** 49 Bd 59
Villars **84** 132 Fc 85
Villars, Le **71** 82 Ef 69
Villar-Saint-Anselme **11** 142 Cb 90
Villars-en-Azois **52** 53 Ee 60
Villars-en-Pons **17** 99 Zc 75
Villars-et-Villenotte **21** 68 Ec 63
Villars-Fontaine **21** 68 Ef 66
Villars-le-Pautel **70** 55 Ff 61
Villars-lès-Blamont **25** 71 Gf 64
Villars-les-Bois **17** 87 Zd 74
Villars-les-Dombes **01** 94 Fa 73
Villars-le-Sec **90** 71 Gf 64
Villars-Saint-Georges **25** 70 Fe 66
Villars-sous-Ecot **25** 71 Ge 64
Villars-sur-Var **06** 134 Ha 85
Villarzel-Cabardès **11** 142 Cc 89
Villarzel-du-Razès **11** 141 Cb 90
Villasavary **11** 141 Ca 89
Villate **31** 140 Bc 88
Villaudric **31** 126 Bc 86
Villavard **41** 63 Af 62
Villaz **74** 96 Gb 73
Ville **60** 18 Cf 51
Villé **67** 56 Hb 58
Villeau **28** 49 Bd 59
Ville-au-Montois **54** 21 Fe 52
Ville-au-Val **54** 38 Ga 55
Ville-aux-Clercs, La **41** 48 Ba 61
Villebadin **61** 30 Aa 56
Villebarou **41** 64 Bb 63
Villebaudon **50** 28 Yf 55
Villebazy **11** 142 Cb 90
Villebéon **77** 51 Cf 59
Villebernier **49** 62 Zf 65
Villeberny **21** 68 Ed 64
Villebichot **21** 69 Fa 66
Villeblevin **89** 51 Da 59
Villebois **01** 95 Fc 73
Villebois-Lavelette **16** 100 Ab 76
Villebois-les-Pins **26** 119 Fd 83
Villebon **28** 48 Bb 58
Villebougis **89** 51 Da 59
Villebourg **37** 63 Ad 63
Villebout **41** 48 Bb 61
Villebramar **47** 112 Ac 81
Villebret **03** 91 Cd 71
Villebrumier **82** 126 Bc 85
Villecay-sur-Mad **54** 38 Ff 54
Villecelin **18** 79 Cb 68
Villecerf **77** 51 Cf 59
Villechantria **39** 95 Fc 70
Villechaud **58** 66 Cf 64
Villechauve **41** 63 Af 63
Villechenève **69** 94 Ec 74
Villechétif **10** 52 Ea 59
Villechétive **89** 51 Dd 60
Villechien **50** 29 Za 57
Villecien **89** 51 Db 60
Villécloye **55** 21 Fc 51
Villecomtal **12** 115 Cd 81
Villecomtal-sur-Arros **32** 139 Ab 88
Villecomte **21** 69 Fa 63
Villeconin **91** 50 Ca 57
Villecourt **80** 18 Cf 50
Villecresnes **94** 33 Cd 56
Villecroze **83** 147 Gb 87
Villedaigne **11** 142 Cf 89
Ville-Danet, La **35** 44 Xe 60
Ville-devant-Chaumont **55** 21 Fc 53
Villedieu **15** 116 Da 78
Villedieu **21** 53 Ec 61
Villedieu **84** 131 Fa 83
Villedieu, La **17** 87 Ze 72
Villedieu, La **23** 90 Bf 74
Villedieu, La **48** 116 Dd 80
Villedieu, Les **25** 84 Gb 68
Villedieu-du-Clain, La **86** 76 Ac 70
Villedieu-du-Temple, La **82** 126 Bb 84
Villedieu-en-Fontenette, la **70** 70 Gb 62
Villedieu-la-Blouère **49** 60 Yf 66
Villedieu-le-Château **41** 63 Ad 62
Villedieu-les-Bailleul **61** 30 Aa 56
Villedieu-les-Poêles **50** 28 Ye 55
Villedieu-sur-Indre **36** 78 Bd 67
Ville di Paraso **2B** 156 If 93
Ville di Parasu = Ville-di-Paraso **2B** 156 If 93
Ville-di-Pietrabugno **2B** 157 Kc 92
Ville di Petrabugnu = Ville-di-Pietrabugno **2B** 157 Kc 92
Villedômain **37** 78 Bb 66
Villedômer **37** 63 Af 63
Ville-Dommage **51** 35 Df 53
Villedoux **17** 86 Yf 71
Villedubert **11** 142 Cc 89
Ville-du-Pont **25** 84 Gc 66
Ville-en-Sallaz **74** 96 Gc 72
Ville-en-Tardenois **51** 35 De 53
Ville-en-Vermois **54** 38 Gb 57
Ville-en-Woëvre **55** 37 Fd 54
Ville-ès-Nonais, La **35** 27 Ya 57
Villefagnan **16** 88 Aa 72
Villefargeau **89** 67 Dd 62
Villefavard **87** 89 Bb 72
Villeferry **21** 68 Ed 64
Villefloure **11** 142 Cc 90
Villefollet **79** 87 Ze 72
Villefontaine **38** 107 Fa 75
Villefort **11** 153 Ca 91
Villefort **48** 117 Df 82
Villefranche **32** 139 Ae 88
Villefranche **89** 51 Da 61
Villefranche-d'Albigeois **81** 128 Cc 85
Villefranche-d'Allier **03** 92 Cf 70
Villefranche-de-Conflent **66** 153 Cc 93
Villefranche-de-Lauragais **31** 141 Be 88
Villefranche-de-Lonchat **24** 100 Aa 79
Villefranche-de-Panat **12** 128 Ce 84
Villefranche-de-Rouergue **12** 114 Ca 82
Villefranche-du-Périgord **24** 113 Ba 81
Villefranche-du-Queyran **47** 112 Ab 83
Villefranche-le-Château **26** 132 Fd 83
Villefranche-sur-Cher **41** 64 Be 65
Villefranche-sur-Mer **06** 135 Hb 86
Villefranche-sur-Saône **69** 94 Ee 73
Villefrancœur **41** 64 Bb 62
Villefrancon **70** 70 Fe 64
Villefranque **64** 136 Yd 88
Villefranque **65** 138 Zf 88
Villegailhenc **11** 142 Cc 89
Villegats **16** 88 Ab 73
Villegats **27** 32 Bc 55
Villegaudin **71** 83 Fa 68
Villegenon **18** 65 Cd 64
Villegly **11** 142 Cc 89
Villegongis **36** 78 Bd 67
Villegouge **33** 99 Ze 79
Villegouin **36** 78 Bc 67
Villegusien-le-Lac **52** 69 Fb 62
Villeherviers **41** 64 Be 64
Ville-Houdlémont **54** 21 Fd 51
Villejésus **16** 88 Aa 73
Villejoubert **16** 88 Ab 74
Villejuif **94** 33 Cc 56
Villejust **91** 33 Cb 56
Ville-Langy **58** 81 Dd 67
Villelaure **84** 132 Fc 86
Ville-le-Marclet **80** 7 Ca 48
Villelongue **65** 138 Zf 91
Villelongue-d'Aube **11** 141 Ca 90
Villelongue-de-la-Salanque **66** 154 Cf 92
Villelongue-dels-Monts **66** 154 Cf 93
Villeloup **10** 52 Df 58
Villemade **82** 126 Bb 84
Villemagne **11** 142 Cd 90
Villemagne **34** 129 Da 87
Villemain **79** 88 Zf 72
Villemandeur **45** 50 Ce 61
Villemanoche **89** 51 Db 59
Villemardy **41** 63 Bb 62
Villemaréchal **77** 51 Cf 59
Villematier **31** 127 Bd 86
Villemaur-sur-Vanne **10** 52 De 59
Villembits **65** 139 Ab 89
Villembray **60** 16 Bf 52
Villemer **77** 51 Ce 59
Villemer **89** 51 Dc 61
Villemereuil **10** 52 Ea 59
Villemeux-sur-Eure **28** 32 Bc 56
Villemoirieu **38** 107 Fb 74
Villemoiron-en-Othe **10** 52 De 59
Villemoisan **49** 61 Za 64
Villemolaque **66** 154 Ce 93
Villemontais **42** 93 Df 73
Villemontoire **02** 18 Dc 53
Villemorien **10** 52 Eb 60
Villemorin **17** 87 Ze 72
Villemort **86** 77 Af 69
Villemotier **01** 95 Fb 70
Villemoustaussou **11** 142 Cc 89
Villemoutiers **45** 50 Cd 61
Villemoyenne **02** 34 Dd 53
Villemoyenne **02** 34 Dd 55
Villemoyenne **10** 52 Eb 59
Villemur **65** 139 Ad 89
Villemurlin **45** 65 Cb 62
Villemur-sur-Tarn **31** 127 Bd 85
Villemus **04** 132 Fe 85
Villenauxe-la-Grande **10** 34 Dd 57
Villenauxe-la-Petite **77** 51 Db 58
Villenave **40** 123 Ye 87
Villenave **40** 123 Zb 85
Villenave-de-Rions **33** 111 Zd 80
Villenave-d'Ornon **33** 111 Zc 80
Villenave-près-Béarn **65** 138 Zf 88
Villenavotte **89** 51 Db 59
Villeneuve **01** 94 Ef 72
Villeneuve **01** 96 Ga 71
Villeneuve **04** 133 Ff 85
Villeneuve **09** 151 Af 91
Villeneuve **12** 114 Ca 82
Villeneuve **33** 99 Zc 78
Villeneuve **63** 103 Db 76
Villeneuve **77** 50 Cd 60
Villeneuve, La **23** 91 Cc 73
Villeneuve, La **71** 81 Ea 69
Villeneuve-au-Châtelot, La **10** 35 Dd 57
Villeneuve-au-Chemin **10** 52 Df 60
Villeneuve-au-Chêne, La **10** 53 Ec 59
Villeneuve-Bellenoye-et-la-Maize, la **70** 70 Gb 62
Villeneuve-d'Allier **43** 104 Dc 77
Villeneuve-d'Amont **25** 84 Ga 67
Villeneuve-d'Ascq **59** 8 Da 45
Villeneuve-d'Aval **39** 84 Fe 67
Villeneuve-de-Berg **07** 118 Ed 81
Villeneuve-de-Duras **47** 112 Ab 80
Villeneuve-de-la-Raho **66** 154 Cf 93
Villeneuve-de-Marsan **40** 124 Ze 85
Villeneuve-de-Mézin **47** 125 Ab 84
Villeneuve-d'Entraunes **06** 134 Ge 84
Villeneuve-de-Rivière **31** 139 Ad 90
Villeneuve-d'Olmes **09** 153 Be 91
Villeneuve-du-Latou **09** 140 Bc 89
Villeneuve-du-Paréage **09** 141 Bd 90
Villeneuve-en-Chevrie, la **78** 32 Bd 54
Villeneuve-en-Montagne **71** 82 Ed 68
Villeneuve-Frouville **41** 64 Bb 62
Villeneuve-l'Abbé **63** 92 Db 73
Villeneuve-la-Comptal **11** 141 Bf 89
Villeneuve-la-Comtesse **17** 87 Zc 72
Villeneuve-la-Dondrage **89** 51 Da 60
Villeneuve-la-Guyard **89** 51 Da 58
Villeneuve-la-Lionne **51** 34 Dc 56
Villeneuve-l'Archevêque **89** 51 Dd 59
Villeneuve-la-Rivière **66** 154 Ce 92
Villeneuve-Lécussan **31** 139 Ac 90
Villeneuve-le-Roi **94** 33 Cc 56
Villeneuve-lès-Avignon **30** 131 Ee 85
Villeneuve-lès-Béziers **34** 143 Db 89
Villeneuve-les-Bordes **77** 51 Da 58
Villeneuve-les-Cerfs **63** 92 Db 72
Villeneuve-lès-Charleville, La **51** 35 De 56
Villeneuve-lès-Charnod **39** 95 Fc 70
Villeneuve-les-Convers, La **21** 68 Ed 63
Villeneuve-les-Corbières **11** 154 Ce 91
Villeneuve-les-Genêts **89** 66 Da 62
Villeneuve-lès-Lavaur **81** 127 Be 87
Villeneuve-lès-Maguelonne **34** 144 Df 87
Villeneuve-lès-Montréal **11** 141 Ca 89
Villeneuve-les-Sablons **60** 17 Ca 53
Villeneuve-Loubet **06** 134 Ha 86
Villeneuve-Minervois **11** 142 Cc 89
Villeneuve-Saint-Denis **77** 34 Ce 56
Villeneuve-Saint-Georges **94** 33 Cc 56
Villeneuve-Saint-Nicolas **28** 49 Bd 59
Villeneuve-Saint-Salves **89** 52 Dd 61
Villeneuve-Saint-Vistre-et-Villevotte **51** 35 De 57
Villeneuve-sous-Charigny **21** 68 Ec 64
Villeneuve-sous-Dammartin **77** 33 Cd 54
Villeneuve-sous-Pymont **39** 83 Fd 68
Villeneuve-sous-Thury, La **60** 34 Da 54
Villeneuve-sur-Allier **03** 80 Db 69
Villeneuve-sur-Auvers **91** 50 Cb 58
Villeneuve-sur-Bellot **77** 34 Dc 55
Villeneuve-sur-Cher **18** 79 Cb 66
Villeneuve-sur-Conie **45** 49 Bd 60
Villeneuve-sur-Fère **02** 34 Dc 53
Villeneuve-sur-Lot **47** 112 Ae 82
Villeneuve-sur-Verberie **60** 17 Ce 53
Villeneuve-sur-Vère **81** 127 Ca 84
Villeneuve-sur-Yonne **89** 51 Db 60
Villeneuve-Tolosane **31** 140 Bc 87
Villeneuvette **34** 143 Dc 87
Villennes-sur-Seine **78** 32 Bf 55
Villenouvelle **31** 141 Be 88
Villenoy **77** 34 Cf 55
Villentrois **36** 64 Bc 65
Villeny **41** 64 Be 63
Villeloin-Coulangé **37** 63 Bb 66
Villepail **53** 47 Ze 58
Villeparisis **77** 33 Cd 55
Villeparois **70** 70 Gb 63
Villeperdix **26** 119 Fb 82
Villeperdue **37** 63 Ad 65
Villeperrot **89** 51 Db 59
Villepinte **11** 141 Ca 89
Villepinte **93** 33 Cd 55
Villeporcher **41** 63 Af 63
Villepot **44** 45 Ye 62
Villepreux **78** 33 Ca 56
Villequier **76** 15 Ae 51
Villequier-Aumont **02** 18 Db 51
Villequiers **18** 80 Ce 66
Viller **57** 38 Gd 55
Villerable **41** 63 Ba 62
Villerbon **41** 64 Bc 63
Villeréal **47** 113 Ae 81
Villereau **45** 49 Bf 60
Villereau **59** 9 De 47
Villerest **42** 93 Ea 73
Villeret **02** 8 Db 49
Villereversure **01** 95 Fc 71
Villermain **41** 49 Bd 61
Villeromain **41** 63 Ba 62
Villeron **95** 33 Cd 54
Villerouge-Termenès **11** 142 Cd 91
Villeroy **77** 33 Ce 55
Villeroy **80** 7 Be 49
Villeroy **89** 51 Db 59
Villeroy-sur-Authie **80** 7 Ca 47
Villeroy-sur-Méholle **55** 37 Fd 57
Villers **27** 16 Bc 53
Villers **42** 93 Eb 72
Villers **88** 55 Gb 59
Villers-Agron-Aiguizy **02** 35 De 54
Villers-Allerand **51** 35 Ea 54
Villers-au-Bois **62** 8 Ce 46
Villers-au-Flos **62** 8 Cf 48
Villers-au-Tertre **59** 8 Db 47
Villers-aux-Bois **51** 35 Df 55
Villers-aux-Erables **80** 17 Cd 50
Villers-aux-Nœuds **51** 35 Ea 53
Villers-aux-Vents **55** 36 Fa 55
Villers-Bocage **14** 29 Zc 54
Villers-Bocage **80** 7 Cb 48
Villers-Bouton **70** 70 Ff 64
Villers-Bretonneux **80** 17 Cd 49
Villers-Brûlin **62** 8 Cd 46
Villers-Buzon **25** 70 Ff 65
Villers-Campsart **80** 16 Be 49
Villers-Canivet **14** 30 Ze 55
Villers-Carbonnel **80** 18 Cf 49
Villers-Cernay **08** 20 Fa 50
Villers-Châtel **62** 8 Cd 46
Villers-Chemin **70** 70 Ff 64
Villers-Chief **25** 70 Gc 65
Villers-Cotterêts **02** 18 Da 53
Villers-devant-Dun **55** 20 Fa 52
Villers-devant-le-Thour **08** 19 Ea 51
Villers-devant-Mouzon **08** 20 Fa 51
Villers-Ecalles **76** 15 Af 51
Villers-en-Argonne **51** 36 Ef 54
Villers-en-Arthies **95** 32 Be 54
Villers-en-Haye **54** 38 Ga 56
Villers-en-Ouche **61** 31 Ac 55
Villers-en-Prayères **02** 19 De 52
Villers-en-Vexin **27** 16 Bd 53
Villerserine **39** 83 Fd 67
Villersexel **70** 70 Gc 63
Villers-Farlay **39** 84 Fe 66
Villers-Faucon **80** 8 Da 49
Villers-Franqueux **51** 19 Df 53
Villers-Grélot **25** 70 Gb 64
Villers-Guislain **59** 8 Da 48
Villers-Hélon **02** 18 Db 53
Villers-la-Chèvre **54** 21 Fe 51
Villers-la-Combe **25** 70 Gc 65
Villers-la-Faye **21** 82 Ef 66
Villers-la-Montagne **54** 21 Fe 52
Villers-la-Ville **70** 70 Gc 63
Villers-le-Château **51** 35 Eb 55
Villers-le-Lac **25** 85 Ge 66
Villers-le-Pré **50** 28 Yd 57
Villers-le-Rond **54** 21 Fd 52
Villers-les-Bois **39** 83 Fd 67
Villers-lès-Cagnicourt **62** 8 Da 47
Villers-le-Sec **02** 18 Dd 50
Villers-le-Sec **51** 36 Ef 56
Villers-le-Sec **55** 37 Fb 57
Villers-le-Sec **58** 66 Dc 64
Villers-le-Sec **70** 70 Gb 63
Villers-lès-Guise **02** 19 De 49
Villers-lès-Luxeuil **70** 70 Gb 62
Villers-lès-Mangiennes **55** 21 Fd 52
Villers-lès-Moivrons **54** 38 Gb 56
Villers-lès-Nancy **54** 38 Ga 56
Villers-les-Ormes **36** 78 Bd 67
Villers-les-Pots **21** 69 Fc 65
Villers-lès-Roye **80** 17 Ce 50
Villers-le-Tilleul **08** 20 Ee 51
Villers-le-Tourneur **08** 20 Ed 51
Villers-l'Hôpital **62** 7 Cb 47
Villers-Marmery **51** 35 Eb 54
Villers-Pater **70** 70 Gb 64
Villers-Patras **21** 53 Ed 61
Villers-Plouich **59** 8 Da 48
Villers-Pol **59** 9 Dd 47
Villers-Robert **39** 83 Fd 67
Villers-Rotin **21** 69 Fc 66
Villers-Saint-Barthélemy **60** 16 Bf 52
Villers-Saint-Christophe **02** 18 Da 50
Villers-Saint-Frambourg **60** 17 Cd 53
Villers-Saint-Genest **60** 34 Cf 54
Villers-Saint-Martin **25** 70 Gc 64
Villers-Saint-Paul **60** 17 Cc 53
Villers-Saint-Sépulcre **60** 17 Cb 52
Villers-Sire-Nicole **59** 9 Ea 46
Villers-Sir-Simon **62** 8 Cc 47
Villers-sous-Ailly **80** 7 Ca 48
Villers-sous-Chalamont **25** 84 Ga 67
Villers-sous-Châtillon **51** 35 De 54
Villers-sous-Foucarmont **76** 16 Bd 49
Villers-sous-Montrond **25** 70 Ga 66
Villers-sous-Pareid **55** 37 Fe 54
Villers-sous-Prény **54** 38 Ff 55
Villers-sous-Saint-Leu **60** 33 Cc 53
Villers-Stoncourt **57** 38 Gc 54
Villers-sur-Auchy **60** 16 Be 52
Villers-sur-Authie **80** 7 Be 47
Villers-sur-Bar **08** 20 Ef 50
Villers-sur-Bonnières **60** 16 Bf 51
Villers-sur-Coudun **60** 18 Ce 52
Villers-sur-Fère **02** 34 Dd 53
Villers-sur-le-Mont **08** 20 Ee 50
Villers-sur-Mer **14** 14 Zf 53
Villers-sur-Meuse **55** 37 Fc 54
Villers-sur-Nied **57** 38 Gd 55
Villers-sur-Port **70** 70 Ga 62
Villers-sur-Saulnot **70** 71 Gd 63
Villers-sur-Trie **60** 16 Be 53
Villers-Tournelle **80** 17 Cc 51
Villers-Vaudey **70** 70 Fe 62
Villers-Vermont **60** 16 Be 51
Villers-Vicomte **60** 17 Cb 51
Villert **10** 53 Ed 58
Villerupt **54** 21 Ff 52
Villerville **14** 14 Aa 52
Villery **10** 52 Ea 59
Villes **01** 95 Fe 72
Ville-Saint-Jacques **77** 51 Cf 58
Ville-Savoye **02** 19 Dd 53
Villeselve **60** 18 Da 50
Villeseneux **51** 35 Ea 55
Villesèque **46** 113 Bb 82
Villesèque-des-Corbières **11** 142 Cf 90
Villesèquelande **11** 142 Cb 89
Villesiscle **11** 141 Ca 89
Ville-sous-la-Ferté **10** 53 Ee 60
Ville-sous-Orbais, La **51** 35 De 55
Villespassans **34** 143 Cf 88
Villespy **11** 141 Ca 89
Ville-sur-Auzon **84** 132 Fb 84
Ville-sur-Ancre **80** 8 Cd 49
Ville-sur-Arce **10** 53 Ec 60
Ville-sur-Cousances **55** 37 Fb 54
Ville-sur-Illon **88** 55 Gb 59
Ville-sur-Jarnioux **69** 94 Ed 73
Ville-sur-Lumes **08** 20 Ee 50
Ville-sur-Madon **54** 55 Gb 58
Ville-sur-Saulx **55** 36 Fa 56
Ville-sur-Terre **10** 53 Ee 58
Ville-sur-Tourbe **51** 36 Ee 53
Ville-sur-Yron **54** 37 Ff 54
Villetelle **34** 130 Ea 86
Villetelle, La **23** 91 Cc 73
Villethierry **89** 51 Da 59
Villeton **47** 112 Ab 82

Veyre-Monton — Villeton (F) **207**

Paris et sa banlieue · Stadtumgebungskarte von Paris
Surrounding of Paris · Pianta periferia delle Parigi
París y sus alrededores · Cidade Paris e suas arredores
Kaart van Parijs en omgeving · Mapa okolicy Paryża
Mapa okolí Pařize · Párizs és környeke
Byomegnskort over Paris · Stadsomgivningskartor över Paris
1:80.000

CIRCULATION – VERKEER – VERKEHR – TRAFFIC

Autoroute – en construction
Autosnelweg – in aanleg
Autobahn – im Bau
Motorway – under construction

Route à chaussées séparées sans intersections
Autoweg met meer dan twee rijstroken zonder niveau-kruisingen
Mehrbahnige, kreuzungsfreie Autostraße
Highway with two lanes without crossing

Route à grande circulation – en construction
Weg voor interlokaal verkeer – in aanleg
Fernverkehrsstraße – im Bau
Trunk road – under construction

Route principale importante – Route principale
Belangrijke hoofdweg – Hoofdweg
Wichtige Hauptstraße – Hauptstraße
Important main road – Main road

Route secondaire – Autres routes
Overige verharde wegen – Overige wegen
Nebenstraße – Sonstige Straßen
Secondary road – Other minor roads

Route à quatre ou plusieurs voies
Weg met vier of meer rijstroken
Vier- oder mehrspurige Straße
Road with four or more lanes

Signalisation sur le réseau autoroutier
Bewegwijzering in het autosnelwegnet
Wegweisung im Autobahnnetz
Signposting in motorway network

Rouen

Signalisation à moyenne distance (villes se trouvant sur les plans 1:80.000)
Bewegwijzering naar nabijgelegen bestemmingen
(plaatsen liggen binnen kaartensectie 1:80.000)
Wegweisung zu Nahzielen (Orte liegen innerhalb des Kartenteils 1:80.000)
Signposting to local destinations (within the 1:80.000 section)

Vélizy-Ouest

Signalisation à grande distance
(villes se trouvant en dehors des plans 1:80.000 → voir plans 1:300.000)
Bewegwijzering naar veraf gelegen bestemmingen
(plaatsen liggen buiten kaartensectie 1:80.000 → kaartensectie 1:300.000)
Wegweisung zu Fernzielen
(Orte liegen außerhalb des Kartenteils 1:80.000 → Kartenteil 1:300.000)
Signposting to distant destinations (outside the 1:80.000 section → 1:300.000 section)

Soissons

Accès et sortie dans les deux directions
Op- en afrit voor elke rijrichting
Ein- und Ausfahrt für jede Fahrtrichtung
Access and exit in all directions

Versailles-Ouest / St-Germain-en-L.

Seulement sortie dans une direction – accès en direction opposée
Alleen afrit in één rijrichting – oprit in de tegenovergestelde richting
Nur Ausfahrt in einer Fahrtrichtung – Einfahrt in der Gegenrichtung
Exit in one direction only – acces in opposite direction

Fresnes / Versailles

Seulement sortie – Alleen afrit
Nur Ausfahrt – Exit only
Seulement accès – Alleen oprit
Nur Einfahrt – Acces only

Arcueil / Villejuif

Nom de la « Porte » touchée par le périphérique parisien
Benaming van de knooppunten in het bereik van de rondweg rondom Parijs
Name der Straßenknoten im Bereich der Ringautobahn um Paris
Names of road junctions on the Paris orbital motorways

Pte des Lilas

Numéro de route: Autoroute – Route nationale – Route départementale
Wegnummers: Autosnelweg – Nationaalweg – Departementweg
Straßennummern: Autobahn – Nationalstraße – Departementstraße
Road numbers: Motorway – Nationale – Départementale

A 10   **17**   **29**

Numéro de route européenne – Nom de l'autoroute
Europawegnummer – Naam van de autosnelweg
Europastraßen-Nummer – Name der Autobahn
Number of main European route – Name of motorway

E54
LA FRANCILIENNE

Distances sur autoroutes – sur autres routes en kms
Kilometeraanduiding op autosnelwegen – op overige wegen
Kilometrierung an Autobahnen – an sonstigen Straßen
Distances on motorways – on other roads in km

Poste d'essence
Benzinestation
Tankstelle
Filling station

Restaurant – Restaurant avec motel
Restaurant – Restaurant met motel
Rasthaus – Rasthaus mit Motel
Restaurant – Restaurant with motel

Snack – WC pour personnes handicapées
Snackbar – Invaliden-WC
Kleinraststätte – Behinderten-WC
Snackbar – Disabled-WC

Information – Parking
Information – Parkeerplaats
Touristinformation – Parkplatz
Information – Parking place

Chemin de fer principal – Gare – Haltes
Belangrijke spoorweg – Station
Hauptbahn – Bahnhof – Haltestelle
Main railway – Station

Chemin de fer secondaire ou industriel
Lokale spoorweg – Industrielijn
Neben- oder Industriebahn
Other railway – Commercial railway

Station de RER
RER-(Stadbaan-)station
RER-(S-Bahn-)Station
RER-(Rapid city railway-)station

RER St-Ouen

Station terminus de Métro (en dehors de Paris)
Métro-(Ondergrondse spoorweg-)eindstation (alleen buiten Parijs)
Métro-(U-Bahn-)Endstation (nur außerhalb von Paris)
Métro-(Subway-)terminus (outside Paris only)

1 la Défense

Parkings près de stations de RER ou de Métro
ou de « Portes » touchées par le périphérique parisien
Parkeerplaats nabij een RER-, of Métro-station
of knooppunt van de rondweg (Périphérique) rondom Parijs
Parkplatz nahe einer RER- oder Métro-Station
oder an Knoten der Ringautobahn (Périphérique) um Paris
Parking place near an RER or Métro station
or at junctions on the Paris orbital motorway (Périphérique)

P RER

P M

Aéroport – Aérodrome
Luchthaven – Vliegveld
Flughafen – Flugplatz
Airport – Airfield

CURIOSITES – BEZIENSWAARDIGHEDEN – SEHENSWÜRDIGKEITEN – PLACES OF INTEREST

Château
Parc

Curiosités remarquables – Zeer bezienswaardig
Besonders sehenswert – Place of particular interest
Curiosités – Bezienswaardig
Sehenswert – Place of interest

Autres curiosités
Overige bezienswaardigheden
Sonstige Sehenswürdigkeit
Other object of interest

♣ *Tour Eiffel*
✳ *Musée*

Base de loisirs
Recreatiecentrum
Freizeiteinrichtung
Leisure centre

✳ *Base de Loisirs*

Château, château-fort – Ruine – Fort
Slot, burcht – Ruïne – Fort
Schloß, Burg – Ruine – Fort
Castle – Ruin – Fort

Église – Monastère – Ruine
Kerk – Klooster – Ruïne
Kirche – Kloster – Ruine
Church – Monastery – Ruin

Monument – Belvédère – Point de vue
Monument – Uitzichttoren – Uitzichtpunt
Denkmal – Aussichtsturm – Aussichtspunkt
Monument – Outlook tower – View-point

Installation de sports – Terrain de golf
Sportterrein – Golfterrein
Sportanlage – Golfplatz
Sports centre – Golf course

Tour radio – Cimetière
Radiotoren – Begraafplaats
Funkturm – Friedhof
Radio tower – Cemetery

AUTRES INDICATIONS – OVERIGE INFORMATIE – SONSTIGES – OTHER INFORMATION

Paris, périmètre urbain
Parijs, stadgebied
Paris, Stadtgebiet
Central Paris

Banlieu
Dicht bebouwde omgeving
Dicht bebaute Umgebung
Densely built-up area

Environs
Buitenwijk met open bebouwing
Offen bebautes Außengebiet
Suburb, open development

Zone industrielle
Industriecomplex
Industriegebiet
Industrial area

Parque, bois
Park, bos
Park, Wald
Park, forest

Guide d'orientation des pages
Bladzijde-Oriënteringsrooster
Seiten-Orientierungshilfe
Page identification

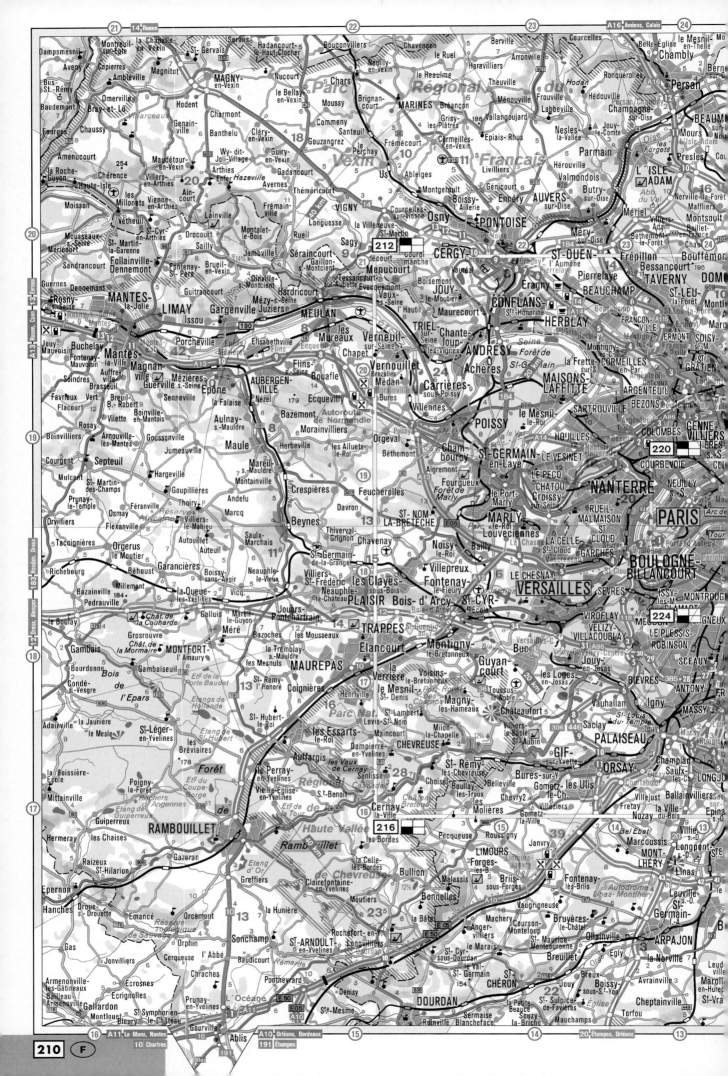

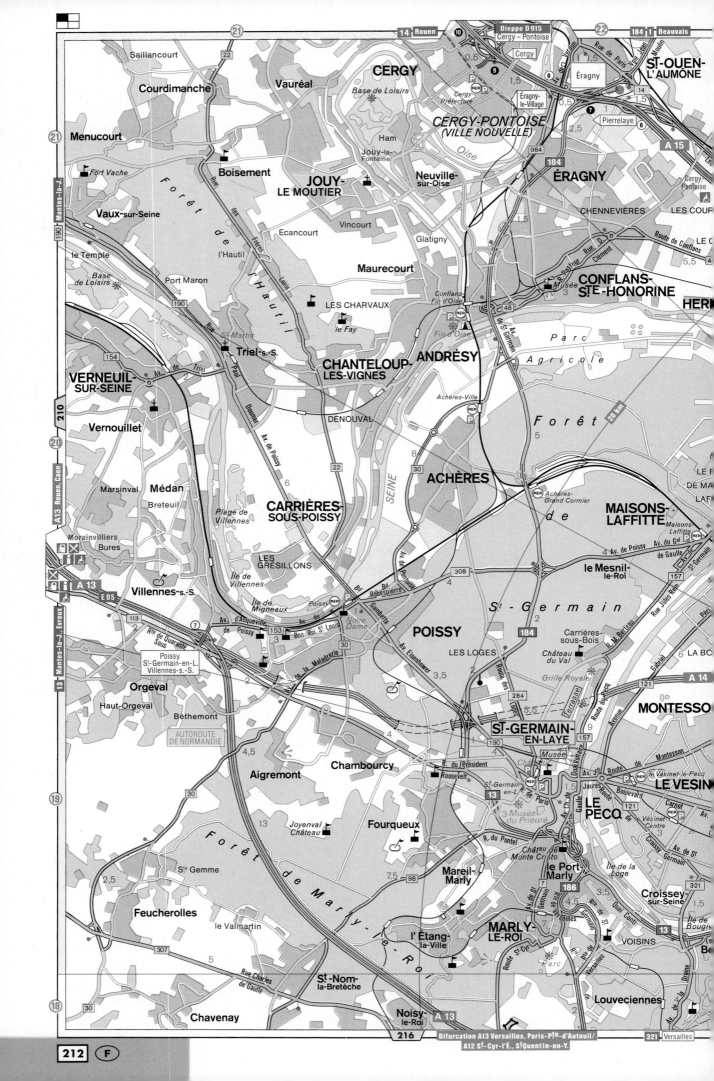

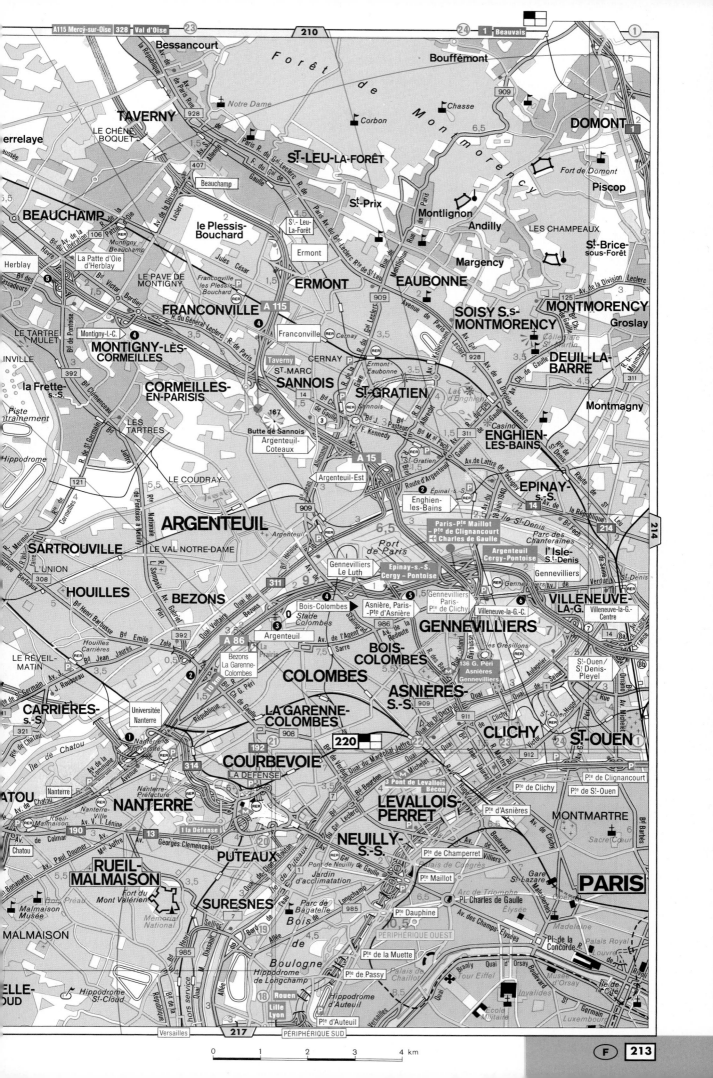

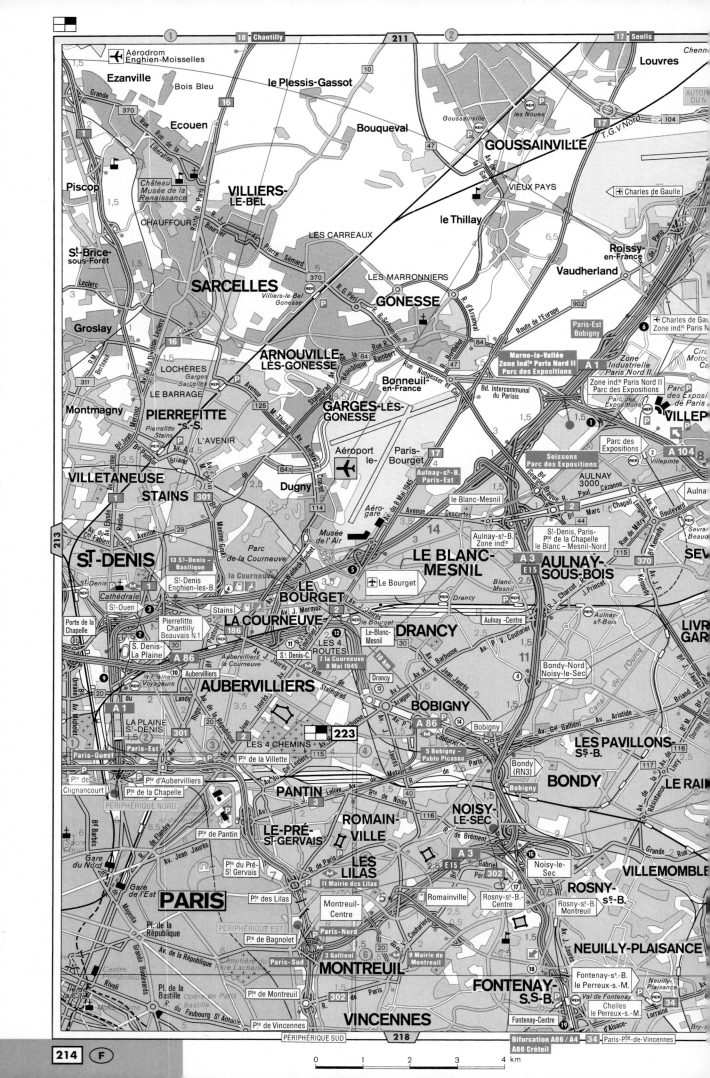

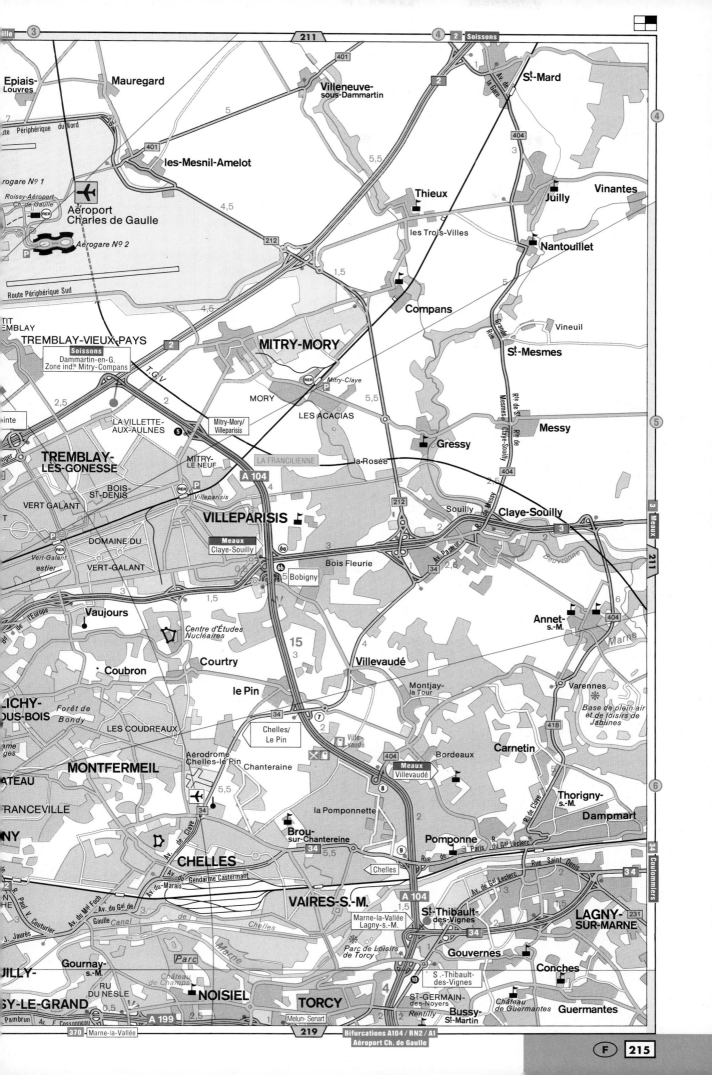

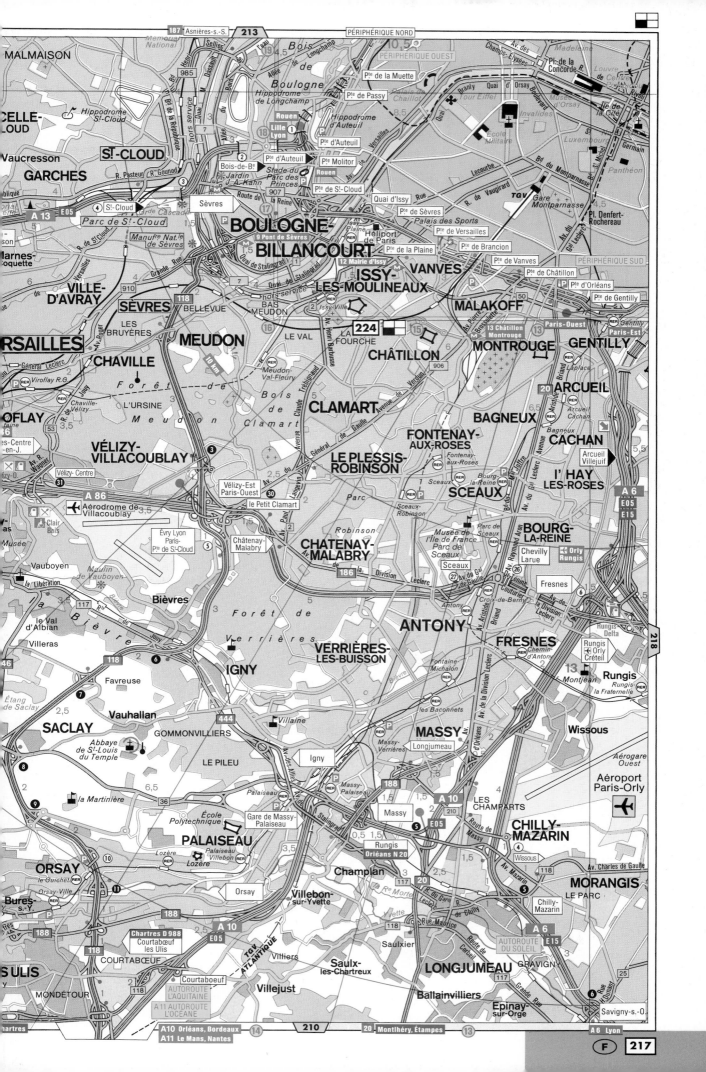

MALMAISON
Memorial National
194 4,5
Bois de Longchamp
PÉRIPHÉRIQUE OUEST
10,5
Champs-Élysées
Av. des
Madeleine
Pl. de la Concorde
Louvre de C

CELLE-CLOUD
Hippodrome St-Cloud
985
Allée
de l'eau
Bois de Boulogne
Hippodrome de Longchamp
Pte de la Muette
Palais de Chaillot
Branly
Tour Eiffel
8,5
Quai d'Orsay
Boulevard d'Orsay
Île de la Cité

Vaucresson
St-CLOUD
Bd. de la République
Pte de Passy
Hippodrome d'Auteuil
Invalides
Île de la Cité
Germain

GARCHES
R. Pasteur R. Gounod
2
Pte d'Auteuil
Bois-de-Be
Jardin J.A.-Kahn
Pte Molitor
Rouen
Versailles
École Militaire
Luxembourg
Panthéon

A 13   E05
St-Cloud
Stade du Parc des Princes
907
Pte de St-Cloud
Rouen
R. de Vaugirard
Bd du Montparnasse

Marnes-oquette
4   St-Cloud
Parc de St-Cloud
Manuf Nat. le de Sèvres
Sèvres
Route de la Reine
Quai d'Issy Rue
Pte de Sèvres
Palais des Sports
TGV
Gare Montparnasse
Pl. Denfert-Rochereau

VILLE-D'AVRAY
910
Grande Rue
17
Quai de Stalingrad
BOULOGNE-BILLANCOURT
9 Pont de Sèvres
Heliport de Paris
Issy Plaine
Pte de la Plaine
Pte de Versailles
Pte de Brancion
Bd du Gal Leclerc
PÉRIPHÉRIQUE SUD

SÈVRES   118   BELLEVUE
BAS MEUDON
hors service
12 Mairie d'Issy
ISSY-LES-MOULINEAUX
Issy-Ville
VANVES
Pte de Vanves
Pte de Châtillon
Pte d'Orléans
50
Pte de Gentilly

RSAILLES   LES BRUYÈRES
SÈVRES
16   LE VAL
224
MEUDON
LA FOURCHE
15
13 Châtillon Montrouge
13
Paris-Ouest
MALAKOFF
MONTROUGE
Paris-Est
Gentilly
GENTILLY

OFLAY
CHAVILLE
10 km
Meudon-Val-Fleury
Forêt   de
Bois de
 906
CHÂTILLON
20   ARCUEIL
Arcueil Cachan
Laplace
Briand

OFLAY
53   3,5
L'URSINE
Meudon
de   Clamart
CLAMART
Avenue   de   Gaulle
Avenue de Verdun
BAGNEUX
Bagneux
CACHAN

VÉLIZY-VILLACOUBLAY
3
FONTENAY-AUX-ROSES
Fontenay-aux-Roses
Bourg-la-Reine
I' HAY LES-ROSES
A 6
E05
E15

Vélizy-Centre
31
A 86
Aérodrome de Villacoublay
3,5
Vélizy-Est Paris-Ouest
30
le Petit Clamart
LE PLESSIS-ROBINSON
Sceaux
SCEAUX
Sceaux-Robinson
BOURG-LA-REINE

Clair Bois
Évry Lyon Paris-Pte de St-Cloud
5
Châtenay-Malabry
Parc
Robinson
Musée de l'Île de France Parc de Sceaux
Chevilly Larue
Orly Rungis

Vauboyen
Moulin de Vauboyen
Bièvres
CHATENAY-MALABRY
186
de   la   Division
Leclerc
Sceaux
27
26
Fresnes

le Val d'Albian
117
Bièvre
Forêt   de
Verrières
ANTONY
Antony
Rungis Delta

Villeras
SACLAY
118
6
IGNY
VERRIÈRES-LES-BUISSON
FRESNES
Chemin d'Antony
13
Montjean
Rungis
Rungis-Orly Créteil
Rungis la Fraternelle

Étang de Saclay
7   2,5
Favreuse
Vauhallan
444
Villaine
Fontaine-Michalon
les Baconnets
Wissous

8
GOMMONVILLIERS
Abbaye de St-Louis du Temple
LE PILEU
Igny
MASSY
Massy-Verrières
Longjumeau
Aérogare Ouest

9
la Martinière
36
Palaiseau
188
Massy-Palaiseau
188
A 10
210
LES CHAMPARTS
Aéroport Paris-Orly

École Polytechnique
Gare de Massy-Palaiseau
Massy
2
E05
CHILLY-MAZARIN
4
Wissous

10
Lozère
Palaiseau Villebon
PALAISEAU
3,5
Rungis Orléans N20
0,5   1,5
Route de Massy
5
118

ORSAY
le Guichet
11
Lozère
Champlan
Villebon-sur-Yvette
117
20
5
Chilly-Mazarin
MORANGIS
LE PARC

Bures-s.-Y.
188
Orsay
Yvette
Rue Maurice
Av. Charles de Gaulle

S ULIS   118
A 10
E05
Chartres D 988
Courtaboeuf les Ulis
TGV ATLANTIQUE
Villiers
Saulx-les-Chartreux
Saulxier
AUTOROUTE DU SOLEIL
A 6
E15
GRAVIGNY

MONDÉTOUR
118
COURTABOEUF
Courtaboeuf
Villejust
Villebon
LONGJUMEAU
25

Ballainvilliers
Epinay-sur-Orge
Savigny-s.-O.
6

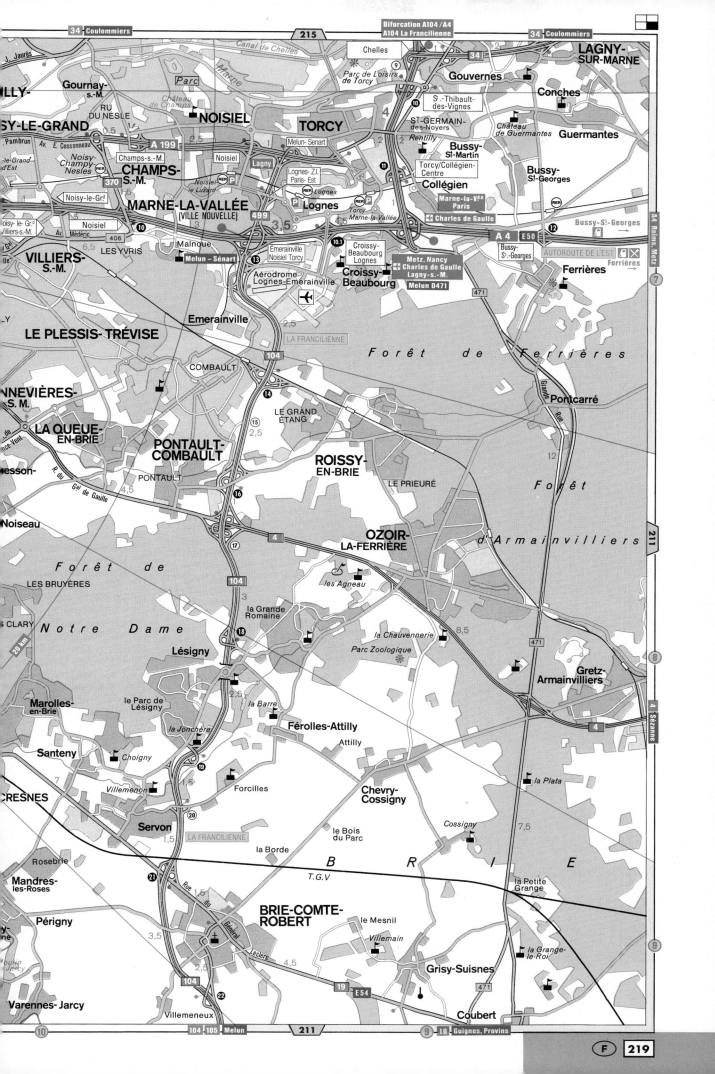

0   200   400   600   800   1000m

Plans des centre villes · Cityplāne · City maps
Piante dei centri urbani · Planos del centro de las ciudades
Planos de cidades · Stadcentrumkaarten · Plany miast
Plány měst · Várostérképek · Byplaner · Stadskartor
1:20.000

F	D	GB		I	E	P
Autoroute	Autobahn	Motorway		Autostrada	Autopista	Auto-estrada
Route à quatre voies	Vierspurige Straße	Road with four lanes		Strada a quattro corsie	Carretera de cuatro carriles	Estrada com quatro faixas
Route de transit	Durchgangsstraße	Thoroughfare		Strada di attraversamento	Carretera de tránsito	Estrada de trânsito
Route principale	Hauptstraße	Main road		Strada principale	Carretera principal	Estrada principal
Autres routes	Sonstige Straßen	Other roads		Altre strade	Otras carreteras	Outras estradas
Rue à sens unique - Zone piétonne	Einbahnstraße - Fußgängerzone	One-way street - Pedestrian zone		Via a senso unico - Zona pedonale	Calle de dirección única - Zona peatonal	Rua de sentido único - Zona de peões
Information - Parking	Information - Parkplatz	Information - Parking place		Informazioni - Parcheggio	Información - Aparcamiento	Informação - Parque de estacionamento
Chemin de fer principal avec gare	Hauptbahn mit Bahnhof	Main railway with station		Ferrovia principale con stazione	Ferrocarril principal con estación	Linha principal ferroviária com estação
Autre ligne	Sonstige Bahn	Other railway		Altra ferrovia	Otro ferrocarril	Linha ramal ferroviária
Métro	U-Bahn	Underground		Metropolitana	Subterráneo	Metro
Tramway	Straßenbahn	Tramway		Tram	Tranvía	Eléctrico
Bus d'aéroport	Flughafenbus	Airport bus		Autobus per l'aeroporto	Autobús al aeropuerto	Autocarro c. serviço aeroporto
Poste de police - Bureau de poste	Polizeistation - Postamt	Police station - Post office		Posto di polizia - Ufficio postale	Comisaría de policia - Correos	Esquadra da polícia - Correios
Hôpital - Auberge de jeunesse	Krankenhaus - Jugendherberge	Hospital - Youth hostel		Ospedale - Ostello della gioventù	Hospital - Albergue juvenil	Hospital - Pousada da juventude
Église - Église remarquable	Kirche - Sehenswerte Kirche	Church - Church of interest		Chiesa - Chiesa interessante	Iglesia - Iglesia de interés	Igreja - Igreja interessante
Synagogue - Mosquée	Synagoge - Moschee	Synagogue - Mosque		Sinagoga - Moschea	Sinagoga - Mezquita	Sinagoga - Mesquita
Monument - Tour	Denkmal - Turm	Monument - Tower		Monumento - Torre	Monumento - Torre	Monumento - Torre
Zone bâtie, bâtiment public	Bebaute Fläche, öffentliches Gebäude	Built-up area, public building		Caseggiato, edificio pubblico	Zona edificada, edificio público	Área urbana, edifício público
Zone industrielle	Industriegelände	Industrial area		Zona industriale	Zona industrial	Zona industrial
Parc, bois	Park, Wald	Park, forest		Parco, bosco	Parque, bosque	Parque, floresta

NL	PL	CZ		H	DK	S
Autosnelweg	Autostrada	Dálnice		Autópálya	Motorvej	Motorväg
Weg met vier rijstroken	Droga o czterech pasach ruchu	Čtyřstopá silnice		Négysávos út	Firesporet vej	Väg med fyra körfällt
Weg voor doorgaand verkeer	Droga przelotowa	Průjezdní silnice		Átmenő út	Genemmfartsvej	Genomfartsled
Hoofdweg	Droga główna	Hlavní silnice		Főút	Hovedvej	Huvudled
Overige wegen	Drogi inne	Ostatní silnice		Egyéb utak	Andre mindre vejen	Övriga vägar
Straat met eenrichtingsverkeer - Voetgangerszone	Ulica jednokierunkowa - Strefa ruchu pieszego	Jednosměrná ulice - Pěší zóna		Egyirányú utca - Sétáló utca	Gade med ensrettet kørsel - Gågade	Enkelriktad gata - Gågata
Informatie - Parkeerplaats	Informacja - Parking	Informace - Parkoviště		Információ - Parkolóhely	Information - Parkeringplads	Information - Parkering
Belangrijke spoorweg met station	Kolej główna z dworcami	Hlavní železnice s stanice		Fővasútvonal állomással	Hovedjernbanelinie med station	Huvudjärnväg med station
Overige spoorweg	Kolej drugorzędna	Ostatní železnice		Egyéb vasútvonal	Anden jernbanelinie	Övrig järnväg
Ondergrondse spoorweg	Metro	Metro		Földalatti vasút	Underjordisk bane	Tunnelbana
Tram	Linia tramwajowa	Tramvaj		Villamos	Sporvej	Spårväg
Vliegveldbus	Autobus dojazdowy na lotnisko	Letištní autobus		Repülőtéri autóbusz	Bus til lufthavn	Flygbuss
Politiebureau - Postkantoor	Komisariat - Poczta	Policie - Poštovní úřad		Rendőrség - Postahivatal	Politistation - Posthus	Poliskontor - Postkontor
Ziekenhuis - Jeugdherberg	Szpital - Schronisko młodzieżowe	Nemocnice - Noclehárna mládeže		Kórház - Ifjúsági szálló	Sygehus - Vandrerhjem	Sjukhus - Vandrarhem
Kerk - Bezienswaardige kerk	Kościół - Kościół zabytkowy	Kostel - Zajímavý kostel		Templom - Látványos templom	Kirke - Seværdig kirke	Kyrka - Sevärd kyrka
Synagoge - Moskee	Synagoga - Meczet	Synagoga - Mešita		Zsinagóga - Mecset	Synagoge - Moské	Synagoga - Moské
Monument - Toren	Pomnik - Wieża	Pomník - Věž		Emlékmű - Torony	Mindesmærke - Tårn	Monument - Torn
Bebouwing, openbaar gebouw	Obszar zabudowany, budynek użyteczności publicznej	Zastavěná plocha, veřejná budova		Beépítés, középület	Bebyggelse, offentlig bygning	Bebyggt område, offentlig byggnad
Industrieterrein	Obszar przemysłowy	Průmyslová plocha		Iparvidék	Industriområde	Industriområde
Park, bos	Park, las	Park, les		Park, erdő	Park, skov	Park, skog

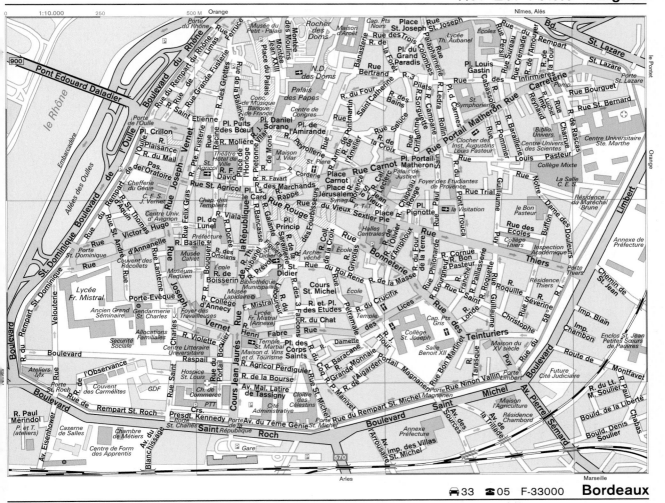

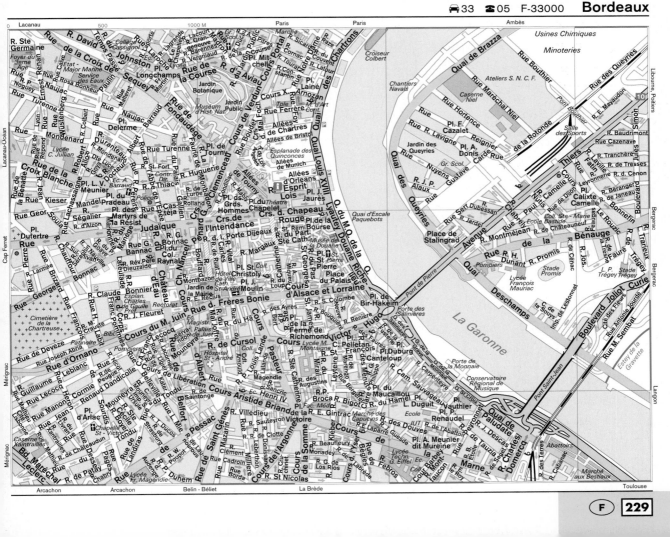

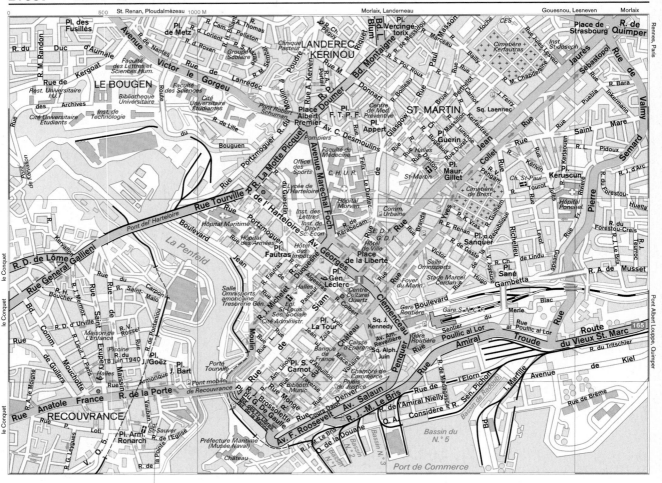

Brest F-29200 ☎02 🚗29

Dijon F-21000 ☎03 🚗21

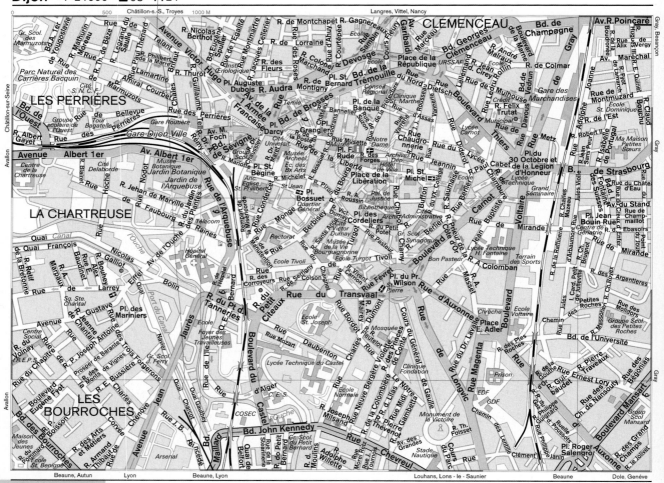

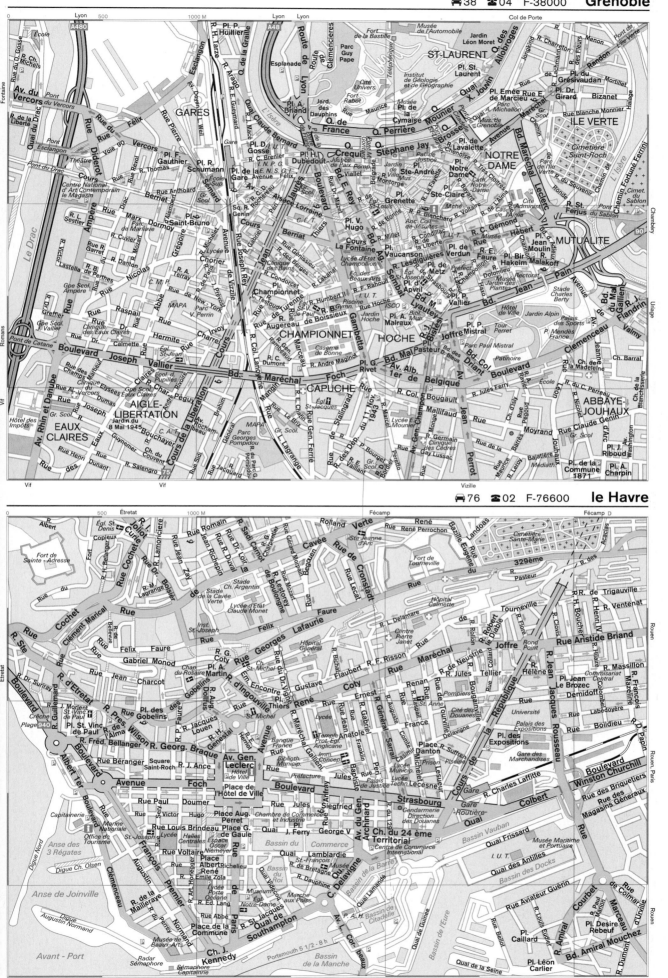

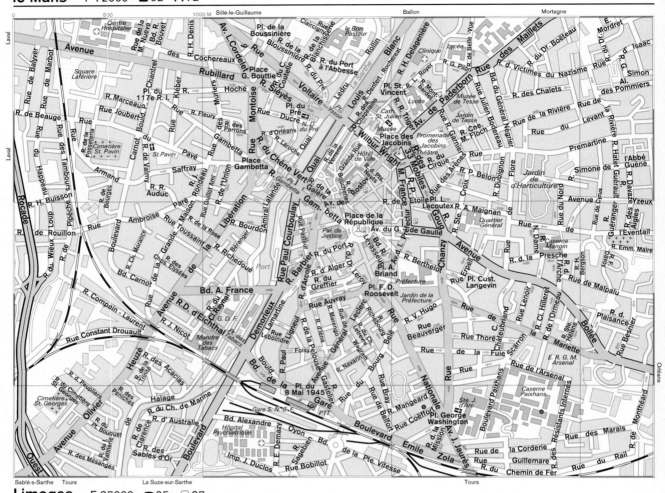

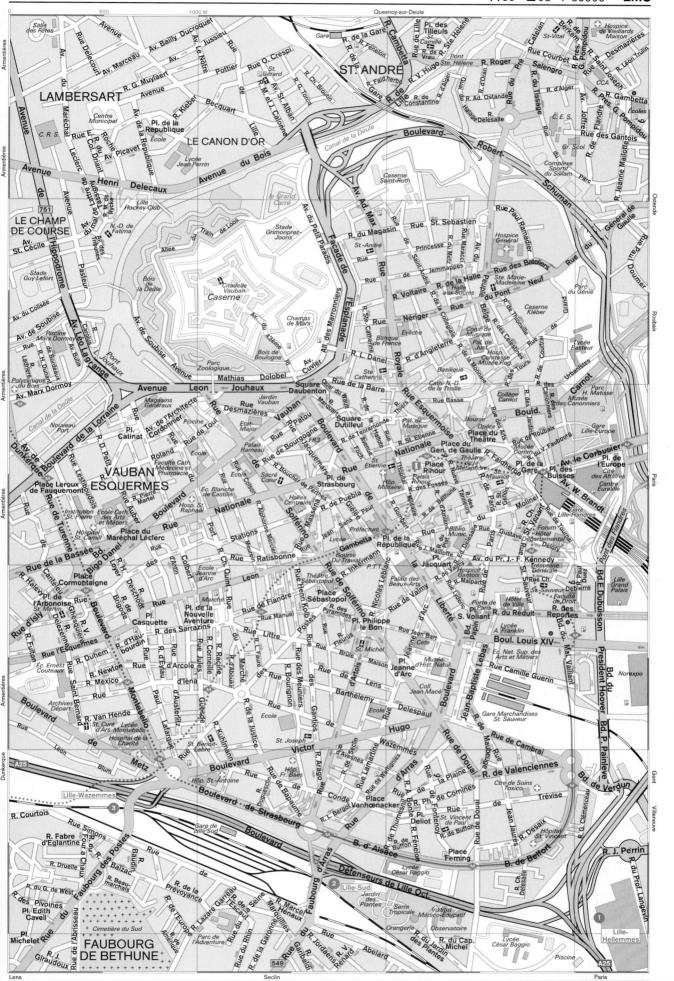

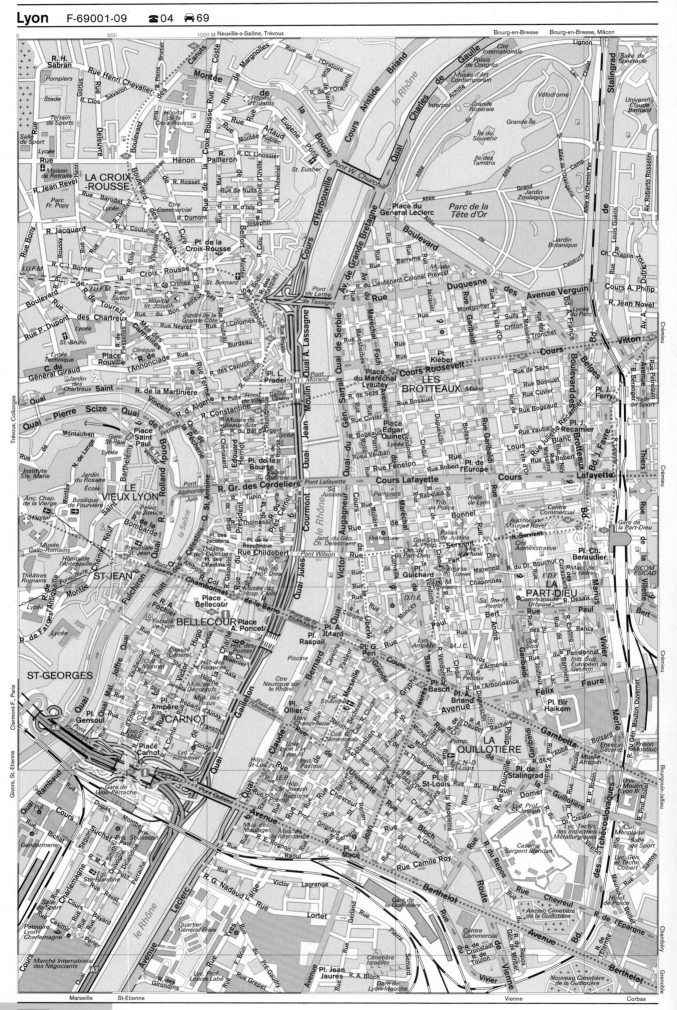

Monaco   MC-98000 ☎93 🚗MC

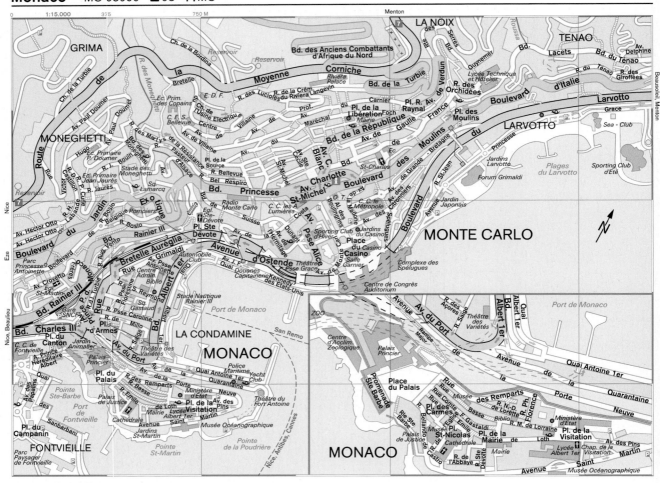

Nancy   F-54000 ☎03 🚗54

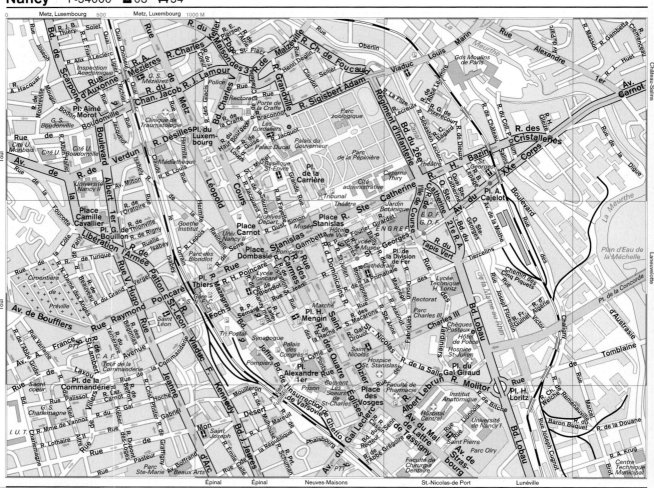

Antibes, Monaco

Levens, Sospel

ST. ETIENNE

CARABACEL

Voie Malraux

LE CHATEAU

Baie des Anges

Cannes, Toulon, Marseille

Ajaccio, Calvi, Bastia

Monte Carlo

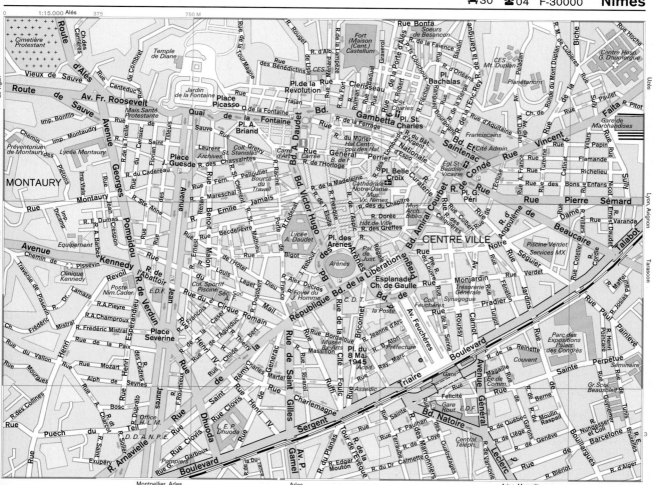

1:15.000 Alès

MONTAURY

CENTRE VILLE

Montpellier, Arles

Arles

Arles, Marseille

Orléans
F-45000 ☎02 🚗45

Reims
F-51100 ☎03 🚗51

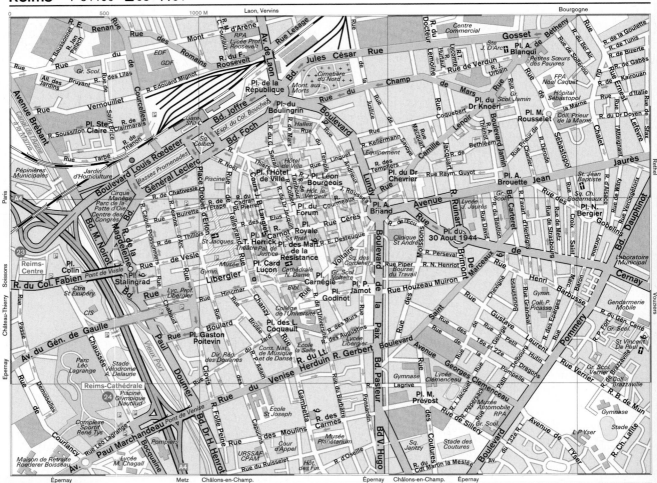

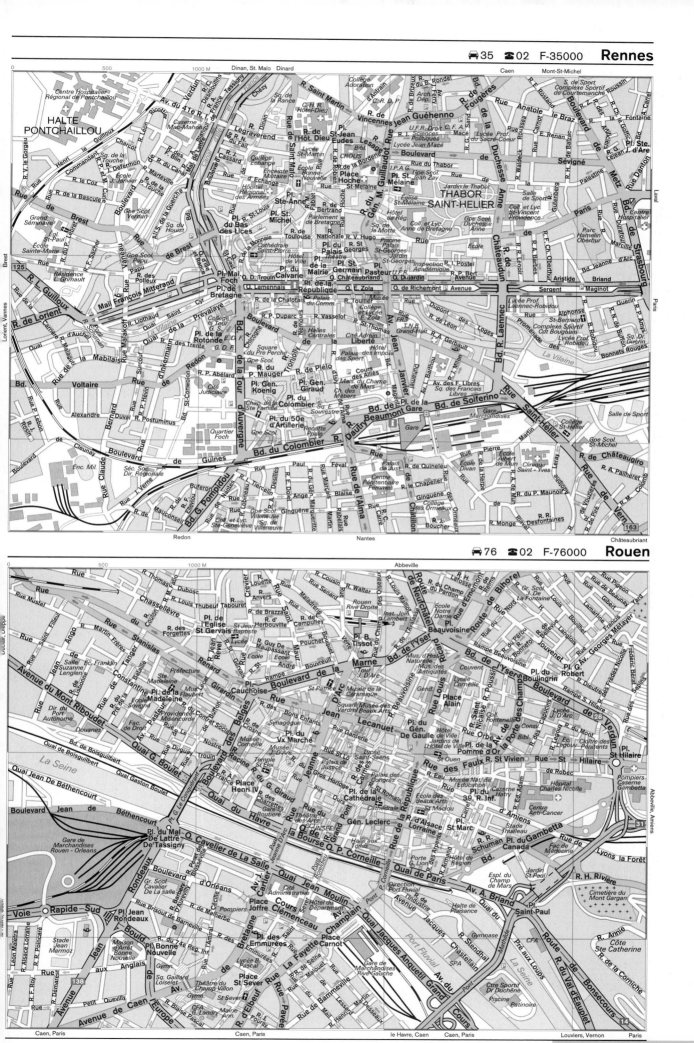

Strasbourg   F-67000   ☎03   🚗67

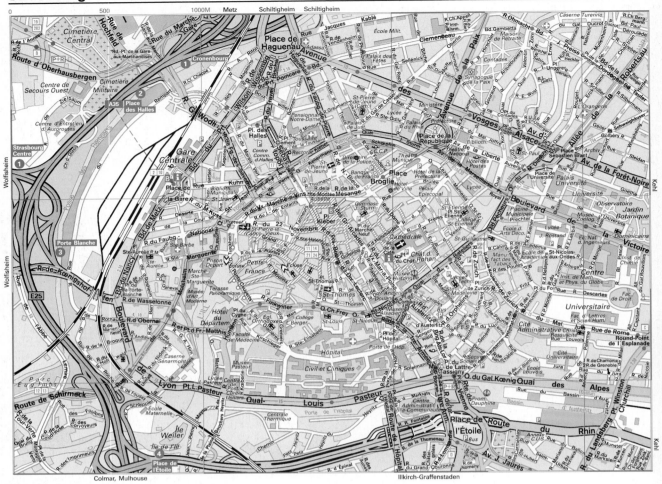

Colmar, Mulhouse   Illkirch-Graffenstaden

Toulouse   F-31000   ☎05   🚗31

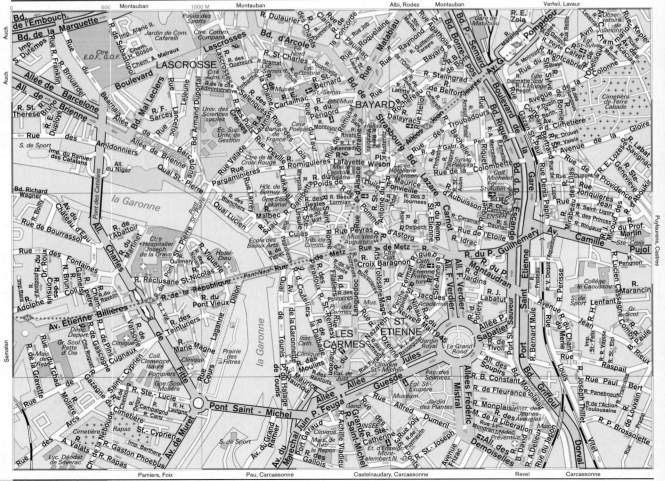

Pamiers, Foix   Pau, Carcassonne   Castelnaudary, Carcassonne   Revel   Carcassonne

240 (F)

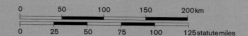

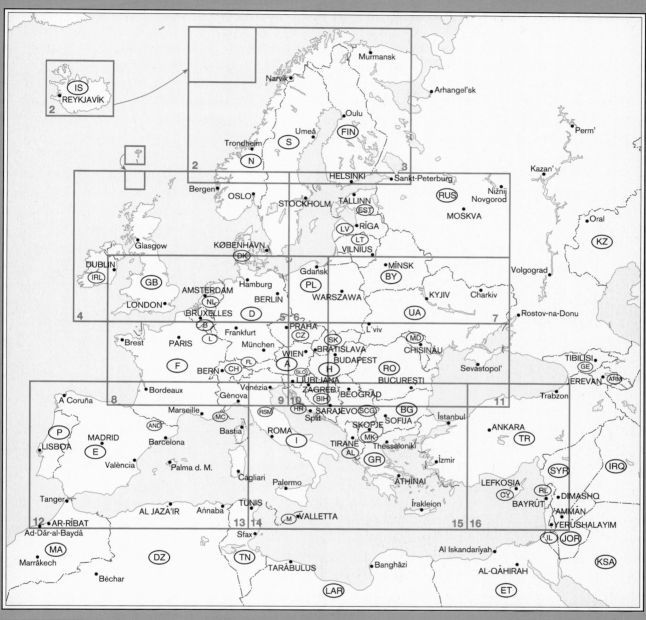

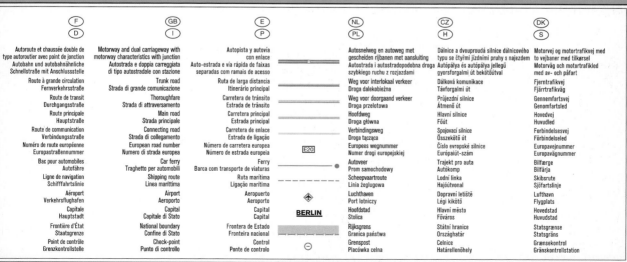

F / D	GB / I	E / P	NL / PL	CZ / H	DK / S
Autoroute et chaussée double de type autoroutier avec point de jonction / Autobahn und autobahnähnliche Schnellstraße mit Anschlussstelle	Motorway and dual carriageway with motorway characteristics with junction / Autostrada e doppia carreggiata di tipo autostradale con stazione	Autopista y autovía con enlace / Auto-estrada e via rápida de faixas separadas com ramais de acesso	Autosnelweg en autoweg met gescheiden rijbanen met aansluiting / Autostrada i autostradopodobna droga szybkiego ruchu z rozjazdami	Dálnice a dvouproudá silnice dálnicového typu se čtyřmi jízdními pruhy s najezdem / Autópálya és autópálya jellegű gyorsforgalmi út bekötőútval	Motorvej og motortrafikvej med to vejbaner med tilkørsel / Motorväg och motortrafikled med av- och påfart
Route à grande circulation / Fernverkehrsstraße	Trunk road / Strada di grande comunicazione	Ruta de larga distancia / Itinerário principal	Weg voor interlokaal verkeer / Droga dalekobieżna	Dálková komunikace / Távforgalmi út	Fjerntrafikvej / Fjärrtrafikväg
Route de transit / Durchgangsstraße	Thoroughfare / Strada di attraversamento	Carretera de tránsito / Estrada de trânsito	Weg voor doorgaand verkeer / Droga przelotowa	Průjezdní silnice / Átmenő út	Gennemfartsvej / Genomfartsled
Route principale / Hauptstraße	Main road / Strada principale	Carretera principal / Estrada principal	Hoofdweg / Droga główna	Hlavní silnice / Főút	Hovedvej / Huvudled
Route de communication / Verbindungsstraße	Connecting road / Strada di collegamento	Carretera de enlace / Estrada de ligação	Verbindingsweg / Droga tacząca	Spojovací silnice / Összekötő út	Forbindelsesvej / Förbindelseled
Numéro de route européenne / Europastraßennummer	European road number / Numero di strada europea	Número de carretera europea / Número de estrada europeia	Europees wegnummer / Numer drogi europejskiej	Číslo evropské silnice / Európaiút-szám	Europavejnummer / Europavägnummer
Bac pour automobiles / Autofähre	Car ferry / Traghetto per automobili	Ferry / Barca com transporte de viaturas	Autoveer / Prom samochodowy	Trajekt pro auta / Autókomp	Bilfærge / Bilfärja
Ligne de navigation / Schifffahrtslinie	Shipping route / Linea marittima	Ruta marítima / Ligação marítima	Scheepvaartroute / Linia żeglugowa	Lodní linka / Hajóútvonal	Skibsrute / Sjöfartslinje
Aéroport / Verkehrsflughafen	Airport / Aeroporto	Aeropuerto / Aeroporto	Luchthaven / Port lotniczy	Dopravní letiště / Légi kikötő	Lufthavn / Flygplats
Capitale / Hauptstadt	Capital / Capitale di Stato	Capital / Capital	Hoofdstad / Stolica	Hlavní město / Főváros	Hovedstad / Huvudstad
Frontière d'État / Staatsgrenze	National boundary / Confine di Stato	Frontera de Estado / Fronteira nacional	Rijksgrens / Granica państwa	Státní hranice / Országhatár	Statsgrænse / Statsgräns
Point de contrôle / Grenzkontrollstelle	Check-point / Punto di controllo	Control / Ponte de controlo	Grenspost / Placówka celna	Celnice / Határellenőhely	Grænsekontrol / Gränskontrollstation

E20

BERLIN

1

ÍSLAND

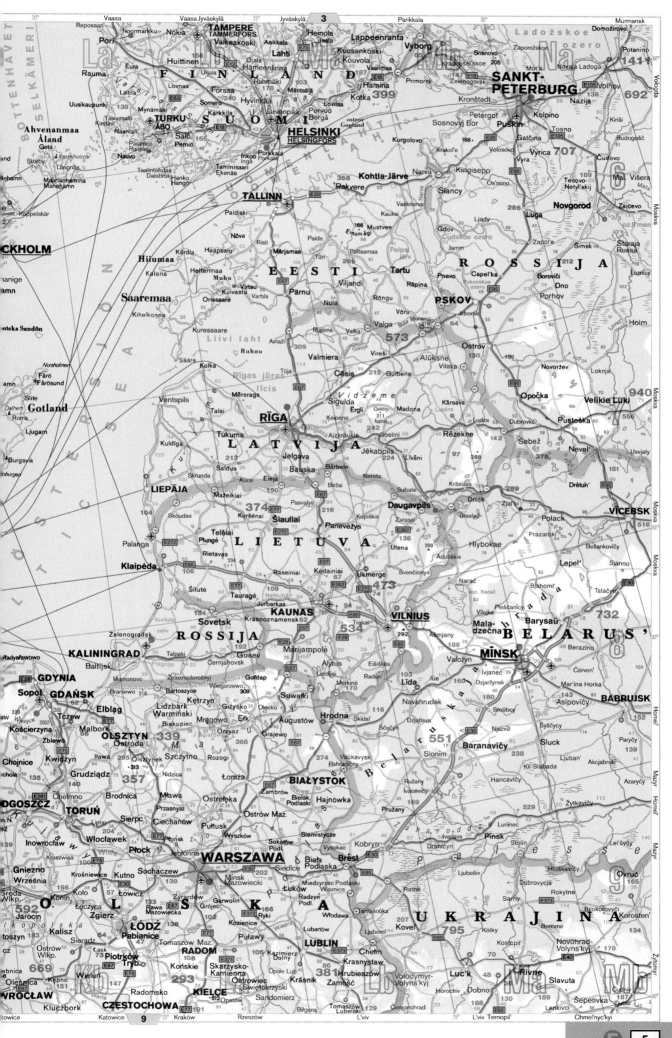

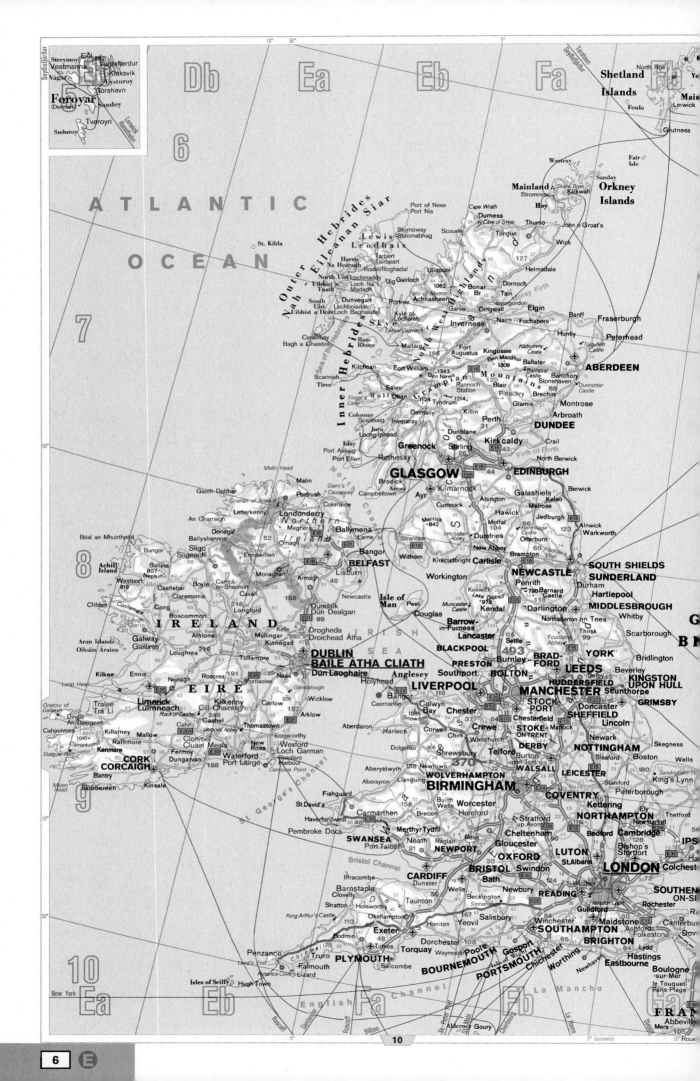

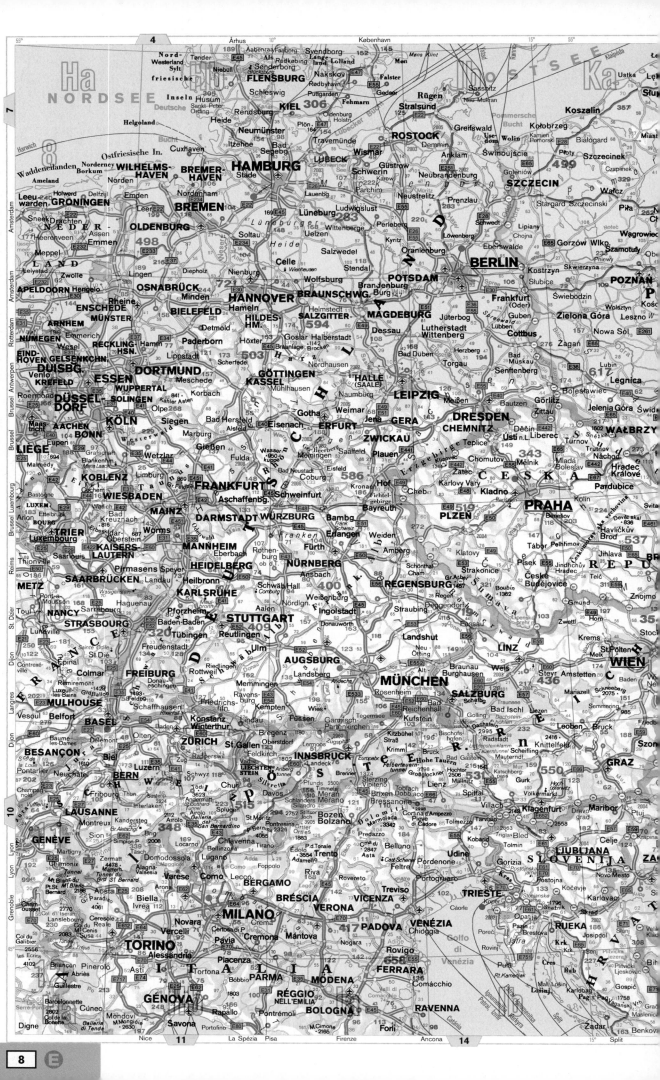

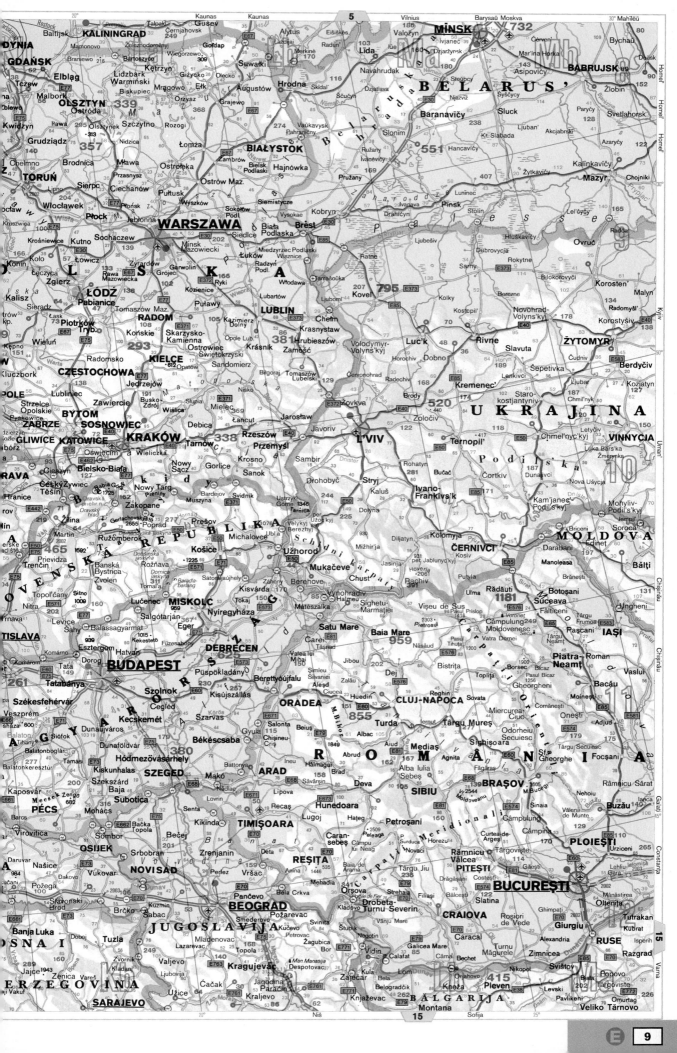

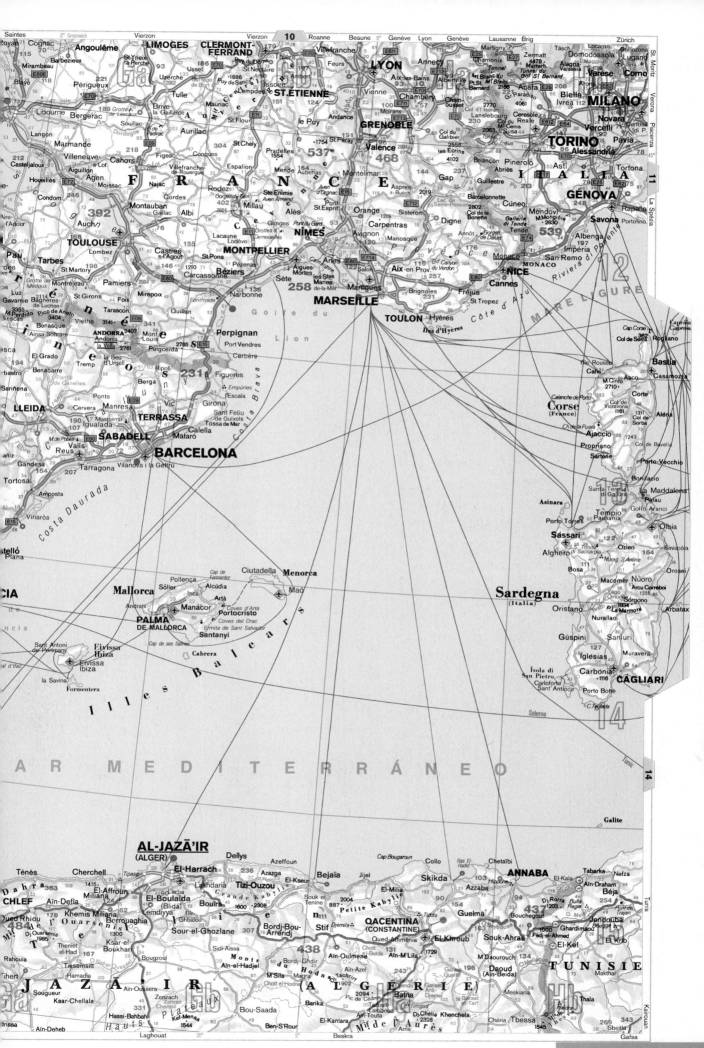

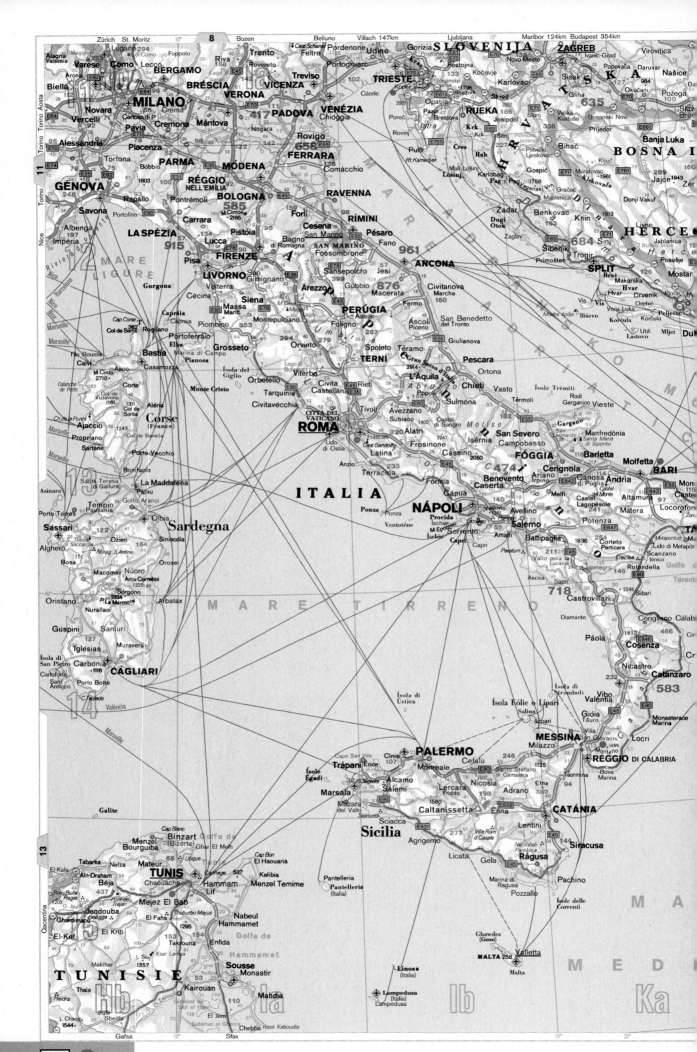